Série História das Nações

História Concisa
da França

SÉRIE HISTÓRIA DAS NAÇÕES

A Edipro traz para o Brasil uma seleção de títulos da Série *História Concisa*, originalmente produzida pela Editora Cambridge, na Inglaterra, e publicada entre os renomados títulos acadêmicos e profissionais que compõem o seu vasto catálogo.

"Esta série de 'breves histórias' ilustradas, cada qual dedicada a um país selecionado, foi pensada para servir de livro-texto para estudantes universitários e do ensino médio, bem como uma introdução histórica para leitores em geral, viajantes e membros da comunidade executiva."

Cada exemplar da série – aqui intitulada *História das Nações* – constitui-se num compêndio da evolução histórica de um povo. De leitura fácil e rápida, mas que, apesar de não conter mais que o essencial, apresenta uma imagem global do percurso histórico a que se propõe a aclarar.

Os Editores

O livro é a porta que se abre para a realização do homem.

Jair Lot Vieira

ROGER PRICE

Série História das Nações

História Concisa da França

tradução de Daniel Moreira Miranda

Syndicate of the Press of the University of Cambridge, England.

A Concise History of France – Third Edition

© Cambridge University Press, 1993, 2005, 2014

This publication is in copyright. Subject to statutory exception and to the provisions of relevant collective licensing agreements, no reproduction of any part may take place without the written permission of Cambridge University Press.

Copyright da tradução e desta edição © 2016 by Edipro Edições Profissionais Ltda.

Todos os direitos reservados. Nenhuma parte deste livro poderá ser reproduzida ou transmitida de qualquer forma ou por quaisquer meios, eletrônicos ou mecânicos, incluindo fotocópia, gravação ou qualquer sistema de armazenamento e recuperação de informações, sem permissão por escrito do editor.

Grafia conforme o novo Acordo Ortográfico da Língua Portuguesa.

1ª edição, 1ª reimpressão 2020.

Editores: Jair Lot Vieira e Maíra Lot Vieira Micales
Coordenação editorial: Fernanda Godoy Tarcinalli
Tradução: Daniel Moreira Miranda
Editoração: Alexandre Rudyard Benevides
Revisão: Ana Paula Luccisano
Diagramação e Arte: Karine Moreto Massoca
Imagem de capa: Pôr do sol na Torre Eiffel (Giancarlo Liguori / Shutterstock)

Dados Internacionais de Catalogação na Publicação (CIP)
(Câmara Brasileira do Livro, SP, Brasil)

Price, Roger

    História concisa da França / Roger Price ; tradução de Daniel Moreira Miranda. – São Paulo : Edipro, 2016. – (Série história das nações)

    Título original: A Concise History of France.

    ISBN 978-85-7283-892-4

    1. França – História I. Título. II. Série.

14-11616   CDD-944

Índice para catálogo sistemático:
1. França : História : 944

São Paulo: (11) 3107-7050 • Bauru: (14) 3234-4121
www.edipro.com.br • edipro@edipro.com.br
@editoraedipro   @editoraedipro

Sumário

Lista de imagens, mapas e tabelas   7
Agradecimentos   15
Introdução   17

PARTE I
FRANÇA MEDIEVAL E PRÉ-MODERNA   **29**

Introdução   31

Capítulo 1 • População e recursos na França pré-industrial   33

Capítulo 2 • Sociedade e política na França medieval   49

Capítulo 3 • Sociedade e política na França pré-moderna   75

PARTE II
A REVOLUÇÃO DUPLA:
A FRANÇA MODERNA E CONTEMPORÂNEA   **117**

Introdução   119

Capítulo 4 • Revolução e Império   121
A crise final do antigo regime   121
O debate sobre uma nova Constituição   138
Radicalização da revolução   153
A República conservadora   170

O consulado e o império 173
Conclusão 185

Capítulo 5 • O século XIX: continuidade e mudança 189
Economia e sociedade 190
Sociedade e política 203
A Restauração 206
A monarquia de julho 216
A Segunda República 221
O Segundo Império 231
A Terceira República: 1870-1914 244

Capítulo 6 • Período de crise: 1914-1945 265
A Primeira Guerra Mundial 265
Os anos entreguerras 278
A Segunda Guerra Mundial 308

Capítulo 7 • Reconstrução e renovação: os *Trinta gloriosos* 343
Introdução 343
Economia 345
Sociedade 355
Vida política 368
A Quarta República 368
A Quinta República 388

Capítulo 8 • Uma sociedade estressada 411
Introdução 411
Economia e sociedade 412
Problemas sociais 421
Vida política 440
Conclusão: relatório sobre o período dos socialistas no poder 503

Leituras adicionais 515
Índice remissivo 525

Lista de imagens, mapas e tabelas*

Imagens

1. Evolução comparativa da população (em milhões). França, Inglaterra e País de Gales. (Fonte: J. Revel, *L'espace français*. Editions du Seuil, 1989.) — 25
2. Camponês arando, final do século XII. Biblioteca Nacional, Paris. — 36
3. Sofrimento: guerras, fomes e epidemias do período da Guerra dos Cem Anos. Biblioteca da Escola de Belas-Artes, Paris. Foto: Giraudon/The Bridgeman Art Library. — 41
4. Coroação de um rei da França. Miniatura de meados do século XI. Biblioteca Nacional. — 55
5. Retorno de Filipe II a Paris após sua vitória em Bouvines. Miniatura do final do século XV. Biblioteca Real Alberto I, Bruxelas. — 63
6. O cerco de Orléans. Miniatura do final do século XV. Biblioteca Nacional. — 72
7. Saque de uma fazenda: imagem clássica dos infortúnios da guerra. Museu Bargoin, Clermont-Ferrand. Foto: Giraudon/The Bridgeman Art Library. — 84
8. Luís XIV em 1660, com 22 anos e já marcado por um sentimento de sua dignidade pessoal. Gravura por P. van Schuppen, feita de uma pintura de W. Vaillant. © Roger-Viollet/TopFoto. — 90

---

* O autor e os editores reconhecem as seguintes fontes de materiais com direitos autorais e agradecem as permissões concedidas. Embora tenham sido feitos todos os esforços, nem sempre é possível identificar as fontes de todo o material utilizado, ou rastrear todos os titulares de seus direitos autorais. Se quaisquer omissões forem trazidas ao nosso conhecimento, incluiremos os reconhecimentos apropriados na reimpressão.

9. Construção de uma rua. Pintura de J. Vernet (1774). Museu do Louvre, Paris. Foto: Giraudon/The Bridgeman Art Library. ... 98
10. Batalha de Fontenoy, 11 de maio de 1745. Pintura de H. Vernet. © RMN-Grand Palais (Palácio de Versalhes)/Christian Jean. ... 110
11. Luís XVI em suas vestes para a coroação. Pintura de J.-S. Duplessis. Museu Carnavalet, Paris. © Roger-Viollet/TopFoto. ... 124
12. A queda da Bastilha, 14 de julho de 1789. Pintor anônimo. Museu Nacional do Palácio de Versalhes. Foto: Giraudon/The Bridgeman Art Library. ... 141
13. Incêndio de um castelo e a fuga de seus proprietários, 1789. Gravura anônima. Museu Carnavalet. Foto: Giraudon/The Bridgeman Art Library. ... 143
14. A noite de 4 de agosto de 1789: uma revolução social. Gravura por I. S. Helman, de uma pintura de C. Monnet. Biblioteca Nacional. Foto: Giraudon/The Bridgeman Art Library. ... 145
15. Ataque ao Palácio das Tulherias, 10 de agosto de 1792. Pintura de J. Bertaux. Museu Nacional do Palácio de Versalhes. Foto: Giraudon/The Bridgeman Art Library. ... 158
16. Execução de Luís XVI, 21 de janeiro de 1793. Foto: Coleção Stapleton/The Bridgeman Art Library. ... 160
17. Início da República conservadora, Termidor, ano II (28 de julho de 1794). Gravura por I. S. Helman, de uma pintura de C. Monnet. Biblioteca Nacional, Salão de Gravuras. Foto: Giraudon/The Bridgeman Art Library. ... 169
18. A Batalha de Austerlitz, 2 de dezembro de 1805, confirmou a predominância militar francesa. Gravura de J. L. Rugendas II. © Paris – Museu do Exército, Dist. RMN-Grand Palais. ... 177
19. A distribuição da Europa entre os irmãos de Napoleão. Gravura de J. Gauthier. Museu Carnavalet. © Roger-Viollet/TopFoto. ... 178
20. Travessia de Berezina, 25 a 29 de novembro de 1812: um momento crucial na desastrosa retirada de Moscou. Litografia por V. Adam. Biblioteca Nacional, Salão de Gravuras. Foto: Giraudon/The Bridgeman Art Library. ... 183
21. Início da industrialização: uma mina de carvão perto de Liège, em 1812. Museu Carnavalet. Foto: Giraudon/The Bridgeman Art Library. ... 187
22. A família real em maio de 1814. Museu Carnavalet. Foto: Giraudon/The Bridgeman Art Library. ... 207

23. *Bênção solene de uma cruz*. A restauração da ordem moral, ou a reconquista católica, 1826. Gravura de J. Massard. Biblioteca Nacional. 210
24. Luta no *Boulevard* dos Italianos, 28 de julho de 1830. Litografia por V. Adam. Museu Carnavalet. Foto: Museu da Cidade de Paris © SPADEM. 215
25. Lafayette recebe Luís Filipe no Hôtel-de-Ville, Paris, 31 de julho de 1830. Pintura de E.-F. Féron. © RMN-Grand Palais (Palácio de Versalhes)/Direitos reservados. 216
26. Junho de 1848: barricada na rua Saint-Antoine. Litografia por E. de Beaumont e E. Ciceri. © RMN-Grand Palais/Agence Bulloz. 227
27. Napoleão III, a imperatriz e o príncipe imperial, rodeados por seu povo. Gravura de L. Flaming. Biblioteca Nacional, Salão de Gravuras. 233
28. Fábricas da Schneider em Le Creusot. Aquarela por I. F. Bonhommé. Foto: DEA/G. DAGLI ORTI/De Agostini/Getty Images. 239
29. Paris, 4 de setembro de 1870: republicanos proclamam a derrubada da dinastia Bonaparte. Pintura de J. Guiaud. Museu Carnavalet. © Museu Carnavalet/Roger-Viollet/TopFoto. 243
30. Incêndio de Paris, maio de 1871. Museu Carnavalet. Foto: Museu da Cidade de Paris © SPADEM. 247
31. Camponeses em viagem de trem. Foto: Popperfoto. 252
32. A máquina de debulhar. Pintura de R. Rigolot. Museu de Belas-Artes, Rouen. Foto: Giraudon/The Bridgeman Art Library. 255
33. "Jantar em família". Desenho de C. d'Ache. Biblioteca Nacional, Salão de Gravuras. 257
34. Greve em Nord. Gravura de *L'Illustration*. 259
35. As táticas ofensivas de 1914-1915: enormes baixas e ganhos mínimos. 268
36. Guerra de trincheiras: rescaldo da luta homem a homem na região de Meuse. © Roger-Viollet/TopFoto. 270
37. Oficiais seniores planejando em 1916 – isolados das realidades da linha de frente. Desenho de G. B. Scott. © Paris – Museu do Exército, Dist. RMN-Grand Palais. 273
38. Mobilização para a "guerra total": trabalhadoras das fábricas de munições. Foto: P. Lorette. 275
39. O custo de reconstrução: as ruínas de Montdidier (Somme), junho de 1919. Foto: Coleção Albert Kahn. 280
40. Cartaz eleitoral, novembro de 1919. Biblioteca Nacional, Salão de Gravuras. 287

41. Cartaz eleitoral dos conservadores, por Jack. Biblioteca Nacional, Salão de Gravuras. 290
42. Parada dos membros da Cruz de Ferro. © Roger-Viollet/TopFoto. 297
43. Manifestantes de extrema-direita em confronto com a polícia na Praça da Concórdia, 6 de fevereiro de 1934. 298
44. Léon Blum e seu governo da Frente Popular em 1936. Hulton Archives. Foto: Keystone/Getty Images. 301
45. Paul Reynaud saindo de uma reunião do Executivo, 21 de maio de 1940. Foto: Keystone/Hulton Archive/Getty Images. 310
46. A (re)germanização da Alsácia: um desfile nazista em Estrasburgo, outubro de 1941. Foto: Taillandier. 315
47. Marechal Pétain e Pierre Laval em Vichy, em novembro de 1942, com os cardeais Suhard e Gerlier. © Roger-Viollet/TopFoto. 319
48. Mineiros franceses trabalhando sob supervisão alemã. © Roger-Viollet/TopFoto. 322
49. Execução dos jovens membros da resistência por soldados alemães. © Roger-Viollet/TopFoto. 328
50. Execução dos membros da milícia em Grenoble, agosto de 1944. 338
51. Libertação: o general De Gaulle caminha na Champs-Elysées em 26 de agosto de 1944. Foto: Robert DOISNEAU/Gamma-Rapho/Getty Images. 340
52. Reconstrução: o Partido Comunista exige esforço complementar. Foto: Taillandier-D.R. 347
53. Brigitte Bardot no set do filme *Vida privada*, 1º de janeiro de 1961. Foto: Loomis Dean/Time & Life Pictures/Getty Images. 369
54. Soldados empregados pelos ministros socialistas como fura-greves, guardando as saídas das minas em 1947. 376
55. O governo de Pierre Mendès-France, 19 de junho de 1954. François Mitterrand está à direita. © Roger-Viollet/TopFoto. 380
56. As operações militares na Argélia: em guarda na casbá. Foto: Central Press/Getty Images. 385
57. Manifestantes em Argel, 1958. Foto: Meagher/Getty Images. 388
58. General Charles De Gaulle fala à nação na televisão, em 23 de abril de 1961. Foto: Keystone/Hulton Archive/Getty Images. 397
59. Presidente De Gaulle com o chanceler Konrad Adenauer durante sua visita à Alemanha Ocidental, setembro de 1962. Foto: Camera Press (UK) Ltd. 398

60. Pôster do Mercado Comum, por Savignac, 1957. Foto: Larousse.   399
61. Polícia perseguindo manifestantes, 6 de maio de 1968. Foto: Caron.   401
62. Protesto de um gaullista na Champs-Elysées, 30 de maio de 1968. Foto: Le Campion/ANA.   403
63. Georges Pompidou, como primeiro-ministro, ao lado do jovem Jacques Chirac, à esquerda. Foto: AFP/Getty Images.   405
64. Desenvolvimento da propriedade. Foto: Sappa/CEDRI.   408
65. Protesto contra a reforma do sistema de aposentadoria, Marselha, 13 de maio de 2003. Foto: Gerard Julien/AFP/Getty Images.   430
66. Trabalho de imigrantes e habitações de baixo custo: Gennevilliers na década de 1980. Foto: Chollet-Rapho.   431
67. Eleições presidenciais: Valéry de Giscard d'Estaing e François Mitterrand participam de um debate televisivo, 5 de maio de 1981. Foto: AFP/Getty Images.   447
68. O recurso de Mitterrand como *la force tranquille*. Pôster de Séguéla.   448
69. A posse de Jacques Chirac como Presidente da República, em 17 de maio de 1995. Foto: Pascal Pavani/AFP/Getty Images.   469
70. Pôster de apoio a Jean-Marie Le Pen, eleição presidencial, 30 de abril de 2002. Foto: Getty Images.   479
71. Jacques Chirac e Nicolas Sarkozy participam de uma cerimônia para homenagear Lucie Aubrac, um dos maiores heróis da resistência durante a guerra, no pátio do Palácio dos Inválidos em Paris, 21 de março de 2007. Foto: Reuters/Charles Platiau.   486
72. François Hollande e Nicolas Sarkozy durante um debate televisivo nos estúdios em La Plaine Saint-Denis, perto de Paris, 2 de maio de 2012. Foto: Reuters/France 2 Television/Folheto.   500
73. O presidente Nicolas Sarkozy e Carla Bruni-Sarkozy deixam o Palácio do Eliseu para a cerimônia de posse do novo presidente François Hollande em 15 de maio de 2012. Foto: KeystoneUSA-ZUMA/Rex Features.   502
74. Presidente Hollande revê as tropas durante visita a uma base militar em Kapisa, Afeganistão, 25 de maio de 2012. Foto: Joel Saget/AFP/Getty Images.   509

Mapas

1. Mapa físico da França. (Fonte: PRICE, R. *A social history of nineteenth-century France*. Hutchinson, 1987.)   24

2. A criação da França, I: o Tratado de Verdun, 843. (Fonte: REVEL, *L'espace français*.) — 52

3. A criação da França, II: o reino de Filipe II, 1180-1223. (Fonte: REVEL, *L'espace français*.) — 66

4. A criação da França, III: Tratado de Brétigny, 1360. (Fonte: REVEL, *L'espace français*.) — 69

5. A criação da França, IV: o reinado de Luís XI, 1461-1483. (Fonte: REVEL, *L'espace français*.) — 76

6. A criação da França, V: expansão dos domínios reais durante o reinado de Henrique IV, 1589-1610. (Fonte: REVEL, *L'espace français*.) — 86

7. A criação da França, VI: o reinado de Luís XIV, 1643-1715. (Fonte: REVEL, *L'espace français*.) — 92

8. A Constituição Civil do Clero (porcentagem de pessoas que fizeram o juramento). (Fonte: VOVELLE, M. (Ed.). *L'état de la France pendant la révolution*. Editions La Découverte, 1988.) — 150

9. Apogeu do Império, 1812. (Fonte: GILDEA, R. *Barricades and borders: Europe 1800-1914*. Oxford University Press, 1987.) — 182

10. França, desenvolvida e subdesenvolvida, I: produção de trigo em 1840. (Fonte: PRICE, R. *An economic history of modern France, c. 1730-1914*. Macmillan, 1981). — 195

11. França, desenvolvida e subdesenvolvida, II: o motor a vapor como índice de industrialização (valor por departamento em 1841 e em 1878). (Fonte: DUPEUX, G. et al. *Atlas historique de la France contemporaine*. Armand Colin, 1966.) — 198

12. A perda da Alsácia-Lorena. (Fonte: DUPEUX et al. *Atlas historique*.) — 246

13. A divisão da França em 1940. (Fonte: AZEMA, J.-P. *From Munich to the liberation, 1938-1944*. Cambridge University Press, 1984.) — 314

Tabelas

1. Posse de terras do departamento de Nord (%). — 152

2. Renda nacional a preços constantes (1905-1913 – francos). — 191

3. Aumento demográfico (1750-1911). — 200

4. Resultados das eleições legislativas. — 237

5. Distribuição da população industrial ativa (%). — 281

6. Estrutura da população ativa (%). — 282

7. Crescimento do PIB, 1896-1996 (aumento percentual médio anual). — 344

8. Evolução dos grupos socioprofissionais, 1954-1975 (porcentagem da população ativa). 356
9. Profissões da classe média, 1954-1975. 365
10. Resultados da eleição da Assembleia Constituinte, 21 de outubro de 1945. 370
11. Resultados da eleição da Assembleia Nacional, 10 de novembro de 1946. 374
12. Resultados da eleição da Assembleia Nacional, 17 de junho de 1951 (França metropolitana somente). 377
13. Resultados da eleição da Assembleia Nacional, 2 de janeiro de 1956 (França metropolitana somente). 383
14. Resultados da eleição da Assembleia Nacional, 23 e 30 de novembro de 1958 (França metropolitana somente). 391
15. Resultados da eleição da Assembleia Nacional, 18 e 25 de novembro de 1962. 392
16. Resultados da eleição da Assembleia Nacional, 5 e 12 de março de 1967. 400
17. Resultados da eleição da Assembleia Nacional, 23 e 30 de junho de 1968. 405
18. Resultados da eleição da Assembleia Nacional, 4 e 11 de março de 1973. 407
19. Estrutura da população ativa (%). 421
20. Resultados da eleição da Assembleia Nacional, 12 e 19 de março de 1978. 446
21. Resultados da eleição da Assembleia Nacional, 14 e 21 de junho de 1981. 449
22. Resultados da eleição da Assembleia Nacional, 16 de março de 1986. 459
23. Resultados da eleição da Assembleia Nacional, 5 e 12 de junho de 1988. 463
24. Resultados da eleição da Assembleia Nacional, 25 de maio e 1º de junho de 1997. 473
25. Resultados da eleição da Assembleia Nacional, 9 e 16 de junho de 2002. 481
26. Resultados da eleição presidencial, primeiro turno, 22 de abril de 2012. 498
27. Resultados da eleição presidencial, segundo turno, 6 de maio de 2012. 499
28. Resultados da eleição da Assembleia Nacional, segundo turno, 17 de junho de 2012. 501

Agradecimentos

O autor de um trabalho geral como o presente deve agradecimentos a muitas pessoas, incluindo os alunos de meus cursos na Universidade de East Anglia, entre 1968 e 1993, e, posteriormente, em Aberystwyth, colegas do passado e do presente e ao pessoal da biblioteca de ambas as instituições, bem como aos funcionários da Biblioteca Nacional de Gales. Agradeço especialmente a William Davies, da Cambridge University Press, por oferecer-me em primeiro lugar o desafio e, posteriormente, por incentivar outros projetos. Seu sucessor, Michael Watson, juntamente com Isabelle Dambricourt e Chloe Dawson, prestou uma valiosa assistência na preparação das edições posteriores, o mesmo fizeram Elizabeth Friend-Smith, Fleur Jones e Abigail Jones. Os seguintes amigos leram e comentaram o manuscrito original: Malcolm Crook, Colin Heywood, Oliver Logan e o extremamente perdido Peter Morris. Heather Price ofereceu uma enorme contribuição. Richard Johnson, da Universidade de East Anglia, preparou alguns mapas, e Mary Richards, Jean Field e Mike Richardson, editores da Cambridge University Press, deram sugestões extremamente úteis.

Por suas críticas construtivas, pela paciência, pelo amor e pelas risadas, permaneço profundamente grato a Richard, Luisa, Luca e Charlotte; a Siân, Andy, Molly e Lilly; a Emily, Dafydd e Eleri; a Hannah e Simon; e a minha querida Heather.

Introdução

A entidade que conhecemos como França é produto de séculos de evolução, durante os quais um conjunto de sociedades regionais foi reunido pela ação política e pelo desejo de crescimento territorial de uma sucessão de reis, ministros e soldados. O resultado não continha qualquer elemento inevitável. O desenvolvimento não foi nada linear e precisamos tentar evitar a abordagem teleológica para explicar o seu curso. A característica central foi o surgimento de um Estado relativamente forte na Ilha-de-França e a expansão de sua autoridade. Nossa tarefa será explicar como e por que isso ocorreu.

O convite para escrever um livro que abrange um período cronológico tão extenso gera perspectivas atraentes e intimidadoras; representa uma oportunidade para organizar as preocupações – normalmente mais restritas – do historiador profissional dentro de um contexto histórico amplo, mas também cria grandes problemas de perspectiva e de abordagem. Sempre surgirão questões sobre a "medida em que é possível reconstruir o passado a partir dos vestígios deixados por ele" (R. J. Evans). As evidências com as quais os historiadores lidam são compostas por fragmentos, frequentemente sobreviventes oportunos, que precisam ser contextualizados por meio de um trabalho que consiga reconstruir os seus significados. Todo estudo histórico é seletivo, mas nenhum é tão seletivo quanto aquele que abrange tantos séculos. O problema está em saber o que selecionar – qual a melhor forma de construir sentidos no caos dos acontecimentos – na sucessão de gerações que está no coração da história, e como definir o tempo histórico e as fronteiras movediças entre continuidade e mudança. É possível compormos uma história política descritiva e organizada cronologicamente, mas correríamos o risco de transformá-la em um catálogo sem sentido dos grandes homens e suas ações.

O surgimento da história social na década de 1920, frequentemente associada a Marc Bloch e Lucien Febvre, fundadores da escola dos *Annales*, fez que até mesmo o historiador político pusesse os grandes homens e a evolução das instituições do Estado em um contexto de sistemas sociais em mudança. Conforme os historiadores continuavam seu diálogo autocrítico com o passado e debatiam a importância relativa dos fatores econômicos, culturais e ideológicos no processo de formação e mudança social, foram desenvolvidos vários tipos de abordagens. As simplicidades atraentes de uma abordagem estruturalista, baseada em classes e neomarxista, associada, na década de 1960 e 1970, a Fernand Braudel e Ernest Labrousse, foram rejeitadas por serem excessivamente deterministas e por conduzirem a um reducionismo que negligencia os "atores históricos", da "cultura" e da comunidade. A determinação de integrar os "pobres" no registro histórico foi seguida pelo desejo de reconhecer a importância do gênero e da etnia como chaves para que escolhas e comportamentos pudessem ser explicados. Os conhecimentos da antropologia social também foram utilizados para criar uma consciência da importância da linguagem, das imagens e da ação simbólica na construção da identidade social e de uma história "cultural" que pressupõe a ideologia, não a sociedade e a economia, como algo central à experiência humana.

Na ausência de leis gerais de desenvolvimento histórico e como resultado de uma maior consciência sobre a enorme complexidade da interação humana, surgiu uma crise de confiança entre os historiadores. Isso se aprofundou ante o desafio "pós-estruturalista" e "pós-modernista" da filosofia de Michel Foucault, Jacques Derrida e outros, que, em sua forma mais extrema, salientavam que toda percepção da "realidade" é mediada pela linguagem, que todo texto tem uma variedade de significados possíveis e que a pesquisa histórica em si não passa de uma reflexão sobre o discurso. Se o passado não tem qualquer realidade fora da representação dos historiadores sobre o mesmo, segue-se que a "realidade" não pode ser distinguida de sua representação. A História torna-se, assim, meramente um gênero literário entre tantos outros, pouco diferente de um romance.

Apesar de ser valioso, pois incentiva os historiadores a questionar seus pressupostos, o pós-estruturalismo desafia as bases em que as ciências sociais foram construídas – incluindo a crença em um conhecimento verificável e o valor da pesquisa empírica – e, por isso, deve ser considerado como uma rua intelectual sem saída, pois nada mais é que a reintrodução dos antigos argumentos filosóficos sobre a natureza da realidade. O pós-modernismo, cheio de jargões e cada vez mais autorreferencial, tornou-se uma caricatura de si mesmo, um jogo linguístico arrogante e elitista. Enquanto é importante reconhecer a necessidade do desenvolvimento de modelos de causalidade mais complexos e inclusivos, é também vital abordar "cultura e identidade, linguagem e consciência como fenômenos mutáveis que precisam de explicações e não como a explicação final para todos os outros fenômenos sociais" (Tilly). Os indivíduos desenvolvem uma consciência social dentro da multiplicidade de situações complexas vividas no cotidiano. A identidade não é uma constante. Para que o historiador possa construir um contexto explanatório significativo, ele precisa reconhecer as grandes estruturas – bem como as pequenas – que interferem com o indivíduo e fornecem as bases da interação social.

A verdadeira crise enfrentada pela história talvez seja a sua fragmentação. Normalmente, o historiador profissional envolve-se com investigações que levarão à publicação de monografias que possam aumentar o conhecimento e a análise; com o ensino para desenvolver atitudes de questionamentos e críticas entre seus estudantes; e com aquilo que os franceses chamam de "vulgarisation" – um termo bem infeliz para descrever a tarefa essencial de transmitir ideias ao maior número de pessoas possível. O desafio imposto envolve a conciliação da credibilidade profissional com as exigências comerciais dos meios de comunicação. Em versão impressa e na televisão, as exigências por acessibilidade ameaçam fazer que situações históricas complexas tornem-se distorções simplificadas e que retornemos ao pior tipo de história descritiva e aos relatos das ações dos grandes que, ao minimizar o contexto, ignoram a revolução do método histórico inaugurado há quase um século por Bloch e Febvre.

O tema central deste livro é, portanto, o processo contínuo de interação entre Estado e sociedade. O Estado foi definido pela sócio-historiadora Theda Skocpol (em *States and Social Revolution*, 1979 [Estados e revoluções sociais]) como "um conjunto de órgãos administrativos, políticos e militares, liderado e mais ou menos bem coordenado por uma autoridade executiva". Evidentemente, a manutenção desses órgãos administrativos e coercitivos requer a extração de recursos da sociedade – tais demandas são ampliadas em caso de guerra e, como consequência, estas têm servido como um grande estímulo para a evolução das instituições do Estado. Desde

John Locke, no mínimo, os escritores liberais têm percebido o Estado como uma força moralmente neutra, capaz de fazer cumprir as leis e a ordem e defender os seus cidadãos contra ameaças externas. Desse modo, ignoram a questão das origens sociais dos legisladores e aplicadores da Lei, as maneiras pelas quais estes percebiam seus papéis e suas atitudes em relação aos governados. A tradição alternativa é representada por Karl Marx e pelos sociólogos italianos Vilfredo Pareto e Gaetano Mosca, que viam o Estado como instrumento de uma minoria dirigente; e por Antonio Gramsci, que insistia na importância não só das instituições do Estado coercitivo, mas também sobre a predominância cultural alcançada pelas elites sociais como meio de manter o controle social e limitar o impacto dos sistemas de valor contrários aos seus.

Não se pretende com isso afirmar que o Estado de alguma forma representa automaticamente os interesses de uma classe social dominante. Muito menos afirmar que o Estado é sempre uma entidade unificada. Sua capacidade de intervenção na sociedade varia de acordo com a época e o lugar. O envolvimento do Estado nas rivalidades institucionais, políticas, militares e nos esforços para fortalecer suas próprias instituições pode gerar conflitos sobre a dotação dos recursos. No entanto, o recrutamento, na maioria esmagadora das vezes, de funcionários estatais sêniores dentre os membros das elites sociais e a altíssima capacidade que essa elite tem para persuadir os representantes do Estado sugerem fortemente a existência de uma influência predominante. Mesmo que isso seja aceito, no entanto, a competição *interna* das elites pela influência ou controle das atividades do Estado continua a ser uma poderosa fonte de conflito.

As questões centrais referem-se ao poder político. Por que é tão importante? Quem o possui? Como é usado? É utilizado em favor de quem e com quais consequências? Como os *governados* reagem às atividades dos *governantes*? A possibilidade de resistência coletiva parece estar ligada às percepções estabelecidas a respeito dos direitos e da justiça, à capacidade de organização, às oportunidades de protesto e às percepções da probabilidade de sucesso ou às perspectivas de repressão e, portanto, parece ter sido influenciada pelas mudanças tanto nas estruturas sociais e relacionamentos quanto nos arranjos institucionais. Por que ocorre a mudança política?

Deve-se deixar claro que essas são perguntas que versam sobre sistemas sociais, bem como sobre estruturas políticas e comportamentos. Na verdade, deveria estar claro que a ordem social não é mantida apenas, ou mesmo principalmente, pela atividade do Estado, mas por meio de uma ampla gama de instituições sociais – incluindo a família e a comunidade local, entidades religiosas, educacionais e beneficentes e as relações de trabalho e de domínio – que não ocorrem de acordo com algum plano global cuidadosamente concebido, mas porque os processos de socialização e contatos diários servem para legitimar e impor uma ampla variedade de dependências. As formas de controle exercidas são determinadas em grande parte pelas atitudes criadas no cotidiano – em suma, pela lógica da época e do grupo –, bem como pela estrutura social e recursos empregados pelo Estado e pelas elites sociais. O sentimento de impotência, tão comum entre os pobres, e a necessidade de serem prudentes sugerem que a ausência de conflitos evidentes não significa necessariamente a inexistência de tensões sociais e políticas.

Alguns grupos sociais têm sido privilegiados como temas do estudo histórico, outros marginalizados. No entanto, os estilos mudam; o desenvolvimento da "história de baixo para cima" e a atenuação das atitudes condescendentes com as populações urbanas e rurais mostram bem este ponto. O predomínio de historiadores homens, empregando fontes documentais produzidas, em grande parte, por homens também foi criticado – e com razão – como cegueira de gênero. Este não é o lugar para discutir os méritos da comunidade ou da classe em oposição ao gênero como categorias analíticas, nem para considerar as dificuldades práticas de introduzir o gênero como conceito em uma história da França. Basta dizer o que se tornou, e sempre deveria ter sido, óbvio, ou seja, que homens e mulheres têm experiências únicas e experiências compartilhadas e que as percepções de gênero afetam a formação da identidade social e toda a gama de ações e discursos econômicos, sociais e políticos. O objetivo do historiador deve ser "integrar qualquer experiência definida pelo gênero ao âmbito social e econômico mais amplo" (Hufton) e, ao mesmo tempo, reconhecer que os gêneros também são condicionados pela cultura e pela história.

Outra dimensão que não podemos ignorar é a espacial – um tema tão caro para Fernand Braudel ao refletir sobre a tradição francesa que associa estreitamente história e geografia. Algo que se tornará óbvio no decorrer deste livro é a importância crucial das redes de comunicações, que podiam limitar ou facilitar as atividades econômicas, políticas e a difusão de ideias. O principal objetivo desta breve introdução, no entanto, é definir o cenário, considerando algumas continuidades da história francesa.

Uma característica óbvia da França (dentro de suas fronteiras modernas) é sua diversidade geográfica. O geógrafo Philippe Pinchemel distingue cinco regiões naturais: uma zona oceânica e temperada no *Noroeste*, estendendo-se de Vendeia a Champanha, uma região de baixa altitude, coberta com uma espessa camada de solo fértil e com chuvas abundantes; o *Nordeste*, uma área de altiplanos e pedra calcária com solos pobres, exceto em algumas áreas férteis isoladas, e com severas condições climáticas continentais; o *Sudoeste*, com suas planícies, colinas e planaltos, é mais verde, mais fértil e menos rochoso que o *Sudeste*: essa região se estende desde o Limusino até a planície da Provença, do condado de Roussillon às planícies do Rio Saône, que é descrito por ele como "um mosaico... cheio de contrastes naturais", com planaltos inférteis de calcário e encostas íngremes, intercaladas com áreas pequenas, descontínuas e férteis de planície e vale, desfrutando um clima mediterrânico; e, finalmente, as *montanhas* – Maciço Central, Jura, Alpes e Pirineus – que são inóspitas ao assentamento por causa de sua fina camada de solo, das estações de plantio curtas e dos obstáculos à circulação de pessoas e bens. Se, em termos gerais, o Norte pertence à zona climática temperada e o Sul, com os seus verões e altas temperaturas, à zona do Mediterrâneo, as montanhas complicam o quadro levando para o Sul as características climáticas do Norte. Além disso, ao irmos para o interior, as características climáticas oceânicas dão lugar às continentais. Em termos climáticos, então, a França é caracterizada pelas importantes variações locais, por um alto grau de irregularidades e anomalias sazonais em sua temperatura e padrão de precipitações. Desde tempos imemoriais até o século XIX – enquanto persistiram os sistemas agrícolas de baixa produtividade e o isolamento –, as condições climáticas adversas – mais notavelmente os verões úmidos do Norte e as secas do Sul – constituíram uma ameaça às colheitas de cereais e representavam riscos de desnutrição ou de algo ainda pior para os pobres. Em nenhum outro momento essas questões cruciais sobre o controle de recursos escassos e sobre o acesso à terra e aos alimentos foram apresentadas com tamanha acuidade. Ao intensificar as tensões sociais, as fracas colheitas criaram grandes problemas políticos.

Apesar dos problemas climáticos, a sociedade conseguiu adaptar-se. A transformação da paisagem francesa é, de fato, prova da contínua adaptação humana, não só aos imperativos geográficos mas também às mudanças da densidade populacional e às pressões sociopolíticas. As paisagens rural e urbana são o produto de uma complexa interação entre as condições naturais e as mudanças tecnológicas e demográficas, bem como da complicada sobreposição entre as fases de desenvolvimento. No século XX, especialmente nos anos que se seguiram à Segunda Guerra Mundial, com a mecanização, além do uso de herbicidas e fertilizantes químicos e a fusão das fazendas, ocorreram as mudanças mais profundas já vistas até então; mas a paisagem ainda é afetada pelos contrastes entre as áreas de campos abertos e as cercadas – criadas na Idade Média conforme os assentamentos espalhavam-se ao longo dos vales fluviais, das planícies e das encostas mais baixas. Embora as práticas habituais associadas ao pastoreio comunal e ao sistema de rotação trienal de culturas tenham começado a desaparecer do início do século XIX, na Picardia, Ilha-de-França, Norte, Champanha e, em particular, em grande parte do leste da França, os espaços abertos com poucas árvores estão associados aos grupos de vilarejos agrupados e à concentração populacional. A região do Mediterrâneo – apesar de a revolução dos transportes ter transformado a agricultura de suas planícies, dando acesso aos mercados de massa para o seu vinho – também continuou marcada pelas estruturas do passado, com o seu hábitat concentrado e os restos de terraços nas encostas que demonstram sua luta contínua pela subsistência. As longas extensões dedicadas ao cultivo de cereais só chegaram ao fim a partir do século XIX, graças ao declínio das densidades populacionais da zona rural e à falta de necessidade da autossuficiência nacional, já que o acesso ao aprovisionamento externo torvava-se confiável. Em todo o Oeste, a paisagem é ainda marcada por áreas cercadas e assentamentos dispersos que indicam o processo gradual de colonização das terras na Idade Média. Embora tenha ocorrido grandes alterações, a estrutura básica dos assentamentos manteve-se notavelmente similar desde o final da Idade Média. Sebes espessas e paredes de granito marcam as fronteiras e dão abrigo aos animais, enquanto redes complexas de caminhos – frequentemente rebaixados – fornecem acesso aos campos. A Baixa Normandia, Bretanha, Anjou, Maine e Vendeia oferecem modelos diferentes, nos quais se combinou o cultivo da terra nos vales com a exploração dos recursos florestais e pastagens em terras altas. Não foram os métodos de agricultura que afetaram a capacidade das economias locais para sustentar a população, mas as estruturas do solo e os recursos naturais. Assim, a densidade populacional e os padrões de vida variavam de forma considerável. As construções em estilo tradicional, muitas vezes disfarçadas por adições modernas, oferecem outros testemunhos das diferenças regionais do passado. A estrada de ferro, o motor e o declínio dos custos dos transportes levaram à produção em massa de materiais de construção e maior uniformidade da construção civil na cidade e no campo, enquanto os tijolos e mais tarde o concreto substituíam a pedra trabalhada ou a madeira.

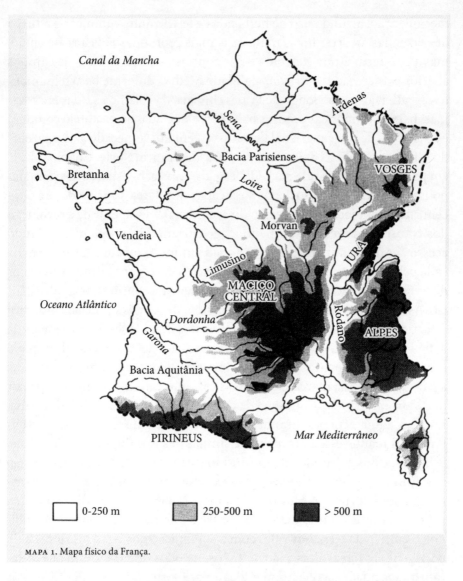

MAPA 1. Mapa físico da França.

No sistema social tradicional – predominantemente rural – vigente até o século XIX, o principal estímulo para o aumento da produção agrícola foi o crescimento populacional. Para obter-se mais alimentos, foi preciso, em primeiro lugar, cultivar novas terras que ainda não haviam sido utilizadas e semear mais frequentemente as terras aráveis existentes com lentas melhorias na rotação das culturas. O uso excessivo e o cultivo de terras marginais reduziram a produtividade e aumentaram a probabilidade de perda da colheita, de subnutrição, da propagação de doenças e da alta

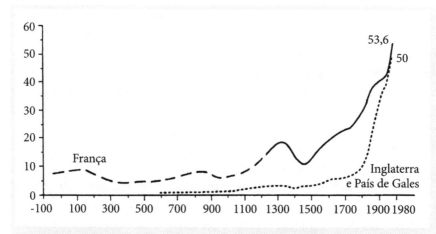

IMAGEM 1. Evolução comparativa da população (em milhões). França, Inglaterra e País de Gales.

mortalidade, normalmente associada a um ambiente empobrecido. Esses fatos explicam em grande parte a obsessiva preocupação popular com a subsistência. Na sociedade moderna, o principal estímulo para o aumento da produção agrícola é a urbanização e as mudanças alimentares que se tornaram possíveis graças à industrialização e à maior prosperidade. Os suprimentos alimentares são garantidos pela possibilidade de importação e a produtividade aumentou principalmente em razão de avanços técnicos: culturas forrageiras, maior especialização e, mais recentemente, motorização, fertilizantes, produtos fitossanitários, inseminação artificial e reprodução seletiva de animais e plantas, aliados à fusão das fazendas. Cada vez mais, o capital substitui a terra e o trabalho como o principal fator de produção. O barateamento do transporte a granel e a maior rapidez da difusão de informações trouxeram novas oportunidades para os agricultores, mas em mercados muito mais competitivos.

A evolução demográfica também causou um grande impacto no meio ambiente por intermédio das ondas sucessivas de desmatamento de terras e da derrubada de florestas até o final do século XIX e, depois, pela urbanização, a extensão das cidades e aldeias até as áreas rurais circundantes e a reconstrução das próprias cidades, conforme as ferrovias e as amplas avenidas permitiam a penetração mais fácil de pessoas e mercadorias, eliminando a pitoresca confusão das estruturas da Alta Idade Média e início da Era Moderna que sobreviveram até meados do século XIX. Além disso, os anos pós-1945 presenciaram níveis mais altos de destruição e construção.

A criação centenária da rede urbana teve importância crucial para o desenvolvimento global da sociedade francesa. Em muitos aspectos, os mercados das vilas e aldeias de tamanhos variados eram o elemento dinâmico essencial da sociedade. Ao crescerem nas encruzilhadas dos sistemas de comunicação, suas demandas serviam para estimular a produção rural de alimentos e manufaturas, ao mesmo tempo que exerciam um crescente controle político e administrativo sobre o interior do país.

É difícil construir uma tipologia. As comunicações lentas e caras promoveram o desenvolvimento de uma rede de pequenos centros comerciais. A maioria das pequenas vilas conseguiu obter importância apenas local ou regional. Os grandes centros, mesmo antes da chegada da ferrovia, possuíam vias fluviais ou marítimas e serviam-se da circulação de milhares de pequenas barcaças ou navios. Paris, ajudada pelo rio Sena e seus afluentes que traziam comida, combustível e madeira para construção, desempenhou um papel histórico central como um dos principais centros regionais, tal como Lyon e portos como os de Marselha, Bordéus e Rouen. A distribuição regional de riqueza era claramente afetada pela localização desses centros e de seu interior. Eles exerceram considerável influência administrativa e cultural, e serviram como centros residenciais das elites locais e de uma mistura complexa de profissionais e artesãos. Eles também atraíram muitos pobres e indigentes que buscavam trabalho ou caridade. A industrialização promoveu um processo de crescimento acelerado e seletivo dentro dessa rede urbana essencialmente medieval. A fim de atender às necessidades das populações em crescimento por habitação, trabalho, serviços, educação e higiene e para facilitar a circulação de mercadorias e pessoas, as vilas passaram por uma transformação drástica. Mais uma vez, a inovação tecnológica foi incentivada pelo crescimento da população, pela melhoria das comunicações e pela integração dos mercados. A estrutura e a tecnologia das atividades fabris permaneciam fundamentalmente inalteradas desde a Idade Média. O final do século XVIII e o século XIX presenciaram a aplicação da energia mecânica aos sistemas fabris, competindo com as tradicionais e dispersas oficinas urbanas e rurais. Esse foi o anúncio de uma era contínua e acelerada de inovações tecnológicas, com fases especialmente rápidas de crescimento nas décadas de 1840 e 1890 e depois de 1945.

A importância das comunicações deve ser certamente acentuada. A qualidade das comunicações por terra e por água não determinou apenas as possibilidades do comércio, a estrutura da demanda por alimentos e manufaturas e a capacidade de crescimento da população urbana, mas também a competência dos governos de manterem-se informados, de passar instruções e de impor sua autoridade. Antes da revolução dos transportes ocorrida no século XIX, os problemas de comunicação e controle da França, por seu tamanho e estrutura continental, eram muito mais agudos que os da Grã-Bretanha, uma ilha de fácil penetração por mar.

A unidade inicialmente imposta pela atividade política e pelo poder militar foi reforçada por meio de uma revolução de comunicações cada vez mais difundida, processo iniciado no início do século XVIII com a melhoria das estradas e vias navegáveis e levado adiante mediante a introdução de tecnologias fundamentalmente novas: ferrovias, telegrafia, telefones e, mais recentemente, a tecnologia da informação, cujo impacto é reforçado pela educação universal e pelos meios de comunicação de massa. Essas inovações proporcionaram benefícios antes inimagináveis para a circulação de pessoas e produtos, bem como para os meios de entretenimento, de educação e, em última análise, de controle social. Por meio delas surgiu o sentimento altamente desenvolvido de pertencer a uma determinada comunidade política e, por fim, o sentimento de uma identidade nacional em sua acepção contemporânea. Dessa forma, a integração econômica, social, cultural e política depende fundamentalmente do desenvolvimento dos meios de comunicação e, com uma circularidade genuína, a demanda por melhores comunicações deriva das novas percepções sobre as necessidades econômicas, culturais e políticas de uma sociedade.

A estrutura deste livro é ditada por seu tamanho e por seu principal objetivo: oferecer ao leitor certa compreensão da França contemporânea. É impossível entender o presente sem considerar o passado, mas pode-se argumentar que o impacto do passado declina com o tempo, então o passado recente receberá considerações mais aprofundadas do que os períodos mais distantes. Cada capítulo enfoca um período mais ou menos longo, identificado pela predominância da continuidade sobre as alterações ocorridas na evolução das estruturas econômicas e sociais e problemas políticos. O longo período medieval e o início do período moderno caracterizaram-se pela luta de reis que desejavam afirmar-se contra as reivindicações dos magnatas territoriais e da nobreza indisciplinada, dentro do contexto de um sistema demográfico cujo crescimento era mantido em equilíbrio pela baixa produtividade agrícola e por repetidas crises malthusianas. A economia caracterizava-se pela lenta penetração do capitalismo e da iniciativa urbana na sociedade rural. Revolução e império foram consequências do fracasso em estabelecer um sistema político coerente e eficaz. Tiveram, como resultado, o surgimento de uma política de massas dentro do contexto de uma sociedade que já experimentava as primeiras etapas da transição ao capitalismo moderno. O período entre 1815 e 1914 testemunhou a aceleração das mudanças econômicas, sociais e políticas, bem como uma longa luta entre os partidários da reforma política (*mouvement*) e os da *résistance*, estes últimos geralmente apoiados pelo Estado. De 1914 a 1945, houve um período de estagnação econômica e social e um de devastação causados pelas duas guerras mundiais. Em seguida, após a Segunda Guerra Mundial, ocorreram décadas sem precedentes de prosperidade, de reconstrução e crescimento econômico e de grande mudança social. O capítulo final trata do surgimento, a partir dos anos 1970, da sociedade pós-industrial e relata as oportunidades e os custos da contínua integração europeia e da globalização mais ampla. Inevitavelmente, dado o tempo entre a redação e a publicação, este livro tenderá a estar desatualizado em alguns aspectos no que diz respeito ao presente. No entanto, se ele conseguir ajudar a entender os eventos que não chegaram a ser contemplados aqui, posso considerá-lo um sucesso.

PARTE I

França Medieval e Pré-Moderna

Introdução

O objetivo desta seção é considerar a preparação e a evolução dos sistemas sociais e políticos que se desenvolveram na França durante a Idade Média e o início do período moderno até 1789 – o surgimento daquilo que os historiadores alemães chamam de *Lehnstaat*, ou monarquia feudal e do sucessor *Ständestaat*, ou Estado de cortes ou corporativo. Trata-se de um mundo governado por reis e príncipes, dominado por uma elite social aristocrática e nobre e que, apesar do florescimento de suas cidades, permanecia predominantemente rural e agrícola. O Poder dependia da riqueza e do controle dos recursos escassos e, em particular, do acesso à terra e sobre o *status* social, definido pelo sociólogo alemão Max Weber como a "estimativa social de honra", a qual era concedida em particular aos sacerdotes, que rezavam pela salvação humana e pelos guerreiros que defendiam a sociedade. Tais conceitos, santificados pela Igreja, legitimavam as relações sociais e serviram para justificar as muitas formas contemporâneas de controle social. Em última análise, no entanto, a capacidade para obter os impostos, aluguéis, obrigações feudais e dízimos da população dependia do uso da força armada.

Em qual data podemos situar o nascimento da França? Como veremos, o processo de construção do Estado foi gradual, desigual e descontínuo. Após o colapso do Império Romano e dos reinos francos que o substituíram foi preciso criar órgãos políticos capazes de assumir o controle de territórios mais amplos e de mobilizar seus recursos econômicos e humanos. A forma resultante foi a da luta entre os grandes senhores de terras pela supremacia local, regional e, finalmente, pela supremacia nacional. Nesse processo, algumas unidades políticas aumentaram seu tamanho em detrimento de seus concorrentes. Em grande parte, esta é uma história de guerra, mas o poderio militar estava intimamente ligado aos processos de comercialização, de melhoria das comunicações e de crescimento urbano. Dessa foram, esses desenvolvimentos eram bem-vistos pelos senhores de terras. O crescimento do poder burocrático e militar permitiu que os senhores mantivessem a subordinação dos súditos e travassem guerras externas. O desenvolvimento do Estado, portanto, reforçou os meios de controle social, mas também foi motivo de conflitos em razão da rivalidade interna das próprias elites e da resistência das pessoas que as elites desejavam controlar e explorar, bem como das rivalidades externas. Os súditos, no entanto, ainda não possuíam algo parecido com o sentimento moderno de nacionalismo. No final da Idade Média, talvez tenha sido criada uma vaga noção de lealdade a uma determinada dinastia, derivada da Guerra dos Cem Anos, um sentimento de ser diferente dos outros povos. Mesmo assim, as solidariedades locais e a força dos costumes e da cultura tornam extremamente difíceis as generalizações sobre a evolução social ou política. As perspectivas da maior parte da população dependiam do processo de socialização na família e das poucas relações pessoais dentro da comunidade. Essas duas forças estabeleceram as normas de comportamento e criaram um mecanismo de controle que essencialmente se autorregulava, dentro do qual o respeito ao sacerdote e ao senhor era em geral a resposta inquestionável ao desejo de segurança e sustento neste mundo e de salvação no mundo do além. Isso, na verdade, não nega que as relações habitualmente baseadas na deferência e na cooperação podiam, em determinadas circunstâncias, gerar hostilidade e conflito.

capítulo 1

População e recursos na França pré-industrial

Os historiadores, muitas vezes, permitiram que seu interesse por acontecimentos políticos obscurecesse as realidades históricas mais fundamentais, isto é, as continuidades das estruturas econômicas e sociais que tão profundamente deram forma aos sistemas políticos. A França permaneceu sendo uma sociedade eminentemente agrária durante séculos: ainda no século XVIII, os habitantes rurais somavam cerca de 85% da população. O ritmo da mudança foi lento e sujeito a regressões, seus agricultores mal conseguiam produzir alimento suficiente para suportar a si mesmos, muito menos os moradores da cidade e as elites que dependiam deles. Durante os séculos considerados neste capítulo, embora as técnicas produtivas da agricultura e da indústria tenham melhorado e a organização de comunicação e do comércio tenham se tornado mais eficientes, não houve nenhuma mudança estrutural fundamental no modo de produção e distribuição de mercadorias. O processo de acumulação de capital foi inevitavelmente limitado pela pobreza generalizada. Prova disso é a repetição dos ciclos em que o crescimento demográfico inicialmente estimulou o aumento da produção para, em seguida, ser responsável pela escassez de alimentos e crise demográfica. Somente no final desse período, no século XVIII, começaram a surgir sinais de uma mudança fundamental que levaria ao surgimento de um novo sistema econômico e social muito mais produtivo.

As mudanças das sociedades que empregam tecnologias relativamente simples tendem a ser lentas. A falta de informação faz que tenhamos opiniões arriscadas sobre o passo dessas mudanças, pois alguns indicadores importantes, como os rendimentos das culturas aráveis, variam consideravelmente de acordo com o momento e o lugar. Pesquisas recentes sugerem que entre os séculos IX e XIII o rendimento dos cereais pode ter dobrado de cerca de 2,5 a 4 plantas por semente, refletindo os estímulos do crescimento demográfico e do aumento do comércio. A energia hídrica e, a partir do século XII, os moinhos de vento eram cada vez mais utilizados para facilitar a moagem. A oferta de alimentos era geralmente suficiente e sua qualidade nutricional havia provavelmente melhorado. No entanto, a sociedade tradicional tinha a instabilidade e a incerteza como características permanentes. A relação entre sementes plantadas e produção colhida era muito baixa, assim, a redução na colheita a, por exemplo, um terço abaixo do "normal" significava que a oferta de alimentos disponível seria reduzida para a metade, já que metade do milho restante deveria ser utilizado como semente. A longo prazo, os séculos de subsistência relativamente segura incentivaram os casamentos em idade muito jovem e o crescimento demográfico, razão pela qual a pressão sobre os recursos alimentares ficou novamente evidente no final do século XIII e certamente no século XIV. No início do século XIV, o rendimento do trigo oscilava entre 2,5 por semente nos Alpes e excepcionais 8 a 9 nas planícies férteis do norte de Paris. A produtividade estava estagnada, refletindo a incapacidade da introdução de melhores tecnologias, capazes de causar um aumento duradouro da produção *per capita* e de proteger a oferta de alimentos. Os sistemas agrícolas tradicionais eram certamente mais flexíveis do que normalmente supomos. Provas de que eles podiam se adaptar ao crescimento da população e ao aumento das oportunidades são dadas pelo acúmulo de pequenas mudanças e pela propagação de hortas, pomares e fazendas de laticínios em torno das cidades grandes, pelas vinhas nas encostas ao redor de Paris, pela oferta de matérias-primas industriais, tais como a lã, o linho e o pastel*, e o cultivo de cereais em grandes fazendas orientadas para o mercado e pertencentes à coroa, aos nobres e – cada vez mais – à burguesia urbana. No entanto, havia grandes diferenças regionais em relação às densidades populacionais e aos níveis de desenvolvimento socioeconômico. Na maioria das regiões, a pobreza das comunicações denotava a existência de pouco incentivo à comunidade local para produzir para os mercados externos e de fortes pressões para garantir a sua própria fonte de alimentos.

    A característica da maioria das regiões era a *pequena plantação* típica de pessoas pobres que faziam o melhor que podiam com os recursos naturais locais em resposta a uma perspectiva essencialmente a curto prazo. Os agricultores camponeses buscavam maior segurança e *status* por meio da

---

*   *Pastel* é o nome comum da planta *Isatis tinctoria*, uma angiosperma cujo extracto fermentado das suas folhas era usado como corante azul em tinturaria e pintura. (N.T.)

compra ou do aluguel de terras. Continuavam vestidos de maneira pobre, a habitação e a alimentação eram péssimas e estavam mais motivados em fugirem de quaisquer riscos do que pelo lucro – um padrão racional de comportamento em um momento de mercados fragmentados pela pobreza das comunicações e em que a oferta de alimentos não estava garantida. O camponês concentrava-se na produção de cereais, mantendo apenas os animais necessários para a obtenção do leite, da carne e da lã, ou como animais de tração. Seu objetivo essencial era cobrir as necessidades de subsistência da família. As inovações em termos de novas plantas ou práticas de trabalho eram aceitas apenas quando não ameaçavam o equilíbrio existente. O problema permanente era como manter a fertilidade do solo. O pequeno número de animais limitava a disponibilidade do precioso estrume utilizado como fertilizante e forçava os agricultores a deixar um terço – ou, em solos pobres, metade – das terras sem cultivo a cada ano para que descansassem e fornecessem pastagem. Era preciso cuidar do solo para evitar consequências desastrosas a longo prazo. A curto prazo, as terras em descanso muitas vezes eram um fardo intolerável para os pobres, mas tal medida precisava ser imposta pela pressão coletiva. Por causa da escassez de animais de tração e da prevalência de arados de solos leves, o sucesso da agricultura dependida do pesado esforço humano e da utilização de ferramentas manuais. Apenas os agricultores de Flandres conseguiram escapar desse sistema improdutivo durante a Idade Média. Graças à presença de mercados urbanos nas proximidades, ao uso dos resíduos da cidade como adubo e à produtividade relativamente elevada das colheitas, eles foram capazes de suprimir o repouso de terras e cultivar raízes para alimentar o número crescente de animais. O processo exigia um maior número de bois e cavalos, arados, arreios, rastelos e ancinhos, foices e ceifadeiras, carroças e barris, estimulando as demandas por serviços de trabalhadores agrícolas e artesãos rurais e por ferro para as ferramentas. Embora a lenta substituição dos bois e do trabalho humano por cavalos – juntamente com o uso das pontas de ferro nos arados, especialmente nas maiores fazendas e no norte da França ao final do século XII – tenha permitido arar a terra com maior rapidez, de forma mais profunda e repetida (aumentando, assim, os rendimentos das colheitas), o cavalo era caro, sua saúde era frágil e precisava de mais alimentos do que o boi. Esses processos só se tornaram generalizados a partir do século XVIII e início do XIX.

 O grande período de desmatamento de terras, iniciado por volta do ano 1000, atingiu seu apogeu no século XIII. A paisagem foi transformada conforme as florestas eram reduzidas sob o machado e as chamas – apesar

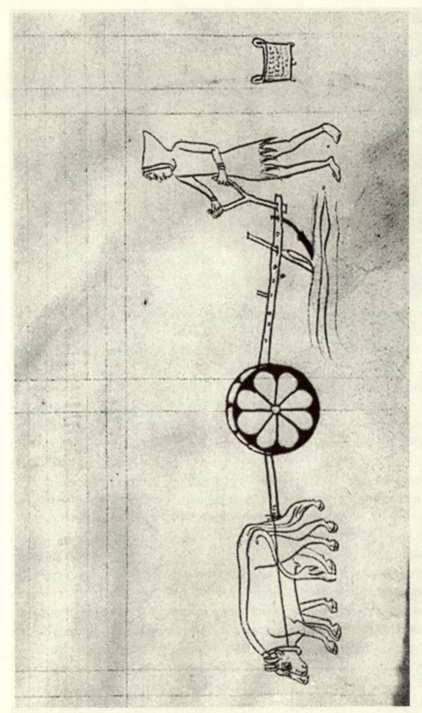

IMAGEM 2. Camponês arando, final do século XII. Observe as rodas e a relha de metal. Durante séculos, os cavalos foram um luxo, então bois ou vacas eram usados como animais de tração.

de seu valor como fonte de alimento para os animais e seres humanos, como combustível e material de construção –, conforme os pântanos eram drenados e as encostas das colinas eram terraceadas. Tais eventos representavam a luta permanente pela manutenção do equilíbrio entre a população e a oferta de alimentos. Nessa época, foi criada a maior parte do atual conjunto de mais ou menos 35 mil comunidades. Essa evolução foi o resultado do crescimento demográfico, mas ela também foi estimulada por condições climáticas favoráveis, isto é, o clima relativamente seco e ameno, e pelo lento crescimento do comércio nas condições de maior segurança que se seguiram ao final das incursões dos *vikings* no Norte e as dos sarracenos no Sul. O sentimento de maior segurança foi reforçado pelo aumento da autoridade real sobre os barões beligerantes. Nessa época, um comércio limitado passa a ter certo efeito sobre a economia. Desde o século X, mas especialmente em meados do século XI, os comerciantes de artigos de luxo (especiarias, marfins e tapetes do Oriente), ou de vinho – uma cultura eminentemente comercial com transportes por vias navegáveis como aquelas existentes em torno de Paris e Bordéus –, bem como de gêneros alimentícios mais volumosos, criaram caminhos terrestres bastante transitados entre as inúmeras vilas. Esses enclaves urbanos cresceram como povoações fortificadas, situadas em posições geográficas privilegiadas, a saber, encruzilhadas ou locais ligados por pontes. Dentre eles estavam Marselha, Rouen, Arras, Orléans e Paris – locais das cidades romanas que haviam declinado a partir do século IV. Em termos mais gerais, com o passar do tempo, a completa independência econômica tornava-se cada vez mais impossível, não só por causa da falta de produtos como sal e ferro que precisavam ser comprados, mas também pelas demandas de pagamento de obrigações e impostos aos senhores, à Igreja e especialmente ao Estado. O camponês foi forçado a fazer parte da economia monetária. O processo não foi linear, mas gradual, e variou de acordo com o lugar e o momento de sua ocorrência. Em geral, os mercados locais multiplicaram-se e passaram a servir como intermediários entre o comércio das cidades e do interior. E, a partir dos séculos XI e XII, as feiras tornaram-se cada vez mais o foco do comércio de longa distância para mercadorias de valores relativamente altos e portáveis. As grandes feiras de Troyes, Provins, Bar-sur-Aube e Lagny em Champanha e as redes de intermediários que ligavam o Noroeste ao Sul desenvolveram-se sob a proteção dos condes locais e pelo tempo em que eles conseguiram oferecer proteção eficaz e uma moeda local segura e abundante. A partir do final do século XIII, surgiram novas rotas como resultado do crescimento do comércio marítimo. Aumentava a circulação de moedas que eram o meio essencial de pagamento, embora essa circulação nos possa parecer lenta atualmente. A quantidade de moedas cunhadas ainda era insuficiente, pois a produção de lingotes de ouro era limitada e havia a tendência de acumular essa mercadoria que era tão escassa e útil.

Devemos destacar o papel crucial das vilas como intermediárias comerciais dos gêneros alimentícios locais e como centros das necessidades de consumo e de produção, mas devemos também salientar o tamanho minúsculo da maioria dessas vilas em relação aos nossos próprios padrões. Para as pessoas de 1320, Paris, com uma população estimada entre 80 mil e 200 mil, parecia monstruosa. Como centro do poder real, ela dobrou seu tamanho em duas gerações e sua rede fluvial a transformou no principal centro comercial da região. O crescimento das cidades estava mais evidente no Norte entre as bacias dos rios Maine e Escaut e na do Sena que serviam de pontos de ligação com o comércio marítimo do vinho, do sal e da lã. Lille, Douai e Arras – centros em expansão de produção de tecidos – e outros pontos do comércio marítimo, como Rouen, Rochela, Bordéus, Baiona e Marselha eram localidades que possuíam entre 15 mil e 40 mil habitantes. O aumento da produtividade agrícola favoreceu o crescimento do comércio e a diversificação das atividades, bem como o desenvolvimento de hierarquias sociais urbanas com base na riqueza. Os mercadores – organizados em corporações de ofício que procuraram estabelecer monopólios por meio da restrição da concorrência – distinguiam-se dos pequenos lojistas e artesãos, bem como dos turbulentos diaristas e operários. Períodos relativamente prósperos, como o século XII, testemunharam a construção generalizada – utilizando materiais locais – de habitações sólidas e a melhoria da dieta.

Com base em dados muito incompletos, os historiadores demográficos estimam que a população (dentro das fronteiras da França moderna) aumentou de cerca 5 milhões no ano 1000 para talvez 15/19 milhões em meados do século XIII; as densidades populacionais (mais elevadas no Norte, na Normandia, Picardia e em Ilha-de-França) provavelmente quadruplicaram de cerca de 10 para 40 habitantes por quilômetro quadrado – níveis que seriam superados apenas a partir da revolução tecnológica em finais do século XVIII e no século XIX. Esse crescimento foi associado a continuidades fundamentais, evidenciadas acima de tudo por um regime demográfico caracterizado por altas taxas de natalidade e mortalidade, baixa taxa de celibato, pelo matrimônio relativamente tardio, pela baixa ilegitimidade, baixa concepção pré-marital e pela predominância da família nuclear. A dieta da maior parte da população consistia em cereais e era complementada com vegetais e, ocasionalmente, carne. Talvez entre 15% e 20% da população sofria de desnutrição crônica e faltava-lhe energia necessária para o trabalho contínuo. As dores crônicas, causadas por dor de dente, ossos fraturados, reumatismo e dificuldades respiratórias, eram aliviadas por meio de remédios folclóricos. Apesar de encontrarmos ilustrações de óculos no século XIV, não havia nada que a maioria das pessoas poderia fazer para corrigir a falta de visão. O problema da pobreza endêmica intensificava-se com o fracasso das colheitas. Com seus sistemas imunológicos ainda mais enfraquecidos, os esfomeados – especialmente os muito jovens e os velhos – estavam mais propensos a serem vítimas de disenteria, diarreia, problemas respiratórios e todo tipo de doenças comuns. Crises epidêmicas também eram frequentes: varíola, peste, gripe, febre tifoide, tifo e malária. As taxas de mortalidade eram especialmente elevadas no ambiente patogênico criado nas comunidades poluídas pelo lixo e resíduos humanos que aumentavam com a imigração constante. À destruição causada pela fome e pelas doenças, devemos adicionar a causada pelas guerras; os soldados não só assassinavam civis, mas também consumiam seus alimentos e espalhavam infecções. A frequência dessas crises, o sofrimento e o medo que elas engendravam e os limites que impunham ao crescimento demográfico eram características fundamentais da civilização tradicional.

A recorrência das crises de subsistência, devida a uma mistura complicada de fatores econômicos, sociais e políticos, evidenciava repetidamente a incapacidade de garantir que a produção de alimentos mantivesse o mesmo ritmo do crescimento populacional. Para a maioria dos agricultores, a diversificação das culturas em um sistema de policultura de subsistência era o principal meio para proteger suas famílias do impacto da fome gerada pelo clima. No entanto, o aumento das densidades populacionais fazia que aumentasse o risco da perda de colheitas, pois surgia a necessidade de reservar mais terras aráveis para o cultivo dos cereais básicos, reduzindo ainda mais o gado, o abastecimento de estrume e, de maneira mais crítica, a produtividade *per capita*. Ao mesmo tempo ocorreu a fragmentação das fazendas e o crescimento do número de sem-terra, aumentando a vulnerabilidade de grande parte da população. Prosperidade ou miséria, vida ou morte, dependiam fundamentalmente de uma boa colheita. Os impactos da perda da colheita variavam bastante. Os seus efeitos costumavam ser potencialmente mais graves quando as densidades populacionais já estavam altas e também na ausência de recursos alimentares alternativos, ou, ainda, quando os estoques se esgotavam por causa de duas ou três colheitas ruins, por estarem deteriorados ou em razão dos hábitos alimentares de ratos e insetos. Os verões úmidos costumavam ser uma ameaça específica às colheitas de cereais, assim como as primaveras frias eram para as videiras e a seca (a qualquer momento) para os pastos. Enquanto as pessoas ajustavam-se às novas perspectivas econômicas, a mortalidade aumentou, as taxas de natalidade caíram e casamentos eram adiados.

A dependência da colheita promoveu um sentimento de submissão à natureza e à Providência Divina. A maioria dos adultos já havia passado por severos períodos de alta mortalidade em que a família e os amigos eram dizimados pela fome ou pela doença. Depois de dois ou três séculos relativamente benignos, no final do século XIII já surgiam, em muitas regiões, sinais da extrema pressão da população sobre os recursos: os preços, aluguéis e valores da terra aumentaram, os salários caíram, as dívidas aumentaram e as manufaturas, atraídas pela mão de obra barata, espalharam-se pela zona rural. É possível que um resfriamento geral da superfície da Terra tenha reduzido os níveis de produtividade, e certamente ocorreram fases devastadoras de carestia de 1309 a 1311 e especialmente de 1315 a 1317, quando a produção de cereais despencou para cerca de um terço, as frutas apodreceram com o clima úmido e o gado diminuiu acentuadamente pela peste bovina e pelo antraz. O impacto das quebras de safra foi ampliado pelo efeito da especulação e das compras desencadeadas pelo pânico em uma sociedade cujas reservas estavam limitadas pelo baixo rendimento das colheitas e pela falta de instalações de armazenamento, e cujas dificuldades de transporte resultavam em lentidão e encarecimento da movimentação dos gêneros alimentícios de uma região para outra. O empobrecimento era uma ameaça constante para grande parte da população. A fome não era apenas uma possibilidade, mas além disso, as pessoas subnutridas eram expostas ao impacto das doenças e, nos invernos frios, à hipotermia. Debilidade, sofrimento psicológico e envelhecimento prematuro eram comuns. As repetidas altas taxas de mortalidade eram prova da precariedade da vida humana. As solidariedades da família e da comunidade eram, muitas vezes, vitais para a sobrevivência, mas as crises de subsistência também eram uma das principais causas dos distúrbios. Assim, manifestava-se ressentimento contra os proprietários de terras, os senhores e os mercado-

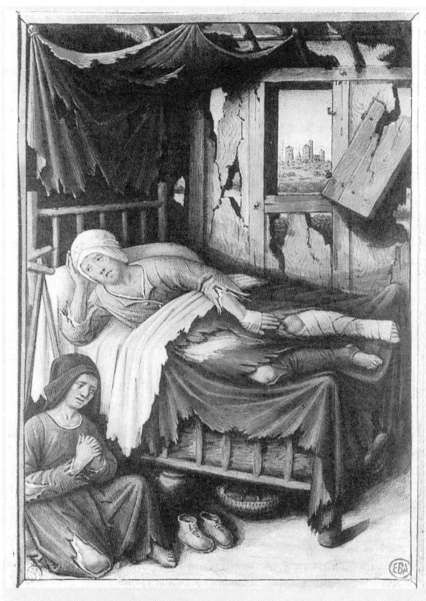

IMAGEM 3. Sofrimento: guerras, fomes e epidemias do período da Guerra dos Cem Anos reduziram a população em cerca de 40%. Miniatura atribuída a Jean Bourdichon.

res, que tinham excedentes para vender, ou contra quaisquer senhores, padres ou oficiais que deixavam de cumprir seu dever de proteção aos pobres.

A chegada da peste negra em 1347-1348 aumentou intensamente a mortalidade. Sua recorrência foi a principal causa do colapso catastrófico da população de muitas comunidades para entre um terço e a metade de seus números anteriores. Ela espalhou-se ao longo das rotas de comércio, com consequências especialmente letais nos populosos centros urbanos. É difícil imaginar o impacto emocional dessa gigantesca mortalidade em tão pouco tempo. A morte de 60% a 80% dos infectados seria hedionda. As sucessivas visitas da peste (22 epidemias em Paris até 1596) podem ser associadas a primaveras e verões quentes e úmidos, momento em que as pulgas se multiplicavam, aumentando a probabilidade do contágio. O pânico se espalhou e aqueles que possuíam recursos fugiram das cidades. Deixaram ruas vazias e silenciosas para trás, lojas fechadas com tábuas e fedor penetrante dos cadáveres podres. Imaginava-se que tudo isso era castigo divino pelos pecados humanos. Procissões de penitentes imploraram por perdão. Muitos buscavam o esquecimento no álcool. Outros procuravam por bodes expiatórios, normalmente os judeus ou indivíduos suspeitos de bruxaria. Ao longo do tempo, a bactéria da peste parece ter se tornado menos virulenta. Talvez as populações tenham desenvolvido imunidade a ela. As barreiras sanitárias impostas pelas autoridades para evitar a propagação da doença também foram importantes. No entanto, durante o século XVII, cerca de 35% da população (aproximadamente 2,4 milhões de pessoas) render-se-ia à peste, e durante o último grande surto de peste bubônica, ocorrida no sul da França em 1720, metade da população de Marselha (por volta de 50 mil pessoas) morreria.

Nos séculos XIV e XV, a devastadora combinação de crises de subsistência, peste e guerras, inverteu fortemente o sentido das tendências anteriores do crescimento demográfico e teve um profundo impacto nos assentamentos e na paisagem rural, nos sistemas de colheita, na propriedade de terras e nas relações sociais. A gradual recuperação demográfica somente ocorreria com a restauração da paz e com a diminuição da virulência da peste. A redução da pressão populacional em si facilitou o acesso aos recursos, a melhores níveis de vida e ofereceu maior independência aos pobres. Os camponeses sobreviventes puderam aumentar o tamanho de suas terras e abandonar as terras marginais. Foi possível renegociar os tributos feudais. Os inquilinos conseguiram reduções de seus aluguéis e os trabalhadores, salários mais elevados. Embora os nobres e a burguesia urbana tenham posteriormente reconstituído sua propriedade (especialmente nas áreas mais férteis e com maior comércio), uma parte substancial das terras do interior permaneceria nas mãos dos camponeses. A recuperação demográfica foi lenta. Os matrimônios precoces resultaram em maior natalidade, mas o impacto foi reduzido pela alta mortalidade infantil. Apesar da epidemia e da fome de 1480-1482, o crescimento demográfico foi contínuo e tornou-se visível somente a partir da década de 1450. O crescimento também foi desigual e estava mais evidente nas ricas planícies de plantação de cereais do Norte – as áreas mais integradas às redes comerciais. A população dentro das fronteiras atuais da França chegou a aproximadamente 20 milhões em 1515 (16 a 17 milhões nas fronteiras da época) e flutuou em torno desse valor nos próximos dois séculos. Essa fase de recuperação dos sucessivos desastres do século XV durou até a década de 1560. Ocorre que o crescimento demográfico, o subemprego e a diminuição da produtividade foram gradualmente intensificando o impacto das quebras de safras; e a deterioração das condições climáticas, com o início da "Pequena Idade do Gelo", contribuiu para a criação de condições de carestia em 1618, 1630-1631, 1649, 1661-1662, 1693-1694, 1709-1710 e 1712-1713. Durante a Guerra dos Cem Anos com a Inglaterra e, posteriormente, nas guerras de religião e no período das Frondas, a brutalidade dos soldados agravava a situação ainda mais.

A maioria das regiões passou por certa recuperação desde 1600 até a década de 1640 e outras até a década de 1670, durante a Guerra dos Trinta Anos, exceto a região Nordeste que foi novamente arrasada. Além disso, o século XVII testemunhou revoltas populares endêmicas contra o peso crescente dos impostos cobrados para cobrir os custos das guerras. O reinado de Luís XIV terminou, desse modo, com duas décadas muito difíceis, marcadas especialmente por colheitas desastrosas e anos intensamente frios em 1693 e 1694 – momento em que aproximadamente 2 milhões de pessoas morreram – e no período entre 1709 e 1710, muitas áreas ficaram estagnadas até por volta da década de 1730. No entanto, estas foram as últimas grandes crises de escassez de alimentos.

Desde cerca de 1730 até 1750, a França entrou em um período de crescimento sustentado da população e de transição demográfica. A população cresceu rapidamente de 22 milhões em 1715 para 28 milhões em 1789. A cronologia e a taxa de mudança variaram consideravelmente entre as regiões. A escassez continuou a afligir os pobres com um impacto muitas vezes grave na dieta e na resistência a doenças, especialmente em 1739-1741, novamente no final da década de 1760, em 1787-1788 e várias vezes durante a primeira parte do século seguinte. Essas *crises de subsistência* – períodos em que os preços dos cereais aumentaram de 50% a 150%, ao invés de triplicarem como nos períodos anteriores – foram suficientes para causar inquietação e consideráveis sofrimentos, mas não grandes mortalidades. Além disso, as guerras eram travadas em grande parte fora das fronteiras e, na ausência de motivos religiosos, eram muito menos bárbaras do que anteriormente.

As causas do crescimento demográfico foram complexas, mas entre elas podemos citar a melhoria da oferta de alimentos, resultante do lento, embora cumulativo, aumento da produtividade agrícola, favorecida por condições climáticas relativamente boas; a melhoria das comunicações; a distribuição mais eficaz dos gêneros alimentícios; a ajuda governamental aos pobres por meio da subvenção do pão ou da assistência trabalhista; e a propagação da manufatura rural e com ela a capacidade de complementar a renda adquirida com a terra. A mortalidade epidêmica não foi reduzida por melhorias da assistência médica, mas por melhorias marginais da dieta e dos cuidados sanitários, bem como pelo estabelecimento oficial de *barreiras sanitárias* para evitar a transmissão de doenças, especialmente as que ocorriam pela mudança da virulência das próprias doenças. A melhora das condições de vida e a expansão demográfica foram particularmente evidentes no Norte, Leste e Sudeste, enquanto, em contraste, a partir da década de 1770, a Bretanha e partes do centro (Orléans, Berry e Touraine) se viam em meio a uma alta mortalidade e a piora da violenta crise demográfica. Em uma região intermediária, composta pela Normandia, grande parte da bacia de Paris e partes do Centro e do Sudoeste, há evidência de que as taxas de crescimento demográfico estavam sendo afetadas por meio do controle voluntário de natalidade.

Em todas as regiões, no entanto, a frequente desnutrição aumentava a contínua suscetibilidade aos distúrbios nutricionais mortais; enquanto as crises que ocorriam com crescente frequência nas últimas três décadas do século, mesmo não sendo tão gigantescas como aquelas do século anterior, ainda eram evidências da pobreza generalizada e do sofrimento fisiológico, da nova pressão populacional sobre os recursos, da degradação resultante ao padrão de vida e da vulnerabilidade contínua do sistema de baixa produtividade agrícola às flutuações climáticas. O fator fundamental do ciclo econômico ainda era o resultado das colheitas. Além disso, em uma sociedade predominantemente rural, as densidades demográficas crescentes resultavam em oferta abundante de potenciais arrendatários e trabalhadores e, portanto, em crescente subdivisão da terra, pressão sobre os salários e empobrecimento. O desenvolvimento da manufatura rural e a migração sazonal podem ser vistos como evidência de uma luta desesperada pela sobrevivência. Em tal situação, aqueles que controlavam os recursos escassos, e especialmente o acesso à terra, estavam em uma posição dominante. As condições demográficas, portanto, tiveram impacto vital sobre a distribuição dos recursos, bem como sobre a divisão de renda entre os grupos sociais.

Apesar do ônus contínuo da pobreza, teve início um longo período de transformação econômica, o qual mesmo não tendo envolvido inovações tecnológicas no início, pode ser visto como um prelúdio da mudança estrutural da economia que ocorreria no século XIX. Assim como nos países em desenvolvimento atualmente, o crescimento econômico permitiria que se escapasse da fome, das doenças e da morte prematura. Os principais incentivadores da mudança, ajudados pela melhoria das comunicações e o aumento da oferta e pela circulação mais rápida do dinheiro, foram o crescimento demográfico, o aumento dos preços e o crescimento do comércio interno. A diminuição do custo do transporte permitiu a redução dos preços dos produtos para o consumidor final e ampliou seu mercado. O aumento do comércio externo também teve papel importante: o comércio triangular de escravos e produtos coloniais enriqueceu a burguesia mercantil de Bordéus, Marselha, Nantes, Rouen e Le Havre e estimulou a construção naval, pesca, agricultura e têxteis no interior dessas cidades.

Como tantas vezes no passado, no rescaldo da crise demográfica que marcou o final do século XVII e início do século XVIII, bem como a restauração do equilíbrio entre a população e a oferta de alimentos, a expansão econômica (recuperação, no início) já podia ser novamente iniciada. Na França, como em outras regiões da Europa Ocidental, o que distinguiu esse período dos anteriores foi o aumento relativamente rápido e sustentável da atividade. As crises descritas de forma tão prática pelo clérigo inglês Thomas Malthus não voltariam a ocorrer. Nelas, o crescimento da população e da produção agrícola e industrial retrocedia decisivamente quando ocorriam perdas de colheitas, epidemias e guerras. Certamente, ainda havia escassez periódica de alimentos, mas seus impactos eram menos graves. A fome foi substituída pela escassez. Embora muitas continuidades dos períodos anteriores ainda permanecessem, o aumento da produtividade e a urbanização marcariam o século XVIII como o início de uma nova época, um período (*c.* 1730 até *c.* 1840) de transição lenta e interrompida, de aceleração gradual até a sociedade industrial que, por fim, transformaria a condição humana.

Na agricultura, que ainda era a fonte predominante de emprego e renda, a mudança ocorreu com o desmatamento de terras, a propagação lenta do trigo mourisco em solos pobres do Maciço Central e Bretanha, do milho no Sudoeste e da batata, forragens agrícolas e redução das terras ociosas, particularmente no Norte. As estimativas mais otimistas dizem que houve o aumento de 60% da produção agrícola entre 1701-1710 e 1781-1790, mas existem dúvidas sobre esse valor por causa das deficiências das fontes de informação e da contínua estagnação técnica da maioria das fazendas até o século seguinte. Além disso, as dificuldades de comunicação faziam que os incentivos comerciais em grande parte ficassem limitados aos vales fluviais e planícies. As condições geográficas eram a base das grandes disparidades regionais. Exceto uma pequena minoria de grandes proprietários de terras e de camponeses ricos que habitavam a região relativamente urbanizada ao Norte e a região de Paris, a população era formada por uma massa de pequenos camponeses, cujo objetivo essencial era a subsistência familiar. Como parte da luta diária para alcançar esse objetivo, endividavam-se para poder pagar seus tributos, aluguéis e taxas senhoriais. Apesar de a agronomia estar em moda, os grandes proprietários de terras tinham em geral pouco incentivo para investir na agricultura. Com o crescimento da população, os camponeses passaram a competir para arrendar terras e conseguir contratos de trabalho. O processo de mudança por etapas e discreto, no entanto, estava ocorrendo. O crescimento da população, as melhores oportunidades comerciais e o aumento dos preços estimularam o aumento da produção.

A população rural também começou a ficar extremamente dependente das atividades complementares, como a migração sazonal, o transporte e a manufatura com pagamento por peça de uma variedade de produtos (tecidos, pregos, talheres) para os mercadores urbanos. Essa crescente diversificação do emprego ofereceu recursos adicionais e ajudou a tornar possível o aumento contínuo da população. Os historiadores econômicos associam esse processo de "protoindustrialização" à industrialização propriamente dita em algumas regiões onde os mercadores urbanos, inicialmente se aproveitando das fontes baratas de trabalho rural, conseguiram acumular capital e começaram muito lentamente, a partir da década de 1780, a adotar técnicas britânicas e a mecanizar a produção. De acordo com uma estimativa, a produção de bens manufaturados aumentou 4,5 vezes entre 1701-1710 (período de depressão) e 1781-1790, mas não há dúvida de que esse aumento ocorreu quase inteiramente por meio da utilização dos modos tradicionais de produção. Esses modos foram utilizados tanto nas pequenas oficinas urbanas – vagamente dependentes das corporações de ofício autorreguladas das grandes cidades que, certamente, desejavam proteger seus privilégios e monopólios, mas respondendo a um mercado em expansão por meio da intensificação da especialização e pela divisão do trabalho –, quanto nas oficinas espalhadas pelo interior. Em todas as regiões, a produção dependia esmagadoramente da força humana ou animal, completada excepcionalmente pela energia eólica ou hídrica. A figura principal da expansão foi o mercador que organizava a distribuição das matérias-primas e os produtos acabados. Propriamente, esse foi um período dominado mais pelo capitalismo comercial que pelo industrial, e sua prosperidade esteve estreitamente dependente da agricultura. A expansão da manufatura, da mesma forma, também ocorreu em períodos anteriores de crescimento demográfico. Mas devemos explicar como ela foi mantida e transformada no período em questão.

Embora as cidades ainda fossem centros essencialmente comerciais e administrativos, algumas delas sofreram um crescimento demográfico considerável por causa da imigração. Em 1789, menos de 20% da população total, umas 5,4 milhões de pessoas, era urbana. Uma rede bastante difusa de grandes cidades, juntamente com uma grande quantidade de centros menores, formava o quadro de atividades econômicas e do crescente controle administrativo. Paris, que no século XVI tinha entre 200 mil e 250 mil habitantes (cerca de 1,5% do total da população francesa), alcançou em meados do século XVII uma população de aproximadamente 550 mil, e no final do século seguinte contava com 650 mil habitantes (2% a 2,5% da população), refletindo a ausência de grandes crises demográficas no século XVIII, bem como um processo de aceleração da urbanização, acompanhado pelo embelezamento das principais cidades do país. A destruição das muralhas medievais e a construção de novos bairros, avenidas largas, praças amplas e belas casas aristocráticas foram provas da acumulação de riquezas e da crescente demanda por bens de luxo.

Durante o século XVIII, a França tornou-se a potência econômica mais importante do mundo. A taxa de crescimento das manufaturas – cerca de 1,9% ao ano – era provavelmente maior do que a da Grã-Bretanha (aproximadamente 1,2%). Em termos de produtividade agrícola, no entanto, a Grã-Bretanha parecia estar na liderança, como podia ser notado por seu padrão de vida superior. As comunicações mais eficientes, os mercados mais desenvolvidos, a maior produtividade agrícola e o aumento do consumo *per capita* por manufaturas criaram gargalos na produção têxtil e metalúrgica que estimularam as inovações técnicas e a difusão de novas tecnologias. A Grã-Bretanha deu início à transição de uma civilização baseada na madeira e água como fontes de energia e calor para uma alicerçada no carvão e na máquina a vapor. Tendo em vista que a tecnologia britânica já estava se tornando mais avançada, então o principal abismo entre os dois países ocorreria durante o período imperial revolucionário; assim, mesmo que os empresários franceses tenham sido impulsionados por imperativos tecnológicos competitivos semelhantes, eles ficaram atrás da Inglaterra por quase todo o século seguinte.

A distinção entre estrutura socioeconômica e instituição política é, até certo ponto, algo arbitrário, sendo que a última não é diferente da primeira, mas está incorporada nela. No entanto, a construção do Estado ocorreu nesse contexto e nele devemos escrever nossa história política. Esses fatores e condições determinaram em grande parte os recursos humanos e financeiros disponíveis em qualquer momento para aqueles que controlavam o Estado, ou para aqueles que disputavam o poder.

capítulo 2

Sociedade e política na França medieval

O Reino da França emergiu lentamente das ruínas do Império Carolíngio. Em 843, o Tratado de Verdun dividiu o império entre os filhos de Luís I (o Piedoso) e estabeleceu o reino ocidental, que gradualmente reservaria para si o nome de "França". Para descrever esses eventos e os subsequentes, os historiadores dependem da existência irregular – e geralmente ambígua – de documentos produzidos, em sua maior parte, por eclesiásticos; dependem de crônicas, cujos autores – para obterem efeitos retóricos, políticos ou ideológicos – exageravam e distorciam os fatos; de cartas reais, que projetavam uma imagem idealizada da realeza; e de documentos legais, os quais apresentavam princípios abstratos de justiça. Cerca de mil cronistas, como o monge Aimoin que vivia em Fleury-sur-Loire, criaram uma tradição que identificava essa *Francia* com a Gália romana e que a descrevia como o baluarte do cristianismo. A criação posterior da França moderna, uma obra de séculos, seria inspirada pelo sonho de reconstruir o reino de Carlos Magno. Havia muitos obstáculos para a sobrevivência, e muito mais para o aumento, de qualquer unidade política. Inicialmente, a pobreza das comunicações e a falta de informações, as densidades populacionais baixas, as pequenas receitas e ausência de funcionários assalariados faziam que fosse impossível a união de grandes unidades territoriais. O governo foi inevitavelmente descentralizado. Seguiu-se um período de fragmentação política e territorial que durou até o século XII. Em grande parte, a evolução dos vários senhorios e principados foi determinada pelos resultados das guerras e as estruturas sociais foram moldadas pela organização para a guerra. O povo buscava a proteção dos senhores locais e estes a dos príncipes regionais que, muitas vezes – como no caso de Flandres, Borgonha e Aquitânia – eram herdeiros dos comandantes territoriais estabelecidos pelo duque carolíngio Carlos, o Temerário. Essa fragmentação, já evidente no século IX, foi levada adiante a partir do ano 900, quando os administradores reais anteriores, os condes locais e, depois, os *castelões* – que serviam como seus representantes – aproveitaram-se das rivalidades entre seus superiores nominais para adquirirem bases de poder cada vez mais autônomas. Em todos os níveis sociais, os homens buscavam proteção contra seus vizinhos mais poderosos, às vezes tentavam jogar um contra o outro e, assim, criavam uma mistura de obrigações conflituosas e destruíam qualquer sentimento de hierarquia política. Dessa forma, em torno de 1150, para citarmos um exemplo extremo, o conde de Champanha era vassalo de dez diferentes senhores (incluindo o rei da França, duque da Borgonha e arcebispo de Reims). Durante séculos, os grandes nobres continuaram a afirmar sua autonomia e buscar aliados para ajudá-los a mantê-la. Criaram-se formas de relacionamentos contratuais e de clientelismo, especialmente no Norte, em que os mais fracos tornavam-se vassalos dos mais poderosos. Em troca de proteção e justiça, eles concordavam em prestar serviços militares, dar conselho e fornecer ajuda financeira. No processo, reis, príncipes e condes procuraram reforçar seu próprio poder, trazendo guerreiros e, particularmente, cavaleiros montados que formavam o núcleo de qualquer exército para seu próprio âmbito de influências. A posse de terras e a riqueza conferida por ela garantiam uma hospitalidade suntuosa.

Assim, "grandes" homens eram atraídos para a casa real. Isso fez que o papel do rei como senhor da guerra fosse ampliado e, ao mesmo tempo, promoveu o apoio à Igreja e a afirmação cerimonial da autoridade monárquica. A concessão de um feudo, suas terras e receitas, ocorria em uma cerimônia cujos rituais e natureza religiosa, com juramentos normalmente prestados sobre relíquias sagradas, tinha dois objetivos: reforçar o sentimento de obrigação entre as partes contratantes – o senhor e seu homem – e dar publicidade à existência do contrato. No entanto, a proliferação do número de castelos – que inicialmente eram torres de madeira construídas como abrigo sobre um monte, cercadas por uma paliçada e um fosso e, a partir do século XI, torres que passaram a ser construídas com pedras – indicava a contínua fragmentação do poder, a insegurança generalizada e a anarquia que continuava a aumentar. Os castelos tinham a vantagem de servir como bases permanentes para as tropas montadas e como pontos de controle monárquico ou, ainda, como centros para a afirmação de uma autoridade independente, posto que o feudo e as terras que o circundavam passaram a ser considerados como posse hereditária de quem os controlava. As fortalezas serviam para proteger e garantir o controle sobre a população local. Além disso, também desempenhavam papel fundamental na luta incessante entre senhores feudais, a qual frequentemente se transformava em bandidagem ou lutas de vingança pelo controle de mais terras. Para refrear a desordem, a Igreja tentou incentivar os ideais da cavalaria cristã; ao mesmo tempo, surgia o sentimento de pertencer a uma ordem social distintiva entre os guerreiros montados que podiam controlar terras e recursos, e que eram capazes de equipar-se adequadamente para as guerras, as quais passaram a ser a razão de existência desses guerreiros. Surgiu um código compartilhado de conduta, celebrado em uma rica cultura de épicos e romances. A guerra era vista como um empreendimento heroico, fonte de glória e reputação e, na época das Cruzadas, como uma forma de garantir a salvação eterna. Para regular a matança, as regras de cavalaria marcavam a conduta honrosa entre os nobres e pouco fazia para proteger os soldados comuns ou civis – membros de classes servis que geralmente eram vistos com desprezo. Outros sinais da crescente coesão de grupo podem ser vistos no desenvolvimento das estratégias matrimoniais como forma para evitar a subdivisão dos feudos, para a criação de redes de solidariedade e para definir o sentimento de orgulho pela própria linhagem familiar. Desde meados do século XII até início do século XIII, estabeleceu-se uma classe privilegiada, em grande parte hereditária, de nobres. Apesar de algumas pessoas ricas – particularmente em períodos de expansão econômica – que, não sendo nobres, conseguiram comprar feudos e desenvolver um estilo de vida nobre, ou de o rei ter criado títulos de nobreza, a nobreza tornou-se cada vez mais uma casta relativamente fechada, conseguindo sobreviver até a noite de 4 de agosto de 1789. Ela era formada pelos herdeiros da aristocracia carolíngia e pelas famílias de *châtelain*, ou castelões, que, por meio da vassalagem e da guerra, tinham adquirido direito hereditário a um feudo.

Em contraste, os camponeses que se estabeleciam nessas terras estavam sujeitos aos procedimentos disciplinares impostos pelo tribunal do senhor feudal e deviam pagar vários tipos de tributos, ônus que variou bastante entre as regiões e ao longo do tempo. Em troca de "proteção", deviam pagar o *censo*, em dinheiro ou espécie, eram obrigados a fazer uso do forno, moinho ou prensa de vinho do senhor e deviam servir como soldados e construir fortificações, além de trabalhar a terra que era explorada dire-

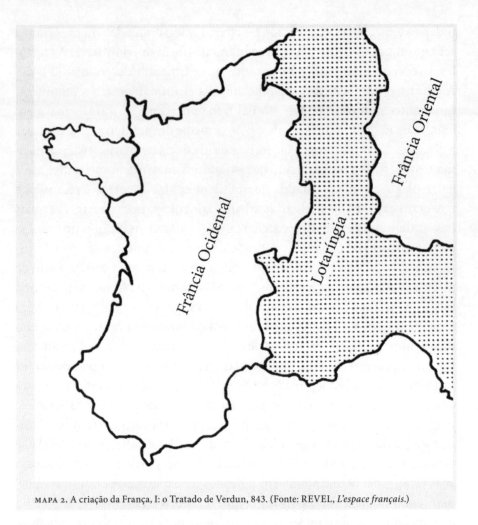

MAPA 2. A criação da França, I: o Tratado de Verdun, 843. (Fonte: REVEL, *L'espace français*.)

tamente pelo senhor. Para obter acesso a parcelas da terra, eles deviam entregar aos seus senhores os recursos necessários para garantir-lhes segurança. O senhor e os camponeses aceitavam obrigações que os vinculavam de forma bastante desigual. No século XI, a maioria dos camponeses estava reduzida à condição de servo em troca de segurança e proteção. No Sul, onde a densidade era menor, os senhores não tinham poder total sobre suas terras; por outro lado, presume-se que no Norte todas as terras estavas sujeitas ao sistema feudal. O costume aceito era o seguinte: "Não há terra sem senhor". Os servos sofriam restrições em seus direitos de sair da comunidade e dependiam de permissão senhorial (obtido mediante o pagamento de um imposto) para se casar ou passar seus bens para seus filhos. Essas medidas destinavam-se a preservar a integridade econômica do feudalismo.

A exploração do senhor feudal limitava-se principalmente pelo interesse de que seus servos se mantivessem capazes de cumprir suas diversas obrigações em dinheiro e em espécie. A esse limite somava-se a obrigação cristã em proteger os mais fracos. Evidentemente, as condições de vida das massas rurais melhoravam durante os períodos de prosperidade, ou quando, após uma catástrofe demográfica, havia oferta abundante de terras e diminuição da mão de obra para cultivá-las. Nessas situações, senhores estavam dispostos a fazer concessões. O processo de emancipação de servos teve início já no século XII e, em grande parte, foi finalizado após a peste negra, mas a obrigação de pagar dívidas senhoriais sobreviveu até 1789. Durante esse período, a subordinação econômica, social e cultural dos camponeses foi pontuada por incidentes menores de resistência violenta no escuro da noite, sobre os quais não encontramos muitas menções nos documentos históricos. Numerosas ações refletiam a força da organização e das tradições comunais, bem como o aproveitamento das possibilidades de protesto verbal ou violento. Também ocorreram revoltas em massa ocasionais ou *jacqueries*. A brutalidade exibida tanto pelos insurgentes quanto por aqueles que suprimiam essas revoltas revelou a força da tensão reprimida e talvez também, em alguns períodos, a instabilidade emocional da população sujeita aos terrores da fome, da peste e da guerra.

As relações estabelecidas durante esse período de "feudalismo", do século IX ao século XII, têm correspondências claras com a fraqueza do Estado e sua incapacidade de oferecer proteção e justiça. Elas representavam formas de exploração econômica e de controle político, já que o senhor cobrava pedágio e taxas nos mercados e feiras, recebia os lucros e o poder da justiça e, geralmente, estendia sua autoridade sobre os camponeses anteriormente livres. Muitas dessas maneiras de vínculos sociais sobreviveram até 1789, embora seu significado tivesse sido modificado com a alteração das estruturas sociais e políticas. Para a massa de gente humilde, o pagamento dos encargos senhoriais e dos dízimos ao clero ainda podia ser justificado pela necessidade de manutenção dos guerreiros e dos sacerdotes que ofereciam proteção neste mundo e, no caso do clero, esperança eterna.

Mesmo durante esse período de fragmentação do poder estatal, no entanto, o ideal monárquico sobreviveu, inspirado pela lenda de Carlos Magno e pelo conceito de realeza cristã, do monarca como defensor de seu povo, fonte de justiça e protetor da Igreja. Em 987, com a morte de Luís V, o último Carolíngio, as assembleias de nobres e bispos realizadas em Compiègne e Senlis ofereceram a coroa para Hugo Capeto, um senhor poderoso, conde de Paris, de Senlis, de Dreux e de Orléans. Ele rapidamente começou a transformar a realeza eletiva em uma monarquia hereditária, persuadindo seus pares a aceitar seu filho, Roberto, como seu herdeiro. A adoção da primogenitura reduziu ainda mais a probabilidade de disputas pela sucessão. No entanto, os capetianos não previram que receberiam apenas uma autoridade simbólica. O declínio da influência real continuava. Os senhores da Bretanha, do Maciço Central e do sul da França ignoraram a existência do rei, seu sentimento de independência acentuou-se pelas diferenças étnicas e culturais das populações que desejavam controlar. As forças centrífugas eram predominantes. A posição do rei não era muito diferente da de qualquer outro príncipe territorial, sempre em guerras por terras e poder. As fronteiras eram fluidas, reflexo das mudanças de alianças e rivalidades. No norte da França, a força dos Capetos baseava-se essencialmente nas terras possuídas ou dominadas pelo rei e na sua capacidade de garantir vassalagem dentro da Ilha-de-França e em seus arredores imediatos (por exemplo, dos Condes de Anjou, Blois e Soissons). Sua força também dependia da posse de castelos, que serviam como bases vitais do poder. Mesmo dentro de seus próprios domínios reais, os direitos do rei no século XI foram desafiados com frequência pelas ambições das famílias de castelães, tais como as famílias Montlhéry e Montmorency, bem como por príncipes territoriais vizinhos, como os condes de Anjou e Blois-Champanhe, ou os duques da Normandia e Flandres. Os senhores de terras deviam ser tratados com muito cuidado. Os dois últimos foram especialmente ameaçadores, porque por meio de árduos esforços em seu território, eles tiveram muito mais sucesso em manter a hierarquia feudal e a autoridade central do que os Capetos. Eles insistiram na prestação do serviço militar e em homenagens e mantiveram forte controle sobre o Judiciário e a Igreja. Como sempre, no entanto, a autoridade dependia da força e da personalidade de condes e duques individuais. Em 1087, na Normandia, a morte de Guilherme, o Conquistador, foi seguida por um período de confusão política e colapso da autoridade central, enquanto Roberto Curthose e Guilherme Rufus disputavam a herança. Em tais circunstâncias, foi possível apelar para a arbitragem do rei, e, assim, obter benefícios pela disputa. No entanto, por serem reis da Inglaterra, ambos os

CAPÍTULO 2 – SOCIEDADE E POLÍTICA NA FRANÇA MEDIEVAL | 55

IMAGEM 4. Coroação de um rei da França. A unção com óleo sagrado diferenciou os Capetos de outros senhores territoriais, dando legitimidade adicional a suas reivindicações. Miniatura da metade do século XI. Biblioteca Nacional.

duques se recusaram a prestar homenagem ao rei francês até o século XII, e ocorreram períodos de graves hostilidades entre 1109-1113 e 1116-1120. A sobrevivência da autoridade dos Capetos passou a depender de sistemas de alianças cuidadosamente construídos.

Em tal situação, a única característica distintiva do rei capetiano era seu caráter sagrado. No século XI, durante sua coroação em Reims, ele foi ungido com o óleo sagrado contido na mesma santa ampola trazida do céu por uma pomba para a coroação de Clóvis, no século V, o primeiro rei cristão da França. A realeza, portanto, poderia ser representada como uma forma de sacerdócio. Após sua coroação, o rei foi capaz inclusive de fazer milagres, curando escrófula por meio do toque da sua mão e do sinal da cruz. No entanto, levariam séculos para que os reis Capetos conseguissem alcançar, no mínimo, uma frágil hegemonia política. Sua hegemonia dependia do estabelecimento de um domínio real, militar e político sobre os príncipes e nobres, que ainda eram, pelo menos nominalmente, vassalos reais. Seria preciso o desenvolvimento de sistemas administrativos, financeiros, judiciais e militares necessários inicialmente para afirmar e posteriormente manter o poder real. O início desse processo se torna evidente no final do século XI. Inevitavelmente, foi um processo lento, por conta tanto das dificuldades práticas quanto dos esforços compensatórios empreendidos pelos senhores locais que utilizavam métodos semelhantes para garantir o seu próprio poder territorial rival. O conflito estava sempre no horizonte possível, especialmente em zonas de fronteira onde a autoridade era incerta. Na sua essência, esse período – a segunda era feudal, conforme chamada pelo grande medievalista francês, Marc Bloch – caracterizou-se pela capacidade crescente da Coroa para utilizar as instituições feudais em seus próprios interesses. A anarquia foi lentamente substituída pela ordem institucional, mesmo que os proprietários de terras estivessem propensos a reinterpretar o seu relacionamento com o rei sempre que ocorria algum enfraquecimento da autoridade real. A fidelidade era um conceito elástico.

O crescimento da população e da atividade econômica foi de crucial importância para o aumento do poder real durante esses períodos-chave, como no final do século XI até o início do século XII e no início do século XIV, ou seja, durante os reinados de Filipe II (1180-1223), Luís IX (1226-1270) e Filipe IV, o Belo (1285-1314). Em 1312, quando os homens do rei se estabeleceram finalmente em Lyon, a densidade demográfica estava alta, em taxas que somente seriam atingidas novamente no século XVIII. Além disso, os Capetos se beneficiaram da localização de seus territórios, em uma região fértil atravessada por estradas e vias navegáveis. O desenvolvimento das instituições estatais pode ser estreitamente associado ao crescimento de uma economia de trocas. Ambos dependiam da melhoria das comunicações, do renascimento das cidades como focos de poder e do comércio, da circulação mais veloz do dinheiro e da maior capacidade produtiva. O processo a longo prazo do aumento da atividade econômica resultou no crescimento das receitas dos domínios reais, direitos feudais e a administração da justiça, pedágios e impostos. As relações sociais de toda a sociedade estavam sendo monetarizadas. Isso permitiu o desenvolvimento de uma burocracia assalariada e dependente, bem como de exércitos maiores e mais eficazes. Até certo ponto, os príncipes conseguiram substituir os aristocratas por funcionários mais dependentes e cavaleiros domésticos provenientes da baixa nobreza, contratar mercenários para complementar a arrecadação feudal de impostos e construir fortalezas de pedra cada vez mais complexas e caras que podiam suportar os ataques de aríetes e catapultas. A primeira referência aos canhões foi feita em 1324 no cerco de Metz. Naquele momento, mesmo não sendo uma arma eficaz, devem ter representado um espetáculo assustador de fogo e fumaça.

Na prática, as necessidades da guerra foram a principal causa da reforma administrativa. O velho princípio de que o rei deveria viver da renda de seu próprio domínio não conseguiu oferecer os recursos para a expansão política ou para a criação de uma força armada permanente que complementasse o recrutamento feudal. Medidas como o confisco das propriedades dos judeus em 1306 ou dos Templários em 1307 funcionavam apenas como paliativos temporários. Filipe II e Luís IX conseguiram arrecadar impostos extraordinários para financiar as Cruzadas, as quais foram uma representação poderosa do cristianismo. Outras guerras justificaram novos impostos. A conquista era um meio de aumentar os recursos. Além disso, o crescimento da burocracia acarretou o aumento das despesas em tempos de paz. Desde o reinado de Filipe IV, o Belo, foi preciso aceitar tanto a tributação direta (especialmente a *talha*, que em algumas áreas recaíam sobre a propriedade e em outras sobre as pessoas), quanto a tributação indireta (por exemplo, sobre bebida, gado e sal) como forma quase permanente de financiar as longas guerras contra os ingleses. Em algumas ocasiões, especialmente durante o violento século XIV, adoçava-se a medida por meio da convocação dos Estados Gerais – nos quais estavam representados os nobres, o clero e a burguesia urbana – e tentava-se persuadi-los da necessidade das cobranças de impostos. O princípio da tributação permanente ainda era inaceitável, então as tentativas da realeza de introduzir novos impostos sempre constituíam uma potente causa de discórdias. Além disso, ainda era preciso resolver os problemas práticos de como medir o volume de recursos que poderiam ser tributados e, para o contribuinte, como obter moeda – um recurso escasso. No entanto, as principais características do progresso do Estado eram: o controle sobre um território cada vez maior; o desenvolvimento de sistemas administrativos e judiciais centrais; e maior influência sobre as instituições da Igreja (e a capacidade de fazer uso delas), resultante da vitória do galicanismo (a teoria da independência temporal do Estado e das liberdades da Igreja na França) sobre o ideal da teocracia papal.

Assim, a área sob controle dos Capetos expandiu-se gradualmente a partir de sua base territorial original na Ilha-de-França. Tradicionalmente, o rei e sua comitiva tentavam manter a autoridade de seus domínios por meio de visitas aos castelos e casas senhoriais para supervisionar diretamente sua administração e fazer audiências. Os domínios reais, que eram a principal fonte de receitas e de pessoal militar, aumentaram sua importância pelo desenvolvimento de sistemas de contabilidade baseados em levantamentos e investigações e na manutenção de registros, tais como os Arquivos do Erário. A partir da metade do século XI, foram criadas unidades administrativas, *prévôtés*, geridas por prebostes (*prévôts*, em francês), que eram agentes do poder real. A administração da justiça – fonte de autoridade, respeito e receitas – podia ser reforçada, empregando a persuasão ou a pressão, de acordo com a posição social dos envolvidos. No período de transição entre os séculos XII e XV, o sistema de governo feudal-senhorial começou a transformar-se – por meio do desenvolvimento de suas funções legislativas e da adição de formas burocráticas de administração – em um sistema monárquico que, em seus fundamentos, sobreviveu até a revolução. O reinado de Luís VI (1108-1137) testemunhou o desenvolvimento da corte real, a qual se transformou de um séquito do rei a um órgão mais eficaz de governo. A corte não deixou de ser o centro da atividade política, atraía os mais capazes e poderosos e, por meio de sua cultura, influenciava o estilo de vida das classes superiores. No entanto, Luís VI e seus conselheiros, o abade Suger de Saint Denis e Raul de Vermandois, esforçaram-se para restringir as pretensões hereditárias das famílias nobres por cargos particulares e procuraram delimitar suas funções burocráticas. Apesar dessa afirmação do poder público e do desenvolvimento da organização administrativa, ainda era impossível, e seria imprudente, excluir os poderosos senhores territoriais do Conselho, o órgão supremo do governo. As relações pessoais ainda tinham importância fundamental. O perigo óbvio – especialmente durante alguma minoridade real, ou quando o rei era fraco – era o aparecimento de grupos rivais no âmbito do Conselho que podiam paralisar a administração.

Outras inovações do século XII foram a criação dos bailios, que eram enviados às províncias como inspetores itinerantes e juízes, bem como o crescente uso de documentos escritos, permitindo o registro e a transmissão mais eficaz de informações e instruções. Os nobres e os empregados administrativos precisavam alfabetizar-se. Houve uma mistura gradual entre as culturas das escolas e da corte e, com isso, o surgimento de uma civilização baseada em valores clássicos e nos da cavalaria. Em vez de seguir a corte em suas perambulações, criou-se lentamente uma organização central permanente de administradores profissionais que dependiam do monarca e era composta pelo clero e por pequenos nobres com alguma formação jurídica. Paris já possuía uma considerável importância comercial e estratégica por causa de sua localização geográfica. A cidade assumia gradativamente as funções de uma capital em razão do aumento de suas atribuições governamentais e de sua enorme catedral; além disso, estava cada vez mais fortificada durante o reinado de Filipe II, suas ruas estavam pavimentadas, havia novos edifícios governamentais e residências aristocráticas, uma universidade que formava teólogos e advogados canônicos e civis e sua classe mercantil bem alfabetizada era capaz de comunicar-se ao longo das rotas comerciais. Ademais, em 1210, como resultado de um importante programa de reparações e construções, 113 fortalezas protegiam os domínios reais.

Desde meados do século XIII, com São Luís, um rei inspirado pelos ideais religiosos do "legislador real" (*roi justicier*), e em particular no início do século XIV, as instituições especializadas criadas pela corte real passaram a ser mais independentes em virtude do aumento do volume e da complexidade de suas atividades. O Parlamento de São Luís, construído em 1246-1248 ao lado da Sainte-Chapelle – como um relicário para os espinhos com os quais Jesus foi coroado em sua crucificação –, assumiu o papel de Supremo Tribunal Recursal do sistema hierárquico de tribunais reais.

Durante o século XIV, ele iria adquirir a responsabilidade para protestar contra as ordenanças reais que não estivessem "em conformidade com a razão". Juntamente com o Tribunal de Contas, que supervisionava a administração financeira, indicava a profissionalização jurídica e administrativa dos funcionários. No século XV, a eles juntaram-se os Parlamentos criados, em sua maior parte, nas províncias periféricas adquiridas após a Guerra dos Cem Anos. Tal criação reconhecia as suscetibilidades particulares dos recém-chegados e servia como meio de integrá-los à França de forma mais eficaz. Dessa forma, as muitas atividades e a influência da administração real tornaram-se cada vez mais onipresentes. A isso, combinou-se a insistência de melhor organização e procedimento, bem como a equidade e superioridade essenciais da justiça real em comparação com aquela que era oferecida pelos tribunais senhoriais e eclesiásticos. A partir do século XIII, o rei – sendo suserano – aproveitou-se de sua crescente força política para reivindicar o direito de apelação aos tribunais reais contra as decisões senhoriais e, a partir do século XV, para insistir na obrigação da coroa de abolir os tribunais senhoriais, culpados de abusar de seus poderes. Houve grande ressentimento, pois a posição do rei foi vista como uma ameaça à dignidade, ao estatuto social, à autoridade sobre os subordinados e à renda do senhor. Os tribunais eclesiásticos reivindicaram jurisdição dos casos que envolvessem clérigos, crimes contra a religião, assuntos conjugais e vários tipos de disputas relacionadas à propriedade. O esforço para reduzir a sua competência estava estreitamente ligado com a luta galicana contra as pretensões papais de supremacia política sobre os reis.

Apesar do crescente poder do rei, as estruturas econômicas e sociais básicas garantiam a manutenção de um governo descentralizado. A principal função da monarquia era a administração da justiça como meio essencial para preservar a ordem pública. A violência dos nobres, o protesto camponês e a criminalidade generalizada de pessoas desesperadamente pobres criaram imensas dificuldades. Mas, contando com um poder Executivo central pequeno, em uma época em que as comunicações eram ruins, o governo continuava inescapavelmente dependente da cooperação das elites locais e, particularmente, dos magistrados municipais e dos senhores rurais. As comunas recebiam privilégios, garantindo-lhes maior autonomia, e em troca aceitavam a responsabilidade por sua própria administração, pela aplicação da Lei, pela cobrança de impostos e criação de uma milícia. A supervisão não era algo fácil. Mais tarde, já em 1535, havia apenas cerca de 7 a 8 mil funcionários reais (incluindo aqueles em posições menores: um funcionário para cada 2 mil habitantes). A maioria dos pobres, de qualquer modo, evitava o sistema judiciário e continuou a evitá-lo até o século XIX. Eles preferiam resolver seus assuntos dentro da comunidade e evitar os custos, o desperdício de tempo e os riscos que poderiam ser gerados pela interferência de uma autoridade externa cuja cultura, língua, experiência e simpatias não a qualificavam para compreender as preocupações das pessoas comuns. As hierarquias e as redes de obrigações locais continuavam sendo elementos importantes da interação entre a administração real e as comunidades. O governo eficaz dependia da obtenção de um grau de consenso e do respeito pelos costumes e elites locais.

O elemento pessoal ainda era central ao governo. Monarcas fortes e eficazes como Luís VI ou Filipe II, apoiados por um pequeno número de conselheiros influentes, foram capazes de reforçar os laços de vassalagem e reafirmar seu caráter hierárquico. Eles estavam dispostos a tomar medidas jurídicas e, se necessário, ação militar contra os funcionários insubordinados ou desleais, bem como contra os senhores territoriais. Muitos *castelões* não possuíam os meios militares para resistir a essa centralização real e conformaram-se em atuar como agentes do rei na administração da justiça, cobrança de impostos, na mobilização de soldados e como protetores da Igreja. Em contraste aos reis e príncipes, que podiam evitar a subdivisão hereditária de sua propriedade, os pequenos nobres ficavam enfraquecidos pela passagem de cada geração. Nesse período de expansão econômica, muitos pequenos nobres ficaram pobres por causa do gosto pelo luxo e, consequentemente, tornaram-se mais dependentes de seus superiores feudais. As Cruzadas, um movimento contínuo que se espalhou por mais de três séculos, representavam investimentos maciços de homens e recursos. Elas foram uma expressão brutal da fé e reduziram a violência interna por meio da remoção – e, de fato, pela morte prematura – de muitos jovens guerreiros. Em contraste com as tendências anteriores, estava em andamento um processo de concentração de poder nas mãos dos príncipes territoriais e do rei. A doutrina da superioridade monárquica foi claramente enunciada pelo conselheiro de Luís VI, Suger, o abade de Saint Denis. Ele dizia que os vassalos dos vassalos do rei deviam lealdade primária ao monarca – que estava no cume da hierarquia feudal – e não aos seus senhores diretos (como era a prática anglo-normanda). A doutrina contrariava o costume estabelecido, segundo o qual "o vassalo do meu vassalo não é meu vassalo" e somente começou a ser aceita no século XIII. Em 1202, no entanto, Filipe II conseguiu usar seus direitos de senhor feudal para exigir fidelidade do rei João por seus territórios – Normandia e Aquitânia –, enfraquecendo a autoridade do rei inglês sobre seus vassalos nessas províncias. Qualquer aumento aparente do poder e prestígio do rei aumentava a probabilidade de que os vassalos envolvidos em litígios apelassem ao monarca como o árbitro feudal, ao invés de fazerem justiça com as próprias mãos. Esses apelos poderiam ser usados para justificar as expedições militares em regiões que estavam anteriormente fora do controle real, tal como o distrito de Maconnais em 1160. Nesses casos, a guerra foi o meio de implementação das decisões judiciais, e foi pelo uso da Lei que o rei foi capaz de impor sua autoridade e até mesmo confiscar as terras dos grandes vassalos principescos. Em um contexto de mudança social e política, os reis puderam usar o sistema feudal, que tinha originalmente surgido da fraqueza do poder central, a fim de restaurar sua autoridade. Seu crescente êxito pode ser visto na resposta dos vassalos à convocação de soldados para defender o reino contra o imperador romano, Henrique V, em 1124. Outro sinal foi a maior presença na corte do rei. Durante grande parte do século XI, os grandes nobres e bispos tinham abandonado a corte real, deixando-a para a pequena e turbulenta nobreza da Ilha-de--França. A situação começou a mudar de forma clara com a reafirmação da autoridade real feita por Luís VI. Havia uma preocupação crescente em oferecer conselhos ao rei, um interesse na aquisição de cargos e um desejo de partilhar o poder. Cada vez mais, o estatuto social passou a ser determinado pela Coroa.

O reinado de Filipe II representou uma etapa decisiva no desenvolvimento do Estado francês em termos de expansão territorial e de capacidade para subjugar rivais poderosos. O rei conseguiu explorar a sua posição de suserano feudal e protetor da Igreja a fim de intervir nos assuntos de vassalos tão poderosos como o rei inglês Henry II, o qual, em 1165, controlava mais de metade da França, incluindo o território a 60 km de Paris. A destruição desse império angevino foi facilitada pelas querelas viciosas entre Henrique II e seus filhos, que, por si próprias, incentivavam e também representavam as complexas divisões feudais dentro dos domínios dispersos da dinastia Plantageneta. Embora tenha sido derrotado por Ricardo (morto em 1199), Filipe obteve mais tarde grandes sucessos contra o indeciso e impopular João e contra seus vários aliados. Depois esse período de sondagem das regiões de fronteira e de esforços para conquistar os senhores

IMAGEM 5. Retorno de Filipe II a Paris após sua vitória em Bouvines. Miniatura do final do século XV. Biblioteca Real Alberto I, Bruxelas.

locais – muitas vezes ao mostrarem-se como uma ameaça à sobrevivência maior do que a demonstrada pelos reis ingleses – veio a conquista da Normandia e, em 1214, as vitórias triunfantes sobre o rei inglês em La Roche-aux-Moines, seguida da derrota, em Bouvines, do Sacro imperador romano Oto IV e de seus aliados flamengos e ingleses. Essas vitórias garantiram uma grande mudança no equilíbrio de poder europeu e uma gigantesca redução do poder do rei inglês. Em contraste, o território conquistado reforçou bastante os recursos financeiros e humanos da monarquia francesa. A receita da Coroa aumentou 160% entre 1180 e 1203 – progresso que trouxe a necessidade de aumento da administração central. Conforme sugeridos por seu título e pela águia em seu selo, Filipe retratava a imagem "imperial" da monarquia. Como rei, ele devia lealdade somente a Deus. Dessa forma, a autoridade real estava claramente acima do poder da nobreza.

Luís VIII (1223-1226) foi capaz de completar a conquista de Poitou e, além disso, de estender o poder real em Languedoc, justificando o último pela condenação da Igreja à "heresia" dos cátaros e por ser dever da Coroa, como defensora da fé, massacrar os infratores. A Coroa também adquiria mais territórios por meio de matrimônios e de seus respectivos dotes. Por exemplo, em 1180 Filipe II recebeu Boulenois e Artois por seu casamento com a sobrinha do conde de Flandres. O fracasso em produzir filhos do casamento de um irmão de São Luís com a herdeira do conde de Toulouse (em 1229) fez que Toulouse se tornasse parte do domínio real em 1271; foi por meio do casamento, também, que Filipe IV, o Belo, adquiriu Champanha e a Bretanha em 1291. O Delfinado, em contrapartida, foi comprado em 1349. Esse crescimento contínuo do domínio real retratava a acumulação de recursos e de poder.

Ideologicamente, desejando assegurar a ordem social e insistindo nos direitos sagrados e responsabilidades do monarca, a Igreja apoiou o aumento dos poderes reais. Dentre eles, o mais importante era a proteção da Igreja em si e a punição de "hereges" e descrentes, particularmente aqueles da fé judaica. Desde o século X, a Igreja usou a ameaça de excomunhão em um grande esforço vão para garantir o respeito à "Paz de Deus" e, também, apoiou o rei em seu papel como guardião da paz. Em um período de fraqueza monárquica, ela conseguiu preservar as tradições da administração burocrática e ofereceu uma estrutura institucional alternativa. A Igreja também compartilhava dos benefícios do retorno à ordem e à prosperidade que tornou possível a reconstrução das grandes catedrais de Paris, Reims e Chartres e de numerosas igrejas paroquiais – estruturas que, pelo tamanho e impacto emocional de suas estátuas, vitrais e murais, exerceram grande poder simbólico. Por meio de sua rede de paróquias e de seu envolvimento na vida cotidiana da população, a Igreja oferecia uma explicação do universo e das normas de comportamento para ricos e pobres, legitimando o sistema social em termos que seriam usados por todo o antigo regime, ou seja, que Deus havia dividido a humanidade em três grupos: aqueles que oram, aqueles que lutam e aqueles que trabalham. A interdependência desses grupos era a base da ordem social e política. Aqueles que trabalham eram obrigados a servir e manter os outros em troca de orações e proteção. A salvação era a recompensa pelo cumprimento das obrigações. O papel do monarca como líder militar que podia convocar a guerra "justa" e punir o "mal" em nome de Deus, bem como a natureza sagrada de suas funções, garantia que a Igreja insistiria no caráter masculino da monarquia. As mulheres eram consideradas física e emocionalmente inadequadas para o poder.

A relação entre Estado e Igreja também era atormentada pelo conflito de interesses, pois mesmo que se baseasse essencialmente na interdependência, muitos clérigos (inicialmente por causa de seu monopólio da escrita) ocupavam posições na corte real. A Igreja ressentia-se do uso que os reis faziam dos direitos de nomeação para os mosteiros e bispados como uma forma de patrocínio, bem como de seus esforços para controlar a terra e os recursos pertencentes a essas instituições. Os reis suspeitavam do papado, pois afirmava exercer a autoridade suprema na Terra como representantes de Deus, *o Senhor*. Na segunda metade do século XI, as reformas introduzidas pelo papa Gregório VII e seus sucessores procuraram estabelecer uma igreja em cada comunidade e estimular o zelo evangélico do clero, insistindo, entre outras virtudes, no celibato como um meio de eliminar a corrupção causada por interesses mundanos. Outro objetivo era garantir maior independência da interferência secular e afirmar a supremacia espiritual e política do papa por meio do direito de excomungar e depor reis. As comunicações melhoradas ajudaram a viabilizar um controle papal mais estreito sobre as províncias da Igreja. No entanto, a ascensão do poder real tornou-se intolerável, levando, em especial, a um conflito amargo entre Filipe IV, o Belo, e o papa Bonifácio VIII sobre a tributação do clero e o direito do rei para disciplinar os clérigos. A disputa – na qual os novos advogados formados pela universidade, bem versados em direito romano, desempenharam um papel de destaque – testemunhou o surgimento do Galicanismo como um movimento contrário aos ideais teocráticos. Filipe IV, o Belo, afirmava que seu poder derivava diretamente de Deus e recebeu o apoio na reunião das três ordens (Estados Gerais), convocada na Notre-Dame de Paris, em 1302. A fraqueza do papado no século XIV, incluindo o período do "Cativeiro babilônico" em Avinhão (1309-1377), e a existência de papas rivais entre 1373 e 1418 conduziram a uma maior afirmação das liberdades Galicanas. Isso culminou na Pragmática Sanção de Bourges em 1438: acordo feito por uma assembleia do clero para restringir de forma drástica a autoridade e os tributos papais na França.

Assim, ao longo de um período de três séculos, os reis da França tinham conseguido afirmar-se militar e ideologicamente. Mas ainda havia grandes ameaças à sobrevivência de seu poder. Mesmo que os vários principados estivessem sob um controle real mais estreito, eles mantinham suas

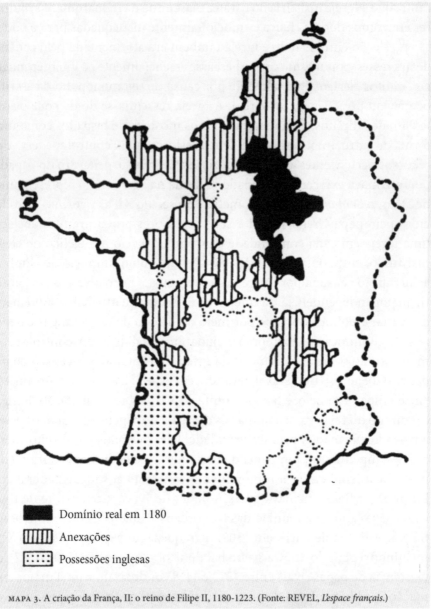

- ■ Domínio real em 1180
- ▥ Anexações
- ⁙ Possessões inglesas

MAPA 3. A criação da França, II: o reino de Filipe II, 1180-1223. (Fonte: REVEL, L'espace français.)

próprias leis e costumes – direito que havia sido confirmado no momento da adesão de cada um deles ao domínio real. Até a revolução, as variações geográficas dos costumes jurídicos mostrariam as divisões políticas dos séculos XI e XII, bem como dos anteriores. As tradições legais do Sul, onde a lei escrita e os usos romanos eram dominantes, eram bem diferentes das do Norte, onde prevalecia o direito consuetudinário. Particularmente importantes eram as diferenças relativas às sucessões hereditárias entre as regiões em que a herança era dividida igualmente entre os herdeiros, gerando maior possibilidade de fragmentação, e aquelas, especialmente no Sul, em que um pai podia oferecer maior vantagem a um dos filhos a fim de manter a propriedade da família intacta. Quanto à acumulação de propriedade, os nobres, em geral, podiam deixar pelo menos dois terços de suas posses para seu filho mais velho. Essas diferenças eram reforçadas pelas variações linguísticas; as línguas occitanas do sul da França estavam muito mais próximas do latim que as línguas de *oïl* do Norte. Além disso e apesar do desenvolvimento do poder administrativo e dos recursos da monarquia, a distância, a lentidão das comunicações e a burocracia real reduzida restringiam a eficiência do controle central. Ainda existia a possibilidade de resistência à autoridade real pelos vassalos mais poderosos e pelas comunidades urbanas ou rurais. Especialmente quando se combinavam com a interferência inglesa, surgia a ameaça de anarquia em uma sociedade militarizada, na qual o governo estava longe de ter o monopólio das forças armadas. Assim, em 1314, foram organizadas ligas de nobres em Bretanha, Picardia, Borgonha e Champanha para pedir respeito aos costumes provinciais e protestar contra os impostos. O perigo político aumentou quando os delegados provenientes dessas zonas se reuniram, mas, felizmente, para a Coroa, eles foram incapazes de produzir uma estratégia comum. Proporções completamente diferentes tiveram a série de eventos conhecida como a Guerra dos Cem Anos.

Por 130 anos, desde cerca de 1335, uma sucessão de carestias, pragas e guerras mergulhou quatro gerações sucessivas na miséria e no desespero e ameaçou a existência da dinastia e do Estado. O crescimento da densidade demográfica informava que os problemas com a oferta de alimentos seriam inevitáveis. Em 1347, a chegada da peste bubônica na Europa Ocidental carregou consigo um terço de seus habitantes. Outras ondas seguiram-se à primeira epidemia assassina em intervalos de cerca de 15 anos. Durante a Guerra dos Cem Anos, mesmo tendo ocorrido relativamente poucas grandes batalhas, os longos períodos de guerra de baixa intensidade causaram graves perturbações econômicas e sociais, pois os soldados saqueavam e estupravam, destruíam casas, gado e colheitas, espalhavam doenças e brutalizavam as populações enquanto, ao mesmo tempo, tentavam evitar conflitos mais graves. Assim, a guerrilha e a bandidagem generalizada foram acompanhadas pelo colapso do governo organizado. Uma sociedade anteriormente bem organizada parecia estar em perigo de entrar em colapso.

Nessas circunstâncias, do mesmo modo como ocorrido no século XI, a busca de segurança incentivou as novas fortificações e intensificou o localismo. Desenvolveram-se formas de feudalismo "bastardo", de clientelismo, enquanto as vilas, em extensão muito maior do que anteriormente, desempenhavam papel fundamental como centros militares, lugares de refúgio e fontes de dinheiro. Os fracos ligavam-se a patronos mais poderosos do que eles mesmos. O resultado imediato inevitável foi o enfraquecimento da autoridade real. A longo prazo, as guerras foram uma força poderosa de estímulo para a melhoria da administração real. Embora os exércitos medievais fossem pequenos em comparação com aqueles de períodos posteriores – com, por exemplo, talvez 12 a 15 mil franceses contra 8 mil ingleses e galeses em Agincourt (outubro de 1415) –, eles eram grandes em relação aos recursos disponíveis. As tentativas de aumentar a tributação eram sempre perigosas e suscetíveis de provocar descontentamento entre os nobres que não faziam parte da crescente burocracia e que continuavam a insistir que o monarca deveria financiar sua vida com as receitas de seus domínios. Entre 1356 e 1358, durante o cativeiro de João II e refletindo a fraqueza de um governo desacreditado pela derrota em Crécy e Poitiers, o Delfim, o futuro Carlos V foi confrontado com a dissidência não só dos nobres mas também dos mercadores de Paris, liderados por seu preboste (*prévôt*), Etienne Marcel, e, ainda, com as queixas dos estados provinciais reunidos em Paris e Toulouse. Em períodos de crise e fraqueza monárquica, esses organismos tornavam-se inevitavelmente mais assertivos. Os esforços para conciliar as elites (burguesia urbana, nobre e clero) por meio dos estados provinciais e dos Estados Gerais, tais como aqueles de 1343 e 1355-1356, corriam o risco de oferecer uma plataforma para os críticos que desejavam limitar a arbitrariedade dos funcionários do rei. Eles sentiram-se capazes de exigir reuniões regulares, o direito de aprovar a tributação ou a convocação dos conscritos feudais e um papel na seleção dos funcionários reais – requisições que Carlos, o príncipe herdeiro, mostrou-se relutante a aceitar. Esses eventos coincidiram com revoltas camponesas (*jacqueries*) que ameaçavam grande parte da região de Paris. A população rural protestava contra a tributação real e contra as cobranças de uma nobreza que era incapaz de proteger seus dependentes contra pelotões de soldados saqueadores. Os interesses divergentes desses grupos e o desejo generalizado por um governo forte e ordem social ajudaram a promover uma recupe-

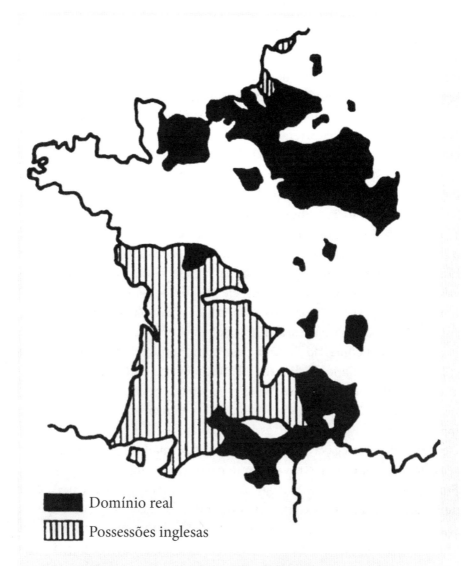

MAPA 4. A criação da França, III: Tratado de Brétigny, 1360. (Fonte: REVEL, L'espace français.)

ração temporária. Não obstante, a minoridade de Carlos VI na década de 1380 e sua subsequente insanidade em um momento de profunda crise demográfica e econômica em toda a Europa provocaram uma nova rodada de guerras, revoltas e massacres e, após uma trégua em 1388, uma nova intervenção inglesa em 1412.

As guerras em si foram causadas por problemas de suserania e reivindicações conflitantes ao trono da França. Entre 1293 e 1297 Filipe IV, o Belo, tentou esmagar seus vassalos mais perigosos, o rei da Inglaterra (duque da Guiena) e o conde de Flandres, cujo poder se baseava na prosperidade comercial e industrial das cidades flamengas. Eduardo I conseguiu manter a Guiena, mas sentiu-se obrigado jurar lealdade por ela. Flandres foi severamente punida, militar e financeiramente.

Filipe morreu em 1314. Em 1328 seus três filhos também estavam mortos, dando fim à linha direta de sucessão dos Capetos. Os pretendentes alternativos nessa situação eram a filha de Filipe, Isabel, cujo filho, Eduardo III, havia se tornado rei da Coroa inglesa recentemente, e seu primo Filipe, o conde de Valois. Filipe VI foi reconhecido por uma assembleia formada pelos principais líderes da nobreza e do clero, reunida em Vincennes, pois além de ser homem e adulto, esse era um meio para excluir o rei da Inglaterra da sucessão. Nessa fase, as principais preocupações de Eduardo III eram restaurar a ordem na Inglaterra e manter o que restava da Guiena. Em 1329, em Amiens, ele prestou homenagem e fidelidade. Em 1337, sua postura de pretensão ao trono da França foi provavelmente concebida como uma aventura militar potencialmente lucrativa e um meio para garantir o comércio de lã inglesa com Flandres, de proteger o que restava do patrimônio da dinastia Plantageneta no Sudoeste e de desviar as energias dos bélicos barões ingleses para o continente.

Em Crécy (1346) e Poitiers (1356), mal organizados e comandados de forma inepta, o Exército francês foi derrotado pelo Exército inglês, que efetivamente empregava soldados fortemente armados com arqueiros em seus flancos. Esses desastres devem ter parecido o julgamento de Deus. Em Poitiers, o rei francês, João, o Bom (II), foi feito prisioneiro. Apesar de Eduardo III não ter exigido a Coroa francesa, nas negociações que se seguiram para sua libertação, ele forçou João a abandonar metade de seu reino, incluindo a Normandia. O Delfim, o futuro Carlos V, recusou-se a reconhecer esse acordo, no entanto, o cansaço da guerra em ambos os lados levou a um tratado, assinado em Brétigny em 1360, que deixou o rei inglês, em troca da libertação de João II, com grande parte do Sudoeste e uma enorme quantidade de ouro, mas o tratado não incluía Anjou ou a Normandia. A paz durou pouco tempo. Em 1368, os ingleses tentaram impor na Aquitânia uma administração centralizada e aumentar os impostos; Carlos V, como suserano, tirou proveito do ressentimento dos barões locais e do apelo destes para que ele interviesse no evento. Após dez amargos anos de guerra, os territórios ingleses da Aquitânia foram reduzidos, pouco a pouco, a uma pequena área na Gasconha em torno dos portos de Bordéus e Baiona, ligados à Inglaterra pelo comércio de vinho. Somente em 1388, como resultado da exaustão, chegou-se a um acordo e uma longa trégua foi estabelecida até 1412, quando uma força expedicionária inglesa devastou partes da Normandia e de Anjou. Logo em seguida, em 1415, Henrique V empreendeu esforços muito mais graves. Ele aproveitou-se da loucura intermitente de Carlos VI e da rivalidade que ela incitava nos príncipes da linha sucessória. A primeira campanha de Henrique V culminou com a chacina da nobreza francesa em Agincourt e foi seguida por outra invasão em 1417. Em 1420 foi assinado em Troyes um tratado pelo qual Henrique V casou-se com Catarina, filha de Carlos VI, e foi reconhecido como herdeiro da Coroa francesa. Em 1422, seu jovem sucessor, Henrique VI, tornou-se rei da Inglaterra e da França.

Ocorre que as bases dessa monarquia dupla eram fracas. O Delfim da França, chamando-se de Carlos VII, controlava o Oeste, o Centro e a região do Midi e, naturalmente, rejeitou o acordo. A manutenção dos exércitos nos campos era cara para os ingleses e era difícil manter o controle efetivo das áreas conquistadas. Em grande medida, o sucesso contínuo devia-se ao apoio de um grupo francês associado ao duque de Borgonha. Em 1429, inspirado pelo sucesso inicial de Joana d'Arc, a recuperação francesa ganhou ritmo. O duque Filipe, o Bom, preocupado com o impacto da guerra na Borgonha, fez um acordo de paz isolado em 1435 e, nos 15 anos que se seguiram, a causa inglesa encontrou resistência crescente e sofreu derrotas sucessivas, perdendo Paris em 1436. As regiões que anteriormente estavam sob o domínio inglês foram encorajadas a aceitar a restauração da soberania francesa, recebendo um tratamento relativamente moderado. Juntamente com outras áreas incorporadas recentemente ao reino, elas foram autorizadas a manter seus estados provinciais, bem como o direito de aprovar os impostos diretos e receber parlamentos com funções administrativas e judiciais importantes, no modelo do de Paris.

A dramática sucessão de carestias, pragas e guerras ao longo de um período de pelo menos 130 anos reduziu a população, que antes contava com 16 a 17 milhões de pessoas, para aproximadamente 12 milhões. Mesmo que estruturas sociais de uma sociedade predominantemente rural tenham permanecido quase totalmente inalteradas, o processo de adaptação a uma intensa e prolongada série de crises assegurou que a economia se tornasse mais comercial e o Estado, mais burocrático. A importância econômica e

IMAGEM 6. O cerco de Orléans. Joana d'Arc teria um papel importante na libertação da cidade, uma das mais ricas e mais fortemente fortificadas da França. A artilharia foi usada por ambos os lados. Miniatura do final do século XV. Biblioteca Nacional.

política das vilas aumentou. As guerras foram responsáveis pela melhora da lealdade dinástica e, como resultado dos pedidos de apoio da monarquia contra a Inglaterra, pelo desenvolvimento de um sentimento difuso de identidade francesa. A partir da década de 1450 – durante um século em que, apesar dos fracassos das colheitas, as massas viviam em condições relativamente favoráveis –, a ordem foi restaurada, a população cresceu mais uma vez, o comércio floresceu e havia recursos para o fortalecimento das instituições do Estado. O resultado foi a passagem do feudalismo para um Estado dinástico, um *état royal*, mas seus elementos centrais – monarquia, religião, honra aristocrática e clientelismo – continuariam sujeitos a tensões consideráveis.

capítulo 3

Sociedade e política na França pré-moderna

A miséria causada pelas longas guerras contra os ingleses e a desordem interna generalizada incentivaram a construção do ideal de um bom governo – uma visão de um Estado suficientemente forte para impor a ordem. A glorificação da monarquia por historiadores, artistas e arquitetos, dadas as expressões públicas em rituais, cerimônias, leis e religião, estabeleceu a imagem de *la douce France* [a doce França] governada pelo "rei mais cristão" – guerreiro, protetor da Igreja e salvador do seu povo. Foram feitos novos esforços para subjugar a nobreza militar, oferecendo-lhe emprego no serviço real. Embora as terríveis disputas sobre tributação continuassem, as imposições reais foram gradualmente aceitas em princípio e para o "bem comum". Os anos finais do reinado de Carlos VII (1435-1461) e de Luís XI (1461-1483) foram uma grande fase de reconstrução política – a atividade econômica crescente fez que houvesse um grande aumento nas receitas do Estado, as receitas fiscais aumentaram de 1,7 milhão *livres tournois*, ou libra de *tours*, em 1439 para 2,3 milhões em 1449 e 5,1 milhões em 1482. A partir de 1439, as necessidades da guerra e o estabelecimento de um rendimento garantido permitiriam a criação de um exército permanente de 12 a 15 mil homens, equipados com artilharia e menor dependência do recrutamento feudal (que foi finalmente abolido em 1697). Esse foi o primeiro passo para o surgimento do monopólio estatal das forças armadas. A prestação de apoio militar para o número cada vez maior de funcionários administrativos e judiciais foi uma das características centrais da progressiva centralização política. Em 1515, os 16 milhões de habitantes do reino eram governados por uma estrutura administrativa que, incluindo soldados e seus dependentes, sustentava cerca de 600 mil pessoas – cerca de 4% da população total. Os nobres, no entanto, ainda desempenhavam papel central na preservação da Lei e da ordem. A unidade administrativa básica era a castelania, ou *châtellainerie*, real ou senhorial – normalmente constituída por um castelo, pelas terras e direitos subordinados e jurisdição única. Em 1500, a castelania de Pontoise continha 43 paróquias. *Os Castelãos*, bem como os conselhos das vilas, eram responsáveis pelos tribunais, que administravam a justiça superior (crimes capitais), a média ou inferior (conflitos de propriedade, ferimentos leves), enquanto as próprias comu-

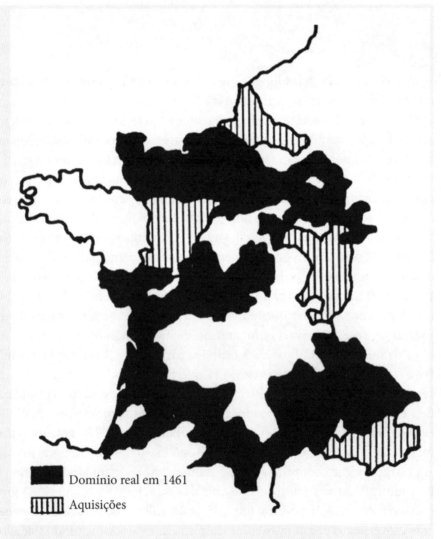

MAPA 5. A criação da França, IV: o reinado de Luís XI, 1461-1483. (Fonte: REVEL, *L'espace français*.)

nidades executavam as decisões. No entanto, essa era uma sociedade levemente vigiada, em que o número de agentes do rei ainda era relativamente pequeno, o fazer por si próprio era habitual e a violência comum.

O governo eficaz dependia da forte liderança monárquica e, em particular, da capacidade de conter a rivalidade aristocrática e as forças centrífugas. A recuperação do poder real foi marcada também pela noção de que o rei era o "imperador em seu reino", pela reafirmação dos direitos soberanos das cortes, por um esforço para tornar a justiça mais coerente, mais barata e mais popular e pela determinação de um rei como Luís XI para escolher seus próprios funcionários subalternos. A nomeação de governadores provinciais inicialmente extraídos entre nobres de médio escalão despertou um forte ressentimento entre a nobreza mais poderosa, até conseguirem garantir para si próprios essas funções e o acesso ao patrocínio e poder militar que vinham com elas. Grande parte da velha nobreza havia desaparecido durante as guerras, oferecendo oportunidades para a mobilidade ascendente dos soldados bem-sucedidos e burgueses ricos. Em meados do século XVI, havia cerca de 25 mil nobres, divididos por riqueza, cultura e influência, mas que ainda comungavam com as percepções pessoais e familiares de "honra" e com o sentimento de superioridade social que ainda estava estreitamente associado ao agressivo código do guerreiro.

O final do século XV também testemunhou o desaparecimento do principado da Borgonha com a morte, sem herdeiros masculinos, de Carlos, o Temerário, em 1477; o povoado que se seguiu resultou na perda definitiva da maior parte de Flandres. Em 1491, o casamento de Ana de Bretanha com Carlos VIII pôs fim ao último principado autônomo, que não mais conseguiu preservar a independência por meio das brigas entre Inglaterra e França. A situação estava em nítido contraste com a fragmentação política do ano 1000, ou com a ameaça de dissolução do reino durante a Guerra dos Cem Anos. O impacto da geografia, do particularismo provincial e a defesa dos privilégios da nobreza continuaram restringindo firme e claramente a afirmação do poder real. Durante a minoridade de Carlos VIII, no entanto, a regente, Ana de Beaujeu, sentiu-se bem confiante a ponto de convocar a Assembleia dos Estados – pela primeira vez verdadeiramente nacional e representativa – em Tours, em 1484, com um delegado de cada ordem e de cada *bailliage* (bailiado), estabelecendo uma forma de eleição, não muito diferente da que ocorreria em 1789. Também foram estabelecidos os direitos desses delegados de apresentar seus *cahiers de doléances* (cadernos de queixas) e de discutir a política do governo. Embora os deputados tenham votado docilmente sobre os impostos, no entanto, a promessa de chamá-los novamente nos anos seguintes não foi mantida. Embora a monarquia tenha aceitado suas responsabilidades ante Deus, manteve-se relutante em justificar suas ações diante dos homens.

O longo reinado de Francisco I (1515-1547), assim como o de seus ilustres sucessores Henrique IV e particularmente Luís XIV, seria marcado pela determinação de uma personalidade forte e confiante (assessorado por um pequeno conselho) que desejava impor a sua vontade. Mesmo tendo devolvido a Paris o estatuto de capital, Francisco, assim como Luís XI, estava atraído pelo vale do Loire. Em Chambord, ele criou um palácio que serviu como símbolo cuidadosamente construído da glória real, um local perfeito para a vida da corte e para rodadas intermináveis de rituais e cerimônias, intercaladas pela caça, bem como um centro vital para a distribuição de patronagem. A casa real continuava a desempenhar seu papel central no exercício do poder, proporcionando um local para demonstrar lealdade e para atrair aqueles que buscavam ganhos financeiros e nomeações no Exército e na burocracia. Embora o ideal de fidelidade permanecesse influente, as relações feudais tinham em grande parte desmoronado durante as longas guerras e foram sendo substituídas por relacionamentos menos formais entre patrão e cliente. A monarquia oferecia parte do poder aos seus clientes nobres, o que lhes permitia salvaguardarem seus interesses privados, construir suas próprias redes armadas de clientes e utilizar seus cargos como meio para aumentar a renda de suas propriedades. Além disso, a vida em uma corte peripatética e um centro cultural preeminente promoviam a redefinição contínua das maneiras e gostos da nobreza. Para os ambiciosos e aqueles que podiam pagar os custos da aparência, este era o lugar para estar. A ordenança de Villers-Cotterêts, em 1539, por meio de sua insistência a respeito da substituição do latim pelo francês como idioma dos documentos oficiais, acelerou o processo pelo qual este se tornou o idioma cotidiano das elites locais, a língua franca do comércio e, lentamente (em um processo de séculos de difusão, terminado apenas no final do século XIX por intermédio do ensino obrigatório), a língua das massas.

Ao estabelecerem o Estado administrativo, os reis da França estavam, na verdade, criando a nação. Durante o reinado de Francisco I, os estudiosos apelaram aos precedentes fixados pelos imperadores romanos, por Carlos Magno e pela Bíblia para reforçar as afirmações de que o monarca era o "imperador" de seu reino e o "supremo guardião" do Estado e da Igreja. No entanto, foi feita uma distinção entre sua autoridade absoluta e o despotismo.

Assim, em 1515, Claude de Seyssel reforçou as ideias dos limites impostos ao monarca pelo direito divino, das regras da justiça natural e da legislação acumulada pelo reino conforme interpretada pelos parlamentos. O evidente otimismo dos escritores humanistas do início do século XVI, o orgulho que sentiam pela redescoberta da antiguidade e pela rejeição da barbárie do passado mais imediato, além da aparente prosperidade e bem-estar material de grande parte da população não devem nos cegar para a fragilidade de um equilíbrio ameaçado pelo crescimento demográfico, guerras e dissidência religiosa.

A guerra representava uma oportunidade de melhoria da reputação e honra dos monarcas, bem como uma forma de atingir objetivos territoriais dinásticos. Supunha-se simplesmente que os súditos aceitariam as oportunidades da glória. Houve uma sequência de brilhantes sucessos e terríveis catástrofes militares. O sonho da hegemonia europeia e a rivalidade que se desenvolveu entre Francisco e Carlos V da dinastia Habsburgo mergulhariam o país em uma sucessão de guerras externas e seus desdobramentos em desordens internas, que duraram até 1661. As regiões de fronteira foram devastadas e os ganhos permanentes, bem pequenos. No Leste, ganharam os territórios de Metz, Toul e Verdun. Calais foi tomada dos ingleses. Ocorre que o tamanho dos exércitos e o custo de seus materiais e equipamentos, de mosquetes, artilharia e fortificações, aumentaram substancialmente e com isso também se ampliaram os problemas financeiros da monarquia. Além disso, uma minoria real ou um rei fraco (os filhos de Henrique III e Catarina de Médici governaram entre 1559 e 1584 com inexperiência e ineficácia) incentivaram o partidarismo dentro da corte e em toda a administração real, fazendo que as ambições particulares competissem com as responsabilidades oficiais. Naquele momento, estava evidente que os poderosos senhores de terras ainda podiam ser fonte de desafios militares ao monarca.

A situação foi assomada pela dissidência religiosa. A vitalidade da Igreja Católica Romana podia ser evidenciada por suas gigantescas despesas com a construção e restauração de edifícios religiosos, pela religiosidade popular que era manifestada nas procissões, romarias e confrarias e pela veneração de relíquias sagradas e apelos aos santos mediadores, em especial à Virgem Maria. Também havia apoio generalizado pela regeneração da Igreja e pela melhoria da assistência pastoral. Desenvolveu-se o interesse humanista pelos estudos bíblicos entre os mais bem-educados, bem como a crítica dos "abusos" do clero. Em grande medida, o protestantismo surgiu deste movimento de reforma. Em uma época em que quase todos os aspectos da vida eram influenciados pela crença religiosa e que a Igreja Católica Romana era o repositório de muita influência, as disputas religiosas eram uma questão de preocupação apaixonada e, inevitavelmente, misturaram-se às divisões sociais e políticas existentes. Francisco I era cético em assuntos religiosos. Seu sucessor, Henrique II (1547-1559), era um homem de fé. Para ambos, no entanto, a Igreja foi um importante instrumento político e fonte de receitas e, como tal, devia ser protegida. Havia também o perigo óbvio de que disputas religiosas incentivassem descontentamento político ou servissem de pretexto para ele. As divisões faccionais no centro refletiam-se nas lutas entre os clientes de grandes homens nas províncias; seja qual fosse a aparente justificativa política e religiosa, os eventos, muitas vezes, degeneravam-se a algo pouco maior que o mero banditismo.

O protestantismo foi a busca por uma religião baseada na Bíblia e livre de instituições eclesiásticas opressivas. Para os conservadores, a defesa da ordem social dependia inevitavelmente da proteção da ortodoxia religiosa e moral, a qual era a principal responsabilidade do rei como ungido do Senhor. O fracasso o tornaria indigno de seu alto cargo. A pesadelo da possível ascensão de um protestante ao trono – Henrique de Navarra em 1576 – serviu como justificativa para que a família de Guise e seus clientes formassem a Liga Santa, empenhada em uma cruzada contra a heresia. A geografia da adesão ao protestantismo não é de fácil explicação. Isso reflete, em parte, a influência regional dos maiores proprietários de terras, como as famílias Montmorency-Châtillon e Bourbon, de seus parentes e clientes e o impacto das disputas religiosas sobre o conflito pelo poder político dentro da nobreza. O Conselho Real propriamente dito ficou dividido pela terrível rivalidade entre as facções. Inicialmente, a maioria das igrejas protestantes estava nas partes rurais de Languedoc, Picardia, Normandia, em torno de Paris e no Leste, em Champanha e Borgonha. O protestantismo atraiu talvez um quinto ou um quarto da população em algum momento ou outro e, em particular, as comunidades urbanas relativamente letradas de profissionais e artesãos. As classes mais pobres pareciam indiferentes aos seus apelos. As áreas rurais permaneceram esmagadoramente fiéis à Igreja Católica, com raras exceções, tais como nas Cevenas, onde os seguidores da reforma estavam em parte motivados pelo desejo de abolir o dízimo. Inicialmente divididos pelo cisma, os protestantes foram incentivados por João Calvino e forçados pela perseguição a se organizarem de forma mais eficaz. Em 1559, um Sínodo reunido em Paris elaborou uma confissão de fé e organizou assembleias locais, regionais e nacionais regulares. A propaganda evangélica assumiu um tom intransigente, incentivada pela profunda crença de que a graça salvadora de Deus estava predeterminada. Os protestantes afirmavam que os rituais da Igreja Católica eram meras invenções humanas, ofensivas ao Senhor e, por isso, deveriam ser substituídos por serviços religiosos simples, organizados em torno de sermões, orações e salmos. Seu ódio pela "idolatria" resultou na iconoclastia generalizada.

A inevitável divisão norte-sul, tendo em vista que os protestantes eram empurrados cada vez mais para a região em torno de Montauban, Nimes e Rochela, foi o resultado do fracasso militar e da perseguição a que foram submetidos mais tarde. Um conjunto de fatores deve ser combinado para explicar a derrota do protestantismo. Dentre eles podemos citar a oposição da monarquia, que por meio de sua Concordata com o papado recebeu, em 1516, a supremacia sobre a Igreja, podendo controlar a nomeação de bispos e abades e limitar estritamente as cobranças financeiras dos papas. O protestantismo era uma ameaça às bases seculares e religiosas da monarquia francesa. Além disso, ele desafiava a "verdade" religiosa, e, em comparação com áreas da Alemanha, a imprensa e as universidades parecem ter exercido um papel menos dinâmico na difusão de novas ideias. Talvez, também, a corrupção clerical tenha sido menos escandalosa e o calvinismo não conseguiu apelar à sensibilidade religiosa popular. Com efeito, o desafio protestante revigorou a Igreja Católica – uma instituição que estava em situação extremamente única para conseguir mobilizar as pessoas para as quais a paróquia assumia um papel cultural central – era o lugar de batismo, casamento e enterro onde o sacerdote oferecia as chaves para a salvação eterna por meio da confissão, da penitência e da participação na eucaristia. A heresia foi associada ao diabo em sermões, panfletos e murais que mostravam uma visão assustadora do juízo final. Engendrou-se, assim, um medo generalizado da ira divina. Foi imposto o dever da intolerância a todos aqueles que temiam o juízo de Deus e buscavam aplacar a ira divina, a qual estava óbvia na carestia e na peste de 1586-1587. Na década de 1560, os protestantes já estavam fracos demais para conseguirem predominar, mas muito fortes para serem eliminados. As guerras de religião que se seguiram representariam uma enorme crise de autoridade para a monarquia.

Essas pressões fizeram que o governo real passasse por um processo de desintegração, particularmente após a morte de Henrique II em 1559. A sucessão estava nas mãos de alguém que ainda não tinha atingido a maioridade. Tal situação incentivou a rivalidade entre facções e a formação de exércitos por grandes proprietários de terras; cada um deles tentava justificar suas ações em termos religiosos. A fé intensa combinou-se com ambição pessoal e lealdade à família. Durante as guerras travadas entre 1562 e 1598, ambos os lados rejeitaram a possibilidade de acordos. Até mesmo o tiranicídio podia ser justificado por motivos religiosos. Nessas circunstâncias, o controle central sobre os sistemas administrativos e judiciais cada vez mais cheios de facções desmoronou-se quase por completo. A violência e os medos apocalípticos gerados pela guerra civil podem ser simbolizados pelo massacre da Noite de São Bartolomeu, iniciado em 27 de agosto de 1572. Durante as festividades de celebração do casamento do príncipe Henrique de Navarra com Margarida de Valois, parece que Carlos IX ordenou o assassinato de líderes protestantes. Os eventos fugiram rapidamente do controle e, em quatro dias, 10 mil pessoas foram assassinadas em Paris e 12 cidades provinciais. Apesar de a posição militar dos protestantes já ser inferior naquele momento, isso serviu apenas para prolongar o conflito. Homicídios, estupros, torturas e saques são exemplos de como os valores completamente civilizados foram esquecidos nas guerras de religião, em uma luta entre sistemas rivais de crença. Nas regiões mais afetadas pelo conflito, especialmente no Leste, onde as forças espanholas intervieram em apoio à Liga Santa, a probabilidade de escassez de alimentos e de epidemias aumentava muito pelo constante deslocamento das tropas. As opiniões do autor anônimo da *Defesa da liberdade contra os tiranos* (1579), que tentou justificar a resistência aos governantes que violassem sua aliança com seus súditos, podem ser contrastadas com as de Jean Bodin que, em *Os seis livros da República* (1576), afirmou que deveria haver uma única fonte de autoridade para a família e para o Estado. Ele condenou todas as opiniões contrárias, as quais poderiam apenas levar a "uma anarquia licenciosa [...] pior do que a tirania mais severa do mundo".

A crise se aprofundou. O colapso das receitas tornou difícil a manutenção de um exército real em campo. Aqueles que afirmavam que Henrique III havia fracassado em combater a heresia, desafiavam a sua autoridade. Ele perdeu o controle de Paris após o "Dia das Barricadas" (12 de maio de 1588) e, em meio à Assembleia dos Estados Gerais convocada em Blois, os delegados da capital exigiram reuniões regulares desse órgão. Eles demandaram que os Estados Gerais deveriam assumir o direito de aprovar a tributação e a guerra, e até mesmo o dever de depor monarcas que não respeitassem as leis "fundamentais" do reino e que não protegessem a Igreja. A resposta do rei ao desafio foi ordenar o assassinato dos líderes da Liga Santa – o duque e o cardeal de Guise. Posteriormente, denunciado como um "Herodes perverso", ele foi assassinado por um frade dominicano. O herdeiro legítimo era o primo dele, o líder militar protestante Henrique de Navarra, que reivindicou o trono como Henrique IV. O novo rei enfrentou enormes dificuldades para garantir o reconhecimento dos seus direitos e para restabelecer a situação financeira, a força militar e a autoridade da coroa. Os nobres católicos estavam conscientes da ameaça à sua fé e aos privilégios derivados da monarquia que tinham anteriormente. Henrique, um mestre dos acordos, esforçou-se para conciliar seus adversários. Ele foi muito apoiado pelo desejo generalizado de restabelecimento da ordem. Uma corrente importante de opiniões favorecia o apoio ao rei legítimo e se ressentia da intervenção espanhola em apoio à Liga Católica. Esse sentimento foi reforçado entre os nobres e as elites urbanas pela aparente ameaça de anarquia, representada pela radicalização da Liga em algumas cidades do Norte e pela violência dos camponeses. A situação política melhorou de forma significativa após Henrique IV aceitar a fé católica (1593). A rendição de Paris, um reduto da Liga Santa, em março de 1594, foi seguida por uma exibição ostensiva de devoção religiosa feita pelo novo rei. No entanto, o Édito de Nantes (1598) ofereceu aos protestantes um acordo de paz com garantias político-militares de sua liberdade de culto e a entrega de cerca de 200 vilas, principalmente no Sul, que seriam controladas por eles.

Outra inovação importante, com enormes consequências, foi a *paulette* (1604), taxa que autorizava os titulares de cargos a legar ou até mesmo a vender suas posições. A venda de cargos, como forma de aumento de receitas iniciou-se no século XIV e tornou-se cada vez mais frequente durante o reinado de Francisco I. Ao comprador ela oferecia retorno financeiro, isenções fiscais, *status* social e, em alguns casos, a possibilidade do recebimento de um título nobiliárquico. Assim, o investimento constituía uma utilização racional do capital e também "oferecia um importante canal de mobilidade social e pessoal administrativo para o Estado e uma importante fonte de receitas para a Coroa" (Doyle). A curto prazo, a venda de cargos serviu para reduzir a influência dos grandes proprietários na burocracia, restringindo a capacidade dos grandes senhores para construir clientelas subordinadas a eles. A longo prazo, a posse privada dos cargos do Estado e a criação de uma elite perpétua em sua maior parte tornar-se-iam grandes obstáculos à reforma jurídica e fiscal. Controlar ou demitir seus próprios funcionários não era algo fácil para o Estado. No século XVII, o problema agravar-se-ia pela multiplicação do número desses cargos "venais" em uma escala insuperável na Europa, criando obstáculos para enfrentar

84 | PARTE I – FRANÇA MEDIEVAL E PRÉ-MODERNA

IMAGEM 7. Saque de uma fazenda: imagem clássica dos infortúnios da guerra. Os soldados arrombam a porta, matam os homens, estupram as mulheres e levam tudo o que desejam. Museu Bargoin, Clermont-Ferrand. Foto: Giraudon/The Bridgeman Art Library.

os custos das guerras. Havia cerca de 5 mil cargos venais no início do século XV, mas em meados da década de 1660 o número subiu para 45 mil e, em 1789, 70 mil. O sistema, que permitiu o enobrecimento de famílias burguesas bem-sucedidas, também as desviou do comércio para as profissões jurídicas ou administrativas. Embora a presença delas fosse sentida rancorosamente pelos nobres tradicionais, o tributo permitiu a existência de uma mobilidade ascendente contínua, a renovação constante das elites e a criação de um certo sentimento de interesse comum dentro das classes proprietárias.

O assassinato de Henrique IV em 1610 removeu um governante forte e eficiente. Preocupados com a perspectiva de um novo período de desordem interna, os representantes do Terceiro Estado, convocados para uma reunião dos Estados Gerais em 1614, declararam o seguinte como lei fundamental: "o rei é soberano em seu Estado e detém a coroa apenas por meio de Deus". Seus piores medos parecem ter sido confirmados – durante a regência de Maria de Médici e, em seguida, após Luís XIII ter atingido a maioridade, durante o seu reinado (1610-1643): a rivalidade entre as facções deu iniciou ao retorno à anarquia, a qual apenas terminou gradualmente entre os anos de 1625 e 1642, quando os cardeais Richelieu e depois Mazarin esforçaram-se para restaurar a liderança central eficaz. Após o cerco bem-sucedido em Rochela em 1626 e preocupado tanto com a capacidade contínua de nobres protestantes, tais como o duque de Rohan e seu irmão Soubise para reunir forças militares, quanto com a rebelião no Sudoeste em 1621-1622, Richelieu conseguiu privar os protestantes de seus privilégios políticos e militares e, finalmente, pôr fim às guerras de religião. Ao mesmo tempo e como parte dos esforços contínuos para construir uma clientela totalmente subordinada à Coroa, os poderes dos governantes provinciais foram reduzidos pela nomeação de comissários reais, precursores dos futuros intendentes. Nessa fase, esses funcionários, guarnecidos com consideráveis poderes de supervisão e correção como agentes do Conselho Real, eram apenas empregados em missões temporárias. Eles detinham empregos que não podiam ser vendidos e estavam subordinados à Coroa de uma forma que a maioria dos titulares de cargos reais não estava. Eles eram obrigados a cooperar com os governantes, estabelecer boas relações com as elites locais e recebiam responsabilidades especiais relacionadas às finanças, à polícia e à justiça. Tornaram-se rapidamente uma característica normal do governo provincial e conseguiram duplicar as receitas dos impostos na década que se seguiu a 1635. A partir daí, a monarquia pôde criar um exército permanente e participar de campanhas em uma escala sem precedentes, em grande parte na Europa central, para evitar o cerco dos Habsburgos austríacos e espanhóis durante a Guerra dos Trinta Anos (1618-1648). Tal fato reduziu a dependência do apoio militar dos grandes nobres e das milícias urbanas e, ao aumentar as oportunidades para prestação de serviço no Exército real, aumentaram-se consideravelmente os poderes de patronagem da Coroa. Em contrapartida, os aumentos dos

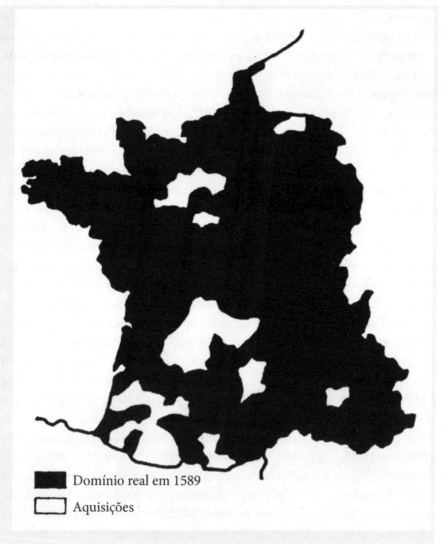

■ Domínio real em 1589
□ Aquisições

MAPA 6. A criação da França, V: expansão dos domínios reais durante o reinado de Henrique IV, 1589-1610. (Fonte: REVEL, L'espace français.)

impostos provocaram novos protestos populares, que se tornaram muito mais perigosos no caso das Frondas (1648-1652) pelas objeções simultâneas de alguns elementos da magistratura e da grande nobreza, irritados com os métodos agressivos dos dois cardeais e com a óbvia acumulação de grandes fortunas por suas famílias.

As Frondas – uma mistura confusa de conflitos – prolongaram a devastação causada pela Guerra dos Trinta Anos, particularmente no nordeste de Paris. Revelaram a capacidade contínua dos grandes senhores feudais, tais como Orléans, Condé, Conti e Longueville, para desafiar a autoridade da Coroa, novamente enfraquecida pela minoridade de Luís XIV, que tinha apenas cinco anos de idade em 1643. As rivalidades entre as facções levaram os grandes aristocratas a agirem como caudilhos regionais, mobilizando parentes, clientes e subordinados. Inicialmente, eles receberam o apoio de muitos titulares de cargos, incluindo os magistrados do Parlamento de Paris que estavam irritados com o aumento da tributação e com a desvalorização dos cargos existentes, causada pela venda contínua destes. Os excessos "tirânicos" do poder real foram denunciados e pedia-se a convocação de uma Assembleia dos Estados Gerais. Em agosto de 1648, novamente surgiram barricadas nas ruas de Paris e, em janeiro do ano seguinte, o jovem rei foi forçado a fugir de sua capital – uma experiência que o marcou por toda sua vida. Por fim, essa agressão fragmentada esvaziou-se por causa das hostilidades mútuas entre seus principais defensores e pela reação estarrecida de funcionários descontentes com a arrogância dos grandes e pelo desejo que tinham de pedir apoio à Espanha. Os nobres e magistrados inferiores tiraram vantagem das irritações populares, mas rapidamente passaram a ter medo de que os protestos ficassem fora de controle. A pobreza crônica e endêmica e a brutalidade generalizada eram características da sociedade do século XVII. Vagabundos e tropas indisciplinadas aumentavam o sentimento de insegurança. As quebras de safras intensificaram a miséria da população e a probabilidade de resistência violenta às cobranças de impostos dos senhores e clérigos, e especialmente às exigências do governo. Sempre que os titulares de cargos eram uma das partes interessadas, a falta, ou então os custos excessivos, da reparação legal muitas vezes pareciam não deixar alternativas. A expressão do descontentamento tomou várias formas. Os "exploradores" poderiam ser punidos por apedrejamento, pela destruição de sua propriedade ou, em casos extremos, por mutilação e morte. Talvez mutilassem animais, ateassem fogo no feno, espancassem os agentes senhoriais ou reais, ou expressassem desprezo em relação ao ofensor de várias formas, tais como canções de escárnio, o uso mais estruturado do *charivari* [música discordante], ou por meio da queima de efígies no carnaval. Este último era um meio costumeiro de expressar-se as queixas, parte de uma reconhecida ladainha de protesto – um meio útil de desabafar as irritações e, portanto, com menor probabilidade de encontrar repressão oficial. Na ausência de um efetivo sistema local de policiamento e apoiadas por um sentimento de solidariedade comunal, tais ações pelo menos podiam garantir que os senhorios, senhores e coletores de dízimos e impostos, divididos entre seus deveres com a Coroa e a necessidade de manter o respeito dentro de suas próprias comunidades, se comportassem com prudência.

Mesmo assim, após qualquer colheita ruim, as pressões impostas a amplas seções da comunidade tornavam-se intoleráveis. O bem-estar dos camponeses e artesãos normalmente prósperos parecia ameaçado pelo coletor de impostos. A própria sobrevivência dos pobres estava ameaçada. A ansiedade, a amargura e a instabilidade emocional geradas superavam quaisquer medos em relação à lenta retribuição oficial e provocavam protestos brutais, ocasionalmente levando a grandes revoltas. Os principais envolvidos em tais eventos eram os camponeses com o incentivo de artesãos e comerciantes urbanos e pequenos nobres empobrecidos e profissionais. Ocorriam especialmente quando não havia nenhuma guarnição local, ou quando, por causa da guerra, as tropas haviam sido transferidas para as fronteiras. As revoltas mais notáveis ocorreram na Guiena e outras províncias do Sudoeste, em 1548, no Delfinado no final da década de 1570, na Normandia e Bretanha e, novamente, no Sudoeste na década de 1590, mais uma vez no Sudoeste em 1624 (Quercy) e, em 1636-1637, as mais graves de todas, as revoltas dos *Croquant* [esfarrapados] que afetaram uma vasta área entre os rios Loire e o Garona, seguidas, em 1639, pela revolta dos *Nu-Pieds* [pés descalços] na Normandia. Estima-se que entre 1635 e 1660 ocorreram 282 revoltas populares. Os rebeldes utilizavam as estruturas comunitárias e as redes econômicas como base para a organização e empregavam os costumes e a religião como crenças explanatórias. Certamente, o clima geral de oposição à autoridade encorajou as ações, particularmente contra os cobradores de impostos. Novos impostos, ou simples rumores, eram suficientes para que os sinos da igreja soassem, emissários de diversas comunidades se reunissem e multidões marchassem. A força do sentimento popular pode ser explicada pelas pressões causadas pela obrigação de pagar impostos monetários em uma economia rural em que predominava a subsistência.

Tal circunstância forçava os camponeses a procurar desesperadamente por algo para vender ou por algum emprego que os remunerasse, muitas vezes, privando-os dos gêneros alimentícios dos quais dependiam ou forçando-os a contrair dívidas. As revoltas ocorriam normalmente em tempos de guerra, quando os impostos – que eram instituídos de forma mais ou menos arbitrária na comunidade por forasteiros para fins raramente entendidos – eram aumentados. Apesar de constituírem grave ameaça para a ordem social, essas revoltas raramente ameaçavam o sistema social. Elas representaram a demanda pela diminuição dos encargos e por "justiça". A maioria dos senhores concordava com o antifiscalismo dos manifestantes, pois viam os impostos como uma ameaça ao pagamento dos aluguéis e obrigações feudais devidos a eles. Os camponeses não tinham como escapar de um profundo sentimento de subordinação aos proprietários de terras e ao clero. Faltava-lhes a visão de uma sociedade alternativa. No final, o localismo e os objetivos limitados dessas rebeliões fizeram que elas fossem facilmente suprimidas. Isso ocorreu no momento em que foi possível reunir forças militares suficientes para a tarefa e quando as elites locais, com medo de que a multidão turbulenta se voltasse contra elas, passaram a colaborar novamente com os funcionários reais.

Em 1654, a coroação de Luís XIV representou uma comemoração simbólica do fim dessa época de dificuldades. Apesar dos distúrbios, a máquina administrativa sobreviveu e continuou a funcionar, mesmo que de forma inadequada. Ela poderia servir como base para uma futura restauração da autoridade da Coroa. De fato, as guerras, que aumentaram as necessidades financeiras do Estado, também intensificaram a impaciência do governo com os órgãos intermediários – como as municipalidades e as assembleias provinciais dos Estados – e encorajaram maior autoritarismo por parte de seus funcionários. O final do século XVII testemunharia o desaparecimento das grandes revoltas armadas e reforço do aparato repressivo do Estado. A isso podemos associar as exigências fiscais menos onerosas, a redução da tensão religiosa e o desenvolvimento de uma sociedade mais bem disciplinada, por causa da propagação da educação e, especialmente, da socialização religiosa mais efetiva associada à contrarreforma da Igreja Católica. Futuramente, a causa mais grave dos protestos populares será os altos preços dos alimentos que acarretarão distúrbios nos mercados públicos, ataques aos transportadores de alimentos e aos comerciantes suspeitos de especulação. Os números desses incidentes aumentaram no século XVIII, momento em que a crescente comercialização e a intensificação da moti-

IMAGEM 8. Luís XIV em 1660, com 22 anos e já marcado por um sentimento de sua dignidade pessoal. Gravura por P. van Schuppen, feita de uma pintura de W. Vaillant. © Roger-Viollet/TopFoto.

vação pelo lucro entraram em conflito com as necessidades de subsistência dos pobres e das concepções tradicionais de moralidade econômica. A desordem continuou sendo a norma até meados do século XIX, quando houve a melhoria nas comunicações e o estabelecimento dos sistemas de comercialização modernizados e da maior segurança da oferta de alimentos.

O reinado de Luís XIV (1643-1715) está bem mais obscurecido pelo mito do que o de Henrique IV. Ele pode, no entanto, ser caracterizado como uma tentativa para pôr fim à fragmentação política e à anarquia social simbolizada pelas Frondas. O maior sucesso do rei foi a pacificação interna alcançada nos primeiros anos do seu reinado. Em 1661, ao assumir o controle de pessoal do governo, Luís parecia estar cheio de energia, mas também com uma perigosa fome de glória. Na luta contínua pela hegemonia europeia com os Habsburgos, os franceses iriam desfrutar as vantagens de um reino relativamente homogêneo, com linhas internas de comunicação e com melhor capacidade para mobilizar recursos. O sucesso inicial, que teve como resultados a anexação do Franco-Condado, de vilas estratégicas em Flandres (1678) e Estrasburgo (1681) e a ameaça francesa de hegemonia, apenas alarmou o resto da Europa. Por fim, a mobilização permanente para a guerra traria o desastre, mas, antes de sua chegada, os exércitos estrangeiros foram, em sua maioria, retirados do solo francês, o próprio Exército francês recebia pagamentos mais regulares e possuía uma melhor disciplina e a nobreza, mais do que nunca, estava mais bem empregada nos serviços do Estado, tanto no Exército quanto na corte. Também ainda estava em curso o movimento de desarmamento dos castelos da nobreza e das vilas, iniciado por Richelieu e Mazarin. Pela primeira vez, atingiu-se o monopólio real eficaz das forças armadas.

Em muitos aspectos, Luís XIV operava um sistema de governo criado por seus antecessores, no qual o papel do monarca, como o ungido do Senhor, era servir como símbolo e fonte da união. A alta nobreza (*noblesse haute*) foi recompensada pela perda de seu poder provincial por meio de pensões substanciais e cargos honoríficos na corte, nos governos das províncias, em altos postos de comando militar e por meio de nomeações episcopais que eram vistas por eles como apropriadas. Já as energias belicosas da baixa nobreza foram canalizadas para os serviços do rei em um exército que tinha aumentado seu contingente para cerca de 360 mil homens no início do século XVIII e que agora passava a ser uma instituição mais efetivamente real e menos um instrumento da nobreza. As constantes guerras satisfaziam a autopercepção medieval da nobreza como a casta guerreira.

O controle cuidadoso dos sistemas de patronagem e do Exército permitia que o rei comprasse a lealdade dos membros da elite ou, se necessário, usasse a força. A arquitetura e as artes decorativas foram empregadas em Versalhes para que pudessem oferecer um ambiente perfeito para os rituais, cerimônias, balés e mascaradas, que se somavam ao espetáculo da vida na corte. O bispo Bossuet esperava que "a dignidade gloriosa e a majestade do palácio pudessem refulgir, para todos verem, a esplêndida grandeza do poder real". De forma mais ampla, as estátuas e as gravuras, os panfletos e as histórias, bem como a pregação do clero de seus púlpitos, tudo contribuiu

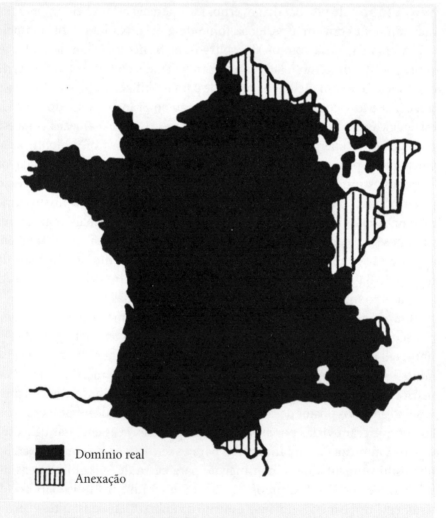

MAPA 7. A criação da França, VI: o reinado de Luís XIV, 1643-1715. (Fonte: REVEL, L'espace français.)

para a construção da iconografia do poder, o culto da monarquia, associada à imagem de um todo-poderoso Rei Sol. Além de simbolizar o poder real e a glória, Versalhes funcionava como um ponto de encontro da civilização aristocrática e para a difusão – para toda a sociedade – de um comportamento mais contido, de uma nova civilidade, polidez e bom gosto. Aparecer ante o rei na corte era a forma de afirmar a própria posição social, de obter altos cargos e pensões e de partilhar da generosidade do rei. Do ponto de vista da monarquia, o custo gigantesco da construção do palácio foi dinheiro bem gasto. Ele aumentou a dependência da alta nobreza – quer dizer, os nobres poderiam ser supervisionados mais de perto – e enfraqueceu seus laços com os pequenos nobres das províncias. Os membros de famílias emergentes – Colbert, Le Tellier e Phélypeaux – estavam dispostos a dedicar-se aos objetivos de seu mestre, enquanto enriqueciam nesse processo. Essa realeza reforçada também garantiu que os reis – tratados com respeito e deferência exagerados, confiantes em sua autoridade dada por Deus e, mais do que nunca, isolados de formas alternativas da realidade – continuassem obsessivamente empenhados com a realização da glória pessoal e dinástica.

Outro ato importante, com significação política e simbólica, foi o novo ataque ao protestantismo que, em 1685, culminou na revogação do Édito de Nantes. Um evento provavelmente inevitável. Os católicos estavam revoltados com a tolerância da heresia. As disposições militares do Édito já tinham sido substancialmente cortadas. A existência de um Estado armado dentro do Estado era claramente intolerável. Depois de 1622 só Rochela e Montauban permaneceram sob controle protestante. Mesmo confirmando o Édito de Nantes, em 1629, a Paz de Ales suprimiu até mesmo o direito de manter essas vilas como locais de segurança. Nessa altura, o partido protestante também tinha sido enfraquecido por muitas deserções, mais significativamente dos líderes da nobreza com medo de perder o acesso ao patrocínio da realeza. A contrarreforma da Igreja Católica, que começou a ter verdadeiro impacto na França somente a partir da primeira década do século XVII, também estava começando a ter efeitos profundos, impondo uma nova ordem e o espírito das Cruzadas em uma Igreja que já tinha recuperado a maior parte dos recursos usurpados ou perdidos durante as guerras de religião. Durante as décadas de convivência tensa que se seguiram, foram impostas taxas especiais às congregações protestantes e, assim, mais de três quartos de suas igrejas foram fechadas. Também foram feitos esforços para incentivar as conversões por meio do alojamento de tropas nas casas das famílias (*dragonnades*). Em 1685, Luís XIV, convencido da validade do princípio "uma fé, um rei, uma lei", conseguiu revogar o Édito com pouco risco de resistência séria. Os protestantes enfrentaram as alternativas da conversão, da ilegalidade ou da emigração. Entre 140 e 160 mil escolheram a última opção. Sem dúvida, o fato de que dentre eles existiam muitos mercadores e fabricantes (embora parcialmente compensados pelo afluxo de refugiados católicos irlandeses) gerou consequências econômicas negativas. O ataque subsequente ao jansenismo, cujos adeptos repudiavam a corrupção dentro da Igreja e pregavam a perfeição espiritual, também foi motivado pela hostilidade à "heresia" e em resposta ao que o rei julgou ser um desafio à sua autoridade. Em 1713, a recusa do Parlamento de Paris em registrar a bula papal condenatória *Unigenitus* anunciou uma disputa que já estava em andamento entre a autoridade do Estado e da Igreja.

O fato de Luís XIV poder fazer uso efetivo do sistema político não reflete apenas a sua própria grande capacidade, mas também o desejo sincero dos mais bem afortunados de evitar uma renovação da anarquia interna e a determinação do rei em excluir os grandes proprietários potencialmente problemáticos do seu Conselho, substituindo-os por membros subordinados de uma nobreza burocrática relativamente nova. O rei e a nobreza estavam imbuídos de um sentimento de hierarquia social bem definido e de subordinação mútua, por meio do qual o rei estava indiscutivelmente no topo e podia apelar à honra e à lealdade de seus nobres. Criou-se o patriotismo centrado no rei, já que os serviços ao monarca eram idealizados e tinham prioridade sobre quaisquer outros relacionamentos. Uma etiqueta cuidadosamente construída aumentava a distância social entre Luís e seus nobres. Apesar de ainda ocorrem disputas, o significado delas estava limitado tanto pelo poder superior da monarquia como pelo envolvimento da maioria das famílias nobres nos serviços do Estado, tanto a velha nobreza de "espadas" quanto a nova nobreza "togada", ligada aos serviços jurídicos e burocráticos. A nobreza desenvolveu uma confiança crescente de que suas necessidades eram mais bem servidas dentro, e não contra o Estado. Esse pacto sobreviveria enquanto as elites tivessem certeza de que a monarquia estava protegendo seus interesses vitais.

Certamente, Luís XIV imaginava-se absoluto e muitos historiadores populares aceitaram tal opinião. O desenvolvimento do absolutismo (um rótulo do final do século XVIII), uma fase crucial no processo de construção do Estado, envolveu o aumento da capacidade intervencionista do poder central, mediante o desenvolvimento da administração burocrática.

Apesar disso, Luís XIV e seus sucessores, assim como os reis anteriores, continuariam a enfrentar muitos dos mesmos obstáculos, a saber, as distâncias, a pobreza das comunicações e os recursos insuficientes. Eles precisavam trabalhar dentro dos limites estabelecidos pelas leis extremamente variadas e heterogêneas, pelos costumes, pelas instituições estabelecidas e pelas barreiras de uma sociedade pré-industrial. A implementação das políticas do governo central nas províncias dependia especialmente dos *intendentes*, recrutados entre os nobres jovens e ambiciosos do Conselho Privado. Cada um deles era responsável por uma das 33 grandes unidades administrativas (*généralités*), sob suas ordens estavam os funcionários subordinados (*subdélégués*), normalmente nobres locais que administravam uma *élection*. Eles supervisionavam todos os aspectos da administração geral e cada vez mais da administração municipal, incluindo a justiça e a avaliação e cobrança de impostos. Esses poucos agentes da administração central dependiam da cooperação voluntária dos notáveis locais, nobres e plebeus – homens que deviam sua influência a sua riqueza pessoal, às propriedades, à influência dentro de suas comunidades e aos seus cargos. Na base da hierarquia jurídica estavam as oligarquias urbanas privilegiadas e, em particular, 70 mil tribunais senhoriais. Assim, na maioria das vezes, os representantes do governo central ainda eram homens locais e comportavam-se como tal. As conexões familiares e as solidariedades locais ofereciam obstáculos permanentes ao desenvolvimento do governo burocrático. Havia muitos conflitos sobre as jurisdições e rivalidades entre as instituições governamentais, que eram agravados pela criação sucessiva de novos cargos – muitas vezes venais. Essas circunstâncias aumentavam bastante os custos e retardavam os processos de administração e justiça. A desobediência disfarçada e o fracasso em implementar instruções substituíram o desafio aberto. A situação dos *intendentes* era mais difícil, pois havia um número insuficiente de policiais. Por exemplo, Lyon, com 150 mil habitantes, empregava apenas 84 policiais. A zona rural era protegida por um corpo real da polícia montada (a *maréchaussée*) com uma força nacional de apenas 4 mil homens. Buscava-se, como ideal, a autorregulação das comunidades. Sempre que havia ameaça de grandes desordens, a única ação era a convocação do Exército, mas isso levava tempo e sofria resistência dos comandantes militares. Por todas essas razões, os *intendentes* eram forçados a se adaptar às circunstâncias locais. Na década de 1780, eles passaram por uma fase de declínio gradual de suas autoridades como consequência da fraqueza do governo central, em razão da assertividade renovada da nobreza e da combatividade das instituições dentro das quais os interesses da nobreza estavam mais bem representados.

As deficiências do sistema eram óbvias, especialmente notadas na parcialidade e crueldade frequentes exibidas pela administração da justiça. Além disso, a reforma era algo extremamente difícil. A compra de cargos somente reforçava o sentimento de independência da massa de titulares de cargos (*officiers*). Os governos não ousavam suprimir os cargos venais, nem tinham recursos necessários para comprar de volta todos os cargos. Na melhor das hipóteses, um rei forte tal como Luís XIV poderia utilizar o sistema de patronagem para controlar instituições importantes, como as poucas assembleias provinciais dos estados que ainda restavam e os parlamentos, que eram os tribunais mais altos em suas determinadas regiões e eram os órgãos competentes para o registro (fase necessária para adquirirem força de lei) dos decretos do governo. No entanto, o fracasso dos reis em convocar a Assembleia dos Estados Gerais entre 1615 e 1789 e a ausência de uma instituição nacional representativa e consultiva enfraqueceram seriamente as relações entre a monarquia e seus principais súditos.

Nessa situação, a administração interna era constituída por "um diálogo entre a Coroa e as várias elites, instituições e grupos sociais locais, cada um deles zelando por suas tradições e privilégios legais inegáveis" (Mettam). Nas vilas, vários grupos (funcionários, corporações etc.) recebiam privilégios em troca de pagamento e serviços como parte da administração real. Na zona rural, o papel principal pertencia ao senhor nobre. O exercício do poder local e regional ainda dependia das relações internas da nobreza e daquelas entre os nobres e os grupos sociais que eles pretendiam dominar. A vontade do centro não era necessariamente implementada em cada localidade. Isso estava especialmente evidente na importantíssima administração das finanças. A guerra e a preparação para a guerra eram características permanentes do Estado do antigo regime e essenciais para o seu desenvolvimento institucional. Essas despesas eram o principal encargo do orçamento – raramente abaixo de um terço, normalmente passavam da metade e, durante as guerras, atingiam 70%. Durante o reinado de Luís XIV, o Exército cresceu em tamanho: de 80 para 340 mil homens em 1696. Seus equipamentos, treinamentos e táticas foram melhorados, eles estavam mais bem guarnecidos e o exército de campo tinha o apoio de modernas fortalezas de fronteira, concebidas pelo brilhante engenheiro militar marquês de Vauban. A prolongada guerra de atrito que caracterizou o período impôs uma esmagadora carga fiscal sobre a população e representou uma advertência sobre a dificuldade de romper os compromissos militares. Por causa das isenções fiscais dadas à nobreza e ao clero, a carga fiscal recaía principalmente sobre os camponeses, que eram os menos capazes de suportá-la. A situação tornou-se ainda pior pelo elevado custo da cobrança de impostos, que dependiam dos titulares de cargos venais ou, no caso dos impostos indiretos, dos fazendários (*fermiers généraux*) – consórcios de comerciantes contratados pela Coroa – ambos operando por meio de milhares de agentes pessoais. Esses grupos, pelo menos, estavam tão interessados no lucro pessoal quanto em servir o Estado. Os esforços para incentivar a manufatura e o comércio coloniais, associados a Jean-Baptiste Colbert, foram parte de uma iniciativa para aumentar as receitas dos impostos como meio para atingir a supremacia militar; o impacto da iniciativa sobre as receitas do Estado foi apenas marginal e insignificante em relação às estruturas econômicas. Os recursos para empréstimos criados em Paris no mercado de capitais foram necessários, levando ao acúmulo de dívidas e a uma crescente dependência entre a Coroa e seus financiadores. O custo da manutenção dessas dívidas crescentes absorveu 15% a 20% do orçamento por quase todo o século XVIII, mas atingiu insustentáveis 49% em 1788. O interesse mútuo dos financiadores (principalmente com títulos nobiliárquicos recentes) e das principais famílias nobres – que haviam comprometido a maior parte de seu capital para preservar um sistema tão lucrativo – provar-se-ia um obstáculo permanente à reforma.

O reinado do Rei Sol chegou ao fim com uma crise social intensa causada pela carga fiscal em um momento em que o clima rigoroso e as repetidas perdas de colheitas de 1694, bem como o acúmulo de catástrofes naturais e militares do período entre 1708 e 1710, já teriam por si mesmos causado um impacto demográfico devastador. O estado de exaustão mútua deu fim a 25 anos de guerra com os tratados de Utrecht e Rastadt em 1713-1714. Em agosto de 1715, o monarca deprimido e moribundo fez uma advertência ao seu sucessor infante:

> toda a sua felicidade dependerá de sua submissão a Deus e do alívio que você pode oferecer ao seu povo. Portanto, você deve evitar, na medida do possível, a guerra. Ela é a ruína do povo. Não siga meu mau exemplo. Muitas vezes, fui à guerra com muita facilidade e busquei-a por vaidade. Não me imite, mas seja um príncipe da paz.

Apesar de tudo, a ordem política havia sobrevivido. Além disso, em contraste com essas décadas calamitosas, o restante do século XVIII e, em particular, os anos entre 1745 e 1770 seriam caracterizados pela recupera-

IMAGEM 9. Construção de uma rua. O movimento de pessoas e mercadorias foi facilitado pela corveia (1738), pelo estabelecimento da Corporação de Pontes e Estradas (1750) e por investimentos substanciais do governo. Pintura de J. Vernet (1774). Museu do Louvre, Paris. Foto: Giraudon/The Bridgeman Art Library.

ção econômica e demográfica e longos períodos de ordem e paz interna. A prosperidade mostrou-se evidente com a expansão rápida do comércio interno, com a maior intromissão das forças de mercado em toda a sociedade e, particularmente, com o surgimento de uma categoria ociosa de consumidor de classe média. O comércio exterior expandiu-se rapidamente. O comércio colonial de escravos, açúcar, anil, tabaco e café trouxe riqueza para os comerciantes de Bordéus, Marselha, Nantes, Rouen e Le Havre. As colônias do Caribe eram fonte de grande prosperidade, mas, além disso, uma forte causa da rivalidade com a Grã-Bretanha. O impacto destrutivo da guerra e a perspectiva frequente de quebras de safra, que causavam crises econômicas generalizadas, eram sintomáticos da fragilidade contínua do sistema sociopolítico. As estruturas econômicas e sociais básicas de uma sociedade pré-industrial sobreviveram, muito embora existissem sinais de inovação técnica na agricultura e na manufatura, e apesar de a intensidade das crises de alimentos estar mais controlada por causa das condições climáticas mais tranquilas, das melhores comunicações e da melhor distribuição dos gêneros alimentícios. A França manteve-se como uma sociedade predominantemente agrária; a economia dependia totalmente das safras e as manufaturas ocorriam em pequenas oficinas espalhadas nas cidades e no campo. A hierarquia jurídica de uma sociedade de ordens permaneceu intacta, justificada da mesma forma como por volta do ano 1000 pela distinção entre aqueles que oravam, aqueles que lutavam e aqueles que trabalhavam. Assim, a posição social baseava-se nas noções de honra codificadas na Lei. A riqueza reforçava e separava essas distinções. A monetarização crescente da sociedade garantiu que, cada vez mais, a posição social fosse percebida como algo que estava à venda. Em uma sociedade estritamente hierárquica – embora não inteiramente imóvel – os pobres eram mantidos em sua posição pela necessidade de ganhar a vida, pela dependência, pelo medo, por um sentimento de inferioridade e pela necessidade premente de parecer uma pessoa respeitosa. Além disso, as mudanças das instituições políticas do antigo regime ocorreram de forma muito lenta; os precedentes eram utilizados de modo bastante eficaz para a defesa dos interesses particulares. No entanto, apesar do ritmo lento da mudança social, essas estruturas formais eram vistas cada vez mais como anacrônicas.

Nos últimos, a ênfase nas causas sociais da Revolução de 1789 tem sido considerada fora de moda. No lugar da, anteriormente familiar, visão marxista de uma luta entre a nobreza em declínio e a burguesia nascente, os historiadores passaram a dar importância cada vez maior aos interesses comuns de nobres e burgueses, bem como às divisões dos interesses dentro de cada um desses grupos. Eles têm citado a observação feita por Anne Robert Jacques Turgot em 1776, "a causa do privilégio já não é a causa das famílias ilustres contra os plebeus, mas causa dos ricos contra os pobres", e descrevem o surgimento de uma elite de *notáveis*, da qual os nobres eram apenas uma parte. A prosperidade promoveu uma proliferação de elites sociais. Em uma sociedade que se definia em termos de ordens, havia grupos no topo de cada ordem, que se distinguiam do resto de sua ordem por meio da riqueza, posição social e poder. Os nobres e os ricos sem título de nobreza compartilhavam interesses em relação à posse de terras, além disso, possuíam estilos de vida e privilégios semelhantes. A burguesia ainda era uma classe essencialmente pré-industrial, sendo composta principalmente por proprietários de terras, profissionais, financistas e comerciantes, e, longe de serem hostis à nobreza, os plebeus ricos estavam envolvidos em um processo de aquisição de títulos nobiliárquicos como marca definitiva de seu sucesso pessoal. Muitos membros dessa classe desfrutavam de uma posição social reconhecida e compartilhavam privilégios admitidos por lei, incluindo o direito de autorregulação, a proteção de interesses específicos e isenções fiscais concedidas aos membros das profissões liberais, às corporações manufatureiras e às municipalidades. Se esse era o quadro, o problema está em explicar por que as linhas do conflito desenhadas em 1789 separariam, em grande parte, nobres e burgueses. O rápido colapso do regime, talvez comparável apenas aos acontecimentos de 1989-1990 na Europa Oriental, é impossível de ser explicado sem levarmos em consideração as tensões sociais subjacentes.

Certamente, a nobreza francesa não era um grupo social em declínio. Mesmo que a principal fonte de renda ainda fosse a terra, que a maioria das famílias ainda se restringisse aos investimentos tradicionais em propriedade e cargos e que houvesse desfrutado os benefícios do aumento de preços que ocorreu por volta de 1730, muitos nobres estavam na vanguarda da inovação em várias áreas, a saber, têxtil, de mineração, metalúrgica e agrícola. Apesar disso, os profissionais e comerciantes bem-sucedidos ainda buscavam os títulos de nobreza como o símbolo máximo de realização. Enquanto as famílias empobrecidas das antigas linhagens ressentiam-se frequentemente desses novos ricos recém-chegados, a nobreza era uma elite relativamente aberta, que continuava a renovar-se. Como qualquer outro grupo social, a nobreza estava dividida – nobres ricos e pobres, nobres das cortes e das províncias, antigos e novos, bem como clientela política e clãs familiares – em grupos que tinham diferentes percepções de seus interesses mais importantes. A massa de nobres das províncias se ressentia com o poder e a ostentação das grandes famílias da corte (umas 4 mil pessoas), as quais monopolizavam as pensões, favores e altos cargos no Exército e na burocracia. Em razão do acesso privilegiado ao rei, essas famílias conseguiam ascender socialmente, atuando como corretores do poder e, em termos de cultura e educação, definiam o tom para todos aqueles que possuíam pretensões sociais. Claro, as famílias da velha linhagem derramavam desprezo sobre as afetações dos recentemente enobrecidos, muitos dos quais, no entanto, integrar-se-iam completamente em duas ou três gerações – uma conquista frequentemente simbolizada pela mudança de cargo: do jurídico (nobreza togada) para o militar. A necessidade de "parecer" incentivou o consumo que pudesse ser visto pelos outros: a posse de uma propriedade rural e uma casa na cidade, bem como a adoção da última moda em mobiliário e vestuário. No entanto, muitas famílias de nobres mal conseguiam o suficiente para sobreviver. Alguns eram incapazes de pagar pela educação ou pelo investimento necessários para adquirir um cargo, ou pelo equipamento essencial para seguir a carreira militar. Apenas o orgulho, o culto à honra, o sentimento de pertencer a uma raça diferenciada (dando aparência de credibilidade histórica a livros como *Essai sur la noblesse de France* [*Ensaio sobre a nobreza francesa*] do conde de Boulainvilliers – 1732), o direito de usar uma espada e o banco reservado à família na igreja local permitiam-lhes manter certa "distância social" do campesinato. Os nobres pobres enfrentaram a possibilidade degradante de precisarem conduzir atividades manuais ou remunerativas, as quais poderiam levar à *dérogeance*, isto é, à perda da posição social e dos privilégios da nobreza, incluindo as isenções de impostos – importantíssimas por causa da posição empobrecida daqueles que possuíam essas vantagens. A grande maioria situava-se entre esses extremos. Para eles, uma renda decente, educação e cultura eram os meios para a manutenção das aparências. Eles podiam optar por evitar as despesas e o estresse da vida na corte, dividindo seu tempo entre o castelo e a casa da cidade, supervisionando seus bens, desempenhando um papel na administração local, fazendo caridade, "protegendo" os seus e engajando-se nas relações simbólicas diárias entre superiores e inferiores indicadas por formas linguísticas – o uso do familiar *tu* (você) pelos superiores e a resposta dos inferiores, que deviam utilizar o formal *vous*, ou a deferência associada à retirada do chapéu. Uma forma crucial de manutenção do patrimônio era a estratégia matrimonial cuidadosamente planejada. Isso poderia envolver a divisão da herança para favorecer o filho mais velho e até mesmo o envio das filhas sem possibilidade de se casarem para um convento. Em termos de capacidade para que uma família conseguisse parecer *comme il faut* (respeitável), o papel central era desempenhado pelas mulheres. Apesar da duplicidade sexual e do fato de que as mulheres eram definidas socialmente por suas relações com os homens, na prática a divisão formal entre o público (dominado por homens) e a esfera privada da vida ofuscava-se pelas influências informais e dominância da mulher sobre o agregado familiar.

Estima-se que o número de nobres em 1789 variasse entre 110 e 350 mil, isto é, 0,5% a 1,5% da população que possuía entre um quarto e um terço da terra. Na França, ao contrário da Grã-Bretanha, títulos e *status* de nobreza passavam do pai para todos os seus filhos. Se aceitarmos o número mais baixo, então uma em cada quatro famílias nobres adquiriu o título de nobreza durante o século XVIII, uma taxa relativamente elevada de mobilidade ascendente, mas se a estimativa mais elevada estiver correta, apenas cerca de uma em cada doze famílias havia sido recentemente enobrecida, número que apoiaria uma visão mais plausível da segunda ordem como uma casta relativamente autossuficiente, embora longe de ser fechada. Em comparação com outros grupos sociais, os privilégios e os valores distintivos da nobreza deram-lhes maior sentido de unidade orgânica e de superioridade moral. Sua obrigação tradicional ligava-se ao serviço militar, mas com a melhoria da educação, muitos nobres, além de guerreiros, tornaram-se burocratas. A função militar era considerada a mais honorável, pois por meio dela seus membros sacrificaram suas vidas e justificavam seus privilégios fiscais e senhoriais. Como foi o caso desde tempos imemoriais, os nobres ocupavam todos os cargos importantes da Igreja e do Estado; entre 1718 e 1789, dos 65 ministros, alguns vinham de famílias recentemente enobrecidas e apenas três não eram nobres. Os nobres eram, portanto, os agentes de um poder real centralizador e, nas províncias, seus adversários mais determinados. Somente após a revolução surgiria um sentimento mais forte de unidade.

A "burguesia" era também formada por um grupo extremamente diversificado. No uso da época, o termo (quando não era utilizado no sentido técnico para designar um cidadão emancipado de uma cidade) designava os proprietários de imóveis ou os *arrendadores*. "Viver de forma burguesa" significava viver, em primeiro lugar, de uma renda não adquirida, e compartilhar o desdém que os aristocratas sentiam em relação àqueles que se dedicavam às "desonrosas" atividades remuneratórias, ou aos que se rebaixavam, servindo os outros, como faziam os lojistas, ou àqueles que estavam envolvidos com o degradante trabalho manual. Muitas vezes tais pessoas pertenciam ao círculo encantado de titulares de cargos enobrecedores, cuja admissão exigia os meios para sua aquisição, mas também contatos úteis e conexões familiares. Da mesma forma, para possuir um escritório jurídico era preciso investir em uma educação cara, mas isso oferecia a perspectiva de um estilo de vida confortável, lazer para o cultivo do intelecto e um certo grau de independência.

Embora a estrutura da burguesia variasse com a gama de funções econômicas e administrativas de uma determinada vila, os membros mais ricos da classe eram inevitavelmente poucos e formavam um grupo relativamente coeso, viviam próximos uns dos outros em mansões recém-construídas, mobiladas no estilo mais recente; também se encontravam socialmente e casavam-se. Socialmente, abaixo deles estavam os menos bem-sucedidos *negociantes* (homens de comércio), *mercadores* (comerciantes, fabricantes e retalhistas), os profissionais e depois a classe média baixa de lojistas e artesãos autônomos. Em um grupo diverso como esse, havia pouco sentimento de solidariedade. Os artesãos orgulhavam-se de sua "arte", competências adquiridas mediante um longo aprendizado. Os artesãos e os diaristas que eles empregavam compartilhavam um sentimento de comunidade moral que restringia as tensões entre mestres e homens e distinguia-os dos membros de outros comércios, especialmente da massa de servos e trabalhadores não qualificados, dos desempregados e doentes, que lutavam desesperadamente pela subsistência e, muitas vezes, recorriam às contravenções e à prostituição. Em uma vila como a Orléans de 1789, *negociantes, mercadores*, funcionários, profissionais e lojistas compunham 7% da população ativa e os mestres-artesãos 30,8%. Embora apenas 16% da população vivesse nas vilas, cuja maioria era pequena e essencialmente medieval na aparência, o impacto dinâmico desses lugares como centros econômicos, administrativos, políticos e culturais não devem ser subestimados.

Mesmo que a nobreza costumasse representar o objetivo e o modelo para os aspirantes a membros das classes médias, eles costumavam ressentir-se da sua arrogância. O caminho mais comum para tornar-se nobre era por meio da compra de cargos de enobrecimento. Jacques Necker calculou que havia uns 4 mil cargos desse tipo. Era também necessário retirar-se das "degradantes" atividades remuneradas e adotar o estilo de vida de um cavalheiro com posses de terras. Mesmo assim, o processo de assimilação podia levar duas ou três gerações. Além disso, apesar do aumento substancial do custo, a prosperidade econômica e o aumento da riqueza intensificavam a concorrência por cargos de enobrecimento, que, afinal de contas, prometiam uma melhor posição social, lucros e isenções fiscais. No entanto, a demanda por cargos estava crescendo ao mesmo tempo que instituições tais como os parlamentos tornavam-se mais exclusivos. O resultado foi uma notável redução das possibilidades de promoção social e a crescente hostilidade dirigida à nobreza estabelecida, particularmente no nível local, onde era mais fácil experimentar o *desdém* da nobreza. Isso não significa que a burguesia, antes de 1789, estava adquirindo uma consciência de classe. Certamente, no entanto, alguns dos latifundiários, comerciantes, *arrendadores* e profissionais mais bem-educados e conscientes foram atraídos pelas ideias meritocráticas e igualitárias, ressentindo-se cada vez mais dos privilégios da nobreza.

Apesar do surgimento de algo semelhante a estruturas de classe com base na renda e nas origens socioprofissionais, os antigos conceitos de "honra" e "dignidade" ainda influenciavam as relações sociais. As pretensões aristocráticas e a insistência em distinções legais e sociais eram motivo de tensão. Inevitavelmente, essas afetações eram ressentidas pelos recém-enobrecidos em rota de assimilação e, especialmente, pelo povo comum, ciente do desdém aristocrático. O caminho para a promoção social e respeitabilidade final estava, na prática, obstruído por todo tipo de armadilha. O número de cargos de enobrecimento sempre foi relativamente pequeno. A depressão econômica podia sempre estragar os melhores planejamentos. Advogados, proprietários de terras, funcionários, grandes comerciantes (*négociants*) e arrendadores eram essencialmente conservadores em suas perspectivas, no entanto, seu ressentimento estava apenas começando a encontrar expressão política na crise pré-revolucionária. Em parte, esta foi uma resposta à "reação da nobreza", um esforço para preservar a predominância de nobres nas nomeações para o gabinete civil e para os altos cargos no Exército. Nobres sentiam que somente eles eram os conselheiros naturais da monarquia e, por isso, tinham o direito – na verdade, o dever – de servir. Assim, seus privilégios eram uma justa recompensa pelos serviços prestados. Em muitos aspectos, o rótulo "reação" é um termo impróprio. O evento não tomou a forma de uma ofensiva deliberada por parte dos privilegiados. Os nobres continuavam se comportando como sempre. O termo, no entanto, transmite com precisão a crescente inquietação de outros grupos sociais a respeito do comportamento da nobreza. Com o objetivo de criar um corpo de oficiais imbuído de valores marciais tradicionais, o Édito de Ségur de 1781 (em grande parte uma codificação de medidas anteriores) restringiu o acesso direto a certos escalões comissionados do exército aos homens que pertencessem a famílias que haviam tornando-se nobres a menos de quatro gerações. A lei teve pouca importância prática. Mesmo antes do decreto, cerca de 95% dos oficiais eram nobres. No entanto, para aqueles que não eram nobres e para os recentemente enobrecidos (alvo principal da lei), o Édito serviu como prova do crescente exclusivismo da nobreza. Outras características da "reação da nobreza" tiveram impacto na vida rural.

No final do século XVIII, estima-se que a nobreza possuía cerca 25% da terra, o clero tinha de 6% a 10%, a burguesia cerca de 30% e os camponeses 40% a 45%. Em um período de aumento de preços, a terra era um investimento atraente e sua posse, além disso, garantia a posição social. Grande parte da propriedade dos nobres e do clero concentrava-se nas planícies férteis do Norte, enquanto a proporção detida pelos camponeses tendia a aumentar em direção ao Sul. A Nordeste de uma linha entre Caen e Lyon, a nobreza possuía cerca de 30% das terras agrícolas, enquanto a Sudoeste sua cota raramente excedia os 20%. Em algumas localidades, particularmente perto das grandes vilas, as proporções eram muito mais elevadas. Para muitos proprietários de terras, havia pouco incentivo para investir capital no desenvolvimento agrícola, especialmente porque o valor do aluguel continuava a subir e podia ser complementado com a renda das obrigações senhoriais ou da manutenção de cargos. Por esses diversos meios, um número relativamente pequeno de famílias nobres foi capaz de apropriar-se de, possivelmente, um quarto da receita da agricultura. Esse poder econômico era reforçado pelo poder político e social conferido pela justiça senhorial e pelo apoio que essas famílias recebiam em caso de disputas com nobres determinados a defender a ordem social. As condições da vida camponesa variavam consideravelmente de região para região, de acordo com a ecologia e com a divisão da propriedade. Esses nobres formavam cerca de três quartos da população, mas, após os pagamentos de aluguéis, obrigações senhoriais, dízimos e impostos, ficavam com pouco mais de um terço da renda da terra. A sobrevivência das obrigações senhoriais era uma indicação da posição "servil" dos camponeses, assim como o direito de os senhores julgarem os litígios. Os camponeses eram obrigados a executar serviços para o senhor e para o Estado. Eram obrigados a oferecer uma parte da colheita para o senhor e para a Igreja, bem como fazer uso do moinho e da prensa de vinho do senhor. Até mesmo sua posse da terra estava sujeita a restrições. Quando era vendida, uma taxa deveria ser paga ao senhor, que também detinha o direito de preferência na compra, bem como os estimados direitos de caça. A prática cada vez mais comum pela qual especialistas em leis feudais vasculhavam os registros em busca de obrigações deixadas de lado pode ser vista como uma forma de racionalização dos negócios ou como a intensificação da exploração, dependendo do ponto de vista.

Outros fatores importantes que influenciaram a situação da população rural incluíam os acordos de estabilidade, a habitação, as práticas comunais, as tradições culturais e o estatuto jurídico – aproximadamente 1 milhão de pessoas estavam classificadas como servos no Franco-condado e em Nivernais, os outros camponeses eram considerados agentes livres. No entanto, apenas uma minoria, talvez um terço, tinha acesso a uma quantidade suficiente de terra para manter suas famílias. O restante, em busca da subsistência, era forçado a alugar a terra ou procurar emprego como trabalhador agrícola ou nas manufaturas rurais que estavam em rápida expansão. A pressão populacional e o contínuo parcelamento das pequenas propriedades forçaram a miséria de muitos camponeses, enquanto os proprietários aumentavam o tamanho de suas propriedades e, ao mesmo tempo, subdividiam ainda mais suas terras para aumentar o número de inquilinos em locações de curtos períodos. De forma similar aos períodos anteriores de recuperação demográfica, a intensificação das relações comerciais e o movimento em direção à produção para venda reforçaram o valor dos recursos econômicos básicos e intensificaram a competição para controlá-los. Alguns proprietários de terras foram encorajados a desenvolver meios mais produtivos para explorar seus recursos econômicos, por meio da melhoria das técnicas da agricultura, maior comercialização do produto, investimentos na exploração de matérias-primas da superfície e do subsolo (especialmente água, madeira e carvão) e as tentativas de aumentar os preços dos aluguéis e obrigações senhoriais (ajudados por melhores técnicas contábeis, de pesquisa e mapeamento). Nesse período de crescente pressão populacional sobre os recursos, o aumento dos aluguéis e dos preços levou a um agravamento da situação do crescente número de pobres que lutavam para obter acesso à terra, ao emprego ou, no mínimo, à caridade. Essas condições aumentaram, de forma inevitável, a hostilidade da massa da população àqueles que – fossem eles nobres, burgueses, clérigos ou os camponeses bem de vida – parecessem estar acumulando terra e explorando seus recursos escassos, os quais eles controlavam em detrimento da comunidade rural. Como sempre, tais pressões estimularam a resistência camponesa, embora isso tenha sido causado pela posição de impotência ante a justiça feudal e a dominação dos sistemas judiciais e administrativos por parte da nobreza.

O senhoralismo levantou complexas questões econômicas e jurídicas e causou atritos infindáveis. A resistência das comunidades tomou várias formas, incluindo ações judiciais sobre temas como o cercamento das terras comunais e a restrição dos direitos consuetudinários de uso de florestas; e também tomou a forma do aumento da criminalidade em um mundo que – apesar da crescente alfabetização e dos esforços da Igreja para incentivar o maior autocontrole – ainda era cruel e brutal. As duas formas oferecem evidências de um espírito mais combativo e da resistência por parte dos pobres das zonas rurais para o desenvolvimento de uma agricultura capitalista. Isso ficou evidente quando, após uma colheita ruim, o aumento dos preços dos alimentos, causado pelas compras desencadeadas pelo pânico e pelas especulações, fez que se tornassem mais intoleráveis ainda as rendas, obrigações senhoriais, dízimos e impostos, que, mesmo em um bom ano, conseguiam arrecadar entre um terço e metade da receita bruta dos camponeses. Certamente, não havia nada de novo nisso, nem na tendência dos pobres em explicar a miséria em que viviam ao personalizar seus problemas e, em particular, ao culpar as atividades parasitárias de mercadores, senhores e clero. A presença dos senhores feudais – seus tribunais (muito importantes para resolução de disputas de terra), o direito de exigir encargos em dinheiro e trabalho e seus irritantes monopólios, privilégios de caça e pompa – era particularmente forte no Norte, Leste e Centro-leste, mas bem mais fraca no Maciço Central e no Sul. Talvez a situação trouxesse um sentimento de exagero crescente, quando as pessoas viram o senhor deixar de oferecer proteção contra os saqueadores e repassar a maioria de suas funções judiciais, por uma taxa, aos advogados locais ou vê-las assumidas pela monarquia. Apesar de, por vezes, os plebeus possuírem esses direitos, o sistema, no entanto, manteve-se intimamente identificado com a nobreza. As pressões capitalistas para adquirir terras e maximizar os retornos foram mais intensas nas áreas em que o sistema senhorial causou maior ônus. Em contraste, o dízimo da Igreja era particularmente elevado, cerca de 10% a 12,5% da safra no Sudoeste, enquanto na França como um todo ele era, em média, de 7% a 8%. A tributação era outro fardo suportado principalmente pelos camponeses, que, além disso, eram obrigados a prestar serviços nas estradas, alojar e transportar soldados, bem como servir na milícia. Mesmo que não houvesse grandes revoltas contra a tributação no século XVIII, havia certamente um ressentimento amargo, especialmente em relação aos impostos indiretos, tal como a *gabela* sobre o sal. Não obstante, os protestos deixaram claramente de ser uma resistência às exigências do Estado e passaram para a defesa dos interesses comuns contra as práticas cada vez mais capitalistas de latifundiários e senhores, de mercadores e agricultores.

No entanto, a crise final do *ancien régime* seria causada pelos problemas financeiros do Estado. A morte de Luís XIV foi seguida pela regência de Filipe d'Orléans (1715-1723), durante a qual o aventureiro escocês John Law foi incentivado a desenvolver seus planos para a possível recompra de cargos venais. Em 1716, Law criou um banco privado que possuía o direito de emitir cédulas bancárias e que assumiu a responsabilidade pela dívida do Estado em troca da concessão de privilégios comerciais monopolistas e da responsabilidade pelo recolhimento dos impostos indiretos. O resultado foi desastroso. Os esforços de Law para manter complexos empreendimentos geraram um frenesi especulativo ao mesmo tempo que eram emitidas cada vez mais cédulas bancárias e ações. Quando finalmente a bolha estourou, em maio de 1720, aqueles que haviam mantido suas posições na esperança de maiores ganhos perderam muito. Os especuladores que já tinham vendido, amealharam enormes fortunas. O próprio Estado foi capaz de reembolsar os empréstimos com cédulas bancárias desvalorizadas. Posteriormente, entre 1726 e 1743, o cardeal de Fleury foi o principal ministro de Luís XV (1715-1774). O rei era retratado como a personificação ociosa do vício e como um governante que patrocinava reformas para que conseguisse ter um longo reinado com a capacidade de salvar a monarquia. A característica essencial desse período foi sua liberdade relativa de guerras externas. Esses foram anos de reorganização administrativa, de diminuição de despesas e impostos. Foram um interlúdio entre as guerras do Rei Sol e uma nova série de conflitos. Normalmente, os historiadores negligenciam esses anos relativamente pacíficos.

Mesmo assim, Luís XV mostrou-se muito fraco e o cardeal de Fleury, muito velho (aos 90 anos) para resistir à pressão dos cortesãos para que a França entrasse na Guerra de Sucessão Austríaca (1741-1748) em favor da Prússia, contra os Habsburgos, os inimigos hereditários. Em 1756, uma inversão de alianças surpreendeu as opiniões; a França envolveu-se, aliada com a Áustria, em um conflito com o Reino Unido (a Guerra dos Sete Anos) relacionado às possessões coloniais. Os resultados foram catastróficos. O Exército, liderado pelos favoritos da corte que possuíam competência duvidosa, passou por uma série de derrotas na Alemanha, enquanto colônias importantes eram perdidas e o comércio interrompido por ter negligenciado a Marinha e a supremacia marítima britânicas. O Tratado de Paris, que pôs fim às hostilidades, foi particularmente humilhante. Além disso, em 1763 a dívida nacional era gigantesca, 2.200 milhões de *libras*, e todos os esforços para melhorar a situação financeira do Estado por meio de uma maior tributação encontravam oposição das classes privilegiadas. Isso foi articulado pelos parlamentos, mais notadamente pelo de Paris, cuja jurisdição cobria um terço do Reino. Ao todo, havia 13 tribunais "soberanos" que serviam como tribunais recursais, juntamente com 25 outros tribunais soberanos especializados que, normalmente, lidavam com questões fiscais. Após comprarem seus cargos, os membros desses tribunais não podiam ser removidos; eles tinham uma longa tradição de oposição à monarquia, que expressavam pelas *remonstrances*, isto é, críticas sobre as diversas propostas legislativas e pela recusa em fazer o registro das leis, sem o qual elas não tinham efeito na jurisdição do tribunal. Embora o rei pudesse forçar o registro (por meio de um procedimento conhecido como *lit de justice*, literalmente: "leito da justiça"), os parlamentos podiam adiar a aplicação da legislação e divulgar suas queixas. Os parlamentos também tinham muitas responsabilidades administrativas em suas localidades, e estas podiam gerar conflitos com a burocracia do rei. Historicamente, seus membros estavam geralmente divididos e eram incapazes de resistir a um determinado governo. A partir da década de 1750, no entanto, eles parecem ter articulado uma crítica crescente à política governista. Em parte isso foi o resultado de novos conflitos a respeito do jansenismo. O arcebispo de Paris, Christophe de Beaumont, acreditava que era seu dever extirpar, de uma vez por todas, a filosofia que ele acreditava ser uma manifestação disfarçada do calvinismo e que representava uma ameaça para a unidade da Igreja. Ao denunciar medidas extremas – por exemplo, a recusa dos sacerdotes em ministrar a extrema-unção aos partidários do jansenismo –, o Parlamento de Paris foi capaz de mostrar-se mais uma vez como o guardião das leis fundamentais do Reino. Seus magistrados serviriam como ponto focal para o desenvolvimento da dissidência política, servindo sobretudo para expressar a insatisfação da nobreza. A maioria dos membros dos parlamentos havia herdado seus cargos e já era nobre (no período entre 1775 e 1790 isso era verdade para 97% dos membros em Toulouse, 90% em Grenoble e 82% em Paris, com proporções bem menores em outros lugares); já a associação aos

IMAGEM 10. Batalha de Fontenoy durante a Guerra da Sucessão Austríaca, 11 de maio de 1745. Marechal de Saxe apresenta as bandeiras capturadas de Luís XV. Pintura de H. Vernet. © RMN-Grand Palais (Palácio de Versalhes)/Christian Jean.

parlamentos conferia nobreza ao restante. Sendo nobres, eles estavam determinados a proteger suas liberdades, privilégios e bens, mas também estavam imbuídos com ideais vagos sobre seu dever de proteger a nação contra o "despotismo" real. Essa mistura de princípios liberais e defesa de privilégios atraiu um considerável apoio público. O Parlamento de Paris afirmou a si mesmo o direito de verificar a tributação em 1763-1764. Mais tarde, os parlamentos das províncias protestaram contra a política do governo e, até mesmo, fizeram greve.

No final de 1769, o déficit orçamentário atingiu 63 milhões de libras e as receitas dos dois anos seguintes foram gastas com antecedência. Nesta situação desesperada e com o objetivo de contornar a oposição, pelo menos uma vez, Luís XV agiu com determinação, fato que provocou acusações generalizadas de "despotismo". Em fevereiro de 1771, seu enérgico e implacável chanceler, René Maupeou, baniu o Parlamento de Paris para as províncias e ordenou a substituição dos magistrados venais por funcionários assalariados subordinados ao Estado. O abade Terray deu início à reforma fiscal e, em 1774, o orçamento estava quase equilibrado e o crédito do Estado, quase restaurado. Nesse exato momento Luís XV morreu de varíola. Seu novo sucessor, um homem fraco, dominado por seus cortesãos e determinado a evitar a impopularidade, abandonou as reformas de Maupeou no momento em que elas começavam a fazer efeito. Até sua morte em 1781, a principal preocupação de seu primeiro-ministro, o conde de Maurepas, foi conciliar a nobreza, restaurando a parceria "natural" entre a Coroa e os tribunais soberanos. Assim, a monarquia perdeu a iniciativa política. Apesar disso, tendo em vista a experiência disciplinadora das reformas de Maupeou, os parlamentos, por muitos anos, seriam mais cautelosos em sua oposição; eles estavam simplesmente ganhando tempo. Havia solicitações frequentes para que se realizasse uma assembleia dos Estados Gerais, ou pelo menos dos estados das províncias, a fim de aprovar-se a tributação. Isso ajudou a alimentar o crescimento da crítica que se tornou evidente a partir de meados do século, particularmente nos 35 livros da *Enciclopédia*, publicada entre 1751 e 1772. Ela foi uma obra coletiva editada por Denis Diderot e Jean d'Alembert. Seus 150 colaboradores, inspirados pela crença de que o progresso era possível por meio do desenvolvimento da razão humana, rejeitavam os apelos à autoridade tradicional dos costumes ou da religião e insistiam na crítica racional das instituições estabelecidas e do comportamento. Conforme esperado, o abade Coyer em seu *La noblesse commerçante* [*A nobreza mercantil,* 1756] ridicularizou as justificativas do privilégio senhorial com base no milenar papel militar da nobreza. Tudo isso contribuiu para o desenvolvimento de um clima intelectual complexo que serviu para justificar todo tipo de descontentamento. Assim, Voltaire, que, inicialmente, havia elogiado o Parlamento inglês como um órgão de controle do poder real, passou a depositar suas esperanças de reforma no exercício racional e iluminista do poder real. De forma mais ampla, a educação clássica, que era compartilhada por todos os homens educados e estava tão evidente em toda a literatura e nas artes, incentivou o interesse nas concepções de cidadania e patriotismo associadas à República Romana, inspirando a representação pictórica e sensacional do "Juramento dos Horácios" (1784), por Jacques-Louis David. Em seu *O contrato social**, Jean-Jacques Rousseau chegou a propor a renúncia dos direitos individuais e privilégios a favor de uma vontade geral coletiva. Esses escritores, conhecidos como *philosophes*, careciam de um programa político preciso. Eles eram a favor da monarquia por causa de sua suposta utilidade social, mas muitos nobres e burgueses profissionais desejavam uma participação mais ampla no governo. Isso resultou no desenvolvimento de uma doutrina – fortemente baseada no livro de Montesquieu, *Do espírito das leis** – que exigia o alargamento do papel constitucional do próprio Parlamento para que este pudesse aprovar a legislação, a tributação e proteger as "leis fundamentais" do reino e que, ao mesmo tempo, condenava o "despotismo" como uma forma degradada de governo monárquico. Com efeito, uma nova cultura política parece ter começado a emergir da década de 1750. Certamente, seus proponentes não se viam como revolucionários, mas expressar desprezo pelos valores estabelecidos e apresentar novas ideias sobre questões como os direitos do governo e o papel das classes proprietárias de terras era um jogo perigoso, pois não pensaram muito sobre as possíveis implicações práticas de seus pontos de vista. Mais meritocráticos que igualitários, no entanto, eles eram partidários de maiores liberdades civis e liberdade das restrições impostas pelo regulamento administrativo e dos efeitos restritivos das corporações na atividade econômica; a "felicidade" era o objetivo e "razão", o meio. De forma prática, todos apoiavam a reforma do sistema jurídico. Supunha-se que a abolição das jurisdições conflitantes e dos complexos procedimentos judiciais disponibilizaria a justiça para todos. Eles eram críticos duros da Igreja, que parecia exemplificar o irracional e o supersticioso, além de servir como a inimiga da razão.

---

* Obra publicada em *Clássicos Edipro*. (N.E.)

Não é fácil avaliar o impacto desse "Iluminismo". Sem dúvida, era um modismo nos círculos educados – nobres e não nobres –, particularmente entre as gerações mais jovens, que se reuniam nas academias provinciais, nos salões da classe alta e, socialmente mais diversos, nas lojas maçônicas, em salas de leitura e nos cafés. Não houve muita interferência no caminho da oposição estruturada e intelectual. A propagação da alfabetização e a existência de uma burguesia profissional relativamente bem-educada criaram um público mais vasto do que nunca para as novas ideias. O número de livros publicados anualmente subiu de menos de mil em 1715 para mais de 4 mil em 1789; enquanto em 1700 existiam apenas três jornais, todos publicados pelo governo, em 1785 já eram mais de 80, incluindo alguns publicados no exterior. Mesmo assim, é difícil determinar até que ponto as novas ideias conseguiram penetrar os pontos mais baixos da hierarquia social. Em intenção, pelo menos, o Iluminismo não se dirigia à massa da população. Seus defensores suspeitavam e, na verdade, tinham medo da agitação popular. O uso de termos aparentemente universais referentes a direitos e justiça deu força à popularização das novas ideias a um público de classe média e artesãos cada vez mais letrados, mas de forma simplificada e muitas vezes distorcida, pelos panfletos e pelo boca a boca. Também surgiu um submundo literário mais obsceno, satírico e muitas vezes pornográfico, que utilizou com força o jargão do Iluminismo para atacar os privilégios e a corrupção nas altas esferas. A censura, ainda que irritante, mostrou-se ineficaz na maioria das vezes. Vale lembrar, porém, que a maioria da população não havia sido tocada pelas novas ideias e que, mesmo nas classes mais educadas, muitos estavam indiferentes ou eram hostis a elas, especialmente as pessoas de gerações mais velhas e distantes de círculos intelectuais. As ideias tradicionais e religiosas ainda imperavam. As obras religiosas, embora sua importância estivesse em declínio, eram predominantes nas prensas das editoras. Daí vemos o peso do conservadorismo da "era do Iluminismo", momento em que a maioria da população ainda era total ou funcionalmente analfabeta. Na década de 1780, em meio aos 130 mil eclesiásticos ativos, aproximadamente 50 mil párocos e padres, recrutados entre as camadas mais afortunadas e alfabetizadas da população rural, da classe média e dos artesãos, ofereciam orientação religiosa, moral e – além disso – política. Muito bem-educada e ajudada por monges e freiras engajados em boas ações e obras, sua espiritualidade cada vez mais centrada em Cristo fez que fossem amados e respeitados por todos. Paradoxalmente, também crescia o ressentimento por sua obsessão condescendente e muitas vezes arrogante em relação aos delitos morais e, especialmente, aos sexuais. O declínio das vocações religiosas e de legados que assegurassem as orações pelas almas do purgatório sugere que nem tudo não estava bem. Além disso, os próprios sacerdotes estavam, muitas vezes, insatisfeitos com a situação em que a nobreza monopolizava os altos cargos (somente 1% dos bispos nomeados entre 1774 e 1793 não eram nobres) e apropriavam-se dos recursos obtidos com o dízimo. Essa tensão interna teria consequências significativas em 1789.

Nesse meio-tempo, no entanto, o conservadorismo político do clero garantia que a mensagem do púlpito – que ainda era o meio mais eficaz de transmissão de notícias e opiniões – continuasse oferecer a imagem do "bom rei" (*roi-père*, rei-pai). Se alguma coisa desse errado, e especialmente quando os preços dos alimentos subiam, a culpa não era do rei, mas de seus ministros incompetentes ou mal-intencionados. Assim, os esforços de Turgot na década de 1770 para reduzir os poderes regulamentares das corporações, para estabelecer a liberdade de comércio interno no setor de cereais e, de forma mais abrangente, para criar um quadro que iria incentivar a atividade econômica e, assim, aumentar as receitas fiscais do governo encontraram uma considerável oposição dos burocratas e dos parlamentos, os quais, por um lado, temiam que a liberalização levasse ao aumento da desordem popular e, por outro, haviam aceitado o temor popular sobre a existência de uma especulativa "conspiração em favor da fome". Nessas condições de mercado muito imperfeito, por causa da pobreza das comunicações, talvez tenha sido inevitável que a fraca colheita de 1775 e o aumento dos preços, juntamente com a desconfiança a respeito das intenções de Turgot, provocassem protestos generalizados, a "guerra da farinha", que contribuíram para sua demissão subsequente e a restauração da regulação do mercado.

Os ideais do Iluminismo também influenciaram alguns grupos no governo, como pode ser percebido, por exemplo, pela abolição dos últimos vestígios de servidão nos domínios reais em 1779, pelo fim da tortura da justiça e pela extensão dos direitos civis aos protestantes. Muitas das grandes reformas do sistema jurídico que foram implementadas após 1789 já estavam em discussão. A própria crítica obteve respeitabilidade, e muitos dos principais críticos foram integrados à sociedade. Apesar disso, o povo da época ficou com uma gigantesca sensação de rigidez governamental perante a onda de críticas que caracterizou a década de 1780 – um movimento incentivado, paradoxalmente, pela crítica autocentrada ao "despotismo" monárquico feita, por exemplo, pelos parlamentos, isto é, por instituições privilegiadas da nobreza. Em grande parte, essa foi uma resposta às oportunidades oferecidas pela situação financeira em deterioração do Estado e à busca cada vez mais desesperada por soluções.

Havia três problemas financeiros principais: isenção de impostos, a ineficiência e corrupção da cobrança dos mesmos e a falta de um sistema estável de crédito público. Os planos de reforma multiplicavam-se e falhavam. Em 1775, Turgot propôs a criação de Assembleias provinciais e locais, eleitas por proprietários de terras, que assumiriam a responsabilidade pela cobrança dos impostos, principalmente dos impostos sobre a terra, que, de acordo com ele, deveriam tornar-se a principal fonte de receitas públicas. Juntamente com seus planos de reformar as corporações de ofício, bem como a *corveia* (serviços prestados nas ruas), isso tudo foi censurado pelos interesses dos poderosos, e sua posição no governo real ficou fatalmente enfraquecida como resultado de sua crítica às despesas militares. Posteriormente, Jacques Necker, um banqueiro suíço, foi nomeado diretor-geral de Finanças (1777-1781) por ter conseguido aumentar os empréstimos necessários para financiar a participação francesa na Guerra de Independência Americana. Ele conseguiu criar duas assembleias provinciais como um experimento e instituiu nelas o precedente da votação por cabeça (e não mais por estado); também obteve sucesso em duplicar a representação do Terceiro Estado. Seus sucessores – Jean-François Joly de Fleury, Henri Ormesson e Charles Calonne – transpuseram os ataques à venalidade, mas conseguiram despertar uma terrível oposição ao tentarem reduzir as isenções fiscais que beneficiavam as classes privilegiadas.

Apesar de todos os números serem muito aproximados, por causa da ausência de um controle orçamentário central, estima-se que em 1788, um ano de paz, os gastos dos governos com assuntos militares atingiram a marca de 26,3%, 23,2% com os civis e gigantescos 49,3% foram absorvidos pelo financiamento da dívida pública (o "normal" seria entre 15% e 20%). Para a opinião pública, a culpa da dívida crescente recaía normalmente sobre as extravagâncias da rainha Maria Antonieta e da corte que, na verdade, somavam 5% dos gastos totais. A principal causa da crise financeira, no entanto, era o custo das guerras e da preparação para elas. A estabilidade futura do reino francês dependia de os militares não assumirem compromissos, mas Luís XVI desejava ardentemente participar da Guerra de Independência Americana como um meio para vingar-se da derrota na Guerra dos Sete Anos. Os sucessos do Exército francês foram financiados por Necker, principalmente por meio de empréstimos, os quais afetariam fortemente o sistema financeiro. Ao mesmo tempo, as propostas para aumentar a tributação das classes privilegiadas foram canceladas pelos parlamentos. Além disso, expandiu-se a relutância do governo em prosseguir com as reformas pelo fato de que a maioria delas resultaria na perda de receitas. Mesmo que os grupos ministeriais estivessem cada vez mais conscientes do problema, mantinha-se a tendência do rei e de seus ministros da Guerra e da Marinha em gastar sem dar atenção aos custos. No entanto, no verão de 1788, o governo foi efetivamente à falência e, em agosto, o controlador-geral das finanças, Charles Lambert, foi obrigado a suspender os pagamentos dos juros da dívida. Estava evidente que a adaptação daquele sistema arcaico de gestão financeira e fiscal às necessidades de um Estado moderno não podia ser adiada por muito mais tempo. Já estava claro há muito tempo que as receitas fiscais somente poderiam ser aumentadas de forma significativa por meio da redução das isenções dos impostos diretos do clero, da nobreza, de várias corporações urbanas etc., por meio da transferência da arrecadação dos impostos indiretos, efetuada até então por empresas privadas, para o Estado. A *talha*, o principal imposto direto, era cobrado quase exclusivamente do campesinato e teve efeitos contrários à política de incentivo do aumento da produtividade como forma alternativa para aumentar o imposto sobre a renda. Os obstáculos à reforma eram técnicos e sociais. Embora a França estivesse, provavelmente, menos sobrecarregada por impostos que os Países Baixos e a Grã-Bretanha, a opinião pública estava convencida do contrário, em parte em razão da complexidade, diversidade e variações regionais dos tipos e tamanhos de tributação, fatores que contribuíram para o sentimento de arbitrariedade. Os Países Baixos e a Grã-Bretanha também tinham a vantagem de possuírem instituições de crédito mais eficazes e governos, que, por terem maior confiança do público, foram capazes de mobilizar empréstimos com juros mais baixos. Socialmente, o grande obstáculo à reforma era a nobreza. É verdade que muitos nobres estavam preparados para aceitar a mudança em troca de maior participação no poder político; mas, na prática, toda ação dos ministros sofria oposição por um dos segmentos da elite social, cuja intransigência parecia denotar uma crescente sensação de insegurança quanto a sua própria posição social. O último esforço desesperado para superar essa resistência levaria a França diretamente à revolução.

PARTE II

A Revolução Dupla: a França Moderna e Contemporânea

Introdução

As causas da Revolução Francesa são debatidas de forma incessante. Durante o século XX, isso levou à adoção de duas ortodoxias sucessivas. A primeira a surgir foi aquela associada a Georges Lefebvre e aos historiadores marxistas. Eles alegavam que a revolução foi a realização de uma "burguesia" crescente, determinada a desafiar as pretensões sociais e o domínio político da nobreza. Tal fato representaria uma "guinada" da história, um momento "decisivo" que levaria ao final, bastante protelado, do sistema feudal. O caminho estava aberto para o desenvolvimento do capitalismo. No entanto, os esforços subsequentes para organizar a revolução dentro de um amplo contexto cronológico levaram ao questionamento de sua importância como evento histórico. Embora os revolucionários tenham claramente procurado remover alguns obstáculos institucionais para o desenvolvimento de uma economia de mercado, verificou-se que, em 1815, a França não era muito diferente daquela de 1789. Ela ainda era uma sociedade pré-industrial essencialmente dominada por uma elite proprietária de terras. Foi somente durante o século XIX, com a aceleração do ritmo das mudanças socioeconômicas, que uma transformação social fundamental ocorreu. Mesmo assim, o complexo de desenvolvimentos associados à industrialização evoluiu de forma muito mais lenta na França do que na Grã-Bretanha ou na Alemanha.

Essa insistência sobre a importância das continuidades do período revolucionário foi seguida pelo desenvolvimento de uma segunda ortodoxia: os historiadores "revisionistas" passaram a salientar a importância das causas ideológicas e políticas e do impacto da revolução, em vez de fatores socioeconômicos. Eles alegavam que uma cultura política reconhecidamente "moderna" foi criada e amplamente difundida durante esses anos tumultuosos. A soberania foi transferida do rei para a nação. Dentre os problemas que surgiram com isso estava a definição de "nação" e os meios pelos quais ela poderia intervir na política. Na busca de uma solução, foram consideradas várias propostas constitucionais. Foi criada uma vasta gama de alianças políticas e um conjunto de agendas que inspirariam as atividades políticas em escala global, desde aquele dia até hoje, embora elas tenham obviamente sido repetidamente reinterpretadas de acordo com as mudanças nas condições sociais e políticas. Adotando uma posição compromissada, a Revolução Francesa pode ser descrita como parte integrante de uma dupla revolução permanente, cujas bases foram socioeconômicas e políticas. Ela inspirou esperança e medo, às vezes com uma perigosa intensidade religiosa. Enquanto os republicanos passaram a ver 1789 como o ano de inauguração do reinado da liberdade e como um grande passo para o reconhecimento dos direitos humanos e da democracia, os conservadores concentraram sua atenção na violência associada ao terror revolucionário. Como resultado, um verdadeiro consenso sobre as instituições foi estabelecido somente a partir da Quinta República. A próxima seção deste livro investigará o impacto dessa revolução dupla.

capítulo 4

Revolução e Império

A CRISE FINAL DO ANTIGO REGIME

O colapso da monarquia absoluta foi repentino e chocante para o povo da época. Após um século ou mais sem graves desordens internas, ele prenunciava duas décadas de turbulência revolucionária e guerra que causariam mudanças sem precedentes. Além disso, a estabilidade dos sistemas social e estatal da maioria dos países europeus sofreria uma grande ameaça. Uma nova cultura política, que ainda molda nossos pensamentos e ações, seria estabelecida. Inevitavelmente, as explicações sobre os eventos são variadas. O conceito de revolução burguesa, inventado por historiadores liberais como François Mignet e François Guizot na década de 1820 e refinado por Karl Marx, receberia um toque final no 150º aniversário da revolução em 1939 com o livro de Georges Lefebvre – *Quatre-Vingt-Neuf* (posteriormente traduzido como *1789: o surgimento da Revolução Francesa*). Para seu autor, a revolução representou a tomada do poder pela burguesia, uma classe criada pelos séculos de desenvolvimento do capitalismo na sociedade francesa. A capacidade dos representantes desta classe para tomar o poder, destruir o privilégio aristocrático e estabelecer a igualdade cívica seria devida ao colapso do poder monárquico. Isso teria ocorrido por causa da falta de vontade da aristocracia proprietária de terras em contemplar reformas fiscais e institucionais, as quais poderiam diminuir seus privilégios, e da capacidade dos dirigentes políticos burgueses de tirar proveito do descontentamento da população rural e dos pobres das cidades, particularmente em Paris, a fim de derrotar a reação monárquica e aristocrática. Lefebvre identificou quatro movimentos revolucionários: o aristocrata – que impediu a reforma monárquica; o burguês; a revolução urbana, simbolizada pela queda da Bastilha; e a revolução camponesa. Eles estariam interligados, cada um com seus próprios objetivos distintos.

Por cerca de 20 anos, essa foi a corrente dominante entre os historiadores, até ser desafiada pelo historiador britânico Alfred Cobban em uma palestra intitulada *O Mito da Revolução Francesa* feita em 1955. Cobban negou que a revolução tenha envolvido "a substituição do feudalismo por uma ordem capitalista burguesa". Para ele, a revolução foi o esforço dos proprietários de terras e da classe média de profissionais para ter acesso a cargos e poder político. Ao invés de promover o desenvolvimento do capitalismo, a revolução representou um grande revés. Embora o trabalho tenha sido condenado de forma estrondosa por Lefebvre como obra de um reacionário, o ataque – essencialmente negativo de Cobban ao ponto de vista estabelecido – estimulou um debate profuso e atual. As certezas sedutoras de uma explicação limitada, baseada em classes sociais, ficaram para sempre perdidas. Em 1967, o norte-americano George Taylor alegou que 1789 foi "basicamente uma revolução política com consequências sociais" e não uma revolução social com consequências políticas. Em seu desafiante *Pensar a Revolução Francesa* (1978), o principal revisionista francês, François Furet, ao explicar a radicalização da revolução, afirma que o determinante central do comportamento político não foi a classe social, mas a ideologia. Ao alegar que a mudança gradual seria preferível a uma agitação violenta inspirada por fanáticos e que descambaria inevitavelmente em um caos sangrento, sua perspectiva assemelhava-se à adotada pelo conservador britânico Edmund Burke durante a revolução.

Mais recentemente, o "revisionismo" em si foi criticado como um beco intelectual sem saída. Houve esforços para compreender o contexto dentro do qual as ideias políticas foram difundidas e isso levou a uma reafirmação da importância das classes sociais como fator explicativo, não no rígido sentido marxista, mas sob a forma de grupos de interesse que "reagiam às oportunidades de uma situação fluida" (Popkin). Passou-se a aceitar que os eventos políticos – a convocação pelo rei da Assembleia dos Notáveis e a preparação e reunião dos Estados Gerais em 1789 – deram nova vida e reforçaram um conjunto de tensões sociais relativas à gestão da propriedade e ao acesso ao poder político e, além disso, centralizaram na aristocracia os descontentamentos da classe média, dos trabalhadores urbanos e dos camponeses. Enquanto a verdadeira eclosão da revolução está ligada a uma combinação fortuita de eventos específicos, suas causas fundamentais estão certa e profundamente enraizadas na estrutura da sociedade francesa e em seu sistema político. O fracasso do governo em lidar de forma favorável com o volume de problemas fiscais reduziu extensivamente o seu prestígio e, ao mesmo tempo, a aparente ineficácia aumentou o interesse por propostas para a reforma constitucional. Tendo em vista a diminuição do apoio ao regime que era oferecido por muitos de seus adeptos tradicionais, o mesmo aconteceu com sua capacidade para conduzir as reformas ou a repressão. Assim, a mobilização da oposição prosseguiu em ritmo acelerado, culminando com a derrubada revolucionária do *antigo regime*.

Em teoria, pelo menos, o sistema de governo francês baseava-se na monarquia absoluta e os direitos do rei estavam limitados apenas pela lei divina. O rei era a fonte de todas as leis e da autoridade administrativa e tinha o direito de nomear todos os funcionários, declarar guerra ou paz e cobrar impostos. Em 1766 Luís XV declarou: "É somente na minha pessoa que reside o poder soberano". Conforme o clero, presente em todas as comunidades, constantemente lembrava à população – essa era a vontade de Deus. Uma das principais realizações de Luís XVI foi o gigantesco enfraquecimento dessa antiquíssima veneração popular à pessoa do monarca.

Na prática, como já vimos, foram impostas grandes limitações às competências da autoridade central por meio da relação de interdependência que existia entre o rei e as elites sociais. As elites ofereciam os funcionários sêniores do serviço civil ao Exército e às instituições jurídicas, incluindo os tribunais soberanos e, particularmente, aos parlamentos, os quais afirmavam agir como guardiões das leis fundamentais do reino. Outros fatores limitantes incluíam o pequeno tamanho da burocracia subordinada e o fato de que muitos funcionários tinham comprado seu direito ao cargo, o que era visto como algo que conferia bastante independência sobre suas próprias ações. Havia também a dificuldade física para o recebimento de informações e manutenção do controle sobre um vasto território cujas comunicações, apesar de as estradas terem recebido melhorias substanciais durante o século XVIII, eram muito ruins. Em outras palavras, havia um contraste marcante e perigoso entre as responsabilidades políticas do monarca e os recursos disponíveis para satisfazê-las, e em nenhum outro lugar isso estava mais evidente do que nas áreas de responsabilidade governamental primária: a manutenção da justiça, as declarações de guerra e a cobrança de impostos para financiar essas funções.

O governo eficaz envolvia um processo contínuo de acordos entre o rei, as elites sociais e os titulares de cargos. A conciliação de interesses conflitantes e complexos nunca foi fácil. A solução para os graves problemas

IMAGEM 11. Luís XVI em suas vestes para a coroação. Pintura de J.-S. Duplessis. Museu Carnavalet, Paris.
© Roger-Viollet/TopFoto.

enfrentados pela monarquia francesa no final do século XVIII exigiria uma liderança de altíssimo padrão. Normalmente, o reinado de Luís XVI é visto como um mero prelúdio da revolução. Certamente, a troca acelerada de ministros das Finanças sugere que o rei não possuía a força de caráter necessária para escolher e oferecer apoio consistente a um ministro-chefe competente. Para Luís, a delegação de tal autoridade seria incompatível com seu direito divino de governar. Essa gigantesca fraqueza da monarquia absoluta, isto é, sua dependência excessiva das habilidades e vontades de qualquer um que herdasse o trono, foi intensificada pela ausência de um sistema eficaz para coordenar as atividades dos ministros e de uma rotina de apresentação dos assuntos do reino para que o monarca pudesse levá-los em consideração. Suas intervenções no governo não tinham qualquer sistemática, eram normalmente mal informadas e influenciadas por intrigas perversas da corte. Um rei que mal saía de Versalhes, exceto para caçar, estava fisicamente – e, pior, psicologicamente – afastado dos problemas de seu reino. Luís foi incapaz de impor sua autoridade, talvez por uma estupidez natural ou como resultado de seus ataques – intensos e incapacitantes – de depressão. Como resultado, suas decisões políticas refletiam a influência de um pequeno círculo de assessores aristocráticos, que o olhavam com desprezo e que estavam dispostos a analisar apenas as reformas que não ameaçassem a posição social que tinham, nem o acesso à patronagem e ao poder político. A estabilidade ministerial e as políticas consistentes estavam sempre à mercê das lutas de facções que ocorriam dentro desse círculo. A situação tornou-se mais perigosa com o envolvimento da rainha Maria Antonieta e de sua determinação em apoiar seus favoritos pessoais – que defendiam uma forma de constitucionalismo aristocrático descentralizado – e desafiar os absolutistas – e católicos devotos – mais tradicionais que tinham o apoio do rei.

Em 20 de agosto de 1786, Calonne, o controlador-geral das finanças, avisou a Luís XVI que o Estado estava à beira do colapso financeiro. De acordo com seus cálculos – incertos –, as receitas em 1786 equivaliam a cerca de 475 milhões de *libras* e as despesas, 587 milhões. Não havia como financiar uma dívida tão grande por muito tempo. Algumas políticas podiam ser aplicadas ao caso. Economizar dinheiro era uma delas; mas o escopo dessas economias era limitado. As dívidas e os juros das dívidas precisavam ser pagos, caso contrário a confiança no sistema financeiro entraria em colapso. A conta militar não poderia ser economizada, pois isso comprometeria a posição internacional da França. As despesas com a casa real e com as obras públicas poderiam sofrer reduções, mas não chegariam nem perto do déficit. O aumento dos impostos era outra possibilidade, mas esse seria um curso perigoso de ação por causa do sentimento generalizado de que a carga tributária já era excessiva e pela provável oposição severa das classes privilegiadas. No entanto, Calonne tomou emprestado os esquemas anteriores de Turgot e Necker e apresentou ao rei o seu "Resumo de um plano para a melhoria das finanças". Ele propunha uma gigantesca reorganização do Estado de acordo com princípios racionais. Conforme aprovado por Luís no outono de 1786, o plano propunha introduzir um imposto sobre a terra a ser cobrado em espécie na época da colheita; ninguém estaria isento de sua cobrança, pois, caso contrário, os nobres continuariam a desfrutar de isenções fiscais substanciais. Em um esforço para conciliar a elite, o plano propunha-se a criar uma rede de assembleias locais e provinciais, eleitas pelos proprietários de terras, que iriam distribuir a tributação e fiscalizar as obras públicas – mas sempre sob o estrito controle dos *intendentes* do governo. Além disso, foram tomadas medidas para estimular a atividade econômica, por intermédio da extinção das barreiras alfandegárias internas e por meio da melhoria das estradas, bem como pelo relaxamento dos controles sobre o comércio de grãos. No curto prazo e para lidar com os problemas do endividamento, Calonne propôs a tomada de mais empréstimos, o quais poderiam facilmente ser pagos assim que suas reformas começassem a fazer efeito.

Para garantir o apoio a essas medidas e superar a provável oposição contra o registro das novas leis nos parlamentos, Calonne propôs a convocação da Assembleia dos Notáveis, cujos 144 membros seriam selecionados pelo rei dentre "pessoas de peso, dignas de confiança do público e cuja aprovação iria influenciar poderosamente a opinião geral". Ele parece ter assumido que um organismo tão bem escolhido à mão enxergaria por meio da razão e perceberia que a nobreza em si e sua preeminência social e política certamente não estavam sob ataque. Com efeito, isso seria algo inconcebível para um governo composto do rei e de seus nobres.

Composta por príncipes de sangue, bispos, nobres, magistrados e representantes dos estados provinciais e de algumas cidades, a Assembleia reuniu-se em Versalhes, no dia 22 de fevereiro de 1787. Logo ficou claro que Calonne havia interpretado a situação de forma completamente errada. Os membros não confiavam nele, em parte por causa da avaliação mais otimista da situação financeira realizada pelo seu antecessor, Necker. Vendo-se como guardiões do interesse público, eles exigiram descrições detalhadas. Os representantes das classes privilegiadas estavam dispostos a aceitar reduções em seus privilégios fiscais, mas apenas em troca do aumento de suas funções no governo e da descentralização administrativa. Calonne procurou justificar-se em um panfleto, o qual apenas alijou ainda mais os notáveis e enfureceu o rei, que, de forma típica, não apoiou seu ministro contra as intrigas da corte e as críticas públicas negativas. Calonne foi substituído por Etienne Loménie de Brienne, arcebispo de Toulouse, cujo crédito foi rapidamente destruído pelo fracasso – em parte por razões financeiras – em apoiar os aliados holandeses contra a invasão prussiana. Seus esforços para garantir apoio para a reforma estavam condenados ao fracasso. Os notáveis foram dispensados e Brienne apelou ao Parlamento de Paris, mas seus membros, por interesse pessoal e apoiados por um público hostil aos aumentos do provável imposto, somaram-se ao ataque contra o governo. Embora aceitassem algumas das reformas propostas – liberalização do comércio de grãos, a troca da *corveia* pelo pagamento de um imposto e a criação de assembleias provinciais –, eles se opunham às principais medidas fiscais e alegavam que apenas os Estados Gerais poderiam aprovar novos impostos. Eles tinham em mente um órgão semelhante ao convocado em 1614, com votação por ordem social e procedimentos controlados de forma segura pela nobreza e pelo clero.

Os esforços para comandar a conformidade do Parlamento por meio do procedimento cerimonial conhecido como *lit de justice* (leito da justiça), durante o qual o monarca afirmava que novas leis eram "legais porque esse é meu desejo", provocaram novos medos de despotismo real. Aparentemente ansioso em evitar o confronto, Brienne abandonou o imposto fundiário e assim, aparentemente, a necessidade de convocar os Estados Gerais. Outras medidas mais vigorosas foram introduzidas. Em 8 de maio de 1788, o guardião do selo real, Chrétien-François de Lamoignon, forçou o registro de leis que anunciavam a criação de um tribunal plenário que assumiria muitas das funções dos parlamentos e que, efetivamente, iria emasculá-los. A resposta foi uma extensão da conhecida "revolta aristocrática", em que nobres e membros dos parlamentos provinciais incentivaram protestos contra o "despotismo" ministerial. A opinião pública foi inflamada por uma onda de críticas panfletárias ao Ministério e pelas demandas de reforma constitucional. Em Rennes e Grenoble, o tumulto foi tão sério que as tropas foram chamadas. Uma ação repressiva firme teria provavelmente resolvido a situação, mas a crescente perda de confiança dos cidadãos em relação ao regime – revelada pela indisciplina dos oficiais nobres do

Exército (dando um mau exemplo aos seus subordinados, algo que posteriormente voltaria para eles), pela relutância generalizada em assinar um novo empréstimo e pela falência iminente que ameaçava o governo como resultado – levou Brienne a aceitar a convocação dos Estados Gerais e fixar uma data precisa para a Assembleia: 1º de maio de 1789. Reconhecendo o seu fracasso, ele apresentou sua renúncia. O novo ministério comandado por Necker abandonou as reformas que estavam em andamento. Os parlamentos foram restaurados. Podemos dizer que neste ponto, em agosto de 1788, o sistema monárquico existente ficou completamente desacreditado. O rei e seus conselheiros mais próximos parecem ter perdido qualquer vontade de realizar reformas ou de impor a ordem sobre a nação. Surge então um perigoso vazio no poder. A questão agora era saber quem iria dominar a Assembleia dos Estados Gerais, da qual se esperava a introdução de uma grande reforma constitucional.

A crise estava ainda mais reforçada por uma série de colheitas ruins de cereais, ocorridas nas décadas de 1770 e 1780, culminando com a de 1788, um ano de secas, seguidas por tempestades desastrosas. A colheita abundante de uvas levou apenas à superabundância e ao colapso do preço do produto que, para muitos camponeses, representava a única colheita comercializável. A doença do gado completava os seus problemas. Em 1788-1789, o aumento cíclico máximo dos preços do trigo estava uns dois terços acima do mínimo de 1786 (havia sido 100% em 1770 e o mesmo ocorreria em 1812 e 1817). Tendo em vista que as famílias eram forçadas a gastar porcentagens cada vez maiores de seus rendimentos diminutos em alimentos básicos, então as demandas para obras de construção, têxteis e para os outros produtos de inúmeras oficinas rurais e urbanas declinaram. O Tratado Comercial Anglo-Francês de 1786 aumentou a disponibilidade de bens manufaturados no momento errado. Para grande parte da população, emprego e salário caíram substancialmente ao mesmo tempo que o custo de vida aumentou. Em épocas normais, um homem assalariado gastaria aproximadamente 70% de sua renda em alimentos. Em Paris, o pão de 1,8 quilo (4 libras) custava 9 soldos em agosto de 1788, mas 14,5 soldos em fevereiro de 1789; nesse momento, um trabalhador – caso tivesse sorte de permanecer empregado – recebia entre 20 e 35 soldos por dia. Aos meios para comprar alimentos, somou-se – em um inverno miseravelmente frio – o problema de manter-se aquecido. Insegurança e miséria espalharam-se para além da massa de pessoas normalmente pobres e atingiram as classes que viviam de forma um pouco mais confortável: artesãos e agricultores.

Nessa situação, recorria-se frequentemente aos meios tradicionais de expressar o sentimento de injustiça e de exercer pressão sobre as autoridades para que prestassem assistência. A partir de janeiro, mas particularmente a partir de março de 1789 e durante toda a *soudure* – o período em que o produto da colheita do ano anterior estava quase exausto e o produto do próximo ano ainda não estava pronto para ser colhido – eram comuns os motins nos mercados, os saques às padarias, ataques contra os transportadores de grãos e a venda forçada de grãos e pão a um preço "justo". Esses movimentos representavam o medo generalizado da fome, a ansiedade intensa das massas numa sociedade pré-industrial; pessoas que enfrentavam a ameaça permanente da miséria e conheciam bem o persistente folclore da escassez por meio dos contos sobre pessoas que morriam de fome ou sofriam a humilhação de precisar comer ervas daninhas, grama e comida podre. Havia mendigos por toda parte, e eles manifestavam a antiquíssima ameaça de incendiar as casas daqueles que lhes recusassem dar esmolas; multiplicavam-se as ações criminosas. Embora os trabalhadores urbanos fossem capazes de organizar greves, como fizeram os tecelões de seda de Lyon em 1786, ainda parecia que – tendo em vista o gigantesco aumento do custo dos alimentos – a ação mais efetiva que poderiam tomar para melhorar a qualidade de vida não era pressionar pelo aumento dos salários, mas pela redução dos preços; em outras palavras, eles reagiriam principalmente como consumidores. Na perspectiva do governo, os transtornos mais alarmantes foram os motins de Réveillon, em Paris. Eles foram causados por uma observação imprudente a favor das reduções salariais feita pelo fabricante de papéis de parede Jean-Baptiste Réveillon, dita em uma assembleia eleitoral e posteriormente distorcida. Os rumores se espalharam e em 27 e 28 de abril de 1789 ocorreram sérios tumultos que foram finalmente debelados somente pela ação militar, a qual deixou 50 mortos ou feridos. Durante a primavera, de fato, o Exército foi utilizado constantemente para prevenir ou reprimir a desordem e, por isso, estava cada vez mais exausto. Além disso, o Exército vinha perdendo ânimo por causa de dúvidas sobre o apoio do governo.

A tensão social estava particularmente inflamada pelo fato de que alguns indivíduos – padeiros, comerciantes, agricultores e proprietários de terras – pareciam estar lucrando com a miséria geral – estocavam grãos, forçando, dessa maneira, o aumento dos preços. Os mercadores que naturalmente tentavam lucrar com as diferenças de preços em determinado lugar foram incentivados a fazer exatamente isso pelas autoridades; e por esse motivo foram acusados de excluir as pessoas nas áreas de origem daqueles grãos. Muita gente via o aumento do transporte de grãos, que inevitavelmente ocorria em períodos de escassez, como prova das más intenções. Também era visto da mesma forma o fato de os aumentos dos preços serem proporcionalmente muito maiores do que o déficit na safra – como resultado da especulação e das compras de estoques, desencadeadas pelo pânico por parte dos consumidores. Todos esses fatores refletem o caráter subdesenvolvido do sistema comercial em uma época em que as comunicações eram muito ruins. O desenvolvimento do capitalismo comercial já intensificava as diferenças de interesse entre os comerciantes urbanos mais gananciosos e bem-sucedidos e os fabricantes com seus trabalhadores e, na zona rural, entre proprietários de terras, os agricultores mais prósperos e o restante da comunidade. Em março de 1789, no momento em que, em todo o país, os membros dos três Estados faziam reuniões para preparar suas listas de queixas (*cahiers de doléances*) para a Assembleia dos Estados Gerais, uma sensação generalizada de injustiça, ódio e desconfiança passou a influenciar o debate.

A resposta do governo à crise de subsistência foi a proteção e o incentivo do comércio de cereais (dando a impressão aos consumidores de que estava protegendo os especuladores) e, adicionalmente para mitigar os temores, o governo suspendeu as exportações, fez compras a granel no exterior e ofereceu subsídios de importação. Houve esforços especiais para que Paris não ficasse desabastecida. Como resultado dessas políticas, espalharam-se rumores de que os ministros estavam envolvidos em uma "conspiração em favor da fome". A crença de que os poderosos conspiravam com os comerciantes de grãos para punir os pobres e assegurar lucros gigantescos reaparecia em todas as crises. Embora a identidade dos conspiradores variasse em cada comunidade, refletindo as tensões sociais locais, era inevitável – naquele período de crise política – que os ministros, que já eram alvos de tantas críticas, fossem agora acusados do pior crime social: um plano para subjugar o povo pela fome. Inevitavelmente, também, os governos, que normalmente reivindicavam crédito pela prosperidade, agora eram vistos como culpados pela miséria. A pobreza, juntamente com a crença conspiratória, fez que o pagamento das obrigações senhoriais, dízimos e impostos fosse algo ainda mais intolerável. Com o declínio da atividade econômica, o evento certamente reduziu as receitas do governo de forma drástica. As atitudes populares durante a crise econômica refletiam, de forma extremamente distorcida, a situação política existente, enquanto a crise econômica contribuía para a politização das massas urbanas e rurais.

Foi neste contexto que teve início a preparação para a Assembleia dos Estados Gerais. Em 25 de setembro de 1788, o Parlamento de Paris declarou que a forma constitucionalmente correta para a Assembleia seria a de sua antecessora de 1614 e, por conseguinte, cada estado iria deliberar e votar separadamente, e cada um poderia vetar as propostas dos outros. Isso desapontou inevitavelmente aqueles que tinham o Parlamento britânico ou as instituições do Estado norte-americano como modelo. Entre estes supostos "patriotas" emergiu – extraída dentre os frequentadores dos socialmente prestigiados salões parisienses – a influente "Sociedade dos Trinta". Dos seus 55 membros conhecidos, 50 eram nobres, quase todos de antigas famílias bem estabelecidas, muitos dos quais haviam, anteriormente, se sentido excluídos de seus cargos por causa das intrigas da corte. Em contraste com o desejo da maioria dos aristocratas de simplesmente limitar o poder da monarquia absoluta, por meio do reforço das instituições tradicionais que eles normalmente tinham dominado, tais como os parlamentos, os estados provinciais e os Estados Gerais, esses "patriotas" adotaram o modelo da monarquia constitucional inglesa como um meio mais liberal e mais eficiente de assegurar a posição predominante de uma elite rica, mas não exclusivamente nobre. Não surpreendentemente, eram particularmente influentes entre as classes médias educadas e afluentes.

Por meio da circulação de panfletos e cadernos de queixas-modelo, os "patriotas" tentaram ganhar apoio para que fossem feitas alterações no procedimento da próxima Assembleia dos Estados Gerais. Exigiam que o Terceiro Estado tivesse o mesmo número de representantes que as outras ordens sociais e, por implicação, a substituição da votação por ordem social pela votação por cabeça, destruindo assim o veto da nobreza. Em resposta, surgiu um memorial alarmista, assinado pelos príncipes de sangue, por meio do qual eles renunciavam aos privilégios fiscais e, ao mesmo tempo, atacavam as propostas como algo que causaria o "provável sacrifício e humilhação de sua nobreza corajosa, antiga e digna" e como uma afronta ao próprio monarca. O memorial advertia o rei sobre uma possível revolução nos princípios do governo que levaria ao ataque da propriedade. Esse documento, que servia como uma espécie de manifesto aristocrático para os nobres e seus oponentes, não revelava apenas a vontade de muitos nobres em fazer concessões e aceitar a perda de sua posição fiscal privilegiada, mas também sua determinação em preservar o máximo possível de seu *status* social e poder político. No final de 1788, os parlamentos também estavam claramente preocupados com uma possível ameaça aos seus próprios privilégios e passaram a dar maior apoio à monarquia.

Embora muitos nobres dessem boas-vindas a uma campanha contra o "despotismo" real e estivessem dispostos a perder alguns de seus privilégios, a maioria não estava disposta a renunciar o domínio aristocrático nos Estados Gerais. Em outras palavras, não estavam dispostos a dividir o poder político que parecia estar ao alcance deles. Assim, o Parlamento de Paris estava disposto a conceder maior representação numérica para o Terceiro Estado, mas não o voto por cabeça, enquanto, contraditoriamente, a Segunda Assembleia dos Notáveis, convocada por Necker em novembro de 1788, estava disposta a aceitar a votação por cabeça, mas rejeitava a igualdade numérica de representantes. Sem isso, os representantes do Terceiro Estado permaneceriam em uma posição estritamente subordinada. O efeito extremamente importante do debate sobre a representação foi o realinhamento do conflito político. Em resposta ao exclusivismo da nobreza, a oposição "patriota" estava cada vez mais hostil aos parlamentos e aos privilegiados em geral. O número crescente de resoluções, petições e panfletos escritos por homens que em breve alcançariam destaque nacional, tais como Emmanuel Sieyès, Constantin-François Volney, Pierre-Louis Roederer e Jean-Paul Rabaut Saint-Etienne, bem como de uma massa de figuras mais anônimas, indicava um rápido processo de politização e do crescimento de um sentimento de propósito comum entre os que não eram nobres, membros educados do Terceiro Estado. O panfleto mais influente talvez tenha sido "O que é o Terceiro Estado?", do abade Sieyès. A resposta dele: "tudo" – no sentido de que ele era "uma nação completa" que poderia sobreviver sem as outras duas ordens. "Nada funciona sem o Terceiro Estado; tudo funcionaria infinitamente melhor sem os outros." Sieyès continua, no entanto, "O que foi até hoje dentro da ordem política?". A resposta: "nada". "O que ele pede? *Ser algo.*" Em conclusão, ele chegou a sugerir que, quando os Estados Gerais se reunissem, o Terceiro Estado deveria fazer uma reunião separada dos outros dois estados em uma Assembleia Nacional, a qual teria a competência para discutir e decidir sobre os assuntos de toda a nação. O panfleto viria a servir como programa do "partido patriota" – que não era um partido organizado no sentido moderno, mas uma variedade de grupos; alguns, especialmente em Paris, já reunidos em *clubes*. Os clubes ofereciam um fórum para oradores que já tinham alcançado a notoriedade política – publicistas como Jacques-Pierre Brissot, *philosophes* tais como o marquês de Condorcet e nobres liberais, como o marquês de Lafayette, o duque de La Rochefoucauld, Charles Talleyrand e o conde de Mirabeau. Uma efervescência semelhante estava evidente em centros provinciais como Aix, onde surgiu o "Apelo ao povo de Provença" de Mirabeau, ou Arras, que viu a publicação do panfleto de Maximilien Robespierre, "Apelo ao povo de Artois". A convocação dos estados provinciais do Delfinado, em junho de 1788, também contribuiu para um debate que se tornava cada vez mais vigoroso. Seus delegados encontraram-se em Vizille e resolveram que, futuramente, os representantes não mais teriam assentos por direito, mas seriam eleitos; que a votação seria por cabeça; e que o Terceiro Estado teria tantos delegados quanto os outros dois estados juntos. Essas propostas foram aceitas pelo governo e serviram de precedente para a campanha de estabelecimento dos estados em outras províncias e para o debate sobre os Estados Gerais. Os efeitos provocados nos nobres foram o alarmismo e a intransigência. A natureza do processo político em si estava mudando. Tendo em vista que o ressentimento da burguesia em relação aos privilégios tornava-se mais comum e mais extremado, o alarmismo dos membros do clero e da nobreza nobres intensificava-se e sua determinação em defender suas distinções e poder era reforçada. Ocorreu um rápido desenvolvimento da polarização social e política.

Em 27 de dezembro, Necker anuncia no "Resultado do Conselho de Estado do Rei" que representação do Terceiro Estado deveria ser igual à do clero e da nobreza. O anúncio foi bem recebido, mas não conseguiu satisfazer a opinião dos "patriotas". O voto por cabeça somente seria implementado se todas as ordens concordassem, algo que parecia improvável. Em resposta a isso, o panfleto de Sieyès, "O que é o Terceiro Estado?", censurou veementemente a falta de vontade da nobreza e do clero em reconhecer os direitos de seus concidadãos. Ameaçadoramente, o jornalista Jacques Mallet du Pan fez a seguinte observação: "O debate público mudou. Agora o rei, o despotismo, a Constituição são meramente secundários: há uma guerra entre o Terceiro Estado e as outras duas ordens." Os esforços dos membros do Terceiro Estado para garantir a igualdade de representação nos estados provinciais de Provença, Guiena, Franco-condado, Artois e Bretanha somaram-se à controvérsia e, em janeiro de 1789, deram início a lutas nas ruas de Rennes entre estudantes de direito e os partidários da nobreza. O confronto foi acelerado pela relutância óbvia e arrogante da nobreza bretã em aceitar qualquer acordo. Um panfleto intitulado "Discurso sobre a nobreza do Parlamento bretão" (dezembro de 1788) já fazia menção à "perigosa insurreição do Terceiro Estado". Os delegados eleitos para representar o Terceiro Estado da Bretanha na Assembleia dos Estados Gerais seriam marcados por sua hostilidade intransigente em relação à nobreza. Junto com os aliados "patriotas", eles reuniam-se regularmente como o Clube Bretão e correspondiam-se com frequência com seus eleitores. Agindo assim, dariam uma contribuição significativa para a radicalização das opiniões na Assembleia Nacional e nos centros urbanos da Bretanha.

Em 24 de janeiro de 1789, o governo decretou que os deputados para os Estados Gerais fossem eleitos por cada ordem nos *bailiados* e *senescalias*, isto é, nas unidades administrativas básicas. Embora os regulamentos fossem extremamente complexos e com inúmeras variações na maioria das áreas, os membros do Primeiro e do Segundo Estado apresentaram-se pessoalmente em suas assembleias eleitorais. Por outro lado, o Terceiro Estado, que era muito maior, foi representado apenas por homens com mais de 25 anos e que pagavam impostos – somente eles estavam autorizados a participar da Assembleia Primária para escolher dois delegados de cada cem famílias, os quais, posteriormente, fariam parte da assembleia eleitoral de um *bailiado*. A maioria das assembleias eleitorais foi realizada em março e abril de 1789, num contexto de crise econômica, desordem social generalizada e agitação política. O governo não fez nenhuma tentativa para influenciar o resultado, deixando que este fosse determinado pelas circunstâncias locais e pela influência de ideias políticas espalhadas por numerosos panfletos.

As informações sobre os números das votações são fragmentárias. Nas paróquias rurais em torno de Rouen, apenas 23% dos alistados votaram. Na cidade em si, o valor foi de 40%. Na Alsácia, 55% e 60% compareceram às urnas em Estrasburgo e Colmar. Surpreendentemente, somente cerca de 30% votaram em Paris, sugerindo, talvez, que a consciência política estava muito menos desenvolvida do que nos fizeram acreditar os historiadores por vezes. Inevitavelmente, os indivíduos do Terceiro Estado presentes nas assembleias secundárias eram em sua esmagadora maioria os membros mais letrados, educados e ricos de comunidades particulares. Além disso, o papel dominante no debate foi tomado por aqueles que possuíam as habilidades e a confiança necessárias para discursar em público – os advogados e os funcionários públicos em particular. Dos 1.318 deputados que realmente tomaram seus assentos nos Estados Gerais, 326 eram membros do Primeiro Estado, isto é, do clero. Refletindo as divisões dentro da

Igreja, uma proporção surpreendentemente alta (220) era de membros do clero inferior – ou seja, padres de paróquias em vez dos nobres bispos, abades, cônegos e monges que normalmente governavam a Igreja. Entre os 330 nobres, estavam os representantes das famílias mais antigas, mais prestigiadas e mais ricas, incluindo La Rochefoucauld, Luynes, Orléans, Noailles e Montmorency. Uma elevada proporção, 166, era composta essencialmente por oficiais do Exército, algo que talvez indicasse a determinação dos pequenos nobres das províncias, até então impotentes, em frear os aristocratas das cortes e os parlamentares que sempre assumiram o direito de falar por eles. Significativamente, apenas 22 membros dos parlamentos foram eleitos nas assembleias que, muitas vezes, eram extremamente tensas e conflituosas. Embora a reunião em Versalhes fosse revelar que cerca de 90 dentre os delegados nobres eram politicamente liberais, a grande maioria dos representantes do Segundo Estado, quando não totalmente intransigente, mostrou-se claramente conservadora, chocada com o curso dos acontecimentos e determinada a preservar a preeminência dos nobres e suas distinções sociais. A exclusão humilhante dos grupos recentemente enobrecidos, os quais tomaram assento na ordem inferior, despertou sem dúvida um ressentimento amargo. Os representantes do Terceiro Estado, com sua representação duplicada para 661, incluíam 214 representantes das profissões liberais (incluindo 180 advogados). Havia relativamente poucos representantes do comércio (setenta e seis mercadores, oito fabricantes e um banqueiro). O restante descrevia-se principalmente como proprietários de terras – uma característica compartilhada por quase todos os deputados do Terceiro Estado, independentemente de seus rótulos profissionais. No entanto, foram os delegados com ensino jurídico, muitos deles detentores de cargos venais – um grupo relativamente uniforme em termos de formação, cultura, e interesses – que dominaram o Terceiro Estado em Versalhes.

Juntamente com a preparação dos *cadernos de queixas*, que os acompanhava, as eleições estimularam ainda mais o debate político. Estes aspectos permitiram o acesso de novas ideias políticas no meio rural. De forma mais geral, criaram um perigoso sentimento de expectativa. Por que o rei havia solicitado uma declaração de queixas se não tinha a intenção de fazer algo a respeito delas? Isso levou a uma suposição generalizada de que dízimos, obrigações senhoriais e impostos estavam prestes a serem abolidos, algo que frequentemente levava a uma imediata recusa de pagá-los. Embora os *cadernos* expressassem grande confiança nas intenções do rei, eles também ajudavam a disseminar a crença cada vez mais generalizada de que um sistema político mais liberal, uma sociedade mais igualitária e melhores níveis de vida material seriam imediatamente criados. Inevitavelmente, essa crença representava uma ameaça para a estabilidade do sistema político.

Os próprios *cadernos* oferecem uma abundante documentação (foram preparados uns 40 mil) que, se usada com cuidado, pode fornecer importantes informações sobre as atitudes de grande parte da população em relação à sociedade e à política na véspera de uma enorme transformação das instituições francesas. Ao contrário dos órgãos deliberativos da Igreja, as assembleias do Primeiro Estado estavam esmagadoramente representadas pelo clero paroquial que, em muitos *bailiados*, aproveitou a oportunidade para expressar uma variedade de queixas acumuladas contra os bispos e os padres monásticos. O clero condenou a apropriação dos dízimos e seus próprios rendimentos baixos, criticou o pluralismo e as interrupções de residência e apoiou um governo diocesano por meio de sínodos eleitos e maior facilidade de acesso aos mais altos cargos da Igreja. Todavia, as questões que uniam o clero receberam maior ênfase. Por exemplo, para ele o catolicismo deveria manter-se como a religião oficial e a Igreja não poderia deixar de controlar a educação. Era hostil à crescente tolerância a favor dos protestantes. Claramente, a influência de ideias "filosóficas" secularizantes foi causa de certa ansiedade. Havia também uma disposição generalizada para aceitar a redução dos privilégios fiscais da Igreja.

Os *cadernos* elaborados nas reuniões do Segundo Estado revelavam uma semelhante disposição para renunciar ao privilégio fiscal (89% dos *cahiers* dos nobres), assim como o desejo de substituir a monarquia absoluta por alguma forma de monarquia constitucional. O sistema de governo vigente era condenado como despótico e corrupto. No entanto, não culpavam o rei, mas os ministros e cortesãos que desinformavam o monarca, desperdiçavam recursos e monopolizavam os cargos. A solução parecia estar na realização de reuniões regulares dos Estados Gerais, na responsabilidade ministerial perante o órgão eleito e o rei, bem como na reforma do sistema jurídico para garantir a proteção das liberdades individuais. Ocorre que os nobres geralmente tomavam por certo que *eles* iriam desempenhar o papel predominante no âmbito das novas instituições e que manteriam o monopólio dos altos cargos na burocracia, no Exército e na Igreja. A maior parte dos *cadernos* da nobreza insistia que a votação dos Estados Gerais que iriam introduzir essas reformas políticas deveria ser efetuada por estamento – como um meio de, segundo o deputado nobre Jean-Jacques d'Eprémesnil, defender "as justas prerrogativas da nobreza e do clero" –, embora uma minoria significante (38,8%) tenha aceitado a substituição do voto por estamento pela votação por cabeça. Apenas 5% dos *cadernos* da nobreza apoiavam a igualdade de oportunidades (provavelmente a maioria sequer considerou a possibilidade), em comparação com 73% dos *cadernos* do Terceiro Estado urbano. Sobre a questão dos direitos senhoriais, parece que os nobres estavam divididos entre aqueles com riqueza suficiente para aceitar a perda e, por outro lado, a grande quantidade de senhores rurais (*hobereaux*), que eram financeiramente menos abastados e cuja defesa dos sinais de seu estatuto social superior havia se tornado uma questão de honra. No entanto, a característica mais marcante dos *cadernos* da nobreza era o grande consenso com o Terceiro Estado em relação à criação de um Estado liberal e constitucional.

O próprio processo eleitoral contribuiu substancialmente para a politização da burguesia, a qual preparou os *cahiers* (cadernos) urbanos do Terceiro Estado. Nas cidades, grupos organizados como as guildas, corporações e conselhos municipais, que tinham as queixas locais como foco principal, dominavam a preparação dos cadernos. Além disso, eles claramente favoreciam a convocação regular dos Estados Gerais e o voto por cabeça, juntamente com a supressão das isenções fiscais da nobreza e de seu acesso privilegiado aos cargos, bem como medidas tal e qual a abolição das barreiras alfandegárias internas para estimular a economia. Esses *cahiers* foram muito mais circunspectos em questões tais como a abolição dos deveres senhoriais, dos cargos venais ou das corporações de ofício e, ainda, sobre a abolição dos dízimos ou o confisco de propriedades da Igreja. Eles estavam relutantes em atacar os direitos de propriedade e favoreciam apenas uma reforma limitada, ao invés da mudança drástica. Os *cadernos* dos maiores centros urbanos eram os que se mostravam mais preocupados com a política. Eles eram a favor do governo constitucional, da votação dos impostos por uma assembleia eleita e obrigações iguais em relação à tributação, além disso estavam mais propensos a apoiar a abolição do sistema senhorial. Normalmente, enquanto condenavam a maioria das outras formas de privilégio, os representantes das corporações – mestres e artífices – desejavam restringir a concorrência e, por isso, insistiam na manutenção de seus direitos de controle sobre a entrada de novos comerciantes e sobre seus próprios níveis de produção.

Embora geralmente seguissem os modelos urbanos, os *cadernos* rurais – a grande maioria – preocupavam-se principalmente com queixas locais específicas, como o cercamento das terras comunais e a negação dos direitos consuetudinários de acesso ao pasto e à floresta. Os tempos difíceis garantiram a anotação de reclamações sobre o ônus dos direitos senhoriais, do dízimo e, em particular, daquilo que era percebido pelos camponeses como uma tributação excessiva. A tensão na comunidade rural – entre ricos e pobres – raramente era representada nos *cahiers*, pois estes eram preparados por membros da burguesia rural ou pelos camponeses mais ricos. A expressão da hostilidade rural-urbana estava, com maior frequência, baseada nas concepções das cidades como a residência dos cobradores de impostos, dos comerciantes, do alto clero "parasita" e dos proprietários ausentes de suas terras que exploravam os camponeses. No entanto, as instituições fundamentais do *ancien régime* não foram realmente questionadas.

A conclusão óbvia que podemos tirar da análise dos *cahiers* é o surpreendente grau de concordância entre os representantes dos três estados. A reforma fiscal e judiciária, o maior acesso aos cargos públicos e uma pitada de governo representativo teriam provavelmente satisfeito a maioria da população. Então, a questão é: tendo em vista esse consenso, por que a França, mesmo assim, dirigiu-se para uma revolução? Uma parte essencial da resposta é o fracasso do governo real em responder de forma eficaz aos apelos feitos a ele.

O debate sobre uma nova Constituição

Com a monarquia absoluta desacreditada e a criação de um vazio no poder, surgiu uma luta entre os nobres (que, na prática, dividiam o poder político com a monarquia pelo seu quase monopólio dos cargos públicos) e os que não eram nobres (que, ao questionarem os privilégios aristocráticos, estavam exigindo direitos iguais de acesso ao poder político). A crise política iniciada em 1787 resultou no imediato reforço da oposição da nobreza à monarquia e, posteriormente, estimulou uma assertividade crescente por parte dos não nobres educados, por meio do processo da eleição de deputados para os Estados, da preparação dos *cadernos* e da guerra de panfleto que se seguiu. A crescente tensão e a mútua desconfiança surgiram rapidamente entre os deputados que se reuniram em Versalhes em 4 de maio de 1789 para participar dos Estados Gerais. Nessas circunstâncias, o fracasso do governo em oferecer uma liderança eficaz mostrar-se-ia desastroso. Os discursos do rei e de Necker na sessão de abertura dos Estados Gerais não apresentaram nenhum programa. Embora aceitassem, em termos vagos, que talvez fosse o caso para algumas reformas, eles fizeram advertências contra as ações precipitadas e não tomaram qualquer atitude para resolver o problema imediato dos procedimentos de votação. Tal inépcia deixou no ar sentimentos generalizados de decepção e descontentamento.

As dificuldades em relação ao procedimento que se seguiu eram um reflexo das divisões existentes e exacerbavam-nas. Na ausência de uma liderança governamental clara sobre a questão da votação, os representantes do Terceiro Estado, liderados pelos deputados do Delfinado e da Bretanha – que nos últimos 12 meses estiveram envolvidos em conflitos com as autoridades e que eram particularmente hostis às pretensões da nobreza – resolveram estabelecer suas posições por meio da verificação das características em comum. Inicialmente, o Primeiro e o Segundo Estados rejeitaram essa pressão inconveniente, embora os discursos sobre o procedimento tenham continuado até 20 de maio, quando a nobreza por 206 votos a 16 decidiu que o voto por ordem e o veto mútuo eram direitos fundamentais e essenciais para a segurança da monarquia e a salvaguarda da liberdade. Finalmente, em 10 de junho, Sieyès propôs que, caso não conseguissem chegar a um acordo, um comitê do Terceiro Estado deveria examinar sozinho os resultados da eleição. Isso foi aceito por 493 votos a 41. A decisão que se seguiu em 17 de junho e adotou o título de "Assembleia Nacional" (votação de 491 a 93) indicava o desenvolvimento de ambições mais amplas, que se tornaram evidentes pela resolução de autorizar a continuação das cobranças de impostos. Embora essencialmente moderada, a maioria dos deputados do Terceiro Estado estava determinada a fazer sentir a sua influência e implementar a reforma constitucional. Já não havia mais dúvidas de que a soberania do rei e o *status* social e poder da nobreza estavam sendo questionados.

Confrontado com um desafio direto à sua autoridade, Luís XVI decidiu realizar uma sessão especial dos Estados Gerais em 23 de junho, na qual ele pretendia apresentar um programa e retomar a iniciativa. Mas fracassou mesmo assim, porque os funcionários esqueceram de informar ao Terceiro Estado que o local de reunião deles ficaria fechado até essa sessão real. Chegando em 20 de junho para uma reunião, os deputados assumiram que o fechamento do salão havia sido resultado de uma trama real e reuniram-se no salão onde havia uma quadra de tênis. Ali, juraram não dispersar até conseguirem a reforma constitucional. Ao que parece, seguindo o Conselho de Necker, teria sido intenção original do rei propor a votação conjunta das questões importantes, convocar os estados regularmente, obter consentimento destes em relação a todos os novos impostos, fazer a reforma fiscal e descentralizar o governo local por meio de uma rede de estados provinciais, bem como oferecer garantias de liberdade individual e de igualdade de acesso aos cargos oficiais. Essas propostas conciliatórias poderiam ter sido eficazes, mas, sob pressão da rainha e de seus irmãos, o rei, em vez disso, anulou as decisões acolhidas pelo Terceiro Estado em 10 e 17 de junho. Suas suposições fundamentais sobre seus próprios direitos e deveres, bem como aqueles dos estamentos privilegiados, sem dúvida, fizeram que ele se afastasse das propostas de reformas. Além disso, ele acreditava que a separação dos estamentos deveria ser mantida; e, caso devessem reunir-se ocasionalmente, os estamentos privilegiados deveriam manter o seu direito de veto às propostas que os afetassem. Amargamente desapontados, os deputados do Terceiro Estado resolveram resistir mais do que nunca. Necker, incisiva e voluntariamente ausente da sessão real de 23 de junho, foi demitido em 11 de julho.

A nobreza, que em sua maioria havia sido simpática ao discurso do rei, estava alarmada com o fracasso do governo em dissolver o Terceiro Estado cujos membros, que haviam atribuído a si mesmos o título de "Assembleia Nacional", desafiavam sua autoridade de forma tão óbvia. A determinação dessa assembleia em resistir à pressão real foi fortalecida pela anexação da maioria dos deputados clericais e, em 25 de junho, por 47 nobres liberais. Em 27 de junho, na esperança de ganhar tempo enquanto as tropas eram movimentadas para a região de Paris, o rei ordenou que o restante do clero e da nobreza se unisse à Assembleia Nacional. A notícia foi recebida com entusiasmo em Paris, mas Luís nunca admitira a perda de seus poderes soberanos de forma voluntária e, por isso, estava determinado a recorrer à ação militar. Isso poderia ter dado certo se as classes populares não interviessem.

A incapacidade do governo para controlar os distúrbios da crise de subsistência generalizada, ocorridos na primavera e no início do verão de 1789, atraiu críticas crescentes das classes abastadas. A crença de que o rei ouviria as queixas descritas nos *cahiers* apenas encorajou os protestos populares e a recusa em pagar as dívidas senhoriais, os dízimos e os impostos. Os próprios manifestantes culpavam o governo por sua aparente falta de vontade em conceder ajuda enquanto, ao mesmo tempo, oferecia proteção aos comerciantes e especuladores, os quais pareciam determinados a matar os pobres de fome. Cada vez mais, aceitava-se a explicação de que o contínuo aumento do preço do pão tinha uma conspiração da aristocracia como causa. Acreditava-se que as maquinações do estamento privilegiado serviam para punir os pobres e para impedir o funcionamento dos Estados Gerais, pois muitos esperavam que as reuniões trariam tempos melhores. Além disso, a decisão do governo em, sempre que possível, reforçar

CAPÍTULO 4 – REVOLUÇÃO E IMPÉRIO | 141

IMAGEM 12. A queda da Bastilha, 14 de julho de 1789. Pintor anônimo. Museu Nacional do Palácio de Versalhes. Foto: Giraudon/The Bridgeman Art Library.

as guarnições militares na região de Paris com regimentos mercenários, despertou novos rumores. Entretanto, a pressão da atividade contínua e a falta de uma liderança firme estavam deteriorando a disciplina e o moral militar; algo que intensificou a crise de confiança entre o rei e seus conselheiros. A agitação política contínua agravou-se com a destituição de Necker – considerado pelos "patriotas" como o único homem capaz de resolver os problemas financeiros do regime, e o único ministro comprometido com a reforma –, bem como com os elevados preços dos alimentos e pelos rumores de um iminente golpe de Estado militar. Esses temores levaram aos tumultos de 12 de julho em Paris, nos quais uma multidão composta por lojistas, pequenos comerciantes e trabalhadores queimou os odiados postos aduaneiros e tentou armar-se para resistir à tirania real. Em 14 de julho a busca por armas levou a um ataque ao forte real da Bastilha – símbolo do despotismo que se elevava sobre o subúrbio popular conhecido como Faubourg Saint-Antoine – com a participação de muitos desertores da Guarda Francesa. O feito foi amplamente visto como a representação do colapso do poder real. Na prática, no entanto, o resultado imediato das ações foi o estabelecimento – por eminentes cidadãos de classe média – de um "Comité Permanente" para substituir a Municipalidade Real – a qual, claramente, havia sido esmagada pelos eventos – e a criação de uma milícia de cidadãos como meio de preservar a ordem e proteger a cidade de ataques. O objetivo duplo dessa milícia representava a ambivalência das classes proprietárias, que tinham medo da desordem popular, mas eram dependentes do apoio de seus incômodos aliados contra o rei e seus soldados.

    As notícias de Paris, a ansiedade e a sensação de expectativa criadas pelo colapso da autoridade central, juntamente com os rumores que combinavam a antiga crença em uma conspiração em favor da fome e o medo da nobreza, incentivaram um novo paroxismo de agitação na zona rural. As regiões mais afetadas foram a Normandia, o baixo Maine, partes de Flandres, a alta Alsácia, o Franco-condado, o Mâconnais e o Delfinado. O campesinato buscou defender os interesses da comunidade contra as exações de uma gama de exploradores, incluindo os proprietários, os *seigneurs*, o dízimo, os cobradores de impostos e os agricultores e comerciantes capitalistas. Algumas regiões, como em Languedoc, onde o peso da tributação, o senhoralismo e a comercialização eram menos intensos, parecem ter sido menos afetadas pelo surto de revoltas. Embora ocorresse pouca violência pessoal, centenas de castelos nobres foram saqueados e queimados no momento em que os camponeses buscavam por estoques de grãos escondidos e destruíam os registros das obrigações senhoriais. Muitas vezes, prevalecia uma atmosfera festiva entre os camponeses que comemoravam os fatos como uma vitória para a justiça popular. A crise econômica criou uma miséria generalizada e o medo da fome. A preparação dos *cadernos* alimentou esperanças e aspirações a uma existência mais segura. Agora que isso parecia estar ameaçado pela determinação do rei e de sua nobreza em preservar seus direitos exclusivos, a ação direta parecia justificar-se. O pânico espalhou-se – dando lugar à histeria popular entre 20 de julho e 6 de agosto ao que os historiadores têm chamado de o "Grande Medo". Rapidamente, espalharam-se os rumores de que os incêndios dos castelos eram causados por bandidos saqueadores que praticavam o assassinato,

IMAGEM 13. Incêndio de um castelo e a fuga de seus proprietários, verão de 1789. Gravura anônima. Museu Carnavalet. Foto: Giraudon/The Bridgeman Art Library.

o estupro, a pilhagem e a destruição das colheitas. Em um esforço para restaurar a ordem, foram criadas em todas as províncias, assim como em Paris, administrações municipais e milícias cívicas. Elas foram armadas com arsenais apreendidos ou armas livremente entregues pelas tropas. Evidentemente, as elites locais haviam perdido a confiança na capacidade da monarquia para cumprir as suas responsabilidades fundamentais em relação à manutenção da ordem. Adicionalmente, suspeitavam da sinceridade do compromisso tanto do rei quanto da aristocracia a reforma constitucional. A composição desses novos organismos variava de lugar para lugar, de acordo com as características das elites locais, com o equilíbrio entre os grupos políticos e com o grau que a pressão popular era exercida. Não apenas representaram a determinação de preservar a ordem social, mas também a dissolução do governo real. Agora, a Assembleia Nacional era a inspiração; não mais o monarca.

Em 16 de julho, o ministro da Guerra, o duque de Broglie, avisou ao rei que o Exército não era mais confiável. O regime havia perdido o monopólio das forças armadas. Em desespero, o rei chamou Necker mais uma vez e, em frente a uma multidão armada na escadaria do Hôtel-de-Ville em Paris, veste a fita tricolor, que unia o branco da família Bourbon com o vermelho e azul da cidade. Além disso, ele aceitou a nomeação dos "patriotas" Jean-Silvain Bailly como prefeito e de Lafayette como comandante de uma milícia cujo novo título – Guarda Nacional – indicava suas aspirações políticas. Em 4 de agosto, a Assembleia Nacional Constituinte, seu novo nome, tendo à frente indivíduos do clero e alguns nobres tais como o duque d'Aiguillon e o visconde de Noailles, aceitou a necessidade de abolir o sistema senhorial. Naquilo que Lefebvre chamou de "certidão de óbito da velha ordem", os deputados em seu humor eufórico decidiram destruir inteiramente o regime feudal e desse modo abolir a servidão, a prestação de serviços, a justiça senhorial, os direitos exclusivos de caça, as *banalidades*, bem como as isenções fiscais, obrigações senhoriais e os dízimos. Foram medidas desesperadas, destinadas a pacificar a zona rural. Na fria luz do dia, no entanto, os deputados, muitos dos quais tinham lucrado pessoalmente com o sistema, começaram a ter dúvidas. Eles queriam reformas, não uma revolução. As mudanças que eles tinham introduzido devem ter representado um imenso choque para seus eleitores. Foi criada uma comissão que confirmou a abolição de todas as formas de servidão pessoal, mas os camponeses precisaram recomprar as obrigações baseadas em uma "relação contratual" mais ou menos fictícia e que, portanto, representavam direitos de propriedade. O preço foi fixado em 25 vezes o valor anual – uma taxa que não deixou ninguém satisfeito. Além disso, foi estipulado o pagamento de juros de mora devidos pelos últimos 30 anos – uma decisão que incentivou uma nova onda de ataques aos castelos. As altas expectativas dos camponeses, que não tinham os recursos nem a inclinação para compensar os senhores, encorajou-os a ignorar as dúvidas da Assembleia. A lei raramente foi aplicada e os pagamentos quase nunca efetuados. Finalmente, em 15 de julho de 1793, na sequência de uma outra onda de protestos rurais, causados por quebras de safra, suspeita das intenções dos nobres e por causa da necessidade de estimular o apoio ao esforço de guerra, a Convenção Nacional finalmente aboliu as dívidas sem recorrer às compensações. Essas medidas implicavam uma grande reformulação dos relacionamentos sociais. Além de causarem prejuízos financeiros substanciais para os senhores, elas destruíram a base jurídica do poder da nobreza da zona rural.

IMAGEM 14. A noite de 4 de agosto de 1789: uma revolução social. A Assembleia Constituinte vota pela abolição do sistema senhorial. Gravura por I. S. Helman, de uma pintura de C. Monnet. Biblioteca Nacional. Foto: Giraudon/The Bridgeman Art Library.

Em 26 de agosto, foi promulgada a Declaração dos Direitos do Homem e do Cidadão. Adotando uma linguagem universalista, ela ofereceu uma declaração inspiradora de princípios e, ao mesmo tempo, condenou implicitamente as bases fundamentais do *ancien régime*. Parcialmente elaborada por Lafayette logo após a declaração de independência dos Estados Unidos, refletia também a tradição do direito natural europeu. A declaração afirma estar de acordo com o Estado de direito, a igualdade perante a lei, com o governo representativo, a liberdade de expressão, de associação e de religião e com a igualdade de acesso aos cargos públicos. Ela representou um novo ataque ao privilégio e uma afirmação da soberania da nação, e não da monarquia que tinha perdido seu *status* de instituição sagrada. A declaração também assegurou a propriedade privada como um dos "direitos naturais e imprescritíveis do homem" e como base da ordem social e política. Afinal de contas, a Assembleia era formada por homens detentores de propriedades. Em 19 de junho de 1790, foi feita a importante decisão de abolir a nobreza hereditária. Embora a proposta fosse apoiada por nobres eminentes, como os irmãos Lameth, Noailles e Lafayette, ela também refletia o declínio da influência dos deputados das ordens privilegiadas. Apesar de a nobreza ter mantido sua posição social e grande parte de sua riqueza, o ataque às elites hereditárias, que, desde tempos imemoriais compartilharam o poder com o rei, teve um efeito traumático e foi amargamente ressentida. O ideal da Assembleia Nacional Constituinte era criar uma situação em que, doravante, os indivíduos estariam livres para dispor de seus talentos e propriedades, limitados apenas pela estipulação de que suas ações não deveriam causar danos aos outros.

Também foram introduzidas medidas para estimular a atividade econômica. A saber, a eliminação das barreiras aduaneiras internas, o fim das restrições ao comércio de grãos (agosto de 1789), a legalização de empréstimos a juros (12 de outubro) e a supressão das corporações de ofício e mercantis, bem como dos controles oficiais das manufaturas (Lei d'Allarde, 2 de março de 1791) – reformas que tinham sido discutidas há décadas. Muitos proprietários de terras e camponeses também se beneficiaram com a eliminação dos dízimos e das obrigações senhoriais. Grande parte da população rural poderia reter mais produtos para a venda ou para o consumo. Na economia manufatureira, no entanto, convulsões sucessivas criaram um ambiente de incertezas mais propício à especulação que à atividade empresarial sustentável. Mas as necessidades da guerra levariam em breve à restauração dos controles econômicos. A alta da inflação traria a ameaça de paralisação. Não surpreendentemente, o desejo de segurança juntamente com um mercado ativo de terras faria que o capital fugisse do comércio e da manufatura e, dessa forma, a produção industrial atingiu seu nível mais baixo em 1796. Posteriormente, a maior segurança interna e o alargamento das fronteiras ofereceriam melhores oportunidades, mas a guerra marítima, dominada pelos britânicos, continuaria a ter um impacto devastador sobre os portos e regiões adjacentes, os quais eram anteriormente os setores mais dinâmicos da economia.

A abolição dos tribunais senhoriais e das venalidades (11 de agosto de 1789), com uma compensação extremamente generosa, abriu caminho para uma profunda reorganização dos sistemas judiciais e administrativos. O caos complexo de jurisdições conflitantes formado pela administração do *antigo regime*, bem como o custo da justiça, tinha sido objeto de críticas. A reestruturação racional que se seguiu era formada por uma hierarquia de comunas, distritos e departamentos. Os outros princípios orientadores, que representaram uma reação contra o absolutismo e uma determinação de enfraquecer o poder do Executivo, foram a descentralização e a eleição dos funcionários. Os ideais básicos da soberania popular e do governo representativo eletivo foram reconhecidos por uma lei de 14 de dezembro de 1789. A lei estipulava que os representantes e funcionários seriam eleitos pelos cidadãos "ativos", isto é, aqueles que pagavam impostos equivalentes a três dias de trabalho. Considerava-se que os membros mais pobres da sociedade, os destituídos de propriedades, não possuíam a independência que era indispensável para poder votar e, por isso, foram excluídos das votações. A questão dos direitos políticos das mulheres era raramente considerada um assunto digno de debate. Mesmo assim, foi constituído um eleitorado bastante numeroso, composto de 4,3 milhões de eleitores, incluindo 77.590 indivíduos em Paris. As restrições essenciais à participação política eram: o requisito de elevada contribuição (dez dias) que se exigia para ser elegível aos cargos e, particularmente, o princípio da eleição indireta. Isso ajudou a garantir o domínio municipal e nacional de uma elite rica formada por "notáveis". Os limites do radicalismo dos deputados também podiam ser notados em medidas como o uso da força contra manifestações hostis e a Lei de Le Chapelier (junho de 1791), que proibia greves e associações de trabalhadores – uma forma de restringir a liberdade dos indivíduos.

As frases inspiradoras da Declaração dos Direitos do Homem e do Cidadão eram algo bem diferente da implementação de medidas concretas de reforma e da solução dos problemas financeiros que haviam levado à convocação dos Estados Gerais. Logo ficou claro que era mais fácil derrubar um regime do que chegar a um acordo sobre o que deveria substituí-lo. O debate sobre o novo sistema de governo e a inevitável concorrência pelo poder que se seguiu criariam divisões cada vez mais amargas entre os novos governantes do país; acompanhado pelas pressões da guerra, o debate promoveria importantes realinhamentos políticos e um processo de politização que ameaçou levar as massas à política. Certamente, havia problemas urgentes. Dentre eles estava a necessidade de redefinir a autoridade política e de restabelecer um governo eficaz. De forma bastante aguda, as decisões políticas tomadas pela Assembleia eram um reflexo de sua composição social. A maioria dos deputados estava relativamente bem de vida e ansiava salvaguardar a ordem social, que ainda era basicamente concebida em termos rurais, bem como preservar a monarquia como a principal garantidora dessa ordem social. A solução incorporada à constituição de 1791 garantiu uma considerável autoridade formal ao rei como chefe do Executivo, mas buscava controlar o seu uso ao reiterar que as ordens reais somente seriam válidas se fossem assinadas pelos ministros, os quais respondiam à assembleia eleita, bem como ao monarca. Direito de veto do rei apenas atrasaria a implementação das leis (por dois a seis anos) e não se aplicava às contas financeiras. Essas estipulações eram o reflexo da falta de confiança, que fez que o funcionamento harmonioso do novo sistema de monarquia constitucional se tornasse extremamente improvável.

Os transtornos que precederam e acompanharam a revolução, bem como a recusa generalizada de pagar impostos, intensificaram muito os problemas financeiros do governo. Convocada originalmente para resolver esses problemas, a Assembleia sentiu-se obrigada a tomar medidas excepcionais. Em 2 de novembro de 1789, ela determinou o confisco das propriedades da Igreja – proposta feita por Talleyrand, o bispo de Autun. A crise financeira se agravou e em março de 1790 decidiu-se emitir títulos do tesouro (*assignats*), cujo reembolso seria garantido pelo valor das terras confiscadas (*biens nationaux* – os bens nacionais). A emissão massiva dessa moeda de papel levaria a sua rápida amortização. Os impactos dessas medidas foram consideravelmente grandes. Certamente, a Assembleia não havia planejado ameaçar a existência da Igreja, que ainda era vista como base da ordem moral. Esperava-se que o clero, bem como os trabalhos educacionais e de caridade apoiados por ele fossem mantidos pelo Estado. No entanto, havia pouca simpatia em relação às "inúteis" ordens religiosas contemplativas ou mesmo às ordens de ensino e de caridade, amplamente consideradas como dispendiosas e ineficientes; assim, deveriam ser dissolvidas (decretos de 13 de fevereiro de 1790 e 18 de agosto de 1792). Infelizmente, embora as várias assembleias estivessem cheias de boas intenções nas esferas da educação e da assistência social, sua realização foi essencialmente negativa. Embora o princípio da responsabilidade do Estado pela prestação de assistência pública e, em particular, pela educação gratuita e obrigatória como meio de promover a iluminação, a virtude cívica e a unidade linguística e nacional tenham sobrevivido para inspirar a esquerda ao longo do século seguinte, a pressão financeira imediata da guerra logo frustraria quaisquer conquistas reais. Mais imediatamente, a partir de outubro de 1789, a Assembleia começou a assumir um papel ativo na reorganização da Igreja. Juntamente com a garantia de liberdade religiosa consagrada na Declaração dos Direitos, esse movimento ameaçava a autonomia e os direitos exclusivos do clero católico. A Constituição Civil do Clero (julho de 1790) levou os princípios da reforma administrativa até a Igreja, ao sustentar a eleição de párocos (devidamente qualificados) e de seus bispos pelas assembleias eleitorais locais e departamentais. Em resposta a esse documento extremamente radical, uma divisão clara entre os deputados das antigas ordens privilegiadas e dos deputados de ordens originadas do Terceiro Estado tornou-se evidente. De forma inaceitável ao papa, a Igreja deveria subordinar-se ao Estado e à sociedade civil. Pio VI evadiu o problema, mas a obrigação de jurar lealdade, exigida aos sacerdotes em sua nova posição como empregados do Estado (Decreto de 17 de novembro de 1790), foi demais, e ele sentiu-se obrigado a condenar as reformas em março/abril de 1791. No início, os sacerdotes aceitaram a democratização da Igreja, mas a decisão papal obrigou muitos dos 50% a 60% a retirar o juramento que já haviam efetuado. Em um grau considerável, suas decisões originais refletiam as atitudes de seus paroquianos ao regime revolucionário e, significativamente, o mapa daqueles que haviam prestado o juramento e os que não o haviam prestado às decisões de 1791 continuaria a manter uma correspondência muito próxima com a divisão entre esquerda e direita política até a década de 1950.

Conforme as autoridades tentavam impor sua vontade sobre a Igreja, as políticas cada vez mais anticlericais e depois antirreligiosas introduzidas reforçavam a determinação de muitas comunidades para defender seu direito a um pároco, o intermediário vital entre o homem e Deus. Mais do que tudo, isso criou o potencial para uma gigantesca resistência à revolução. As questões religiosas permaneceriam centrais aos conflitos políticos do século seguinte. Mais imediatamente, em fevereiro de 1791, 200 deputados – nobres e sacerdotes em sua maioria – deixaram de assistir às reuniões da Assembleia Nacional Constituinte e voltavam-se para formas extraparlamentares de resistência. No entanto, havia apoio generalizado ao regime que tinha eliminado ou aliviado o fardo dos deveres senhoriais, dízimos e impostos. O assentamento de terras da revolução seria um elemento adicional para a criação de um partido revolucionário. O confisco das propriedades da Igreja e, posteriormente, das terras dos emigrados (apenas metade deles

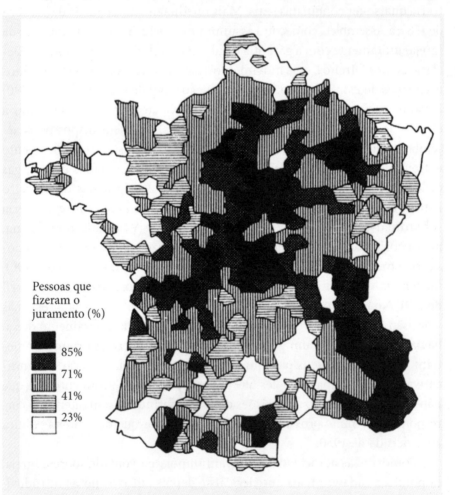

MAPA 8. A Constituição Civil do Clero (porcentagem de pessoas que fizeram o juramento). (Fonte: VOVELLE, M. (Ed.). *L'état de la France pendant la révolution*. Editions La Découverte, 1988.)

eram nobres) pelo Decreto de 3 de junho de 1793, afetaria cerca de 10% do território nacional. Embora o propósito inicial dessas ações fosse facilitar o acesso dos pobres à propriedade – as terras foram divididas em pequenas propriedades e podiam ser pagas em até 12 anos (Decreto de 14 de maio de 1790) –, em maio de 1791, a necessidade urgente de aumentar a receita do Estado levou, em vez disso, à exigência de um depósito de 30% e o pagamento restante em quatro anos e meio. Além disso, a venda seria feita para a melhor oferta. Os decretos mais isonômicos de 3 de junho de 1793 e de 4 Nivoso ano II (calendário republicano francês)* tiveram pouco impacto e logo foram revertidos. Assim, não é de se estranhar que as pessoas com dinheiro para gastar estivessem mais bem posicionadas para aproveitar a oportunidade favorável de compra oferecida por essa gigantesca liquidação. O impacto sobre as estruturas sociais variou consideravelmente entre regiões de acordo com a quantidade de terras disponíveis para venda. As propriedades da Igreja eram particularmente grandes nas ricas planícies do Norte, atingindo 30% a 40% das terras da Picardia, mas caíam para até 3% em partes do Sul. A maioria dos nobres, talvez quatro quintos, ficou de fora da revolução. Mantiveram-se irritados pela perda de seus títulos, poder e *status* e frequentemente inseguros e assustados, mas tiveram poucas perdas materiais após a abolição dos direitos senhoriais, e normalmente conseguiam tirar proveito das vendas dos *bens nacionais*. Posteriormente, por um meio ou outro, muitos ex-emigrados conseguiram reconstituir parcialmente suas propriedades, mas não há qualquer dúvida de que a nobreza como um grupo perdeu muito como resultado da revolução. Este foi especialmente o caso de um departamento de fronteira, como por exemplo, o Nord. Lefebvre estimou a evolução da divisão na posse de terra do departamento – ver TABELA 1.

O Nord não pode ser considerado como o padrão de aquisição de terras pelos camponeses, mas mesmo ali foram os compradores burgueses – ou seja, os proprietários existentes, profissionais, comerciantes e fabricantes – que adquiriram dois terços dos terrenos vendidos, aumentando o domínio econômico de muitas cidades sobre suas zonas rurais. A propriedade de terras oferecia segurança, reforçava a posição social e proporcionava um bom rendimento. Embora um número considerável de camponeses mais ricos tenha conseguido adquirir terras e muitos outros tenham se beneficiado com a abolição do senhoralismo, a situação da maioria da população

---

*   A data *4 Nivoso ano II* corresponde a 24 de dezembro de 1793 no calendário republicano francês, criado em 1792 pela Convenção Internacional durante a Revolução Francesa. (N.T.)

TABELA 1. Posse de terras no departamento de Nord (%).

Departamento de Nord		
	1789	1802
Clero	20	0
Nobres	22	12
Burgueses	16	28
Camponeses	30	42

rural havia mudado muito pouco. Antes da revolução, ela já possuía entre 40% e 45% da terra e, após, conseguiu aumentar esse número em apenas três pontos percentuais. Isso gerou uma amarga decepção e uma determinação de opor-se à implementação de decretos como o de 10 de junho de 1793, que visava a facilitar o cercamento e a divisão das terras comunais. O decreto foi visto como um ataque às práticas coletivas habituais que eram importantíssimas para a sobrevivência dos pobres. A concepção revolucionária de propriedade como um direito do indivíduo e livre de restrições teve pouco apoio em muitas comunidades rurais. As massas rurais permaneceriam divididas. Embora fossem amargamente hostis a qualquer indício de restauração do senhoralismo ou do dízimo, faltava à maioria dos camponeses um sentimento verdadeiro de compromisso positivo com o novo regime; algo que logo se transformou em indiferença em relação aos assuntos políticos que não os afetavam diretamente. Mesmo assim, o debate nacional sobre a nova Constituição, juntamente com os interesses concorrentes de indivíduos, famílias, clãs e grupos sociais de inúmeras cidades e aldeias, garantiu que a crise política fosse prorrogada.

Claramente, a revolução havia atingido um ponto sem retorno. Compromissos fundamentais foram feitos com os princípios da isonomia legal, da soberania da nação e da representatividade institucional. Uma nova cultura política estava criada. Estava bastante claro que os deputados desejavam restringir substancialmente os poderes da monarquia, embora continuassem buscando por um acordo com o rei; de fato, a alternativa ainda era impensável. Apesar dessas grandes inovações, quando os deputados se reuniram para a última sessão da Assembleia Constituinte, em 30 de setembro de 1791, ainda existia um amplo consenso a favor da revolução. Havia sinais sinistros de conflitos futuros, no entanto. No início de 1790, enojado com o rumo dos acontecimentos, muitos deputados da nobreza e do clero já haviam se retirado da Assembleia. O rei parece ter suposto que não tinha outra alternativa, senão fazer concessões, enquanto ganhava tempo na esperança de que a intervenção das potências europeias pusesse juízo na cabeça de seus súditos. Entretanto, muitos dos seus cortesãos, chefiados por seu irmão, o Duc d'Artois, juntamente com os bispos e parlamentares do *ancien régime* consideravam a situação intolerável e fizeram parte da primeira onda de emigrados. Em breve, juntar-se-iam a eles um número crescente de oficiais nobres do Exército – uns 6 mil – incapazes de suportar a indisciplina ou de sentirem qualquer vínculo de honra que os fizessem apoiar o rei. Embora muitos oficiais, assim como o jovem Napoleão Bonaparte, tivessem permanecido e pudessem beneficiar-se com promoções aceleradas, os emigrados constituíam os quadros da contrarrevolução.

Radicalização da revolução

Um processo de radicalização política e social, culminando com o Terror, seguiria a primeira fase "criativa" da revolução. Considerando que os historiadores de tradição "ortodoxa", incluindo os titulares sucessivos da cadeira da história da Revolução Francesa da Sorbonne, como Albert Mathiez, Lefebvre e Albert Soboul, celebravam as conquistas democráticas e igualitárias desse período, a partir da década de 1970, historiadores "revisionistas", como François Furet, vigorosamente têm insistido que 1789 plantou as sementes de um radicalismo autoritário e fundamentalmente destrutivo que eles rejeitavam como uma aberração desnecessária. Os esforços dos militantes revolucionários do ano II para defender a revolução contra seus inimigos internos e externos foram condenados. Muitos aspectos do Terror são certamente odiosos mas, apoiados pela mídia conservadora, alguns historiadores chegaram a apresentá-lo como como o primeiro passo para o terrorismo revolucionário do século XX, representado pelos *gulags* de Stalin. Frequentemente exagerando o número de mortes, eles descreveram a repressão dos movimentos contrarrevolucionários na Vendeia como prenúncio do genocídio efetuado pelos nazistas. Essa abordagem essencialmente a-histórica e de fato histérica, só pode ser entendida como uma característica da política da direita reacionária de nossos tempos. A abordagem ignora a ameaça dos reacionários e de seus partidários estrangeiros daquela época para as realizações de 1789. Apesar de o desafio ao privilégio e de o sentimento de esperança que isso produziu terem, sem dúvida, criado uma dinâmica política poderosa e a tensão social generalizada, a radicalização da revolução foi provocada, acima de tudo, pela ameaça contrarrevolucionária.

O colapso contínuo da autoridade do governo real foi outro fator importante. Luís XVI foi incapaz de oferecer uma liderança eficaz para desafiar os grupos internos da Assembleia Constituinte e isso garantiu que quaisquer iniciativas fossem desenvolvidas fora deste organismo. Esse processo estaria cheio de dificuldades. Inicialmente, quase toda a Assembleia estava comprometida com a monarquia, embora Luís XVI governasse agora não apenas "pela graça de Deus", mas também "de acordo com a lei constitucional do Estado". Continuavam os debates sobre a natureza da monarquia e os respectivos poderes do rei e da Assembleia eleita, ou seja, sobre quem deveria deter o poder. Grupos frouxamente organizados discutiam sobre as formas da nova comunidade política. Uma maioria de políticos socialmente conservadores, tais como Lafayette, Bailly, Sieyès, Talleyrand e Mirabeau – que secretamente recebiam dinheiro do rei – desejavam terminar a revolução por meio da conciliação com o monarca. Cada vez mais, os deputados mais radicais buscavam apoio fora da Assembleia e nas classes populares de Paris. Lá, o nível de mobilização das massas, baixo no início, foi rapidamente transformado em razão das atividades de uma rede de clubes políticos que se reuniam em lugares como os antigos Conventos dos Cordeliers (franciscanos) e dos jacobinos (dominicanos) e por causa da impressão de inúmeros panfletos e jornais (normalmente efêmeros), incluindo o *Ami du people* de Jean-Paul Marat e *Patriote français* de Brissot. Os grupos burgueses, como os *Feuillants*, girondinos e jacobinos, lutavam entre si para ganhar o apoio popular. Inicialmente, isso resultou em uma democratização da política, mas também na escalada e nacionalização do conflito. Os jornalistas em campanha procuraram promover suas causas, bem como expor as maquinações corruptas de seus oponentes. Influenciadas por profissionais e jornalistas que discursavam nos clubes, foram criadas sociedades populares, com filiais nas províncias, que pediam cada vez mais pela ampliação do eleitorado, por referendos e pelo direito de destituir deputados. Os comerciantes da classe média-baixa, os artesãos e os trabalhadores qualificados que formavam parte desses grupos compartilhavam um crescente compromisso com a democracia, desprezo pela moderação da Assembleia Constituinte e suspeita do rei. Isso estava evidente já em 5 de outubro de 1789, quando a multidões, em grande parte compostas de mulheres nervosas com o preço do pão, humilharam o monarca, forçando-o a mudar seu Palácio de Versalhes para as Tulherias em Paris. A Assembleia seguiu o rei. A ação permitiria o exercício de pressão popular contínua sobre o rei e a Assembleia. Estava em andamento um processo de educação política e, de fato, a politização da vida cotidiana na qual as mulheres, mesmo sem direitos políticos formais, eram participantes ativas. O conteúdo e os objetivos da política estavam sofrendo uma transformação.

Rapidamente, tornou-se aparente que, enquanto pôde fazer concessões sob pressão, Luís XVI manteve-se como um participante forçado do processo de reforma política. Provavelmente, ele imaginou que não ocorreria algo mais radical do que o estabelecimento de uma monarquia aristocrática semelhante à britânica. Sua desilusão aumentou. Em 23 de junho de 1791, a família real tentou fugir da França, deixando-lhe um memorando de justificação com queixas sobre as limitações impostas ao direito real de exercício de funções, sobre a capacidade do rei para vetar a legislação, sobre a sua liberdade para conduzir a diplomacia e sobre a crescente influência dos clubes radicais. Para muitos, a conhecida fuga de Varennes (que acabou com o rei preso) finalmente quebrou o feitiço da monarquia. Evidentemente, o rei estava disposto a conspirar não só com os adversários internos da revolução, mas também com emigrados e governantes estrangeiros. Gravuras, tais como "A família de porcos voltou para a mesa", propagavam o desprezo. Um novo pânico varreu as províncias. As guardas nacionais foram mobilizadas para impedir os exércitos invasores e evitar a traição dos aristocratas. Ao mesmo tempo, a determinação de um grande número de deputados para continuar a procurar uma acomodação com o rei desacreditado intensificou a tensão política. Na Assembleia, os moderados, como Antoine Barnave, estavam preocupados em preservar uma monarquia forte por medo de que uma República seria o prenúncio da anarquia. Por outro lado, os radicais, tais como Georges Danton, Camille Desmoulins e Robespierre, faziam campanha para que o rei fosse julgado por traição e perjúrio. Nas ruas, a crescente tensão social também estava evidente. Em 17 de julho uma multidão pacífica, que se reuniu no Campo de Marte para assinar uma petição contra a reabilitação do rei, foi brutalmente dispersada pela Guarda Nacional comandada por Lafayette. Cerca de 50 pessoas morreram. Nessa fase, no entanto, muitos dos antigos liberais passaram a defender um passo radical: o estabelecimento da República. Naquele momento, a Assembleia Constituinte tinha concluído seus trabalhos e deu lugar a uma Assembleia Legislativa com a promulgação da Constituição em 13 de setembro. A monarquia estava completamente desacreditada.

O período de trabalho dessa nova assembleia (1º de outubro de 1791 a 20 de setembro de 1792) foi curto, mas extremamente relevante. Ela testemunhou a abolição da monarquia e a maior radicalização da revolução, em uma situação de guerra, ameaça de contrarrevolução e de desordem popular resultantes da quebra de safra e da inflação. Os membros dessa assembleia eram novatos na política nacional, pois a Assembleia Constituinte, com um humor excepcional e abnegado, havia decidido que seus membros não poderiam ser reeleitos. Havia poucos clérigos e (ex-)nobres, embora a maioria dos deputados viesse da próspera classe média de proprietários e de profissionais com experiência em governos locais. Sem dúvida, uma grande maioria a favor de políticas moderadas. Assim, 250 dos 745 membros uniram-se ao Clube dos *Feuillants**, apenas 136 se juntaram aos jacobinos; dentre os últimos havia futuros girondinos, assim chamados porque muitos de seus líderes pertenciam ao departamento de Gironda, incluindo Pierre Vergniaud, Marguerite-Elie Gaudet, Armand Gensonné e Jean-François Ducos. Apesar de suas diferenças, os deputados estavam esmagadoramente empenhados em defender os princípios de 1789. Por essa razão, mesmo os moderados, como os *patriotas*, acreditavam na urgência e na legitimidade das medidas repressivas contra a nobreza emigrante e o clero que não havia feito o juramento – o partido *aristocrata* –, além disso eram partidários dos jacobinos e não dos mais cautelosos *Feuillants*. Eles também decidiram em conjunto, em 20 de abril de 1792, iniciar operações militares contra os emigrados reunidos nas fronteiras e contra os "déspotas" que os apoiavam. Essa decisão, que, com efeito, forçou uma guerra contra as potências europeias, foi muito influenciada por conflitos políticos internos. O rei aceitou a resolução na esperança de que a revolução seria derrotada e destruída. Lafayette e seus associados acreditavam que o prestígio, derivado de uma bem-sucedida guerra, lhes permitiria esmagar os jacobinos. Brissot e os girondinos, que estavam convencidos de que havia uma conspiração internacional para restaurar o *ancien régime* por meio da invasão e da subversão interna, acreditavam que um exército revolucionário esmagaria seus oponentes e libertaria a Europa. Este sonho atraiu a maioria dos jacobinos, enquanto Robespierre alertava para os perigos da guerra no clube dos jacobinos; ele era uma voz quase solitária e oposta. No evento, a situação militar deteriorou-se rapidamente. O Exército estava enfraquecido por causa da emigração da maioria de seus oficiais. Em julho,

---

* O Clube dos *Feuillants*, também conhecido como os Amigos da Constituição, foi um grupo político fundado no período da Revolução Francesa de tendência monarquista constitucional. (N.T.)

foi necessário declarar a pátria em perigo (*la patrie en danger*). A guerra também causou um impacto decisivo na situação política interna.

Por essa altura, as diferenças entre os deputados que ainda buscavam um compromisso com o rei e os militantes políticos determinados a garantir a vitória a todo custo tornaram-se intransponíveis. Em agosto, logo após a publicação de um manifesto contrarrevolucionário ameaçador do duque de Brunswick – comandante dos exércitos invasores da Prússia e Áustria – cresceu o apoio popular para a tomada de ação contra o rei e contra outros políticos subversivos e corruptos. Um conflito de autoridade surgiu entre a Assembleia, a Comuna de Paris e os clubes radicais assim que a notícia sobre os sucessos militares prussianos na fronteira oriental foi recebida. Assim, aumentava o temor da ocorrência de golpes contrarrevolucionários. Em 9 e 10 de agosto, 25 mil membros das sociedades populares e da agora democratizada Guarda Nacional atacaram o Palácio das Tulherias, massacraram 600 membros da Guarda Suíça do Rei e garantiram a prisão do monarca. Lafayette, que tentou marchar em Paris e restaurar a monarquia constitucional, foi abandonado por suas tropas. Entre 2 e 6 de setembro, a crescente ameaça de invasão e o temor de traição levou ao massacre de 1.400 prisioneiros políticos detidos nas prisões parisienses. Esse foi o anúncio do estabelecimento de uma ditadura revolucionária. A maioria dos membros conservadores da Assembleia Legislativa fugiu, deixando-a sob o controle de uma maioria girondina que, sob constante pressão popular, votou a favor da suspensão das funções do rei e pela convocação de uma Convenção Nacional para preparar uma nova Constituição que, agora que a era dos reis havia finalmente chegado ao fim, garantiria a liberdade e a soberania popular. Ela seria eleita apenas pelo voto dos homens (com exceção dos empregados domésticos, pois considerava-se que eles não possuíam independência), mas novamente com a salvaguarda da eleição indireta. Nas semanas seguintes, os girondinos ordenaram a deportação dos padres refratários, a abolição final dos encargos senhoriais sem compensação e a venda dos bens dos emigrados – medidas que o rei tinha previamente obstruído. No entanto, mesmo entre as pessoas empenhadas com a vitória, surgiram diferenças sobre táticas políticas e militares que levariam os membros de grupos concorrentes a acusar uns aos outros de traição. Apesar dessas medidas aparentemente radicais, os líderes girondinos seriam cada vez mais o alvo de críticas dos radicais parisienses por causa de sua oposição à revolta de 10 de agosto, do destronamento final do rei e da relutância em introduzir controles sobre a disponibilidade de alimentos.

158 | PARTE II – A REVOLUÇÃO DUPLA

IMAGEM 15. Ataque ao Palácio das Tulherias, 10 de agosto de 1792. Pintura de J. Bertaux. Museu Nacional do Palácio de Versalhes. Foto: Giraudon/The Bridgeman Art Library.

A Convenção Nacional governou a França de setembro de 1792 a novembro de 1795. Apenas 700 mil pessoas em um eleitorado potencial de 7 milhões participaram das eleições, refletindo tanto a indiferença popular quanto os limites da politização. Como as assembleias anteriores, ela era composta predominantemente por burgueses ricos. Em 10 de agosto de 1793 foi promulgada uma nova Constituição no primeiro aniversário do ataque a Tulherias. Embora sua introdução tenha sido suspensa por causa da crise militar, a promulgação representou um esforço para obter o apoio popular por meio de uma legislatura unicameral, eleita por sufrágio direto de todos os homens. A assembleia elegeria o Executivo. Além da liberdade proclamada na Declaração de Direitos de 1789, o preâmbulo garantia direito à assistência pública, educação e até mesmo a insurreição para resistir à opressão. Esse foi o documento mais democrático e constitucional do período, mas logo foi ofuscado por amargas divisões, especialmente entre os girondinos e os montanheses (*montagnards*, ou seja, os deputados radicais sentados na parte superior esquerda dos assentos íngremes da assembleia) surgidos do clube jacobino e liderados por eminentes membros da delegação de Paris, a saber, Robespierre, Danton e Marat. Os dois grupos buscavam o apoio da maioria não engajada, a chamada planície. Na ausência de partidos no sentido moderno, os membros desses grupos – muitos deles advogados – mantiveram-se fluidos e baseavam-se nas redes pessoais e nos sentimentos políticos compartilhados, bem como nas antipatias mútuas. As divergências políticas explosivas foram mantidas, mesmo havendo um consenso geral sobre assuntos fundamentais, como a necessidade de garantir a proteção da propriedade privada, a defesa da revolução e a política externa agressiva a fim de levar "fraternidade e assistência" para os povos oprimidos da Europa. Os montanheses estavam convencidos de que seus adversários estavam comprometidos de maneira insuficiente com a luta contra a contrarrevolução e hesitantes em seu apoio para o julgamento e, finalmente, a execução do rei – traidor ou mártir, dependendo da perspectiva – que ocorreu em 21 de janeiro de 1793. Por outro lado, os girondinos suspeitavam de que os montanheses planejavam usar o apoio popular violento a fim de estabelecer a ditadura de Paris sobre as províncias. Conforme a crise militar aprofundava-se na primavera e no verão de 1793, as medidas excepcionais para combater os inimigos internos da República pareciam cada vez mais necessárias. Notícias sobre os contatos de traição entre o general Dumouriez e os austríacos e as manifestações populares que isso provocou em Paris ajudaram a estabelecer o apoio parlamentar para um expurgo dos principais girondinos e para um terror dirigido aos

IMAGEM 16. Execução de Luís XVI, 21 de janeiro de 1793. A ruptura simbólica final com o *ancien régime* e um ato de desafio às cabeças coroadas da Europa. Foto: Coleção Stapleton/The Bridgeman Art Library.

inimigos da nação. Os jacobinos mais radicais conclamaram o "povo" para salvar a revolução da traição dos "ricos".

O esforço militar causou grandes problemas. Exércitos tinham que ser formados, equipados e alimentados. A crise financeira do Estado aprofundou-se. A impressão de mais dinheiro de papel (*assignats*) elevou a inflação. Apesar da colheita razoavelmente boa de 1792, o impacto perturbador da guerra e da inflação causou uma grave escassez de alimentos e agitação generalizada durante o inverno de 1792-1793. O esforço para mobilizar homens e recursos conduziria à dissidência interna. Em parte isso se deveu precisamente ao tamanho que a mobilização geral para a guerra (*levée en masse*) implicava e, quando o fluxo de voluntários patrióticos tornou-se inadequado, passou-se a utilizar o alistamento militar obrigatório. No verão de 1792, já havia 400 mil homens no Exército – a maioria recrutada em 1789 – e no outono de 1793, o Exército contava com mais de 750 mil. A vitória sobre o duque de Brunswick, em Valmy em 20 de setembro de 1792, que salvou a revolução e levou à "libertação" da margem esquerda do Reno, pode ser explicada pelo número de soldados e não por inovações táticas ou pelo compromisso ideológico. A vitória seguinte em Jemappes possibilitou a ocupação da parte austríaca dos Países Baixos (essencialmente, a Bélgica moderna), a qual, quase inevitavelmente, ameaçava os interesses estratégicos e comerciais da Grã-Bretanha e dos Países Baixos e, por isso, levou à guerra com esses poderes, declarada pela Convenção em fevereiro de 1793. A partir daquele mês, no entanto, o que restava do velho Exército real e dos novos batalhões de voluntários foi reunido para constituir uma força de combate mais eficaz. Apesar da emigração maciça dos nobres, os oficiais eram quase sempre soldados profissionais que deviam sua rápida promoção a suas próprias capacidades e à própria revolução.

De forma bastante abrangente, o estabelecimento do sistema de governo conhecido como o Terror determinou as atitudes em relação à revolução dos comentaristas contemporâneos e posteriores. Entretanto, o sistema não deve ser visto apenas como um período de violência sem sentido. Muitas das medidas tomadas podem ser justificadas como respostas às derrotas da primavera de 1793, à nova ameaça de invasão e contrarrevolução e às demandas por uma ação punitiva articuladas pelos clubes parisienses e sociedades populares. O Terror foi concebido como um recurso temporário. Um decreto publicado em outubro de 1793 dizia que o governo da França seria "revolucionário até o estabelecimento da paz". A vontade da Convenção seria cumprida pelos ministros, que informariam aos seus comitês e especialmente ao Comitê de Segurança Pública, uma espécie de gabinete de guerra que exercia o papel de supervisão geral, e ao Comitê de Segurança Geral, responsável pelo policiamento do país. Essas instituições, em grande parte, suplantariam o órgão Legislativo durante o período emergencial. Nas províncias, atuavam por meio de autoridades locais eleitas, os comitês revolucionários e os clubes populares jacobinos. No entanto, os delegados da Convenção – *représentants en mission* – tinham autoridade máxima. Quando necessário, podiam pedir ajuda ao Exército, às Guardas Nacionais ou aos civis armados (*révolutionnaires armées*) que podiam ser encontrados em cerca de um terço dos departamentos. Estes eram compostos por jacobinos urbanos entusiastas, determinados a impor a virtude republicana e o estilo de uma revolução essencialmente urbana sobre uma zona urbana normalmente recalcitrante. Essas evoluções representavam o esforço para reforçar o papel do Estado, após uma breve experiência de descentralização. A moderação era normalmente vista como traição. Na prática, no entanto, a implementação do Terror estava longe de ser sistemática. Os funcionários de Paris mantinham-se dependentes da boa vontade das autoridades locais que, muitas vezes, estavam fortemente engajadas em lutas entre facções e eram indiferentes aos acontecimentos externos ou hostis à crescente interferência dos representantes do Estado em seus negócios. Em muitas comunidades, nada aconteceu. O apoio à radicalização da revolução parece ter sido particularmente difundido em Paris e em outras grandes cidades, nas ameaçadas regiões de fronteira e em partes do Sudoeste e do Centro. Estima-se que ocorreram 17 mil execuções "legais", bem como outras 30 a 40 mil mortes não autorizadas. O assassinato judicial e o massacre dos prisioneiros podem ser explicados, mas nunca justificados. A grande maioria dos que foram mortos eram operários ou camponeses, mas, proporcionalmente, a nobreza foi a que mais sofreu. O impacto do Terror intensificou-se por causa da detenção e aprisionamento generalizados que afetaram cerca de 500 mil pessoas (3% da população adulta), bem como dos rumores que se somavam ao intenso sentimento de ansiedade e de choque até mesmo nas aldeias mais isoladas.

A mobilização militar, a necessidade de alimentar um numeroso exército e a consequente ruptura do sistema de comercialização de alimentos que isso causou, bem como a desordem civil, a inflação e as quebras de safra, adicionaram às outras tensões uma preocupação, normalmente obsessiva, com a subsistência. A diminuição do poder aquisitivo e o desemprego generalizado que isso teria causado de qualquer maneira tornaram-se ainda mais severos em razão da perda dos mercados externos durante a guerra.

As tensões sociais crescentes e os protestos populares em todas as partes, os quais envolviam inúmeros motins em praças de mercado e esforços para interromper o comércio de gêneros alimentícios, ameaçavam desorganizar o provisionamento das cidades. Crescia a hostilidade a um governo que não conseguia garantir o sustento dos pobres. Nessa situação, a Convenção, apesar de favorecer o livre comércio, se viu obrigada a impor, em maio e setembro de 1793, preços máximos para os grãos e tornar a acumulação especulativa um crime capital. Robespierre afirmava que "a existência é o principal direito", assim essas medidas eram apenas um recurso temporário, uma concessão ao esforço de guerra e à pressão dos lojistas, artesãos e trabalhadores de Paris. Estes eram os *sans-culottes*, ou seja, aqueles que usavam calças longas, em vez de calções até os joelhos, e que, por implicação, trabalhavam com as próprias mãos. Na prática, a falta de medidas eficazes em face da má vontade de comerciantes e camponeses atraídos pelos preços do mercado negro, bem como o obstrucionismo de muitos municípios rurais faziam que a aplicação de controles fosse algo extremamente difícil. No entanto, a tentativa de controle em si causou uma agitação considerável e, assim, o governo revolucionário resolveu acabar com o experimento. O terror econômico foi relaxado mesmo antes da queda de Robespierre e a sua abolição final ocorreu em 24 de dezembro de 1794.

Outra manifestação do Terror foi a campanha de descristianização promovida em algumas áreas durante o outono de 1793 e a primavera de 1794. Ela combinou o sentimento antirreligioso intelectual com o anticlericalismo popular, e ganhou maior estímulo quando o clero refratário associou-se com o fanatismo contrarrevolucionário. Suas manifestações incluíam a pressão para que os sacerdotes renunciassem suas funções, a destruição de imagens religiosas e o fechamento das igrejas, a caça aos clérigos dissidentes e, por fim, o esforço para criar um novo e revolucionário culto da razão e do ser supremo, que promoveria a virtude cívica e a regeneração da humanidade. A perspectiva de melhorar a "felicidade" futura foi usada para justificar a extirpação dos seus inimigos. A dessacralização da vida cotidiana também envolveu a introdução de um calendário revolucionário (que aboliu o domingo) para marcar o início de uma nova era. Os resultados foram variados. E dependeram bastante do entusiasmo de particular dos delegados da Convenção (*représentants en mission*). Certamente, a credibilidade da Igreja oficial e constitucional havia sido destruída e o hábito da observância religiosa estava enfraquecido em muitas regiões, especialmente em partes de Paris, na Normandia, no corredor do Ródano e em algumas áreas da

França central, onde a influência da Igreja já era tênue. Em muitos outros lugares, o apoio ao clero foi reforçado, particularmente entre as mulheres, em reação ao ataque às práticas religiosas tradicionais.

Ao tomar essas medidas, a Convenção estava fazendo concessões para as classes populares parisienses, para os trabalhadores e os mestres dos ofícios de Paris que participaram de todas as grandes manifestações desde a queda da Bastilha. A revolução somente prevaleceu por causa da ajuda deles. A eclosão da guerra e a contrarrevolução radicalizaram a liderança revolucionária e reforçaram a sua dependência do apoio das massas. As facções políticas existentes dentro da Convenção podiam apelar aos que estavam fora de seus muros. Entre 31 de maio e 2 de junho de 1793, os representantes dos órgãos do governo local parisiense, das *seções* e do município, fizeram uma petição para que os principais girondinos fossem presos e para a tomada de ações bélicas mais enérgicas. Assim, em 4 e 5 de setembro, quando novas manifestações passaram a exigir a criação de um "governo revolucionário", uma maioria de deputados viu-se obrigada a concordar. Na ausência de uma burocracia estatal substancial ou de um partido monolítico, caso o governo desejasse impor o aprovisionamento de alimentos e a repressão política, ele não tinha outra alternativa senão empregar as sociedades populares locais e as *armées révolutionnaires*, formadas por um grande número de *sans-culottes*, com seus *slogans*: *Guerre aux tirans* (guerra contra os tiranos), *Guerre aux aristocrats* e *Guerre aux accapareurs* (especuladores). Os clubes tinham proliferado e no ano II eles já haviam se espalhado por muitas áreas rurais. Estima-se que existiram de 5 a 8 mil clubes com algo em torno de 500 mil e 1 milhão de membros – ou seja, um em cada doze ou seis homens adultos (mas o número de ativistas regulares deve ter sido menor). Predominantemente, seus líderes ainda eram os profissionais burgueses ou os proprietários de terra, mas, como resultado do desenvolvimento da consciência política popular, havia evidências de certa democratização.

Os *sans-culottes*, e particularmente os mais militantes entre eles, eram um grupo socialmente heterogêneo com interesses diversos, composto principalmente por mestres artesãos, artífices e lojistas – ou seja, os elementos mais ricos e mais alfabetizados das classes populares. Os mais pobres permaneceram indiferentes ou sentiam-se excluídos. Os serralheiros, carpinteiros e marceneiros, sapateiros e alfaiates parecem ter sido os mais ativos. Eles tinham um sentimento de unidade por lealdades do ofício e de vizinhança; e em algumas cidades do interior e nos diversos bairros (*quartiers*) da capital, eles conseguiam organizar as ações políticas por meio de reuniões e manifestações e em Paris pelas reuniões regulares das *sections*. Surgiu uma "língua de exclusão" que condenava, nos termos mais ferozes, todos os suspeitos de serem indiferentes à revolução e acima de tudo o "rico e corrupto" – todos aqueles que parecessem estar explorando os pobres, fossem eles aristocratas, financistas, proprietários de terras, comerciantes ou especuladores em geral. A hostilidade era, em parte, uma forma difusa de antagonismo de classes, mas fazia parte de um conjunto de valores morais igualitários e não de uma ideologia política sistematizada. Era tão obviamente injusto que alguns cidadãos tivessem muitas propriedades, enquanto outros precisassem aguentar a insegurança constante, que alguns consumidores tivessem comida e bebida em abundância enquanto outros, quase nunca. O ideal *sans-culotte* era uma comunidade na qual tudo funcionaria, em que toda família teria *status* e segurança por meio da posse de uma pequena propriedade e em que os ricos seriam privados dos supérfluos em consideração aos pobres. Embora comprometidos com a posse privada da propriedade, eles acreditavam que "a necessidade do povo" deveria impor limites aos direitos absolutos de propriedade. Isso foi simbolizado pela questão do pão, que deveria estar disponível a todos a um preço acessível. Além disso, exigiam o direito de influenciar as decisões de governo, não só por meio de deputados eleitos, que podiam ser destituídos sempre que divergissem de suas instruções, mas também pela petição pública, uma forma de soberania popular que constituía uma ameaça óbvia aos direitos das assembleias eleitas. O povo, portanto, começou a adotar e adaptar os *slogans* e ideais dos grupos políticos envolvidos na luta pelo poder e ameaçava tornar-se uma força política independente. No entanto, em Paris ou nas províncias, os líderes desse movimento não deram muita importância ao desenvolvimento de meios eficazes de coordenar suas ações. Suas atividades permaneceram essencialmente locais.

O principal vínculo entre esse movimento popular e os jacobinos era o compromisso comum em defender a revolução. A ameaça contrarrevolucionária – inicialmente representada pelos nobres emigrados, que, em 1789, se reuniram em Nice, Turim, Lausanne, Mannheim, Coblenz e Bruxelas, buscaram apoio das potências europeias e começaram a organizar redes conspiratória na França – foi substancialmente reforçada pelo crescimento da resistência popular à revolução. Parecia uma "grande conspiração contra a liberdade da França e a futura liberdade da raça humana" (Hérault de Séchelles). Há várias razões para esse desdobramento. Uma das características do movimento e, de fato, sua fraqueza fundamental, era o seu localismo. Na verdade, havia um ressentimento generalizado em relação à ingerência nos assuntos comunais cada vez maior por parte dos novos administradores que, em muitas áreas, possuíam – por meio do Exército, das Guardas Nacionais urbanas e do *exército revolucionário* – um poder coercitivo muito maior do que o do *ancien régime*. Desde 1790, grande parte da população começou a perceber que os sacrifícios pedidos a ela, superavam bastante os ganhos que haviam obtido com a revolução. Além disso, a rejeição ao jacobinismo certamente não implicava necessariamente o apoio à contrarrevolução. Os principais centros de apoio popular à oposição armada seriam caracterizados pela importância da questão religiosa. Os conflitos normalmente refletiam as tensões pré-revolucionárias. Na região do Midi e especialmente nas áreas de Montauban e Nimes, houve uma reação, já na primavera de 1790, contra o crescente papel dos protestantes em assuntos locais. Além disso, os rumores de que os católicos estavam prestes a serem massacrados incentivaram novos sectarismos. Esses movimentos e as tentativas subsequentes de criar um levante dos camponeses de Lozère e Ardecha, em julho de 1792 e no início de 1793, foram sufocados com relativa facilidade. Em outros lugares, o apoio aos clérigos que haviam recusado a Constituição Civil constituiu uma ameaça mais perigosa.

Nas regiões em que a fé era mais intensa, os padres refratários representavam o idealismo religioso de sua comunidade; além disso, exerciam funções importantes e ocupavam um cargo poderoso. Os forasteiros que negassem isso sofreriam uma grande resistência. O ataque ao cristianismo, incluindo o fechamento de igrejas, o iconoclasmo generalizado e a perseguição aos sacerdotes, deve ter representado um choque profundo. Mesmo assim, como uma causa da mobilização contrarrevolucionária, as questões religiosas devem ser consideradas juntamente com a decepção em relação às disposições revolucionárias sobre a propriedade, a hostilidade em relação aos impostos, o alistamento militar obrigatório e a apreensão de gêneros alimentícios e cavalos em troca de um dinheiro de papel cada vez mais desvalorizado. A ânsia dos camponeses por terras era tanta que, mesmo em áreas onde os padres refratários eram apoiados, eles normalmente não hesitavam em adquirir propriedades que haviam pertencido à Igreja. Sempre que o assentamento de terras era favorável aos grupos influentes na comunidade de uma certa vila, eles tendiam a favorecer, ou pelo menos não se opunham, à revolução. Em contrapartida, sempre que se sentiram privados da oportunidade de comprar terras, geralmente por especuladores burgueses de cidades vizinhas, a frustração era intensa, particularmente quando até mesmo a abolição do dízimo não conseguia beneficiar os arrendatários, que o viam reincorporado em seus arrendamentos. O alistamento militar e especialmente o Decreto de 24 de fevereiro de 1793 avivaram as chamas do ressentimento. No Oeste, a violência generalizada ocorreu na primavera e no verão de 1791, evoluindo para uma rebelião em grande escala em 1793 na Vendeia e no Sul de Anjou e, em menor grau em partes da Bretanha e da Normandia. Isso durou até 1796 e, de forma intermitente, até 1799 e além. Nos quatro departamentos da Vendeia *militaire*, estima-se que cerca de 170 mil pessoas perderam suas vidas em consequência da guerra de guerrilha e da repressão brutal, embora até mesmo essas estatísticas possam ter subestimado o impacto dos esforços militares, frequentemente indiscriminados, para acabar com os insurgentes da zona rural e com todos aqueles que poderiam prestar-lhes socorro. Os militares também sofreram pesadas baixas nesses conflitos domésticos. A violência, portanto, foi uma característica primária da contrarrevolução e do Terror. O perigo maior estava nas áreas em que os artesãos e camponeses rurais haviam aceitado a liderança de nobres com experiência militar. Esse relacionamento costumava ser bastante tenso. Mesmo onde artesãos e camponeses lutavam aparentemente pela mesma causa dos nobres, isso certamente não significava que eles favoreciam a total restauração do *ancien régime*.

O perigo à revolução foi exacerbado pelo "federalismo". Muitos moderados acreditavam que uma minoria de deputados, apoiados pelo movimento popular de Paris, usurparia os direitos dos representantes eleitos da nação. Um alarmismo generalizado foi causado pela democratização do governo local e o surgimento de um jacobinismo popular "extremista", juntamente com a ameaça do que isso representava às relações sociais estabelecidas. Assim, na primavera de 1793, surgiu um movimento de resistência ao Terror. Ele atraiu os realistas liberais, mas envolvia principalmente os republicanos socialmente conservadores de cidades tais como Bordéus, Lyon, Marselha, Nimes, Montpellier, Toulon e Caen. Nessas cidades, os líderes da alta classe média desejavam defender a liberdade, a ordem e a propriedade contra a ameaça de anarquia que estava implícita nas propostas de uma lei agrária, isto é, a redistribuição de terras e o arrecadamento de empréstimos forçados dos "ricos". Em um momento em que os eventos em Vendeia bem como a guerra externa exigiam muitos recursos militares, essa nova ameaça para a sobrevivência da República foi considerada pelos jacobinos como uma forma particularmente hedionda de traição. Quando, desesperados, os federalistas de Lyon e Marselha nomearam monarquistas para comandar seus exércitos e os de Toulon pediram ajuda aos britânicos e lhes entregaram grande parte da frota francesa, eles claramente se expuseram à possibilidade de retaliações brutais.

Em agosto de 1793, as atividades de realistas e federalistas afetavam cerca de 20 departamentos. A escassez de tropas mostrava que o governo central havia perdido o controle de grandes áreas. No entanto, a República sobreviveria. O esforço militar descoordenado dos federalistas foi derrotado com relativa facilidade. A Vendeia, capaz de mobilizar cerca de 30 mil homens, representava um problema maior, mas foi vencida no final do ano. Era muito difícil acabar totalmente com as atividades contínuas da guerrilha – o *chouannerie* em partes da Vendeia, Bretanha e Normandia –, pois os ativistas podiam beneficiar-se do conhecimento local, da topografia que os protegia e de uma comunidade de apoio. Tais atividades apenas intensificavam o ciclo vicioso cada vez maior de massacres e represálias, criando um ódio duradouro.

Enquanto a revolução parecesse ameaçada, o sentimento primário de unidade de seus defensores sobreviveria. No outono e inverno de 1793, o sucesso militar contra os inimigos externos e internos fez que o sentimento de unidade fosse quebrado. As lutas entre as facções intensificaram-se. A partir do início do outono de 1793, Danton e seus associados fizeram pressão para que o Terror fosse amenizado. Em contraste, Jacques Hébert apelava por sua intensificação. Robespierre e seus partidários isolaram politicamente esses dois grupos e guilhotinaram seus líderes em março/abril de 1794. O Comitê de Segurança Pública também estava determinado a restaurar a autoridade governamental na capital, e controlar o movimento popular que exercia sobre ele uma constante pressão radicalizante. Isso se tornou mais fácil com a incorporação de muitos militantes à burocracia e ao Exército. Os outros estavam muito assustados, desiludidos ou cansados para continuar seu envolvimento político. A perda da espontaneidade foi provavelmente inevitável. Entre janeiro e abril de 1794, a liderança e a organização do movimento popular parisiense foram destruídas. Os militantes *sans-culottes* sobreviventes ainda tentaram recorrer à força para defender sua concepção de democracia popular, mas o movimento foi rapidamente sufocado. Com seu sucesso, no entanto, os jacobinos isolaram a si mesmos do apoio das massas que os havia levado ao poder no verão de 1793. Além disso, a maioria dos membros da Convenção havia aceitado o Terror apenas como um recurso temporário. As vitórias militares de junho

CAPÍTULO 4 – REVOLUÇÃO E IMPÉRIO | 169

IMAGEM 17. Início da República conservadora, Termidor, ano II (28 de julho de 1794). As tropas leais à Convenção chegam ao Hôtel-de-Ville em Paris para prender Robespierre. Gravura por I. S. Helman, de uma pintura de C. Monnet. Biblioteca Nacional, Salão de Gravuras. Foto: Giraudon/The Bridgeman Art Library.

e julho de 1794 – vencidas por causa de um general ato superior formado por oficiais promovidos por mérito próprio, pela grande quantidade de combatentes e por causa das divisões entre os aliados – acabaram com a ameaça iminente de invasão e fizeram que o terrorismo revolucionário fosse muito menos tolerável. A maioria dos deputados considerava cada vez mais abominável a aparente determinação de Robespierre em transformar o Terror em uma forma permanente de governo e um meio de criar uma nova ordem moral. Eles também contestaram a execução de seus próprios partidários, em especial a de Danton. Quem poderia se sentir seguro? O Comitê de Segurança Pública estava dividido ao longo de linhas pessoais e políticas. Quando, em 26 de julho de 1794, Robespierre denunciou Joseph Cambon, Jacques-Nicolas Billaud e outros da Convenção, eles se defenderam vigorosamente e atraíram um grande apoio. No dia seguinte, a Assembleia votou a prisão de Robespierre e de seus associados, assegurando a eles uma rápida execução. Embora servissem como bons bodes expiatórios, a própria Convenção cairia no mesmo descrédito. Após essa reafirmação dos poderes soberanos do Parlamento, os comitês viram seus poderes sofrerem restrições. Os homens suspeitos de serem jacobinos e *sans-culottes* foram energicamente retirados da administração e da Guarda Nacional; as sociedades populares foram reprimidas ou fechadas. Os presos políticos foram libertados e os girondinos sobreviventes e deputados federalistas recuperaram seus cargos. Esses eventos do mês de Termidor, ano II no calendário revolucionário, marcaram o início da transição para um regime mais conservador.

A República conservadora

Eis o cenário dessa época: miséria extrema e generalizada com a pior crise de subsistência desde 1709 por causa da pobreza da colheita de 1794 e do inverno rigoroso de 1794-1795. As revoltas populares ocorridas em Paris em 1º de abril e de 20 a 23 de maio de 1795, induzidas, acima de tudo, pelo desejo desesperado de reduzir os preços do pão, mas empregando o *slogan* "Pão e Constituição de 93", foram facilmente sufocadas pelo Exército e pela Guarda Nacional dos bairros mais abastados da zona oeste da capital. Isso marcou o fim dos *sans-culottes* como um movimento político importante pelos próximos cerca de 35 anos. Em 23 de agosto, foi decretado o fechamento dos clubes políticos e sociedades populares que ainda estivessem em atividade. O frio, a fome e a repressão já haviam cobrado seu preço. Os julgamentos arbitrários efetuados por tribunais militares eram cada vez mais empregados contra os dissidentes. A conspiração seguinte para tomar o poder, liderada por François-Noël Babeuf – que era defensor da abolição da propriedade privada – acabou prematuramente com sua prisão em maio de 1796 e funcionou como mais uma desculpa para a detenção de suspeitos. A Convenção podia agora terminar sua tarefa e preparar outra constituição. A constituição democrática do verão de 1793, adotada mas nunca implementada, parecia perigosamente igualitária. Em contraste, a constituição do ano III estabeleceu a eleição de um Legislativo bicameral composto pelo Conselho dos Anciãos e pelo Conselho dos Quinhentos. As eleições seriam indiretas. O eleitorado de cerca 6 milhões de pessoas (apenas 20% delas sentiram-se motivadas a votar) elegeria os 30 mil delegados das assembleias eleitorais departamentais e estes, por fim, selecionariam os deputados do Legislativo. Os deputados deveriam ser homens ricos cuja elegibilidade dependia do pagamento de impostos equivalentes ao salário de 100 a 200 dias de trabalho. Mas o sufrágio masculino passou a ser visto como uma receita para a anarquia ou o despotismo. Além disso, como salvaguarda contra uma possível vitória monarquista nas eleições, estipulou-se que dois terços dos deputados dos Conselhos deveriam ser membros da Convenção. Foi mantido o compromisso com a igualdade perante a lei e o direito à propriedade estava firmemente garantido, mas a constituição foi omissa sobre os direitos defendidos anteriormente pelos jacobinos, a saber, o direito ao trabalho, à assistência e à educação elementar. Esses temas eram responsabilidade do indivíduo e não do Estado. Com efeito, o fim dos controles econômicos associados ao Terror parecia confirmar a indiferença do regime com o sofrimento popular. O poder Executivo foi conferido a um Diretório formado por cinco membros, todos eles regicidas, embora, a fim de evitar uma repetição da ditadura recém-terminada, os deputados estivessem determinados a impor uma rigorosa separação de poderes.

Esse regime precisou manter-se constantemente alerta às ameaças da esquerda jacobina e da direita monarquista, e buscou desesperadamente por uma base social e política própria. O perigo implícito nessa busca pelo equilíbrio tornou-se rapidamente evidente. O ressentimento por a Convenção ter mantido o seu próprio poder levou a uma manifestação monarquista em Paris, em 5 de outubro de 1795, forçando o regime a buscar apoio da esquerda. A atitude serviu apenas para alienar seu eleitorado natural, a saber, os notáveis moderados. Em qualquer caso, a aliança com a esquerda não seria mais que uma manobra tática de curta duração. Ainda que a ameaça monarquista tenha, em diversas ocasiões, promovido esforços para chegar à unidade republicana, o medo (nos círculos governamentais) de que isso pudesse encorajar o renascimento da aliança entre os jacobinos e as classes populares sempre levou à repressão. Da mesma forma, as aberturas para a direita, como é o caso do Decreto de 21 de fevereiro de 1795, que estabeleceu a liberdade de consciência em questões religiosas, também possuíam muitas restrições. Isso impedia que fossem realmente exitosas. Certamente, a ameaça monarquista parecia muito real. Ela estava diariamente visível nas roupas, nas afetações e na arrogância da *jeunesse dorée* (juventude dourada) de Paris. Manifestava-se na insurreição contínua da região Oeste, sufocada pelo general Hoche na primavera de 1795, quando varreu a zona rural por meio da força militar de 100 mil homens em diversas infantarias independentes. Nas comunidades do vale do Ródano e em todo o Sudeste, os excessos de antigos militantes jacobinos, denunciados como "terroristas" e "bebedores de sangue", estavam vingados. Eles passaram a sofrer intimidações, eram levados ao ostracismo e, não raro, assassinados. 1795 foi o ano mais sangrento desse Terror Branco, que continuou pelo menos até 1802 e representava tanto a vingança como a reafirmação da hierarquia social. O expurgo dos simpatizantes do jacobinismo da administração e o colapso generalizado do governo local em face da deserção, da fuga da convocação militar e da bandidagem deixaram os antigos militantes cruelmente expostos. A atividade política dos monarquistas também estava evidente. Apesar da intransigência inepta da demanda feita pelo irmão do rei anterior, o conde de Provença, na Declaração de Verona, de 24 de junho de 1795, a favor da restauração da "antiga Constituição", as eleições seguintes revelaram um apoio considerável aos monarquistas pelo eleitorado rico. Tanto foi assim que em 4 de setembro de 1797 – o chamado golpe de Estado de 18 Frutidor, ano V – o Diretório sentiu-se obrigado a anular o resultado das eleições em mais da metade dos departamentos, a reativar a legislação contra emigrados e sacerdotes e envolver-se em um novo expurgo dentro da administração. A constituição havia sido violada.

Os regimes conhecidos como Termidoriano e Diretorial eram malvistos. Devemos, no entanto, levar em conta a gravidade dos problemas que eles enfrentaram. O fim do Terror não acabou com os problemas causados pelas guerras civil e externa, nem pelas quebras de safra. Embora o Diretório tenha feito progressos no sentido de acabar com a instabilidade financeira causada pela depreciação generalizada dos *assignats*, os repetidos expurgos efetuados na burocracia e no Parlamento enfraqueceram a autoridade do governo central, que ficava cada vez mais isolado. Somente conseguiu sobreviver por causa das habilidades de homens como o visconde de Barras e Lazare Carnot e, especialmente, porque seus adversários eram fracos e estavam divididos. No entanto, os perigos eram óbvios, já que, em seu próprio isolamento e em meio a guerras, o governo era forçado a depender cada vez mais do apoio do exército. Lyon e Marselha, bem como áreas importantes da zona rural, foram obrigadas a submeter-se à lei marcial. As vitórias militares – que levaram à anexação dos Países Baixos e da Renânia e à criação de Repúblicas "irmãs" na Itália – mantiveram a maior parte do Exército fora da França. Nos territórios conquistados, os soldados viviam da terra e adotavam uma política sistemática de saques que aliviou as dificuldades financeiras do regime. Além disso, os oficiais superiores do Exército se opunham tanto à restauração monárquica, que ameaçaria seu próprio estatuto, quanto à volta dos jacobinos, que tentariam restabelecer o controle civil sobre as suas atividades. Ameaçadoramente, no entanto, as tentativas para controlar os generais eram muitas vezes rejeitadas com desprezo. O Exército revolucionário transformava-se em uma força cada vez mais profissional, divorciada da sociedade civil.

O CONSULADO E O IMPÉRIO

No final da década de 1790 a República, personificada por seus políticos briguentos, estava desacreditada. Havia um desejo generalizado, mesmo entre os deputados, por um governo forte, capaz de realmente assegurar a ordem social, respeitar a liberdade individual e a igualdade perante a Lei – ou seja, as principais conquistas de 1789. Não havia muito acordo sobre como atingir esses objetivos. Vários grupos, no entanto, buscavam o apoio de algum general influente. Esse papel foi oferecido a Jean-Baptiste Bernadotte, Barthélemy Joubert, Victor Moreau e depois Bonaparte. Para Sieyès e sua facção, assustados com a renovação neojacobina do Diretório em junho de 1799, Bonaparte tinha virtudes óbvias. Além de seu talento como um soldado, ele possuía contatos úteis nas elites intelectuais e políticas e, por ser brilhante em fazer propaganda de si mesmo, ele era popular tanto no Exército quanto entre os civis. Após abandonar seu exército no Egito, o jovem herói da guerra na Itália retornou à França a tempo de participar da conspiração. Usando o pretexto da existência de um golpe jacobino, o Legislativo foi persuadido a transferir-se para Saint-Cloud, nos arredores de Paris, e uma vez lá, no 18 Brumário, em 1799, foi cercado por tropas e pressionado a estabelecer um Consulado composto por Sieyès, Ducos e Bonaparte. O golpe foi planejado como um meio de afirmar a autoridade de Sieyès e seus partidários, mas rapidamente se tornou evidente que o poder verdadeiro estava nas mãos de Bonaparte, o homem que tinha o apoio militar. A constituição do ano VIII (1799) estabeleceu sua nomeação como Primeiro Cônsul por dez anos, dando-lhe várias funções do poder Executivo. Embora o sufrágio masculino também tenha sido reconhecido, a democracia – assim como no período anterior – era mantida a distância por meio de um complexo processo de eleições indiretas. A seleção dos deputados para a Assembleia Legislativa (*Corps législatif*) era feita pelos membros do Senado, e este último era escolhido por cooptação. Além disso, a imprensa e a atividade política eram constantemente reprimidas. Como forma de legitimar os acordos, foi organizado um plebiscito com resultados cuidadosamente fabricados. A participação popular na política, que já estava mortalmente enfraquecida, foi finalmente destruída. Bonaparte deve seu poder ao Exército mas, seu regime, embora fosse certamente autoritário, não seria transformado em uma ditadura militar. A supremacia da administração civil seria preservada, mesmo que grande parte de sua energia fosse absorvida pela incessante tarefa de fornecer os meios para a guerra.

O problema imediato era a imposição da autoridade governamental a um país atormentado pelo banditismo generalizado e pelo desinteresse político, um país onde os administradores locais tinham perdido a confiança. Buscou-se impor a ordem e criar o apoio de todos ao novo regime por meio de uma combinação de ação militar contra os insurgentes monarquistas no Sul e no Oeste, juntamente com concessões para que os católicos realizassem cultos aos domingos e uma anistia generosa tanto aos monarquistas quanto aos jacobinos. Depois disso, foram tomadas medidas que aumentariam de forma permanente a eficácia da administração e representariam mais uma importante etapa da criação de um Estado centralizado – um *état bureaucratique*. Uma lei de 7 de fevereiro de 1800 estabeleceu o sistema de prefeituras. O princípio revolucionário da eleição dos funcionários locais foi substituído pela imposição vinda dos níveis superiores e pela criação de uma estrutura hierárquica cujos funcionários, como os representantes do Estado em cada departamento, teriam *status* e salários elevados. Significativamente, 40% dos 281 prefeitos nomeados entre 1800 e 1814 eram nobres do *antigo regime*. Embora essas medidas tenham aumentado a capacidade da administração central para implementar as políticas do governo nas províncias, devemos lembrar que o número relativamente pequeno de funcionários bem como a pobreza das comunicações garantiam a continuidade da cooperação das elites locais, particularmente daqueles selecionados para servir como prefeito em uma das 40 mil comunas. Grande parte das informações estatísticas, recolhidas de forma tão assídua pelos funcionários de Napoleão em um esforço para avaliar a mão de obra e os recursos econômicos do país, era definitivamente de veracidade duvidosa.

Apesar de sua própria ignorância em questões administrativas e financeiras e suas ausências frequentes, Bonaparte mostrou-se imensamente vigoroso e disposto a aceitar as propostas de reformas dos administradores experientes, tais como Charles-François Lebrun e Charles Gaudin, este último – como ministro das Finanças – era ex-colaborador de Necker. A confiança financeira seria restaurada por meio da arrecadação mais eficiente de impostos (Lei de 24 de novembro de 1799) e o estabelecimento de um banco central. Antes do estabelecimento do Consulado, também houve um progresso considerável na preparação de novos códigos legais. Pela primeira vez, eles ofereceram à França um sistema legal uniforme, confirmando os princípios básicos da liberdade pessoal e da igualdade jurídica estabelecidos em 1789. Ao mesmo tempo, foram reforçados os princípios conservadores associados à família patriarcal e ao regramento da transmissão da propriedade privada. Após a destruição da sociedade de ordens, a propriedade tornou-se, de fato, a fonte essencial do *status* social. Além disso, como uma forma de conciliar as elites coloniais e mercantis, foram alocados recursos consideráveis para o restabelecimento da escravidão nas colônias, que tinha sido abolida no ano II.

O prestígio do regime recebeu maior ímpeto por uma série de vitórias militares, que resultaram na Paz de Lunéville (8 de fevereiro de 1801, a qual restaurou o domínio francês sobre o norte da Itália e a margem esquerda do Reno) e no Tratado de Amiens (25 de março de 1802) com a Grã-Bretanha. No longo prazo, nem a Áustria nem a Grã-Bretanha conseguiriam tolerar a perspectiva de um França hegemônica. Mais imediatamente, no entanto, a paz liberou as tropas para serem utilizadas na repressão interna. Assim, Bonaparte foi capaz de conjugar tais fatos para tomar novas iniciativas conciliatórias. Em abril de 1802, foi oferecida uma anistia a todos os emigrados, exceto mil, que fizessem um juramento de lealdade e aceitassem o assentamento de terra da revolução. Além disso, houve a negociação de uma Concordata com o papa que foi, por fim, publicada na Páscoa de 1802. Ela representou a apreciação cínica de Bonaparte do valor da religião como meio de controle social. Ela também fez que os católicos aceitassem mais facilmente o seu governo e enfraqueceu a causa monárquica. Embora aceitasse a preeminência do catolicismo como a religião da maioria da população, o acordo também reconheceu o princípio da tolerância religiosa. Apesar de ter aceitado a liderança espiritual do papa, a Concordata juntamente com seus artigos orgânicos, que eram necessários para aplicar as suas disposições (sobre os quais o papa não foi sequer consultado), previa o extenso e ressentido controle estatal sobre o clero e, mais uma vez, exigia que ele aceitasse a submissão às autoridades estabelecidas. Não obstante, ela foi saudada como portadora do fim do período de conflitos violentos entre a Igreja e o Estado que havia ameaçado a existência da religião estabelecida. O urgente trabalho da reconstrução religiosa poderia começar. Nem mesmo a subsequente ocupação dos Estados Pontifícios por Napoleão nem sua excomunhão pelo papa conseguiram acabar com esse novo consenso interno.

Em 6 de maio de 1802, em gratidão pelas realizações de Bonaparte, o Senado propôs a prorrogação de sua autoridade por mais dez anos; em vez disso, o *Conseil d'État* (Conselho de Estado) sugeriu um plebiscito para saber se a nação desejava estabelecê-lo como cônsul vitalício com o direito para indicar seu sucessor. Dessa maneira, os órgãos Legislativos, compostos por proprietários ricos que raramente eram consultados, mas repetidamente purgados até que ficassem eminentemente compostos por adeptos do regime – e destinatários de seu patrocínio – deram o poder a Bonaparte como forma de evitar as incertezas das eleições e do governo parlamentar. Após anos de repressão, a população estava indiferente. As pessoas que serviam o regime, em resposta a uma série de conspirações monarquistas de assassinatos, também tentaram aumentar a sua segurança pelo estabelecimento do Império hereditário em 18 de maio de 1804 – sancionado por um segundo e mais duvidoso plebiscito. Embora tenha produzido pouco efeito real sobre as instituições do governo, o valor do restabelecimento da monarquia foi simbólico e sinalizava o fim da era revolucionária. Seria um regime autoritário dedicado à preservação do *status quo* social, semelhante à República conservadora que o precedeu. A opinião pública era manipulada por meio da censura e da autoexaltação imperial. Os adversários passaram a enfrentar as prisões arbitrárias ou ações repressivas da guarda imperial ou do Exército.

Os objetivos essenciais de Napoleão ainda eram o estabelecimento de um governo eficaz, o reforço da ordem social, a garantia da predominância francesa, militar e política na Europa e o estabelecimento seguro de sua dinastia. Haveria a construção de uma nova hierarquia social, com base no serviço ao Estado e formalizada, no topo, pela etiqueta e pelo luxo do

Palácio das Tulherias. Vindos das ricas famílias burguesas e nobres, seus futuros membros estudariam nos liceus (*lycées* – Lei de 1º de maio de 1802) sob forte supervisão estatal. Suas realizações iriam ser reconhecidas com a adesão à Legião de Honra (maio de 1802) e à nobreza imperial (1808). Homens de diversas origens sociais seriam atraídos pelas perspectivas oferecidas pelo Império estendido. Os nobres do *ancien régime* contabilizariam 22% dos 3.263 novos nobres, sendo que 20% deles viriam das classes populares e 58% da burguesia. Adicionalmente, 59% teria um passado militar. Os objetivos comuns seriam úteis para reduzir a desunião política. Embora a maioria dos membros da velha nobreza tenha, a princípio, permanecido inativa, com o passar do tempo, quase todas as famílias já tinham representantes na administração civil ou entre os oficiais militares. Os sucessos do regime e a sensação de permanência fizeram que muitos superassem seu desdém inicial em relação ao "usurpador". Assim como no *ancien régime*, a burguesia continuava a ver os cargos públicos como o principal meio para subir na hierarquia social. Muitos republicanos, agradecidos pelo

IMAGEM 18. A Batalha de Austerlitz, 2 de dezembro de 1805, confirmou a predominância militar francesa, após a ocupação de Viena, um fato reconhecido no Tratado de Pressbourg. A força austro-russa foi derrotada: 37 mil mortos e 30 mil prisioneiros; 8 mil soldados franceses perderam suas vidas. Gravura de J. L. Rugendas II. © Paris – Museu do Exército, Dist. RMN-Grand Palais.

restabelecimento da ordem social, também calcularam que Bonaparte era um mal menor, já que a alternativa seria a restauração da família Bourbon.

Conforme a administração ficava mais eficaz, o regime tornava-se mais ditatorial. As instituições representativas estavam sendo amplamente ignoradas. No topo, crescia a intolerância do imperador com a dissidência. Isso levou à substituição de ministros capazes, como Jean-Antoine Chaptal, Talleyrand e Joseph Fouché, e deixou o regime cada vez mais dependente da vontade e da capacidade de um ditador que parecia acreditar mais e mais na imagem idealizada do "herói", do "homem do destino" – com o apoio entusiástico de artistas e escritores – ele esforçou-se tanto para construir. Como resultado, a tomada de decisão ficou menos racional. No curto prazo de paz religiosa, a ordem social, a prosperidade material e a aparentemente interminável lista de vitórias militares protegiam o regime contra a dissidência. Os trabalhadores cuja idade, responsabilidades familiares e sorte lhes permitiam escapar do serviço militar lucraram com o tamanho reduzido da força de trabalho e com o aumento dos salários. Os consumidores urbanos e a maioria da população rural beneficiaram-se

IMAGEM 19. A distribuição da Europa entre os irmãos de Napoleão. Gravura de J. Gauthier. Museu Carnavalet.
© Roger-Viollet/TopFoto.

com a série de boas colheitas de 1802 a 1809 – um episódio da sempre frágil prosperidade a qual o regime, inevitavelmente, reivindicou o crédito.

Esse período foi interrompido pela péssima safra de 1810 e pela deterioração da situação militar. Em grande medida, essa época representou apenas a recuperação das perdas do período revolucionário. Apesar de podermos identificar exemplos localizados de inovação e crescimento, mais notavelmente nas indústrias têxtil e metalúrgica de Paris, Rouen, Lille e áreas de Mulhouse, que foram protegidas pela guerra dos rigores integrais da concorrência britânica, a tecnologia francesa estava cada vez mais atrasada em relação a sua rival.

A guerra perpétua, a falta de comprometimento e a intensidade da luta levariam ao colapso do império. A despeito de sua pose de pacificador, o esforço determinado de Napoleão para conseguir impor uma hegemonia política francesa na Europa, juntamente com a retirada desenfreada de homens, dinheiro e mantimentos de aliados e antigos inimigos por uma força de ocupação, muitas vezes brutal, estava prestes a provocar resistência. A situação foi agravada pelos esforços para estabelecer a França como o poder econômico dominante por meio do Bloqueio Continental (1806), destinado a enfraquecer a Grã-Bretanha e excluir suas mercadorias do continente para que, posteriormente, pudesse servir como fonte de matérias-primas e mercado para as manufaturas francesas.

Apesar de suas pretensões monárquicas, o imperador foi percebido pelos aliados como a personificação da política externa agressiva e revolucionária. Além disso, a falta de metas de longo prazo, diferentes da dominação total, faria que Napoleão fracassasse. A reorganização do Exército entre 1800 e 1804, sua genialidade tática e o menosprezo pela vida humana lhe dariam apenas uma vantagem temporária. Mesmo com as notáveis vitórias durante a campanha de Austerlitz e em Jena e Auerstadt, os seus adversários – repetidamente derrotados – aprenderam suas lições da maneira mais difícil. A Guerra Peninsular (1808-1814) foi um sério sorvedouro de recursos. A invasão da Rússia em 1812 – empreendida apesar dos conselhos ao contrário e inspirada pela determinação em punir o czar por ter-se retirado do sistema continental – revelou-se catastrófica. Com a retirada dos exércitos, perderam-se as vantagens numéricas oferecidas pelo tamanho da população em idade militar na França e em seus territórios anexados; e os custos da guerra, em termos tanto de homens como de dinheiro, aumentaram com a diminuição da capacidade para fazer que os derrotados pagassem. A oposição política cresceu. Mas é difícil avaliar sua força. Em geral, os relatórios administrativos diziam ao imperador e a seus ministros o que eles queriam ouvir e, repetidamente, salientavam a lealdade do povo e o grande amor que tinham por seu governante. Havia, no entanto, três elementos principais de antagonismo: republicanos, monarquistas e os mais perigosos de todos – os cansados da guerra. Na sequência da repressão anterior e de uma nova onda de detenções em 1801, as oposições republicanas e a popular eram apenas verbais, não passavam de gritos anônimos de "Fora [*A bas*] Bonaparte" e debates privados entre grupos de velhos jacobinos. A vigilância policial combinada com ocasionais perseguições criava uma atmosfera de medo e encorajava a moderação. Os monarquistas, dentre os quais os mais conhecidos eram os Cavaleiros da Fé (*Chevaliers de la Foi* [1809]), eram os mais ativos, responsáveis por tramas de assassinato e criação de redes clandestinas ligadas aos emigrados e aos britânicos. Na alta sociedade, o desprezo pelo regime era frequentemente expressado na privacidade do lar. Muitos daqueles que haviam se reagrupado e exerciam algum cargo, faziam-no de forma condicional e somente enquanto não houvesse alternativa. Mesmo no Exército, generais como Bernadotte, Moreau e Jean-Charles Pichegru vinham há muito tempo questionando os motivos de um homem que estava sempre pronto para abandonar as suas tropas, primeiro no Egito em 1799 e, em seguida, em 1812, na Rússia, e que, além disso, parecia submeter o Exército a exigências excessivas em favor de sua glória pessoal.

O cansaço da guerra aumentou rapidamente com o fracasso da aventura russa e durante as campanhas defensivas de 1813-1814. O bloqueio britânico intensificou a crise comercial causada pelas quebras de safra de 1811 e 1812. Ao descontentamento e à miséria do povo somou-se um inverno extremamente rigoroso. O peso da tributação, gerada principalmente por meio de impostos de consumo, caía de forma desproporcional sobre os pobres. Os aumentos dos impostos de 1809 foram mais difíceis de suportar. Aumentou o número de pessoas que fugiam do alistamento militar, o qual havia sido um problema muito menor durante a República ou o diretório, por causa do policiamento mais eficaz e do prestígio desses regimes. Em qualquer caso, as pessoas com mais recursos contratavam substitutos. É interessante notar também que entre 1800 e 1814 o alistamento tomou apenas 7% da população total, um valor bastante elevado, mas não quando o comparamos com os 20% mobilizados entre 1914 e 1919. No final de 1813, os aliados cruzaram o rio Reno, no entanto, e o duque de Wellington estava avançando pela região do Midi. Em dezembro, até mesmo o normalmente dócil Legislativo votou (por 229 a 31) a favor da paz com base nas "fronteiras naturais" da França (essencialmente aquelas de 1792). O resultado foi o adiamento da sessão. As baixas do Exército eram cada vez maiores e o moral das tropas cada vez mais baixo, assim, conforme os conscritos fugiam para as colinas, ressurgia o banditismo, juntamente com a guerrilha endêmica no Oeste. Em muitas partes da França central, a chamada às armas pelo longínquo governo em Paris para defender a nação parecia algo ameaçadoramente irrelevante para a vida cotidiana. Isso, juntamente com transtornos generalizados da subsistência e do desemprego, contribuiu para o colapso da Lei e da ordem, particularmente nas zonas rurais ainda mal policiadas. A derrota e os conflitos internos também ameaçavam a lealdade condicional das classes proprietárias, a qual se fundamentava na promessa de segurança e prosperidade. Em 31 de março de 1814, apesar de uma campanha defensiva muitas vezes brilhante, os aliados entraram em Paris; nos dias 2 e 3 de abril o Senado e o Legislativo votaram pela destituição do imperador. Em 6 de abril, seus próprios marechais obrigaram-no a abdicar em Fontainebleau. Esse colapso representou a retirada de apoio dos notáveis. Em grande parte, as massas permaneceram indiferentes ao processo. Ao ser questionado sobre a reação das massas sobre seu desaparecimento, Napoleão respondeu da seguinte forma: *On dira "Ouf"*! (Dirão "ufa"!)

A nova Constituição foi preparada pelo Senado, um organismo composto por dignitários imperiais, funcionários e proprietários de terras, muitos deles antigos membros das velhas legislaturas revolucionárias. As propostas que surgiram, as bases para uma nova Carta Constitucional, eram muito semelhantes à constituição de 1791; previam uma monarquia constitucional, em que o rei teria bastante poder como chefe do Executivo, e incorporavam os outros ganhos cruciais de 1789, incluindo a igualdade perante a Lei e a liberdade de religião e de imprensa. As propostas garantiam até mesmo os assentamentos de terra da revolução. A câmara baixa do Parlamento foi eleita por um eleitorado bastante restrito, garantindo que somente os ricos – aqueles que "realmente" eram relevantes na sociedade – dividiriam o poder político. Sob pressão dos aliados e para garantir a restauração da monarquia legítima, o ex-conde de Provença, que, após a morte do filho de Luís XVI na prisão em 1795, havia adotado o título de Luís XVIII, e apesar de rejeitar as três cores como símbolo da nação, sentiu-se obrigado a aceitar o compromisso. A carta foi proclamada em 4 de junho.

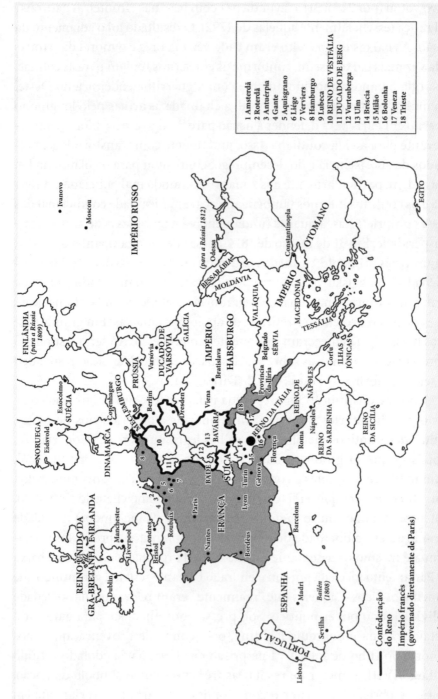

MAPA 9. Apogeu do Império, 1812. (Fonte: GILDEA, R. *Barricades and Borders: Europe 1800-1914*. Oxford University Press, 1987.)

CAPÍTULO 4 – REVOLUÇÃO E IMPÉRIO | 183

IMAGEM 20. Travessia de Berezina, 25 a 29 de novembro de 1812: um momento crucial na desastrosa retirada de Moscou. Litografia por V. Adam. Biblioteca Nacional, Salão de Gravuras. Foto: Giraudon/The Bridgeman Art Library.

Foi preciso apenas um bom grau de incompetência por parte da monarquia restaurada e de seus partidários para que Bonaparte se tornasse popular novamente. O imperador deposto foi capaz de tirar proveito de sua popularidade no Exército e do ressentimento generalizado despertado pela inescapável necessidade de redução do tamanho da administração e do Exército em uma França que estava limitada às suas antigas fronteiras e que apenas precisava de um corpo militar para os tempos de paz – um processo usado pelo governo real –, além disso, para expurgar os possíveis desleais, premiar seus próprios partidários e oferecer cargos importantes ao pessoal de confiança. Isso parecia o prenúncio de uma contrarrevolução muito mais profunda. Na zona rural, havia rumores generalizados sobre a reintegração de posse de suas terras aos antigos emigrados e a retomada dos impostos feudais e dos dízimos.

O retorno de Napoleão de seu exílio na ilha de Elba – 1º de março de 1815 – e a rápida fuga de Luís XVIII para Ghent parecem ter reanimado o sentimento nacionalista radical contra a nobreza e o clero – um neojacobinismo que, juntamente com a perspectiva de uma nova guerra, causou grande ansiedade entre os proprietários "respeitáveis" de propriedades. Em um esforço para conquistá-los, Napoleão realmente se sentiu obrigado a prometer a criação de um regime constitucional, parlamentar, em um "Ato Adicional" – similar em muitos aspectos à carta de Luís XVIII.

Contudo, o apoio ao retorno do imperador estava longe de ser universal. Ele era mais incondicional no Norte e no Leste, em áreas que haviam sofrido depredações consideráveis como resultado da invasão aliada. Em outros lugares, a resposta era, muitas vezes, a indiferença ou a oposição ativa, por exemplo, naquelas regiões costeiras que esperavam pela renovação do bloqueio britânico, especialmente as regiões do Sul e do Oeste, nas quais ocorreu oposição popular mais intensa às políticas religiosas da revolução e posteriormente à conscrição. Essas regiões testemunharam represálias brutais contra os simpatizantes bonapartistas quando Waterloo levou essa nova aventura – os Cem Dias de Napoleão – a um clímax sangrento. Em 22 de junho de 1815, a derrota esmagadora forçou o imperador a abdicar por uma segunda e última vez. Agora, foi enviado para uma prisão no meio do Atlântico, a uma distância segura, na ilha de Santa Helena. Ali, ele iria empregar sua energia na construção de um mito bonapartista que justificasse suas ações e, como veremos, politicamente potente.

O colapso total do imperialismo napoleônico não foi capaz de persuadir aqueles que continuavam a admirar as conquistas do imperador, nem as gerações de historiadores populares que ainda prestam suas homenagens no santuário imperial, a refletir suficientemente sobre os perigos implícitos à ditadura de um indivíduo extremamente egoísta, obcecado com os conceitos militares de sacrifício, honra e glória. Na verdade, o resultado final de suas campanhas sangrentas poderia sugerir que a história militar francesa não deve ser caracterizada por seus gloriosos triunfos, mas pela frequência dos fracassos catastróficos.

Conclusão

O encerramento do longo período de conflitos, iniciado em 1789, não significa o fim das turbulências políticas na França. O período napoleônico da revolução destruiu antigos marcos históricos e afetou profundamente a maneira de pensar em política. Princípios liberais e democráticos foram estabelecidos e a soberania da nação foi reconhecida. Aboliu-se a monarquia e executaram-se um rei e uma rainha. A Igreja e a aristocracia sofreram ataques constantes. Foram estabelecidos precedentes e feitas alianças que passariam para as gerações futuras. Os medos e as aspirações geradas criaram pautas para o século seguinte. Em parte isso ocorreu em razão da entrada das massas na arena política. A emergência que levou ao Terror politizou a população, mesmo que de forma incompleta. Até mesmo a polícia mais bem organizada não conseguiria mais reverter inteiramente esse quadro. A experiência também polarizou opinião política, a favor ou contra a revolução.

Nos últimos anos virou moda – e não apenas entre os historiadores "revisionistas" politicamente conservadores – diminuir a importância da revolução (e por implicação das revoluções), ao tentar reduzi-la ao *status* de um epifenômeno passageiro – a revolução como continuidade –, com efeitos duradouros raros e negativos. Há certamente boas razões para que se mantenham esses argumentos. As estruturas pré-industriais da economia francesa mantiveram-se inalteradas, com a predominância da agricultura de baixa produtividade, sistemas de transporte lentos e caros, redes comerciais fragmentadas e fabricação artesanal. O preço da revolução e da guerra foi alto. Os processos graduais de mudança, representados pela crescente comercialização e aumento da produtividade, já evidente no século anterior, foram abrandados em vez de estimulados.

Em termos sociais, também parece correto salientar as continuidades entre o período pré-revolucionário e o início do século XIX. A estrutura da elite foi a mais drasticamente afetada pela revolução e pelo império. Mas o declínio da sociedade de ordens já vinha ocorrendo bem antes da revolução. A abolição dos privilégios da nobreza e o reconhecimento da igualdade civil confirmaram e concluíram o processo. Embora as transferências de terra tenham reduzido o poder econômico e social da nobreza e da Igreja, a principal consequência delas foi a consolidação de padrões fundiários já existentes e da posição dos ricos, entre os quais a nobreza ainda se destacava, e dos cultivadores camponeses. Ao notarmos que em uma sociedade primordialmente agrária, em que a riqueza necessária para financiar o estilo de vida adequado e proporcionar a educação que permitisse o acesso às profissões ou aos cargos políticos provinha principalmente da terra, segue-se que a elite social, mesmo se ampliássemos essa classe de *notáveis* pela inclusão de muitos não nobres, ainda mantinha muitas das suas características pré-revolucionárias. É certo que os anos pós-1789 ofereceram oportunidades para mobilidade social ascendente, particularmente por meio dos serviços para o Estado e da especulação sobre o valor da terra e aprovisionamento militar, mas as aspirações dos novos homens estavam definidas por modelos estabelecidos pelos velhos. A revolução, além disso, criou um sentimento intenso de insegurança. O conflito político e a concorrência pelo poder marcaram as elites com divisões amargas, bem como despertaram as aspirações mais ou menos claramente formuladas de outros grupos.

Criou-se uma nova cultura política e novas instituições foram estabelecidas, as quais, centradas na ideia dos direitos do homem, afetariam profundamente e de forma positiva as maneiras de concebermos as relações sociais. Assim, embora seja importante rejeitar a noção exagerada da revolução como "motor essencial da história" no sentido marxista, não devemos ignorar os impactos dos levantes políticos. Demorariam gerações para repassar os tópicos estabelecidos pela agenda revolucionária, e o esforço para fazê-lo marcaria profundamente o século seguinte, enquanto isso os defensores do movimento (*mouvement*) para completar a revolução entrarão em confronto com os partidários da resistência (*résistance*) a maiores mudanças.

CAPÍTULO 4 – REVOLUÇÃO E IMPÉRIO | 187

IMAGEM 21. Início da industrialização: mina de carvão perto de Liège. Note o uso de um motor a vapor para drenagem, e a multidão ansiosa reunida após a notícia de um acidente, em 29 de fevereiro de 1812. Museu Carnavalet. Foto: Giraudon/The Bridgeman Art Library.

capítulo 5

O SÉCULO XIX:
CONTINUIDADE E MUDANÇA

A restauração da monarquia Bourbon na pessoa de Luís XVIII, irmão do rei executado em 1793, estava longe de representar um retorno ao *status quo* pré-revolucionário. Os ganhos de 1789 – a monarquia constitucional, o governo representativo e a igualdade perante a Lei – foram reconhecidos na Carta concedida pelo rei para a nação. Em muitos aspectos, os tópicos da agenda para o debate político do próximo século tinham sido estabelecidos durante os longos anos de conflitos internos e guerras externas entre 1789 e 1815. A mobilização contínua criou uma nova cultura política. Aqueles que passaram diretamente pelos eventos transmitiram fortes hábitos mentais para seus filhos. Uma vasta gama de opções políticas emergiu, incluindo o monarquismo católico reacionário, o compromisso com os princípios liberais de 1789, igualitarismo dos *sans-culottes*, nacionalismo jacobino e o bonapartismo. Cada uma delas representava a aceitação de referências e imagens da revolução altamente seletivas (a declaração dos direitos do homem, a execução do rei, o domínio de Robespierre, de Bonaparte e assim por diante); isso significava sistemas de valores fundamentalmente diferentes que se consolidavam em "partidos políticos" (que só existirão como organismos no século XX), em torno dos quais era possível mobilizar apoios mais amplos a fim de reafirmar ou desafiar a legitimidade das instituições existentes. Ao longo do tempo, essas ideias foram submetidas a reinterpretações frequentes e mais ou menos conscientes como resposta aos impactos dos processos políticos e das mudanças socioeconômicas já em curso durante o final do velho século. A cronologia das mudanças socioeconômicas e políticas foi muito diferente. Assim, a história do século XIX precisa ser analisada no contexto de duas revoluções: a industrial e a política.

Economia e sociedade

Revolução e guerra distorceram os padrões de crescimento anteriores. O bloqueio marítimo destruiu grande parte do próspero comércio extenso, enquanto as indústrias prosperaram ao contribuírem com o esforço militar ou porque seus mercados foram ampliados com as alterações de fronteiras. Dentro dos limites reduzidos de 1815, foram retomados os padrões pré-revolucionários de crescimento. O crescimento da população e a urbanização estimularam a comercialização da agricultura. A produtividade aumentou gradualmente com a propagação do cultivo mais intensivo dos sistemas agrícolas mistos. Em relação à manufatura, a produção artesanal desenvolveu-se pelo aumento do número de trabalhadores empregados na cidade e no campo, bem como os esforços para aumentar a produtividade por meio da maior especialização. Em muitos aspectos, no entanto, as estruturas econômicas e sociais do *antigo regime* ainda estavam presentes: repetidas crises que refletiam os baixos níveis de produtividade; grande aumento dos preços dos alimentos como consequência das quebras de safra; e miséria generalizada, resultando em um declínio na demanda por produtos manufaturados. Os primórdios de uma mudança estrutural e da industrialização moderna também estavam evidentes, ambas estimuladas pelo aumento dos níveis da demanda, causada pelo crescimento demográfico, por um lento aumento da renda *per capita* e pelo impacto do desenvolvimento tecnológico ligado ao fornecimento de produtos agrícolas e manufaturados. Ocorreu uma série de inovações, inicialmente graduais, que afetaram principalmente a produção de têxteis, a metalurgia e a engenharia. A partir da década de 1840, o ritmo da mudança acelerou, estimulado pela redução substancial no custo do transporte de mercadorias e pessoas por trem e pelo aumento da difusão das informações como resultado da alfabetização, do desenvolvimento da mídia e da difusão do telégrafo elétrico. Uma característica marcante desses desenvolvimentos foi a adoção do vapor como uma fonte relativamente barata, flexível e abundante de energia. A civilização baseada em madeira e água estava em transição. As principais fontes de calor e energia passavam a ser o carvão e a máquina a vapor. Essa transformação pode ser comparada às mudanças provocadas pela revolução da tecnologia da informação em nosso próprio tempo.

Além disso, o crescimento do século XIX foi diferente dos séculos anteriores, pois foi constante, acumulativo e resultou em importantes mudanças estruturais na economia e na sociedade. Uma característica relevante foi o aumento substancial da produção *per capita*, conforme mostra a TABELA 2.

As estatísticas devem ser tratadas com cautela, mas elas podem ser vistas como indicadores de tendências gerais. Não há nenhuma explicação simples para essas mudanças econômicas. Em uma mistura de admiração e horror, a Grã-Bretanha oferecia um modelo para o futuro. Junto com a ameaça da concorrência, o desejo de imitar o país ofereceu um importante estímulo para a mudança, embora ela tenha sido enfraquecida pelos altos níveis de proteção aduaneira introduzidos em 1816. No entanto, a mudança econômica na França precisa ser explicada em grande parte pelo contexto específico do país, em relação às condições geográficas especiais, às estruturas de mercado e ao fornecimento e custo dos fatores de produção.

TABELA 2. Renda nacional a preços constantes (1905-1913 – francos).

Anos	Renda nacional total (milhões de francos)	Renda nacional *per capita* (francos)
1825-1834	10.606	325,6
1835-1844	13.061	380,5
1845-1854	15.866	443
1855-1864	19.097	510,9
1865-1874	22.327	602
1875-1884	24.272	644,2
1885-1894	26.713	696,6
1895-1904	30.965	794,7
1905-1913	34.711	876,4

Crescimento constante significa a quebra do ciclo vicioso que, em uma sociedade tradicional, resulta em baixos rendimentos reais devidos à baixa produtividade *per capita*, causada por baixos níveis de investimento em bens de capital que, por sua vez, são consequências dos baixos níveis de demanda devidos à baixa renda real. O problema foi intensificado pela tendência de aceleração do crescimento demográfico nas fases iniciais do desenvolvimento. Nesse momento, a expansão industrial e a oferta de oportunidades de emprego fora do setor agrícola ainda estavam lentas. Assim, a renda *per capita* e todo o ciclo de crescimento econômico dependiam do aumento da produtividade agrícola, a qual alimentaria a população e forneceria recursos para a indústria. Seria necessário um longo período de forte demanda para incentivar a inovação econômica. A forma dessa inovação deveria ser determinada pela variedade de técnicas disponíveis e pela capacidade dos potenciais inovadores para fazer uso delas; esta última seria determinada pela disponibilidade de capital e da mão de obra com as competências adequadas. A rápida aceitação das novas técnicas dependia da facilidade de serem instaladas nos sistemas produtivos já existentes, dependia também de seu baixo custo de capital e da maior possibilidade de serem financiadas por meio do investimento próprio. Com efeito, a modernização não envolvia a substituição da "tradição" pela "modernidade", mas a interpenetração dos vários atributos de ambas. Além disso, é preciso considerá-la no contexto dos sistemas econômicos locais e regionais estabelecidos.

A estrutura da demanda foi decisivamente transformada pela inovação nos transportes, que aumentou o tamanho dos mercados potenciais e reduziu o custo do transporte de mercadorias. Sem dúvida, houve progresso antes da construção da rede ferroviária, como resultado de investimentos em estradas e vias navegáveis. No entanto, o alto custo e a lentidão do movimento ainda eram grandes obstáculos ao desenvolvimento de um mercado mais unificado e um grande desincentivo ao aumento da produção. Antes do desenvolvimento da rede ferroviária, com exceção das regiões próximas ao mar ou de vias navegáveis, os elevados custos do transporte não permitiam que se saísse de um sistema econômico baseado na produção em pequena escala para a demanda local. As comparações são instrutivas. A Grã-Bretanha, um país muito menor, possuía as vantagens do sistema de transportes marítimo e fluvial, que facilitou o estabelecimento de um mercado integrado. A França, mais semelhante à Alemanha em termos de território, utilizaria a ferrovia para garantir a grande transformação das estruturas de mercado. A construção de ferrovias, além disso, criou uma forte demanda por produtos tecnológicos de alta qualidade, incluindo locomotivas, material rodante ferroviário, trilhos e materiais de construção. Foi preciso levantar quantidades enormes de capital e criar complexas organizações burocráticas para gerir o funcionamento seguro e rentável dos trens. As primeiras linhas importantes, de Paris a Orléans e Rouen, foram abertas em 1843. O prosseguimento da construção foi lento e interrompido pela longa crise de meados do século. No final de 1847, apenas 1.830 quilômetros de trilhos estavam operacionais. Em 1870, a rede ferroviária contava com 20 mil quilômetros e em 1914, 40.770 quilômetros, juntamente com mais de 7 mil quilômetros de trilhos de bitola curta e de bondes elétricos. Embora o volume das mercadorias transportadas por estradas e por vias navegáveis tenha aumentado lentamente até atingir 2,9 e 3,8 bilhões de quilômetros/tonelada em 1905-1914, o volume por via férrea chegou aos 21 bilhões. O estabelecimento de uma rede viável, especialmente durante a década de 1850, juntamente com melhores ligações rodoviárias para as estações ferroviárias, transformou as práticas comerciais. A criação de mercados maiores e mais competitivos intensificou a pressão por inovações em toda a economia. As mudanças no transporte também afetaram profundamente as estruturas espaciais da atividade econômica. Foi reforçada a importância das cidades como polos de crescimento, atraindo empresas, capital, trabalho e mercados para os produtos agrícolas e industriais. Entre as cidades, surgiu uma hierarquia funcional mais claramente definida. As novas formas de transporte também favoreceram as áreas mais desenvolvidas de planície e vale, com sua maior produtividade, renda e potencial de investimentos. Assim, surgiu uma economia "dupla", pois os investimentos concentravam-se nas regiões mais dinâmicas. Os setores mais "modernos" e mais "tradicionais" não estavam isolados uns dos outros, mas eram distintos em termos de tamanho e da quantidade de capital necessários para produção. Na agricultura, as fazendas capitalistas mais voltadas para o mercado eram bem diferentes das fazendas dos camponeses, orientadas para a satisfação das necessidades da família.

Os fatores básicos que influenciavam a demanda por produtos agrícolas eram o crescimento da população e o consumo *per capita*. O que era evidente há muito tempo, conforme mostrado no MAPA 10. A maior produtividade estava concentrada nas áreas, especialmente no Norte, com solos superiores e acesso a mercados. Ao longo dos séculos, as grandes fazendas desenvolveram-se com maiores densidades de gado, mais força de tração e estrume, equipamentos melhores e sistemas de rotação mais complexos. No entanto, antes da revolução das comunicações, em uma sociedade predominantemente rural com baixa renda, a dieta e os padrões da demanda mudavam de forma muito lenta. As repetidas crises de subsistência eram evidências da fragilidade desse sistema de abastecimento de alimentos baseado naquilo que, apesar da melhoria, ainda era uma agricultura de baixa produtividade, e em um sistema de vendas fragmentado. As economias agrícolas tradicionais, portanto, baseavam-se em delicados equilíbrios internos. Outras plantações precisavam ser integradas para facilitar a divisão de trabalho durante todo o ano agrícola. Em um sistema policultural, a produção variada tinha grande importância. Plantações com diferentes ciclos vegetativos ofereciam uma garantia contra a quebra de umas das colheitas por causa do mau tempo. Embora não estivesse ausente, a inovação dependia normalmente da confiança quase absoluta de que a substituição de um elemento no sistema de culturas não perturbaria o equilíbrio do todo. Preocupados sobretudo com a subsistência familiar, os camponeses que dominavam grande parte da agricultura francesa exigiam provas empíricas do valor da inovação antes de começarem a utilizá-la. Não estavam preocupados com a rentabilidade, mas com a redução dos riscos.

Inovação ocorria normalmente por meio de uma lenta acumulação de experiências, em geral iniciadas pelos maiores agricultores, que possuíam uma suficiente quantidade de terras e capital para assumir riscos. No entanto, e apesar da dificuldade de acesso aos mercados, nem mesmo as famílias camponesas mais tradicionais conseguiam isolar-se inteiramente das considerações comerciais. Era necessário que todas as famílias cultivassem uma colheita para a venda ou então vendessem sua mão de obra, trabalhassem no setor rural ou recorressem à migração temporária. Era necessário fazer o que fosse possível para reforçar a segurança e para obter recursos monetários vitais para o pagamento de impostos ou compra de necessidades que não eram produzidas localmente ou economizar para realizar o sonho de todo o camponês, isto é, adquirir mais terras. Na parte inicial do século, no entanto, os agricultores mantiveram-se empenhados na produção de cereais. A melhoria das comunicações passou a garantir a existência da oferta de alimentos; somente após esse momento as pessoas começaram a sentir-se suficientemente confiantes para especializar-se na produção de grãos naturalmente mais adaptados ao solo, respondendo melhor às demandas crescentes dos mercados urbanos por carne, produtos lácteos, frutas e vinhos.

A melhoria do acesso aos mercados por meio da construção da rede ferroviária primária ocorreu entre 1840 e 1870. Em seguida, as malhas secundárias e as ligações rodoviárias incentivaram o aumento da produtividade e da comercialização. A prosperidade veio com o aumento da produção combinada com os preços elevados e crescentes. No último terço do século, no entanto, o estímulo proporcionado pela criação de mercados nacionais e internacionais mais integrados como consequência da revolu-

CAPÍTULO 5 – O SÉCULO XIX | 195

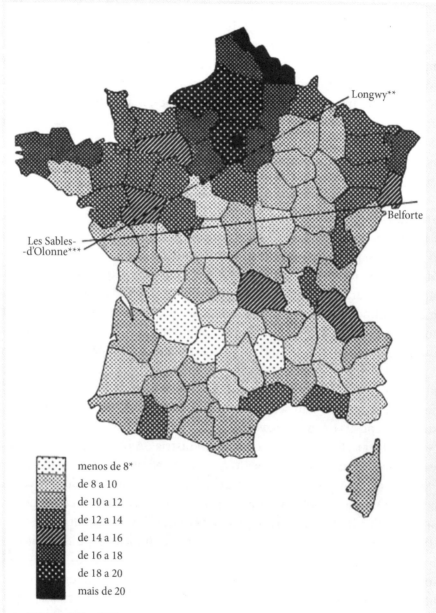

* Valores em hl/ha. (N.E.)
** *Longwy* é uma comuna francesa na região administrativa de Lorena, no departamento de Meurthe-et--Moselle. (N.T.)
*** *Les Sables-d'Olonne* é uma subprefeitura do departamento de Vendeia. (N.T.)

MAPA 10. França, desenvolvida e subdesenvolvida, I: produção de trigo em 1840. (Fonte: PRICE, R. *An economic history of Modern France, c.* 1730-1914. Macmillan, 1981.)

ção nas comunicações e, desde 1859-1860, das reduções da proteção tarifária resultou em excedentes na produção, especialmente de trigo e vinho. A queda dos preços juntou-se com o aumento dos custos da produção e o impacto devastador da filoxera nas vinhas, causando uma grave crise e o declínio de produtividade. A reintrodução de altos níveis de proteção tarifária limitou a concorrência das importações, mas reduziu ainda mais a motivação para inovar. A recuperação iniciou-se em meados da década de 1890, mas foi hesitante e limitada. Assim, em muitos aspectos, às vésperas da Primeira Guerra Mundial, a agricultura francesa ainda era arcaica. Isso estava particularmente evidente na sobrevivência de um grande número de pequenas fazendas camponesas e nas regiões que permaneciam relativamente isoladas, onde as condições naturais não eram favoráveis à criação de uma agricultura moderna. Apesar das limitações impostas às mudanças, no entanto, o período que se inicia na década de 1840 – durante o qual o contexto operacional dos agricultores foi transformado – foi de extrema importância para a evolução a longo prazo da agricultura francesa. O período testemunhou o fim das antigas crises de subsistência. Ocorreram mais inovações nesse espaço de três ou quatro décadas do que nos muitos séculos anteriores. Isso marcou uma ruptura decisiva com o passado.

Com base em comparações internacionais, os comerciantes e os agricultores franceses foram costumeiramente acusados de falta de iniciativa. Mas essa abordagem tem seus limites. Ela não leva em conta as diferentes estruturas sociais e econômicas que desembocam em distintas, mas igualmente racionais, formas de crescimento industrial. As estimativas das taxas de crescimento industrial do século XIX são bastante variadas (entre 1,8% e 2,9% ao ano). A produção, no entanto, parece ter aumentado seis vezes em 1913. O período entre 1815 e 1846 foi caracterizado pelo crescimento lento e regular, interrompido por pequenas flutuações. O período entre 1846 e 1851 presenciou grandes crises políticas e econômicas, seguidas por um rápido crescimento entre 1852 e 1857; 1858 e 1859 foram anos de depressão, sucedidos pelo lento crescimento entre 1860 e 1882, interrompido pela guerra e pela crise política em 1870. Outro longo período de depressão, que ocorreu entre 1882 e 1896, terminou com o início da prosperidade, a qual foi interrompida apenas pela Primeira Guerra Mundial. No geral, a industrialização, que envolveu mudanças fundamentais na estrutura da economia e da produtividade, representou uma resposta às alterações nas condições de mercado e às novas oportunidades e pressões competitivas. Um conjunto de fatores, incluindo o tamanho da demanda por algum produto, o custo comparativo do trabalho e do maquinário e a disponibilidade de capital, influenciou a mudança tecnológica em determinados setores industriais; o desenvolvimento, em grande parte, seguiu a utilização fragmentada das inovações para atender a circunstâncias particulares de diferentes regiões em momentos distintos.

Dessa forma, não houve nenhuma mudança brusca na estrutura da indústria francesa. Inicialmente, a pobreza das comunicações assegurou a sobrevivência de um mercado descentralizado e a dispersão da produção conforme ia sendo feita pelos artesãos e distribuída pelos comerciantes para as regiões internas geograficamente limitadas. Os elevados custos do transporte protegiam as produções ineficientes e de alto custo. O método mais óbvio para responder ao aumento da demanda era apenas produzir mais, porém da mesma forma. Essa solução não era necessariamente perversa ou preguiçosa, mas representava um modo inteligente de utilizar os recursos existentes. Ela foi incentivada pela disponibilidade de mão de obra barata e pela contínua fragmentação do mercado até pelo menos a década de 1850. A estrutura da demanda era complicada. Ela não dependia apenas do tamanho da população e de sua renda *per capita*, mas também de um grande volume de decisões sobre gastos e gostos pessoais.

Além disso, o aumento da demanda ainda estava contido pelo crescimento relativamente lento da população francesa, pela sobrevivência do agricultor camponês e pelo lento desenvolvimento urbano. Enquanto uma economia de baixos salários reduzia os custos dos empregadores, ela também restringia o poder de compra e aumentava a tensão social. A situação deteriorou-se mais ainda durante os períodos de queda dos preços da agricultura. Ao longo do século, grande parte da renda total resultava dos aluguéis, juros e dividendos e, além disso, havia restrições impostas sobre o aumento dos rendimentos advindos dos salários; tais medidas ajudavam a manter a demanda burguesa e altamente individualizada por produtos de luxo e dificultavam o desenvolvimento da produção em massa. Em certa medida, as exportações compensavam as limitações da demanda interna. Após as catástrofes das guerras imperiais revolucionárias, no entanto, aumentaram as exportações de produtos que não competiam com a produção da indústria britânica – ou seja, particularmente nos mercados de bens de alta qualidade, como sedas e *articles de Paris*, tradicionalmente produzidos em pequena escala e bastante vulneráveis às recessões do comércio.

Assim que os novos equipamentos eram introduzidos, eles eram utilizados por 50 anos ou mais, apesar de sofrerem modificações ocasionais.

198 | PARTE II – A REVOLUÇÃO DUPLA

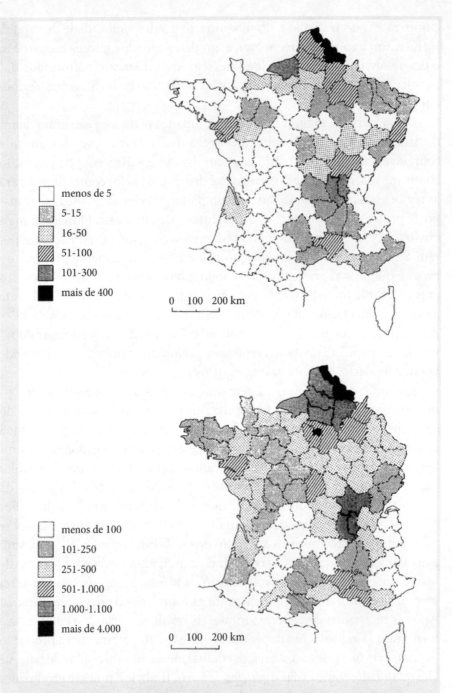

MAPA 11. França, desenvolvida e subdesenvolvida, II: o motor a vapor como índice de industrialização (valor por departamento em 1841 e em 1878). (Fonte: DUPEUX, G. et al. *Atlas historique de la France contemporaine*. Armand Colin, 1966.)

As grandes exceções foram a construção de estabelecimentos metalúrgicos integrados em larga escala e o desenvolvimento da rede ferroviária. As mudanças tecnológicas nesses dois setores tiveram efeitos fundamentais em toda a economia, por meio do fornecimento de grandes quantidades de ferro e aço e da disponibilidade de um meio de transporte a granel de baixo custo.

O ritmo das mudanças acelerou-se como resultado da melhoria das comunicações, da integração dos mercados e da transição das comunidades relativamente fechadas para comunidades mais abertas. A demanda por mercadorias, como ferramentas de ferro e vestuário de algodão, aumentou com o crescimento dos rendimentos agrícolas e, especialmente, com a redução do custo de produção. Esses aspectos trouxeram efeitos vitais em termos da criação de grandes mercados homogêneos e altos níveis de demanda para produtos padronizados. A crescente predominância da fábrica sobre as formas artesanais de produção e da economia industrial sobre a agricultura tornava-se cada vez mais evidente. Surgiram polos de crescimento em Paris, Lyon, Lille, Rouen, Mulhouse e Marselha – cidades bem posicionadas em termos de acesso a fontes de matérias-primas, trabalho e capital e, por via fluvial e ferroviária, aos mercados potenciais. Para muitos pequenos produtores, a disseminação dos métodos de produção dependentes do capital anunciava um período de crise e declínio. Estima-se que a taxa de crescimento da indústria altamente mecanizada entre 1835 e 1844 e 1855 e 1864, por exemplo, tenha sido duas vezes maior que a taxa da indústria como um todo. Em 20 anos, sua participação na produção industrial total aumentou de um quarto para mais de um terço. Em um mercado cada vez mais competitivo, as pequenas empresas estavam em desvantagem por sua incapacidade de desfrutar da produção em massa, por estarem pouco ligadas às redes comerciais, pelas margens de lucro baixas e pelo acesso limitado ao crédito externo, o que dificultava a inovação e as deixou vulneráveis às flutuações econômicas de curto prazo. Elas sobreviveram em grande parte por meio do trabalho duro e por sua maior especialização. O alargamento dos mercados e a crescente complexidade e custo da tecnologia favoreceram as grandes empresas e o capitalismo gerencial emergente, bem como, no final do século, a aplicação da ciência à produção e o advento de uma "Segunda" Revolução Industrial, que se caracterizam pelo desenvolvimento da eletrometalurgia e da indústria química em larga escala e, posteriormente, pelo surgimento do motor de combustão interna e do automóvel.

TABELA 3. Aumento demográfico (1750-1911).

Ano	População (milhões)	Ano	População (milhões)
1750	21	1861	37,4*
1801	27,3	1872	36,1*
1821	30,5	1881	37,7
1831	32,6	1891	38,3
1841	34,2	1901	38,9
1851	35,8	1911	39,6

* Afetados por mudanças territoriais.

O crescimento do setor de serviços foi outra característica importante da modernização econômica, envolvendo o desenvolvimento simultâneo de redes de comunicações, comerciais e financeiras. As estruturas e os hábitos transformavam-se conforme o volume de bens produzidos e comercializados multiplicava-se. As feiras tradicionais começavam a desaparecer. Conforme a escala de produção aumentava junto com os níveis de investimento, os fabricantes adotavam atitudes menos passivas em relação a seus mercados. Eles começaram a prospecção de novos clientes – o viajante comercial aparece na década de 1820 – e a fazer propaganda de seus produtos. O crescimento da imprensa de grande circulação foi fundamental a esse respeito. Com o crescimento dos rendimentos, o comércio de varejo também foi transformado pelo estabelecimento de lojas de departamento, cadeias de lojas e, especialmente, de lojas de esquina. Catálogos para compras por correspondência eram distribuídos às comunidades mais isoladas. No final do século havia-se criado uma sociedade de consumo em massa.

Em todos esses aspectos a economia pré-industrial, que sobreviveu até meados do século XIX, foi transformada, e no processo ocorreu uma grande revolução social. A renovação das estruturas econômicas tornou possível a ocorrência de melhorias na nutrição, nas condições de vida e nas aspirações sociais, cujos efeitos podiam ser observados pelo declínio das taxas de natalidade e mortalidade. Além disso, as cidades estavam quase substituindo as aldeias como o principal local de residência. A França distinguir-se-ia dentre as nações industrializadas do século XIX, no entanto, por sua transição relativamente precoce a um regime demográfico "moderno" e por sua baixa taxa de crescimento demográfico. A prática do controle de natalidade, essencialmente por meio do coito interrompido, havia se espalhado desde o século XVIII e, mais rapidamente, graças aos levantes revolucionários que haviam desafiado as normas de comportamento estabelecidas. Na década de 1830, com a queda da taxa de natalidade abaixo de 30 mil, a contracepção já era um fenômeno de massa, embora possuísse grandes variações regionais e sociais. Essas tendências demográficas causaram efeitos complexos na oferta de trabalho e na demanda por bens, mas também garantiram que, em comparação com os países subdesenvolvidos contemporâneos, a pressão demográfica sobre os recursos fosse muito menos intensa. No entanto, a grande redução do número de homens disponíveis para o serviço militar iria despertar crescente preocupação.

No período compreendido entre 1815 e 1914, podem ser identificadas três grandes fases da evolução demográfica. A primeira, de cerca de 1815 a cerca de 1848, foi caracterizada pela mudança lenta. Em muitas regiões, o crescimento demográfico aumentou a pressão sobre os recursos e manteve os padrões de alimentação em níveis baixos. Esse foi essencialmente um período de continuidade da segunda metade do século XVIII com altas taxas (embora em declínio) de natalidade e mortalidade. Isso culminou em uma intensa crise econômica, social e política entre 1846 e 1851. O segundo período, que corresponde mais ou menos ao segundo império, caracterizou-se pela industrialização acelerada, a revolução dos transportes, rápido crescimento urbano e o aumento da migração do campo para as cidades. Certamente, os padrões de vida pareciam melhores, apesar do estancamento da tendência anterior de declínio da taxa de natalidade. O terceiro período, que vai de cerca de 1871 a 1914, presenciou um novo declínio da taxa de natalidade, a qual causou impactos nos níveis globais da população, parcialmente compensados pela redução da mortalidade, particularmente da taxa de mortalidade infantil, pois as condições de vida melhoravam com o desenvolvimento econômico. Durante esses anos, a migração do campo tornou-se muito mais intensa. A urbanização foi acompanhada pela transformação das cidades – que mantinham características quase medievais – em centros urbanos reconhecidamente modernos. Esse desenvolvimento foi complexo; suas características e escala de crescimento dependiam de estruturas socioeconômicas preexistentes, que estavam longe de ser homogêneas, bem como das características da mudança econômica regional. Apesar de sublinharmos a importância da urbanização, também é importante lembrarmos de sua lentidão relativa em comparação com outras partes da Europa Ocidental. O período da revolução e do império foi de estagnação e a taxa de crescimento das cidades na primeira metade do século XIX foi provavelmente mais baixa do que durante a maior parte do século XVIII. Não obstante, 25,5% da população estava classificada como urbana em 1851, e esse número chegou a 44,2% em 1911.

O desenvolvimento mais notável foi o crescimento de Paris como um espaço dinâmico e social. Em 1851, 3% da população francesa vivia na capital e em seus subúrbios; em 1911, esse valor atingiu 10%. A estrutura econômica da cidade tornava-se cada vez mais complexa. Nas primeiras décadas do século, havia o predomínio das formas artesanais de produção. Posteriormente, desenvolveu-se a indústria pesada, particularmente a de infraestrutura e produtos químicos, na periferia das zonas Norte e Leste, enquanto a zona central da cidade – embora ainda abrigasse vários ofícios artesanais – mostrava-se cada vez mais atraente para o desenvolvimento de empresas do setor administrativo, financeiro e comercial. Particularmente durante o segundo império, a forte reconstrução urbana livrou-se de algumas das piores favelas, melhorou o abastecimento de água e a higiene pública de forma considerável e criou um centro higienizado, com teatros, lojas, cafés e avenidas largas ao longo das quais o tráfego – e se necessário, as tropas – podiam mover-se com relativa facilidade. O desenvolvimento de instalações de transporte de massa a partir da década de 1870 – ferrovias e bondes suburbanos e, finalmente, ônibus e, a partir de 1900, o metrô – fez que fosse cada vez mais viável viver longe do local de trabalho.

Desde tempos imemoriais, a principal causa da migração para as cidades era a pobreza do campo. No entanto, o custo da habitação forçou as pessoas com baixos salários a residir em condições insalubres e de superlotação onde quer que houvesse trabalho disponível, tanto nos centros urbanos quanto nos bairros mais periféricos. Na década de 1840, o tecido urbano começou a ser fortemente tensionado. Posteriormente, os desenvolvimentos industrial e comercial acelerados aumentaram as necessidades da cidade por mão de obra. A "subclasse" dos subempregados que anteriormente causou tanto medo social rapidamente diminuiu de tamanho depois da metade do século. As cidades tornaram-se mais atraentes aos potenciais migrantes por causa das oportunidades melhoradas de emprego, que ofereciam salários mais elevados, maior segurança, trabalho menos duro (especialmente para as mulheres) e mais lazer. Especialmente a partir da década de 1850, as condições de vida urbana foram melhorando aos poucos, enquanto a concentração industrial reduzia as oportunidades de emprego na indústria rural, da qual, anteriormente, grande parte da população do campo foi dependente. Além disso, a melhoria das comunicações fez que a população rural pudesse compreender melhor os contrastes entre a vida urbana e a rural.

Inevitavelmente, o processo de transformação socioeconômico foi acompanhado por importantes mudanças de comportamento e da cultura popular. Nasceu uma classe trabalhadora com uma sensação difusa de identidade coletiva, criada pelas dificuldades compartilhadas das famílias para ganhar dinheiro suficiente para o sustento e pelo amargo ressentimento da desigualdade social, de empregadores exploradores e do Estado repressivo. A secularização e o aumento da alfabetização eram outros indicadores da mudança cultural. Embora a experiência angustiante da revolução tenha sido seguida por um renascimento religioso – muitas vezes intenso – a Igreja, frequentemente, parecia ser menos relevante em um ambiente cada vez mais urbano, onde a dependência da natureza tornava-se cada vez menos absoluta. Por outro lado, o valor prático da educação parecia cada vez mais evidente em uma sociedade em processo de industrialização, mais comercial e fortemente administrada. Para as elites, que tomavam as decisões cruciais relativas aos investimentos em escolas, a educação prometia ser o meio mais eficaz para "civilizar" as massas e para a manutenção de seu próprio poder.

Sociedade e política

A abolição do privilégio legal, em 1789, fez que a riqueza se tornasse a principal distinção social. A contínua importância das formas tradicionais de criação de riqueza significava que, em 1815, a França permanecia dominada por uma elite pré-industrial, composta predominantemente por proprietários de terras, nobres e não nobres, muitos dos quais trabalhavam ou tinham sido empregados no serviço público, juntamente com o número crescente de profissionais e comerciantes. As tensões internas continuavam vivas, particularmente entre nobres e burgueses e em relação às complicadas suposições sobre o estatuto social, as alianças políticas e as identidades profissionais e regionais. Mesmo assim, ainda era possível reconhecer uma elite que compartilhava a posse de determinados atributos geralmente desejados, incluindo riqueza, influência social e poder político, e que servia como ponto de referência para outros grupos sociais. Na política nacional, a predominância desses *notáveis* durou até a década de 1870, refletindo a sobrevivência das estruturas sociais tradicionais e dos padrões de comportamento que, lentamente, foram sendo transformados pelas mudanças econômicas. Durante todo o período da monarquia constitucional (1815-1848) esse padrão estava consagrado por um sistema eleitoral baseado essencialmente na propriedade, o qual, reforçado pelo protecionismo econômico introduzido em abril de 1816, destinava-se a limitar a instabilidade e proteger os interesses estabelecidos. Esses eram os meios para evitar a democracia e a ameaça representada pelos pobres e ignorantes em relação ao que era percebido como a verdadeira liberdade e a civilização cristã em si. A propriedade era um sinal de competência. Não ter propriedades era prova de incapacidade intelectual e moral. Além disso, o sistema facilitava o exercício da influência pessoal ao máximo. O *notável* era normalmente um indivíduo cuja influência na comunidade local dependia da riqueza e da reputação de sua família, bem como das atividades sociais e filantrópicas das esposas e filhas que, caso contrário, seriam confinadas a uma "esfera separada" por causa de suas supostas fraquezas físicas, intelectuais e emocionais. Ao combinar o *status* social elevado, o estilo de vida digno, a dupla residência na cidade e no campo, o conhecimento dos clássicos e a formação em direito, o *notável* estava presente tanto na sociedade local quanto na nacional que a envolvia. Ele detinha os meios para acumular capital social e desenvolver perspectivas de sua carreira por meio da participação nas eminentemente masculinas redes sociais, que, na ausência de "partidos", também forneciam as bases organizacionais da atividade política. A centralidade de Paris nesses processos sociopolíticos é óbvia.

Em geral, os *notáveis* opunham-se à extensão dos direitos políticos para as classes mais pobres e inferiores e, com determinação ainda maior, resistiam a quaisquer ameaças aos seus direitos como proprietários. Eles formavam um grupo conservador muito poderoso da *résistance*. Sua riqueza e educação permitiam-lhes exercer uma considerável influência como políticos, funcionários, proprietários rurais, empregadores e benfeitores (em um pré-estado de bem-estar). O acesso a essa diversidade de meios para exercer pressão e influência oferecia-lhes enormes vantagens no jogo político. Para eles e, provavelmente, para a maioria da população, a experiência da revolução tinha sido profundamente perturbadora. Ela representava o confisco da propriedade, a tributação punitiva, a conscrição, o ataque contra a Igreja, o Terror e a ameaça de anarquia social. No entanto, o século XIX estava impregnado por ameaças de revolução. Em grande parte por causa da decepção generalizada com a incompletude da mudança política e social. Alguns dos descontentes – os partidários do *mouvement* – somente se sentiram satisfeitos com a extensão limitada do direito ao voto em 1830; outros, mediante a introdução do sufrágio masculino em 1848; e outros ainda, com o estabelecimento definitivo da República, no final da década de 1870. Cada uma dessas crises também revelou a capacidade das elites existentes para empregar sua influência social como um meio de se adaptar às novas circunstâncias políticas. Além disso, a estrutura da elite modificava-se gradualmente conforme o processo de concentração nas finanças e na indústria criava novas condições para a acumulação de riquezas. As condições expansivas ofereciam poucas oportunidades de mobilidade ascendente. O tamanho da acumulação também mudou. Embora a riqueza absoluta dos proprietários rurais não tenha declinado antes das décadas de 1870 a 1880, o declínio relativo já havia começado muito mais cedo. A depressão agrícola do último terço do século acelerou o processo. Os proprietários de terras demoraram para transferir seu capital para investimentos mais lucrativos. Cada vez mais, uma *grande burguesia*, composta de financistas e grandes industrialistas, assumia o predomínio econômico, bem como a capacidade de exercer o poder político formal e, por meio da atividade dos grupos de pressão, informal.

Embora a sociedade francesa ainda fosse profundamente desigual, os processos políticos cada vez mais democráticos garantiam que muito do poder político se alastrasse para baixo na hierarquia social e, em particular, para as classes médias de profissionais. Em grande medida, no entanto, a tomada de decisão mantinha-se nas mãos de um grupo interno de ministros, de altos funcionários – especialmente os deputados influentes – e dos representantes dos grupos de pressão mais poderosos. Assim, embora seja tentador nos atermos aos dramáticos acontecimentos políticos, isso não deve fazer que negligenciemos as importantes continuidades. O acesso ao poder político e especialmente às posições mais importantes do governo, do Parlamento e da administração ainda dependia da posse de rendimentos e educação que tornavam os homens aptos à vida pública. A hegemonia cultural e política das classes proprietárias chegou a ser desafiada, mas de forma ineficaz. O privilégio nessas esferas era defendido por meio do remanejamento brutal da força militar, se necessário, como em junho de 1848 ou contra a Comuna de Paris em 1871. A um grau importante, a história política da França do século XIX, portanto, pode ser vista como uma busca contínua pela estabilidade. Ela seria garantida, mas apenas a partir da década de 1870, pela criação de um Estado forte e centralizado, a Terceira República, mais capaz do que as antecessoras para influenciar e controlar os grupos sociais e as sociedades regionais que dividiam a nação; isso pode ser atribuído à modernização das técnicas de governo, à socialização política mais eficaz, à institucionalização do protesto e à crescente legitimação do regime.

O Estado do século XIX, portanto, funcionava principalmente como um *État-gendarme* (Estado policial), empenhado acima de tudo em proteger a Lei e a ordem por meio da expansão do policiamento – o que normalmente envolvia o remanejamento do Exército e do severo castigo penal. As necessidades de defesa – o fornecimento de sistemas de armas cada vez mais caras e de um número crescente de homens (*c*. 390 mil em 1850 e 620 mil em 1900) – impunham enormes encargos financeiros. A máquina do Estado permanecia sob o controle de funcionários seniores, recrutados principalmente dentre as elites; suas origens, sem dúvida, influenciavam suas decisões. A fim de garantir a ordem social, eles aceitaram alargar o papel do Estado, aproveitando-se, por exemplo, das novas tecnologias de comunicação (ferrovias e telégrafo elétrico), que aumentavam imensamente a eficácia da centralização política e administrativa. O número de funcionários públicos (incluindo professores e trabalhadores dos correios) aumentou de cerca de 300 mil em 1850 para 583 mil em 1910. Também foi estabelecido um sistema educacional para as massas (mais notadamente pelas Leis de 1833, 1850 e 1882) como meio de assegurar maior homogeneização cultural e controle social mais preciso. O sentimento de unidade nacional foi diligentemente promovido. Certamente, a educação primária – que era tudo o que a grande maioria das crianças recebia (mesmo em 1914, apenas 5% dos meninos haviam recebido educação secundária) – foi estabelecida como um "sistema de subordinação" (Bayly) em vez de um meio de promover a mobilidade social. Precisamos agora dizer algo sobre a complicada evolução da política no século XIX e sobre a mudança da distribuição do poder.

A Restauração

O retorno dos Bourbons em 1814-1815 teve como motivo a derrota militar e a incapacidade dos vencedores para identificar uma alternativa viável; esse não era um recomeço auspicioso. Apesar do pouco entusiasmo pela volta da família, isso, ao menos, trouxe a paz. Além disso, Luís XVIII aceitou a necessidade de tranquilizar as elites sociais e políticas por meio da promulgação da Carta Constitucional. Foi concedida pelo monarca aos seus súditos como um ato de graça e cheio de ambiguidades perigosas e que conferia ao rei poderes muito maiores do que aqueles concedidos pela Constituição de 1791. Ela estipulava que "a pessoa do rei é sagrada e inviolável" e afirmava que o "poder Executivo poder pertence apenas ao rei", incluindo o direito exclusivo da iniciativa legislativa e de dissolver o Parlamento à vontade. No entanto, ela manteve as disposições liberais mais importantes, projetadas para conter os governantes e, particularmente, a necessidade de consentimento parlamentar para estabelecimento da tributação. Outrossim, a carta prometia que o rei respeitaria as liberdades pessoais, reconheceria a igualdade perante a Lei e previa tanto uma Câmara dos Pares hereditária quanto uma câmara baixa, que seria eleita por aqueles cuja capacidade para tomada de decisão racional estivesse garantida pela posse de propriedades, educação e lazer. Cada vez mais, a vida política centralizava-se nos debates parlamentares. Também foram reconhecidas as liberdades básicas necessárias para a atividade política.

Igualmente importante, como forma de afastar-se do passado, foi a promessa de respeitar a posição social estabelecida e os direitos de propriedade, incluindo a posse das terras confiscadas da Igreja e dos emigrados durante a revolução. Entre as elites havia uma vontade geral de aceitar o acordo que

IMAGEM 22. A família real em maio de 1814. Da esquerda para a direita: o irmão do rei, o conde d'Artois (futuro Carlos X); Luís XVIII; sua sobrinha, a duquesa d'Angoulême (filha de Luís XVI); o duque d'Angoulême e o duque de Berri, filhos do conde d'Artois. Museu Carnavalet. Foto: Giraudon/The Bridgeman Art Library.

oferecia proteção contra o retorno ao *ancien régime* e contra os perigos da soberania popular. Assim, com o apoio dos altos comandantes militares e de simpatizantes monarquistas na administração, a mudança de regime foi relativamente fácil. A população deu boas-vindas ao fim do serviço militar obrigatório; os comerciantes, especialmente nos portos, buscavam novas riquezas; mas foi sobretudo a nobreza que festejou, pois esperavam pelo retorno a uma mítica idade de ouro, em que seu domínio havia sido incontestável. O retorno de Napoleão durante os Cem Dias e do renascimento do patriotismo revolucionário popular e do jacobinismo incipiente reforçaram a preocupação com a ordem social.

A oposição surgiu de forma muito lenta. Em parte por causa da retomada do "Terror Branco" que se seguiu a Waterloo. Os Bourbons, apesar das críticas anteriores em relação a um Estado imperial centralizado, assumiram agradecidamente o controle sobre o aparelho existente de vigilância e controle. Além disso, as pessoas politicamente conscientes estavam inicialmente incertas sobre o caráter do novo regime. Além do desejo generalizado por paz e ordem, a maioria dos *notáveis* desejava provavelmente uma monarquia constitucional moderada, que evitasse aqueles excessos da política doméstica e externa com os quais estavam extremamente familiarizados desde 1789. Muitos não nobres – proprietários, profissionais ou empresários – mesmo não sendo adeptos entusiasmados dos Bourbons, estavam dispostos a aceitar o regime desde que fossem respeitadas suas aspirações básicas. Em contraste, o verdadeiro entusiasmo podia ser visto em meio aos nobres, clérigos e membros de outros grupos sociais sujeitos a sua influência. Incentivados pelo irmão do rei, o conde d'Artois (futuro Carlos X) e sua comitiva, eles estavam confiantes de que finalmente receberiam compensações pelo sofrimento que passaram durante a revolução e tinham certeza de que prevaleceriam no Estado e no Exército. Muitos deles acreditavam que Deus desejava que a França se visse livre dos restos do jacobinismo e do ateísmo e que, além disso, aceitasse a punição pelo assassinato de Luís XVI. Esses grupos estavam inspirados por um sentimento de *noblesse oblige* (literalmente, a nobreza obriga), um compromisso que envolvia um estilo de vida e educação que os distinguisse, a associação a redes sociais específicas, o arrogante desprezo pelas classes sociais inferiores e a concepção idealizada de uma sociedade cristã em que o *château* (castelo) estaria no coração de cada aldeia.

A eleição do primeiro Parlamento do regime, a *Chambre introuvable* (câmara inencontrável), aconteceu em uma atmosfera de terror político em agosto de 1815. Cerca de 50.900 eleitores escolheram 402 deputados. Destes, 78% eram claramente muito conservadores e entre eles, 52% eram nobres do *antigo regime*. Dentre o restante, a maioria não se opunha ao regime, apenas às exigências exageradas de seus adeptos mais extremos, os chamados *ultras* e sua organização semissecreta, os Cavaleiros da Fé (*Chevaliers de la Foi*). Influenciado pelo antigo ministro de Napoleão, Fouché, Luís XVIII não estava disposto a arriscar-se e tomar as medidas politicamente divisionistas que os *ultras* exigiam. Ele dissolveu a câmara em setembro de 1816 e, em parte por meio do uso da influência governamental, conseguiu garantir a eleição de uma maioria muito mais moderada. Dentre suas realizações, podemos citar a Lei eleitoral de 1817 (apenas quem pagasse mais de 300 francos em impostos poderia votar) que restringiu o eleitorado a 100 mil pessoas, grupo composto principalmente por proprietários de terra. A exigência de que os candidatos para as eleições deveriam ter, no mínimo, 40 anos de idade e pagar mil francos em impostos diretos garantiu que apenas cerca de 1.650 pessoas fossem elegíveis. O governo iniciou, além disso, o expurgo dos *ultras* da administração e permitiu o retorno de exilados políticos. A reconciliação, no entanto, não foi além disso. O sucesso das eleições liberais assustou o Ministério liderado pelo duque Elie Decazes e o fez introduzir uma lei eleitoral mais restritiva. Em seguida, uma grave crise foi precipitada pelo assassinato, em 1820, do herdeiro ao trono, o duque de Berri – último na linha direta de sucessão dos Bourbons até o nascimento póstumo de seu filho. Tudo isso, juntamente com a descoberta de conspirações bonapartistas no Exército, parecia uma boa justificativa para as medidas excepcionais de repressão, incluindo detenções sem julgamento durante três meses, censura mais forte e uma legislação eleitoral ainda mais restritiva. Esses procedimentos intensificaram os processos de polarização política que estavam ocorrendo entre os ultrarrealistas e os liberais indignados, entre nobres e não nobres dentro da elite e, numa base regional, entre o Oeste, o Sul e outras regiões. Acima de tudo, tais desdobramentos marcavam o fim efetivo dos esforços para aumentar a base de apoio para o regime e para governar por meio do consenso. Todavia, a situação estava longe de ser irremediável. A intervenção militar bem-sucedida feita contra a Espanha em 1823 melhorou a aceitação do regime.

A situação sofreu transformações fundamentais assim que Carlos X subiu ao trono em setembro de 1824. O novo rei e os cortesãos, que exerciam uma influência em grande parte não registrada sobre ele, tinham uma concepção de seus direitos e responsabilidades que dificilmente se

IMAGEM 23. *Bênção solene de uma cruz.* A restauração da ordem moral, ou a reconquista católica, 1826; uma das muitas tentativas para restabelecer a religiosidade coletiva. Gravura de J. Massard. Biblioteca Nacional.

compatibilizavam com a monarquia constitucional. Também possuíam uma perigosa habilidade de desejar coisas impossíveis. Inicialmente, o rei foi apoiado pelo Ministério liderado pelo conde de Villèle e pela câmara dominada pelos *ultras*, eleita em 1824, no rescaldo da crise do assassinato. Três quintos dos deputados eram nobres, metade era constituída por ex-emigrados. Mas essa maioria seria caracterizada por divisões amargas entre os defensores de uma monarquia aristocrática e clerical, como François La Bourdonnaie, e monarquistas constitucionais, inspirados pelo visconde de Châteaubriand; além disso, essas amplas divisões estavam ainda mais estilhaçadas por contendas pessoais e disputas por influência e cargos. A compensação fornecida aos antigos emigrados, cujas terras tinham sido confiscadas durante a revolução, foi descrita pelos liberais como uma multa imposta sobre a nação por uma maioria egoísta de nobres. As preocupações em relação às intenções do regime aumentaram quando ele resolveu apoiar a restauração, desejada pela Igreja, da "ordem moral". Assim como a introdução de sanções terríveis contra o crime de sacrilégio, os funcionários incentivavam missões religiosas ostentosas, conduzidas por um clero ultramontano cada vez mais agressivo e triunfalista. Além disso, eram fornecidos subsídios a fim de restaurar o corpo material da Igreja e "a beleza da santidade". O trabalho de reconstrução após as depredações da revolução também exigia o restabelecimento urgente de seminários para educar um número crescente de clérigos seculares e incentivar a expansão das ordens religiosas, especialmente as comunidades femininas que eram tão úteis para a prestação de assistência e instruções aos pobres. Uma estreita aliança entre o trono e o altar promoveria o supremo objetivo de reforço da fé religiosa. Isso também garantiria que a religião permanecesse um tema político divisionista.

Além disso, o governo continuou a manipular o sistema eleitoral, reduzindo o número de eleitores de 100 mil para 89 mil entre 1817 e 1827. Juntamente com o tratamento preferencial dado aos nobres dentro de um exército e uma administração já consideravelmente encolhidos com o regresso à paz, bem como com a pressão frequente exercida pelos párocos sobre aqueles que, durante a revolução, tinham comprado as antigas propriedades da Igreja para que estas fossem restituídas, as políticas do governo criavam uma crença cada vez mais generalizada de que ele planejava retornar ao *antigo regime.*

Os críticos do regime eram essencialmente liberais comprometidos com a monarquia constitucional que, inicialmente, pelo menos, haviam visto os Bourbons como agentes com maior probabilidade de garantir a liberdade e a ordem do que Bonaparte ou uma República. Alguns republicanos atreveram-se a discutir suas ideias em público. Além disso, a morte do imperador anterior em maio de 1825 deixou os bonapartistas sem um líder óbvio, embora um culto semirreligioso e romantizado à Napoleão continuasse a ser desenvolvido em memórias, canções, poemas e imagens, na cultura da elite e na popular. Na maioria das regiões parece ter havido pouco interesse sobre política fora do estreito círculo de homens com dinheiro e lazer. Os quadros da oposição, no entanto, já existiam. Os relatórios da polícia alegavam que a maioria dos liberais eram advogados ou comerciantes, ou membros deslocados dentre servidores pertencentes a anterior elite imperial e dentre oficiais do Exército que se aposentaram prematuramente com metade de seus salários. Em todos os vilarejos, eles encontravam-se regularmente nos cafés e clubes para ler jornais e discutir seu conteúdo. Tendo em vista a exigência de riqueza dos candidatos, imposta pelo sistema eleitoral e por causa da publicação de discursos parlamentares, os líderes da oposição costumavam ser membros da elite fundiária. Em 1825, de forma notável, enquanto os jornais pró-governo contavam com 20 mil assinaturas, os jornais da oposição contavam com o dobro de assinantes. Embora esses números fossem pequenos, a imprensa não oferecia apenas notícias e comentário mas também liderança, uma forma de organização das campanhas eleitorais e a sensação de pertencer a um movimento. A leitura em conjunto, é claro, aumentava o acesso de modo considerável.

O sucesso liberal nas eleições de 1827 persuadiu o rei a substituir Villèle pelo visconde de Martignac, que era mais liberal; uma ação que, conforme percebido, estimulou uma oposição maior. Carlos X, que já havia feito muita coisa, entre 1789 e 1792, por meio de suas atividades contrarrevolucionárias para desacreditar os Bourbons, agora se superava. Em agosto de 1829, ele nomeou seu velho amigo, o duque de Polignac, um místico religioso, para chefiar um ministério que, nas pessoas de La Bourdonnaie e do marechal Bourmont, simbolizava a derrota, a humilhação nacional e o Terror Branco de 1815; esse movimento, ao ignorar os ganhos eleitorais liberais de 1827, concluiu o processo de polarização política. A formação desse governo parecia confirmar a crescente suspeita de que o rei estava tramando um golpe de Estado. Em resposta, a associação liberal conhecida como *Aide-toi le ciel t'aidera* (O céu ajuda quem se ajuda), originalmente formada para incentivar o registro dos eleitores, convocou todo o país a não pagar impostos.

Seus líderes, figuras moderadas e legalistas, como o historiador protestante Guizot, encontravam-se frente a uma coalizão cada vez mais alarmante que incluía jovens ativistas republicanos. As quebras de safra, os elevados preços dos alimentos, o desemprego e a miséria aumentavam o sentimento de crise. Duas eleições sucessivas em 1830 resultaram em maiorias hostis ao governo. Na segunda, apesar dos esforços dos funcionários e partidários do governo para exercer pressão e influência pessoal dentro do eleitorado menor, 270 liberais foram eleitos e apenas 145 deputados do governo. É certo que os deputados liberais não queriam a revolução e que, provavelmente, teriam se contentado se Carlos estivesse disposto a aceitar o veredicto do eleitorado em relação a Polignac e reconhecesse que, no futuro, seus ministros deveriam gozar da confiança tanto do rei quanto do Parlamento. Entretanto, ambos os lados estavam determinados a respeitar suas interpretações mutuamente exclusivas da Carta. Carlos X acreditava que as concessões pô-lo-iam no caminho da revolução. Em resposta, ele invocou seus poderes para decretar o estado de emergência nos termos do artigo 14 da Carta e publicou as Ordenações de julho, que fortaleceram a censura, dissolveram a câmara recém-eleita antes mesmo de sua primeira reunião, revisaram os procedimentos eleitorais para aumentar a influência administrativa e reduziram o eleitorado para um quarto, apenas os mais ricos, isto é, 23 mil pessoas – principalmente nobres proprietários de terras. Isso levou a crise a um ponto máximo. A situação forçou os membros da elite social e política a escolherem, involuntariamente, entre "liberdade" e a monarquia dos Bourbons. Embora a liderança liberal incluísse nobres como o duque de Broglie e o conde Molé, uma grande maioria dos nobres era, sem dúvida, simpática ao rei. Na oposição, os papéis principais eram desempenhados pelos ricos proprietários de terras, por antigos funcionários imperiais e pelos membros das profissões liberais. Mais uma vez, no entanto, o conflito constitucional seria resolvido nas ruas de Paris.

O sinal dos liberais à resistência foi efetuado por meio de um cartaz, escrito por Adolphe Thiers e Charles de Rémusat, que convocava, em termos bastante ambíguos, um protesto. Sem dúvida, imaginava-se uma ação pacífica, mas ela acabou degenerando-se em violência. A convocação em defesa da "liberdade" mobilizou uma coalizão discrepante, extraída das classes média e trabalhadora da cidade. Em torno do meio-dia, em 27 de julho, o primeiro confronto ocorreu entre manifestantes e a *gendarmerie* (corporação policial) que tentava dispersar as multidões na *Place du Palais*

Royal. À tarde, irritados pelas provocações e pedras lançadas contra eles, parece que os soldados atiraram sem ordens. A isso, seguiu-se a construção de barricadas e terríveis lutas de rua nos bairros pobres da capital, resultando em 850 mortes de civis e soldados. Embora a guarnição contivesse em torno de 11 mil homens, os planos de contingência para lidar com uma grande insurreição não tinham sido preparados, e os estoques de munição e comida estavam baixos. O marechal Marmont, o comandante militar, era impopular e inseguro. O Exército não havia sido treinado para as lutas de rua. Em 28 de julho, foi ordenado que três colunas convergissem no Hôtel-de-Ville (prefeitura) e, conforme realizavam a ordem, iam destruindo as barricadas. Eles alcançaram o seu objetivo, mas as barricadas foram simplesmente reconstruídas depois da passagem das colunas. Os soldados – isolados, cansados e famintos – começaram a confraternizar com os insurgentes, dentre os quais havia muitos antigos veteranos do Exército imperial. Restava a possibilidade de aguardar por reforços provenientes das províncias, mas Carlos X estava cada vez mais desanimado com os relatos de que então havia como depender dos reforços. Quase em todos os lugares, a administração real simplesmente desabou, seus membros foram rapidamente substituídos por representantes da oposição liberal. Em 31 de julho, na esperança de salvar alguma coisa daquele fiasco, o rei aceitou a nomeação de *lieutenant-général* (tenente-general) do reino feita pelo duque de Orléans, que era descendente do irmão de Luís XIV e um príncipe com reputação liberal que havia lutado pela causa revolucionária em Valmy e Jemappes. Em 2 de agosto, Carlos X abdicou a favor de seu neto infante, o conde de Chambord, cancelou as Ordenações e concordou com a realização de novas eleições. Mas era tarde demais.

A revolução de julho ocorreu porque muitos membros moderados da elite haviam retirado seu apoio natural a um regime que ameaçava os princípios fundamentais do governo representativo que estava consagrado pela Constituição. Além disso, Carlos X havia demonstrado favor excessivo a apenas um elemento dessa elite, a nobreza; ao fazer isso, ameaçava os *status* desfrutados desde 1789 pelos outros *notáveis*. A consequente perda da legitimidade do regime parece ter sido sentida até mesmo por seus partidários mais ferrenhos. Os eventos desenvolveram-se tão rapidamente e em uma direção tão inesperada que até mesmo os líderes da oposição não estavam preparados para o resultado. Todos estavam amedrontados com a multidão armada que havia tomado as ruas com gritos de *Vive Napoléon II* e *Vive la République*. A perspectiva de uma nova intervenção popular na política enchia-os de terror. Convencidos de que os eventos trariam novamente a guerra civil e estrangeira, os líderes liberais deram a Lafayette, o herói envelhecido da revolução anterior, o comando de uma Guarda Nacional e, tal como em 1789, estabeleceu-se um comitê municipal para restauração da ordem. Em 30 de julho, para acabar com o vazio no poder, o trono foi oferecido ao duque d'Orléans na condição de que ele concordasse em respeitar os princípios da monarquia constitucional. Uma proclamação escrita por Thiers, jornalista e historiador, apresentou o novo rei como "um príncipe dedicado às causas revolucionárias", um "rei-cidadão". Em 31 de julho, chamado de Luís Filipe, ele nomeou o governo e convocou uma reunião da Câmara dos Deputados. Em 8 de agosto, a câmara votou a favor de uma revisão constitucional que alterou bastante o equilíbrio de poder entre o rei e o Parlamento, em favor do último. Nessa ocasião, o caráter contratual da relação entre o rei e a nação era claramente afirmado; Luís Felipe foi obrigado a jurar respeito a uma constituição revisada e mais liberal. O grande expurgo na administração, juntamente com a saída de muitos nobres da vida pública por sua falta de vontade de servir o "usurpador", confirmava a derrota da reação aristocrática.

IMAGEM 24. Luta no *Boulevard* dos Italianos, 28 de julho de 1830. Litografia por V. Adam. Museu Carnavalet. Foto: Museu da Cidade de Paris © SPADEM.

IMAGEM 25. Lafayette recebe Luís Filipe no Hôtel-de-Ville, Paris, 31 de julho de 1830. Pintura de E.-F. Féron. © RMN-Grand Palais (Palácio de Versalhes)/Direitos reservados.

A MONARQUIA DE JULHO

Apesar do restabelecimento surpreendentemente rápido da autoridade do governo central, a situação política permanecia tensa. Conflitos de interesses eram inevitáveis entre os diversos grupos que haviam derrubado os Bourbons. Tendo alcançado seus objetivos, a maioria dos liberais tornou-se políticos conservadores, interessados na proteção de sua liberdade pessoal e propriedade. A *liberté* pela qual muitos haviam lutado tinha diversos significados, no entanto. No rescaldo da revolução, o povo sentia-se livre para discuti-los nas reuniões e nos jornais. A insatisfação foi demonstrada contra uma nova lei eleitoral, que simplesmente reduzia a qualificação para poder votar de 300 para 200 francos. Isso reduziu bastante o peso dos nobres no eleitorado e permitiu o voto a proprietários (que, juntamente com os agricultores, somavam cerca de 56% dos eleitores em 1846), funcionários (cerca de 8%), profissionais (cerca de 10%), comerciantes e a uma pequena proporção dos artesãos mais prósperos (cerca de 26%). A medida ainda excluía a grande maioria dos cidadãos da classe média baixa, camponeses e trabalhadores. Dessa forma, enquanto, em 1836, a lei eleitoral britânica permitia o voto de 25% da população, o valor correspondente na França era apenas de um em 170, embora a crescente prosperidade estivesse gradualmente aumentando o eleitorado nacional de 166 mil para 241 mil em 1846, enquanto a lei eleitoral dos municípios de 1831 garantiu o voto de cerca de 3 milhões de pessoas. Esse eleitorado ampliado, mas ainda pequeno, iria oferecer ao regime um sólido e consistente apoio parlamentar. Para alguns, dentre aqueles que foram excluídos, no entanto, isso era tudo muito arbitrário. Ainda uma pequena minoria, os militantes republicanos, queixava-se da maneira pela qual uma porção da Câmara dos Deputados, em vez da recém-eleita Assembleia Constituinte, havia tomado as decisões constitucionais mais importantes. Mesmo dentro do governo, havia divergências fundamentais sobre o grau de liberalização política que deveria ser buscado. O ministro da Justiça, Jacques-Charles Dupont de l'Eure, demitiu-se e posteriormente denunciou o regime por "repudiar seus autores e partidários naturais e por dar preferência incontestável às tradições e aos homens da Restauração". Em Paris, ocorreu um renascimento da imprensa republicana. Nas províncias, a rede de comitês estabelecidos para opor-se aos sonhos absolutistas de Carlos X foi parcialmente reativada. Além disso, a revolução reergueu a população ao cenário político, e isso explica, em grande parte, o caráter cada vez mais conservador – e, de fato, repressivo – do governo. O louvor oficial pela coragem dos trabalhadores parisienses não só os incentivou a sair às ruas para exigir o julgamento e a punição dos ministros de Carlos X, mas também, por meio de petições e greves, a exigir salários mais elevados, um dia de trabalho mais curto e a proibição do maquinário que punha os empregos em risco. Eles exigiam que o regime que eles acreditavam terem criado deveria reconhecer o direito humano básico por um bom salário. Eles ficariam decepcionados com a resposta negativa do governo, especialmente porque os padrões de vida deterioraram-se acentuadamente na crise econômica que se seguiu à revolução.

Essas demandas populares foram recebidas com incompreensão por um governo comprometido com "o princípio da liberdade de empreender". A breve tomada de poder na cidade de Lyon por trabalhadores armados, em novembro de 1831, com seu *slogan* "viver trabalhando ou morrer lutando!", causou uma grande celeuma. O jornalista Saint-Marc Girardin escreveu que essa insurreição "revelou um grande segredo", a saber, "os bárbaros que ameaçam a sociedade... não estão nas estepes da Tartária... estão nos subúrbios de nossas cidades industriais". O governo estava cada vez mais determinado a acabar com a agitação política e eliminar o crescente número de associações criadas pelos trabalhadores para proteger os seus "direitos". Foi uma combinação de repressão com um esforço para salvaguardar a "ordem social" a longo prazo por meio da introdução, em 1833, de uma lei importante sobre educação primária, a qual pretendia "moralizar" as classes inferiores por meio da instrução religiosa, incentivar o uso do francês no lugar das línguas regionais e reforçar o sentimento geral de identidade nacional. As comunas que ainda não tinham uma escola (cerca de um terço) eram obrigadas a criar uma; além disso, cada departamento deveria fornecer provisionamentos para a formação de professores. Logo após, as meninas deveriam ser cuidadosamente socializadas de forma apropriada. Até aquele o momento, no entanto, a presença obrigatória na escola ainda não era parte da agenda política.

Em resposta à crescente repressão do governo, pequenos grupos de republicanos da classe média começaram a buscar apoio fora do diminuto eleitorado e tentaram politizar os trabalhadores descontentes por intermédio de organizações, tais como a *Société des Droits de l'Homme* (Sociedade dos Direitos do Homem). Essa reunião gradual de jovens militantes republicanos e trabalhadores seria vital para o desenvolvimento intelectual de ambos. Isso levou a uma interpenetração das ideias políticas republicanas e aquelas derivadas da cultura corporativa artesanal tradicional. O período de agitação pós-revolucionária se encerraria, no entanto, após a publicação, em abril de 1834, de uma lei que proibia as reuniões políticas. A resposta do governo à onda de protestos insurrecionários que ficava cada vez mais brutal foi imortalizada pela ilustração de Honoré Daumier mostrando a chacina de uma família por soldados e pela Guarda Nacional burguesa em Cloître Saint-Merri, Paris. Esses eventos seriam importantes para o desenvolvimento de uma consciência de classe e para o interesse em política republicana entre a classe média baixa e artesãos, e responsáveis pelo aumento do apoio ao movimento republicano. No futuro imediato, a ação coercitiva do governo restringiria e fragmentaria esses eventos. Não obstante, em 1840, conforme a transformação capitalista da economia ficava mais intensa e ameaçadora para as tradições e as práticas de trabalho artesanais, a concepção socialista de uma sociedade mais igualitária, baseada em cooperativas de produtores autorregulamentados, atraía cada vez mais interesse.

A paz política dos anos que se seguiram a 1834 ocorreu, em parte, pela repressão do governo, mas também em razão do apoio do pequeno número de eleitores a um regime que, por meio do Parlamento, havia permitido que eles representassem seus próprios interesses particulares. Os sucessivos governos procuraram garantir a ordem, não apenas pela atividade policial, mas também por meio da proteção econômica, um "princípio conservador" essencial (Guizot, o primeiro-ministro), e os esforços para garantir a prosperidade com base num programa de grandes obras públicas, envolvendo mais notavelmente a construção de linhas de ferro. Como chefe do Executivo, o rei fazia pleno uso dos seus poderes e insistia que ministros simpatizassem com seus objetivos. Responsáveis também perante o Parlamento, os governos procuraram manter o apoio da maioria, em parte por meio do uso extensivo da patronagem. A monarquia dos Orléans não possuía o apelo místico do "direito divino" de seu antecessor. O apoio a ela, era, em grande parte, condicional. No entanto, ao longo de sua existência, a oposição, dentro e fora do Parlamento, sempre foi fraca e dividida. Esse apoio vinha desde os partidários de outra restauração Bourbon, a direita legalista, até a esquerda republicana. Seus críticos mais numerosos e abertos vinham das fileiras da chamada oposição "dinástica", cujos representantes dos jornais, como *Le Siècle* [O Século], utilizavam o linguajar de 1789 para atacar a *aristocratie bourgeoise* (aristocracia burguesa) dominante. Os políticos que haviam sido excluídos do poder condenaram a corrupção do processo representativo, mediante o abuso da influência governamental nas eleições e, particularmente, após seu fracasso nas eleições gerais de 1846, procurando mudar as regras do jogo por meio de reformas eleitorais. Não desejavam oferecer direitos políticos às massas, mas garantir a mais ampla representação das classes médias proprietárias. De uma posição de força aparente, no entanto, Guizot estava determinado a rejeitar as reformas que pudessem resultar em derrota eleitoral para o governo. Ele estava convencido de que a ampliação da base eleitoral só iria politizar os membros menos capazes e menos responsáveis da sociedade – aqueles com maior potencialidade de provocar a continuidade da revolução.

    Certamente, a posição do regime não era tão segura como parecia. Mesmo nas eleições de 1846 houve nas principais cidades um apoio substancial para a oposição. A política externa do regime parecia, para muita gente, ser subserviente aos interesses britânicos. Em 1840, a determinação de Luís Filipe para evitar a guerra e também para afirmar sua própria autoridade levou à destituição de Thiers, embora não antes de aquele ministro vanglorioso garantir o retorno dos restos mortais de Napoleão de Santa Helena e seu enterro com grande pompa em *Les Invalides*. A reputação do regime foi lesada por escândalos em suas altas esferas, pelas críticas contínuas de corrupção eleitoral e pela utilização da patronagem como forma de controle dos deputados; foi especialmente lesada pela severa crise econômica de 1845-1846 e pelos consequentes protestos populares generalizados. A anterior imagem de prosperidade do regime foi destruída e substituída por pessimismo e ansiedade. A agitação política se multiplicou, como resultado, em particular, da campanha de banquetes, um meio de contornar as leis contra as reuniões políticas. A campanha iniciou-se com os membros da oposição dinástica, tais como Odilon Barrot, que era a favor da extensão limitada do sufrágio, isto é, todos aqueles que pagassem a partir de 100 francos em impostos estariam qualificados a votar. Esses moderados rapidamente perderam a iniciativa, pois republicanos como Alexandre-Auguste Ledru-Rollin exigiam, na cidade de Lille, o sufrágio de todos os homens em novembro de 1847. Sendo um verdadeiro romântico, ele idealizava o "povo" como o *Ecce Homo* ["eis o homem", na Bíblia, frase que teria sido dita por Pôncio Pilatos ao apresentar Jesus] dos tempos modernos, cujas "descida da cruz" e "ressurreição" estavam próximas. Ele acreditava que a reforma política era necessária para que não ocorresse outra revolução sangrenta, e que essa reforma deveria ser acompanhada de reformas sociais (não especificadas) que acabariam com o sofrimento das pessoas. A intransigência do governo, revelada em um discurso agressivo em 28 de dezembro, incentivou uma oposição mais virulenta que, por sua vez, fez aumentar o temor dos conservadores em relação à "anarquia" e ao "comunismo".

A campanha de banquetes, que atraiu o apoio generalizado dos centros oposicionistas do Norte e do Leste, havia sido planejada para culminar em um banquete do povo em Paris. Temeroso da desordem, o governo proibiu o encontro – a ação foi aceita com certa sensação de alívio por políticos republicanos moderados e liberais. Figuras mais anônimas e radicais, no entanto, pediam por uma manifestação de protesto. Em 22 de fevereiro de 1848, multidões de estudantes e trabalhadores se reuniram na Igreja da Madalena e na Praça da Concórdia, onde ocorreram violências esporádicas quando a polícia tentou dispersá-las. No dia seguinte, elementos da Guarda Nacional, pertencentes solidamente à classe média, demonstraram apoio à reforma e contra o regime que os alienava e parecia representar apenas os interesses das classes superiores, a chamada *grande bourgeoisie*, a alta burguesia. Isso parece ter persuadido o rei e seus conselheiros sobre a sabedoria da reforma. As notícias sobre a substituição do intransigente Guizot pelo mais liberal

Louis-Mathieu Molé como primeiro-ministro foram bem recebidas nas fileiras da milícia cidadã. Em contraste, a construção de barricadas estava em andamento nos bairros da classe operária. No entanto, a situação poderia ter sido estabilizada não fosse por uma rajada assassina de balas que matou 20 pessoas, disparada por volta das 22 horas, sem ordens, por soldados nervosos que guardavam o Ministério das Relações Exteriores, no Bulevar dos Capuchinos. A população enfurecida começou a construir centenas de barricadas nas ruas estreitas e tortuosas da cidade velha, a qual podia ser facilmente bloqueada por uma carroça capotada, barris e paralelepípedos de pedra das ruas. Na tentativa de resolver a situação de forma rápida, o monarca – cada vez mais indeciso – foi encorajado a abdicar; enquanto isso, os membros da oposição dinástica, incluindo Barrot e Thiers, tentaram em vão estabelecer a regência de seu neto. Ao mesmo tempo, os líderes republicanos nas sedes dos jornais *Le National* e *La Réforme* estavam começando a perceber que agora era possível obter um resultado mais radical. Na manhã do dia 23 de fevereiro, provavelmente apenas uma pequena minoria da população parisiense era formada por republicanos. De manhã cedo, em 24 de fevereiro, havia 1.500 barricadas e uma insurreição em massa estava em andamento contra o rei que "assassinou seu povo". Tendo em vista a perda de confiança entre a liderança política e a ausência de instruções claras, os esforços do marechal Bugeaud, um comandante com uma reputação bem merecida de brutalidade, para limpar as ruas logo perderam o ímpeto. Ele foi forçado a retirar suas forças cada vez mais desorganizadas em direção ao Palácio das Tulherias. No final da tarde, entre cenas de grande desordem e euforia pública, a multidão no Hôtel-de-Ville proclamou um governo provisório, formado por políticos republicanos e jornalistas reconhecidos. Como a primeira, a Segunda República iria causar um grande impacto na cultura política. Lentamente reinterpretados durante décadas de lenta mudança econômica e social, os temas da revolução anterior seriam submetidos a uma revisão acelerada. Seriam construídas novas percepções da sociedade e da política que determinariam as opções disponíveis para as décadas que se seguiriam.

A Segunda República

Ocorreu uma revolução porque em uma situação de crise econômica e social, o regime havia perdido o apoio de muitos, até mesmo de seus adeptos habituais. O desejo de reforma política estava mais difundido e o regime não havia conseguido sancionar as concessões necessárias. Um incidente ocorrido por acaso finalmente destruiu sua legitimidade, pelo menos para muitos cidadãos da capital. Para grande surpresa deles, um pequeno grupo de republicanos ativos conseguiu aproveitar-se do colapso governamental e tomou as rédeas do poder. Foi naquele momento que seus problemas realmente começaram. Os membros do governo provisório estavam divididos: social, pessoal e politicamente. Eles não tinham experiência de governo. A maioria dos moderados, chefiados pelo poeta aristocrata e historiador Alphonse de Lamartine, acreditava que seu papel essencial era a manutenção da ordem e da continuidade administrativa e, ao mesmo tempo, a realização do mínimo de ações até a eleição da Assembleia Constituinte. A expectativa das multidões em Paris, no entanto, garantiu que até mesmo esses homens prudentes se sentissem obrigados a reconhecer o sufrágio masculino, a democratização da Guarda Nacional (o que significava armar a população) e a liberdade de imprensa e de reunião. Uma minoria – composta por Ledru-Rollin, o socialista Louis Blanc e o trabalhador e veterano de sociedades secretas Albert Martin – era a favor de ações mais radicais. Ficava evidente que se opor ao regime deposto havia sido mais fácil do que concordar com a forma de sua sucessão.

Alexis de Tocqueville lembrou-se mais tarde de Paris

> nas mãos dos despossuídos... Consequentemente, o terror sentido por todas as outras classes era extremo... a única comparação possível é com os sentimentos das cidades civilizadas do mundo romano, quando se viram repentinamente sob o poder dos vândalos ou godos.

Fora de Paris, as notícias da revolução também foram recebidas com grande choque e causaram alarme entre aqueles que ainda associavam a República ao Terror. Na ausência de qualquer alternativa, a mudança foi aceita com relutância pelos conservadores que, em parte, estavam mais tranquilos pela presença de gente como Lamartine no governo. Em contraste, muitos, principalmente as pessoas da baixa classe média e os trabalhadores, reagiram com entusiasmo a sua emancipação e ao que prometia ser o amanhecer de uma nova era. A expectativa criou uma situação difícil para um governo que estava preocupado em estabelecer sua própria autoridade e, em todo caso, enfrentava enormes problemas. Dentre os quais estavam a organização das eleições e a oferta de assistência aos que ficaram desempregados pela perda de confiança comercial no rescaldo da revolução. A educação política das massas prosseguiu em ritmo acelerado por meio de jornais, clubes políticos e associações de trabalhadores, possíveis pelas novas liberdades. Provavelmente, apenas uma minoria de trabalhadores e camponeses concebia a política em termos de instituições ou de uma ideologia formulada, mas via com agrado os *slogans* das grandes cidades em favor da "organização do trabalho" e a *République démocratique et sociale* (República democrática e social). Tal simpatia representava a demanda para que o Estado criasse uma rede de cooperativas de produtores para substituir a exploração capitalista. Normalmente, o discurso nos clubes parisienses, como na *Société Républicaine Centrale* (Sociedade Republicana Central) de Auguste Blanqui ou no *Club de la Révolution* (Clube da Revolução) de Armand Barbès era frequentemente extremo. O manifesto do último anunciava que "nossa República existe apenas em nome, precisamos da coisa real. A reforma política é apenas o instrumento da reforma social". Esses radicais estavam determinados a impedir uma repetição do que consideravam ser a traição de 1830 e organizaram manifestações do povo a fim de manter a pressão contínua sobre o governo.

Em 25 de fevereiro, o governo provisório tinha reconhecido o direito ao trabalho; parecia prometer uma profunda reforma, quando tudo o que se pretendia era o tradicional expediente das oficinas de caridade para os desempregados, proporcionando trabalho manual de baixa remuneração. Chamadas de Oficinas Nacionais, estabeleceram-se em Paris e na maioria dos outros centros urbanos. O estabelecimento da Comissão de Luxemburgo – composta por representantes do governo, empregadores e trabalhadores para investigar as condições de trabalho e propor reformas – reforçou a crença de que grandes mudanças eram iminentes. Na prática, a principal preocupação do governo era promover a recuperação econômica por meio do restabelecimento da confiança comercial, que exigia a preservação da ordem pública e a fuga de medidas "socialistas". Dentre esses objetivos, o primeiro, juntamente com a ameaça de uma intervenção estrangeira para fazer cumprir as disposições do acordo de paz de 1815, fez que o regime voltasse a depender do Exército. Os protestos generalizados dos camponeses contra a ameaça capitalista às práticas agrícolas habituais tiveram o mesmo efeito. As esperanças restantes dos camponeses por uma ação solidária do governo logo foram destruídas pela introdução de adicionais 45% ao imposto de terra, projetado para ajudar a equilibrar o orçamento e pagar as Oficinas Nacionais. O governo isolava-se cada vez mais do potencial apoio das massas e reforçava sua dependência das elites sociais, as quais, independentemente de convicções políticas anteriores, estavam agora unidas pelo desejo de evitar a reforma social.

Para os radicais, a introdução do sufrágio "universal" (masculino), que, em um só golpe, aumentou o tamanho do eleitorado de 250 mil para 10 milhões, foi a realização de um sonho. Um sentimento gigantesco – e irrealizável – de expectativa acumulava-se. Pela primeira vez na história, toda a população masculina, em um grande Estado, poderia votar e, indicando uma crescente maturidade política, 84% das pessoas exerceriam esse direito em abril de 1848. As mulheres continuavam marginalizadas. Em 1848 e de forma limitada, algumas incursões feministas na política iriam, na verdade, despertar muitas preocupações. Esse envolvimento contrariava os ideais de vida caseira e da crença de inferioridade intelectual das mulheres, compartilhada por homens de todas as convicções políticas e até mesmo por muitas mulheres. Os republicanos também estavam preocupados, e provavelmente com razão, que o voto feminino – bem como sua influência informal – aumentaria a influência do clero. Em qualquer caso, para os conservadores, a extensão do direito do voto era vista como um pesadelo, o primeiro passo para uma possível revolução completa da sociedade.

Na prática, no entanto, as aspirações democráticas causariam desapontamento. Na ausência de partidos organizados, a escolha dos candidatos, na maioria das áreas e especialmente nas circunscrições rurais, ainda dependia das atividades de pequenos grupos de *notáveis* politicamente experientes. Alarmados pela ameaça que a democracia representava para suas próprias "liberdades", os conservadores deixaram de lado suas divisões temporariamente e conseguiram aproveitar-se dos recursos organizacionais e experiência superior para mobilizar apoio. Confrontados com uma infinidade de candidatos, muitos eleitores voltaram-se para aqueles cuja riqueza, educação ou funções lhes ofereciam *status* na comunidade local, incluindo o clero. Certamente, um dos resultados da introdução do sufrágio masculino foi o estabelecimento de uma correlação clara entre o compromisso religioso e o conservadorismo político, em oposição ao que era representado como um desafio para os valores eternos da religião, bem como para a ordem social. Sempre que a influência fosse insuficiente, havia a possibilidade do uso da intimidação. Os pobres precisavam ser prudentes. Os republicanos tinham pouco tempo para opor-se a isso antes da votação no dia 23 de abril. A maioria dos candidatos eram conservadores e antigos monarquistas, mesmo que, refletindo a continuidade da crise de confiança, eles adotassem o rótulo de republicanos. Na verdade, ao reunirem-se para a Assembleia Constituinte, eles elegeram uma Comissão Executiva composta essencialmente pelos membros mais moderados do governo provisório anterior.

Inevitavelmente, os resultados da eleição causaram grande insatisfação entre os radicais. A gigantesca manifestação, ocorrida em Paris no dia 15 de maio, culminou na caótica invasão da assembleia pela multidão e na proposta de estabelecimento de um Comitê de Segurança Pública para criar um imposto de riqueza para financiar a criação imediata de cooperativas de produtores e, além disso, reforçou a determinação conservadora em restaurar a ordem. As Oficinas Nacionais simbolizavam, para os radicais, a esperança de um mundo melhor, mas, para seus adversários, representavam cada vez mais uma ameaça revolucionária: "80 mil trabalhadores são pagos pelo Estado para aprender sobre revoltas na ociosidade dos cabarés" foi a descrição utilizada por um dos jornais de Paris. Em 22 de junho, foi anunciado o fechamento das Oficinas. Nenhum esforço foi feito para tranquilizar as dezenas de milhares de desempregados sobre o fornecimento de benefícios sociais. Com efeito, a ameaça do governo em recorrer à força enfatizou a desilusão generalizada com os processos políticos legais e a crença de que com um regime tão indiferente não havia outra alternativa senão *recommencer la révolution*, isto é, recomeçar a revolução. Em 23 de junho, inspiradas pelo lema "Liberdade ou morte!", foram construídas barricadas ao longo dos bairros pobres da região Leste da cidade. Os rebeldes não tinham um plano global, não surgiu nenhuma liderança coletiva e o levante degenerou rapidamente na luta desesperada dos bairros isolados.

As estimativas dos números envolvidos variam, mas um número considerável de homens e mulheres (talvez 20 a 30 mil) ficou tão desapontado com o resultado da revolução que eles chegaram a arriscar suas vidas na tentativa de estabelecer um regime mais sensível às suas necessidades. Acreditavam que lutavam por justiça. Contra eles, enfileiravam-se as forças da "ordem", a saber, a Guarda Nacional dos bairros mais ricos da zona oeste, cerca de um quinto deles eram trabalhadores; a Guarda Móvel, recrutada dentre os operários desempregados, jovens e ainda não integrados no ofício e nas solidariedades dos bairros, que se mantiveram leais aos colegas e ao governo, que paga a eles; e o Exército, que viria a se tornar, aos olhos das classes proprietárias, o "Salvador da civilização". No geral, o comando estava nas mãos do ministro da Defesa, general Cavaignac, que além disso, a pedido da Assembleia Constituinte, tornou-se chefe de governo. Desejando evitar a repetição de fevereiro, quando grupos dispersos de soldados tinham sido derrotados, ele concentrou as suas forças, uma tática que, inicialmente, permitiu que a revolta se espalhasse; após ter concentrado suas forças, ele esmagou a insurreição com três dias de combates viciosos de rua. O artista Ernest Meissonier "viu defensores mortos a tiros, arremessados pelas janelas, o chão repleto de cadáveres, a terra vermelha de sangue". Cerca de 4 mil combatentes foram mortos. A esquerda parisiense seria decapitada por uma geração. Qualquer que seja o caráter sociológico preciso do conflito e apesar de os operários terem lutado em ambos os lados, os contemporâneos viam-no como uma luta entre *bourgeois* e *peuple*, entre burguês e povo, uma forma de luta de classes. De acordo com Tocqueville, a insurreição foi uma

> tentativa brutal e cega, mas poderosa dos trabalhadores para conseguirem escapar das necessidades de sua condição, que tinha sido descrita para eles como uma opressão ilegítima... Foi esta mistura de cobiça e teorias falsas que tornou a insurreição tão formidável... As pessoas receberam a garantia de que o bem-estar dos ricos baseava-se de certa forma no roubo aos pobres.

A imprensa conservadora retratou os acontecimentos como um surto de selvageria sem sentido, como uma luta pela "pilhagem e estupro". Seu grito inicial de triunfo na "vitória adquirida pela ordem, pela família, pela humanidade, pela civilização" misturou-se, no entanto, ao medo e, a isso, seguiram-se as demandas por uma repressão mais firme. A atividade política foi severamente restringida. A nova Constituição, promulgada em 4 de novembro de 1848, garantiu que um presidente com forte autoridade executiva fosse eleito.

O candidato vencedor das eleições de 10 de dezembro foi Luís Napoleão Bonaparte, com 74% dos votos, Cavignac recebeu 19%. Autor de duas tentativas patéticas de tentar derrubar a Monarquia de Julho e de panfletos bem conhecidos com "ideias napoleônicas" e meios extremamente vagos de assegurar a "extinção da pobreza", o sobrinho do imperador foi capaz de tirar proveito do culto messiânico ao grande soldado e líder político, criado pela efusão de livros, panfletos, litografias e objetos de devoção ao longo dos últimos 30 anos.

Bonaparte, ao nomear um ministério composto principalmente por figuras associadas à monarquia orleanista, parecia confirmar seu compromisso com o chamado "partido da ordem". Os membros da Assembleia Constituinte, que estavam cientes de seu crescente isolamento político e sujeitos à pressão do novo governo, votaram a favor de sua própria dissolução em 29 de janeiro. As eleições seguintes, em 13 de maio, estavam, especialmente nas províncias, muito mais politizadas do que o pleito de abril

IMAGEM 26. Junho de 1848: barricada na rua Saint-Antoine. Litografia por E. de Beaumont e E. Ciceri.
© RMN-Grand Palais/Agence Bulloz.

de 1848. Surgiu uma clara divisão entre direita e esquerda, entre um conservadorismo reacionário e um republicanismo radical com o centro, os republicanos moderados, espremido no meio. O movimento social-democrata ou *montagnard* – montanhista – que pode ser visto como a primeira tentativa de criar um partido nacional moderno –, incorporou democratas e socialistas determinados a defender a República e trabalhar por uma reforma social genuína. Uns 200 montanhistas foram eleitos, e embora esse ainda fosse um número baixo em comparação com 500 conservadores, estes ficaram alarmados por esse sucesso inesperado dos radicais. Além de as áreas da classe trabalhadora de Paris e de Lyon terem apoiado os "vermelhos", os eleitores de algumas partes da supostamente "incorruptível" e conservadora zona rural também o fizeram. O que isso causaria? Houve o início de uma perspectiva apocalíptica em relação à eventual vitória eleitoral socialista e a ameaça à propriedade privada, à fé religiosa e à família começou a se desenvolver. Além disso, apesar da constante repressão, em algumas áreas, a organização e as propagandas *social-democratas* em forma de jornais, panfletos, almanaques, gravuras e canções conseguiram sobreviver. Elas apresentavam um programa social com base em alguns *slogans* simples que ligavam os problemas diários das pessoas aos objetivos políticos da esquerda. A política era feita para parecer relevante para as massas. Foram denunciadas a tributação, a exploração pelos ricos e a tirania do capitalismo em geral e da usura em particular. Em um período de contínua depressão econômica, o estabelecimento de uma *République démocratique et sociale* – que forneceria crédito barato para satisfazer a fome camponesa por terras e protegeria aqueles que se sentiam ameaçados pela expropriação por dívidas – tinha bastante apelo. Também possuía a promessa de educação gratuita, a garantia do direito ao trabalho e o apoio do Estado para a criação de cooperativas de produtores e consumidores. Esse deveria ser o caminho da liberdade para o proletariado. Essas medidas deveriam ser pagas por meio de maior tributação dos ricos e por intermédio da nacionalização de setores-chave da economia, a saber, as ferrovias, canais, minas e companhias de seguros. O ideal dos *sans-culottes* de 1793, ou seja, uma sociedade de pequenos produtores independentes, deveria, assim, ser reconciliado com o desenvolvimento de uma economia capitalista moderna.

Em resposta, os deputados conservadores buscavam, mais uma vez, mudar as regras do jogo político. Um funcionário judicial disse que era intolerável que fosse oferecido "aos comunistas a possibilidade de um dia se tornarem reis por meio da votação. A sociedade não deve cometer suicídio". Uma nova lei eleitoral impôs qualificações residenciais de elegibilidade mais rigorosas; assim, cerca de um terço dos eleitores mais pobres foram excluídos da votação. Além disso, ações cada vez mais intensas eram dirigidas contra a sobrevivência dos jornais e organizações de esquerda, fazendo que muitos fossem obrigados à clandestinidade. Em um esforço para garantir o futuro, uma lei relativa ao ensino primário (*Loi Falloux*) reforçou a mensagem religiosa e socialmente conservadora imposta às escolas, bem como os poderes de supervisão do clero. A Igreja estava intimamente associada às forças políticas "reacionárias", mas o clero continuava insatisfeito, pois desejava o controle total da educação de jovens. Nem mesmo essas medidas conseguiram diminuir a histeria conservadora. As eleições legislativas e presidenciais de 1852 se aproximavam. Junto, surgiam rumores de conspirações e golpes socialistas que punham Luís Napoleão, o presidente em exercício, em uma posição cada vez mais forte. Embora a Constituição impedisse um segundo mandato, as facções conservadoras não conseguiam encontrar uma alternativa. Além disso, o próprio Bonaparte não desejava entregar o poder antes de realizar aquilo que ele acreditava ser sua missão histórica – a regeneração da França.

Sendo chefe do Executivo, ele estava em uma boa posição para organizar um golpe de Estado; foi o que ele fez em 2 de dezembro de 1851. Embora fosse dirigido tanto contra os grupos monarquistas representados na Assembleia Nacional quanto aos republicanos radicais, o fato de que apenas este último grupo tenha oferecido resistência fez que o golpe ganhasse um caráter essencialmente antirrepublicano. O golpe pode ser visto como o cume de um longo período de repressão contra a esquerda. Em Paris, a resistência foi pequena, reflexo das prisões preventivas e da óbvia prontidão militar. Poucos trabalhadores desejavam arriscar uma repetição da insurreição de junho para defender os direitos de uma assembleia monarquista contra um presidente que prometia restaurar o sufrágio masculino. Da mesma forma, ocorreram apenas manifestações de curta duração em outras cidades. Em cerca de 900 comunas rurais e pequenas vilas, no entanto, principalmente no Sudeste, houve resistência de aproximadamente 100 mil. Eles vieram de regiões onde a agricultura era predominantemente artesanal, locais em que as dificuldades causadas pela crescente pressão populacional sobre a terra tinham sido intensificadas pelos problemas persistentes das atividades orientadas para o mercado, como o cultivo da vinha e da seda, a silvicultura e a indústria rural em geral. Mais importante foi a sobrevivência de organizações social-democratas clandestinas, pelas quais eles foram mobilizados para defender a *République démocratique et sociale* e a nova era de segurança e felicidade prometida para 1852. A ingenuidade de suas crenças não deveria desvirtuar sua verdadeira fé em andamento e o triunfo da democracia. Após a segurança de suas guarnições urbanas estarem asseguradas, as colunas de soldados movimentaram-se para a zona rural e conseguiram sufocar facilmente os movimentos que ali ocorriam. Depois, dando pouca atenção ao Estado de direito, foi realizado um ajuste de contas com a esquerda, com mais de 26 mil prisões em toda a França. Os conservadores estavam muito assustados por causa dos relatos grosseiramente exagerados sobre as atrocidades dos "vermelhos". Agora eles agradeciam a Deus por sua libertação: a salvação parece ter sido oferecida pelo estado de polícia. Em 20 de dezembro, foi realizado um plebiscito para sancionar a extensão da autoridade do príncipe-presidente. Luís Napoleão desejava garantir uma grande maioria. Foi deixado claro para todos os funcionários que a continuidade de seus empregos dependia de uma campanha entusiasmada. O tema básico era a escolha entre "civilização e barbárie, sociedade e caos". No lugar da era de desordem, inaugurada em 1848, prometia-se um novo período de ordem, paz e prosperidade. O resultado era previsível: 7,5 milhões votaram "Sim", 640 mil "Não", e a abstenção foi de 1,5 milhão; a oposição estava concentrada nas principais cidades. Em promessa simbólica de acontecimentos futuros, a imagem da República dos selos e moedas foi substituída pela imagem de *Son Altesse Impériale Monseigneur le Prince-Président* (Sua Alteza Imperial Monsenhor príncipe-presidente). Em 1º de janeiro de 1852, em um serviço solene na Notre Dame, o arcebispo de Paris cantava o *Domine salvum fac ludivicum Napoleonem* como se o império já existisse e, em 12 de maio, novas bandeiras com a águia imperial foram distribuídas para o Exército. Em 1852, aliviadas de seu terror, as classes altas comemoravam o carnaval com grande entusiasmo.

Qual o significado a longo prazo da crise de meados do século que durou de 1846 até 1852? Certamente, a crise despertou o temor da revolução social e demonstrou a vontade das elites sociais de recorrerem à repressão violenta para proteger seus privilégios. Contudo, ela também constituiu uma etapa importante da politização das massas. A introdução do sufrágio masculino encorajou a mobilização política em apoio à esquerda e à direita. Apesar da repressão posterior, foi durante esses anos que a ideia de República ganhou precisão e apoio do povo. Ainda que continuassem existindo diferenças profundas entre moderados e radicais, eles ainda compartilhavam os ideais universalistas de 1789 a 1794. Mesmo tendo muito em comum com as tradições "primitivas" de protesto popular, a resistência ao golpe de 1851, no entanto, tinha a ideologia política por inspiração. Com algum sucesso, *La Bonne, la République démocratique et sociale* havia sido apresentada como o meio para a criação de uma sociedade mais igualitária e justa. O golpe destruiu essas esperanças. Pela segunda vez, apoiado pelo Exército, um Bonaparte destruiu uma República. Em um ano, após outra campanha cuidadosamente orquestrada, um segundo plebiscito (em 21 e 22 de novembro de 1852) aprovou o restabelecimento do império hereditário, proclamado no dia 2 de dezembro, no aniversário de Austerlitz. Sua constituição baseava-se muito na do primeiro império, atribuindo uma imensa autoridade ao chefe de Estado.

O Segundo Império

As intenções do novo imperador, Napoleão III, foram objeto de muitos debates. A reputação desse homem estranho, inspirado pela crença em seu próprio destino, sofreu irremediavelmente com o desastre militar de 1870. Não há como simplesmente descartá-lo, como o fez Victor Hugo ao chamá-lo de *Napoléon, le petit*. Seus objetivos eram claros: despolitizar o governo pela criação de um poder Executivo forte e estável, capaz de promover a modernização econômica e social e, por esse meio, "acabar com o período revolucionário ao satisfazer as necessidades legítimas das pessoas" (2 de dezembro de 1853). O período de maior poder pessoal do imperador ocorreu durante a primeira década. Os ministros eram convocados uma vez por semana para discutir uma agenda preparada por ele. Eles forneciam informações. Ele tomava as decisões. A tradição da responsabilidade ministerial ao Parlamento gradualmente acumulada desde 1814 foi efetivamente anulada e o *Corps législatif*, o Legislativo, em grande parte, permaneceu dormente. Nesses anos, a contínua repressão política e a estreita cooperação com as forças reacionárias e clericais caracterizavam o regime. Nessa época, as eleições eram cuidadosamente gerenciadas mediante o apoio dado aos candidatos "oficiais". Mesmo nesse período, no entanto, a implementação da política de governo seria obstruída por uma complicada rede de grupos de interesse, muitas vezes conflitantes, bem como pelas dificuldades práticas de controle administrativo, financeiro e vacilo por parte do próprio chefe de Estado. Na prática, o novo regime dependia inevitavelmente dos servidores aristocratas e da alta burguesia dos governos anteriores. A maioria dos ministros eram ex-orleanistas conservadores (Pierre Magne, Achille Fould, Eugène

Rouher, Jules Baroche). Notadamente, poucos eram bonapartistas genuínos. Assim como o ex-primeiro-ministro orleanista Guizot salientou,
> uma insurreição pode ser reprimida com soldados; uma eleição ganha com os camponeses. Mas o apoio de soldados e camponeses não é suficiente para governar. É essencial que haja cooperação das classes altas que são governantes naturais.

Napoleão parece ter acreditado que os *notáveis* uniram-se em torno de seu governo. Ele ficaria bastante decepcionado.

Entretanto, nos primeiros anos, o governo forte e a estabilidade política, acompanhada da prosperidade econômica, certamente reforçaram o *status* do regime. A afirmação do imperador de ser o "salvador da sociedade" foi amplamente reconhecida por todas as classes proprietárias. Um investimento notável na infraestrutura dos transportes ofereceu um grande estímulo para a economia. A determinação do imperador para criar uma capital "moderna" e afastar a cólera e as ameaças de revolução poderia ocorrer em parte com o apoio de investidores privados e engenheiros do governo mobilizados pelo barão Haussmann, o enérgico prefeito do Sena. Grande parte da população rural da qual ele dependia do apoio eleitoral viam-no como "imperador" e oferecia proteção tanto contra uma restauração do *ancien régime* quanto contra o caos revolucionário. Além de obter recursos por meio de impostos e do serviço militar obrigatório, se tratava de um regime que trouxe benefícios em forma de ferrovias e estradas e ofereceu subsídios para a construção ou renovação de igrejas e escolas. Embora a historiografia republicana tendesse a minimizar sua importância, muitos trabalhadores também foram atraídos pela lenda napoleônica e pela demonstração imperial de simpatia aos pobres.

A Guerra da Crimeia (1853-1856), foi uma luta para tentar impedir a desintegração do império turco contra a "barbárie" russa e a ameaça que ela representava à civilização europeia; a utilização de 310 mil soldados e marinheiros (comparados com os 98 mil britânicos) revelava a superioridade do Exército francês sobre seus aliados e adversários. O sucesso parece ter restaurado a França a uma posição proeminente na Europa. A partida subsequente do imperador para a guerra na Itália contra a Áustria em 1859 foi saudada com uma demonstração de nacionalismo belicoso, mesmo em regiões oposicionistas como Paris e Lyon. Havia cerimônias públicas, incluindo celebrações religiosas, revistas militares, fogos de artifício e danças, normalmente glorificando o regime. O segundo império, portanto, teve

CAPÍTULO 5 – O SÉCULO XIX | 233

IMAGEM 27. Napoleão III, a imperatriz e o príncipe imperial, rodeados por seu povo. Uma das numerosas gravuras populares; a imagem de Napoleão I, fundador da dinastia, pode ser vista em segundo plano. Gravura de L. Flaming. Biblioteca Nacional, Salão de Gravuras.

mais apoio do que seus antecessores. Os resultados das eleições sugerem que esse consenso atingiu o seu auge em 1857, quando os candidatos oficiais receberam 5,5 milhões de votos, em comparação aos 665 mil votos recebidos pela oposição. O número de abstenções, no entanto, foi considerável. Os prefeitos mantinham-se preocupados com a opinião pública, especialmente nas cidades, onde a supervisão do eleitorado era muito mais difícil. Grande parte do apoio ao regime, particularmente o das elites sociais, sempre foi condicional e nunca devotada. O apoio diminuiu com a retração da ameaça de um levante revolucionário. Assim que a ordem estava aparentemente restaurada, os *notáveis* passaram a fazer pressão pelo restabelecimento do sistema parlamentar como o meio pelo qual poderiam participar mais plenamente da tomada de decisão política, bem como proteger seus próprios interesses vitais. O número crescente de críticos, portanto, ia desde aqueles que haviam aceitado o golpe inicialmente, mas já não viam mais necessidade de um governo autoritário (incluindo os liberais que eram socialmente mais conservadores), até os republicanos, as vítimas do golpe de Estado, que rejeitavam o império e todas as suas obras.

A oposição republicana manteve-se fraca ao longo da década de 1850 e na maior parte da década seguinte. Na maioria das regiões, o processo de politização da Segunda República não durou tempo suficiente para estabelecer um compromisso permanente de toda a população com a República. A repressão foi eficaz. Sabendo-se homens marcados, muitos antigos ativistas passaram a ter uma postura submissa. Na década de 1850, os relatórios administrativos das províncias estavam marcados por um sentimento de segurança, em nítido contraste com o tom alarmista que havia antes do golpe de Estado. Nas eleições de 1852, os republicanos geralmente votaram a favor dos oponentes conservadores ao governo ou abstiveram-se. Os republicanos moderados Cavaignac e Hippolyte Carnot, eleitos em Paris, e Jacques-Louis Hénon, em Lyon, recusaram-se a fazer o juramento de lealdade ao imperador e foram destituídos. No entanto, na maior parte da França, os republicanos continuavam a fazer reuniões, cautelosamente se reunindo no trabalho, em bares e em casas particulares, utilizando a multiplicidade de associações da sociedade civil como disfarce para a atividade política. Assim, os quadros necessários para o eventual ressurgimento do partido republicano ainda existiam ou foram reconstituídos.

A partir de 1860, o contexto para a atividade política mudaria. O regime de Napoleão III, ao contrário do seu ilustre tio, não assumiria uma forma cada vez mais autoritária. Seriam tomados passos importantes para a criação de um regime parlamentar. Incentivado por seu meio-irmão, o duque de Morny, por Alexandre Walewski (filho ilegítimo de Napoleão I) e por seu primo, o príncipe Napoleão, e ansioso para criar um regime constitucional menos dependente de sua própria sobrevivência, o imperador concedeu ao Legislativo – por meio do Decreto de 24 de novembro de 1860 – o direito de debater o discurso da Coroa no início de cada sessão parlamentar; e, ainda mais, concordou em nomear ministros sem pasta para explicar e defender a política do governo perante a Assembleia eleita. Além disso, os debates deveriam ser reproduzidos na íntegra na imprensa e receberiam a publicidade necessária sobre os pontos de vista dos partidários e, em particulares, dos opositores do regime. Isso ocorreu apesar dos receios dos ministros mais autoritários e especialmente Baroche, Fould e Rouher. Em dezembro de 1861, ao permitir maior controle parlamentar sobre o orçamento, Napoleão solucionou a ansiedade dos círculos financeiros em relação ao crescimento da dívida nacional e às exigências não ortodoxas de Haussmann para financiar a reconstrução do centro de Paris. Essa foi uma forma vital para aumentar a influência da assembleia representativa. Ao longo da década, também, embora a legislação repressiva permanecesse inalterada, a tolerância com a imprensa mostrava-se bem maior. Um novo clima político estava sendo criado.

É bem provável que o imperador tenha sempre desejado introduzir reformas destinadas a conciliar os liberais e os republicanos, uma vez que a ordem fosse restaurada. O governo autoritário era visto como um obstáculo à modernização econômica e social. Inicialmente, pelo menos, a política de liberalização representava confiança na estabilidade do regime. A série de medidas tomadas teria efeitos complexos e muitas vezes contraditórios, no entanto. Dentre elas, podemos citar a anistia aos republicanos; a aliança com Piemonte contra a Áustria e em apoio a uma "Europa das nacionalidades"; o afrouxamento da aliança entre Igreja e Estado; o tratado comercial de 1860 com a Grã-Bretanha, realizado para intensificar as pressões competitivas e forçar o ritmo da modernização; e o reforço do papel do Parlamento. A percepção de que o regime não recorreria mais à força bruta contra seus oponentes incentivou as crescentes críticas de todos que acreditavam que as novas políticas – e disposição do imperador para usar seu poder pessoal – ameaçavam seus interesses vitais. Os grupos mais estridentes eram o clero, que estava nervoso com a ameaça representada pelo nacionalismo italiano ao poder temporal do papa, e os políticos liberais preocupados com as transformações econômicas que poderiam resultar do comércio livre e, especialmente, seu impacto sobre os preços agrícolas e na indústria metalúrgica e têxtil. Eles exigiram mais liberalização das instituições políticas para promover maior controle parlamentar sobre a política do governo e restaurar a influência das elites sociais existentes.

A vitalidade dessa oposição deixou claro que o regime não havia conseguido projetar a reconciliação nacional. Nessa situação, ao contrário de seus antecessores, Napoleão III estava pronto para adaptar-se. Para funcionar, o regime dependia, em última instância, da cooperação das elites. Assim, a liberalização foi o meio utilizado para tranquilizá-las. A natureza prolongada e às vezes aparentemente relutante do processo faria que esses liberais, predominantemente conservadores, demonstrassem pouca gratidão. Os esforços do regime para criar uma abertura com a esquerda fizeram que as suspeitas aumentassem. Tais esforços incluíram as propostas conciliatórias feitas aos trabalhadores por meio de um grupo de discussão estabelecido em 1861 pelo sobrinho do imperador, o "republicano" príncipe Napoleão, bem como o envio de uma delegação de trabalhadores à Exposição Internacional de Londres, em 1862, o que levou à legalização das greves em 1864 e à crescente tolerância às atividades sindicais que ainda eram ilegais. Acontece que isso não substituía o apoio dos conservadores. Com o apoio enfraquecido, a única opção do regime era fazer mais concessões para a decisão dos *notáveis* de restabelecer os mesmos tipos de arranjos institucionais que haviam tornado a Monarquia de Julho tão simpática aos seus interesses. Uma maior liberalização representou, assim, as concessões feitas pelo regime em resposta à pressão.

O aumento dessa pressão mostrou-se evidente no colapso gradual do sistema de candidatura oficial, algo que teve início durante a campanha das eleições parlamentares de 1863. O sistema estava sendo desafiado, em primeiro lugar, pelo aumento do número de candidatos da oposição e, consequentemente, pela agitação política; e também pelo desejo de criticar o regime que vinha do clero e dos protecionistas – ex-partidários do governo com bases políticas locais garantidas. Na ausência do apoio incondicional das elites locais, a gestão eleitoral tornava-se cada vez mais difícil. O eleitorado foi encorajado a rejeitar a interferência oficial com "dignidade" e "independência". Havia a possibilidade crescente de simplesmente rejeitar o "conselho" oficial na votação, pondo, assim, todo o sistema em causa.

A eleição de 1863 viu a reconstituição de uma oposição parlamentar extremamente heterogênea, mas cada vez mais eficaz, que incluía um número crescente de legalistas determinados a defender os interesses da Igreja

TABELA 4. Resultados das eleições legislativas.

	Eleitores registrados	Votos para o governo	Votos para a oposição	Abstenções
1852	9.836.000	5.248.000	810.000	3.613.000
1857	9.490.000	5.471.000	665.000	3.372.000
1863	9.938.000	5.308.000	1.954.000	2.714.000
1869	10.417.000	4.438.000	3.355.000	2.291.000

e dispostos a ignorar as instruções do conde de Chambord, o pretendente Bourbon ao trono, a abster-se da atividade política; de orleanistas *notáveis* irreconciliáveis; e de liberais e republicanos independentes. Apesar de apenas 32 opositores ao regime terem sido eleitos, eles uniram-se a alguns de seus adeptos mais liberais para construir um terceiro partido. Juntamente com o apoio à oposição nas principais cidades, isso causou um sério desconforto entre os partidários do regime. Foram feitas novas concessões, mais notavelmente as liberdades concedidas em 1868 para reuniões públicas e para a imprensa. Novamente, o contexto político era alterado de maneira decisiva. As formas mais gritantes de intervenção administrativa nas eleições passaram a ser vistas como contraproducentes. Os atos de oposição política tornaram-se muito menos arriscados do que anteriormente. Houve um renascimento espetacular e imediato dos jornais e das reuniões políticas, a maioria delas hostis ao governo. A circulação dos jornais parisienses, que tinha sido em torno de 50 mil em 1830, subiu para mais de 700 mil em 1869, refletindo a nova situação política, a crescente alfabetização e a queda dos custos de produção e distribuição. O interesse pela política renovou-se local e nacionalmente, pondo fim à indiferença generalizada das duas décadas anteriores. O resultado das eleições de 1869 foi um duro golpe para o regime e, se comparado ao das eleições anteriores, mostrava claramente a ascensão da oposição.

Os resultados de Paris impressionaram os contemporâneos, com apenas 77 mil votos para os candidatos do governo, em comparação com os 234 mil votos para a oposição e 76,5 mil abstenções. Além disso, a campanha foi marcada pelo surgimento de Léon Gambetta – famoso por seus discursos de defesa nos julgamentos políticos – como a principal figura da esquerda. Sua adoção de um programa que incluía promessas vagas de reforma social era acompanhada por grandes manifestações contra o regime – as multidões cantavam a *Marselhesa* e lutavam com a polícia e soldados. Isso, unido à visão teleológica da história, levou muitos historiadores a exagerarem a força da oposição republicana. As eleições de 1869 revelaram o desenvolvimento do apoio aos republicanos declarados, mas também sugeriram a existência de limites definitivos do mesmo. Assim, dos 78 opositores declarados ao regime que foram eleitos, apenas 29 eram republicanos. Os 49 restantes eram liberais. Além disso, embora tenham sido as reuniões e jornais mais extremos – de fato, revolucionários – que causaram maior impressão no público, a maioria dos líderes republicanos eram moderados e evitavam desesperadamente a violência. Esses republicanos burgueses apoiavam a propriedade privada e um sistema econômico liberal tanto quanto os partidários do governo moderado, tais como Jules Favre, Jules Simon e Ernest Picard, estavam decididos em empregar formas estritamente jurídicas de ação política e, com efeito, a adiar o estabelecimento da República para um futuro indefinido. Até mesmo o "radical" Gambetta afirmava que

> para nós, a vitória da democracia... significa segurança e prosperidade dos interesses materiais, garantia de direitos a todos, respeito à propriedade, defesa dos direitos legítimos e fundamentais do trabalho, a melhoria moral e material das classes mais baixas, mas sem comprometer a posição daqueles favorecidos pela riqueza e pelo talento... Nosso único objetivo é trazer justiça e paz social.

Ele estava comprometido com o "progresso sem revolução". Ele temia que a agitação socialista despertasse mais uma vez o medo da ameaça "vermelha" e, como em 1848, assustasse os pequenos proprietários e provocasse uma reação repressiva do governo.

É difícil caracterizar o apoio aos republicanos. Ele existiu em todos os grupos sociais, mas era predominantemente urbano e, muitas vezes, produto da incessante concorrência por proeminência local entre os grupos burgueses estabelecidos e em ascensão. Mesmo que nem todas as manifestações de descontentamento dos trabalhadores devam ser vistas como oposição, o conflito industrial – especialmente as greves de 1869-1870, quando soldados foram lançados contra os grevistas – certamente aumentou a tensão. Embora os padrões de vida reais tivessem melhorado desde o final da década de 1850, a maioria dos trabalhadores ainda vivia em condições muitas vezes miseráveis, em locais superlotados e sofria de insegurança crônica. Apesar de os líderes da oposição geralmente afirmarem que a sobrevivência do império devia-se inteiramente à manipulação administrativa do campesinato ignorante, a população rural, com algumas exceções regionais, estava mais propensa a apoiar o regime por razões positivas. Isso levou o liberal Lucien-Anatole Prévost-Paradol a descrever o regime como *la campagnocratie impériale* (ruralismo imperial), com base na "imbecilidade rural e brutalidade provincial" – uma expressão de arrogância intelectual parisiense repetida pela afirmação do republicano Henri Allain-Targé de que a futura República precisaria reeducar os "35 milhões de brutos que compõem a nação como cidadãos ativos".

Quaisquer que fossem os limites da oposição, os resultados das eleições de 1869 certamente causaram uma considerável preocupação entre os partidários do regime. Entre os deputados recém-eleitos, pelo menos 98 eram liberais e antigos partidários do governo, cujas opiniões pouco difeririam dos deputados da oposição. Muitos destes apoiavam a demanda imediata por um funcionário do governo que respondesse ao Legislativo. Ficou claro que concessões deveriam ser feitas para manter a fidelidade das elites sociais. E foram feitas: um controle parlamentar mais forte sobre os ministros e

IMAGEM 28. Fábricas da Schneider em Le Creusot, um grande centro metalúrgico durante o Segundo Império: possuía 15 fornalhas, 160 fornos de coque e 85 motores a vapor. Aquarela por I. F. Bonhommé. Foto: DEA/G. DAGLI ORTI/De Agostini/Getty Images.

o orçamento. Na prática, os futuros ministros precisariam ter o apoio da assembleia, embora constitucionalmente respondessem somente ao imperador. Um dos jornais republicanos registrou com alegria: "O Império de 2 de dezembro não existe mais". Essas concessões foram seguidas por um longo esforço para formar um governo que conseguisse ganhar tanto a confiança do imperador quanto a maioria na câmara. Isso culminou na nomeação, em 2 de janeiro de 1870, de um ministério chefiado por um antigo republicano moderado, Emile Ollivier. Embora os liberais de oposição, como Thiers, ainda estivessem insatisfeitos com a retenção de considerável poder pessoal pelo imperador, a maioria dos deputados estava disposta a aceitar isso como necessário para a preservação da ordem em uma situação de crescente tensão social e instabilidade política.

As primeiras medidas do novo governo reforçaram esse apoio conservador. Dentre elas estavam o abandono final do sistema de candidatura oficial; a demissão de Haussmann, a fim de satisfazer interesses financeiros ortodoxos; a remoção do ministro da Educação secularista Victor Duruy para pacificar o clero; o anúncio de um exame da legislação aduaneira, que era vista como o prelúdio para o retorno ao protecionismo econômico; e determinados esforços, envolvendo o uso de soldados para restaurar a ordem social ameaçada pelos grevistas do grande centro industrial de Le Creusot e por manifestações republicanas em Paris. Com efeito, para muitos liberais, a liberalização tinha ido longe demais. Eles haviam desejado restaurar o controle parlamentar sobre o governo, bem como oferecer maior liberdade para a imprensa, mas cada vez mais temiam os abusos dessas liberdades. A convocação por uma revolução feita por parte da imprensa republicana e nas reuniões públicas que pipocavam em Paris, juntamente com os relatórios grosseiramente exagerados da imprensa conservadora, contribuiu para a criação de um "temor vermelho" semelhante ao de 1848. Um processo similar de polarização política também estava em andamento, pois nesse momento os críticos clericais e liberais do império montavam fileiras em uma ampla aliança conservadora. Parecia não haver qualquer alternativa, senão o regime, por um garantidor mais eficaz da ordem social e da civilização cristã – um ponto feito repetidamente pela propaganda oficial.

Em 8 de maio de 1870 foi realizado um plebiscito. O eleitorado foi convocado para "aprovar as reformas liberais introduzidas desde 1860". Os defensores do "sim" parecem ter salientado os perigos da revolução, em vez das conquistas do regime. De maneira típica, um jornal clerical da Alsácia afirmou: "Nosso *sim* fortalecerá o imperador contra os vermelhos". Os resultados foram um grande sucesso para o regime: 7.350.000 eleitores registraram sua aprovação, 1.538.000 votaram "não" e 1.900.000 não votaram. Segundo um alto funcionário, a vitória representava "um novo batismo da dinastia napoleônica". Ela escapou da ameaça do isolamento político. O império liberal oferecia maior liberdade política, mas também renovação da ordem e da prosperidade. Era um grande atrativo consideravelmente bom. A oposição manteve-se forte nas cidades. Em Paris, 59% dos votos foram negativos; e isso subiu para mais de 70% nos bairros do Nordeste, predominantemente da classe trabalhadora. Em comparação com as eleições de 1869, no entanto, a oposição parecia minguar. Os republicanos ficaram amargamente desapontados. Gambetta se sentiu obrigado a admitir que o império estava mais forte do que nunca. Parecia que a única perspectiva viável era fazer uma longa campanha para convencer a classe média e os camponeses de que uma República não era o mesmo que uma revolução.

Nessa situação, o colapso final do império foi consequência da gestão incompetente das relações exteriores. O triunfo prussiano sobre a Áustria em 1866 alterou o equilíbrio de poder europeu e, desde então, muitos comentaristas passaram a acreditar na inevitabilidade de uma guerra entre a França e a Prússia, por meio do qual a França poderia reafirmar sua autoridade. Quando a guerra chegou em 1870, no entanto, ela ocorreu por causa de uma série de erros de um governo que operava sob pressão da opinião conservadora. A resposta histérica da imprensa de direita à notícia da candidatura de Hohenzollern ao trono espanhol e a perspectiva de um "cerco" foram fatores importantes na criação da atmosfera belicosa. Apesar de o imperador e Ollivier terem aceitado a simples retirada da candidatura, os deputados conservadores exigiam garantias, que foram negadas por Otto von Bismarck, o primeiro-ministro prussiano, em termos deliberadamente insultantes, no infame despacho de Ems. Tal aceitação significaria outra perda humilhante da política externa com risco de desaprovação parlamentar, que poderia pôr em dúvida as bases da recente revisão Constitucional e, em particular, o poder pessoal do imperador. Nessa situação, embora estivesse ciente dos deficientes preparativos militares, Napoleão, cuja saúde deteriorava-se rapidamente, sucumbiu à pressão da imperatriz e de outros bonapartistas autoritários e aceitou os conselhos oferecidos por especialistas imprudentes: o ministro das Relações Exteriores, o duque de Gramont, e o ministro da Guerra, marechal Le Boeuf. Ele esperava que a vitória consolidasse o regime ainda mais. A política interna foi claramente deslocada para a política externa.

A resposta inicial do público foi realmente positiva. Com exceção de uma pequena minoria de militantes revolucionários, até mesmo os republicanos sentiram-se obrigados a manifestar apoio à causa nacional. Multidões entoavam canções patrióticas e reuniram-se nas ruas para ver a partida dos soldados. A primeira derrota trouxe pânico. A resposta do imperador à crise militar em desenvolvimento foi a substituição do governo de Ollivier por outro composto de bonapartistas autoritários sob o comando do general Cousin-Montauban. Isso não alterou o fato de que, em termos de organização, formação e material, o Exército estava mais bem preparado para lidar com os problemas de segurança interna e conflitos coloniais do que travar uma grande guerra na Europa. Em comparação com a Prússia e seus aliados alemães, a mobilização francesa era caótica. O Exército necessitava de reservas com formação adequada. Suas manobras em campo careciam do trabalho em grupo e da falta de uma coordenação eficaz, que pioravam com a indecisão do imperador. *Os líderes confiavam em seu elã*, isto é, no espírito de improvisação e na capacidade de sair de situações ruins, mas isso lhes custou caro. Apenas a concentração de forças poderia ter compensado a inferioridade numérica. A incapacidade do alto comando para alcançar esse objetivo, provavelmente, fez que o desastre fosse inevitável.

As notícias da derrota em Sedan e a capitulação do imperador e de um grande exército foram recebidas em Paris na noite de 2 de setembro e tornaram-se de conhecimento público no dia seguinte. Essa catástrofe fez que o regime ficasse totalmente desacreditado. O pequeno grupo de 27 deputados republicanos que exigiam a sua substituição foi apoiado por grandes multidões. Em 4 de setembro, o Palácio Bourbon foi invadido e o corpo Legislativo expulso. Em meio a essa situação política incerta, os soldados e a polícia responsáveis pela segurança da assembleia não estavam dispostos a usar suas armas. Inspirado tanto pelo desejo de evitar uma tomada de poder pelos revolucionários, bem como pela oportunidade de substituir a administração imperial, um grupo de deputados parisienses proclamou a República e estabeleceu um Governo Provisório de Defesa Nacional presidido pelo governador militar de Paris, general Trochu. Eles estavam determinados a continuar a guerra. Nas províncias, a notícia da derrota e da revolução chegou como uma surpresa, mas parecia não haver qualquer alternativa imediata, senão aceitar a iniciativa parisiense. Em suas várias manifestações, o império atraiu apoio geral. Juntamente com seu claro compromisso com a Lei e a ordem, a liberalização parecia reforçar esse apoio.

IMAGEM 29. Paris, 4 de setembro de 1870. Após a notícia da derrota e captura do imperador em Sedan, multidões se reúnem na frente do Legislativo. Deputados republicanos declaram "a pátria em perigo" e proclamam a derrubada da dinastia Bonaparte. Pintura de J. Guiaud. Museu Carnavalet. © Museu Carnavalet/Roger-Viollet/TopFoto.

Apesar de seus receios iniciais, o governo e as elites tinham aprendido a viver com o sufrágio masculino. Fosse como meio para expressar apoio, ou então como um sentimento de injustiça, a votação já era algo institucionalizado. A "democracia" parecia considerar a revolução irrelevante. A derrota militar, no entanto, representava um fracasso do governo tão grande a ponto de poder destruir a legitimidade do regime. Ela teria um impacto enorme e a longo prazo sobre o equilíbrio de poder na Europa. O poderio industrial, demográfico e militar do império alemão iria representar um desafio permanente aos sucessivos governos da França.

A Terceira República: 1870-1914

Após a proclamação da República, sua sobrevivência parecia depender de um resultado favorável da guerra. Havia grandes obstáculos a isso, no entanto, em particular, a escassez de soldados treinados e de equipamentos, resultante da derrota e capitulação do Exército imperial em Sedan e Metz. A autoconfiança pública nunca foi realmente recuperada. Os conservadores, em particular, questionavam a continuidade de lutar em uma guerra perdida, especialmente porque eles temiam que, tal como em 1791, isso levaria à radicalização política. A situação tornava a tarefa dos administradores republicanos inexperientes mais difícil ainda. Seus apelos à tradição jacobina para justificar os novos alistamentos e o aumento dos impostos exacerbavam as tensões. Nessa situação desesperada, com Paris sitiada, o governo foi obrigado a pedir um armistício e, em fevereiro de 1871, realizou um plebiscito essencialmente sobre a questão de continuar a guerra, ou não. O desejo generalizado de paz e ordem social e o descrédito de bonapartistas e republicanos defensores da guerra resultaram em uma maioria maciça, especialmente nas zonas rurais, a favor dos *notáveis*, monarquistas em sua maioria, que se posicionavam como candidatos de paz. A derrota dos republicanos teria consequências ainda mais sérias.

Na capital, sitiada pelos prussianos de 19 de setembro de 1870 a 28 de janeiro de 1871, os homens adultos que escolheram ficar, ou que não tinham alternativa senão permanecer – pertencentes, em sua esmagadora maioria, às classes mais pobres –, receberam armas e foram incorporados a uma Guarda Nacional. A radicalização política, já evidente nos anos finais do império, foi acelerada pelo sentimento de traição, resultado da paz "humilhante" aceita pelo governo. O fato acabou em uma celebração da vitória alemã pela cidade que eles e os soldados comuns haviam defendido com sucesso, bem como a perda das províncias da Alsácia e da Lorena.

Havia a preocupação de que a Assembleia Nacional recém-eleita, reunida em Bordéus em 12 de fevereiro, com sua maioria monarquista, destruiria a República e com ela toda a esperança de novas reformas democráticas e sociais. Certamente, a nomeação de um governo composto por republicanos mais moderados e liderado pelo arquiconservador Thiers pouco fez para acalmar esses temores. Com efeito, a crise aprofundou-se como resultado da insensibilidade do governo ao decidir não mais pagar os membros das Guarda Nacional. Para muitas famílias essa era a única fonte de renda até a restauração das atividades econômicas. A existência de muitas pequenas empresas também estava ameaçada pela exigência do imediato pagamento de aluguéis e dívidas comerciais. No entanto, a revolta que teve início em 18 de março não foi, em grande parte, premeditada. Começou como uma resistência popular contra o esforço sem tato e incompetente de apreender os canhões da Guarda Nacional estacionados nos cumes do Monte Martre. Sinais de descontentamento entre os soldados envolvidos causaram pânico, enquanto Thiers ordenava a retirada para Versalhes para esperar por reforços militares. O vazio no poder resultante, sem dúvida, estimulou aquela insurreição mais ampla que ele temia. Duas autoridades políticas rivais passaram a existir, o comitê central da federação dos Batalhões da Guarda Nacional na cidade e o governo nacional em Versalhes, cada um deles controlava sua própria força armada. Em 26 de março, após o fracasso das confusas negociações, a insurreição se transformou em revolução; em Paris houve a eleição de uma comuna, compromissada com reformas democráticas e igualitárias. Os combates entre os organismos começaram no dia 2 de abril. Em retrospecto, parece claro que o movimento parisiense estava condenado, pois gozava de pouco apoio provincial e estava isolado por uma *barreira sanitária* militar. Foi suprimido pela extrema brutalidade dos soldados do Exército imperial, em grande parte libertados de campos de prisioneiros alemães para esse fim. Os soldados da Guarda Nacional, sem disciplina e mal conduzidos, foram incapazes de defender a cidade. Em 1848, os comandantes militares, com o reforço das vias férreas, tinham desenvolvido eficazes táticas de combate de rua. A luta transformou-se na defesa cada vez mais desesperada de bairros específicos ao longo de uma semana (de 21 a 28 de maio), apropriadamente apelidada de "semana sangrenta". Na rua, em brigas ferozes, o Exército perdeu 500 homens e 1,1 mil ficaram seriamente feridos. Ninguém sabe o número de mortos entre os rebeldes. As estimativas variam entre 6 mil e improváveis 30 mil; muitos foram sumariamente executados após se renderem. Nos dias e semanas seguintes, mais de 38 mil pessoas foram presas. Generais, deputados monarquistas e ministros republicanos moderados claramente aceitaram a situação como uma oportunidade para um acerto final de contas. Esses políticos radicais com suas conclamações por reformas e sua retórica revolucionária pareciam constituir uma ameaça à ordem social estabelecida e foram associados na imaginação febril do discurso conservador a tudo que fosse criminoso, à turba sem raízes, à "classe perigosa" em um complô para destruir a "sociedade civilizada". A execução dos reféns, incluindo o arcebispo de Paris e 23 sacerdotes, por integrantes desesperados da comuna só veio a confirmar essa percepção e serviu para justificar a violência estatal. Conforme afirmou Jules Simon, ministro da Educação, de forma reveladora: "Junho de 1848, março de 1871 – a mesma luta". Do outro lado do espectro político, a comuna criava o mito socialista do heroísmo revolucionário. No entanto, essa seria a última das grandes revoluções do século XIX. Surgida das circunstâncias particulares da guerra e da derrota, no longo prazo ela passou a representar apenas um interlúdio no processo de institucionalização do protesto político.

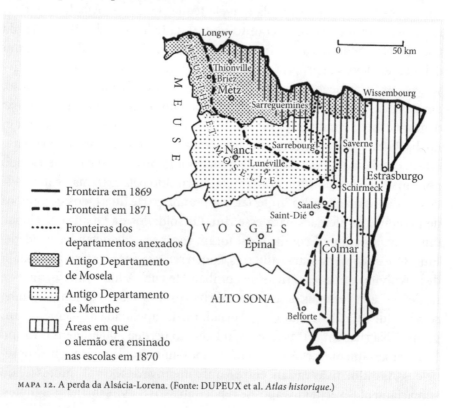

MAPA 12. A perda da Alsácia-Lorena. (Fonte: DUPEUX et al. *Atlas historique*.)

IMAGEM 30. Incêndio de Paris, um esforço para impedir o avanço das tropas governamentais na cidade, maio de 1871. Entre os edifícios destruídos estão o Palácio das Tulherias e o Hôtel-de-Ville. Museu Carnavalet. Foto: Museu da Cidade de Paris © SPADEM.

As características do novo regime ainda não estavam assentadas. Nele, teria continuidade a luta entre o "partido da ordem" – comprometido com uma sociedade hierárquica, com a descentralização do governo, com o regime monárquico e determinado com a *résistance* (resistência) à mudança – e os partidários do *mouvement* (movimento), a favor de um governo representativo e "maior justiça social". Assim que a ameaça da extrema-esquerda foi dissipada, pelo menos momentaneamente, os republicanos moderados conseguiram distanciar-se mais uma vez dos monarquistas, seus aliados temporários. Mais uma vez, os grandes mitos de 1789 voltaram a ser pontos essenciais de referência e base de duas culturas políticas opostas. As eleições realizadas em fevereiro de 1871 resultaram em uma assembleia cuja maioria (cerca de 400 dos 645) favorecia o estabelecimento de um tipo de monarquia constitucional. Eles fizeram alguns progressos. Assim, em maio de 1873, Thiers – cujo governo sufocou a comuna, garantiu a retirada das forças de ocupação alemãs mediante o pagamento de uma indenização de 5 bilhões de francos e iniciou a tarefa urgente de reorganização do Exército – foi substituído por monarquistas mais comprometidos, assim o marechal MacMahon passou a ser o presidente e o duque de Broglie, o primeiro-ministro. O erro de Thiers foi mostrar-se cada vez mais solidário com a noção de uma República conservadora como "o regime que nos divide menos". Mais uma vez, porém, como em 1850, os monarquistas desperdiçaram a oportunidade e não conseguiram realizar uma restauração.

O candidato óbvio para o trono, o neto de Carlos X, conde de Chambord, estava exilado na Áustria e não tinha qualquer contato com os eventos na França, mas continuava insistindo na substituição da bandeira tricolor, "emblema da revolução", pela bandeira branca com a flor de lis da antiga monarquia. Ele era apoiado por cerca de 100 deputados legalistas da Assembleia Nacional; a oposição vinha das duas centenas de orleanistas que, sem dúvida, aceitavam uma política conservadora, mas sentiam-se desconfortáveis com as formas mais extremas de devoção legalista ao trono e ao altar. Perante essa intransigência, os líderes monarquistas foram forçados a adiar o arranjo constitucional e decidiram esperar até a morte de Chambord, que não possuía filhos. A sucessão seria, em seguida, passada legitimamente para a casa de Orléans, assegurando, esperava-se, a fusão natural dos grupos monarquistas beligerantes. Nesse meio-tempo, com a assistência da Igreja, eles estavam resolvidos a estabelecer um regime dedicado a restabelecer a ordem moral. A França precisava expiar os pecados que fizeram que Deus infligisse a derrota militar de seus exércitos. O renascimento religioso – simbolizado pela construção de uma basílica dedicada ao *Sacré Coeur* (Sagrado Coração) que dominava o horizonte parisiense – era também um modo de persuadir as pessoas a aceitarem suas posições na sociedade, pois estas haviam sido ordenadas por Deus. Durante esses primeiros anos da Terceira República, mais do que o monarquismo, foi a defesa da religião que ofereceu coesão e um sentimento de propósito para os conservadores.

Em contraste, para muitos dos 150 republicanos eleitos em 1871, o anticlericalismo, juntamente com a determinação fundamental em defender a República, oferecia um sentimento de unidade. Significativamente, não houve retorno à atividade clandestina, mesmo nas circunstâncias repressivas do início dos anos 1870. Apesar de interrompida pela comuna, continuava também a institucionalização do protesto político. Os porta-vozes dos republicanos insistiam em seu próprio compromisso com a atividade política jurídica e esforçavam-se para dissociar a República da revolução. Além disso, afirmaram que os conservadores ameaçaram a ordem social, planejando não somente a restauração da monarquia, mas também o restabelecimento dos privilégios da nobreza e o dízimo. Alegava-se também que os monarquistas conduziriam a França para outra guerra desastrosa, projetada para restaurar o poder temporal do papa. Desse modo, para eles, os verdadeiros defensores da ordem social eram os republicanos. Até mesmo os radicais minimizaram a questão da reforma social. As circunstâncias mais prósperas da década de 1870 os encorajaram a substituir a conclamação anterior aos *Petits* (pequenos) contra os *Gros* (grandes) e preocuparem-se com os interesses daqueles que Gambetta agora rotulava de *couches nouvelles* (nova camada social): a classe média baixa de proprietários e os camponeses. Essas políticas teriam um crescente sucesso eleitoral. A composição da assembleia mudaria rapidamente por meio das eleições intercalares. Já em julho de 1871, quando as eleições foram realizadas em 114 zonas eleitorais, mais 100 republicanos foram eleitos; isso indicava as circunstâncias peculiares da eleição de fevereiro e também o apelo real causado pela República conservadora de Thiers que, afinal de contas, conseguiu sufocar a Comuna de Paris. Em janeiro de 1875, o conservador católico Henri Wallon conseguiu apoio suficiente para uma emenda constitucional em favor do estabelecimento definitivo da República.

A Constituição daquele ano tentou evitar o erro de 1848, garantindo que o presidente fosse eleito pelo Parlamento e não por voto popular. No rescaldo da comuna, ele receberia um poder Executivo considerável, mas na prática a Câmara dos Deputados, cada vez mais dominada pelos republicanos, persistiria em sua própria supremacia. O principal cargo do governo seria o *président du conseil* (primeiro-ministro), o qual estaria subordinado ao Parlamento. As eleições gerais de 1876 levaram 340 republicanos para a Câmara dos Deputados, eleitos especialmente no Leste e Sudeste, ao lado de 155 monarquistas das zonas rurais do Oeste e Noroeste. Cerca de metade deles era bonapartista, eleita principalmente pelo Sudoeste; eles representavam um renascimento iniciado em 1873, que somente acabaria com a morte fútil do príncipe imperial, em 1879, enquanto lutava com o Exército britânico na Guerra Anglo-Zulu. Nessas circunstâncias, não havia mais como adiar o confronto final entre os deputados republicanos que estavam cada vez mais confiantes e o presidente monarquista da República. Em maio de 1877, após receber um voto de desconfiança, MacMahon dissolveu a câmara. Em outubro, apesar do retorno a um regime bonapartista de pressão administrativa, o eleitorado elegeu 321 deputados republicanos e apenas 208 monarquistas. MacMahon foi obrigado a convidar Jules Dufaure, um republicano moderado, para formar o governo. Mas a coabitação foi um fracasso e quando os delegados das comunas, em janeiro de 1879, elegeram uma maioria republicana para o Senado, MacMahon finalmente aceitou que sua posição era insustentável.

Não há como explicar a triunfante vitória republicana em termos sociológicos simples. Havia divisões ideológicas dentro das divisões de classe. Certamente, elas pareciam indicar o fim dos notáveis – "*la fin des notables*" (D. Halévy) –, a derrota da elite social tradicional, que era composta principalmente por nobres e não nobres proprietários de terras, mas que também incluía muitos comerciantes e profissionais ricos, bem como aqueles com interesses mistos, tais como o duque Elie Decazes, envolvido em finanças e exploração de minas, ou o duque de Broglie, presidente da empresa Saint-Gobain de vidros e produtos químicos. No entanto, uma grande parte das elites econômicas passou a favorecer a República conservadora, incluindo financistas como Henri Germain ou proprietários de siderurgias, tais como Jacques Dorian e Pierre Magnin, deputados do Loire e de Côte d'Or, respectivamente. A mesma opinião tinha muitos outros negociantes e profissionais com influência local e em contato relativamente estreito com um grande eleitorado (a nova camada social conclamada por Gambetta, em 1872, em um discurso feito em Auxerre), que já tinha atingido um nível significativo de consciência política e que, cada vez mais, acreditava que suas aspirações materiais e sociais seriam mais bem servidas por uma República.

Após a resignação de MacMahon houve um longo período de governo republicano conservador até 1898. Embora as rápidas mudanças de alianças parlamentares e as repetidas crises ministeriais dessa época refletissem a fragmentação da autoridade, elas não devem obscurecer essa realidade básica. No início, introduziu-se um programa concebido para estabelecer firmemente um sistema político democrático e liberal que representasse, independentemente de suas deficiências, a grande afirmação da liberdade individual. Na ausência da organização moderna de partidos, a unidade e o sentimento de finalidade dos republicanos moderados circulavam por meio de redes informais, comissões eleitorais e jornais que apresentavam uma ideologia simples, associando a República ao progresso ilimitado da liberdade e do bem-estar material. As restrições sobre a imprensa, reuniões públicas e ao direito de criar associações, incluindo sindicatos, diminuíram (Leis de 29 de janeiro e 30 de junho de 1881 e 28 de março de 1884, respectivamente) e havia menos políticas repressivas em relação às greves. Assim como seus antecessores, uma vez no poder, os republicanos abandonaram os planos de descentralização governamental, e, com efeito, a administração foi purgada de figuras politicamente suspeitas que pudessem obstruir a aplicação das leis republicanas. Várias medidas anticlericais foram introduzidas, incluindo a revogação da proibição de trabalho aos domingos de 1814 e o restabelecimento do divórcio. Apesar disso, o estatuto de religião oficial da Igreja Católica Romana não foi ameaçado. A Concordata tinha suas vantagens.

O estabelecimento de um sistema de educação secular era muito importante para os republicanos, pois era uma forma de combater o "obscurantismo" clerical, garantindo a emancipação do indivíduo e a salvaguarda dos princípios de 1789. Segundo Jules Ferry, a Lei de 28 de março de 1882, por meio da qual ele estabeleceu o ensino primário gratuito e obrigatório e retirou a instrução religiosa do currículo, foi "a maior reforma social e... a reforma política mais duradoura". Ele notou que a educação era uma importante fonte de poder. O estabelecimento da educação laica oferecia meios para proteger a República burguesa contra seus inimigos clericais e monarquistas da direita e contra a ameaça de revolução social da esquerda. Ela oferecia uma forma para inculcar noções fundamentais de responsabilidade cívica, patriotismo e respeito à lei, à propriedade e à ordem social estabelecida. Em 1886, outras leis previam a substituição gradual dos clérigos por pessoal laico em todas as escolas públicas.

A nova República também se mostrou muito ativa na esfera econômica. Tentou conciliar diversos grupos de interesse, reconhecendo suas reais dificuldades, após o início da depressão econômica no final da década de 1870. Assim, em 1878 Charles Freycinet introduziu um programa anticíclico de obras públicas, destinado a melhorar as comunicações por meio da construção de ramais ferroviários e estradas locais. Apesar de criticado por seu custo, o programa mostrou-se bastante atraente para os eleitores rurais e pequenas cidades. A reintrodução de tarifas aduaneiras protecionistas por Jules Méline entre 1881 e 1892 consolidou de forma similar o apoio a um regime que prometia *progrès* (progresso) e *bonheur* (boa sorte). Sua política representava um compromisso filosófico em preservar a "eterna" França rural contra o impacto corruptor do capitalismo e da urbanização. Embora estivesse aliada a um ataque populista aos poderes monopolistas dos bancos e das empresas ferroviárias, na prática, a política do governo previa a máxima proteção possível aos direitos e interesses dos proprietários de imóveis, combinada com uma atitude de *laissez-faire* para as reformas sociais. Muito pouco foi feito, por exemplo, para melhorar as péssimas condições de habitação.

IMAGEM 31. Camponeses em viagem de trem. Foto: Popperfoto.

Os republicanos moderados executavam uma forma de política de consenso que protegia o estatuto social adquirido, enquanto ampliava as oportunidades individuais de progresso. Juntamente com o papel reforçado do governo como provedor de serviços, esses fatos incentivaram um interesse crescente pela política. Claramente, mais do que nunca, esperava-se que os deputados fizessem o máximo para cultivar ministros e obter favores para seus eleitores. Apesar da criação de um sistema político estável, as críticas, no entanto, aumentavam. Isso reflete, em parte, um grande realinhamento político, pois muitos republicanos conservadoras e de classe média, tendo deposto as elites tradicionais, consideravam ter alcançado os seus objetivos políticos essenciais e agora lutavam para defender suas próprias posições privilegiadas contra os grupos mais radicais. Já em 1887, Maurice Rouvier, intimamente associado aos grandes negócios, procurou estabelecer uma maioria parlamentar de centro-direita. Embora tenha fracassado, por causa de diferenças sobre questões religiosas, isso deixou evidente o novo interesse de muitos republicanos moderados em formar uma ampla aliança conservadora para defender a ordem social. O sucesso eleitoral dos *opportunistes* (oportunistas) em 1893 permitiu que eles se separassem dos republicanos à esquerda e procurassem por aliados mais favoráveis à direita. Homens mais jovens, tais como Raymond Poincaré, Louis Barthou e Théophile Delcassé, possuíam menos ligações emocionais com o passado e estavam mais perturbados com a ascensão do socialismo do que com a luta contra o clero. Uma onda de atentados anarquistas na década de 1890, que incluiu o assassinato do presidente Carnot, dava maior incentivo a essa perspectiva. Naquele momento, o tão esperado realinhamento não ocorreu.

Por um lado, a perda do apoio eleitoral nas eleições legislativas de 1898 sugeria que muitos eleitores rejeitariam a guinada para a direita. Existiam ainda as contínuas desconfianças mútuas entre republicanos conservadores e os mais à direita sobre as questões religiosas. Esse fato foi intensificado pelo caso Dreyfus, e também pela ameaça à República decorrente do nacionalismo cada vez mais fanático da extrema-direita. Esse comportamento pode ser exemplificado pela tentativa burlesca, em fevereiro de 1899, que Paul Déroulède tentou persuadir os soldados a participar de um golpe de Estado; e pela multidão hostil que, em junho, insultou o Presidente da República, Emile Loubet, no hipódromo de Auteuil. Juntamente com a moderação evidente de muitos dentre os radicais, esses eventos acabaram promovendo, na verdade, um realinhamento de centro-esquerda e em defesa da República, fazendo que a formação do *bloc des gauches* (bloco das esquerdas)

das eleições de 1902 reunisse conservadores republicanos, como Poincaré e Pierre Waldeck-Rousseau, juntamente com radicais e reformistas e até mesmo socialistas como Alexandre Millerand.

A evolução dos radicais precisa ser examinada. Inicialmente, agiam como protagonistas dos *Petits* (pequenos) contra os *Gros* (grandes), proclamando sua fidelidade a Gambetta e a seu programa Belleville de 1869; além disso, exigiam uma reforma constitucional para abolir as instituições remanescentes da monarquia, tais como a Presidência e o Senado. Os radicais propunham a descentralização administrativa; a eleição dos juízes; a separação entre Igreja e Estado; e reforma social, que incluísse um dia de trabalho mais curto, aposentadoria para os idosos e pensão para os doentes, financiada por um imposto de renda. Eles haviam condenado os *opportunistes* por suas políticas religiosas cautelosas e suas relações estreitas com as grandes empresas. Na prática, no entanto, a ausência de partidos legais fazia que a lealdade primária do deputado recaísse sobre seus eleitores. Sua principal responsabilidade era conseguir um quinhão das novas estradas, escolas e postos de trabalho. Este também era o meio de garantir a reeleição. As linhas entre os "partidos" eram sempre fluidas; a instabilidade ministerial era a consequência inevitável. Em tais circunstâncias e talvez de forma mais perceptível no rescaldo das eleições de 1885, quando os radicais realmente mantinham o equilíbrio político, suas próprias divisões internas e indisciplina os impediram de fazer uso efetivo da oportunidade. Além disso, durante os períodos de crise do regime republicano como em 1889, precipitado pela agitação neobonapartista e ligado ao general Boulanger em 1889, ou após a primeira votação das eleições de 1895, quando a possível vitória dos conservadores clericais fez que os radicais se dispusessem a cooperar com os republicanos mais conservadores e a respeitar a disciplina republicana. Em circunstâncias semelhantes, eles participaram do governo da defesa republicana de Waldeck-Rousseau, em junho de 1899. O papel dos radicais foi, portanto, essencialmente secundário, de apoio, exceto na formação do governo de Léon Bourgeois, em outubro de 1895 – ele perdeu o apoio parlamentar logo em abril como resultado de suas propostas bastante modestas de imposto de renda; a maioria dos deputados temia que o imposto criaria um precedente perigoso. Esses sucessos limitados sugerem, no entanto, que os radicais poderiam ter bons lucros políticos se melhorassem sua organização a tempo para as eleições de 1902.

O Partido Radical, ao invés de ser um partido de massa, manteve-se como um *partido de quadros*, com base em agrupamentos informais de políticos

CAPÍTULO 5 – O SÉCULO XIX | 255

IMAGEM 32. A máquina de debulhar: a máquina mais comum, introduzida nas fazendas francesas no século XIX. Pintura de R. Rigolot. Museu de Belas-Artes, Rouen. Foto: Giraudon/The Bridgeman Art Library.

profissionais e notáveis locais, que criavam bases de poder autônomo por meio do patronagem em suas comunidades. Seus deputados parlamentares mantinham-se resistentes ao controle ministerial. No entanto, algo semelhante a uma organização eleitoral de partidos modernos foi criado na rua de Valois, em Paris. Esse foi um fator que contribui para a eleição dos 233 deputados radicais em 1902, uma vitória que inaugurou o grande período da administração radical, em aliança com os 43 socialistas e dos republicanos de esquerda – na verdade, moderados que se recusavam a aceitar a lógica da posição *progressista* de Méline, a saber, que a defesa da ordem social requer uma aliança com a direita. O período durou até 1909, com governos liderados sucessivamente por Emile Combes, Ferdinand Sarrien e Georges Clemenceau. E testemunhou as primeiras tímidas tentativas da introdução da aposentadoria por velhice, mas acima de tudo, caracterizou-se por um ataque ainda mais forte à Igreja, em grande parte em resposta ao caso Dreyfus e pela nova ameaça da extrema-direita à República.

O caso teve início com a corte marcial de um oficial do Exército judeu, acusado de espionagem. Tornou-se uma *causa célebre* em 1898, quando o grande romancista Emile Zola desafiou o veredito em uma carta aberta ao Presidente da República; Zola foi então considerado culpado por difamar o Exército. As provas contra Dreyfus sempre foram dúbias, mas, para os conservadores, a manutenção da sentença passou a ser sinônimo de defesa da honra do Exército, a instituição que, para eles, representava a autoridade e a ordem dentro do país e o esforço patriótico no exterior. Considerando-se os únicos patriotas verdadeiros, eles hostilizavam os franceses "ruins" que questionavam seu chauvinismo e, em particular, condenavam os socialistas, sindicalistas, judeus e radicais, tais como Joseph Caillaux, que apoiava as terríveis propostas para a criação de um imposto sobre a renda para financiar a reforma social. Os líderes intelectuais da extrema-direita, Paul Déroulède, Maurice Barrès e, especialmente, Charles Maurras rejeitavam – por meio do jornal (e do movimento político) *L'Action Française* (*A Ação Francesa*) – os valores igualitários da República e defendiam um catolicismo místico, uma monarquia autoritária e um antissemitismo visceral, com a glorificação da violência e da guerra. O culto a Joana d'Arc passou a simbolizar a união espiritual da *religião* e da *pátria*. A direita apropriou-se também de antigos símbolos da República revolucionária, tais como a Marselhesa, a bandeira tricolor e, claro, o Exército. Incorporando o pessoal e os ideais do conservadorismo tradicional, a nova direita criou uma força política mais potente do que a que existiu na década de 1870 – ela era fun-

IMAGEM 33. "Jantar em família". Desenho de Caran d'Ache, ilustrando as disputas furiosas engendradas pelo caso Dreyfus. Biblioteca Nacional, Salão de Gravuras.

damentalmente antidemocrática e antiparlamentar, demandava por um poder Executivo forte para acabar com o "faccionalismo" político e social. Certamente, a mistura teve alguns sucessos espetaculares, incluindo a vitória de 45 dos 80 assentos disputados nas eleições municipais de Paris, em maio de 1900; ganhou, também, apoio considerável dos grupos que se sentiam ameaçados pela evolução da sociedade moderna, incluindo os clérigos – representados pelo principal jornal católico *La Croix* –, os membros das elites tradicionais e os pequenos empresários. A força latente de seu antissemitismo foi revelada pelas atividades das ligas de extrema-direita e pela incidência generalizada de violência verbal e até física.

Em resposta, a esquerda denunciou o clericalismo como o inimigo e, para atacar suas raízes, as escolas católicas cujo ensinos particularistas eram vistos como uma ameaça à unidade nacional e às instituições republicanas. Assim, uma série de medidas foi introduzida, culminando em julho de 1904 com a supressão das ordens católicas de ensino e o encerramento de suas escolas e, por fim, em dezembro de 1905, com a desoficialização da Igreja. Isso encerrou a Concordata napoleônica, que reconhecia a posição especial da Igreja Católica na vida francesa e compensava as perdas sofridas por ela durante a revolução pelo pagamento dos estipêndios de seu clero. Os Inventários Oficiais das Propriedades da Igreja estimularam uma resistência intensa, mas de curta duração. Estava claro, no entanto, que o apoio das massas à extrema-direita era restrito. O tom violentamente xenófobo e antissemita de seus principais representantes afastou até mesmo muitos partidários potenciais entre os conservadores e o clero. A principal realização da extrema-direita foi colocar o nacionalismo e uma suposta ameaça alemã no centro da agenda política. Um grande realinhamento político já estava em andamento; aumentava o apoio às políticas "patrióticas" e a oposição a algo que era percebido como um crescente "perigo social".

Após a vitória "final" dos radicais sobre o *ancien régime*, sua principal preocupação voltou-se para o aumento da agitação entre os trabalhadores das indústrias que exigiam um dia de trabalho de oito horas; entre os mineiros, chocados pelas 1.200 mortes em uma explosão em Courrièrres, no Passo de Calais, em 10 de março de 1906; bem como entre os camponeses das áreas produtoras de vinho do Sul que, em 1907, protestaram contra o colapso dos preços. Clemenceau, que já havia inaugurado uma política repressiva quando foi ministro do Interior, tornou-se primeiro-ministro em 1906. Os antigos aliados socialistas do governo passaram rapidamente a chamá-lo de *premier flic* [policial] *da France*. Sua política coercitiva

IMAGEM 34. Greve na mina de carvão em Nord: o uso de soldados como fura-greves. Gravura de *L'Illustration*.

representava um compromisso fundamental com as características e as instituições de uma sociedade de burgueses proprietários e com a ordem social. Tendo em vista que a concepção radical sobre o papel do Estado foi influenciada pelos ideais igualitários da revolução, então, da mesma forma, ela foi inspirada pela crença nos direitos do indivíduo em uma democracia formada por proprietários. Há tempos que as conclamações radicais por justiça social soavam vazias. O acesso ao poder e a melhoria da situação material de muitos dos seus partidários transformaram os radicais em uma força antirrevolucionária.

Qual era o tamanho real dessa ameaça social que preocupava tanto os radicais quanto os conservadores mais óbvios? Os socialistas levaram algum tempo para se recuperar da repressão da Comuna de Paris. Eles mantiveram-se ambivalentes sobre a República, pois foram-lhes prometidas reformas sociais mas, em vez disso, testemunharam soldados atacando grevistas. No entanto, após a eleição de um deputado em Marselha, em 1881, o apoio passou a crescer de forma constante. Em 1886 foi formado um grupo parlamentar distinto dos radicais, que, em 1913, contava com 102 deputados e recebeu 1.413.000 votos. No entanto, os temores dos conservadores eram exagerados. Em abril de 1905 a criação do Partido Socialista Unificado – o *Parti Socialiste Unifie*, conhecido como o SFIO, sigla de seu nome idealista, *Section Française de l'Internationale Ouvrière* (Secção Francesa da Internacional Operária) –, em um esforço deliberado para estabelecer uma clara alternativa socialista e revolucionária, não conseguiu resolver as muitas diferenças ideológicas e táticas dentro do movimento. Disputas sectárias amargas continuaram entre os políticos, bem como entre os membros da Confederação Geral do Trabalho (CGT) – a confederação sindical francesa criada dez anos antes.

O impacto da deterioração dos relacionamentos com uma Alemanha cada vez mais assertiva e imperial foi ainda mais decisivo para o realinhamento da política interna do que a suposta ascensão do socialismo. Os assuntos externos tomaram o lugar de honra entre as preocupações dos políticos e resultaram na nomeação, em janeiro de 1912, do republicano conservador Poincaré como chefe de governo e, em maio, ele foi nomeado presidente. Seus esforços para formar um governo "nacional" fracassaram por causa da hostilidade radical em relação à proposta de que o governo trabalharia com conservadores como Méline e porta-vozes católicos. Poincaré, sujeito à influência funesta de funcionários extremamente patrióticos e germanófobos do Ministério das Relações Exteriores e com o apoio da direita, continuava a se preparar para uma guerra que ele acreditava ser inevitável. No exterior, ele reforçava os laços com a Grã-Bretanha e especialmente com a Rússia – o único poder que parecia conseguir fornecer apoio militar substancial em uma guerra continental; internamente, tomava medidas para aumentar o *status* e a força do Exército e para desenvolver um maior sentimento de unidade nacional. O império – adquirido como resultado do implacável expansionismo apoiado por interesses militares, comerciais e missionários – também se tornou símbolo do *status* de grande potência, bem como de sua missão civilizadora. Em caso de guerra, seus inúmeros povos compensariam a escassez de mão de obra militar da *métropole*. A imprensa conservadora e os jornais de grande circulação, tais como *Le Petit Parisien*, contribuíram para a criação de um clima cada vez mais chauvinista. Intelectuais como Charles Péguy aguardavam ansiosamente por uma "guerra justa" que iria restaurar o "heroísmo" e o espírito de "sacrifício", bem como o respeito por Deus e pelo Exército a uma sociedade corrompida pela República materialista. Inevitavelmente, o debate sobre a organização militar envolvia tanto as considerações políticas internas quanto as necessidades militares reais. Os socialistas e vários radicais mantinham a resistência contra a xenofobia nacionalista que ameaçava restaurar a direita no poder e, em agosto de 1913, uma minoria de 204 deputados opôs-se à extensão do serviço militar de dois para três anos. A maioria, no entanto, composta por 358 deputados, decidiu que a França deveria fazer um esforço para igualar suas forças ao poderio alemão. Com efeito, a crescente tensão internacional promovia uma atitude mais favorável em relação ao Exército, mesmo entre os membros da esquerda.

As eleições de 1914, ocorridas em abril/maio, tiveram como foco a questão do serviço militar obrigatório, bem como a questão do crescente financiamento do orçamento militar. Caillaux, o novo líder radical, que era visto com suspeitas pelos conservadores por causa de seu desejo de melhorar as relações com a Alemanha, aumentou sua já venenosa hostilidade e propôs que se recorresse ao imposto sobre a renda. Enquanto insistia na necessidade de fazer sacrifícios, os ricos não estavam dispostos a mexer em seus bolsos para financiar a segurança nacional. A vitória eleitoral da esquerda evidenciava a força da hostilidade ao serviço militar prolongado: teve 342 candidatos eleitos, incluindo 102 socialistas, muitos dos quais haviam salientado a necessidade de mobilizar a oposição trabalhista internacional contra uma guerra imperialista. Em última instância, porém, o novo governo, chefiado pelo socialista independente René Viviani, mas dominado pelos radicais, mostrou-se indisposto a arriscar o enfraquecimento do Exército por meio da revogação da Lei dos três anos.

Em julho de 1914, durante a crise internacional causada pelo assassinato do arquiduque austríaco Francisco Fernando em Sarajevo, as decisões essenciais sobre política externa foram tomadas por um pequeno grupo de políticos (a maioria advogados), diplomatas de carreira da aristocracia e da *alta burguesia* – a maioria deles formados pela *École libre des sciences politiques* – e soldados; suas decisões estavam influenciadas por suas percepções a respeito das intenções e força de seus oponentes e aliados, bem como de seu próprio apoio político interno. Na política externa do período imediatamente anterior à guerra, a influência mais contundente e única foi a de Poincaré, inicialmente como primeiro-ministro e, depois, no cargo supostamente decorativo de presidente durante os dias cruciais de julho de 1914, em parte em razão da incompetência e da inexperiência de Viviani e dos ministros das Relações Exteriores Stéphen Pichon e Gaston Doumergue e, em parte, por causa de sua personalidade forte e intransigente. Em uma visita oficial previamente organizada a São Petersburgo, Poincaré, apesar de não querer a guerra, pouco fez para incentivar a cautela, insistiu na necessidade de apoiar a Rússia e respeitar a aliança da qual a segurança francesa parecia depender. Sem a Rússia, o equilíbrio de poder na Europa mudaria decisivamente a favor da Tríplice Aliança (Alemanha, Áustria-Hungria e Itália). Mesmo se a guerra não fosse inevitável, a França republicana comprometeu-se, com certo fatalismo, a aceitar as consequências das iniciativas políticas definidas pela autocracia russa e do sentimento de urgência determinado pelos imperativos militares. A mobilização russa ocorreu em 31 de julho; no dia seguinte, a Alemanha declarou guerra contra o império czarista e no dia 3 de agosto, contra a França.

A facilidade da mobilização francesa demonstra, mesmo em meio a divisões sociais e políticas, a intensidade do sentimento de comunidade nacional. Havia um amplo consenso sobre os valores sociais básicos, que eram apresentados como verdades eternas. Dentre estes, podemos citar o compromisso com a propriedade privada, cuja posse as elites ricas compartilhavam com grande parte da classe média, baixa classe média e com a população rural. Havia também um consenso esmagador, empregando a linguagem de 1789, a favor do sufrágio universal (masculino) e da democracia parlamentar. Além disso, ao longo dos séculos, mas com efeitos crescentes durante o século XIX, foi criado um universo linguístico e mental compartilhado, combinando um amor intrínseco pela França, a crença na superioridade inata da civilização francesa e o sentimento de responsabilidade moral de defender a pátria. Assim, em geral, não havia a necessidade de recorrer-se à ação coercitiva para a manutenção da subordinação política e social das massas. Embora a minoria decrescente de dissidentes estivesse sujeita a uma repressão cada vez mais eficaz do Estado, a ordem era mantida, em grande parte, pela reação adversa da maioria das pessoas contra aqueles que pareciam estar agindo contra as regras. O conflito político estava contido. Esses sentimentos foram inculcados nos indivíduos por meio da educação, do serviço militar universal (introduzido em 1874), dos meios de comunicação em massa e pela integração em um sistema político democrático. De acordo com Ernest Lavisse, historiador influente e pedagogo: "Se o estudante não se tornar um cidadão plenamente consciente de seus deveres e um soldado que ama sua arma, o professor terá desperdiçado seu tempo.".

capítulo 6

Período de crise: 1914-1945

A Primeira Guerra Mundial

A eclosão da Primeira Guerra Mundial foi um evento histórico seminal, o início de uma era catastrófica de conflitos que iria redefinir a situação global da Europa, bem como a posição da França no continente. A guerra surpreendeu a grande maioria dos franceses. A população reagiu com uma aceitação resignada, não com entusiasmo. Oprimidos pela velocidade da sucessão de eventos, os indivíduos se sentiam impotentes, incapazes de influenciar a situação. Não obstante, os reservistas apresentaram-se em seus regimentos e foram enviados para a guerra em meio à multidão de aplausos de um povo convencido de que a França havia sido vítima de agressão não provocada e que a guerra seria breve. Os jornais foram praticamente unânimes ao divulgarem, em termos condenatórios, os crimes cometidos pelos "bárbaros teutônicos" e ao afirmarem a superioridade dos exércitos franceses e o poder do "rolo compressor" russo. Os críticos do regime republicano, tanto a direita quanto a esquerda, uniram-se em favor da causa, os nacionalistas com sua confiança reforçada pelo sentimento de que suas advertências tinham sido confirmadas; já o clero estava confiante que nesse momento de crise a população voltar-se-ia para a Igreja em busca de esperança e consolo. A imprensa socialista, que tinha recentemente adotado uma postura pacifista e antimilitarista, dizia agora a seus leitores que "a pátria, a casa de todas as grandes revoluções, a terra da liberdade, está em perigo" e convocava-os para participar de uma guerra justa em defesa da relativamente progressista República francesa contra o autocrático e agressivo império alemão. Ocorreram pequenas manifestações contra a mobilização em 36 departamentos franceses, envolvendo principalmente os militantes da União Socialista e dos sindicatos, mas a grande maioria dos ativistas não estava disposta a aceitar ações que pudessem ajudar o inimigo.

As diferenças sociais e políticas parecem ter sido deixadas de lado e substituídas por um patriotismo comum, a *union sacrée* (união sagrada) a que Poincaré se referia. O consenso genuíno que parecia ter sido criado também foi reconhecido pelo governo ao incluir em seus quadros, no final de agosto, dois socialistas, Marcel Sembat e o veterano marxista Jules Guesde, e dois representantes da direita, Delcassé e Millerand. A resignação transformou-se rapidamente em resolução; o *elã* patriota tornou-se o sentimento dominante durante as duas semanas seguintes em que os reservistas convocados deixavam suas comunidades e iam para a guerra. Apesar da ansiedade causada pela partida dos homens e chefes de família para o fronte, havia o predomínio dos sentimentos eminentemente nacionalistas. A força do consenso inicial pode ser evidenciada pela pequena proporção de homens (cerca de 1,75%) que não se apresentaram para o serviço. Dada a força do antimilitarismo da esquerda, o governo esperava que 13% dos homens tentariam escapar do serviço militar. Com efeito, desde 1905 a polícia era obrigada a manter uma lista das pessoas com potencial para desorganizar os movimentos das tropas ou causar caos econômico; a lista continha os nomes de membros sindicalistas da Confederação Geral do Trabalho e, especialmente, de ferroviários, mineiros e trabalhadores das docas, da indústria de energia elétrica e dos serviços postais e telegráficos. Eles estavam sujeitos à prisão preventiva em caso de guerra – uma medida que se tornou desnecessária, dada a fraqueza do movimento sindicalista, a falta de apoio das bases para a ação revolucionária e a ausência de planos concretos contra o processo de mobilização que, por sua vez, retirou das ruas muitos potenciais causadores de problemas. Os outros foram contidos pela imposição da lei marcial e pelo sentimento de isolamento em uma nação empenhada em se defender.

Sem liderança e ameaçada com a prisão, a pequena minoria de opositores da guerra sentiu-se incapaz de resistir ao imenso fervor patriótico. O conceito católico de "guerra justa" e a invocação do espírito de Joana d'Arc foram mais bem aceitos por uma grande maioria, do que a ideia clerical dessa época turbulenta como uma oportunidade para a expiação dos pecados. O aparente renascimento religioso que acompanhou a eclosão da guerra teve curta duração, mas não devemos subestimar o papel do clero em ajudar a manter o compromisso patriótico. Nem a importância da fé religiosa, como fonte de esperança e consolo, manifestando-se em orações, medalhas religiosas, imagens e oferendas votivas. Ainda mais importante foi a cultura do patriotismo heroico, desenvolvido nas escolas e pelos processos de socialização que elas promoveram no pré-guerra, os quais agora estavam sendo postos à prova.

Essa *união* exclusiva seria, no entanto, submetida a extremas tensões nos anos seguintes. Os vários grupos políticos viam-na como uma trégua breve, pois acreditavam que a guerra não seria longa e, assim, a ideia de sua força foi muito exagerada. Na prática, os vários grupos políticos e confessionais mantiveram seus objetivos de antes da guerra e esperavam tirar proveito das hostilidades para alcançá-los. Não estranhamente, eles discordavam sobre a natureza e os objetivos da guerra em si. Grande parte da esquerda acreditava que a guerra era uma batalha defensiva contra um império alemão predatório e militarista e em defesa dos valores universais consagrados na Declaração dos Direitos dos Homens; já a direita via na guerra uma luta pela sobrevivência entre os povos, na qual a França procurava defender-se contra "a selvageria instintiva dos alemães de carne e osso" (Maurras).

No entanto, e apesar das desconfianças mútuas que reemergiram rapidamente, a necessidade de expulsar o inimigo do solo francês ainda oferecia uma base para a cooperação. A cultura de guerra em evolução seria caracterizada pela ferocidade de sua retórica a favor de uma cruzada moral, justificada pelos relatos das atrocidades alemãs. A propaganda oficial e a censura eram menos importantes do que a manifestação das emoções em jornais, músicas e filmes.

Mesmo assim, a manutenção do esforço militar em meio a fracassos repetidos, bem como o atrito contínuo da guerra de trincheiras, destruía a autoconfiança e impunha estresse considerável sobre os sistemas sociais e políticos. Os preparativos para a guerra já vinham sendo feitos há tempos. Assim, a mobilização militar ocorreu sem muita dificuldade. Mas as táticas superiores e o treinamento do Exército alemão rapidamente começaram a mostrar seus efeitos. Em comparação com seus adversários, os franceses sofriam com a falta de oficiais subalternos e suboficiais, com a carência relativa de equipamentos essenciais, especialmente de artilharia pesada; além disso, estavam mais bem treinados para fazer desfiles e destruir greves que para a guerra moderna. Inspirado no Plano Schlieffen, as forças alemãs começaram, em 3 de agosto, a avançar rapidamente pela Bélgica, com o objetivo de cercar os grandes exércitos franceses no Norte e tomar Paris. O alto comando francês não compreendeu as intenções alemãs e ordenou o avanço das tropas nas províncias "perdidas" da Alsácia e Lorena, deixando que os exércitos do Norte enfrentassem forças extremamente superiores. Convencidos da superioridade moral e militar da ofensiva, os generais estavam empenhados em táticas que resultaram nos massacres das primeiras batalhas. Aproximadamente 329 mil homens morreram em agosto e setembro; e cerca de metade dos soldados franceses mortos na guerra encontrou seu fim entre agosto de 1914 e o final de 1915. Apesar desses sacrifícios, os exércitos franceses foram forçados a recuar até o momento em que o general Joseph Joffre finalmente conseguiu salvar a situação ao montar um contra-ataque em setembro contra o flanco exposto das forças cansadas do inimigo em Marne, forçando-as a adotar um estratagema defensivo; ele utilizou o processo de "saltos", que levou ao estabelecimento de uma linha contínua de trincheiras desde a Suíça até o mar.

IMAGEM 35. As táticas ofensivas de 1914-1915: enormes baixas e ganhos mínimos.

Ambas as partes estavam exaustas. Assim, essas disposições defensivas, constantemente reforçadas, destinavam-se a criar um espaço de manobra para a reorganização e o fortalecimento. Na prática, eles haviam criado as condições para o impasse e para uma longa guerra de atrito. Por meio do "milagre do Marne", Joffre, chefe do Estado-Maior desde 1911 e já com imenso poder dentro de um sistema de comando centralizado, conseguiu assegurar sua primazia sobre os políticos na tomada de decisões estratégicas. Como símbolo do esforço nacional, ele oferecia livre curso ao característico desprezo pelos políticos dos líderes militares; dificilmente se preocupava em manter o governo informado de seus planos. Millerand, o ministro da Guerra, era modesto ante os "especialistas" militares.

A confiança inicial em relação ao alto comando iria inevitavelmente ser corroída, no entanto, por causa da incapacidade de cumprir suas promessas. Em 1915, o desperdício de uma sucessão de ofensivas mal concebidas enfraqueceu a autoconfiança militar. A enormidade da guerra de trincheiras, com seus arames farpados, metralhadoras e bombardeamentos de artilharia cada vez mais intensos, bem como as vantagens das forças de defesa, desafiava as concepções existentes em relação à guerra. O caminho a seguir parecia ser a preparação metódica para batalhas de atrito. Longos períodos de conflito de baixa intensidade eram intercalados por sangrentas agressões diretas, durante as quais as metralhadoras e a artilharia transformavam linha de frente em um local de brutalidade sem precedentes e mortos em massa; terminava, normalmente, com o abate dos prisioneiros. Por fim, as enormes perdas sofridas durante a defesa desesperada de Verdun levariam à substituição de Joffre no final de 1916, como primeiro passo para o retorno da autoridade civil. Mesmo assim, alguns problemas não teriam resolução satisfatória; por exemplo, a natureza do controle parlamentar sobre os ministros, as atividades de um Estado cada vez mais intervencionista e os meios de garantir as liberdades civis em tempos de guerra.

O sucessor de Joffre, o general Robert Nivelle, foi escolhido em parte porque, como protestante e ao contrário dos mais altos generais, não era suspeito de ser hostil à República e, em parte, porque ele conseguiu convencer os políticos de que ele era o homem providencial que, finalmente, conseguiria destruir o sistema alemão de trincheiras. O novo comandante era especialista em artilharia, a qual ele havia empregado com sucesso na barragem de Verdun como forma de reduzir as baixas. Seu fracasso sangrento na batalha do Caminho das Damas (*Chemin des Dames*) quase destruiu o Exército.

270 | PARTE II – A REVOLUÇÃO DUPLA

IMAGEM 36. Guerra de trincheiras: rescaldo da luta homem a homem na região de Meuse. © Roger-Viollet/TopFoto.

Isso conduziu aos motins da primavera e do verão de 1917: soldados de 49 divisões, mesmo dispostos a defender suas posições, recusaram-se a participar de mais ataques. As tensões acumuladas, impostas pelos bombardeios, medo da morte, a perda constante de camaradas e uma existência miserável, levaram ao desenvolvimento de um forte ressentimento em relação aos oficiais incompetentes e arrogantes, às rações de má qualidade e folgas inadequadas. Embora os generais paranoicos e em defesa própria tendessem a culpar os subversivos por tudo, em grande parte, os motivos políticos pareciam não fazer parte da equação. A disciplina militar foi rapidamente restabelecida. Combinaram-se as melhorias das condições com a punição severa dos suspeitos "líderes", o que resultou na corte marcial de 3.427 soldados, 554 sentenças de morte e 49 execuções. A confiança dos soldados em seus comandantes foi restaurada, pelo menos parcialmente, por meio de uma série de ofensivas cuidadosamente preparadas com objetivos limitados e, consequentemente, com relativamente poucas baixas. Utilizando esse método, o sucessor de Nivelle e herói de Verdun, o general Philippe Pétain, construiu sua reputação de general atencioso. Como resultado, o Exército francês foi capaz de manter-se durante a crise desesperada causada pela retirada russa da guerra e pelo reforço do Exército alemão na frente ocidental. Apesar dos horrores que testemunharam, os soldados continuaram lutando, em parte como resultado da disciplina militar imposta sobre eles, mas especialmente por lealdade aos seus camaradas mais próximos e pelo sentimento de dever, de responsabilidade patriótica com as famílias e a nação, combinado com o ódio contra o invasor. Eles queriam a paz, mas, depois de tanto sacrifício, estavam determinados a não perder a guerra.

A deterioração da situação militar teria, no entanto, importantes consequências políticas. O cansaço evidente no fronte, juntamente com o peso que a guerra impõe aos civis, influenciou o moral de forma inevitável. Desde 1915, uma minoria de socialistas, liderados pelo genro de Karl Marx, Jean Longuet, tinha começado a questionar não o compromisso de defesa nacional, mas a falta de vontade do governo em considerar até mesmo a possibilidade de uma negociação de paz e sua evidente determinação de lutar até o fim (*jusqu'au bout*). Em resposta, as autoridades proibiram que os delegados socialistas participassem de uma conferência internacional dos trabalhadores que seria realizada em território neutro, em Estocolmo, em agosto de 1917. Juntamente com o crescente descontentamento da classe trabalhadora em relação às condições de vida e trabalho, a proibição levou os socialistas gradualmente para a oposição e, em setembro, resultou na retirada de seus ministros que faziam parte do governo. No entanto, novembro testemunhou a instalação de Clemenceau no poder, a encarnação da República jacobina; motivado por um patriotismo intransigente, ele estava determinado a travar uma "guerra total" e restaurar a autoridade da liderança civil sobre os militares. Ele recebeu o apoio da maioria parlamentar que estava igualmente determinada a proteger a continuidade mais eficaz da guerra. A percepção que tinham de uma paz negociada requeria a devolução da Alsácia e da Lorena. Mas, em janeiro de 1918, o aprisionamento por derrotismo do ex-ministro do Interior Louis Malvy e do líder radical Caillaux representou o ponto máximo da transição gradual do governo para a direita; e, com isso, a perda de identidade por parte de radicais que, cada vez mais, aceitavam o nacionalismo intransigente. Com efeito, para a maioria da população não parecia haver outra alternativa para a guerra, em que tantos sacrifícios já haviam sido feitos, senão lutar até o fim. Havia poucas possibilidades para uma paz negociada enquanto as forças alemãs ainda estivessem entrincheiradas em solo francês, pois uma Alemanha invicta exigiria mais concessões territoriais que seriam adicionadas àquelas de 1871. Algo absolutamente inaceitável.

Entretanto, as necessidades sem precedentes do Exército tinham de ser atendidas e a guerra financiada. O dinheiro veio das receitas dos impostos indiretos, por meio da flutuação de enormes empréstimos e da impressão de moeda. As despesas governamentais estimadas em 157 bilhões de francos (1913), entre agosto de 1914 e outubro de 1919, foram financiadas por 45 bilhões de francos das receitas fiscais, 60 bilhões dos títulos da defesa e os restantes 52 bilhões por várias outras formas de empréstimos. Até 1916, houve resistência parlamentar exitosa à instituição do imposto de renda, que somente ofereceria contribuição substancial para as receitas do governo após a guerra. A classe média parecia estar mais disposta a contribuir com seus filhos do que com sua riqueza para o esforço de guerra. Inevitavelmente, isso resultou em inflação. A luta da população civil tornou-se especialmente difícil por terem perdido para o inimigo as principais regiões industriais do Norte e do Nordeste que anteriormente forneciam 48% da produção de carvão e 58% do aço. O quadro econômico torna-se mais impressionante se nos lembrarmos de que a ilusão da "guerra curta" fez que a produção de munições mal entrasse nos planos de mobilização. Houve imediata escassez de mão de obra e matérias-primas. Cerca de 63% dos trabalhadores industriais foram convocados para o serviço militar, incluindo aqueles com

CAPÍTULO 6 – PERÍODO DE CRISE: 1914-1945 | 273

IMAGEM 37- Oficiais seniores planejando em 1916 – isolados das realidades da linha de frente. Desenho de G. B. Scott. © Paris – Museu do Exército, Dist. RMN-Grand Palais.

habilidades essenciais para a produção de guerra. As prioridades precisaram ser estabelecidas com urgência, resultando, por exemplo, na liberação do serviço militar de cerca de 500 mil trabalhadores importantes no final de 1915. Todos esses fatos levaram à necessidade de uma intervenção progressiva do Estado na economia numa escala sem precedentes para fixar os preços, distribuir matérias-primas e organizar a produção e os transportes. Criou-se uma estrutura aleatória de velhos e novos órgãos administrativos, frequentemente em estreita cooperação com as associações dos empregadores. Com efeito, em um esforço para maximizar a produção, os empresários receberam imensos adiantamentos de capitais e o incentivo de grandes lucros. Essas redes de controle seriam rapidamente demolidas depois do armistício, mas a experiência promoveu uma nova reflexão sobre o papel econômico do Estado e os meios de promover maior eficiência. A guerra não resultou apenas em desperdício de recursos. Em alguns setores – mais notadamente o siderúrgico, de infraestrutura, elétrico e de produtos químicos –, o esforço de guerra e os altos lucros promoveram a expansão e a inovação técnica que seriam suficientes para reequipar o, agora gigantesco, Exército francês e os Estados Unidos com tanques, artilharia e aviões. No entanto, devem ser salientadas as perdas causadas por operações militares e o poder destrutivo da ocupação no norte da França, bem como o impacto distorcido do desvio de recursos para satisfazer as necessidades militares.

A ocupação do Norte, a escassez de fertilizantes e máquinas e, acima de tudo, a requisição de animais de tração e o recrutamento de recursos humanos resultaram no declínio acentuado da produção agrícola. A colheita de grãos de 1917 – a pior do período de guerra – ficou cerca de 40% abaixo dos níveis anteriores ao conflito. Embora as importações cobrissem grande parte da diferença, os preços dos alimentos aumentaram, forçando a intervenção do Estado e o racionamento. Entretanto, o incentivo dos preços altos incentivou os esforços sobre-humanos de mulheres, crianças e idosos que haviam ficado nas zonas rurais. Os produtores de carne, legumes e frutas em particular foram beneficiados; e muitos camponeses foram capazes de pagar suas dívidas, adquirir terras e talvez desfrutar de uma existência um pouco mais confortável. Os subsídios de separação pagos aos dependentes dos soldados parecem ter representado um suplemento bem-vindo para a renda de muitas famílias rurais pobres. No entanto, a população rural pagou, mais do que qualquer outro grupo social, pela guerra com seu sangue, respondendo por quase metade do total de vítimas. Isso não protegeu os agricultores de crítica. Os consumidores urbanos que enfrentavam o pleno impacto do aumento dos preços condenavam a "cobiça" deles. Os elevados preços dos alimentos foram, claramente, umas das principais causas de descontentamento, especialmente entre os trabalhadores industriais. O esforço constante dos empregadores para aumentar a produtividade e alongar o dia de trabalho, justificável em termos de esforço de guerra, teve o efeito adicional de aumentar bastante os lucros e, por isso, eram amargamente repreendidos pelos trabalhadores, que afirmavam que os salários estavam subindo muito lentamente em comparação com os preços e que, como resultado, a alimentação tornava-se cada vez mais inadequada para o trabalho físico duro que empreendiam. Os trabalhadores tradicionais também estavam preocupados com o emprego de uma proporção crescente de trabalhadores sem habilidades. Isso não ameaçava apenas seu *status* e remuneração, mas também suas perspectivas de futuro. Muitos desses recém-chegados eram mulheres, atraídas para as fábricas de munições pela perspectiva de salários mais elevados e que, muitas vezes, eram obrigadas a complementar os subsídios de separação que eram insuficientes para as necessidades da vida urbana.

IMAGEM 38. Mobilização para a "guerra total": trabalhadoras das fábricas de munições. Foto: P. Lorette.

Apesar desses problemas e inevitáveis tensões sociais, já havia algum tempo que o apoio qualificado para o esforço de guerra era algo excepcional. No final de 1916, mesmo com pouco entusiasmo, as pessoas do fronte doméstico pareciam ao menos terem se adaptado à guerra. Ela tornou-se rotina. Assim que o fervor patriótico original diminuiu – apesar da ansiedade e do estresse intenso das famílias que esperavam cartas dos entes queridos –, as pessoas continuaram com suas vidas, aceitando até mesmo o luto com certo grau de estoicismo. Uma cultura popular e patriótica de guerra difundiu-se numa escala sem precedentes pela imprensa, em canções patrióticas, na sala de aula, no púlpito e nas imagens cuidadosamente controladas dos noticiários do cinema, que eram assistidos com avidez até mesmo nas comunidades rurais mais isoladas. Tendo em vista o prolongamento da guerra, enquanto soldados desenvolveram um desprezo absoluto por essa *bourrage de crâne* (lavagem cerebral), os civis ainda buscavam tranquilidade no otimismo confiante dos meios de comunicação.

O fracasso da ofensiva da primavera de 1917 parece finalmente ter destruído qualquer esperança de que a guerra acabaria em breve. O pessimismo espalhou-se junto com a perspectiva assustadora de uma guerra sem fim. As cartas lidas pela censura postal revelavam um sentimento definitivo de irritabilidade e cansaço da guerra. No entanto, a classe média, talvez a mais estridentemente patriótica, juntamente com os camponeses, talvez os mais resignados, parecia aceitar a situação. Apesar do número de vítimas particularmente elevado entre os jovens oficiais e as dificuldades materiais dos familiares que viviam com rendas fixas, aqueles haviam sofrido demais para bater em retirada. O descontentamento era mais evidente entre as classes trabalhadoras. Intensificou-se o sentimento generalizado de injustiça em relação às condições de trabalho e de vida pela impotência dos sindicatos, pois estes estavam inicialmente vinculados pela *union sacrée* e, em seguida, a partir de janeiro de 1917, por procedimentos obrigatórios de arbitragem. Muito lentamente, esse descontentamento tomou forma política. Muitos militantes socialistas e sindicais haviam sido convocados para o serviço militar; e aqueles que haviam ficado, estiveram inicialmente resignados com a inatividade durante o período, pois, afinal, esperava-se que a guerra seria breve. As primeiras ondas grevistas sérias ocorreram na região de Paris, em janeiro e maio/junho de 1917, principalmente antes de o público ficar ciente da desastrosa ofensiva de Nivelle; elas foram espontâneas, envolvendo cerca de 100 mil participantes, principalmente mulheres trabalhadoras do comércio de roupas e munições. As greves eram normalmente condenadas pelos sindicalistas, muitos dos quais eram reservistas, e havia o risco de serem chamados novamente para o fronte se caíssem no desagrado das autoridades. Assim, elas chegavam rapidamente ao fim pela imposição da arbitragem obrigatória juntamente com aumentos salariais. Da mesma forma, as greves das fábricas de munição de Toulouse e na bacia do Loire tiveram curta duração. Apesar da celeuma causada por uma parada não oficial do dia 1º de maio, efetuada por 5 a 10 mil pessoas ao longo das largas avenidas de Paris, durante a qual foram proferidos gritos de "Abaixo a guerra", a grande maioria dos trabalhadores não se opôs ao esforço de guerra, mesmo que estivessem determinados a proteger seus interesses vitais. Embora o desejo por um acordo de paz não fosse incomum, poucos defendiam a paz a qualquer custo. Com os alemães ainda em solo francês e depois de tanto sacrifício, parecia haver pouca alternativa senão lutar até a vitória final. Os relatórios dos prefeitos culpavam principalmente os "problemas sociais" pela agitação e pareciam confiantes de que pequenas concessões às demandas dos trabalhadores iriam acalmar a situação. O nervosismo acerca do impacto da Revolução Russa na opinião da classe trabalhadora não durou muito, pois logo tornou-se evidente que o entusiasmo inicial havia transformado-se em hostilidade assim que os trabalhadores perceberam o potencial impacto da revolução sobre a situação militar.

Embora as mais bem organizadas greves de mineiros e trabalhadores do setor de infraestrutura na região de Saint-Etienne fossem potencialmente mais prejudiciais para o esforço de guerra, em maio de 1918, uma segunda onda de greves atingiu as fábricas de munições na região de Paris, envolvendo mais de 100 mil trabalhadores. Não obstante, havia novamente poucos sinais de apoio à ação revolucionária. A evidente determinação do governo de Clemenceau para dar prosseguimento à guerra até a vitória teve um impacto positivo na disposição do povo; enquanto isso, a gigantesca ofensiva alemã de março encorajava uma nova união pela causa nacional. O general Ludendorff apostou no uso dos soldados transferidos do Leste após o colapso russo e encarregou seu exército com um último esforço convulsivo para obter a vitória. Seria uma vitória apertada. Apesar do sucesso inicial dos alemães, a resistência pertinaz, as pesadas baixas e sua falta de reservas de homens e materiais detiveram o ataque. Este último grande ataque rachou o Exército imperial de forma decisiva. O contra-ataque que se seguiu, pela primeira vez envolvendo um grande número de soldados norte-americanos, bem como vários tanques e aviões, foi coordenado de forma eficaz pelo general Ferdinand Foch, o comandante supremo finalmente aceito pelos aliados no momento da crise final. No entanto, o colapso acelerado dos impérios centrais foi uma grande surpresa. Apesar das enormes perdas, a vitória finalmente parecia possível. O desejo de expulsar o inimigo da França e de impor uma lição salutar ao invasor, esmagando seus exércitos e invadindo o seu território, foi, no entanto, rapidamente moderado pela vontade de salvar vidas e terminar a guerra o mais rápido possível. O armistício entrou em vigor em 11 de novembro de 1918 e foi comemorado com alegria incontida. Seus termos impossibilitavam os alemães de renovarem a guerra. No ano seguinte, o Tratado de Versalhes impôs a admissão de culpa à Alemanha por causar o conflito, bem como enormes reparações de guerra, mas os termos ficaram muito aquém do que era exigido pelo vitorioso generalíssimo, o recém-promovido marechal Foch. Ele advertiu que Versalhes representava apenas uma trégua de 20 anos depois da qual a Alemanha iria buscar vingança.

Os anos entreguerras

A guerra tinha acabado. A vitória parecia representar um triunfo para instituições republicanas. A França tornou-se, em aparência ao menos, a maior potência do continente europeu. A humilhação de 1870 foi finalmente apagada e os territórios perdidos da Alsácia-Lorena, previamente submetidos a uma intensa e cada vez mais bem-sucedida campanha de germanização, foram recuperados. No entanto, a desilusão seria logo reinstalada, conforme as implicações a longo prazo da participação em um conflito tão brutal e sangrento tornavam-se evidentes. De fato, foi uma vitória de Pirro. O custo humano foi enorme. Quase 8 milhões de homens foram mobilizados, 1.322.100 (16,8%) foram mortos, um valor que chega a 25% em meio à infantaria e ainda maior em relação a oficiais e suboficiais. Muitos outros (cerca de 3 milhões) foram mutilados em combate ou estavam debilitados por causa de doenças ou traumas. Normalmente, a readequação à vida civil era difícil. Os soldados e suas famílias nunca esqueceriam aquela experiência. Praticamente toda a nação estava de luto. Os memoriais aos mortos erguidos em cada uma das comunidades marcavam suas perdas e mantinham a memória viva. Além disso, mais 1 milhão de pessoas iriam receber aposentadoria por invalidez. O impacto demográfico foi particularmente grave na França; a cada mil habitantes, 168 foram mobilizados e 34 deles foram perdidos, enquanto a Grã-Bretanha havia mobilizado 125 e perdido 16 e a Alemanha contava com 154 mobilizados e perda de 30. Em um país que já enfrentava a estagnação demográfica, o resultado da perda de tantos jovens (27% das pessoas na faixa etária entre 18 e 27) e da diminuição do número de casamentos e nascimentos seria sentido na década de 1930, com a redução do tamanho da força de trabalho ativa e do contingente de homens em idade militar.

A guerra também teve um forte impacto a longo prazo sobre a economia. Apesar dos progressos realizados no início do século, a França foi para a guerra em um estado de relativo atraso em comparação com a Grã-Bretanha e a Alemanha. A balança econômica não estava inteiramente negativa – ocorreram investimentos benéficos –, mas ainda estava decisivamente no vermelho. Em 1919, os níveis de produção agrícola e industrial foram cerca de 45% inferiores aos de 1913. Os recursos estavam destruídos ou foram desviados para uso militar. Grandes áreas de terras mais produtivas foram devastadas por batalhas, o gado foi expulso, vilas e aldeias esmagadas. Na zona de ocupação alemã, a exploração excessiva e a destruição sistemática reduziram maciçamente a capacidade produtiva de fábricas e minas, bem como a capacidade de carga da rede ferroviária. Essa grande interrupção e o tratamento áspero recebido pela população das áreas ocupadas, privada do fornecimento adequado de alimentos e combustíveis e sujeita a um reinado de terror, deportação e trabalho forçado, seriam as principais causas do êxodo em massa de refugiados vindos do Norte em 1940. Claramente, eles não desejavam repetir a experiência do domínio alemão.

A desmobilização das forças militares, a eliminação do excedente de armamentos, a realocação de recursos e a reconstrução levariam tempo e dinheiro. Mesmo assim, o processo foi efetuado com surpreendente rapidez. A guerra encorajou muitas empresas de grande porte a modernizar seus equipamentos e fazer uso mais eficiente do trabalho. A produção industrial foi restaurada aos níveis de antes da guerra em 1924 e, em 1929, estava 40% acima do nível de 1913. Isso ocorreu por causa de uma combinação de fatores, incluindo o estímulo para a reconstrução, a liberação da demanda reprimida dos consumidores e as exportações crescentes possibilitadas pela depreciação do franco nos mercados de câmbio do mundo. Começou a parecer que a guerra representava apenas um breve interlúdio de um longo processo de crescimento econômico. No entanto, o processo de crescimento e a concentração da produção continuariam a ser insuficientes para eliminar as principais fragilidades estruturais da economia francesa. As fragilidades eram o resultado de uma estagnação demográfica e da

280 | PARTE II – A REVOLUÇÃO DUPLA

IMAGEM 39. O custo de reconstrução: as ruínas de Montdidier (Somme), junho de 1919. Foto: Coleção Albert Kahn.

demanda, da sobrevivência de um setor agrícola grande e ineficiente e da presença de numerosas e – direto ao ponto – mal equipadas pequenas e médias empresas industriais e comerciais. A existência de empresas modernas de grande porte dos setores industriais – por exemplo, as de produtos químicos, de engenharia elétrica ou de automóveis –, que cresciam por meio do reinvestimento de seus enormes lucros obtidos durante a guerra, contrastaram de forma acentuada com a cautelosa relutância em investir por parte da maioria dos empresários. Como resultado, em 1930, o maquinário industrial francês tinha 20 anos em média, enquanto na Alemanha a média era de 7 anos. O custo de produção continuava relativamente alto e os empregadores (*patronat*) mantinham-se obcecados com a necessidade de garantir uma proteção contínua contra os concorrentes estrangeiros. Os investidores potenciais preferiam a segurança relativa dos empréstimos do governo. Não obstante, alguns esforços desiguais para aumentar a produtividade foram estimulados pela relativa prosperidade da década de 1920 e pela depressão da década seguinte, quando a racionalização veio à tona. A TABELA 5 apresenta o tamanho da mudança estrutural.

TABELA 5. Distribuição da população industrial ativa (%).

	1913	1938	Variação
Energia	4	6,2	+ 2,2
Construção e material de construção	18,6	16,9	– 1,7
Indústria metalúrgica e engenharia	14,7	22,6	+ 7,9
Química	1,6	3,9	+ 2,3
Têxtil, confecção e couro	42,4	29,7	– 12,7
Agricultura e indútria de processamento de alimentos	7,8	9,6	+ 1,8

Fonte: ASSELAIN, J.-C. *Histoire économique de la France du XVIIIe siècle à nos jours*, v. II, *Le blocage de la croissance pendant l'entre-deux-guerres* (Editions du Seuil, 1984), 74.

O distanciamento contínuo do trabalho agrícola, o declínio da produção artesanal e, na verdade, a troca do trabalho na indústria pelo setor de serviços – características de uma economia em processo de modernização – podem ser observados na TABELA 6. Tais movimentos refletem o crescimento de uma burocracia "moderna", dos setores financeiro e bancário, das cadeias de lojas e também o número crescente de pequenas lojas e bares. Outra característica do período foi a concentração da maioria dessas atividades em Paris e no seu entorno – uma cidade cada vez mais "inchada" de pessoas –, com o correspondente subdesenvolvimento das regiões Oeste, Sudoeste e Central.

TABELA 6. Estrutura da população ativa (%).

	1913	1938
Agricultura	37,4	31,4
Indústria	33,8	32,3
Serviços	28,8	36,3

A estagnação tecnológica da agricultura ficou ainda mais evidente do que na indústria. A mecanização fazia progressos lentos. Em 1938, havia apenas 35 mil tratores em uso. Eles eram caros, mas os camponeses, muitas vezes ainda comprometidos com o ideal de autossuficiência, relutavam em tomar dinheiro emprestado. De qualquer modo, a maioria dos pequenos agricultores gerava rendimento insuficiente para suportar pagamento de dívidas. Os agricultores possuíam pouco conhecimento de seus mercados ou dos efeitos potencialmente benéficos do investimento. A contabilidade de custos era um mistério complexo. Os custos eram elevados e os ganhos da produtividade eram resultado da remoção do excedente de trabalhadores por meio da migração. Temendo que isso pudesse tanto aumentar o custo quanto reduzir a obediência dos trabalhadores, os proprietários de terras conservadores normalmente condenavam seus efeitos moralmente corrosivos. Em 1929-1931, as safras de cereais aumentaram para 14,2 quintais por hectare, apenas ligeiramente acima dos 13,3 do pré-guerra e bem abaixo das médias britânicas e alemãs (21,9 e 20,5, respectivamente). Embora a produtividade fosse muito maior nas grandes fazendas capitalistas da bacia de Paris e no Norte, ainda era certo que um terço da força de trabalho empregada na agricultura contribuía com apenas um quarto da renda nacional do país. No entanto, 1920 foi uma década de aumento de preços dos alimentos, criando uma sensação de bem-estar no seio da população rural. O acesso mais fácil às cidades locais por trem ou transporte motorizado e o início da eletrificação rural (a partir de 1928) reforçavam a ampliação das perspectivas experimentadas durante a guerra. Esses desenvolvimentos estimularam melhorias na alimentação, mudanças na forma de se vestir e o declínio dos costumes locais, mas as condições de moradia dos camponeses continuavam miseráveis.

Ainda era preciso pagar pela guerra. As dívidas internacionais contraídas durante seu curso, especialmente dos norte-americanos e dos britânicos, precisariam ser honradas. Isso se tornava mais difícil com a saída de moeda estrangeira e ouro, venda dos ativos no exterior e as perdas substanciais dos investimentos como resultado da Revolução Russa. Os preços mais do que triplicaram durante o conflito; ocorreu uma enorme desvalorização do franco quando os controles cambiais dos tempos de guerra foram removidos; a confiança do público quanto ao retorno à "normalidade" após a guerra foi uma desilusão. Confrontados com problemas tão graves, é surpreendente que os políticos franceses esperassem que o Tratado de Paz oferecesse não apenas segurança militar a longo prazo, mas também que forçasse a Alemanha a fazer reparações financeiras apropriadas e adequadas, pois todos concordavam que a culpa pela guerra recaía sobre ela. O *slogan* "A Alemanha pagará" recebeu apoio quase unânime. O desacordo com os Aliados sobre o quanto a Alemanha deveria pagar causaria um ressentimento considerável entre aqueles que mais perderam, segundo sua percepção, em sacrifício humano; assim foi a evidente "má vontade" alemã ao receber a conta. No final, a França receberia a grande soma de 10 bilhões de francos (valor de 1913) antes que os pagamentos fossem suspensos em 1931, o suficiente para sobrecarregar a Alemanha sem satisfazer os franceses.

Dessa forma, a França emergiu da guerra vitoriosa mas seriamente danificada, sua segurança a longo prazo estava gravemente enfraquecida pelo colapso de seu antigo aliado russo, pelo aumento do isolacionismo norte-americano, pela falta de vontade britânica para formalizar acordos militares, bem como a determinação alemã em vingar-se daquilo que via como uma humilhação injusta imposta pelo Tratado de Versalhes. Além disso, a eficácia dos sistemas sociais e políticos, que haviam aguentado a ameaça militar de forma triunfante, logo seria testada mais uma vez. A crise econômica mundial que começou em 1929 revelaria o forte sentimento de cautela e a incapacidade de adaptação de todos os setores da sociedade. Juntamente com as relações sociais e políticas cada vez mais amargas, essas atitudes estavam ligadas à experiência da guerra e ao seu resultado decepcionante.

Independentemente do que havia mudado, a sociedade francesa continuava profundamente desigual. As informações sobre heranças sugerem que metade da riqueza passada de uma geração para a próxima pertencia a apenas 1% dos falecidos. Em uma sociedade de aproximadamente 14 milhões de camponeses, 13 milhões de trabalhadores e 14 milhões de membros da classe média que era ainda mais díspar, apenas a alta burguesia – uma fração da burguesia como um todo – detinha o poder. As necessidades de qualificações profissionais e culturais, juntamente com a correção do vestuário, as boas maneiras, moradia confortável e a capacidade de entreter e misturar-se socialmente impunham severas restrições a quem desejasse estar em posição de tomada de decisões importantes no governo, na administração e na iniciativa privada. A combinação desses atributos existia para proteger a posição e para manter longe os menos afortunados. Nascimento, cultura e – principalmente – riqueza determinavam o acesso à educação: a grande divisora. A grande maioria das crianças frequentava a escola primária até os 14 anos de idade, uma pequena minoria recebia suas instruções primárias nos *lycées* (liceus) mediante o pagamento de taxas. As mulheres ainda eram discriminadas. Embora a Câmara dos Deputados tenha concordado, em 1919, com a emancipação feminina, a proposta foi derrubada no Senado; além disso, não era uma questão considerada de alta prioridade pelos políticos.

A ascensão social de um pequeno grupo de pessoas ocorreu por meio da habilidade delas, da sorte e da disposição que tinham em conformar-se. A verdadeira ameaça à ordem estabelecida residia, por um lado, na mudança estrutural da economia e, por outro, nas ações de políticos "renegados"; políticos de esquerda da classe média e da baixa classe média que, a partir de um compromisso genuíno com uma sociedade mais igualitária, ou então como um meio de obter sucesso eleitoral, estavam prontos para propor reformas que poderiam desestabilizar o sistema social. No entanto, as elites estabelecidas ainda podiam contar, no mínimo, com os instintos conservadores da maioria das pessoas, pois os camponeses, lojistas, empregados administrativos, comerciantes e profissionais liberais orgulhavam-se de suas posses, mesmo que pequenas, ou de suas qualificações profissionais; podiam contar também com as pessoas que estavam determinadas a "melhorar de vida" direta ou indiretamente por meio de seus filhos, e que de várias formas imitavam seus "superiores" e tentavam distinguir-se daqueles que não possuíam propriedades e educação. Assim, muitos trabalhadores qualificados e mais bem recompensados sonhavam mais com a promoção social que com a revolução. Eles eram incentivados pela imprensa de grande circulação e pelo rádio, os quais alegavam ser apartidários, enquanto difundiam uma ideologia essencialmente conservadora.

A guerra havia encorajado a renovação dos valores nacionalistas e as eleições de 1919 foram um sucesso estrondoso para os conservadores. Um novo sistema eleitoral que beneficiava os partidos capazes de organizar alianças teve consequências desastrosas para a esquerda. O Partido Socialista, isolado por sua ruptura com a *union sacrée* em 1917 e dividido internamente por sua resposta à revolução bolchevique, rejeitou qualquer tipo de compromisso com os partidos "burgueses". Isso forçou os radicais a negociar acordos com os conservadores e tomar parte em um bloco nacional, cujas figuras mais notáveis, Clemenceau e Millerand, salientavam a necessidade de continuar a *união* dos tempos de guerra. Com efeito, parte do centro político, que, em 1914, esteve aliado com a esquerda, agora movia-se para a direita. A criação do bloco representava tanto uma maior vontade por parte dos conservadores de aceitar o regime republicano quanto a crença de muitos radicais de que a verdadeira ameaça à ordem estabelecida agora vinha da esquerda. Essa aproximação foi simbolizada pelo surgimento de uma forma aceitável de convivência entre a Igreja e o Estado. Embora a parte socialista dos votos tenha subido de 17% para 21%, no novo sistema eleitoral, o número de assentos diminui de 102 para 68. Além disso, muitos radicais que haviam rejeitado a aliança eleitoral com a direita foram derrotados. Assim, os partidos de centro-direita ganharam 450 dos 616 assentos do Parlamento.

O resultado foi a formação de um governo liderado por Millerand e, a partir de 1922, por Poincaré. A ascensão de Clemenceau havia se tornado impossível por causa do acúmulo de hostilidade despertada por seu anticlericalismo, insistência na necessidade de austeridade contínua, aumento de impostos e o desejo de estabelecer uma presidência fortemente intervencionista. A política externa agressiva do governo foi marcada pelos esforços de garantir o pagamento das reparações de guerra e enfraquecer a Alemanha, incentivando movimentos separatistas na Renânia. Isso culminou, em 1923, com a ocupação do vale do Ruhr, uma decisão que alarmou a opinião pública a tal ponto que chegou a estimular um movimento para a esquerda; o resultado foi a vitória eleitoral da Aliança de Centro-esquerda, a Coalizão de Esquerda (*Cartel des Gauches*). Mais uma vez, a campanha revelava amplas divisões entre os radicais – ou seja, uma instabilidade crucial do importante grupo do centro político de cujo apoio dependia a sobrevivência do governo. Mesmo discordando sobre questões de reforma social, conseguiram, ao menos, concordar em 1924 que era necessário fazer um esforço no sentido da paz perpétua por meio da segurança coletiva e da Liga das Nações, uma abordagem que viria a ser associada ao ministro das Relações Exteriores, o pragmático Aristide Briand, e que, em 1925, conduziria ao Pacto de Locarno, pelo qual a Alemanha reconheceria e os britânicos e italianos garantiriam as fronteiras orientais da França. O acordo recebeu o reforço das negociações de tratados defensivos entre a França e seus aliados tchecos e poloneses – um esforço débil para preencher o vazio de poder deixado pelo colapso dos impérios austro-húngaro e russo. Nesse momento, também surge a ideia de uma Federação Europeia. Ela era vista como um meio de exercer algum controle sobre a Alemanha, pois seu potencial econômico e sua população pareciam estar muito maiores que os da França. No entanto, o período do governo de centro-esquerda foi apenas um interlúdio em um longo tempo de ascendência conservadora, o qual durou até 1932; o momento (até 1929) teve Poincaré como figura dominante. Seus objetivos primários eram garantir a segurança militar e ao mesmo tempo eliminar a inflação, equilibrar o orçamento e limitar a carga fiscal. Essas políticas vieram combinadas com um antissocialismo visceral e a determinação de associá-lo à terrível ameaça do bolchevismo.

A formação, em 1926, do governo de União Nacional (presidido primeiro por Poincaré e então, após a doença forçar sua renúncia, por André Tardieu e Pierre Laval) trouxe a aceitação final, em 1928, de uma lei que trazia a obrigatoriedade da proteção contra doenças. Foi introduzida em 1921, quando, após a guerra, a ação veio representar o sentimento generalizado de obrigação social. Posteriormente, a insistência de que a medida deveria ser financiada por meio de garantias revelou a contínua oposição da classe média a qualquer indício de reforma social financiada por impostos. O egoísmo vinha disfarçado pelo apelo à defesa da "ordem moral" e por advertências sobre os males da dependência do bem-estar social. As feridas autoinfligidas da esquerda tornavam o sucesso dessa abordagem mais provável. Logo após a guerra, a adesão ao Partido Socialista e aos sindicatos aumentou inicialmente, refletindo a crença na iminência da revolução e o ódio ao regime que havia envolvido a nação em um banho de sangue. A partir de 1917, os socialistas precisaram resolver qual atitude tomar em relação ao bolchevismo. Nesse momento o partido rachou. Em dezembro de 1920, no Congresso de Tours, 67,3% dos delegados votaram a favor da adesão à Internacional Comunista, ignorando as advertências de Léon

IMAGEM 40. O medo generalizado causado por grandes greves no rescaldo da revolução bolchevique permitiu que os conservadores desenvolvessem a história do homem com uma faca entre os dentes durante a campanha eleitoral de novembro de 1919. Biblioteca Nacional, Salão de Gravuras.

Blum sobre o extremismo da esquerda e, assim, o Partido Socialista ficou reduzido a 30 mil membros. Essa ação foi inspirada pelo sentimento antiguerra, pelo entusiasmo com o aparente sucesso dos soviéticos no estabelecimento de uma nova forma de governo popular e pelas desilusões resultantes dos repetidos fracassos da abordagem parlamentar na busca por uma profunda reforma social, bem como pelo evidente "carreirismo" de muitos deputados socialistas. No entanto, a brutalidade do regime soviético que exigia subserviência dos comunistas estrangeiros causava desconforto e encorajou muitos desses camaradas errantes a voltarem para seu rebanho. Tal fato restabeleceria o Partido Socialista como o grande defensor da reforma social.

No entanto, o partido ainda estava profundamente dividido em relação às táticas entre aqueles que desejavam a aproximação com os comunistas e, por outro lado, uma ala de direita mais próxima dos radicais. O impacto dessas divisões aumentou quando, após o fracasso da greve geral convocada para maio de 1921, a CGT também se dividiu – a minoria comunista formou a CGT unitária (CGTU) em janeiro de 1922. A adesão sindical total diminuiu de cerca de 2 milhões em 1919 para 600 mil em 1921. Enquanto a esquerda dividia-se, o próprio apoio eleitoral diminuía; os candidatos socialistas obtiveram cerca de um quinto dos votos nas eleições na década de 1920 e os comunistas um décimo. Os comunistas conseguiram estabelecer um movimento bem organizado que tinha como bastiões os sinistros subúrbios industriais de Paris e partes do Cher e do centro da França. Estabeleceram-se em meio aos trabalhadores que, apesar do aumento real de seus rendimentos na década de 1920, continuavam muitas vezes a suportar as terríveis condições de moradia e a imposição insensível e rigorosa de disciplina em seus locais de trabalho. Não obstante, a filiação partidária diminuiu de 110 mil em 1921 para apenas 30 mil dez anos mais tarde. A unidade interna foi obtida por meio do isolamento do resto da nação política. A liderança seguia uma política de oposição baseada em classes sociais; de um lado estavam os partidos "burgueses" e, de outro, seu principal concorrente em relação aos votos da classe operária, o Partido Socialista, repetidamente descrito como um ninho de "traidores sociais". Entretanto, embora não repudiassem os ideais revolucionários e sua linguagem e se recusassem a participar do governo, os socialistas buscavam uma política essencialmente reformista, envolvendo pactos eleitorais com um Partido Radical que estava disposto a contemplar grandes reformas econômicas e sociais. Essa flexibilidade tática permitiu-lhes ao menos obter benefícios com o declínio do apoio aos comunistas nas cidades e aos radicais na zona rural.

Para muitos contemporâneos, no entanto, os problemas mais ameaçadores pareciam vir da inflação e da incapacidade dos sucessivos governos para equilibrar seus orçamentos. A inflação tinha como causa principal o aumento maciço dos empréstimos efetuados pelo governo e o volume de dinheiro em circulação (de 6 bilhões de francos em 1914 para 37 bilhões em dezembro de 1920) como resultado da guerra e da reconstrução. Quase oito anos após a guerra, os preços internos haviam aumentado consideravelmente. As tentativas de resolução do problema fracassaram, pois o governo não estava nem perto de entendê-lo. Isso resultou na queda acentuada do valor da moeda francesa. A moeda perdeu metade de seu valor real durante a guerra, e o declínio acelerou de forma acentuada após a retirada dos apoios norte-americano e britânico em março de 1919. A crescente falta de confiança incentivou a especulação e a fuga de capitais para o exterior. O fracasso da ocupação francesa no Ruhr, em 1923, que serviria para garantir o pagamento das reparações de guerra, somava-se à desolação. Entre 1922 e 1926 os preços dobraram novamente. A desvalorização internacional tornou-se ainda mais evidente pela valorização da libra esterlina, de 25 francos em 1914 para 243 francos em junho de 1926. Nessa situação, os verdadeiros perdedores foram o grande número de *rentiers* (arrendadores), em um país que ainda não possuía um sistema geral de aposentadoria. Em 1926, os títulos de renda fixa – tradicionalmente favorecidos – tinham perdido cinco sextos do valor que possuíam antes da guerra. Por outro lado, o efeito imediato da inflação e a consequente atenuação dos encargos da dívida, bem como o estímulo proporcionado pela desvalorização do comércio externo, promoveriam a prosperidade. Parece que a maioria dos grupos sociais aproveitou o aumento dos rendimentos reais; os trabalhadores, por exemplo, viram um aumento entre 9% e 26%. Apesar de tudo, isso não foi suficiente para diminuir o sentimento generalizado de pessimismo causado pelos aumentos constantes dos preços. A hiperinflação alemã de 1923 parece ter oferecido credibilidade às visões mais aterradoras.

A estabilização financeira ocorreu somente com a formação do governo de Poincaré, em junho de 1926. Sua composição conservadora e o apoio da autoproclamada União Nacional, formada por radicais e deputados da direita, ajudaram a tranquilizar a opinião financeira ortodoxa, a qual confiava muito pouco nas administrações anteriores da Coalizão de Esquerda, liderada por Edouard Herriot. Foi efetuada uma combinação de medidas

IMAGEM 41. Propaganda eleitoral mais conservadora, culpando o governo da Coalizão de Esquerda [*Cartel des Gauches*] pelos déficits orçamentais e pela inflação. Pôster de Jack. Biblioteca Nacional, Salão de Gravuras.

cosméticas e reais, incluindo aumentos de impostos, taxas de juros mais altas e reduções nas despesas do governo, juntamente com, em junho de 1928, um retorno parcial ao padrão-ouro, mas com o franco a um quinto de seu valor de antes da guerra – algo suficientemente realista a ponto de evitar a perda de competitividade nos mercados internacionais, que havia ocorrido como resultado da supervalorização da moeda britânica em 1925. Tardieu esforçou-se, inclusive, para reduzir a tensão social ao compartilhar alguns benefícios da prosperidade com uma legislação sobre seguro social e abonos para as famílias. Inevitavelmente, a perspectiva da obrigação de fazer contribuições alarmou os empregadores, mas a nova prosperidade não duraria muito.

A quebra de Wall Street [a Bolsa de Valores de Nova York] de outubro de 1929 testemunhou o início da mais grave crise do mundo capitalista até aquele momento. Durante a década seguinte, a França passaria por uma depressão tão grave que destruiria grande parte de suas ilusões sobre *status* de grande potência e estabilidade interna do país. No entanto, a crise afetou o país depois das outras nações industrializadas. O ano de 1930 foi, portanto, próspero. A "estabilização" de Poincaré, de fato, a desvalorização, tornou os bens franceses competitivos nos mercados internacionais – pelo menos, até a desvalorização britânica de setembro de 1931. O atraso relativo da economia e os limites de sua integração com os mercados do mundo fizeram que o impacto da crise chegasse atrasado. Mesmo com a chegada da crise – em termos de falências, queda da produção e desemprego – ela parece, na França, não ter sido tão severa como em outros lugares. Complacentemente, muitos comentadores franceses orgulhavam-se do caráter supostamente mais equilibrado da economia nacional, que reteve grande parte de sua população no país. A agricultura, no entanto, passava por sua própria crise, também pontuada pela queda de preços, atribuída essencialmente ao excesso de oferta dos mercados nacional e internacional. O preço dos vegetais caiu 34% entre 1930 e 1935, o vinho sofreu queda de 60% e a carne, 40%. A renda de aluguéis dos proprietários de terras, os lucros dos agricultores e os salários dos trabalhadores foram drasticamente reduzidos. O poder de compra da população rural entrou em colapso. A crise na França foi mais prolongada do que em outros países. A década de 1930 foi um período de crise permanente.

A "estabilização" da moeda, muito apregoada por Poincaré, seria parte de um breve interlúdio em um longo período de desequilíbrio. Posteriormente, os déficits orçamentais, agora causados pela queda das receitas fiscais, levaram à depreciação da moeda nos mercados internacionais. Apesar de exceções notáveis, como o socialista Blum e o conservador Paul Reynaud, os líderes políticos opunham-se de forma amarga às desvalorizações planejadas da moeda – do tipo utilizado pela Grã-Bretanha em 1931 e pelos Estados Unidos em 1933 – para estimular o comércio. A força apaixonada da oposição à desvalorização, considerada uma "fraude" que ameaçava o valor das poupanças, tornava-a uma opção que os políticos poderiam propor apenas por sua conta e risco. Era politicamente mais vantajoso denunciá-la nos termos mais apocalípticos possíveis. Quando, em 1934, Reynaud discursou a favor da desvalorização, a Ação Francesa, organismo da extrema-direita, chamou-o – com suas expressões delicadas de sempre – de "verme" com "mente e moral de um cupim" e pediu sua prisão. Como resultado dessa determinação para preservar o valor internacional, o *status* e poder de compra da moeda e para evitar o retorno da inflação dos anos 1920, os produtos franceses perdiam cada vez mais a competitividade nos mercados internacionais. Entre 1929 e 1935, as exportações caíram 44% em volume e incríveis 82% em valor. A parte do país, mesmo no volume drasticamente reduzido do comércio internacional de bens manufaturados, diminuiu de 11,2% em 1929 para 5,8% em 1937. Os esforços para estimular o comércio dentro dos mercados protegidos do império tiveram algum sucesso e somavam 25% a 30% das exportações em 1936-1938. O centenário da conquista da Argélia e a criação de uma "Grande França" foram celebrados em 1931 com uma grande e bastante divulgada exposição colonial. Mas o comércio imperial não conseguiria compensar adequadamente a perda dos mercados dos maiores países industriais ou impedir a crescente dependência das importações de gêneros alimentícios e petróleo.

Mesmo em 1938, os níveis da produção industrial eram um pouco maiores do que tinham sido em 1913. Por esse motivo, podemos dizer que, em meio às principais potências econômicas, a França foi o país mais gravemente afetado. Os preços brutos caíram 46% entre 1929 e a baixa cíclica na primavera de 1935, e os valores das ações diminuíram em 60%. A produção industrial foi reduzida em cerca de um quarto em setores importantes da indústria pesada; a siderurgia perdeu 40%, enquanto os produtores de bens de consumo, com a notável exceção dos têxteis, sofriam muito menos. O declínio das vendas e os lucros em queda tornaram-se um desincentivo evidente para o investimento industrial. A falta de vontade dos fabricantes para substituir as antigas máquinas reduziu a produtividade e causou um declínio de 37% na produção de equipamentos industriais. Certamente, em termos de desemprego, a França sofreu muito menos do que a Grã-Bretanha, a Alemanha e os Estados Unidos. Mesmo que seja aceito que os números oficiais do nível de desemprego devem ser dobrados e que o desemprego real estava ao redor de 1 milhão – concentrado principalmente na região de Paris – isso constituía apenas cerca de 2,6% da população; em comparação, os níveis de desemprego das três principais nações industrializadas eram, respectivamente, de 7,6%, 9,4% e 12,75%. É óbvio que todas essas estatísticas escondem as saídas da força de trabalho, especialmente dos trabalhadores mais velhos e das mulheres, bem como o repatriamento de imigrantes e o grande subemprego existente por causa das reduções do horário de trabalho. No entanto, já que os preços estavam em queda, as pessoas que ainda faziam parte da força de trabalho puderam tirar proveito das melhorias substanciais em seu rendimento real. Os níveis de consumo pessoal mantiveram-se surpreendentemente altos, em grande parte porque a queda nominal da renda nacional de cerca de um terço entre 1929 e as profundezas da crise em 1935 foi parcialmente compensada pelo declínio de 20% dos preços do varejo.

Todavia, isso não impediu o desenvolvimento de uma intensa sensação de insegurança, pois os empregadores tentavam constantemente reduzir seus custos. Além disso, o impacto da crise obviamente variou entre grupos sociais. Os mais prejudicados foram os agricultores camponeses, pois o rendimento real da agricultura sofreu uma queda de 32%. Muitos trabalhadores das indústrias, embora percebessem mais a queda dos salários e a ameaça de desemprego, tiveram um aumento da renda real. Os lucros das empresas caíram aproximadamente 18%, afetando de forma mais visível os pequenos fabricantes e comerciantes, enquanto o rendimento real dos senhorios e *arrendadores* com rendas fixas tendia a subir. Em geral, os ricos mantiveram sua posição privilegiada, mas numa sociedade caracterizada pela crescente tensão social e política. Pelo menos o cinema e a música popular ofereciam uma distração relativamente barata aos problemas da vida diária. Dentre os grandes sucessos estavam as músicas de Edith Piaf e Charles Trenet, bem como os filmes dirigidos por René Clair e Marcel Pagnol. Esses dois apelavam para o gosto pelo drama e pelo romance, enquanto o comediante Fernandel oferecia um pouco de humor. Os filmes norte-americanos importados eram geralmente considerados pueris pelos intelectuais. No entanto, filmes extremamente escapistas como *Rua 42* (1933), *Melodia na Broadway* (1936) e *Branca de Neve* (1938) tiveram êxito comercial maior do que grande parte dos produtos caseiros que eram pouco imaginativos.

Uma característica sempre presente dessa década foi a fraqueza do governo. Políticos e economistas – não só na França – sentiam-se indefesos e apenas reagiam aos problemas conforme eles iam ocorrendo. Embora os novos déficits orçamentais fossem a consequência e não a causa da depressão, os governos continuavam obcecados com a necessidade de alcançar o equilíbrio e envolviam-se em políticas deflacionistas, reduzindo a demanda ainda mais. A multiplicidade de partidos e a fraca disciplina partidária os deixavam à mercê dos movimentos das coalizões parlamentares, enquanto os ministros passavam a maior parte de seu tempo tentando manipular os deputados. No período entreguerras houve 42 governos, cada um com uma média de apenas seis meses no poder, claramente incapazes de adotar uma perspectiva de longo prazo. O sistema eleitoral dava um poder desproporcional ao eleitorado rural e de pequenas cidades, os quais geralmente eram opositores da reforma social – pois, para eles, ela beneficiaria muito mais os trabalhadores urbanos – e da tributação necessária para financiar tais medidas. Os eleitores favoreciam os radicais, cujos deputados sempre desempenharam um papel crucial, quando não de líderes, na formação de todos os governos. Embora o partido se mostrasse como de esquerda, seus membros eram inalteravelmente conservadores em questões econômicas e sociais. Os deputados parlamentares, formados por uma maioria esmagadora de profissionais liberais, esforçavam-se bastante para manter seus círculos eleitorais, concentrando-se em questões locais e buscando favores de ministros para seus eleitores.

Certamente, a instabilidade governamental foi parcialmente compensada pela estabilidade burocrática, mas isso servia para garantir que a formulação de políticas fosse o papel dominante dos funcionários seniores, originários das classes mais altas e sempre inibidos pelo cuidado e respeito pela rotina. Esse sistema de governo era particularmente inadequado para lidar com grandes crises e incapaz de contemplar, muito menos aceitar, as propostas de planejamento e a economia mista sugerida por tecnocratas apolíticos ou mesmo por conservadores como Auguste Detoeuf, presidente da sociedade de engenharia elétrica Thomson, ou economistas como Alfred Sauvy, inspirado por uma mistura de ideias morais e científicas, nem de reformistas sindicalistas como Léon Jouhaux, secretário-geral da CGT. A direita, comprometida com o mercado livre, e a esquerda, que concebia o Estado apenas como o agente da opressão, rejeitavam as ideias reformistas. Como resultado, a década de 1930 testemunharia a crescente perda de confiança no regime.

A incoerência da política do governo estava, sem dúvida, evidente no caso da agricultura. Inicialmente, com a queda dos preços, houve proteção aos produtores nacionais, por meio do aumento das tarifas. A resposta às colheitas abundantes de 1932 e 1933 foi a falsificação das estatísticas para não alarmar o mercado. No entanto, os preços continuavam a cair e, em junho de 1933, o trigo custava 85 francos o quintal, isto é, metade de seu preço de 1929. O próximo passo, em julho de 1933, foi a imposição de um preço mínimo (115 francos). Os fundos eram inadequados, assim como as instalações disponíveis para o estoque dos excedentes. Essa política de curta duração, portanto, apenas encorajou o desenvolvimento de um mercado não oficial em que o trigo poderia ser comprado por valores entre 60 e 70 francos. Também foi feito um esforço para reduzir a oferta de vinho mediante restrições à plantação e uma redução obrigatória da área cultivada, mas com pouco efeito sobre os preços. Também foram tomadas medidas para proteger os pequenos lojistas contra a concorrência das cadeias de lojas. No caso do déficit da balança comercial, em vez de tomar medidas para estimular as exportações – ou seja, agir contra as causas –, o governo buscou limitar os efeitos, reforçando o protecionismo a partir do verão de 1931. O sentimento de insegurança era tão grande que nem os habituais comerciantes livres, incluindo os representantes das indústrias de lã e seda, eram atraídos pela perspectiva de autossuficiência econômica da nação.

Em maio de 1932, o eleitorado desesperado voltou-se para a esquerda em busca de uma solução. O resultado foi o seu maior sucesso desde antes da guerra, 334 deputados retornaram, incluindo 157 radicais e 129 socialistas, em comparação com 230 à direita. Apesar de sua retórica, no entanto, os ministros dos radicais, liderados por Herriot, mantiveram seu compromisso com a ortodoxia financeira. Tão obcecados como os conservadores mais óbvios pela necessidade de equilibrar o orçamento e restaurar a confiança dos empresários, eles estavam determinados a reduzir as despesas do governo. Eles permaneceram amargamente contrários ao aumento da tributação, que, além disso, teria um impacto negativo em seus pequenos negócios e de partidários camponeses. Essa abordagem era inaceitável para os seus aliados parlamentares socialistas. Sucessivas combinações ministeriais não conseguiram garantir um acordo. Com o agravamento da crise econômica, os ministros pareciam indefesos. A resignação de um governo fraco liderado por Edouard Daladier e os sérios tumultos que ocorreram em Paris no dia 6 de fevereiro de 1934 permitiram a ascensão ao poder de uma União Nacional que incluía os radicais, mas que estava dominada pelos conservadores e foi liderada sucessivamente por Gaston Doumergue, Pierre-Etienne Flandin e, em seguida, Laval. A União estava mais determinada do que seus antecessores em reduzir a inflação por meio de medidas duras e deflacionárias. Ela foi investida pelo Parlamento com "poderes excepcionais para garantir a defesa do franco e a luta contra a especulação". Sua política básica era a restauração da competitividade dos produtores franceses pela redução de seus custos. Buscando alcançar esse objetivo, ela cortou brutalmente os salários do serviço público em 10%, reduziu os juros sobre a dívida do governo e decretou até mesmo reduções nos aluguéis e nos preços do pão, carvão e eletricidade. Entre 1932 e 1935, houve 11 governos e 14 planos de recuperação econômica, tudo com base em uma combinação de deflação e medidas protecionistas, destinadas a proteger o *status quo* econômico e social. O valor do franco deveria ser defendido a todo custo. Infelizmente, as medidas tomadas reforçaram a estagnação econômica. Influência a favor da continuidade também era exercida por representantes da elite social, como, por exemplo, altos funcionários públicos, diretores do Banco da França (ainda que de propriedade privada, apesar de suas funções de banco central) e líderes industriais, tais como os Peugeots, Wendels e Schneiders.

A mudança ficava ainda mais difícil pela instabilidade política, o que reflete o caráter fragmentário do sistema político e a fraqueza dos radicais, que ocupavam a importante posição de centro, bem como pela facilidade que deputados indisciplinados abandonavam as administrações que, de alguma forma, causassem quaisquer descontentamentos a eles. Nessa situação, os políticos relutavam em propor as reformas econômicas e sociais que, em retrospecto pelo menos, a crise parece ter exigido. Eles também não estavam dispostos a contemplar uma mudança no sentido do presidencialismo para fortalecer o Executivo em relação ao Parlamento. No máximo, eles poderiam aceitar a necessidade de conceder poderes temporários para a produção de decretos como ocorreu durante a crise financeira de 1935, no caso para um governo liderado por Laval. Além disso, os governos também foram confrontados com uma deterioração alarmante da situação internacional. Em Lausanne, em julho de 1932, as grandes potências reconheceram a incapacidade da Alemanha para continuar a pagar as indenizações de guerra, bem como seu direito de rearmar-se. Em janeiro de 1933, Adolf Hitler tornou-se chanceler alemão, e em outubro, ele retirou-se da conferência de desarmamento de Genebra. Em junho de 1934, o governo começou a sentir a necessidade de aumentar a aquisição de armas, pois as despesas militares francesas chegaram a seu nível mais baixo.

Entre a classe média e especialmente entre os mais ricos e influentes, os ares contínuos de crise e ansiedade a respeito da renda e de seu *status*, juntamente com a tomada de consciência sobre a deterioração da posição mundial do país, resultaram em uma convicção crescente de que democracia havia falhado. Para muitos, o governo autoritário e forte parecia ser a resposta para os problemas do país. Mais uma vez a conclamação por "ordem moral" veio da direita, unindo o nacionalismo, clericalismo, liberalismo econômico e antibolchevismo. O sentimento antiparlamentar foi reacendido pelo sucesso que a esquerda vinha obtendo nas urnas. A elite, aqueles com poder econômico e influência substancial sobre os governos, o funcionalismo público e os meios de comunicação tiveram dificuldade em aceitar que as pessoas cujos objetivos entravam em conflito com seus próprios pudessem deter o poder político. Em 1924, esse tipo de posicionamento havia levado à formação dos *Jeunesses patriotes* (Jovens patriotas) por Pierre Taittinger, organizados de forma militar, uniformizados e comprometidos com a ação nas ruas. A analogia com o fascismo pode ser facilmente notada, mas não deve ser ignorada, particularmente em termos de organização, objetivos e formas de ação. Tais ligas atraíram apoio crescente durante a década seguinte. A mais notável foi a *Croix de feu* (Cruz de ferro) – inicialmente uma organização de velhos soldados, mas que atraiu amplas camadas da classe média; em seu auge contava com 300 mil membros. Ela fazia parte da revolta contra os ineficazes políticos conservadores e caracterizou-se por um fervoroso anticomunismo e antissocialismo e, enquanto expressava apoio à hierarquia social estabelecida, seus porta-vozes denunciavam os partidos políticos como "mentirosos, parasitas, corruptos e desatualizados". A partir de 1928, Henri Dorgères e seus *Chemises vertes* (Camisas verdes) passaram a expressar a angústia de muitos camponeses: o desejo de impostos mais baixos, do fim das importações e da proteção dos valores e tradições do mundo rural. Essas ligas eram as herdeiras das organizações extremistas e nacionalistas da década de 1880 e estavam igualmente comprometidas com o estabelecimento de um governo autoritário para substituir a República decadente, desonesta e ineficaz. Elas receberam o apoio de personalidades influentes, incluindo os marechais sobreviventes da França; recebiam fundos das organizações dos

IMAGEM 42. Os membros da Cruz de Ferro desfilam na frente de seu líder, o tenente-coronel De la Rocque. Foi fundada em 1927 como uma organização de ex-soldados que, a partir de 1933, passou a recrutar com maior vigor e desenvolveu estruturas paramilitares. © Roger-Viollet/TopFoto.

empregadores e de empresários importantes, como o fabricante de perfumes François Coty e os industriais Ernest Mercier e François Wendel, cujos objetivos na década de 1930 pareciam incluir a mobilização de apoio para Pétain como um potencial salvador. Claro, nem todos os ex-soldados foram atraídos pela direita. Muitos aceitavam o pacifismo mais típico da esquerda. No entanto, havia um ódio visceral e generalizado aos políticos e um desejo de algum tipo de um renascimento da *union sacrée* (União Sagrada). Entretanto, o sentimento de desencanto com o regime na França nunca seria tão intenso como o ocorrido na Alemanha. A depressão econômica foi menos severa e o país não havia sofrido uma derrota militar catastrófica.

No entanto, certamente houve momentos de intensa crise. No início de 1934, o caso Stavisky – atividade financeira fraudulenta de um judeu ucraniano naturalizado que parecia envolver líderes políticos – foi a desculpa para uma campanha da extrema-direita que combinava todos os seus temas habituais: xenofobia, antissemitismo, antiparlamentarismo e ódio à República. A deportação de imigrantes foi apresentada como solução mais

IMAGEM 43. Membros de organizações de extrema-direita entram em confronto com a polícia que impedia a entrada na Câmara dos Deputados na Praça da Concórdia, 6 de fevereiro de 1934. Cerca de 15 pessoas foram mortas e mais de 2 mil ficaram feridas.

simples para o desemprego. Uma literatura de ódio atraía um número crescente de leitores. Em 7 de janeiro, a Ação Francesa iniciou uma série de manifestações, que viria a culminar, em 6 de fevereiro, em um encontro das várias ligas de direita em Paris. Naquela ocasião, quando alguns grupos no meio da multidão tentaram romper o cordão de proteção da Câmara dos Deputados, a polícia entrou em pânico e abriu fogo, matando 15 manifestantes. Mais de 2 mil foram feridos na confusão.

Abandonado pelos líderes de seu próprio partido, o primeiro-ministro radical, Daladier, demitiu-se, criando um precedente perigoso ao aceitar a pressão das ruas. Seu substituto, Doumergue, foi trazido da aposentadoria para restaurar a ordem e, adicionalmente, para reformar o sistema político. Pétain serviria brevemente como ministro da Guerra. No entanto, em vez de pressionar pelo fortalecimento da autoridade executiva no rescaldo do 6 de fevereiro, quando tais propostas ganharam amplo apoio, Doumergue desviou-se do caminho por disputas entre os membros radicais e conservadores de sua administração. Os primeiros suspeitavam de uma solução "bonapartista" para a crise. Dentre os últimos, estava Tardieu que, como membro dos governos anteriores, na verdade parece ter canalizado fundos para as *Ligas*. O Senado também, com sua habitual irresponsabilidade, apresentou sua oposição às propostas que pudessem reduzir sua capacidade de derrubar governos. Doumergue e seu sucessor Laval podiam apenas, como medida de curto prazo, tentar restaurar a confiança empresarial, equilibrando o orçamento. Em 1935, eles reduziram as despesas do governo por meio de medidas que incluíam o corte das pensões e o emprego de poderes emergenciais para formular decretos com o objetivo de evitar o debate parlamentar. A crise do Estado liberal tornava-se cada vez mais intensa.

Em um prazo ligeiramente mais longo, no entanto, a consequência mais importante do 6 de fevereiro seria a formação da Frente Popular no momento em que os partidos mais comprometidos com a República Democrática, ou assustados com o que eles viam como uma tentativa de golpe fascista, reuniram-se para defender a República. Mas existiam grandes obstáculos à formação de uma ampla aliança de esquerda. No rescaldo do 6 de fevereiro e com ministros radicais no governo Doumergue, vários grupos continuavam a culpar uns aos outros. No passado, os esforços de colaboração sempre terminaram em uma atmosfera rancorosa de recriminação mútua. Os socialistas estavam extremamente desconfiados das novas propostas de cooperação, enquanto os radicais e os comunistas constituíam polos opostos. Os comunistas, comprometidos com a luta de classes e convencidos de que a grande depressão foi a última grave crise do sistema capitalista, eram particularmente hostis aos "traidores", que, diziam, por meio do reformismo, tentavam desviar a classe operária de seu verdadeiro objetivo revolucionário socialista. Somente no final de junho o líder comunista Maurice Thorez, seguindo as instruções de Stalin – que estava cada vez mais alarmado com a crescente ameaça fascista – abre o caminho para a formação da Frente Popular ao convocar uma aliança de todos os democratas. Juntamente com uma dedicação jacobina superpatriótica da defesa nacional, que durou até a assinatura do pacto nazissoviético, em agosto de 1939, esse foi o meio pelo qual seu partido conseguiu sair do isolamento e ineficácia que eram consequências de suas táticas de guerra de classes. Em julho, foi negociado com os socialistas um acordo de apoio mútuo na luta contra o fascismo, a guerra e a política deflacionária do governo de Doumergue. Para surpresa dos socialistas e desconforto dos radicais, a isso se seguiu a convocação de Thorez por uma aliança entre as classes média e trabalhadora. Tendo a união como objetivo essencial contra a ameaça internacional do fascismo, os comunistas estavam determinados a não assustar os radicais e preparavam-se para moderar seu programa revolucionário.

A decisão dos radicais de entrar na Frente Popular dependia do resultado de uma luta interna entre os seguidores de Herriot, um oponente da cooperação e os chamados "Jovens Turcos" do partido, incluindo Jean Zay, Jacques Kayser, Pierre Cot e Pierre Mendès-France, apoiados por Daladier e reforçados pelo crescente desencanto com a aliança existente entre os partidos da direita. O acordo de cooperação foi finalmente alcançado em junho de 1935, e em 14 de julho os três partidos da esquerda comemoraram o aniversário da tomada da Bastilha em uma manifestação pública em Paris. Além disso, foi estabelecido um comitê para organizar a colaboração para a campanha eleitoral de abril/maio de 1936. Os principais obstáculos ao acordo parecem ter sido a formulação de uma política econômica que lidasse com os meios de financiamento de reformas sociais, o tamanho da nacionalização e a questão da desvalorização. A moderação do acordo efetuado deixava óbvio o objetivo essencial da Frente Popular – a defesa das instituições republicanas. Todos aqueles que tinham visto a união da esquerda como algo que abriria caminho para mudanças sociais e econômicas fundamentais ficaram profundamente decepcionados, mas não havia como esperar muito de um acordo efetuado por partidos que desconfiavam muito uns dos outros.

A campanha eleitoral iniciou-se em abril de 1936 e distinguiu-se pelo uso do rádio feito pelos porta-vozes dos partidos para levar as questões ao conhecimento do público. No primeiro turno, os partidos da Frente Popular mantiveram seus próprios candidatos e programas, muitos dos quais estavam em flagrante desacordo com os aspectos do programa conjunto que os partidos haviam concordado em apresentar para a segunda votação. Assim, os socialistas prometiam nacionalizações substanciais e a abolição do Senado, instituição anátema para a maioria dos radicais. Internamente o partido dividiu-se tanto sobre táticas, pelas quais, como sempre, havia uma contradição entre a retórica revolucionária do partido e as propostas reformistas, bem como sobre temas fundamentais, por exemplo, se eles deveriam desistir de sua política de não participação nos governos de coligação se a aliança fosse bem-sucedida nas urnas. Os comunistas ofereceram a única explicação razoavelmente coerente para a crise econômica e apontavam para o experimento soviético sobre crescimento planejado como uma solução aparente para os males do mundo. Embora reconhecessem a força do desejo da classe trabalhadora pela união e, em março, tenham aceitado a fusão das duas federações sindicais rivais, eles, no entanto, deram prioridade absoluta para a unidade do movimento antifascista, pois era essencial para atrair o apoio da classe média.

IMAGEM 44. Léon Blum com membros de seu governo da nova Frente Popular, no Palácio do Eliseu em 1936. Hulton Archive. Foto: Keystone/Getty Images.

O programa mutuamente acordado pela esquerda incluía propostas para proteger as instituições republicanas por meio da supressão das *ligas* e a defesa da educação laica e dos direitos sindicais. Atacava a política deflacionária anteriormente perseguida e apresentou medidas destinadas a reduzir o desemprego e melhorar a qualidade de vida da classe trabalhadora. As medidas incluíam um programa de obras públicas, pagamento de seguro-desemprego mais alto e redução da jornada diária de trabalho. Juntamente com reformas fiscais, supunha-se que essas políticas ajudariam a restaurar o poder de compra e estimular a recuperação econômica. Havia, também, uma proposta para auxiliar a população rural pela intervenção governamental nos mercados agrícolas para a manutenção de preços mais elevados. A política externa de um governo de Frente Popular procuraria promover o desarmamento e a segurança coletiva por intermédio da Liga das Nações.

Em suma, em vez de inspirar-se no socialismo, o programa tomou o *New Deal* norte-americano como base. Ele indicava a determinação para fazer o capitalismo funcionar, para humanizar as relações sociais e modernizar o Estado. As únicas nacionalizações propostas, da indústria de armamentos e do banco da França, foram inspiradas pelo desejo de acelerar o ritmo de rearmamento e para limitar o poder e a influência dos principais grupos conservadores de pressão. Era um programa moderado, que oferecia uma reforma social verdadeira ao procurar tranquilizar os pequenos proprietários que apoiavam o Partido Radical. Mesmo assim, qualquer indício de medidas destinadas a reduzir o poder das elites conservadoras criaria uma tempestade de protestos e estimularia uma mobilização política inspirada pela arrogância e pelo medo. O emprego da "política do medo" (Jackson) pelos conservadores combinava os temas encontrados no manifesto de um candidato parisiense da Federação Republicana:

Se a Frente Popular vencer;
Haverá fuga de capitais;
Haverá uma desvalorização que levará à falência total;
Haverá anarquia;
Haverá guerra;
Pois por trás da Frente Popular está a sombra de Moscou.

Inicialmente, os resultados das eleições foram decepcionantes para a esquerda. No primeiro escrutínio, os partidos da Frente Popular atraíram 5.420.000 votos, apenas 300 mil a mais do que eles tinham obtido em 1932. O fator decisivo seria a maneira disciplinada que esses eleitores convergiram para o único candidato mais provável a vencer na segunda votação em 3 de maio. Como resultado, a Frente obteve uma clara maioria de 376 assentos, em comparação com 222 obtidos pelos partidos da direita. Além do apoio sólido da classe operária, a esquerda também ganhou eleitores entre a classe média baixa e, especialmente no Sul, da população rural. Apesar de a clara inclinação do eleitorado para a esquerda ter causado um grande aumento da representação dos comunistas e socialistas na câmara, de 10 para 72 e de 97 para 146, respectivamente, isso, no entanto, ocorreu em parte à custa de seus aliados do Partido Radical, no entanto, que foram reduzidos de 159 para 116. A sobrevivência dos governos da Frente Popular dependeria, no entanto, desses nervosos assentos radicais.

Em 4 de maio de 1936, como líder do maior partido único, Blum reivindicou a liderança do governo da Frente Popular, composto essencialmente por socialistas e radicais, sendo que os comunistas ficariam de fora sob o pretexto de que sua participação poderia causar pânico. Em vez disso, eles mantiveram seu apoio leal e, sendo o elemento mais radical da aliança, expandiram suas afiliações para 300 mil em 1937. Em contraste, o pressuposto básico de Blum era de que, na ausência de uma maioria parlamentar socialista, faltar-lhe-ia apoio para introduzir reformas sociais fundamentais. Juntamente com as realidades de uma aliança com os radicais, isso lhe permitiu efetuar apenas reformas limitadas. A formação do governo – que pela primeira vez incluía três mulheres como ministras juniores – criou um sentimento generalizado de expectativa, o qual se tornou, no entanto, especialmente evidente por uma onda sem precedentes de greves e ocupações de fábricas, envolvendo aproximadamente 2 milhões de trabalhadores. O movimento foi essencialmente espontâneo e localizado. Eram explosões eufóricas dos trabalhadores para quem, de repente, tudo parecia possível. Foram afirmações sobre a dignidade do trabalho, protestos contra a dura disciplina da fábrica e uma demanda por melhores condições de trabalho, de vida por maior segurança.

Em comparação às esperanças e medos que o governo havia inspirado, as medidas realmente introduzidas no verão de 1936 foram, no entanto moderadas e ditadas pelas circunstâncias, especialmente pela necessidade de pôr fim às greves. Na noite de 7 para 8 de junho, representantes dos empregadores e da CGT reuniram-se e assinaram os Acordos de Matignon. Ambos os lados estavam assustados por serem incapazes de controlar os movimentos dos trabalhadores. Eles concordaram com os aumentos salariais de 7% a 15%, em parte como meio de aumentar o poder de compra e estimular a recuperação econômica, e também reconheceram os direitos de negociação dos sindicatos. Essas medidas seriam complementadas pela legislação, proporcionando, pela primeira vez, o direito a duas semanas de férias pagas por ano e a uma semana de 40 horas de trabalho, ambos objetivavam melhorar a qualidade de vida da classe trabalhadora e contribuir para a redução do desemprego. Para estender os benefícios do novo regime para a população rural, uma agência de marketing oficial (o Departamento Nacional do Trigo) foi criada como um mecanismo para estabilizar e aumentar os preços dos cereais. Medidas menos eficazes foram tomadas para garantir que o Banco da França pusesse o interesse nacional a frente de seus acionistas, enquanto a nacionalização das fábricas de armamentos apenas aumentou o estado de desorganização que já existia quando elas estavam sob controle privado. Blum conseguiu provocar sentimentos intensos de ansiedade entre industriais e financistas sem aumentar a capacidade do governo para efetivamente controlar suas atividades.

O resultado, provavelmente inevitável, foi a decepção de muitos partidários da Frente Popular, que condenavam aquilo que viam como um legalismo comunista e socialista excessivo de Blum. Ao mesmo tempo, os radicais estavam preocupados com as conquistas já alcançadas. Para operar num quadro econômico basicamente liberal e ainda introduzir medidas que ameaçavam a confiança empresarial, era o mesmo que cortejar um desastre. Na ausência de controles de câmbio, inaceitável para os radicais, ocorreu uma fuga maciça do capital para o exterior. Os esforços dos empregadores para minimizar o impacto dos Acordos de Matignon trouxeram uma elevada tensão social; as medidas em si aumentaram os custos de forma significativa, mas reduziram a competitividade internacional e provocaram inflação interna. Em setembro, a desvalorização do franco (30%), que o governo tinha prometido não aceitar, tornou-se inevitável. Nesse momento, ele pouco fez para aumentar a competitividade das empresas francesas que sofriam com a manutenção do subinvestimento. Em janeiro de 1937, em um esforço para restaurar a confiança das empresas e reduzir as tensões com os seus aliados radicais, Blum anunciou uma "pausa" do programa governamental de reformas sociais. Isso pouco faria para evitar a crescente reação conservadora. Novas tensões no seio da Aliança ocorreriam pela decisão de empenhar recursos substanciais ao rearmamento em resposta à remilitarização alemã na Renânia e à questão sobre oferecer ou não apoio aos problemas da República espanhola. Quando Blum requisitou poderes de emergência para lidar com a contínua deterioração da situação financeira, estes foram votados pela Câmara dos Deputados, mas rejeitados pelo Senado. Blum renunciou em 20 de junho de 1937.

Desde então e até o outono de 1938, a Frente Popular foi submetida a um processo de desintegração gradual enquanto as relações entre suas partes constituintes deterioravam-se. Inicialmente, já que sua maioria parlamentar tinha sobrevivido à partida de Blum, o Presidente da República sentiu-se obrigado a apelar ao radical Camille Chautemps para formar um governo, que incluiria Blum e outros socialistas até sua saída definitiva em janeiro de 1938. Impossibilitado de reverter ou prosseguir com as reformas, Chautemps apenas presidiu impotente ao longo de novas ondas de greve, do agravamento da balança de pagamentos e do crescimento dos déficits orçamentais, em razão do efeito combinado do aumento das despesas militares e receitas decadentes dos impostos. A nacionalização das empresas ferroviárias que criaria a *Société Nationale des Chemins de Fer Français* (SNCF) foi simplesmente um meio para salvá-las da falência e em condições extremamente favoráveis para seus acionistas. Em março, Hitler anexou a Áustria, enquanto os políticos franceses lidavam com a crise política interna, causada pela falta de vontade dos socialistas em apoiar o requerimento de Chautemps para poder governar por decreto a fim de lidar com os problemas financeiros do país, bem como com sua subsequente renúncia.

As regras do jogo parlamentar fizeram que os socialistas tentassem formar uma outra administração. Blum foi chamado para fazer parte de um governo de unidade nacional que se preparava para uma guerra que estava começando a parecer inevitável. Determinados a acabar finalmente com a Frente Popular, os conservadores rejeitaram imediatamente essa proposta. O segundo governo da Frente Popular, formado por Blum, já nasceu condenado e as propostas do seu líder para introduzir controles cambiais e um imposto sobre o capital somente aceleraram sua derrocada. O presidente Albert Lebrun convocou o líder radical Daladier para formar um governo em que os socialistas não tivessem representação; apesar disso, na esperança de manter viva a frente antifascista, os partidos de esquerda uniram-se e deram um voto de confiança ao novo ministério. O desacordo sobre o acordo de Munique, amargamente condenado pelos comunistas, finalmente formalizaria o fim de uma Frente Popular já insubstancial.

O mandato de Daladier foi dominado pela deterioração da situação internacional e pelos esforços realizados para restabelecer a ordem interna. A fim de promover a recuperação econômica, ele fundamentou-se em mecanismos liberais econômicos. No entanto, foram tomadas ações determinadas contra os grevistas, tanto pela polícia quanto pelos empregadores que desejavam extirpar os "arruaceiros". Logo ficou claro que se tratava de um governo que dependia do apoio parlamentar da direita e que a sua carta mais forte era seu apregoado anticomunismo. Em 1º de novembro de 1938, o jornal *L'Ere Nouvelle* pode salientar com deleite que "a revolução de junho de 36 acabou de vez". A linguagem utilizada indica o grau que a Frente Popular refletiu e, acima de tudo, estimulou o processo de polarização política. As esperanças despertadas na esquerda e entre os trabalhadores criaram uma visão apocalíptica de anarquia revolucionária para a direita e entre as classes possuidoras, algo que alimentou o ressentimento a um governo cujas políticas pareciam favorecer os trabalhadores em detrimento da classe média. Foram traçados paralelos entre Blum e Aleksandr Kerensky, suas ações preparavam o caminho para o bolchevismo. A Frente Popular foi acusada de judaica e de fazer uma conspiração comunista. Até mesmo um grupo de oficiais extremistas do Exército, organizados sob o nome de Comitê Secreto da Ação Revolucionária, porém mais conhecido como Cagoule, planejou um golpe de Estado. Embora o golpe tenha sido descoberto pela polícia em novembro de 1937, é importante salientar que eminências militares como os marechais aposentados Pétain e Louis Franchet d'Esperey, cientes do que estava acontecendo, não consideraram ser dever deles informar tal fato às autoridades. Outra característica desse movimento de resistência ao comunismo foi a criação de novos partidos de extrema-direita. Banida junto com as outras *Ligas* em junho de 1936, a *Croix de feu* (Cruz de ferro) transformou-se no *Parti Social Français* (Partido Social Francês) e atraiu entre 600 mil e 800 mil membros ao exigir um governo forte e autoritário. O *Parti Populaire Français* (Partido Popular Francês), mais claramente fascista e com uns 200 mil membros, foi criado pelo ex-comunista Jacques Doriot. A atmosfera política estava envenenada por uma onda de violência verbal e, ocasionalmente, física. O antissemitismo vinha se tornando, mais uma vez, parte do discurso político normal, principalmente nos círculos conservadores e católicos; e até mesmo os políticos mais populares, tais como Tardieu e Laval, ecoavam sentimentos de extrema-direita. Para seu crédito, em abril de 1939, o governo publicou leis – revogadas mais tarde pelo Regime de Vichy – que transformavam em delito o incitamento ao ódio racial ou religioso na imprensa.

Nesse contexto amargo de desunião interna, o governo de Daladier procurava lidar com a crise provocada pela depressão econômica e pela deterioração da situação internacional. A produção industrial continuava a cair nos primeiros meses de 1938. Em setembro, os primeiros-ministros britânicos e franceses – Neville Chamberlain e Daladier – abandonaram a Tchecoslováquia a seu próprio destino, como preço, assim esperavam, para garantir a paz. Ao retornarem da humilhação de Munique, a grande maioria dos seus concidadãos recebeu os dois primeiros-ministros como heróis. Mesmo acreditando que havia chegado o momento de enfrentar a Alemanha, Blum sentiu algo que ele descreveu como "alívio covarde". Havia um desejo desesperado para não repetir a matança de 1914. Assim como os anticomunistas da esquerda, os conservadores associavam a guerra com a revolução. Traumatizado pelos acontecimentos de 1936, muitos conservadores também viam a Alemanha nazista como uma barreira às boas-vindas que a Europa oferecia ao bolchevismo. Mas, Daladier, preocupado com a inferioridade militar francesa e incapaz de agir independentemente dos britânicos ou de ignorar o peso esmagador da opinião pública, parecia ter poucas ilusões. Além disso, após Munique, os britânicos estavam finalmente preparados para enfrentar a possibilidade de um novo acordo continental e iniciar discussões militares de alto nível com os franceses. Internamente e no interesse da defesa nacional, a autoridade governamental estava reafirmada. Numerosas exceções à semana de trabalho de 40 horas foram autorizadas e foram introduzidas horas extras obrigatórias. Além disso, o Senado estava disposto a conceder a Daladier os poderes emergenciais que havia recusado a Blum. Em apoio aos empregadores e contra os grevistas, o governo participou do contra-ataque aos trabalhadores que, por um período pequeno, desafiaram o direito exclusivo de gerenciar suas empresas. Essa vitória sobre as forças da Frente Popular, juntamente com o estímulo proporcionado pelo rearmamento, sem dúvida, contribuiu para a restauração da confiança empresarial e para o início da recuperação econômica que se fazia evidente no outono de 1938.

A ocupação alemã do que restou da Tchecoslováquia, em março de 1939, finalmente, provocou uma grande mudança da opinião pública. Em julho, uma pesquisa de opinião alegou que 70% da população opunha-se às novas concessões para a Alemanha. A fraqueza anterior em responder às reivindicações de Hitler, começando com a aceitação do rearmamento alemão em 1935, incentivou as exigências adicionais. Era necessária uma nova estratégia. Concordou-se em garantir a integridade territorial da Polônia como um meio de desencorajar a expansão alemã. No entanto, os ingleses desconfiavam dos russos e isso impediu a criação de uma aliança, que por si só poderia ter garantido uma eficácia militar. Cansado da procrastinação ocidental e desconfiado de seus motivos, em 23 de agosto de 1939, Stalin assinou um acordo com os alemães que selou o destino da Polônia. Significou também que, em comparação com a situação em 1914, a França entraria nessa guerra como parte de uma aliança militar consideravelmente mais fraca.

A Segunda Guerra Mundial

Quando a guerra começou em 3 de setembro, após a invasão alemã da Polônia, havia alguns sinais de entusiasmo. As lembranças da carnificina anterior estavam muito frescas. A nova perspectiva de bombardeios aéreos aterrorizou muitos, incluindo Daladier. Os conservadores, em particular, resignaram-se relutantemente a um conflito que, por meio do enfraquecimento da Grã-Bretanha, França e Alemanha, ameaçava servir aos interesses da União Soviética. A preocupação deles intensificou-se quando o Partido Comunista Francês recebeu, tardiamente, novas instruções de Moscou e, em 20 de setembro, deixou de ser o mais ativo defensor da causa antifascista, transformando-se em um forte oponente de uma guerra que, agora, alegava ser resultado da rivalidade imperialista e sem nenhum interesse para a classe trabalhadora. O partido foi proscrito e seus representantes parlamentares foram presos. Após a declaração da guerra, houve um longo período de relativa passividade, a "guerra de mentira". Os franceses e seus aliados britânicos, solidamente entrincheirados atrás das fortificações da linha Maginot permaneceram na defensiva enquanto os poloneses, por cujos interesses supostamente lutavam, foram esmagados. Eles parecem ter evitado a ação ofensiva, que, irrevogavelmente, comprometê-los-ia com a guerra. O pensamento estratégico fundamentava-se no pressuposto de que uma longa guerra permitiria o acúmulo de força militar, valendo-se mais uma vez dos recursos industriais dos Estados Unidos, ao mesmo tempo que a Alemanha era enfraquecida por um bloqueio marítimo.

A aparente ausência de perigo incentivava a dissidência política interna, em nítido contraste com a *união sagrada* de 1914. Em 19 de março de 1940, Daladier foi forçado a renunciar por meio do voto de não confiança do Parlamento. Ele foi acusado de falta de ação militar e a direita também o acusava por não ter defendido a Finlândia contra o Exército Vermelho. Essa possibilidade tinha sido considerada pelos aliados e os teria envolvido, obviamente, em uma guerra de perigos quase inconcebíveis com a Alemanha nazista e a Rússia soviética. Reynaud, uma figura aparentemente mais dinâmica, tomou o lugar de Daladier. No entanto, o ex-primeiro-ministro continuou a servir como ministro da Defesa em um gabinete ampliado para incluir os representantes do maior número possível de opiniões políticas. O esforço de guerra francês seria assolado por rivalidades pessoais entre ministros e chefes militares e pela ausência de objetivos claros. Enquanto os aliados planejavam operações periféricas para destruir as instalações de petróleo soviéticas e de minério de ferro escandinavas a fim de privar a Alemanha dos meios de empreender a guerra, foram pegos de surpresa pelas invasões alemãs da Dinamarca e da Noruega e depois pela abertura da ofensiva ocidental das tropas alemãs (*wehrmacht*), em 10 de maio de 1940.

O alto comando francês, apesar da aparente confiança do general Gamelin, estava mal preparado para receber um ataque alemão liderado por concentrações de aviões e tanques. Esses oficiais superiores, incluindo Pétain, que haviam exercido uma influência considerável sobre o planejamento militar ao longo dos anos do entreguerras, foram os maiores responsáveis pela derrota de 1940. A experiência da guerra anterior convenceu-os de que as armas modernas ofereciam vantagem para a defesa. Posteriormente, eles culpariam os políticos pela derrota, os quais, na verdade, haviam desde 1934 autorizado um grande aumento das despesas militares. Entre 1930 e 1936, partes substanciais do orçamento da defesa foram entregues para a construção da linha Maginot, projetada para maximizar as vantagens dos exércitos entrincheirados. Ela não cobria a fronteira ao Norte, mesmo após os belgas terem optado pela neutralidade em 1936, e não se fez mais para preparar posições defensivas ao longo da rota tomada pelos exércitos invasores alemães em 1914, ou na frente das colinas e florestas das Ardenas belgas, consideradas impenetráveis por tropas muito grandes. Imaginava-se que, caso os alemães não respeitassem a neutralidade belga pela segunda vez, o aprovisionamento relativamente leve de homens na linha Maginot permitiria uma concentração de recursos humanos para a defesa da Bélgica e do norte da França.

Na prática, as forças aliadas que avançavam na Bélgica para encontrar os invasores foram flanqueadas pelas divisões alemãs, que atravessaram a região florestal das Ardenas e, em 10 de maio, lançaram uma ofensiva que, em três dias, destruiu as fracas linhas francesas em Dinant e Sedan. Do ponto de vista francês, os alemães atacaram no lugar errado! A crise que se seguiu revelou as deficiências do alto-comando, bem como a falta de coordenação eficaz das atividades dos franceses e do relativamente pequeno Exército britânico. Os sucessivos comandantes, Maurice Gamelin, Maxime Weygand e o general Georges, que lideravam o importante fronte

IMAGEM 45. Paul Reynaud saindo de uma reunião do Executivo, 21 de maio de 1940. Após duas semanas seus companheiros, marechal Pétain, o vice primeiro-ministro, e o general Weygand, o comandante-chefe, pressionariam por um armistício. Foto: Keystone/Hulton Archive/Getty Images.

Nordeste estavam velhos, cansados e não conheciam as realidades da guerra moderna. Nada parecia ter sido aprendido com o *blitzkrieg*, a guerra-relâmpago que, em setembro, havia esmagado o Exército polonês ou, de fato, com o brilhantemente bem-sucedido contra-ataque que, em março de 1918, derrotou a agressão alemã. A força aérea francesa estava mal equipada, em parte em razão da ineficiência da indústria de aeronaves, e era mal conduzida. Poucos aviões britânicos estavam presentes. O potencial ofensivo das concentrações de tanques não era muito valorizado, e o grande número de tanques disponíveis ficava largamente espalhado para dar apoio à infantaria. As tentativas de deter o avanço alemão mediante o comprometimento fragmentado de reservas inadequadas estavam condenadas ao fracasso. Apesar das graves deficiências, o pior problema era a indecisão; o fracasso e o rápido colapso total da Batalha da França ocorreram menos pelos números inferiores de soldados e falta de material que pelas estruturas de comando incoerentes, comunicações ineficazes, táticas inapropriadas e treinamento ineficiente. O planejamento operacional ortodoxo, o compromisso com a preparação metódica e a manutenção de um fronte contínuo mostram que os altos oficiais franceses estavam intelectualmente despreparados para enfrentar uma batalha de encontro fluida e rápida. Eles foram rapidamente sobrepujados pelos acontecimentos. A evacuação de 329 mil soldados britânicos e franceses que estavam em Dunquerque sinalizou a desintegração final da força de combate mais eficaz dos aliados. Os esforços subsequentes de Weygand para estabelecer novas linhas defensivas nos rios Aisne e Somme, lançando forças em grande desvantagem numérica, estavam, como ele percebeu, fadados ao fracasso.

Em cinco semanas, os alemães capturaram 1.850.000 prisioneiros que, em sua maioria, ficariam nos campos de prisioneiros de guerra como reféns durante os próximos cinco anos. Cerca de 92 mil soldados foram mortos, um número que testemunha a intensidade dos combates em alguns setores, mas é considerado pequeno se comparado às baixas provenientes das sangrentas batalhas da guerra anterior. As estradas para o Sul foram bloqueadas por hordas de refugiados miseráveis, talvez entre 6 e 7 milhões de pessoas deixaram suas casas e tentaram escapar da crescente zona de guerra, motivadas, em parte, pelas amargas lembranças da ocupação alemã anterior. Os serviços essenciais estavam em ruínas, pois os funcionários deixaram seus postos e juntaram-se ao êxodo. Para evitar a sua destruição, Paris foi declarada uma "cidade aberta". O governo mudou-se para Tours e, mais tarde, para Bordéus. Em desespero, Reynaud demitiu os generais e reformulou o seu gabinete. A nomeação de Charles De Gaulle, um protegido praticamente desconhecido e especialista em guerra com veículos blindados, para o posto de ministro da Defesa júnior teve pouca importância imediata. Muito mais importante foi a nomeação do reverenciado marechal Pétain como vice primeiro-ministro. Em 12 de junho, apoiado por Weygand, o novo comandante, o anglófobo marechal da França pediu por um armistício. Weygand era um católico tradicionalista que desdenhava os políticos e parecia ser obcecado pela necessidade de salvaguardar a honra do Exército e, como em 1871, obstinado a preservá-la intacta como meio de assegurar a ordem social e impedir um golpe comunista. Com a arrogância peculiar do soldado que se vê como o guardião da alma da nação, ele opunha-se vigorosamente à proposta de Reynaud, a saber, de que o Exército derrotado deveria render-se para evitar mais sacrifícios inúteis. Isso daria "liberdade de ação" ao governo. Entre as possibilidades, estava a criação de um reduto Bretão e a continuidade da guerra a partir do norte da África. Sintomático do colapso final da autoridade civil, Weygand anunciou que ele iria simplesmente se recusar a obedecer a essas ordens. Mesmo com a continuação das lutas, a culpa por seu resultado foi sendo repartida. Pétain condenou a Frente Popular como símbolo e a causa da decadência nacional. No entanto, há pouca dúvida de que a principal razão para a derrota foi a incompetência dos generais.

Em 16 de junho, Reynaud, exausto e amedrontado, renunciou em favor de Pétain. No dia seguinte, o marechal anunciou sua intenção de buscar um armistício. Sua decisão, sem dúvida, reflete a crença generalizada de que não havia alternativa. Uma luta até as últimas consequências teria devastado a França e, assim, dificilmente poderia ser contemplada. Nessa hora calamitosa o velho herói de Verdun, em torno do qual tinha sido criado um mito poderoso, parecia ser um potencial salvador a seus compatriotas. Sua oferta à nação "entrego minha pessoa à França, para atenuar seu sofrimento", durante a transmissão que anunciou o pedido de armistício, foi recebida com profunda emoção e gratidão. Embora o cessar-fogo não tenha ocorrido até 25 de junho, a resistência organizada deixou de existir efetivamente. A guerra parecia perdida além de toda esperança. Geralmente, supunha-se que, se o poderoso Exército francês não havia conseguido resistir aos alemães, então, e num futuro muito próximo, os britânicos também seriam obrigados a suplicar pela paz. Até mesmo Winston Churchill, o primeiro-ministro britânico, considerou essa possibilidade; ele ainda dependia dos apaziguadores do seu governo e estava ciente de que David

Lloyd George estava tornando-se o foco dos derrotistas descontentes. Nessa situação, não foi surpreendente que tenha ocorrido de forma quase despercebida a ida de um obscuro general – De Gaulle que era subsecretário do Ministério da Guerra – de Bordéus para Londres em 17 de junho para criar o Comité Nacional Francês (comprometido a agir como "o guardião provisório do patrimônio nacional"). A grande maioria dos funcionários e oficiais do Exército que não haviam sido desmobilizados ou que estavam nos campos de prisioneiros de guerra manteve-se leal em seus postos na própria França e por todo o império. Quase todos os militares que se encontravam no território britânico quando a França se rendeu decidiram pela repatriação, ao invés de continuar a luta. O ataque britânico à frota francesa no porto de Mers-el-Kebir, em 3 e 4 julho 1940, teve como objetivo garantir que não fosse tomada pelos alemães, causou 1.297 mortes e despertou hostilidades contra os ex-aliados.

Os termos do armistício foram duros. O único alívio foi a preocupação alemã em evitar a contínua participação francesa na guerra. Por esse motivo, parte clara de seus interesses era que o governo francês mantivesse uma aparência de soberania e que ele permanecesse na França ao invés de procurar refúgio na Grã-Bretanha ou no império. Além disso, por meio de um sistema quase colonial de governo indireto, os alemães empregariam a administração e a polícia francesa, diminuindo fortemente qualquer exigência por mão de obra alemã. O Exército francês seria reduzido a 100 mil homens, equipados apenas para salvaguardar a ordem interna. A frota naval existente nos portos do país deveria ser desmobilizada. Grande parte da França – as regiões mais densamente povoadas e produtivas – seria ocupada e haveria a imposição de impostos altos para cobrir os custos dos ocupantes.

A posição de subordinação do governo francês tornou-se imediatamente clara assim que, em agosto de 1940 e em aparente contradição com o acordo de armistício, a Alsácia e a Lorena foram mais uma vez anexadas ao Reich e submetidas ao alistamento militar – afetando uns 130 mil homens jovens – e a um intenso programa de germanização. Colonos alemães também seriam introduzidos na zona contígua reservada, enquanto as áreas industriais de Nord e de Pas-de-Calais seriam controladas pelo comando militar em Bruxelas. Nos anos que se seguiram, as exigências alemãs tornar-se-iam cada vez mais exorbitantes e envolveriam a exploração sistemática da economia francesa. O retorno ao "normal", que tantos ansiavam desesperadamente, não aconteceria. A razão óbvia para isso era que a guerra não havia terminado. Inesperadamente, os britânicos continuavam a lutar.

MAPA 13. A divisão da França em 1940. (Fonte: AZEMA, J.-P. *From Munich to the liberation, 1938-1944*. Cambridge University Press, 1984.)

Incapazes de ganhar a superioridade aérea, os alemães conseguiram lançar uma invasão pelo Canal da Mancha e, por fim, voltar-se-iam para o Leste em busca de *lebensraum* – espaço vital necessário para a expansão territorial de um povo. Se a curto prazo a preocupação essencial do poder de ocupação era fazer uso dos recursos franceses e manter uma base segura para sua ação militar, a longo prazo, com a vitória final garantida, a França deveria tornar-se a horta e o parque de diversões da Europa. Entretanto, os alemães acharam melhor manter os franceses ignorantes de suas intenções e incentivá-los a negociar em um esforço para melhorar sua posição dentro de uma Europa dominada pela Alemanha.

Muitos franceses – especialmente, mas não exclusivamente, as pessoas à direita do espectro político – culparam a decadência nacional pela derrota. No entanto, ela ofereceria uma oportunidade histórica para a mudança. O homem a quem a nação agora se voltava para liderá-la, o marechal Pétain, era atraído pela noção de governo forte, autoritário, como tantos militares. Ele desprezava os políticos e a política parlamentar. Seu governo estabeleceu-se, a partir de 1º de julho, nos quartos do hotel abarrotado e inadequado da cidade termal de Vichy. A maioria dos funcionários manteve-se na capital, pois esperava-se que o governo retornasse para Paris em breve. Em 10 de julho, Pétain foi encarregado de elaborar uma nova Constituição por uma Assembleia Nacional desmoralizada, dessa forma, ele recebeu, por 569 votos a 80, "poderes plenos de Executivo e Legislativo... sem restrições". Ele e seus assessores começaram a planejar uma "revolução nacional". Os "atos constitucionais", promulgados em julho, concentraram os poderes de presidente e primeiro-ministro na pessoa do marechal, com direito de designar seu sucessor e, na ausência de uma assembleia eleita, a capacidade de exercer o poder Legislativo por meio de um Conselho de Ministros, composto por pessoas nomeadas por ele mesmo. Imensamente lisonjeado com a adulação

IMAGEM 46. A (re)germanização da Alsácia: um desfile nazista em Estrasburgo, outubro de 1941. O serviço militar tornou-se obrigatório na Alemanha. Foto: Taillandier.

popular que ele estava recebendo, Pétain estava determinado a governar apesar de sua idade avançada (ele tinha 84 anos em 1940). Ele se manteria politicamente alerta. Seus colaboradores mais próximos, principalmente os militares ou funcionários públicos superiores, competiriam por influência, como se fossem cortesãos reais. Isso iria causar considerável frustração entre os seus associados mais jovens, muitos deles tecnocratas, como Pierre Pucheu e François Lehideux, ministros sucessivos da produção industrial, atraídos pela perspectiva de empregar o potencial de um regime *autoritário* para conseguir modernizar economicamente o país. Para vice-presidente, ele escolheu Laval, o manipulador político arquetípico da Terceira República e quatro vezes primeiro-ministro. Laval não tinha tempo para as acanhadas noções de regeneração nacional. Ele era pragmático e desejava estabelecer melhores relações com a Alemanha e, ao mesmo tempo, preservar o máximo possível da soberania francesa. Sua ambição levou à sua demissão em dezembro de 1940, mas depois de abril de 1942, com o apoio alemão, ele voltaria a ser a figura dominante no Regime de Vichy, embora não haja dúvidas de que o apoio do marechal ainda era necessário para as decisões políticas importantes.

A personalidade de Pétain pode ser resumida pela fórmula "Trabalho, família, pátria" (*Travail, famille, patrie*), que substituiu a frase republicana mais familiar: *Liberté, fraternité, égalité*. Ele sonhava com a restauração das virtudes do trabalho árduo, da honestidade, do sentimento de lealdade familiar e comunitária e do respeito aos superiores das escalas sociais; virtudes que ele imaginava terem existido anteriormente. Ao invés do fascismo, a nota dominante nas declarações do governo era o tradicionalismo associado aos movimentos de direita, tais como a Ação Francesa e o paternalista catolicismo social. Em muitos aspectos isso era um eco do regime de Ordem Moral da década de 1870, que também foi estabelecido após uma derrota humilhante. Mesmo os nacionalistas antigermânicos como o general Weygand apoiaram as medidas que eles acreditavam ser essenciais para a regeneração nacional, enquanto condenavam o tipo de indisciplina caracterizada pela provocação feita pelo governo francês legítimo de De Gaulle.

Em uma massa de projetos confusos e muitas vezes contraditórios, podemos discernir as intenções dos mais dedicados adeptos do regime. Eles ganharam a oportunidade de implementar sua antiga agenda política. Acima de tudo, havia o velho desejo conservador por um governo forte como resposta à ameaça da revolução social, da qual a Frente Popular havia sido apenas a mais recente manifestação. A elite social queria a proteção da propriedade privada, harmonia social e ordem. Ela estava unida em sua hostilidade contra aqueles que culpava pela humilhação nacional, incluindo judeus, maçons e "bolcheviques". Essas pessoas seriam excluídas da comunidade nacional e despojadas de seus cargos públicos (35 mil demissões) e profissões. Criou-se uma revolução cultural em que a instrução adequada dos jovens era considerada de importância central. Por isso, o posicionamento das elites existentes, bem como seus papéis de liderança "natural", deveria ser garantido por meio das restrições da entrada à educação secundária (que já era limitada) e mediante a reafirmação da sua exclusiva base clássica. Outros grupos sociais deveriam receber um tipo de educação que não excitasse ambições impossíveis. Os professores que desejavam manter suas posições eram obrigados a pregar as virtudes do regime. As responsabilidades parentais também foram encorajadas e foram efetuados esforços para reduzir o número de mulheres que trabalhavam fora de casa e para glorificar o papel da mulher dona de casa e mãe. Apenas a crescente escassez de trabalhadores fez que as mulheres casadas não fossem despedidas do serviço público.

Inicialmente, pelo menos, o Regime de Vichy obteve apoio generalizado de um público traumatizado pela velocidade e enormidade da derrota. Na verdade, não havia alternativa. O governo de Pétain era, além disso, o legítimo sucessor da desacreditada Terceira República. Mais do que isso, porém, o marechal assumiu qualidades quase místicas de pai e salvador do seu povo, naquela "situação terrível" em que "o destino da França já não dependia mais dos franceses" (Bloch). Ele, e ninguém mais, prometeu proteção contra o invasor. O culto a sua personalidade foi fabricado e era sustentado por intermédio de cartazes e músicas nas esferas controladas da imprensa, rádio e noticiários, em todos os tipos de lembranças, por meio das excursões provinciais de Pétain nas escolas, em grupos de jovens e em festivais públicos, tais como os que homenageavam Joana D'Arc – com significado, no mínimo, ambíguo. Por meio da interceptação de cartas e escutas telefônicas, o regime também estava determinado a informar-se sobre a opinião pública.

A combinação do que parecia ser uma derrota total e completa com o desejo de preservar alguma aparência de normalidade parece ter convencido a maioria da população a refugiar-se na privacidade do lar e do trabalho e procurar fazer o melhor possível. Alguns grupos parecem ter apoiado o regime mais do que outros. Dentre estes, podemos citar as grandes empresas, as elites tradicionais proprietárias de terras, os altos funcionários e muitos notáveis locais, que, como prefeitos, continuavam a desempenhar um papel importante na administração local. Em particular, os católicos ficaram felizes, pois a atitude do regime era benevolente em relação à educação religiosa e, além disso, adotou os ensinos eclesiásticos de moralidade, família e importância dos valores espirituais. A derrota parecia representar o castigo divino. Esse foi o momento em que o povo deveria provar-se digno de perdão, rejeitar o materialismo egoísta e voltar-se para Deus. O cardeal Gerlier, arcebispo de Lyon, afirmou que "se fôssemos vitoriosos, possivelmente permaneceríamos prisioneiros de nossos erros. Pela sua secularização, a França corria perigo de morrer". Embora alguns sacerdotes individuais censurassem as políticas alemãs e as de Vichy – especialmente o tratamento dado aos judeus –, a hierarquia, da maneira oportunista típica da Igreja, permaneceria, em geral, leal ao regime, oferecendo consolo mas só raramente qualquer tipo de liderança moral. Em fevereiro de 1944, os bispos começaram a chamar a resistência de "terrorismo".

No entanto, haveria uma tensão contínua entre a ideologia tradicionalista do regime e os problemas práticos relacionados ao cumprimento das metas de organização e necessidades materiais de uma sociedade moderna e urbana, bem como àqueles que objetivavam a satisfação das demandas insaciáveis do país ocupante. A economia estava cada vez mais subordinada aos interesses alemães. Em 1943, 15% dos resultados da agricultura e 40% da produção industrial foram exportados para a Alemanha e, em grande parte, pagos pelos franceses sob a forma de custos de ocupação, os quais estavam encarecidos pela supervalorização do marco alemão para fins de troca. Estima-se que naquele ano, os pagamentos da França para a Alemanha chegaram a 36,6% da renda nacional do país; valor equivalente a um quarto do produto nacional bruto da Alemanha pré-guerra, sem incluir a contribuição feita pelo grande número de trabalhadores franceses empregados na Alemanha ou os bens e serviços consumidos pelas tropas alemãs na França. Com efeito, tendo em conta a demanda das forças de ocupação, talvez um terço da força de trabalho francesa tenha sido empregada para cumprir as necessidades alemãs. A França estava fazendo uma enorme contribuição para o esforço de guerra alemão. Para esse efeito, o governo ao mesmo tempo promovia as virtudes da sociedade rural e incentivava o renascimento do folclore e o "retorno à terra" como os bastiões essenciais contra o avanço do materialismo; foi também obrigado a promover o *remembramento* – ou seja, a consolidação de pequenas fazendas – a fim de aumentar a produtividade. A corporação dos camponeses, criada

CAPÍTULO 6 – PERÍODO DE CRISE: 1914-1945 | 319

IMAGEM 47. Marechal Pétain e Pierre Laval em Vichy, em novembro de 1942, com os cardeais Suhard e Gerlier. Assim como na década de 1870 após uma derrota catastrófica, Igreja e Estado procuraram colaborar para restabelecer a "ordem moral". © Roger-Viollet/TopFoto.

em dezembro de 1940 como forma de autorregulamentar os produtores, transformou-se rapidamente em uma máquina burocrática de intervenção oficial no mercado para estabelecer cotas de produção e definir preços – em níveis que os camponeses estavam determinados a ignorar.

Também na indústria, a insaciável demanda alemã obrigava a um grau de planejamento, particularmente da distribuição de matérias-primas, que exigia uma cooperação muito mais estreita entre o Estado e as grandes empresas. O planejamento econômico que alguns economistas haviam exposto anteriormente como um remédio para a crise antes da guerra havia se tornado uma necessidade e, após a libertação, deveria ser drasticamente reforçado para atender às necessidades igualmente importantes da reconstrução. Objetivando superar os conflitos de classe, a retórica paternalista e as estruturas corporativistas consagradas na Carta do Trabalho deveriam unir mestre e homem. Mas, na verdade, a lei passou a servir para esconder as condições esmagadoramente favoráveis aos empregadores. As federações sindicais foram proibidas em agosto de 1940; as poucas greves que ocorreram – por exemplo, em Nord (maio de 1941), os mineiros protestaram por causa da deterioração acentuada de suas condições de vida e intensificação pronunciada da disciplina no local de trabalho – foram brutalmente reprimidas. Muitos empregadores estavam felizes com algo que viam como uma vingança contra a Frente Popular e a restauração de sua liberdade para administrar. As pessoas que tinham bens escassos para vender, fossem gêneros alimentícios para os franceses, ou champanhe, sapatos, aeronaves, locomotivas, veículos a motor ou cimento para os alemães, aproveitavam esse momento de rara oportunidade. Nessa economia deprimida, os incentivos para trabalhar para o ocupante eram normalmente irresistíveis. A produtividade, no entanto, caiu muito, como resultado da escassez de trabalho e da desmoralização de uma força de trabalho mal nutrida.

O regresso de Laval ao governo em abril de 1942 simbolizou a vitória dos pragmáticos sobre os tradicionalistas e o abandono do sonho. Embora o regime tenha, até o fim, beneficiado enormemente o prestígio pessoal do marechal Pétain, a força por trás de suas atividades mudava cada vez mais o foco: da restauração da França para a participação em uma cruzada desesperada dos alemães contra a ameaça bolchevique à Europa. No início, a vitória alemã foi aceita abertamente apenas por um pequeno número de políticos de extrema-direita, como Marcel Déat e Doriot, e por intelectuais declaradamente fascistas, tais como Robert Brasillach, Pierre Drieu La Rochelle e Louis-Ferdinand Céline. Eles desdenhavam tanto os valores tradicionais defendidos pelos conservadores do novo governo quanto o antigo regime democrático liberal e, até o fim, foram vigiados de perto. Eles constituíam a ala mais radical de "colaboracionistas" dedicados. Para os alemães eles eram uma ameaça útil, a base para um possível governo alternativo, que poderia ser utilizado para manter a França de Vichy sob pressão.

Inicialmente, Paris e seus jornais subsidiados pelos alemães ofereciam o principal foco de atividades colaboracionistas. Antigos forasteiros parecem ter sentido grande satisfação ao serem repentinamente convidados a compartilhar os encantos da alta sociedade parisiense. O Partido Popular Francês de Doriot ajudou a organizar a Legião Antibolchevique de 12,5 mil voluntários franceses, que, vestidos com uniformes alemães, iriam lutar contra os russos. Entre os fascistas franceses, no entanto, apenas Déat e Joseph Darnand conseguiram obter um gabinete ministerial em dezembro de 1943, como, respectivamente, ministro do Trabalho e secretário-geral para a Manutenção da Ordem; mas outros simpatizantes também ocuparam importantes cargos governamentais, incluindo Pucheu (ministro da Indústria e em seguida do Interior), Jacques Benoist-Méchin (responsável pelas relações com a Alemanha) e Ferdinand Marion (ministro da Propaganda). Eles atingiram seu ápice político no mesmo momento em que os conservadores tradicionalistas começaram a desertar, pois percebiam que a guerra terminaria provavelmente com a derrota da Alemanha.

Obviamente, a colaboração não era privilégio que pertencia somente aos políticos. Toda a população teve que se adaptar ao domínio alemão. A vida é cheia de ambiguidades. A colaboração pode representar um padrão ideologicamente informado de comportamento, ou a simples afirmação do interesse próprio. Um indivíduo pode colaborar em seu local de trabalho e manter-se extremamente hostil ao ocupante. Normalmente, a natureza do emprego de uma pessoa – um funcionário do governo ou nos galpões de engenharia, nas estradas de ferro, em um café, como um artista ou *performer* – tornava inevitável os contatos com o ocupante. Em todos os níveis, a maioria dos funcionários simplesmente continuou trabalhando naquilo que fazia antes da guerra. Compreensivelmente, eles estavam preocupados em manter seus salários e direitos de pensão – o hábito da obediência é algo difícil de perder. Não só a falta de alternativas de emprego, mas também a lealdade profissional e uma determinação de preservar uma sociedade ordenada, os mantiveram em seus postos.

Além disso, foi feito um esforço para criar uma organização popular, comprometida com Vichy, apelando, em nome do marechal, aos veteranos

IMAGEM 48. Mineiros franceses trabalhando sob supervisão alemã. © Roger-Viollet/TopFoto.

da Primeira Guerra Mundial para a formação de uma Legião Francesa de Combatentes, que, no início de 1941, possuía 590 mil membros, um jornal e um programa diário no rádio. Os vários grupos de colaboracionistas briguentos também atraíram cerca de 220 mil membros em seu melhor momento no final de 1942, grande parte deles vinha da classe média baixa das cidades. No entanto, o ponto de vista extremista dos grupos parece ter limitado a popularidade deles. Na prática, foram os serviços públicos já inchados que serviriam como a principal ligação entre o governo e as massas. A situação econômica piorada, a escassez crescente e a necessidade de desempenhar um papel de mediador entre as autoridades alemãs e a população civil exigiram maiores intervenções administrativas. Os prefeitos departamentais também dependiam muito da concordância mais ou menos disposta dos notáveis locais. Prefeitos foram nomeados em vez de eleitos, e os conselhos expurgados. Assim, sob Vichy, o poder era mantido por uma elite social e administrativa não eleita, impondo o seu controle por meio da função pública, do sistema judicial e da polícia, juntamente com as instituições governamentais e corporações locais. Já que não precisava ganhar seu eleitorado, a elite estava especialmente bem colocada para movimentar seus próprios interesses. Afirmava-se a primazia da administração pública sobre a política, algo que agradou a muitos funcionários, mesmo que isso tenha perturbado os defensores tradicionalistas do regionalismo e da administração descentralizada.

No início do período pós-armistício em particular, uma margem considerável de decisões foi deixada para as autoridades de Vichy; e, apesar do armistício, o reconhecimento efetivo da soberania de Vichy na zona ocupada dependeria sempre dos caprichos do ocupante. Assim, as autoridades alemãs proibiram o aumento da organização da juventude, a qual a França de Vichy dava bastante importância como um agente da regeneração moral. Cada vez mais, no entanto, e em condições relativamente favoráveis, a colaboração mostrava-se como a forma necessária para filiar-se à nova Europa que os alemães pareciam estar construindo. Em 24 de outubro de 1940, Pétain encontrou-se com Hitler em Montoire. As discussões foram inconclusivas, mas a fotografia amplamente difundida do marechal cumprimentando Hitler teve uma grande importância simbólica. A mensagem foi reforçada por um discurso em 31 de outubro, no qual ele proclamou: "É com honra e a fim de manter a unidade francesa... que no âmbito de uma atividade que criará a nova ordem europeia, eu tomo hoje o caminho da colaboração.". Além disso, a raiva pelo ataque britânico em Mers-el-Kebir, a tomada da África Equatorial francesa pelo grupo França Livre e a vontade de preservar seu império fizeram que aumentasse o interesse de uma acomodação com os alemães. Mesmo assim, a determinação de resistir a essas incursões pela força, revelada na defesa bem-sucedida de Dacar em setembro de 1940 e pela luta amarga de junho/julho de 1941 na Síria, não se transformou em um ardente desejo de travar uma guerra (como aliado da Alemanha) contra a Grã-Bretanha; o motivo mais importante foi, na verdade, a preferência de Hitler pela neutralização da França e para evitar a extensão da guerra em novas frentes após a intervenção francesa.

Em troca da colaboração, a França de Vichy esperava algumas concessões: a liberação de quase 2 milhões de prisioneiros de guerra capturados pelos alemães e, por fim, um tratado de paz favorável. No entanto, os alemães não estavam preparados para responder à insistência de Laval sobre a necessidade de provar os benefícios da colaboração. Seu fracasso e a preocupação de Pétain de que Laval estava acumulando poder demais levaram ao seu afastamento temporário do cargo em dezembro de 1940. Isso serviu apenas para confirmar as suspeitas de Hitler sobre a sinceridade das intenções francesas. A busca desesperada por uma solução geral para as relações franco-alemãs não deixou de ser realizada. François Darlan, que em fevereiro de 1941 emergiu como o principal ministro da França de Vichy, era um almirante oportunista e desonesto, inspirado pelo sonho de a França assumir os papéis marítimos e coloniais de uma Grã-Bretanha enfraquecida. O retorno de Laval ao poder, o político francês que causava menos desconfiança a Hitler, juntamente com a sua crescente independência de Pétain, fundamentava-se em seu empenho contínuo para a reconciliação franco-alemã. Em uma reunião realizada em 30 de maio de 1942, ele afirmou:

> a salvação da França, neste momento em que a Alemanha prepara sua ofensiva final contra a Rússia, depende de sua obediência total, sem reservas mentais. França poderá apreender, ao assumir seu papel econômico na vitória, uma oportunidade histórica para modificar o seu destino. De país derrotado, ela poderá tornar-se uma nação integrada à nova ordem europeia.

Para alcançar esse objetivo, ele convocou o apoio não só de seus companheiros políticos, mas também de homens com reputação de eficiência, tais como Jean Bichelonne, ministro da Produção Industrial e René Bousquet, secretário-geral do Ministério do Interior. Laval esperava obter concessões alemãs em troca do "auxílio econômico intensivo" e até mesmo abordou a possibilidade de uma aliança militar "para salvar nossa civilização de afundar-se no comunismo" (13 de dezembro de 1942). Ele obteve pouco sucesso, pois negociava de uma posição extremamente fraca. No entanto, nem mesmo a clara violação dos termos do armistício, ocasionada pelo desembarque dos aliados no norte da África, e o subsequente movimento alemão na zona desocupada em 11 de novembro de 1942 desviaram a França de Vichy do caminho da colaboração. Os alemães dissolveram o Exército do armistício praticamente sem resistência. No norte da África, no entanto, a ordem de Pétain para resistir aos aliados foi revogada por Darlan, que estava visitando a região. O Exército, salvo da destruição, reentraria na guerra ao lado dos aliados, embora ainda fosse comandado por oficiais pétainistas.

Na França, o regime perdia a credibilidade de forma rápida. Tornava-se cada vez mais evidente que ele havia sido reduzido a um estado de completa dependência e crescente subserviência. Satisfazer as exigências da economia de guerra alemã e proteger a segurança de suas forças militares tornaram-se de suma importância. Também se tornava evidente que a França de Vichy tinha escolhido apoiar os perdedores da guerra. Tudo aconteceria ao reverso caso a Grã-Bretanha tivesse suplicado pela paz, conforme era esperado com confiança. Mesmo que isso tivesse acontecido, no entanto, o máximo que a França teria ganhado seria o *status* de um Estado cliente favorecido numa Europa subordinada às necessidades alemãs. Conforme os fatos se desenrolavam, o Regime de Vichy comprometia-se mais plenamente a uma política reacionária que favorecia as elites existentes e a Igreja Católica, em grande parte em detrimento das classes mais pobres, que eram sujeitas aos controles paternalistas e autoritários da direita. Na prática, elas enfrentaram a escassez de bens para sua subsistência, dura disciplina do trabalho, perda dos direitos democráticos e repressão policial. A única esperança do regime – algo que se tornava cada vez mais improvável – era uma espécie de acordo de paz. Nesse ínterim, o governo tentava defender-se da crescente oposição interna.

Após a guerra, foi afirmado que a França de Vichy havia servido como um "escudo", protegendo França de excessos ainda piores, talvez na escala daqueles infligidos à Polônia. A "revolução nacional", a legislação antimaçônica e o estatuto dos judeus de 3 de outubro de 1940 foram iniciativas essencialmente francesas, das quais Pétain desempenhou um papel ativo na elaboração. O estatuto excluía os judeus franceses dos cargos eletivos, do funcionalismo, do ensino e do jornalismo. Gratos pelo aprimoramento de suas perspectivas de carreira, os antigos colegas preencheram ansiosamente as posições desocupadas. A medida ocorreu dois anos antes da pressão alemã para que a França contribuísse com a "solução final" para a questão judaica. O antissemitismo de Vichy tendia a ser mais nacionalista e católico do que racial. Ele refletia os preconceitos mantidos por grande parte da população. A depressão econômica, seguida pela derrota, reforçou a xenofobia. Estrangeiros e judeus provaram ser bodes expiatórios úteis. O armistício, além disso, obrigou a França a repatriar os refugiados judeus de origem alemã, que tinham procurado refúgio no país. Como meio perverso de preservar sua soberania em farrapos, o Regime de Vichy implementou as políticas do ocupante como se fossem suas próprias. A partir do verão de 1941, os judeus estrangeiros foram perseguidos e deportados. Mais do que qualquer outro grupo, eles eram vistos como dispensáveis, o sacrifício deles foi um meio útil de melhorar as relações com o ocupante. Em 16 e 17 julho de 1942, 12.884 judeus, incluindo 4.051 crianças, foram presos pela polícia francesa em Paris, e muitos deles foram mantidos em terríveis condições no velódromo "Vel d'hiv" enquanto aguardavam a deportação. Essas políticas estenderam-se então ao território desocupado como parte de uma política de uniformização da legislação ao longo de todo o país e na esperança de que esse espírito de cooperação facilitasse a extensão da autoridade civil da França de Vichy para a zona alemã. Os oficiais de Vichy queixaram-se até mesmo dos esforços efetuados na zona italiana pelas autoridades que tentavam oferecer alguma proteção à população judaica. As propriedades dos judeus da zona ocupada foram posteriormente apreendidas pelo regime que desejava ansiosamente receber os lucros do confisco e da venda de ativos. A ação afetou umas 40 mil empresas pertencentes aos judeus – lojas de esquina e grandes empresas –, privando seus proprietários de seus meios de subsistência.

Os apologistas da França de Vichy têm apontado que "apenas" 26% dos 350 mil judeus residentes na França foram deportados para os campos de extermínio alemães e que isso incluía "apenas" cerca de 24 mil cidadãos franceses. Devemos ter em mente, porém, que, apesar de honrosas exceções, as medidas tomadas contra os judeus ocorreram com a cooperação ativa do governo francês e com o auxílio de sua polícia, mesmo depois de seus próprios diplomatas terem informado sobre o destino iminente dos deportados. Correndo grandes riscos pessoais, famílias francesas esconderam muitos judeus e, em agosto de 1942, Saliège, arcebispo de Toulouse, e quatro outros prelados católicos protestaram. Mas a simpatia pública começou a ser mobilizada de forma gradual.

Muito mais impopular do que políticas antissemitas do regime foi a introdução da prestação de serviços na Alemanha, inicialmente de forma voluntária, em maio de 1942, e, quando isso não se mostrou atraente, a partir de setembro, por meio da obrigatoriedade. Todos os homens com idades entre 18 e 50 anos, bem como as solteiras entre 21 e 35 anos estavam obrigados. Apenas os trabalhadores que exerciam funções vitais de guerra estavam isentos. No total, cerca de 40 mil voluntários, principalmente desempregados, e 650 mil conscritos no *Service du Travail Obligatoire* (STO – Serviço do Trabalho Obrigatório) foram enviados para a Alemanha – enquanto na França, aproximadamente 4 milhões de pessoas em algum momento de suas vidas trabalharam para os ocupantes. Nada provocou tanta hostilidade à França de Vichy e aos alemães quanto a deportação da força de trabalho para o Reich. As autoridades locais estavam em uma situação complicada, entre o ocupante e seus concidadãos. As demissões, o absentismo e a resistência passiva intensificaram-se. Muitos daqueles que anteriormente haviam apoiado o marechal estavam alijados. Os esforços de muitos jovens para escapar do STO reforçaram as hostilidades e até mesmo a resistência ativa contra um governo francês cada vez mais desacreditado e contra o regime de ocupação alemã. Medidas severas foram empregadas em resposta. A Alemanha aumentou seu controle e o terror era cada vez mais usado em um esforço para impedir a expressão da oposição. Embora fosse vista por seus defensores como uma forma adicional de exercício de sua soberania no Estado francês, a guerra contra seus inimigos internos seria um ponto crucial para finalmente destruir sua legitimidade. Nisso, a administração francesa e sua polícia, apoiadas por 45 mil voluntários da *milícia** formada em janeiro de 1943 para ajudar a manter a "ordem", serviram como agentes dos ocupantes e envolviam-se em conflitos civis cada vez mais complicados. Eles eram auxiliados por uma imensa onda de denúncias anônimas de pessoas ansiosas em ajustar velhas contas – um evento indicativo de um profundo sentimento de desmoralização.

O Regime de Vichy, rapidamente transformado em um Estado policial, colaborou estreitamente com os alemães como um meio de preservar alguma autonomia, mas também pelo desejo positivo de participar na luta contra o comunismo e outras formas de "terrorismo" e, cada vez mais, pelo interesse de simples autopreservação. A libertação feita pelos aliados ameaçaria transformar a França mais uma vez em um campo de batalha e traria

---

*   *Milícia Francesa*: organização política e paramilitar da França, criada em 30 de janeiro de 1943. (N.T.)

IMAGEM 49. Execução dos jovens membros da resistência por soldados alemães. © Roger-Viollet/TopFoto.

a perspectiva de uma guerra civil. O sucesso crescente do Exército Vermelho reforçava essa ansiedade. Em 1943-1944, é provável que a participação de homens, mulheres, magistrados, policiais e grupos tais como a *milícia* tenha sido tão grande quanto o número daqueles que se envolveram com a defesa da "Lei e da ordem" contra os "bandidos". Esses colaboradores estavam cada vez mais marginalizados e radicais. Com a nomeação de Joseph Darnand como chefe de segurança em dezembro de 1943, a ação policial tornou-se mais brutal, bem como cada vez mais subserviente ao controle alemão. A tortura e a execução dos reféns eram cada vez mais comuns. A iminência do desembarque dos aliados intensificou a crueldade da repressão, que alcançou novos paroxismos após o Dia D, pois no pânico da retirada, as forças alemãs abatiam civis inocentes e pessoas da resistência com demasiada frequência. Ao todo, cerca de 40 mil resistentes ou reféns foram mortos e 60 mil deportados para os campos de concentração pelos crimes de "gaullismo, marxismo ou hostilidade ao regime".

A resistência desenvolveu-se muito lentamente. No rescaldo da derrota, houve pouca alternativa, exceto "acomodar-se" (Burrin) e tirar o melhor da situação. As pessoas estavam cada vez mais absorvidas na luta pela subsistência e em manter-se longe de problemas. O cinema e, em muitos casos, a religião ofereciam formas de fugir de uma realidade muitas vezes cruel e da solidão que várias mulheres, cujos maridos eram prisioneiros de guerra, sentiam. No começo, a maioria da população apoiou os esforços do governo de Vichy para conciliar-se com o invasor e foi agradavelmente surpreendida pelo comportamento invulgarmente disciplinado das forças de ocupação. No entanto, havia um desejo geral de que eles fossem embora e, portanto, esperavam pela vitória dos aliados. As pichações, o rasgar cartazes oficiais, as vaias aos cinejornais, os pequenos atos de sabotagem e ouvir a BBC eram ações sintomáticas de um ressentimento generalizado. Apesar da profunda desmoralização de grande parte da população, juntamente com a ansiedade causada pela brutalidade crescente dos ocupantes, esses sentimentos não foram facilmente traduzidos em oposição ativa. A resistência desenvolveu-se lentamente e caracterizava-se por suas diversas origens e formas. Seus marcos iniciais incluíram a publicação clandestina, em novembro e dezembro de 1940, do jornal de Henri Frenay, *Combat*, e do jornal dos sindicalistas Robert Lacoste e Christian Pineau, o *Libération*. Essas publicações conseguiram fazer algo para combater o paralisante sentimento de isolamento entre os possíveis movimentos de resistência. O processo de aprendizagem para o estabelecimento da oposição custaria muito caro. Essa foi a lição dos raros confrontos públicos, por exemplo, a manifestação dos alunos de Paris no dia do armistício, em 11 de novembro de 1940. A greve dos mineiros no Nordeste em maio de 1941, embora ocasionada principalmente pela escassez de alimentos, foi vista como uma agitação comunista, tanto pela França de Vichy quanto pelos alemães. Somente em junho-agosto de 1941, no entanto, após a invasão de Hitler à Rússia, os ocupantes começaram a mostrar preocupação real. Isso marcou o início de um ciclo vicioso ascendente em que os atos de resistência eram seguidos pela repressão selvagem, incluindo a execução dos reféns. As hostilidades contra os ocupantes aumentaram, mas a rebeldia também era frequentemente condenada, pois provocava uma violenta resposta dos alemães. A deterioração dos padrões de vida, a entrada sem oposição das forças alemãs na zona desocupada e o recrutamento de trabalhadores para prestarem serviços na Alemanha marcariam outras fases do processo de confronto, ao mesmo tempo que aumentavam os sucessos militares dos aliados, os quais ajudavam a estabelecer um novo clima de esperança.

As diversas formas de resistência foram inspiradas por uma variedade de motivos. Inicialmente, elas assumiram a forma de uma série de iniciativas desconectadas em localidades específicas, especialmente nas urbanas, efetuadas por pequenos grupos de pessoas com os mesmos ideais e relacionadas por parentesco, amizade, profissão, atitudes religiosas ou políticas. Elas incluíam oficiais patriotas e politicamente conservadores que serviam no Exército da França de Vichy, funcionários públicos e intelectuais reunidos no *Musée de l'Homme* em Paris. Os trabalhadores, sujeitos tanto à repressão alemã quanto à exploração e ao autoritarismo de Vichy, também foram destaque e lucraram com a impenetrabilidade relativa dos bairros da cidade – tais como Faubourg-Montmartre, Les Halles ou Belleville em Paris – pela polícia. As atividades estavam mais evidentes na zona ocupada, na qual a presença do inimigo era mais óbvia do que no Sul, onde a existência de Vichy obnubilava a questão. A lealdade ao marechal e o antibolchevismo limitavam o envolvimento dos conservadores. Em muitas áreas, especialmente na zona rural, foi possível viver em paz com muito pouco contato com os ocupantes, embora as requisições oficiais de alimentos estivessem em vias de alienar os camponeses cada vez mais. No entanto, se, com exceções notáveis, os membros das elites tradicionais preferiam a coexistência refinada, o papel das classes médias não deve ser subestimado. Conforme a França de Vichy e os alemães aumentavam suas demandas aos membros da classe média, os funcionários públicos e a polícia tornavam-se menos convencidos das virtudes da colaboração, menos confiáveis e, particularmente, com o aumento da perspectiva de vitória dos aliados, mais determinados a evitar quaisquer comprometimentos. Gradualmente, a máquina do Estado começou a desintegrar-se. O futuro presidente socialista, François Mitterrand, membro da extrema-direita no pré-guerra, passaria de funcionário fiel e altamente condecorado do Regime de Vichy a membro ativo da resistência, embora ele nunca tenha deixado de venerar o marechal Pétain.

Atitudes e fidelidades mudaram ao longo do tempo. Em todos os grupos sociais, cresceria o apoio em reação à subordinação cada vez mais evidente da França de Vichy e em resposta ao racismo e à brutalidade dos alemães. As convicções políticas anteriores, juntamente com as diferentes experiências locais com as forças de ocupação, também influenciaram as decisões. Inicialmente os socialistas, reagindo à repressão dos sindicatos e à perda dos direitos civis e políticos, foram, provavelmente, o agrupamento político mais ativo. A abordagem comunista oficial, inspirada pelo pacto nazissoviético, foi evitar o conflito com a força de ocupação e, ao mesmo tempo, condenar os "traidores" em Vichy. Mesmo antes da invasão da União Soviética, no entanto, o *L'Humanité*, publicado clandestinamente, vinha adotando um tom mais hostil, a sabotagem industrial estava aumentando e armas estavam sendo armazenadas. A última participação do Partido Comunista na resistência ativa causaria um grande impacto em sua composição numérica e combatividade. Além disso, estabeleceria o partido como uma grande força política. Embora os membros da resistência fossem recrutados de todos os grupos sociais, suas atividades, muitas vezes, eram vistas como um meio de dar continuidade à luta de classes.

Entre os grupos sociais mais empobrecidos por causa da escassez e da privação, foi criado um clima de protesto e hostilidade contra as pessoas mais ricas. O reforço da autoridade dos empregadores, a perseguição de sindicalistas e a extensão do dia de trabalho criaram ressentimentos amargos. A escassez de alimentos em escala não ocorria desde o final do século XVIII e foi resultado da forte redução dos níveis de produção, da falta de acesso aos fornecedores no exterior, das compras alemãs, das dificuldades de transporte e da relutância dos agricultores em vender seus produtos a preços baixos e fixos. O racionamento de pão foi introduzido em setembro de 1940; e a maioria das necessidades foi racionada no final de 1941. Em 1943, a ração oficial elevou-se a apenas 1.200 calorias por dia, bem abaixo das 1.700 geralmente consideradas como o mínimo necessário para a boa saúde. No ano seguinte, a taxa de mortalidade atingiu 19,1 por mil em comparação com os 15,3 antes da guerra. O fardo das mulheres que passavam longas horas em pé nas filas para conseguir alimentos para suas famílias era especialmente desesperado. Houve uma crescente obsessão com o provimento das necessidades físicas, e, inevitavelmente, aqueles que conseguiam arcar com o custo recorriam ao mercado negro que se tornava cada vez mais difundido e corrupto. O abismo entre a cidade e campo, ricos e pobres, alargou-se. Os cortes de eletricidade e aguda escassez de combustível somavam-se à miséria generalizada, enquanto o sentimento geral de ansiedade intensa era intensificado pelas perseguições da polícia, pela deportação para trabalhar na Alemanha e pelo fardo dos ataques aéreos imprecisos dos aliados, os quais acabaram representando cerca de 60 mil mortes.

Cada vez mais, os vários grupos de resistência e as redes criadas pelo esforço local iriam responder à influência externa do movimento França Livre e dos britânicos e executariam uma série de funções, incluindo a coleta de informações sobre os movimentos dos soldados – os trabalhadores ferroviários aderiram a esse tipo de coleta de informações; a distribuição de panfletos e jornais; o estabelecimento de esconderijos e rotas de fuga para os políticos suspeitos, refugiados judeus e soldados aliados; e a sabotagem e assassinatos de colaboradores e alemães. A partir de 1943, em zonas escassamente povoadas do Centro e do Sul, foi desenvolvida a atividade de guerrilha. Ela envolvia grandes grupos armados, compostos por homens jovens que haviam evitado a prestação de serviços na Alemanha, por aqueles raros oficiais do Exército simpáticos à resistência e por experientes refugiados republicanos espanhóis. No início de 1944, talvez 30 mil pessoas estavam envolvidas nesse *maquis* (resistência). Todas essas atividades, claro, eram extremamente perigosas. Os vários grupos eram frequentemente penetrados por informantes e seus membros estavam sujeitos à tortura e a uma morte miserável se fossem capturados. Eles compartilhavam o fardo moral de saber que as autoridades alemãs também estavam propensas a retribuir contra suas famílias e reféns inocentes.

A cooperação entre os vários grupos locais desenvolveu-se de forma lenta, por causa tanto do risco adicional de exposição que isso envolveria quanto da desconfiança mútua em termos políticos. O movimento França Livre, baseado em Londres, teve pouco impacto inicialmente. Os britânicos e especialmente os norte-americanos continuaram a manter aberta a possibilidade de negociações com o Regime de Vichy. Embora Churchill tenha inicialmente apoiado De Gaulle somente porque não apareceram outros líderes mais ilustres, a posição do general com os aliados foi melhorando lentamente, pois ele negava de modo consistente a legitimidade do Regime de Vichy, era totalmente intransigente em sua defesa do que acreditava ser interesses vitais da França e porque seu poderio militar fortalecia-se gradualmente conforme algumas áreas do império eram libertadas. Todas essas ações, no entanto, não diminuíram aquilo que ele considerava uma humilhante dependência. O movimento França Livre foi excluído dos desembarques aliados na África do Norte em novembro de 1942; momento em que os norte-americanos fizeram todos os esforços para negociar com Darlan, o almirante pétainista e, após seu assassinato, com o ineficaz general Giraud. Embora Churchill tenha admitido que não havia alternativa real para De Gaulle, o presidente norte-americano, Franklin Roosevelt, mesmo durante a libertação, não desejava reconhecer um governo liderado por alguém percebido por ele como um general não eleito e espalhafatoso.

A situação do líder da França Livre mudou, no entanto, em maio de 1943, com o estabelecimento do Conselho Nacional da Resistência (CNR), composto por representantes de grupos políticos, sindicatos e organizações da resistência, como um meio de coordenar as atividades internas. Uma das suas principais figuras, o antigo prefeito Jean Moulin era membro do grupo Combat que tinha sede em Lyon e era, em grande parte, de inspiração católica. Em outubro de 1941, após uma perigosa viagem para Londres a fim de encontrar De Gaulle, ele persuadiu os filiados de seu grupo a declararem apoio ao general. Eles preferiam apelar à ajuda externa do França Livre – especialmente por armamentos que eram desesperadamente necessários – em vez de implorar aos aliados. Os contatos proliferaram-se. Além disso, independentemente de suas próprias visões políticas, De Gaulle estava preparado para formalizar os compromissos necessários para aumentar a sua autoridade no interior do país e, particularmente, para comprometer-se com o restabelecimento da democracia. Isso, juntamente com seu aparente desejo de impedir a tomada do governo pelos comunistas na França após a guerra e a clara incompetência de seus potenciais rivais, finalmente persuadiu os aliados a aceitar a posição preeminente do general e a reconhecer a posição do Comitê Francês de Libertação Nacional. Formado em junho de 1943, a partir de uma mistura de líderes da resistência e de antigos políticos da Terceira República, como Vincent Auriol e Mendès-France, esse grupo foi ganhando as características de um governo provisório capaz de contar com a lealdade de um Exército de 500 mil homens formado no norte da África e equipado pelos aliados.

No entanto, as poderosas tensões políticas internas manteriam-se vivas, assim como as diferenças relativas às táticas e aos objetivos. A prisão, tortura e morte de Moulin em junho de 1943 eram sintomas dos perigos da resistência, da repetida fragmentação de suas estruturas como resultado da repressão e do esforço constante para reconsolidar suas atividades. O crescimento da influência comunista na França causou preocupações especiais. Sem dúvida, muitos comunistas raciocinavam em termos da futura luta das massas não só contra o inimigo alemão, mas também contra as traiçoeiras classes dominantes como um prelúdio para a revolução social. Isso estava em nítido contraste com a abordagem mais conservadora e cuidadosa de outros grupos, preocupados essencialmente em estarem prontos para a ação a fim de apoiar os exércitos aliados em algum dia, ainda distante, de libertação. Como resultado, a Frente Nacional Comunista e os Franco-atiradores e Partidários Franceses estavam famintos por armas e dinheiro em comparação aos recursos enviados aos Movimentos Unidos da Resistência (MUR) e seu Exército Secreto – que não eram comunistas –, pelo França Livre e pela Executiva de Operações Especiais britânica. A luta pelo poder no mundo pós-guerra já estava em andamento antes mesmo do desembarque dos aliados.

Ajudados por uma esmagadora superioridade aérea, os soldados aliados conseguiram pousar na costa da Normandia em 6 de junho de 1944 e rapidamente juntaram as forças militares, mas levaram sete semanas para sair de sua cabeça de ponte. Paris foi libertada em 25 de agosto. Ao mesmo tempo, as forças aliadas, incluindo elementos franceses, entraram pelo Sul – em 15 de agosto – e libertaram Marselha em 28 de agosto, dirigindo-se posteriormente para o vale do Ródano. Elas receberam assistência considerável dos grupos de resistência durante essa operação, na libertação da Bretanha e na subsequente contenção das guarnições alemães no porto de Saint-Nazaire e em outros bolsões, que resistiram até o fim da guerra. No final do ano, a maior parte do país estava livre dos soldados alemães. No desembarque inicial, as forças francesas regulares ofereceram contribuições limitadas, para grande desgosto de De Gaulle. Os grupos de resistência também não convocaram qualquer levante popular. Os levantes prematuros normalmente acabavam em carnificina. Seu papel essencial na grande estratégia dos aliados era a tarefa extremamente importante de atrasar a chegada dos reforços alemães no fronte da Normandia. Embora os planos dos grupos comunistas e não comunistas tivessem sido coordenados com grande êxito, no âmbito geral da estrutura de comando das Forças Francesas do Interior (FFI), o controle dos eventos em terra sempre seria difícil. No entanto e apesar de uma falta de equipamento militar, as forças de resistência conseguiram desempenhar um papel importante, particularmente na libertação de Paris, conforme os alemães retiravam-se para o Leste.

Dwight Eisenhower, comandante supremo dos aliados, tinha planejado não entrar na capital para evitar o risco de um custoso conflito em área urbana, mas isso seria ignorar a determinação dos líderes da resistência, especialmente dos comunistas, que desejavam desempenhar um papel mais ativo. As tensões aumentaram na cidade. Até mesmo a polícia entrou em greve. O levante começou no dia 18 de agosto, e na manhã seguinte a delegacia central da polícia foi ocupada, em grande parte por policiais rebeldes. Uma sucessão de ministérios e outros prédios importantes também foram ocupados por representantes das autoridades do França Livre. Barricadas surgiram em toda a cidade, especialmente nos bairros da classe trabalhadora no Norte e no Leste. Em resposta, Eisenhower sentiu-se obrigado a apressar a Segunda Divisão Blindada Francesa em direção a Paris e, em 25 de agosto, o comandante alemão, ignorando a ordem de Hitler para lutar nas ruínas, rendeu-se. A libertação da capital custou as vidas de uns 3 mil membros da resistência e civis. De Gaulle chegou à cidade no final da tarde. Seu discurso no Hôtel-de-Ville exibiu sua genialidade habitual para a formação de mitos:

> Paris! Paris humilhada! Paris destruída! Paris martirizada! Mas agora, Paris libertada! Libertada por si mesma, pelo seu próprio povo com a ajuda dos exércitos da França, com o apoio e a ajuda da França como um todo, da França guerreira, da França eterna.

Além de restabelecer a legitimidade do Estado, ele estava determinado a recriar um sentimento de unidade nacional em torno da lenda da resistência heroica. O papel decisivo desempenhado pelos comunistas na libertação de Paris – e até mesmo o papel dos aliados – foi convenientemente ignorado. Embora a resistência tenha desempenhado um papel essencialmente subordinado e secundário na libertação, a contribuição das forças francesas, incluindo principalmente os 24 mil membros da FFI que perderam suas vidas, seria importantíssima para a restauração da autoconfiança nacional.

Em face do ataque violento, o Regime de Vichy desintegrou-se rapidamente. O próprio governo foi forçado pelas autoridades alemãs a mudar-se primeiro para o leste da França e, finalmente, praticamente como prisioneiros, para a própria Alemanha. Localmente, os governos entraram em colapso, exceto por alguns poucos funcionários mais ideologicamente motivados e auxiliados por uma *milícia* em uma última, muitas vezes feroz, rodada de perseguições. Pétain fez uma convocação sem sentido para que os franceses se mantivessem neutros na luta. Sua principal preocupação parece ter sido garantir uma transferência ordeira da autoridade, evitar conflitos internos e, de alguma forma, proteger sua própria situação. Ainda havia um perigo muito real após tantos anos de miséria e opressão pois, como Pétain temia, a liberação iria degenerar-se em um grande ajuste de contas e em guerra civil. Com efeito, a perspectiva de libertação criou um imenso sentido de expectativa entre os membros da resistência e também para a massa mais passiva de cidadãos que se associaram à cruzada antinazista somente no último momento. Nessa situação, os políticos de esquerda, reforçados pela sua associação com a luta, pareciam ser os representantes do interesse nacional. Em parte, tal fato foi promovido pelo programa do CNR, que, para afirmar um compromisso com a democracia, prometia desmantelar e nacionalizar os impérios econômicos "feudais" para envolver os próprios trabalhadores no planejamento de uma prosperidade maior e mais equitativamente partilhada e criar um sistema de segurança social.

Isso implicava a rejeição do individualismo egocêntrico das classes proprietárias. Conforme os campos de carvão de Gard e do norte da França eram liberados, os mineiros rejeitavam a autoridade dos proprietários e realizaram uma nacionalização de fato. Mais uma vez, o sentimento quase milenar de antecipação aumentou em algumas seções da comunidade, ao mesmo tempo que o medo social incentivava os conservadores, com qualquer pretexto político, a preparar-se para a luta contra o comunismo.

Embora os membros de todos os grupos sociais tenham participado da resistência, as elites sociais e políticas tradicionais, bem como os maiores empregadores, não tinham como escapar totalmente da culpa pelas falhas morais e práticas da Terceira República ou da França de Vichy. Agora, os antigos partidários do regime pétainista enfrentavam o que parecia ser a perspectiva do pesadelo de uma revolução social de inspiração comunista. Na prática, o perigoso período do vazio no poder, logo após o colapso do regime e a imposição de controle pelo seu sucessor, seria breve. Durante esse tempo, no entanto, talvez cerca de 10 mil supostos colaboradores foram sumariamente executados – um número bastante elevado, mas muito inferior às subsequentes estimativas conservadoras, que parecem ter representado uma tentativa de manchar a reputação da resistência. Assim que o Estado de direito foi restabelecido, outras 7.037 sentenças de morte foram pronunciadas pelos tribunais legitimamente constituídos, mas apenas 1.500 foram executadas. Mais de 40 mil pessoas receberam sentenças de prisão e mais de 50 mil sofreram a perda de seus direitos civis. Muitos outros, nomeadamente mulheres que tinham se associado a namorados alemães, foram humilhados e desfilaram pelas ruas com a cabeça raspada. Após uma fase inicial de reação violenta, os punidos costumavam ser os elaboradores de políticas do Regime de Vichy, ao invés dos executores, a menos que os últimos tivessem sido excessivamente zelosos em seus deveres.

Gradualmente, as emoções mais fortes se acalmaram. Até mesmo Xavier Vallat, um dos arquitetos da legislação antissemita de Vichy como chefe do Comissariado-Geral para as Questões Judaicas, foi condenado a apenas dez anos de prisão. Ele foi libertado em 1949 e anistiado cinco anos mais tarde. Pétain e Laval iriam suportar julgamentos extremamente partidários. Mesmo assim, seus advogados conseguiram apresentar uma defesa argumentando que ambos os homens conseguiram, no mínimo, oferecer proteção parcial contra os ocupantes. Outro mito conservador estava em construção. No entanto, ambos foram condenados à morte. Laval foi baleado, mas a morte de Pétain deveria ser suspensa por causa de sua idade e senilidade avançada. Os grupos de maior gabarito – intelectuais e jornalistas, por exemplo – sofreram muito mais do que os oficiais e comerciantes, pois foram essenciais para o funcionamento da colaboração e, muitas vezes, conseguiram transformá-la em uma proposição muito rentável. Mais de 20 mil funcionários públicos foram demitidos como parte do expurgo, o qual foi especialmente severo na polícia. A maioria deles seria reintegrada em 1950, no entanto; a máquina do governo sobreviveu praticamente intacta. A continuidade pareceu essencial para o bom funcionamento do novo regime e para a reafirmação da democracia republicana centralizada em detrimento da iniciativa local. Os altos funcionários eram muito úteis para sofrer as sanções que eles mereciam e possuíam boas conexões, o que lhes permita camuflar suas ações anteriores. Além disso, uma vez que muita gente sentia-se culpada pelo colaboracionismo em todas as suas formas, grande e pequeno, seria difícil encontrar apoio contínuo para a realização de um inquérito geral. Em muitas áreas rurais e vilarejos, os grupos tradicionais de decisão reafirmaram-se de forma rápida e normalmente dominavam os comitês locais de libertação para, eles alegavam, proteger "a integridade das comunidades locais" (Gildea) e impedir a tomada do poder pelos comunistas. Na prática, a determinação de continuar a guerra até a vitória final e, em seguida, o trabalho de reconstrução teria prioridade sobre quaisquer retribuições ou reformas sociais. A fim de estabelecer um sentimento de unidade e propósito nacional, De Gaulle afirmou que a grande maioria da população havia apoiado a resistência, ou pelo menos simpatizado com ela. Esse mito sobreviveria, normalmente sem ser ameaçado, até a década de 1970, quando o poderoso documentário de Marcel Ophuls *Le chagrin et la pitié* (Tristeza e compaixão) e o trabalho do historiador norte-americano Robert Paxton despertaram as lembranças dos compromissos que faziam parte da vida cotidiana da França de Vichy.

Tendo em vista que a vitória dos aliados parecia cada vez mais provável, as pessoas começaram a pensar no mundo pós-guerra. Dentro da resistência, muitos ativistas, inspirados pelo socialismo ou humanitarismo católico, estavam determinados a evitar a simples restauração dos sistemas sociais e políticos anteriores à guerra e estabelecer uma sociedade mais igualitária. Entre as pessoas mais próxima de De Gaulle, bem como os ex-oficiais pétainistas do Exército do norte da África, havia uma ansiedade considerável sobre as intenções dos grupos comunistas que compunham o maior e o mais dinâmico setor da resistência. A criação da autoridade do novo governo estava repleta de perigos. A intenção dos aliados era proteger as

338 | PARTE II – A REVOLUÇÃO DUPLA

IMAGEM 50. Execução dos membros da milícia em Grenoble, agosto de 1944.

áreas da retaguarda dos exércitos mediante o estabelecimento de seu próprio governo militar. Naquele momento, o Comitê Francês de Libertação Nacional já havia preparado um novo quadro institucional. A transferência de poder foi cuidadosamente preparada. No início de 1944, hierarquias administrativas e militares secretas foram estabelecidas em paralelo com as do Estado de Vichy. Alexandre Parodi foi nomeado delegado geral da França de De Gaulle, Jacques Chaban-Delmas foi nomeado como delegado militar nacional e o general Koenig, como comandante da FFI. Os prefeitos da França de Vichy foram substituídos por comissários. Geralmente, eles eram retirados da elite social e política estabelecida – por exemplo, em Angers o poder foi entregue a Michel Debré, formado pela prestigiada Sciences-Po e pela escola de cavalaria de Saumur –, mas pertenciam a uma geração diferente e mais jovem do que seus antecessores. Em 2 de junho, o Comitê declarou-se governo provisório, seus membros vinham de uma variedade de horizontes políticos, incluindo o comunista, em reconhecimento do equilíbrio de poder dentro do movimento de resistência e do desejo de estabelecer um consenso político funcional.

De Gaulle foi recebido de forma triunfal nas várias cidades libertadas, mas acima de tudo em Paris, fato que legitimava sua função de personificação de um Estado francês ressuscitado. A autoridade do governo provisório sobre a resistência interna também foi reafirmada pela incorporação de seus combatentes no exército regular e, a partir de outubro, pelo desarmamento dos civis. Isso tudo deve ter parecido uma pressa quase indecente para os muitos membros da resistência, pois eles foram deixados de lado. A restauração do monopólio da força armada para o Estado reduziu de forma drástica a capacidade da esquerda para tomar ações independentes. Por seu lado e no interesse da França e da União Soviética, os comunistas estavam empenhados demais em promover o esforço de guerra e não desejavam correr o risco de uma guerra civil. A moderação da parte deles também oferecia a perspectiva do apoio em massa após a vitória final.

Entretanto, havia ainda muito a fazer antes que o inimigo fosse finalmente expulso. Em meio à devastação causada pela guerra, as pessoas precisavam, de alguma forma, ser alimentadas e protegidas contra o congelamento durante o inverno extremamente rigoroso de 1944-1945. As redes de comunicações tinham sido alvo de aliados e inimigos. Havia pouco combustível. A distribuição de bens essenciais era difícil e o mercado negro continuava a prosperar. Mesmo após a vitória, cerca de 2 milhões de ex-prisioneiros de guerra e deportados precisavam retornar a suas casas, além dos soldados

IMAGEM 51. Libertação: o general De Gaulle caminha na Champs-Elysées em 26 de agosto de 1944. Foto: Robert DOISNEAU/Gamma-Rapho/Getty Images.

desmobilizados. Os sobreviventes judeus ainda encontrariam antissemitismo e frequentemente dificuldades intransponíveis em garantir a restituição de seus bens. A miséria e a decepção estavam em toda a parte.

Apesar desses problemas enormes, o tamanho da conquista de De Gaulle, no entanto, ficou evidente pela decisão dos aliados em tratar a França não como um Estado colaboracionista, mas como um Estado cobeligerante. Em contraste, o regime que a maioria dos franceses aceitou em 1940 deveria ser considerado um fracasso desastroso. Com efeito, a França de Vichy pode ser vista como mais uma rodada da longa guerra civil iniciada em 1789. Podemos dizer que esse conflito em particular começou na década de 1930 com a crise econômica e o estabelecimento da Frente Popular e atingiu seu ponto mais alto com o regime pétainista. Foi a última de uma série de crises ocorridas entre 1914 e 1945 e que deram ao período sua unidade fundamental. Com isso, um longo período de estagnação econômica e social chegava ao fim. Em contraste marcante, nas três décadas seguintes – os *Trinta gloriosos* –, a França testemunharia um crescimento econômico contínuo e uma transformação em sua sociedade.

capítulo 7

Reconstrução e renovação: os Trinta gloriosos

Introdução

Assim como os eventos mais transformadores, a libertação despertou grandes expectativas por reformas políticas e sociais e, ao mesmo tempo, ansiedade considerável, particularmente nas elites estabelecidas. A direita estava desacreditada como resultado de sua associação com o Regime de Vichy. A esquerda, comprometida com a justiça social e a modernização econômica, estava em ascensão. Nos anos seguintes, a França passaria por um ciclo contínuo e ascendente de crescimento – os *Trinta gloriosos*, conforme foram chamados pelo economista Jean Fourastié. Um enorme estímulo surgiu com a reconstrução e, em seguida, com a liberalização do comércio internacional e o aumento da prosperidade nacional. A demanda contínua foi promovida por um maior engajamento do Estado e altos níveis de investimento público e privado. O desenvolvimento de uma economia mista estabeleceu os parâmetros para a renovação e a expansão do empreendimento capitalista, inicialmente com os recursos e o trabalho anteriormente subutilizados e, cada vez mais, por meio das melhorias tecnológicas. A escala e o ritmo da mudança, em contraste com o período anterior e posterior, definiram essas três décadas. As estatísticas sobre o crescimento do produto interno bruto (PIB) fornecem o indicador mais claro da mudança (ver TABELA 7).

Esse crescimento rápido e a mudança estrutural na economia e na sociedade que o acompanhou, provaram inevitáveis e repetidas *crises de adaptação*. Além disso, a oportunidade foi tomada para aumentar drasticamente os gastos com o bem-estar social, com importantes resultados redistributivos. Isso ajudou a promover um consenso social a favor da

TABELA 7. Crescimento do PIB, 1896-1996 (aumento percentual médio anual).

1896-1913	1,9	1959-1969	5,7
1913-1929	1,5	1969-1973	5,6
1929-1938	-0,3	1973-1979	3
1945-1951	8,7	1980-1991	2,1
1952-1959	4,2	1991-1996	1,1

Fonte: MOURÉ, K. "The French economy since 1930". In: ALEXANDER, M. (Ed.). *French history since Napoleon* (Arnold Publishers, 1999), 374.

modernização. No entanto, houve considerável ressentimento em relação à reforma por parte da classe proprietária, enquanto a intensificação das pressões competitivas ameaçava os interesses vitais de muitos agricultores, trabalhadores dos setores não competitivos e pequenos empresários. Em muito pouco tempo, a promessa de uma nova era de justiça social seria seguida pela restauração das relações sociais e políticas do período pré-guerra. Muitos ex-*resistentes* iriam sentir o gosto amargo da traição. Mais realisticamente, não é surpreendente que a coligação heterogênea formada na luta contra os ocupantes tenha virado um palco de querelas no momento em que a questão passou a ser a determinação da forma de reconstrução e do centro de gravidade do poder político. O colapso do consenso político de centro-esquerda, surgido na resistência, e a inevitável recuperação da direita ameaçavam desestabilizar e, cada vez mais, desacreditar a Quarta República.

Semelhantemente à Terceira República, o sistema de governo com base na rápida troca de alianças dos políticos notáveis e o sistema eletivo proporcional possuíam instabilidades inerentes. Os governos com maiorias impermanentes não eram adequados para lidar com os problemas da reconstrução e da rápida expansão das responsabilidades do Estado, com guerras coloniais, repetidas crises financeiras e a tensão social causada pela desigualdade de acesso às recompensas do crescimento econômico. Em contraste com a Terceira República, no entanto, o impasse acabou assim que o Estado deixou de ser um mero espectador impotente das mudanças econômicas e sociais. As forças econômicas e sociais eram muito fortes, em particular, a internacionalização das atividades econômicas resultantes do crescimento dos Estados Unidos e do início da integração europeia. Além disso, a burocracia cada vez mais autoconfiante e assertiva podia agora oferecer orientação e continuidade. A esse respeito, um dos pontos fracos do regime – a dissociação entre poder político, administrativo e econômico – facilitou a reconstrução e o estabelecimento de um Estado de bem-estar e inaugurou um período sem precedentes de crescimento econômico contínuo e de melhoria do padrão de vida. Em muitos aspectos, o regime revelou um melhor entendimento das realidades econômicas e políticas do que os governos britânicos do mesmo período.

Economia

O indicador mais óbvio da escala e do ritmo da mudança econômica e social nos anos após o fim da Segunda Guerra Mundial foi a transformação do ambiente cotidiano. Em 1945, a paisagem rural não era muito diferente da Baixa Idade Média e a cena urbana assemelhava-se ao Segundo Império, com habitações degradadas e superlotadas, somadas às paisagens industriais do século XIX. Entre 1946 e 1975, a população cresceu de 40,3 para 52,6 milhões de pessoas. A expectativa de vida dos homens aumentou de 62 para 69 anos e das mulheres de 67 para 77. A proporção da força de trabalho empregada na agricultura caiu de 36% em 1946 para 8,6% em 1979 e, enquanto a força de trabalho empregada na indústria subiu lentamente de 32% para 35,3%, o emprego no setor de serviços aumentou de forma mais dramática, de 32% para 56%. A construção em grande escala de escritórios e habitações mudou a aparência da maioria das cidades. Muitas fábricas antigas foram demolidas. As pessoas viviam com muito mais conforto e a maioria trabalhava em condições menos opressivas. Um símbolo dessa nova era de produção em massa e maior mobilidade pessoal era o automóvel, que estava em toda parte. Claro, nem tudo havia mudado. O velho e o novo coexistiam, mas a escala e o ritmo das transformações ocorriam de forma jamais experimentada. Uma mudança decisiva ocorreu no equilíbrio entre continuidade e mudança, começando com a reconstrução do pós-guerra, a renovação das infraestruturas e da indústria pesada e a criação do pleno emprego para os homens, e em seguida, a partir da década de 1960, envolvendo passos mais decisivos no sentido da modernidade por meio da inovação tecnológica, da transformação estrutural, de novos padrões de consumo, da mudança de mentalidades e da aceitação de responsabilidades bastante alargadas por parte do Estado. Tudo isso se somou em uma gigantesca revolução social.

Pelo menos inicialmente, houve um importante grau de consenso entre os diversos grupos políticos e os sindicatos em relação à reconstrução. Embora a concordância não pudesse ser mantida indefinidamente, os discursos, noticiários e artigos da imprensa que elogiavam os mineiros, metalúrgicos e ferroviários impulsionaram o entusiasmo popular. Contornou-se a escassez de emprego com mais horas de trabalho e aumento da produtividade. A tarefa parecia enorme, muito maior do que após a Primeira Guerra Mundial. De acordo com uma estimativa do Ministério da Reconstrução, o regresso à "normalidade" custaria o equivalente ao rendimento nacional de três anos do pré-guerra, 4,9 trilhões de francos. Outras fontes sugerem que mais de um quarto da riqueza da nação havia sido destruído, em comparação com um décimo da guerra anterior. As depredações de guerra, as requisições alemãs e a negligência, desde o início da grande depressão, em efetuar manutenções e investimentos em bens de capital resultaram na escassez de necessidades básicas como, por exemplo, comida e combustível. Em 1944, a produção industrial mantinha-se a 38% de seu nível de 1938. A prioridade tinha que ser dada para a reconstrução da infraestrutura de transportes, pois ela foi o alvo principal dos bombardeios dos aliados e das atividades da resistência. No final da guerra, apenas 18 mil quilômetros (em seções desconectadas) dos 40 mil quilômetros de linhas ferroviárias podiam ser utilizados e apenas um de cada cinco caminhões sobreviveu ao conflito. A outra grande campanha a ser combatida era a "batalha por carvão". O carvão era a fonte básica de combustível industrial e doméstico e, em 1945, somente 40 milhões de toneladas estavam disponíveis (incluindo as importações), em comparação com as 67 milhões de 1937. Embora já estivesse em andamento a mudança para fontes de energia alternativas, em 1950, os combustíveis sólidos ainda forneciam 74% do consumo de energia (90% em 1913), as hidrelétricas eram responsáveis por 7,5% e o petróleo 18%. A restauração e a modernização das indústrias da área de infraestrutura e siderurgia eram outros objetivos prementes.

Nessa situação, era de se esperar que houvesse um alto grau de intervenção estatal na economia. A intensidade do sentimento anticapitalista no momento da libertação fez que isso fosse inevitável. A maioria da população culpava o *patronato* pela derrota de 1940 e pelo colaboracionismo e, por isso, foi "desqualificado" (De Gaulle) de sua preeminência anterior. Tornou-se necessário que o Estado assumisse o controle das "alavancas de comando" e direcionasse os investimentos não simplesmente para a reconstrução, mas também para programas de modernização econômica e social, impulsionados pela percepção (agora amplamente compartilhada) da França como uma sociedade arcaica e atrasada. A classe capitalista e a "malthusiana" já havia dado várias provas de suas deficiências e, dessa

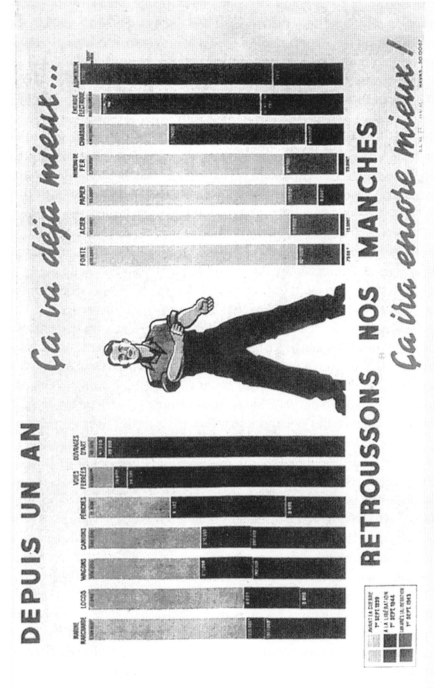

IMAGEM 52. Reconstrução: o Partido Comunista exige esforço complementar. Foto: Taillandier-D.R.

forma, deixaram de ser confiáveis para garantir que o país mantivesse o mesmo ritmo das outras sociedades ocidentais. A nacionalização ocupou uma posição central no programa adotado pelo Conselho Nacional da Resistência em março de 1944, e isso reflete o amplo consenso criado não só pela guerra, mas também em reação à crise econômica anterior à guerra. Entre dezembro de 1945 e maio de 1946, os grandes bancos e seguradoras, serviços de gás e eletricidade, bem como as minas de carvão foram adicionados à lista de empresas, tais como a Renault, que foram tomadas pelo Estado por causa do colaboracionismo de seus diretores. Os acionistas receberam indenizações, geralmente pelos valores cotados nas bolsas de um mercado acionário muito deprimido. Em 1948, cerca de 25% da força de trabalho não agrícola estava empregada por empresas estatais. Apesar de suas grandes esperanças e enquanto se beneficiavam de uma maior segurança de emprego, os empregados dessas empresas viram poucas mudanças na sua relação com os empregadores. Apesar de a intervenção estatal no planejamento de longo prazo ser frequente no dia a dia, as empresas nacionalizadas operavam praticamente da mesma forma que as outras empresas.

Outra característica do período de reconstrução foi a adoção de sucessivos planos, uma iniciativa que tinha sido contemplada durante os anos do entreguerras, mas que agora, em circunstâncias tão difíceis, parecia essencial. Uma equipe liderada por Jean Monnet preparou o primeiro plano, publicado em janeiro de 1947. Ele tentou definir as prioridades, circular informações (coletadas por um gigantesco serviço estatístico), fornecer previsões econômicas e desenvolver contatos entre empresários, sindicalistas e funcionários públicos, a fim de criar um clima dinâmico para os investimentos. Esse foi o "planejamento indicativo"; não era um planejamento de estilo soviético que o Partido Comunista Francês defendia, mas uma forma de tecnocracia pela qual os funcionários que haviam estudado no setor mais elitista do ensino superior, as *grandes écoles*, tentavam garantir um funcionamento mais eficaz do sistema capitalista. Em retrospecto, o estabelecimento de ligações diretas entre o governo e determinados setores da economia era muito mais importante. As visões financeiras ortodoxas do Ministério das Finanças e a preocupação governamental em restaurar a confiança dos empresários como forma de promover a recuperação reassumiriam seu predomínio rapidamente, mas isso ocorreria dentro do novo clima intelectual imposto pela aceitação generalizada das ideias econômicas keynesianas, as quais afirmavam a necessidade de intervenção estatal para promover o crescimento e o pleno emprego. Os gastos do governo (incluindo a autoridade local), em proporção ao PIB, subiram de 26,5% em 1938 para mais de 50% durante a década de 1960. Inicialmente também, no rescaldo da guerra, havia pouca alternativa senão incorrer em grandes déficits comerciais a fim de garantir a importação de produtos alimentares essenciais, matérias-primas e equipamentos. As tensões somente foram aliviadas em 1948, com a introdução do Plano Marshall e com a prestação de auxílio em grande escala pelos Estados Unidos, ansiosos em promover a restauração da Europa. Esse ato de altruísmo combinado com interesses pessoais ajudou a confirmar o crescente fascínio, às vezes mesclado com repulsa, por todas as coisas norte-americanas, incluindo as manifestações culturais de Hollywood, bem como a tecnologia industrial avançada.

Em 1947-1949, os principais setores econômicos estavam, no mínimo, restaurados aos níveis de atividade anteriores à guerra. Em grande medida, a reconstrução foi atingida à custa do consumo. Os recursos concentravam-se na produção de carvão, aço, eletricidade, cimento, máquinas agrícolas e no transporte. O resultado de um esforço para restaurar os suprimentos industriais significava que os consumidores domésticos de carvão, gás e eletricidade sofreram repetidas falhas no fornecimento. O racionamento de pão continuou até 1949, embora já estivesse se tornando claro que a recuperação interna, combinada com as importações, ameaçava o retorno dos problemas anteriores à guerra do excesso de produção agrícola. O primeiro Planejamento, com suas preocupações "produtivistas", procurou incentivar uma revolução agrícola por meio do trator (20 mil em 1946, 558 mil em 1958 e 1 milhão em 1965) e insumos químicos, inaugurando um ciclo de inovações técnicas, em grande parte financiado por empréstimos, o que criaria o ônus de uma imensa dívida aos agricultores. Cada vez mais, os agricultores tornavam-se dependentes dos bancos e de contratos com as empresas cooperativas e de processamento de alimentos. Ao mesmo tempo que renascia o êxodo da população do campo, por causa tanto da mecanização quanto da crescente atratividade da vida urbana, consideráveis ganhos de produtividade foram alcançados a uma taxa anual de 6,4% entre 1949 e 1962, em parte como resultado da crescente especialização e da mudança do cultivo de cereais para produtos de maior valor, tais como frutas, legumes, carnes e laticínios. O abismo técnico entre os grandes agricultores capitalistas da bacia de Paris e do Norte e os pequenos agricultores do planalto, que produziam para os mercados locais, também se tornou gigantesco.

A fase de reconstrução foi concluída em 1949-1950, época em que os níveis máximos de produção do pré-guerra – níveis de 1929 – foram ultrapassados. O sucesso da reconstrução foi tão grande a ponto de poder oferecer uma base firme para um período único de crescimento econômico sustentado e cumulativo, marcado por ganhos substanciais de produtividade, pelo rendimento real, pelo novo poder de compra da população e por grandes mudanças nas estruturas econômicas e sociais. Na Europa Ocidental, apenas a República Federal da Alemanha ultrapassaria as conquistas francesas. Posteriormente, o papel do Estado continuou a ter considerável importância, tanto em termos de investimento direto quanto pela criação, em parte por meio do planejamento, de um clima encorajador para as atividades comerciais. Antes do estabelecimento da Comunidade Econômica Europeia (CEE), os governos mantiveram-se resolutamente protecionistas, usando um arsenal de controles monetários para facilitar a expansão industrial, com base em um mercado interno protegido e financiamento do déficit de emprego para manter altos níveis de investimento em infraestrutura, bem como para estabilizar o sistema capitalista.

A inflação era um problema constante. O financiamento do déficit, as repetidas desvalorizações da moeda como um meio de manter a competitividade internacional, a expansão da oferta de dinheiro durante e depois da guerra, a escassez e o abandono precoce dos controles de preço utilizados em tempos de guerra geraram fortes aumentos salariais, enquanto os empregados tentavam proteger seus já diminutos níveis de vida. Quando, em 1948-1949, a estabilização parecia possível como resultado do aumento da produção e de limites mais eficazes para a oferta de moeda, os efeitos da Guerra da Coreia sobre os preços das matérias-primas do mundo desencadearam um novo ciclo inflacionário. A inflação certamente contribuiu para o renascimento da atividade econômica ao ampliar as margens de lucro e reduzir a carga de endividamento, mas também revelou um pouco da fragilidade da recuperação econômica e a ineficácia do sistema político, bem como contribuiu para a crescente tensão social. A inflação foi temporariamente controlada somente com a ação inaugurada por Antoine Pinay, o primeiro-ministro em 1952-1953, que combinava a persuasão com os controles fiscais e um empréstimo bem-sucedido para absorver o excesso de capital. A estabilidade financeira estimulou um segundo ciclo de crescimento econômico, que terminou em 1956 por causa da inflação causada pelos custos crescentes da guerra na Argélia, pelo impacto da Crise do Suez sobre o custo do petróleo e outras matérias-primas e pelos gastos de um governo de esquerda comprometido com a reforma social. Todos esses fatores reduziram a competitividade dos franceses nos mercados internacionais e arranharam profundamente a confiança empresarial.

Apesar desses reveses, as condições para o crescimento econômico autossustentado estavam sendo estabelecidas no momento em que a produtividade empurrava as empresas e os rendimentos pessoais para cima e estimulava o aumento dos investimentos e os gastos do consumidor. A maior mobilidade do trabalho e sua transferência das áreas menos dinâmicas da economia – como agricultura e têxteis – para os setores em que a produtividade *per capita* era maior, a saber, setor químico, de bens elétricos, de infraestrutura e construção, constituiu parte essencial desse processo, ajudando a aliviar a grave escassez de emprego, evidente até a entrada no mercado de trabalho das gerações do pós-guerra. Cada vez mais, também, a França integrava-se às economias da Europa Ocidental e do Atlântico, inicialmente por meio do Acordo Geral de Tarifas e Comércio (GATT, 1947). Depois, juntamente com os esforços mal aconselhados para manter o império, foram feitos grandes movimentos no sentido da reconciliação franco-alemã e de maior unidade europeia dentro da Organização para a Cooperação Econômica Europeia (1948, criada para coordenar o pagamento da ajuda do Plano Marshall), do Conselho da Europa e da Organização do Tratado do Atlântico Norte (OTAN, 1949), da Comunidade Europeia do Carvão e do Aço (1951) e, finalmente, com o Tratado de Roma em 1957, da CEE.

Tendo em vista as políticas protecionistas dos governos do pós-guerra, a assinatura do Tratado de Roma, contra os conselhos de muitos empresários, pode parecer um paradoxo. Ele representou uma nova fase do compromisso com a modernização, no entanto, fornecendo acesso a novos mercados e por meio da intensificação das pressões competitivas. Além disso, o Tratado, em parte inspirado por "imperativos geopolíticos", procurou vincular a Alemanha Ocidental em uma União que, de acordo com Robert Schuman, ministro das Relações Exteriores, faria que outra guerra se tornasse "não apenas impensável, mas materialmente impossível".

Em uma situação de rápido aumento dos preços e com um crescente déficit em seu comércio externo, entendeu-se que a França seria incapaz de cumprir seus compromissos sob o Tratado de Roma. As tarifas dentro da Comunidade seriam eliminadas dentro de 12 a 15 anos (na prática em 1968) e as tarifas comuns, cobradas sobre as importações de fora da Comunidade, seriam reduzidas à média prevalecente em 1958, que tendiam a estar abaixo dos níveis tarifários da França. Em compensação, a Política Agrícola

Comum (PAC), finalmente acordada em 1962, previa garantias de preço e suporte à renda e, graças a difíceis negociações pelo governo francês, era extremamente favorável ao seu círculo eleitoral de agricultores. Combinadas com o aumento do mercado potencial, essas medidas foram especialmente benéficas para os grandes agricultores, os 10% que, já em 1968, produziam 60% da produção total. Elas também ofereciam uma margem de sobrevivência para muitos pequenos agricultores, mas diminuíram o passo do processo de mudança estrutural necessária para aumentar a competitividade internacional da agricultura francesa. Em 1973, 60% das explorações agrícolas ainda tinham menos de 20 hectares. Especialmente no planalto, no Sudoeste e no interior bretão, muitas famílias continuavam empobrecidas e a situação somente melhorou de forma gradual com a migração e medidas como a Lei Pisani de 1960, que incentivava os agricultores a se aposentar. Os camponeses (e os pequenos comerciantes) seriam consistentemente protegidos de todo o impacto do mercado livre, embora seus rendimentos permanecessem sujeitos aos caprichos do clima, das taxas de juros flutuantes e das alterações da Política Agrícola Comum.

A França mostrou-se capaz de cumprir suas obrigações da CEE, por causa da combinação de uma série de medidas financeiras deflacionárias, incluindo o fim da indexação de preços e salários, o relaxamento dos controles administrativos e a restauração parcial dos mecanismos de mercado. Com o retorno de De Gaulle, outro fator vital foi o estabelecimento de uma forte liderança política com objetivos mais claros e preparada para incentivar, e até mesmo para impor, a reestruturação industrial e a modernização por meio de investimento na melhoria das comunicações, empréstimos baratos, créditos à exportação e concessões fiscais. O efeito global do estabelecimento da Comunidade seria a rápida promoção do aumento do comércio entre os seis Estados-membros. Embora os agricultores e empresários tenham, sem dúvida, passado por consideráveis problemas de adaptação em mercados cada vez mais homogêneos e competitivos, os benefícios da integração logo se tornaram evidentes, e cada vez mais o processo era visto como irreversível. Os resultados superaram todas as expectativas, o crescimento econômico contínuo ocorria a uma taxa anual de 5,5% durante os primeiros 15 anos de adesão à CEE, maior até do que o da Alemanha Ocidental (5%) e a níveis de rentabilidade que incentivaram altas taxas de investimento. A economia francesa passou por um grande processo de mudança estrutural e o crescimento industrial promoveu a modernização de serviços, tais como os bancários e os de publicidade. A vantagem comparativa também deu resultados. Assim, o estímulo para mudar foi particularmente eficaz na agricultura, no processamento de alimentos e nas indústrias de automóvel e de aeronaves, enquanto a fabricação beneficiou as importações de máquinas e equipamentos alemães e refrigeradores e máquinas de lavar roupa da Itália. O preço relativamente baixo das matérias-primas e energia nos mercados mundiais e os altos níveis de investimento estrangeiro, especialmente o norte-americano, ajudaram ainda mais o processo de crescimento. Ao mesmo tempo, a nova orientação para um mercado dinâmico de produtos avançados e de alta qualidade fez que a França abandonasse os mercados (que eram muito menos exigentes) do terceiro mundo, representados pelo ex-império, a zona franca que era responsável por um quarto das exportações na década de 1950 passou a representar, 20 anos mais tarde, apenas 5%.

Com a mudança do contexto econômico (e, de fato, o político), tornou-se inevitável que o papel do Estado, exercido por meio de planejamentos, investimento direto, controles de preços, subsídios e da manipulação do sistema fiscal, fosse criticado do ponto de vista liberal como ineficiente e dispendioso. A ênfase foi alterada para a criação de um clima favorável ao investimento do setor privado. A participação do Estado e da empresa pública no investimento total, que tinha sido 38,4% no período de 1949-1953, caiu para 28,5% por volta de 1969-1973. Essa política foi contradita em parte, no entanto, pelo investimento em uma série de projetos de prestígio, considerados como de importância estratégica nacional. Na área aeroespacial, os investimentos incluíam tanto aviões militares quanto o avião Caravelle na década de 1950 e, posteriormente, o supersônico Concorde e a família Airbus. A série de foguetes Ariane, projetados para levar satélites ao espaço, manteve uma grande presença francesa em uma área de tecnologia avançada, o mesmo vale para os gigantescos investimentos dos programas de energia nuclear, informações tecnológicas, transporte e armamentos. Isso representou uma determinação, compartilhada por todos os governos, para estimular a contínua modernização tecnológica. A relação custo-efeito desses programas é difícil de ser estimada, não só por causa da complexidade dos impactos, mas porque muito das ineficiências estavam camufladas pelo apoio do governo e pela falta de uma genuína contabilidade de custos. No caso da indústria nuclear, o sigilo também inibiu a discussão de questões cruciais, como segurança e eliminação de resíduos.

A inflação seria um problema em toda a década de 1960, alimentada pela enorme extensão de crédito bancário necessário para financiar os grandes programas de investimento. No entanto, a partir de cerca de 20% do PIB da década de 1950, a taxa de investimento subiu para 23,5% ao ano entre 1965 e 1973, atingindo 24,7% em 1974, um nível insuperável na Europa. O resultado foi a rápida introdução de métodos mais eficientes de produção, que permitiram a produção em massa de bens de consumo duráveis como o automóvel, um luxo antigo que agora se tornava o símbolo mais potente da nova sociedade de consumo. Em 1960, 30% das famílias já possuíam um carro; em 1973, 62%. Especialmente em produtos químicos e eletrônicos, os avanços científicos criaram uma gama continuamente em expansão de novos produtos que, desde sopas em pacote até geladeiras e televisores, eram disponibilizados a preços populares, com pagamentos a prazo frequentemente em termos de crédito.

O período de 1958 a 1973 testemunhou o crescimento econômico mais rápido da história francesa. Seus efeitos foram cumulativos. A renda *per capita* quase dobrou entre 1960 e 1975, e, significativamente, estima-se que quase 60% disso ocorreu em razão das inovações técnicas. A mudança estrutural da economia ocorreu em resposta às novas oportunidades e às crescentes pressões competitivas. Normalmente, a adaptação era difícil. Uma das reações ao aumento da competitividade foi o tamanho cada vez maior das empresas, uma resposta às pressões financeiras, bem como às pressões técnicas e incentivo do Estado. Uma das mais espetaculares foi a aquisição da Citroën pela Peugeot e o desenvolvimento de conglomerados como Péchiney-Ugine-Kuhlman na produção de metais e produtos químicos. A proporção da força de trabalho empregada pelas indústrias em estabelecimentos com mais de 500 trabalhadores (mas excluindo-se aqueles com menos de dez) aumentou de 37% para 45% entre 1962 e 1974. Após o estouro do consumo reprimido, a década de 1960 viu o início da transformação do comércio e da vida cotidiana com o desenvolvimento dos primeiros super e hipermercados por empresas como Carrefour, Radar e Euromarché, bem como cadeias de lojas mais especializadas como a FNAC (equipamento fotográfico e livros), Darty (produtos domésticos elétricos) e a Bernard (carnes). Todas as lojas possuíam acesso para o crescente número de motoristas e operavam de acordo com os mesmos princípios básicos da baixa margem de lucro em cada item, rotação rápida dos estoques, compras em grandes volumes e pagamentos em datas futuras aos fornecedores para permitir o uso de recibos nas operações dos mercados financeiros. Apesar da legislação restritiva, somente nos subúrbios de Paris da década de 1960, o número de supermercados cresceu de dez para 253 – um acontecimento que já bastava para criar uma concorrência insustentável para muitos pequenos comerciantes. Os supermercados eram responsáveis por 8% das vendas de gêneros alimentícios em 1965 e 45% em 1985. Sobraram muitos nichos, no entanto, em que os pequenos empresários conseguiram prosperar, eles podiam fornecer um serviço pessoal, ou de garantia de qualidade ou por meio da especialização.

Sociedade

Essa grande mudança econômica, envolvendo rápidas inovações tecnológicas, foi acompanhada pela transformação dos padrões de vida, das mentalidades e das relações sociais, mas também manteve certas continuidades, é claro. Em qualquer momento da história, as percepções de cada geração sobre a sociedade e os eventos são muito influenciadas pela experiência de seus anos de formação. O historiador precisa ver a geração ao lado da classe social ou local de origem como um determinante básico de atitudes e comportamentos. Das três gerações vivas na década de 1960, a mais velha foi formada pela experiência da Primeira Guerra Mundial. A maioria tinha ligações diretas com o mundo rural. Seus filhos, nascidos na década de 1920 e 1930 e relativamente poucos em número, foram marcados pela experiência da Segunda Guerra Mundial e pela austeridade do pós-guerra. No entanto, foi essa geração que se divorciou da tradição da "França eterna". Seus filhos, os da geração "baby boom", eram muito mais numerosos e cresceram em um mundo de abundância. Essas foram as primeiras crianças da sociedade de consumo, seus valores eram profundamente diferentes de seus pais ou avós. A década de 1960 constituiria os "anos de ruptura" (Borne). O crescimento econômico facilitou a mobilidade geográfica e social. As cidades recuperaram seu dinamismo e acelerou-se o êxodo do campo. Os valores religiosos e morais tradicionais foram questionados como parte de uma revolução nos "gostos e expectativas" (Rioux). Os indicadores mais claros do tamanho das mudanças são as estatísticas sobre estruturas socioprofissionais, as quais revelam um rápido declínio da população empregada na agricultura, estabilidade no número de trabalhadores industriais, crescimento do número de trabalhadores de escritório e um declínio no número de empregadores por causa do crescimento substancial das categorias profissionais e gerenciais, contribuindo para o fortalecimento das classes médias.

Um indicador precoce da mudança foi o aumento da taxa de natalidade, evidente a partir de 1943 e sintoma da mudança de humor em um período de crise aguda e difícil de ser explicado, sobretudo tendo em conta a ausência de muitos homens que estavam na Alemanha como prisioneiros ou em campos de trabalho. Esse aumento mostrou-se bem mais substancial e constante do que aquele que ocorreu após a Primeira Guerra. A taxa de natalidade média de 21 crianças nascidas a cada grupo de mil pessoas em 1945-1950 foi a mais alta dos últimos 50 anos, e, embora tenha diminuído posteriormente, ela manteve-se em uma média de 17 crianças nascidas a cada grupo de mil pessoas até 1966-1973, incentivada pelas generosas indenizações para as famílias, pela oferta de instalações de acolhimento para as crianças e pela crescente confiança no futuro. Isso, combinado com a queda da mortalidade e pelo aumento da expectativa de vida em todos os grupos sociais, resultou na mais rápida taxa de crescimento demográfico natural da história francesa, 0,8% ao ano entre 1946 e 1962.

TABELA 8. Evolução dos grupos socioprofissionais, 1954-1975 (porcentagem da população ativa).

	1954	1962	1968	1975
Agricultores	20,7	15,8	12	7,7
Trabalhadores agrícolas	6	4,3	2,9	1,8
Empresários	12	10,6	9,6	8,7
Profissões liberais e administração superior	2,9	4	4,9	6,9
Gerência média	5,8	7,8	9,9	13,8
Trabalhadores de escritório	10,8	12,5	14,8	16,6
Trabalhadores	33,8	36,7	37,7	37
Outros	8	8,3	8,3	7,5

Fonte: MONNERON, J.-L.; ROWLEY, A. *Les 25 ans qui ont transformé la France* (Nouvelle Librairie de France, 1986), 133.

A presença de um grande número de jovens e a redução da idade de aposentadoria foram inicialmente um ônus considerável à relativamente pequena geração ativa nascida no período entreguerras. O problema da escassez de trabalho havia melhorado, no entanto, pelo repatriamento de mais de 1 milhão de cidadãos franceses do norte da África (*pieds noirs*), pelo maior emprego de mulheres, pela mudança de trabalhadores da agricultura de baixa produtividade para o emprego urbano mais produtivo e de grande escala e pelos imigrantes vindos das regiões mais pobres da Europa e das antigas colônias africanas. O número de residentes estrangeiros aumentou de 1,7 milhão em 1954 para 4,1 milhões em 1975 (6,5% da população). De acordo com os números oficiais, o número de residentes argelinos aumentou de 211 mil em 1954 para 884 mil no final de 1975. O crescimento da população demonstrava e estimulava a expansão econômica que, por fim, resultou em um aumento substancial da força de trabalho entre o censo de 1962 e o de 1975: 2,5 milhões de pessoas.

Mas, a partir da década de 1970, uma nova fase demográfica tornou-se evidente. Apesar da melhora aparente de seu *status* em 1944 porque a elas foi permitido votar, nas décadas imediatamente após a guerra, parece que as mulheres aceitaram de forma ampla os ideais da dona de casa, da maternidade e da feminilidade representados pelo "baby boom" e proclamados na mídia. Gradual e independentemente de classe, floresceu um maior sentimento de autonomia pessoal. Para atender às crescentes necessidades materiais de suas famílias, as mulheres estavam mais propensas a encontrar trabalho fora de casa e por períodos mais longos de suas vidas. O tamanho da família média diminuiu novamente. O estatuto legal da mulher também mudou. A influência da legislação e da religião na atividade sexual estava cada vez mais marginalizada. As disposições do Código Napoleônico, que subordinavam as mulheres a seus pais ou maridos, foram revogadas em 1965. A geração mais velha entrou em desespero, pois os padrões morais pareciam estar em transformação. Em 1975, a legalização do aborto provavelmente não fez outra coisa senão tirar da clandestinidade uma prática generalizada e deslocá-la para os hospitais em condições mais limpas. A pílula anticoncepcional teria um enorme impacto na vida das mulheres e foi acompanhada pelo declínio acentuado do casamento, da taxa de natalidade e de um maior aumento de sua participação no mercado de trabalho. Embora a família tenha sido mantida como unidade social fundamental, a crescente popularidade da coabitação fora do casamento e do divórcio era indicativo de um maior sentimento de autonomia individual. Apesar disso e da Lei de 1975 sobre igualdade de remuneração, as mulheres, no entanto, permaneceriam em uma posição inferior. No trabalho, elas ainda se concentravam em profissões particularmente mal recompensadas; em 1975, elas constituíam 97,6% dos secretários, 83,9% dos enfermeiros e 67,2% dos professores de escola primária. Em uma sociedade dominada pelos homens, a feminização progressiva do trabalho em lojas e no secretariado é especialmente reveladora, no momento em que as tarefas envolvidas eram transformadas pelas novas tecnologias, da máquina de escrever para o computador.

Em grande medida, a recuperação econômica imediatamente após a guerra ocorreu à custa do consumo atual. A melhoria da qualidade de vida que muita gente esperava ocorrer após a derrota da Alemanha surgia lentamente. Todos os partidos políticos concordavam com a prioridade dada ao aumento da produção industrial, o CNR, no entanto, também havia se comprometido com medidas de reforma social. Juntamente com os imediatos aumentos salariais, concedidos para compensar a redução real dos rendimentos da ordem de 30% a 40% durante a guerra, as medidas foram formas importantes para incentivar o esforço produtivo. Em uma grande declaração de princípios, o preâmbulo da Constituição de 1946 reconheceu o direito à assistência social. Os Decretos de 4 e 19 de outubro de 1945 aumentaram bastante a proteção contra a doença, velhice e acidentes de trabalho. Foram também introduzidas medidas que aumentaram os direitos dos agricultores e, para a irritação intensa dos empregadores, foram criadas comissões de trabalhadores como meio de envolver os empregados na gestão dos seus locais de trabalho. Por meio do planejamento, da intervenção direta na economia e de suas garantias ao bem-estar social, o Estado tomava medidas que representavam a transição de um sistema liberal para um sistema econômico e social misto. Apesar da importância dessas grandes mudanças, as continuidades também devem ser salientadas. As medidas como as que estabeleceram as comissões de trabalhadores foram em grande parte ineficazes na prática e os governos, ansiosos acima de tudo em aumentar a produção, não estavam dispostos a forçar iniciativas radicais. Pela mesma razão, pouco esforço foi feito para implementar no documento da CNR medidas como o confisco dos lucros do mercado negro ou aqueles obtidos por meio de contratos com os ocupantes alemães. Embora políticos e empresários mais conservadores estivessem mantendo um perfil discreto, pois não tinham outra escolha senão aceitar a reforma, logo voltariam à tona. Pouco havia acontecido para alterar o caráter basicamente desigual da sociedade francesa ou para ampliar o pequeno círculo dos principais tomadores de decisão.

Nessas circunstâncias, predominava o descontentamento. A pobreza e a fome eram generalizadas. As filas eram intermináveis. A amargura intensificou-se. A escassez foi atribuída aos especuladores e à ganância dos ricos. O rendimento real recuperava-se de forma extremamente lenta. Na primavera de 1947, os salários valiam apenas 64% de seu nível de 1938. As horas de trabalho eram longas – uma média de 45 horas por semana em 1948. Pelo menos o desemprego era pequeno, mas a inflação corroía rapidamente o valor dos aumentos salariais. Mesmo quando suprimentos de alimentos melhoraram, os bens de consumo ainda estavam em falta. Havia poucas recompensas para um esforço considerável. A agitação política intensificou o descontentamento e o sentimento generalizado de insegurança e injustiça. As greves tornaram-se endêmicas. As classes ricas queixavam-se de uma situação que, por elas, era percebida como um tratamento privilegiado aos trabalhadores e culpavam os controles dos aluguéis, os sindicatos e os aumentos salariais. Elas estavam preocupadas com o impacto da inflação sobre os seus rendimentos e com sua futura posição social. Não obstante, operando em um mercado de vendedores, muitos agricultores, fabricantes, comerciantes e lojistas estavam muito bem, em contraste com os assalariados, que parecem ter sido consideravelmente menos favorecidos.

Grande parte da população continuava a viver em alojamentos superlotados e insalubres, pouco havia mudado desde o século XIX. As melhorias habitacionais desesperadamente necessárias tornavam-se mais urgentes por causa da negligência a esse setor desde o início da depressão, na década de 1930, bem como por causa da destruição causada pela guerra, mas foram adiadas em face das necessidades mais prementes de fazer investimento nas indústrias de base. Em sua parte mais extrema, a escassez habitacional teve como representante os *bidonvilles*, isto é, as favelas encontradas nos arredores de muitas áreas urbanas. Por volta de 1954, no entanto, o parque habitacional foi aumentado por meio de um programa emergencial de construção; apesar disso, muitos dos altos prédios suburbanos padronizados e de baixo custo (*grands ensembles*) construídos para os trabalhadores de fábricas e escritórios na década de 1960 eram isolados, mal construídos e, rapidamente, degeneraram-se em novos cortiços. Apesar de terem preservado os centros urbanos históricos, o programa, assim como as desobstruções feitas por Haussmann um século antes, destruiu o tecido e a vibrante cultura de muitos bairros da classe trabalhadora. Mesmo assim, os rendimentos mais elevados e os subsídios do governo fizeram que os padrões habitacionais melhorassem consideravelmente. Em 1975, uma família em cada duas vivia em edifícios construídos recentemente. Em 1954, faltava água corrente para mais de um terço das famílias. Apenas 17,5% tinha banheiro ou chuveiro. Em 1975, 70% possuía essas instalações. O aquecimento central também se espalhou rapidamente, 19% das famílias desfrutava de seus benefícios em 1962 e 67% em 1982. Os maiores espaços e conforto físico foram acompanhados por mudança no estilo de vida. A televisão substituiu a mesa de jantar como o foco da vida familiar. Os esforços para modernizar e rejuvenescer os centros urbanos somaram-se às melhorias habitacionais. Assim, Paris testemunhou a retirada do mercado de carne do centro da cidade, que saiu de Les Halles e mudou-se para Rungis, e sua substituição por um *shopping center* subterrâneo, coberto por um parque. Também foram feitos esforços, desde a década de 1960, para promover a descentralização econômica e incentivar o desenvolvimento regional; inevitavelmente, porém, com diferentes graus de sucesso.

O crescimento econômico e o aumento da produtividade do trabalho da década de 1950 permitiram um aumento considerável do rendimento real e do poder de compra, que praticamente dobrou entre 1949 e 1957. A década seguinte viu uma verdadeira explosão da demanda reprimida do consumo e a difusão dos quatro produtos, agora cada vez mais comprados a crédito, que simbolizavam a nova era: a geladeira (presente em apenas 7,5% dos agregados familiares em 1959), a máquina de lavar roupa (10%), a televisão (26%) e o automóvel (21%); o número de carros aumentou de 5 para 15 milhões entre 1960 e 1975. A esses produtos, o telefone seria acrescentado na década de 1970, encontrado em apenas 15% dos lares em 1968 e 74% em 1982 – um novo meio de comunicação para substituir as cartas. Igualmente simbólica, a proporção dos rendimentos utilizada na alimentação caiu de 34% para 27% durante a década de 1960, enquanto os gastos com habitação, saúde e lazer aumentaram. Os menos bem de vida mostravam uma grande determinação para acompanhar a próspera classe média e adquirir bens de consumo duráveis. Entre as pessoas de 40 anos, 50% possuía moradia própria em 1978, em comparação com apenas 20% em 1955. Na década de 1970, elas também estavam à procura de maior autonomia e expressavam uma preferência por casas pequenas com seu próprio jardim em vez de apartamentos. Um dos paradoxos do período foi a maior uniformidade no consumo combinada com a multiplicação das oportunidades de expressar a individualidade em termos de roupas ou cultura. Os intelectuais frequentemente expressaram seu desprezo pelos valores dessa sociedade de consumo e, especialmente, pela invasão imensamente popular da música *pop* e filmes dos Estados Unidos, bem como o uso generalizado de palavras emprestadas da língua inglesa. Da mesma forma, os ricos ressentiam-se da extensão dos privilégios que outrora haviam sido reservados para poucos.

No entanto, embora a maioria da população contasse com segurança e conforto anteriormente impossíveis, as disparidades dos rendimentos entre – e, de fato, dentro dos – grupos sociais permaneciam grandes.

Entretanto, o desenvolvimento de um Estado de bem-estar social contribuiu para a redução da desigualdade percebida. A assistência social foi substancialmente reforçada pelos Decretos de 1945 e pela Lei de maio de 1946, que procuravam melhorar a proteção parcial anteriormente disponível relativa a doenças, invalidez, parto e velhice e estendê-la para todos os assalariados e, progressivamente, a toda a população. A garantia contra o desemprego foi generalizada na década de 1950. O papel dos sindicatos na administração de benefícios, juntamente com os representantes dos empregadores e do Estado, aumentaria seu *status* consideravelmente. Ao mesmo tempo, e em grande parte como uma medida pró-natalidade, os subsídios familiares existentes receberam aumentos consideráveis. Em 1947, foi introduzido o salário-mínimo nacional (conhecido desde 1970 como SMIC: *Salaire Minimum Interprofessionel de Croissance*), mas na prática os governos geralmente permitiam que seus níveis ficassem abaixo dos salários em geral, a fim de limitar seu impacto inflacionário.

As melhorias na área da assistência médica, vistas principalmente no desaparecimento do flagelo da tuberculose e na possibilidade – por meio de uma combinação de pagamentos à assistência social (reembolso dos 80% do custo) e da garantia de receber acesso virtualmente livre aos cuidados médicos, aumentou a despesa pública de forma substancial. Essa tendência foi intensificada pela maior longevidade e pelo crescente número de idosos. Os velhos, juntamente com os deficientes, haviam sido negligenciados por muito tempo pelo sistema de assistência social que se preocupava, essencialmente, com a melhoria da situação das crianças e dos trabalhadores. As aposentadorias mínimas foram estendidas para a maioria da população entre 1946 e 1952, mas porque a crescente mobilidade social reduziu as solidariedades familiares, gradualmente se tornou claro que era preciso fazer mais. Assim, os aumentos do valor real das aposentadorias foram somados às iniciativas de municípios, paróquias e, acima de tudo, autoajuda para fornecer um amplo conjunto assistencial e de entretenimento, fazendo que melhorasse a situação dos grupos de pessoas com idades mais avançadas.

Dessas várias formas, a assistência social desempenhou um papel crucial na proteção dos padrões de vida das famílias. Sua importância como componente do rendimento médio do agregado familiar aumentou de 2,9% em 1929 para 16,6% em 1950, 25% em 1970 e, em seguida, em grande parte sob o impacto do aumento do desemprego, 35,2% em 1980. O sistema, financiado pelo seguro, por contribuições do empregador e pela tributação, envolvia a transferência de pagamentos dos mais ricos para os membros mais pobres da sociedade e, por isso, enfrentou inevitavelmente críticas consideráveis, em particular por certos grupos de interesse, tais como médicos, ansiosos para proteger sua independência e ganhos, e empresários, críticos de um sistema de contribuições que aumentava seus custos. Os mais ricos, em interesse próprio – e, de fato, condenação egoísta – da "cultura da dependência", tendiam a ignorar as injustiças de uma estrutura de tributação que, fortemente baseada em impostos indiretos, impunha um grande fardo aos pobres. Muitas vezes, esqueciam-se também do impacto inerentemente conservador de um sistema que reduzia o descontentamento.

Combinada com os impactos do sistema educacional, uma importante consequência da expansão econômica foi o aumento das oportunidades de mobilidade geográfica e social. Entre 1954 e 1962, calcula-se que 12 milhões de pessoas mudaram-se de sua comuna de residência. Apesar do grande movimento ascendente, no entanto, a aquisição de qualificações educacionais necessárias para mobilidade pelos mais pobres ainda era obstruída por desvantagens sociais e autoimpostas. Além disso, mesmo com a expansão dos números de cargos qualificados de supervisão, gerenciais e profissionais, o espaço criado para os recém-chegados estava inevitavelmente restrito, tanto pelas taxas de crescimento econômico quanto pela capacidade de algumas pessoas (já relativamente privilegiadas) em manter seus cargos dentro de hierarquias profissionais, de riqueza e posição social que se sobrepunham umas às outras. A geração que atingia a maturidade na década de 1960 estava mais bem preparada para tirar proveito da expansão das oportunidades.

A estrutura herdada em 1945 ofereceu educação primária obrigatória até os 14 anos. O ensino secundário estava reservado para uma pequena minoria (cerca de 200 mil). A maioria recebeu um ensino humanista em que os clássicos mantinham uma posição dominante. Apenas cerca de 3% de cada grupo etário chegou até a prova final, o *baccalauréat* (bacharelado). Em grande parte, o sistema refletia a hierarquia social vigente, com uma segregação fundamental entre os níveis primários e secundários e entre os sexos. Com exceção de um pequeno grupo de crianças intelectualmente "merecedoras" da classe operária e camponesa, o ensino secundário estava reservado para a classe média. O domínio do Estado era incontestável, com um currículo uniforme, destinado a assegurar a difusão de uma cultura comum e do sentimento de virtude cívica; mas as escolas privadas católicas eram toleradas, especialmente no Oeste e, controversamente, em 1959 receberiam um grande financiamento estatal. Sua popularidade entre os pais não se baseava somente na instrução religiosa oferecida, mas também na sua reputação de serem disciplinarmente mais firmes e de seu valor "esnobe". O sistema educacional em geral era cada vez mais criticado por seu elitismo e por negligenciar o ensino científico e técnico.

A chegada da geração "baby boom", a urbanização e o compromisso dos governos do pós-guerra em aumentar a idade escolar final de 14 para 16 anos (em 1959), bem como em aumentar o acesso ao ensino secundário, criaram uma necessidade premente de aumentar e redistribuir os recursos. De qualquer modo, o aumento substancial da demanda era esperado. Esse aumento já tinha afetado as creches entre 1949-1950, a educação primária entre 1951-1952, atingiria as escolas secundárias entre 1957-1958 e, finalmente, o ensino superior a partir de 1964. Sucessivos governos não conseguiram notar que o crescimento da população e a modernização da sociedade francesa resultariam em um aumento substancial das taxas de participação e da procura dos ensinos médio e superior, no entanto, sua resposta não foi adequada. O número dos alunos que frequentavam as escolas secundárias aumentou de cerca de 1 milhão em 1950-1951 para 5 milhões em 1979-1980. Mais de um terço deles obteve o bacharelado, transformando algo que havia funcionado até aquele momento como o meio pelo qual uma pequena minoria qualificada entrava para a elite em uma qualificação em massa. Os problemas da expansão eram enormes. Escolas precisaram ser construídas e equipadas, professores treinados e programas de ensino adaptados. Foram efetuadas reformas em cima de reformas, aumentando a confusão, sendo que a de maior alcance talvez tenha sido a instituição do princípio da abrangência da educação de René Haby, ministro da Educação de Valéry Giscard d'Estaing, em 1975. O acesso foi extremamente alargado, embora o elitismo tenha sobrevivido por meio dos processos de seleção dos prestigiosos *lycées* (liceus) ou escolas particulares. Os poderosos sindicatos da educação, preocupados principalmente com a proteção de seus próprios interesses, contribuíram muito pouco com um debate cada vez mais amargo sobre os objetivos e métodos de ensino. No entanto, em consonância com o desenvolvimento das relações menos autoritárias na sociedade como um todo, os métodos de ensino mudaram. A nova geração de professores passou a preocupar-se menos com a transmissão de conhecimento e mais com o desenvolvimento da curiosidade e do espírito crítico dos alunos. Contudo, a pedagogia idealista projetada para professores entusiasmados e competentes e para crianças inteligentes e altamente motivadas foi difícil sustentar e, muitas vezes, era inadequada aos alunos intelectualmente menos bem dotados ou àqueles que não tinham apoio dos pais.

Enquanto os governos faziam esforços para aumentar o acesso, o ensino superior também enfrentou problemas com a expansão, pois, em 1980, havia dez vezes mais alunos que os 100 mil estudantes de 1950. Nessa esfera, o elitismo foi preservado nos procedimentos de seleção das instituições mais prestigiadas de ensino superior, as *grandes écoles*, que ofereciam acesso aos cargos públicos e da iniciativa privada de maior poder e remuneração; pelo processo de *pantouflage*, foram estabelecidas redes de graduados que compartilhavam o desejo de modernização (e avanço mútuo) e circulavam entre o funcionalismo público, empresas e política.

O crescimento econômico e a reforma social reduziram a desigualdade social? Certamente, a qualidade de vida melhorou de forma considerável e aumentou a mobilidade social, pois havia altos níveis de demanda por trabalhadores bem qualificados por causa da expansão das empresas do setor público e do setor privado, tais como a France Telecom e a Airbus, da indústria automobilística, eletrônica, de produção de energia, da área da saúde e das universidades. Novas oportunidades também refletiam a crescente complexidade e terceirização da economia, bem como a expansão dos serviços públicos. O número de médicos, professores e de equipes gerenciais, administrativas e técnicas dos setores público e privado cresceu consideravelmente. Esses foram os grupos que se beneficiaram de modo particular com o desenvolvimento das oportunidades educacionais e do Estado de bem-estar social. As barreiras cruzadas, no entanto, foram as existentes entre os camponeses e os trabalhadores e entre os cargos administrativos mais baixos e os cargos gerenciais. O acesso aos cargos políticos, cargos gerenciais e burocráticos mais elevados, às profissões e emprego na mídia manteve-se extremamente restrito. Além disso, a relação entre posição social, riqueza e poder era complexa. O *patronato* de base familiar sobreviveu nas grandes empresas como Michelin, Dassault e Schlumberger, mas a maioria delas era administrada por gestores pertencentes a um grupo diversificado de acionistas individuais ou institucionais. Devemos evitar o erro de pensar sobre as elites sociais e políticas em termos monolíticos e dar maior atenção às rivalidades, muitas vezes amargas, entre as gerações, as profissões e ideologias; essa "realidade bagunçada" (Wright) resultou na existência de um grupo detentor do poder público e privado, que havia sido recrutado principalmente entre a burguesia parisiense, a qual possuía um sentimento de unidade por vínculos com base em suas origens sociais compartilhadas, riquezas herdadas, graduação obtida das *écoles* da elite, casamentos mistos, aceitação de normas comuns de comportamento, convivência em uma área comum de Paris e objetivos compartilhados, incluindo a direção efetiva de uma sociedade pluralista, uma economia capitalista e a salvaguarda da ordem social estabelecida. A maior mobilidade ascendente nas funções públicas em expansão e cada vez mais tecnocráticas e na classe gerencial não alterou essa situação de forma profunda. Normalmente, o sucesso continuava a ser resultado do esforço acumulado, muitas vezes, distribuído por duas ou três gerações e sua tradução em riqueza e capital cultural. A minoria dos recém-chegados venceu pela habilidade, esforço e vontade de estar em conformidade com as expectativas estabelecidas. Como tantas vezes no passado, velhas e novas elites uniram-se na França do pós-guerra. Os objetivos compartilhados persuadiram, até mesmo, muitos católicos a finalmente aceitar a manutenção das instituições republicanas.

TABELA 9. Profissões da classe média, 1954-1975.

	1954	1975
Industriais	86.000	61.600
Comerciantes atacadistas	183.700	190.200
Artesãos	734.700	535.344
Lojistas	1.274.000	921.000
Profissões liberais	163.160	249.440

Fonte: BORNE, D. *Histoire de la société française depuis 1945* (Armand Colin, 1988), 112.

Independentemente do limite, a expansão econômica certamente facilitou a grande mobilidade social ascendente, renovando as classes médias e garantindo que elas permanecessem prontas (como sempre) para salientar o golfo social e cultural que as separava das classes trabalhadoras. Em contraste, a mudança tecnológica e a concentração econômica tiveram seus efeitos adversos mais fortes para os artesãos e comerciantes, que declinaram de 13% para 8% da população ativa entre 1954 e 1975; a insegurança dessas pessoas seria traduzida em termos políticos por meio do Poujadismo na década de 1950 e, mais tarde, pela Frente Nacional. Mesmo assim, para muitos trabalhadores e imigrantes, uma pequena empresa ainda representava a possibilidade de promoção social.

A reduzida importância da agricultura estava evidente no declínio de sua contribuição no PIB e na redução da população agrícola ativa, de 7,4 milhões em 1946 para 2 milhões, em 1975. Juntamente com o incentivo de reestruturação do governo, o êxodo rural, envolvendo principalmente os jovens e os sem-terra, tornou possível o aumento do tamanho médio das fazendas. Ao ser combinado com a inovação técnica e preços subsidiados, isso resultou em um crescimento substancial no rendimento dos agricultores. No entanto, com exceção das grandes fazendas capitalistas do Norte e da bacia de Paris, esses rendimentos permaneceram relativamente baixos. A melhoria nas comunicações, a maior conscientização da sociedade e o desejo de melhor qualidade de vida promoveram o aumento do descontentamento rural e o apoio às atividades de grupos de pressão. Além disso, a dependência que tinham das elites sociais tradicionais foi substituída pela subordinação aos bancos (especialmente o Crédit Agricole) que financiaram a revolução tecnológica, bem como pela subordinação às empresas cooperativas e de processamento, às quais a maioria dos agricultores estava presa por contratos de longo prazo. O declínio da população rural foi acompanhado também pela deterioração dos serviços públicos, tais como igrejas, escolas, correios e lojas fechadas por causa da falta de clientes. As redes sociais, anteriormente vitais, murcharam. O colapso da agricultura camponesa e o evidente sentimento de desespero de muitas comunidades rurais provocaram protestos desordenados e repetidos.

Em contraste, a classe trabalhadora industrial expandiu-se inicialmente nas décadas após a guerra. Desde a década de 1950, muitos trabalhadores começaram a desfrutar de uma rápida melhoria de seus padrões de vida. Um novo estilo de vida e uma cultura mais materialista e individualista surgiram com o subsídio estatal da habitação e com a posse do carro (quase 75% das famílias da classe trabalhadora em 1975) e da televisão (88%). No entanto, muitos trabalhadores continuavam insatisfeitos, mais cientes das ameaças da inflação para seus salários nominais do que do aumento gradual dos seus rendimentos reais. Essa "geração única" – um proletariado relativamente homogêneo e com consciência de classe, forjado nas lutas da década de 1930, na guerra e na reconstrução e simbolizada, acima de tudo, pelas figuras heroicas do mineiro e do metalúrgico – foi esmagada rapidamente pela inovação tecnológica e mudança estrutural da economia. A renovação urbana generalizada resultou, além disso, na destruição física de muitas comunidades vibrantes – mesmo que terrivelmente alojadas – da classe trabalhadora.

A partir da década de 1960, o emprego entrou em declínio nas velhas indústrias de base, de produtos como carvão, aço e têxteis. Os governos criaram novas áreas para a fabricação de carros e outros produtos de consumo, particularmente no Oeste, em torno de Rennes e Caen, pois eles desejavam espalhar a prosperidade e, além disso, os empregadores buscavam locais em que o trabalho fosse mais barato e menos militante. O desenvolvimento do trabalho de linha de montagem dirigido, em grande parte, ao trabalhador sem qualificações em fábricas automatizadas ofereceu emprego aos imigrantes do campo, do sul da Europa e do exterior, bem como ao número crescente de mulheres. Nas grandes fábricas de produção em massa de bens de consumo, assim como nas empresas menores de tecidos ou nas indústrias de construção, cada vez mais, o objetivo da gestão era empregar uma força de trabalho barata e relativamente pouco exigente, cujos membros pudessem ser facilmente demitidos em caso de recessão e substituídos assim que as condições melhorassem. No entanto, flexibilidade e reestruturação para o empresário passaram a representar aumento da insegurança para o trabalhador. As oportunidades de promoção social continuavam extremamente limitadas e os trabalhadores compartilhavam um ressentimento com a gestão autoritária, com a mentalidade mesquinha e a tirania do cronômetro de gerentes e supervisores. As diferenças salariais também se alargaram como reflexo da escassez, particularmente nos setores industriais com alta proporção de trabalhadores qualificados, tais como na aeronáutica, no setor de produtos químicos e eletrônicos. Os empregos mais estáveis e os salários elevados também existiam em muitas empresas familiares pequenas e médias, por exemplo no setor de infraestrutura. Enquanto os mais bem recompensados, juntamente com os trabalhadores do setor público, eram capazes de manter sua proteção por pertencerem aos sindicatos, outros grupos não tinham representação eficaz e corriam o perigo da marginalização. Em geral, esses diversos desdobramentos representavam maior fragmentação do mercado de trabalho e da classe trabalhadora; as condições de trabalho e estilos de vida estavam cada vez mais diversificados.

Os trabalhadores finalmente conseguiram aumentar suas horas de lazer, uma das características da sociedade contemporânea, tanto em termos de horas recebidas do trabalho quanto mediante o declínio de atividades tradicionais, como ir à igreja aos domingos. Embora tenha sobrevivido como um fenômeno cultural formativo, a religião, para a maioria da população, tornou-se quase insignificante como característica da vida diária. A participação dos democratas cristãos do Movimento Republicano Popular (MPR) na luta contra o comunismo da Guerra Fria incentivou os elementos falidos e conservadores da hierarquia do Vaticano, próximos ao papa Pio XII, a reafirmar a autoridade absoluta do papado. Na década de 1950, o desmoronamento das vocações religiosas e o envelhecimento resultante da queda acentuada do número de sacerdotes eram sinais claros, no entanto, da crise e da incapacidade de combater a secularização. A liberalização do ensinamento da Igreja, aparentemente prometido pela eleição de João XXIII (1958-1963) como papa, e o resultado do segundo Conselho do Vaticano foram revertidos por seus sucessores. A Igreja parecia cada vez mais fora de contato, especialmente em questões morais cruciais como o aborto e a contracepção, o papel das mulheres na sociedade e o celibato do clero, mesmo com o desenvolvimento de uma teologia moral menos rigorosa. Um novo domingo para uma nova sociedade e uma cultura de massa surgiu na década de 1960. A década testemunhou o surgimento da cultura "pop" relativamente despida de classes sociais, devotada a ídolos como Johnny Hallyday e Sylvie Vartan. De acordo com seus críticos, essa devoção era sintoma da "americanização" da cultura francesa, Bob Dylan incentivava os jovens a acreditar que "les temps changent" (os tempos estão mudando). Apesar de decepcionar os controles do governo e da censura de notícias, o rádio e a televisão, bem como os jogos de azar e os esportes, estavam em alta, assim como as despesas de férias.

Vida política
A Quarta República

A Terceira República foi finalmente declarada morta pela ampla maioria popular no referendo de 21 de outubro de 1945. Uma Assembleia Constituinte com a missão de preparar uma nova Constituição foi eleita no mesmo dia. Pela primeira vez, as mulheres puderam votar, mas os partidos selecionaram somente um pequeno número de mulheres como candidatas. A política continuava esmagadoramente dominada por homens. As eleições utilizaram o sistema de representação proporcional e revelaram um grande desvio para a esquerda. A velha classe política parecia ter sido varrida e substituída por pessoas recém-chegadas ao Parlamento (85%), dentre as quais a grande maioria (80%) esteve envolvida na resistência. De fato, três quartos do eleitorado apoiaram os partidos identificados mais claramente com a libertação: os comunistas (Partido Comunista Francês: PCF), os socialistas (Seção Francesa da Internacional Operária: SFIO) e os democratas-cristãos (MRP). Conforme disputavam o poder, as divisões entre esses

IMAGEM 53. Brigitte Bardot no set de *Vida privada*, 1º de janeiro de 1961. Foto: Loomis Dean/Time & Life Pictures/Getty Images.

grupos logo se tornariam evidentes, bem como as tensões entre esses políticos eleitos e o general De Gaulle. O general estava convencido de que o sistema político da Terceira República tinha sido a principal causa da catástrofe em 1940, pois reforçava a autoridade do Parlamento e de seus grupos em briga em detrimento de um Executivo relativamente fraco. Ele afirmava a necessidade do estabelecimento de um regime presidencial forte. Sua posição única como chefe de Estado foi inicialmente reconhecida pela Assembleia. No entanto, havia suspeitas generalizadas de suas intenções "bonapartistas" e autoritárias. Em 20 de janeiro de 1946, após um desentendimento com os ministros sobre o orçamento militar, De Gaulle renunciou, pois, com a restauração do sistema de partidos, ele percebeu que sua autoridade corria um risco crescente de ser desafiada; além disso, ele acreditava que a opinião pública logo exigiria seu restabelecimento. Ele precisou esperar até 1958.

TABELA 10. Resultados da eleição da Assembleia Constituinte, 21 de outubro de 1945.

	Votos	Divisão de votos (%)	Assentos
Comunistas	5.024.174	26,12	159
Socialistas	4.491.152	23,35	146
Radicais, UDSR[a] e outros	2.018.665	10,49	60
MRP	4.580.222	23,81	150
Conservadores, independentes e outros	3.001.063	15,60	64
Abstenções	4.965.256	20,1[b]	—

(a) União Democrática e Socialista da Resistência.
(b) Eleitores registrados.

O idealismo da resistência e a maioria, inicialmente assegurada, dos três partidos que haviam concordado com um *tripartidarismo* cooperativo, bem como a suspeita em relação ao autoritarismo do governo, asseguraram o rápido restabelecimento do sistema parlamentar, com uma presidência em grande parte decorativa; apesar disso, parece provável que, dadas as circunstâncias difíceis em que o país se encontrava, grande parte do eleitorado aceitaria um poder Executivo forte. As propostas iniciais da Assembleia Constituinte, apoiadas principalmente pelos socialistas e comunistas, indicavam um sistema unicameral com uma Câmara dos Deputados onipotente. Surpreendentemente, as propostas foram rejeitadas em um referendo realizado em 5 de maio de 1946, por 10,5 milhões de votos contra 9,4 milhões, possivelmente pelo medo do possível domínio comunista de tal assembleia. Durante a campanha para a eleição da segunda Assembleia Constituinte em junho, o MRP, que havia declarado sua rejeição, aumentou seu apoio significativamente à custa dos socialistas. Estava claro que os partidos de esquerda (comunistas e socialistas) já não possuíam maioria absoluta. Embora o *tripartidarismo* tenha sobrevivido, uma maioria alternativa composta pela centro-esquerda (MRP) e centro-direita reemergentes começou a parecer uma possibilidade real, particularmente com o retorno de De Gaulle à cena política.

Em um discurso feito em Bayeux no dia 16 de junho de 1946, o general lançou o apelo pelo estabelecimento do regime presidencial com um chefe de Estado independente de quaisquer partidos, embora responsável perante o Parlamento. Em 13 de outubro, no entanto, outro referendo aceitou as propostas da segunda Assembleia Constituinte para o estabelecimento da Quarta República com uma assembleia bicameral. O socialista Auriol, eleito presidente (1947-1954) em uma reunião conjunta das duas casas do Legislativo, viria a desempenhar um papel influente na formação dos governos, mas os poderes tanto do Senado quanto do presidente seriam muito limitados. A autoridade ficaria nas mãos dos representantes eleitos da Câmara dos Deputados. Esse não foi um bom começo. O prolongado debate constitucional foi saudado com apatia pública generalizada – em parte como reflexo da desilusão causada pelas dificuldades econômicas – e revelou a falta de empenho de muitas personalidades políticas.

Politicamente, a Quarta República pode ser dividida em quatro fases, definidas pela predominância de uma ou outra coalizão política. Primeiro houve o *tripartidarismo* em que o governo fundamentava-se na aliança de socialistas, comunistas e democratas-cristãos. Esse foi um período fértil de reformas econômicas e sociais; terminou em maio de 1947 quando, em consequência da Guerra Fria emergente, os comunistas foram forçados a integrar a oposição. Eles foram substituídos por uma combinação de radicais e outros centristas, que ajudou a constituir uma "terceira força" que se opunha tanto aos comunistas quanto aos gaullistas da direita. Posteriormente, após as eleições de 1951, os grupos predominantes no governo passaram a ser os radicais e os conservadores até que, em 1956, uma maioria composta por socialistas e seus aliados retornou para lidar com os crescentes problemas financeiros e com a guerra colonial na Argélia.

    O desejo inicial dos três principais grupos políticos da resistência para trabalharem juntos havia representado o compromisso com a implementação das reformas incluídas no documento da CNR. A força do apoio popular aos três partidos tornou-se clara na eleição da Assembleia Constituinte, em outubro de 1945. Talvez de forma inevitável, a unidade durou pouco tempo. Depois da derrota do inimigo comum, seguiu-se a reconstituição da vida política, de maneira semelhante às linhas traçadas antes da guerra. A tensão cresceu rapidamente entre os parceiros dessa aliança. A desconfiança em relação aos comunistas era evidente desde o início. Os eventos da Europa Oriental afirmavam as suspeitas. A força eleitoral do PCF deu origem à perspectiva desagradável, particularmente para os socialistas, de que eles atuariam como parceiros juniores em uma coalizão dominada pelos comunistas. Todavia, nem os socialistas, nem o MRP aceitariam o líder comunista Thorez como primeiro-ministro; e, enquanto isso, De Gaulle garantia que ministros comunistas fossem excluídos dos principais ministérios que controlavam a polícia e o Exército. A disposição inicial dos comunistas para, pelo menos temporariamente, adiar a realização dos sonhos de muitos dos seus partidários revolucionários não demonstrava apenas a relutância de Stalin em desafiar os poderes ocidentais em um momento em que sua principal preocupação era garantir o controle soviético sobre a Europa Oriental, mas também em um momento em que os líderes comunistas franceses estavam comprometidos com a reconstrução. Eles estavam convencidos de que o crédito moral advindo de um brilhante registro de guerra asseguraria a continuidade do apoio em massa à causa. A perspectiva de assumir o poder, talvez com a colaboração dos socialistas, lhes parecia muito real. No final de 1946, com 800 mil membros, principalmente da classe trabalhadora, o PCF era o maior partido político, bem organizado, com uma máquina de propaganda eficaz, a simpatia de artistas e intelectuais influentes como Pablo Picasso e Jean-Paul Sartre, bem como tinha uma influência predominante dentro dos sindicatos; o sentimento de identidade do partido estava mais que evidente no festival anual do jornal comunista *L'Humanité*.

    O MRP foi fundado em novembro de 1944 como forma de conciliar as classes trabalhadoras com a Igreja e a Igreja com a República. Sua influência potencial foi consideravelmente reforçada pela emancipação das mulheres. A hierarquia católica, inicialmente desacreditada por seus laços estreitos com a França de Vichy, estava preparada para aceitar uma política mais liberal como preço para preservar sua influência sobre o novo regime, o qual possuía muitos ministros que eram católicos praticantes. Mesmo em 1945-1946, no entanto, o idealismo esquerdista dos fundadores do partido já estava dando lugar às perspectivas mais conservadoras de muitos dos seus partidários. Vários deles eram refugiados dos grupos mais abertamente conservadores e desacreditados por sua associação em condições colaboracionistas com o Regime de Vichy. Eles viam o MRP principalmente como um baluarte contra o marxismo e, com apoio cada vez mais entusiasmado do Vaticano, conseguiram garantir que, mais do que nunca, o comportamento político refletisse o mapa das crenças religiosas.

O surgimento da Guerra Fria determinava cada vez mais a situação política interna do país. Inicialmente, a maioria dos políticos, incluindo os comunistas, compartilhava da determinação em restaurar o país à sua posição de antes da guerra como uma potência militar e imperial. Aceitar que seriam um Estado de segunda classe iria ser algo sempre difícil. A luta pela hegemonia entre as duas superpotências, juntamente com as agonias da descolonização, fez que tudo fosse mais doloroso. As sensibilidades de De Gaulle foram muito ofendidas por não ter sido convidado para participar das discussões das grandes potências em Yalta e Potsdam, em 1945. No entanto, a dependência em relação ao auxílio dos Estados Unidos dificultava a adoção de uma linha dura e independente. Concessões precisavam ser feitas em questões fundamentais, como, por exemplo, a criação de uma administração centralizada na Alemanha Ocidental, o seu rearmamento e o livre acesso ao mercado francês para os produtos norte-americanos. Além disso, o governo dos Estados Unidos exigia a implementação de políticas destinadas a garantir um orçamento equilibrado e reduzir a inflação. Os aumentos dos impostos, as reduções nos gastos do governo, bem como controles de preços e salários, foram remédios desagradáveis em um período de extrema austeridade. A administração norte-americana também deixou clara sua infelicidade crescente em relação à presença de comunistas no governo francês; Dean Acheson, o secretário de Estado norte-americano, informou ao presidente Truman, em fevereiro de 1947, que o golpe comunista na França era uma possibilidade muito real. O Plano Marshall, anunciado em junho, previa um programa gigantesco de assistência gratuita (entre abril de 1948 e janeiro de 1952, a França recebeu US$ 2,63 bilhões, dos quais US$ 2,12 bilhões não eram reembolsáveis), concebido tanto como uma forma de oferecer mercados para os produtos norte-americanos, auxiliando na recuperação europeia, quanto como um meio de reduzir a probabilidade de desemprego e miséria, ou seja, para reduzir a desordem política dos comunistas. Essa seria uma etapa importante do reforço da aliança ocidental.

TABELA 11. Resultados da eleição da Assembleia Nacional, 10 de novembro de 1946.

	Votos	Divisão de votos (%)	Assentos
Comunistas	5.430.593	28,2	182
Socialistas	3.433.901	17,8	102
Radicais, UDSR e outros	2.136.152	11,1	69
MRP	4.988.609	25,9	173
Conservadores, independentes e outros	3.072.743	15,9	76
Abstenções	5.504.913	—	—

As eleições para a Assembleia Nacional realizadas em 10 de novembro de 1946 deixaram claro que estava ocorrendo uma polarização entre a esquerda e a direita e que a primeira era minoria. A aliança tripartite foi afetada por dissidências e, assim, a renovação da coligação governamental tornou-se impossível. Os esforços da administração socialista minoritária, no governo de Blum, para controlar a inflação e estimular a recuperação econômica foram de curta duração. Os próprios socialistas estavam muito divididos. No Congresso de julho de 1946, eles elegeram Guy Mollet como secretário do partido em uma plataforma que rejeitava o modelo soviético e, ao mesmo tempo, reafirmava o compromisso do partido com a ideologia marxista e, também, advertia contra a colaboração com os partidos burgueses e recomendava laços mais estreitos com os comunistas. Esse não era o momento. Com a deterioração da situação internacional, os comunistas denunciaram o Plano Marshall, a posição subserviente dos governos franceses e de todos aqueles que apoiavam essa manifestação do imperialismo norte-americano. A imposição brutal da ocupação soviética na Europa Oriental persuadiu os socialistas, no entanto, de que o comunismo constituía uma ameaça muito maior do que a democracia liberal e capitalista. Os rumores de um iminente golpe comunista levaram Paul

Ramadier – outro socialista, sucessor de Blum em janeiro de 1947 como o chefe de um governo que agora incluía os radicais e outros representantes do centro – a alertar as unidades militares confiáveis. Nessa situação, a demissão dos ministros comunistas, em maio de 1947, tornou-se inevitável. Isso foi ocasionado pela denúncia de Thorez contra os controles dos preços e dos salários e pela recusa dos ministros comunistas a votar a favor da Guerra na Indochina. Taticamente, o PCF estava determinado a ganhar o apoio dos trabalhadores – os quais recorriam às greves e aos protestos violentos – decepcionados com a lentidão das reformas sociais e da melhoria na qualidade de vida. Nessa fase, esperava-se pelo eventual retorno de seus ministros ao governo. O golpe comunista de Praga, na Tchecoslováquia, ocorrido em fevereiro de 1948, foi recebido pelo PCF como uma "grande vitória da democracia tcheca" e geraria um anticomunismo compreensivelmente cada vez mais histérico.

A tensão política interna tornou-se mais amarga; o temor de um conflito nuclear global atingia o seu auge entre 1948 e 1958 em razão dos acontecimentos em Praga, o bloqueio de Berlim, a guerra na Coreia e a invasão da Hungria. Assinado em março de 1947, pela França e Grã-Bretanha, o Tratado de Dunquerque dirigia-se principalmente contra uma Alemanha potencialmente ressurgente. A criação da Otan em 1949 reflete os esforços dos ministros das Relações Exteriores, Georges Bidaulte e de seu parceiro britânico, Ernest Bevin, para garantir o apoio militar norte-americano contra a ameaça russa. Embora esse fosse o prelúdio para um rearmamento potencial e bastante ressentido da Alemanha Ocidental, os tratados ofereciam, no mínimo, garantias de segurança que a França não havia conseguido obter após a Primeira Guerra Mundial. Nessas circunstâncias, o PCF tornou-se um partido de oposição permanente. Nesse período de intensos debates políticos e de militância engajada, aproveitando o prestígio que o partido e a União Soviética tinham ganhado pela libertação da Europa, ele e suas diversas organizações conseguiram criar uma contracultura dinâmica e ofereceram um refúgio espiritual aos membros de uma classe trabalhadora cada vez mais exausta, desmoralizada e pronta para continuar a luta contra os salários baixos e a injustiça social. Apesar da ineficácia de suas táticas políticas e industriais, um quarto do eleitorado votou no partido em 1951. Posteriormente, ele perderia o apoio de forma gradual, mas quase contínua. Cada vez mais introspectivo, preocupado com a preservação de sua pureza stalinista e com a expulsão dos dissidentes, o PCF congratulou a repressão soviética na revolta húngara de 1956 como mais um triunfo do leninismo.

Embora tenha conseguido manter bastante apoio da classe operária, mesmo quando os anticomunistas dividiram a Confederação Sindical (*Confédération Générale du Travail* – CGT) para formar a CGT-FO (Força Operária) em abril de 1948, o partido foi incapaz de escapar de seu isolamento. Tornou-se manifestamente incapaz de chegar a um acordo com a evolução econômica e social que resultou na melhoria da qualidade de vida. Além disso, as alterações na estrutura da força de trabalho resultaram em um contínuo declínio do tamanho e importância econômica de seus eleitores da classe trabalhadora, que estava se tornando mais diversa e mais plenamente integrada na sociedade nacional.

Em novembro de 1947, a frágil coalizão de Ramadier deu lugar a um governo liderado por Schuman do MRP, cuja composição marcou uma clara mudança para a direita. Nesse governo, até mesmo o ministro socialista do interior, Jules Moch, estava comprometido com a ação repressiva contra os grevistas e manifestantes. No interesse da "defesa republicana", ele mobilizou 60 mil policiais antimotim e soldados contra 15 mil mineiros nas bacias carboníferas do Norte durante novembro e dezembro, um movimento

IMAGEM 54. Soldados empregados pelos ministros socialistas como fura-greves, em outubro de 1947 e início de 1948, guardando as saídas das minas na região de Saint-Etienne.

que deixou seis mortos e muitos feridos. Mesmo que desconfortavelmente, a SFIO, um partido de ideologia revolucionária, participou de uma série de governos da "Terceira Força" cada vez mais conservadores, habilmente presididos pelo radical Henri Queuille, todos eles comprometidos com a Aliança Atlântica, guerras coloniais, rejeição de novas reformas sociais e com a repressão dos movimentos da classe trabalhadora. Embora tenham derrubado uma série de governos em questões de reformas econômicas e sociais entre 1947 e 1951, os socialistas foram incapazes de combater com eficácia a adesão crescente do MRP ao liberalismo ou ao conservadorismo básico de um partido radical renascido e ainda liderado por defensores da Terceira República, como Herriot e Daladier. Em consequência dessa situação e das diferenças internas que provocou, o Partido Socialista perderia muita credibilidade. Sua filiação caiu de 280 mil em 1947 para 130 mil em 1951 e recuava, cada vez mais, para os limites de suas velhas fortalezas no Norte e Midi. O enfraquecimento foi revelado claramente pelos resultados da eleição de 1951, apesar das mudanças no sistema eleitoral projetado para fazer que os críticos do sistema, tanto à esquerda (comunistas) quanto à direita (gaullistas), ficassem em desvantagem. No futuro, os governos seriam formados com pessoas de centro-direita e a participação de socialistas seria apenas ocasional.

Embora tenha dividido a esquerda, a Guerra Fria ajudou a assegurar o apoio das massas para a direita sob a bandeira anticomunista. Facilitou

TABELA 12. Resultados da eleição da Assembleia Nacional, 17 de junho de 1951 (França metropolitana somente).

	Votos	Divisão de votos (%)	Assentos (incluindo os ultramarinos)
Comunistas	4.910.547	25,67	101
Socialistas	2.744.842	14,35	107
Radicais	1.887.583	9,87	95
MRP	2.369.778	12,39	96
Conservadores, independentes e outros	2.656.995	13,88	108
Gaullistas	4.125.492	21,56	120
Abstenções	4.859.968	—	—

a volta dos ex-simpatizantes de Vichy à vida política. O medo da revolução social, que no século XIX levou aos massacres sangrentos de 1848 e 1871, ainda era uma força política poderosa. O tema foi salientado pelo MRP Católico, bem como por De Gaulle na fundação do Reagrupamento do Povo Francês (RPF) em abril de 1947. Aparentemente convencido de que uma guerra global contra o comunismo estava próxima, o general pediu que fosse formada uma associação entre o capital e o trabalho dentro do sistema da livre iniciativa para a existência de uma França forte e independente no seio da aliança ocidental, para a rejeição da política partidária de confronto e para um governo interno firme e eficaz. Essa declaração de guerra contra a Quarta República ecoou especialmente nas classes detentoras, mas de uma forma que lembrava o bonapartismo ganhou adeptos em todos os grupos sociais. No final do ano, o movimento já contava talvez com 1 milhão de membros, muitos deles vindos do MRP. Essa organização dinâmica representava claramente uma ameaça ao regime. O compromisso entre grupos díspares, no entanto, que a viam como mais um novo começo, revelou-se impossível de sustentar. Os anos 1950 e 1951 testemunharam a perda substancial do entusiasmo e o colapso da sociedade.

A recuperação da direita, no entanto, estava bem evidente. Ela era apoiada pelo MRP, já os governos que emergiram da assembleia eleita em 1951 eram essencialmente representados pela centro-direita. Isso ficou claro durante a administração de Pinay, em 1952, que procurou promover a liberalização econômica, limitar as despesas do Estado e reduzir a tributação. Foram políticas bem adaptadas aos tempos, ajudando a moderar e sustentar o crescimento econômico e a facilitar a transição da austeridade para o consumismo. A curto prazo, no entanto, não havia muito o que fazer para reduzir o déficit orçamentário, causado – apesar da gigantesca ajuda norte-americana – em grande parte pelas destrutivas guerras coloniais para preservar a influência "civilizadora" da França em Madagascar e, especialmente, na Indochina. Esta última poderia ter sido evitada se o *lobby* colonial e os comandantes militares no local não estivessem tão determinados a restaurar um sistema imperial que ainda parecia ter importância central no restabelecimento do poder e orgulho franceses. Eles não estavam dispostos a respeitar o acordo alcançado em 1946 entre o líder comunista Ho Chi Minh e emissário de De Gaulle, Jean Sainteny. Como resultado, um exército sobrecarregado e mal equipado seria acometido por sete anos de uma luta cada vez mais desesperada. "Vender" o império ainda era uma posição que a maioria dos políticos não ousava adotar.

A situação desfavorável da balança de pagamentos era outro problema persistente. A instabilidade ministerial, juntamente com o descontentamento generalizado causado pelo impacto das estruturas do imposto regressivo e da inflação sobre os rendimentos – e entre os agricultores, por causa da queda dos preços agrícolas –, aumentava a impressão do caos. Governos poderiam ser derrubados repentinamente por qualquer tipo de questão. Eles raramente duravam mais de seis meses e, embora na prática a criação de um novo governo envolvesse pouco mais do que um rearranjo do pessoal ministerial, tornava-se claro que a estabilidade política com base na assembleia eleita em 1951 era impossível. Havia muitas fissuras dentro dos partidos e entre eles.

Talvez a última chance da Quarta República tenha surgido na sequência imediata do humilhante desastre militar em Dien Bien Phu. Em 17 de junho de 1954, Mendès-France, um severo crítico do sistema político e defensor de um governo forte, coerente e reformando, tornou-se primeiro-ministro com aparentemente amplo apoio parlamentar e público. Seus objetivos eram negociar a retirada da Indochina e acelerar o ritmo de modernização econômica e social. A energia do novo primeiro-ministro e a recusa de jogar os jogos políticos habituais levantaram, inevitavelmente, grandes suspeitas. No lugar da habitual partilha de ministérios entre os partidos do governo, Mendès-France insistiu em nomear figuras relativamente jovens, independentes e de comprovada competência. Elas incluíram Mitterrand da centro-esquerda como ministro do Interior e da esquerda-gaullista, Jacques Chaban-Delmas como ministro das Obras Públicas, bem como o mais experiente, Edgar Faure, como ministro das Finanças. As transmissões de rádio em que ele parecia apelar à nação, à revelia do estabelecimento político, despertaram hostilidades particulares e dentro das fileiras do seu próprio Partido Radical.

Seu maior problema, a Indochina, foi resolvido por um armistício assinado em 21 de julho, que previa sua partição ao longo do paralelo 17 e a retirada das forças expedicionárias francesas. Cerca de 92 mil homens já haviam perdido suas vidas. O acordo deixou seus líderes com um profundo sentimento de humilhação. Ao culpar os políticos por suas falhas, eles estavam determinados a não fazer quaisquer concessões adicionais para algo que era visto por muitos deles como uma cruzada contra o comunismo internacional. Apesar de sua curta existência, o governo Mendès-France conseguiu apresentar uma série de medidas destinadas a melhorar a competitividade da economia francesa. Dentre elas, podemos citar o subsídio dos

380 | PARTE II – A REVOLUÇÃO DUPLA

IMAGEM 55. O governo de Pierre Mendès-France, 19 de junho de 1954. François Mitterrand está à direita. © Roger-Viollet/TopFoto.

preços agrícolas, os empréstimos baratos e a assistência para a reestruturação e treinamento industrial. Surpreendentemente, houve pouco interesse público por uma política social que prometia aumentar o investimento em habitação e educação. Em contraste, a campanha do governo contra o alcoolismo foi alvo de ataques venenosos tanto de destiladores caseiros como de lobistas do álcool comercial, muito ataques tinham características antissemitas e como objetivo lançar dúvidas sobre as credenciais patrióticas de um primeiro-ministro que parecia preferir leite a bebidas nacionais mais "masculinas".

Embora inicialmente as pesquisas de opinião tenham sugerido que Mendès-France havia conseguido o apoio entusiástico da maioria da população, o primeiro-ministro foi logo alvo dos ataques da direita por sua suposta traição ao império. Foram lançadas dúvidas sobre sua determinação em defender os interesses vitais da França. A criação de um exército europeu que seria liderado por uma possível Comunidade Europeia de Defesa – concebida como um meio de controlar a Alemanha Ocidental –, bem como suas implicações para a soberania nacional, inflamou o já amargo debate entre os partidários do governo. Mitterrand, vítima de um complô dos serviços secretos para desacreditar o governo que ele deveria servir, foi acusado de vazar segredos de defesa aos comunistas. Na esquerda, Mollet, o líder socialista, estava mais preocupado em preservar a unidade de seu próprio partido do que com o apoio do governo. Surpreendentemente, embora houvesse um desejo público generalizado pelo fim do conflito político cada vez mais estéril, as propostas de Mendès-France de reforma constitucional, concebidas para fortalecer o Executivo, receberam muito pouco apoio parlamentar.

Os acontecimentos no norte da África direcionaram o confronto final. O governo havia reagido firmemente aos surtos de violência intercomunal na Argélia, em maio de 1945 e novamente em novembro de 1954, bem como à fundação da Frente de Libertação Nacional (FLN). Embora perturbado por relatos de atrocidades militares, Mitterrand inequivocamente declarou que a Argélia continuaria a ser parte da França e apoiou sua afirmação pelo secionamento de reforços militares e detenções generalizadas. No entanto, o desejo de Mendès-France de acabar com o protetorado da Tunísia e melhorar a situação dos muçulmanos na Argélia lançou dúvidas sobre o compromisso de Mitterrand. Em 5 de fevereiro de 1955, políticos conservadores, preocupados com o programa de modernização de Mendès-France, receberam o apoio dos deputados do MRP, que viam a perspectiva de reforma na Argélia como um sinal de fraqueza, bem como o apoio dos comunistas, os adversários consistentes de qualquer administração "neocapitalista". O Partido Radical estava irremediavelmente rachado. Faure desafiou Mendès-France pela liderança do partido e, em 23 de fevereiro, conseguiu formar um governo de centro-direita. Embora incapaz de sobreviver a um debate sobre a reforma eleitoral em 29 de novembro, esse mestre dos acordos políticos mostrou-se capaz de usar alguns dos artigos mais complicados da Constituição para garantir a dissolução do Parlamento antes do fim do seu mandato – a primeira vez que isso acontecia desde 1877.

A campanha que antecedeu a eleição do general, realizada em 2 de janeiro de 1956, revelou uma crescente fragmentação política. Mendès-France foi capaz de formar uma Frente Republicana com o apoio de socialistas e de uma centro-esquerda diversificada, que incluía Mitterrand e membros da UDSR, bem como Chaban-Delmas e alguns gaullistas. Seu programa inevitavelmente vago apoiava a negociação de paz na Argélia e a continuação da modernização econômica e das reformas sociais na França. Em uma campanha desagradável, os conservadores moderados estavam preocupados com a perspectiva de serem flanqueados à direita pelos candidatos do movimento Poujadista (movimento que tomou nome de seu líder), a União de Defesa dos Comerciantes e Artesãos. Tendo iniciado suas atividades como um movimento de protestos contra os impostos, a União era apoiada por pequenos empresários e agricultores das regiões economicamente subdesenvolvidas do Centro e do Sudoeste, que foram atraídos pela sua oposição à modernização e ao Estado "vampiro". O movimento também teve o apoio dos defensores da causa da Argélia francesa (*Algérie française*), incluindo celebridades como o violento ex-paraquedista Jean-Marie Le Pen. Eles compartilhavam o desprezo pelo Parlamento, uma extrema xenofobia, antissemitismo e um anticomunismo visceral.

Mais uma vez, as eleições não produziram uma maioria parlamentar clara. Seja pela centro-esquerda ou pela direita, os gaullistas, em particular, sofreram uma grande derrota. O presidente, René Coty, decidiu que o socialista Mollet – e não Mendès-France – tinha melhores chances para formar um governo. Ele seria formado pela combinação de centro-esquerda muito incerta, constantemente posta em perigo pela falta de disciplina partidária e pelas divisões entre seus filiados. Apesar de o governo Mendès--France ter sido muitas vezes representado como a última oportunidade real para preservar a Quarta República por meio de reformas, e apesar da opo-

TABELA 13. Resultados da eleição da Assembleia Nacional, 2 de janeiro de 1956 (França metropolitana somente).

	Votos	Divisão de votos (%)	Assentos (incluindo os ultramarinos)
Comunistas	5.514.403	25,36	150
Socialistas	3.247.431	14,93	95
Radicais, UDSR e outros	3.227.484	14,84	91
MRP	2.366.321	10,88	83
Conservadores, independentes e outros	3.259.782	14,99	95
Poujadistas, extrema-direita	2.744.562	12,62	52
Gaullistas	842.351	3,87	22
Abstenções	4.602.942	—	—

sição raivosa e habitual por parte dos conservadores contra o aumento de impostos, a administração de Mollet conseguiu fazer melhorias substanciais no bem-estar, com provisão para idosos e doentes, conseguiu também aumentar o financiamento para a habitação e auxílios regionais. Sinistramente, no entanto, a guerra na Argélia começava a absorver capital e mão de obra em uma escala que parecia ameaçar a estabilidade financeira e o crescimento econômico. Ela também fez que a vida política ficasse mais amarga.

As ações de Mollet supunham, erroneamente, que a FLN se contentaria com qualquer coisa que não fosse a independência total e que os europeus na Argélia aceitariam a diminuição da sua posição privilegiada. Em pouco tempo, ele perceberia que estava errado. As mortes por vingança realizadas por soldados e civis franceses, após o massacre provocado pela FLN, de 123 europeus na região de Constantino em agosto de 1955, provavelmente destruíram quaisquer esperanças que ainda restassem em relação a um acordo para a integração da Argélia à França com plenos direitos de cidadania para todos os seus habitantes. As concessões que haviam sido feitas anteriormente à população muçulmana costumavam não ser implementadas por uma administração colonial que agia mais rapidamente a favor do racismo de uma população de aproximadamente 1 milhão de colonos franceses e que fazia muito pouco para combater a crescente falta de vontade da maioria da população para tolerar a inferioridade social e racial. Os erros da Indochina estavam prestes a serem repetidos. Os sucessivos governos aceitaram os interesses próprios dos administradores coloniais e comandantes militares e sucumbiram à pressão da opinião de colonos e políticos conservadores. Agora a "pacificação" tornava-se uma condição prévia para as reformas. Na busca de uma solução militar, Mollet veria-se cada vez mais em uma posição paradoxal: seria condenado pela esquerda e ganharia apoio da direita.

O Exército iria desfrutar de um sucesso considerável. Após a terrível experiência na Indochina, os oficiais possuíam agora um novo sentimento de propósito. Eles acreditavam que a integração da Argélia à comunidade nacional era sua missão, bem como a continuidade da cruzada contra a subversão comunista, que era o único obstáculo contra a realização desse objetivo. Mais uma vez, ao assumir um controle cada vez mais forte sobre a Argélia, o corpo de oficiais entendia-se como a encarnação da França. Seu patriotismo foi ultrapassado somente por sua arrogância e por seu desprezo aos políticos, os quais eles acreditavam que os haviam traído na guerra anterior e, por isso, poderiam fazê-lo novamente. Cerca de 400 mil homens foram empregados numa campanha cada vez mais implacável. Os paraquedistas do general Massu lutaram e venceram a batalha de Argel contra as redes urbanas do FLN. A construção da Linha Morice, uma linha de defesa eletrificada, fez que os soldados pró-independência vindos da Tunísia não conseguissem atravessar a fronteira sem que sofressem pesadas baixas. O recrutamento de auxiliares muçulmanos (*harkis*) reforçou as divisões no seio da população local, ao mesmo tempo que reforçava a posição militar francesa.

No entanto, a campanha foi um desastre político. Em novembro de 1956, em cooperação com a Grã-Bretanha e Israel, a França lançou um ataque contra o Egito do presidente Nasser, pois acreditava que o país era a inspiração e o armeiro dos insurgentes argelinos. O bombardeio da aldeia tunisiana de Sakiet, em fevereiro de 1958 e, particularmente, o uso sistemático de tortura para obter informações, aumentaram o sentimento internacional de indignação. Dentro da própria França, dissipou-se o amplo apoio inicial para a preservação da Argélia francesa. Apesar da censura, a crítica à política do governo vinha especialmente dos comunistas, de alguns ativistas católicos e de membros dos grupos da Juventude Socialista. Eles tinham o apoio dos principais jornais e, principalmente, do *Le Monde* e do semanário

L'Express, embora isso não fosse muito em comparação com os sentimentos patrióticos e pró-guerra da imprensa de grande circulação da direita e das rádios e televisão controladas pelo governo. Até mesmo a crítica comunista oficial foi contida por medo de alienar os eleitores da classe traba-

IMAGEM 56. As operações militares na Argélia: em guarda na casbá. Foto: Central Press/Getty Images.

lhadora que estavam, inicialmente pelo menos, mergulhados em uma guerra travada, em grande parte, por seus próprios filhos. Entretanto, a opinião pública, que tinha sido relativamente indiferente à distante Guerra da Indochina, travada principalmente pelas tropas regulares e coloniais, estava muito mais preocupada com o conflito realizado em uma área que era, nominalmente pelo menos, parte da França e que recrutava um número crescente de jovens. A maioria dos entrevistados de uma pesquisa de opinião realizada no outono de 1957 já tinha dúvidas se a Argélia permaneceria francesa. A ascensão da oposição baseava-se nas objeções morais e políticas, nas dúvidas sobre se os custos crescentes da guerra em termos de homens e dinheiro poderiam ser mantidos, mesmo com o desejo dos Estados Unidos em absorver um pouco do ônus material como parte da luta contra o comunismo em todo o mundo. A demissão de Mendès-France, ministro sem pasta do governo de Mollet, e a crítica de Mitterrand, que era muito ambicioso para renunciar, eram sinais de uma perda de confiança dentro da elite política em si.

A substituição posterior de Mollet, sucessivamente pelos radicais Maurice Bourgès-Maunoury e Félix Gaillard, representou a redistribuição dos ministérios entre os socialistas, os membros do MRP e os radicais na ausência de novas iniciativas em relação à Argélia ou de soluções para os crescentes problemas financeiros causados pela guerra. Em maio de 1958, no entanto, os socialistas finalmente decidiram que as coalizões com partidos de direita nos esforços para resolver o problema da Argélia não estavam levando a lugar nenhum. Sua retirada fez que a formação de um governo ficasse mais difícil. Depois de quase um mês, o presidente Coty chamou Pierre Pflimlin do MRP para a criação de uma administração. O significado real dessa ação foi que o novo primeiro-ministro já havia chamado a FLN para negociações. As manifestações em Paris e a rejeição aberta da autoridade do governo pelos civis e pelo Exército na Argélia saudaram essa nomeação. A crise final do regime tinha começado.

Na Argélia, extremistas europeus foram convocados pela resistência e, nessa ocasião, eles receberam apoio dos comandantes militares. Em 13 de maio, o poder foi assumido por um Comitê de Segurança Pública, que incluía o general Massu. Em resposta, Pflimlin tomou uma ação aparentemente difícil, convocando todos os partidos a se unirem a ele em defesa da República. Com o voto de confiança parlamentar, ele obteve o apoio dos 274 deputados, mas um número significativo de 129 deputados rejeitou sua política. Os socialistas estavam preparados para voltar ao governo. No entanto, o primeiro-ministro não desejava provocar uma guerra civil para afirmar sua autoridade. Seu desejo de comprometimento incentivou os generais rebeldes e as manobras dos principais gaullistas, tais como Chaban-Delmas e Michel Debré. Em 15 de maio, o general Salan, comandante-chefe na Argélia, gritou "Vive De Gaulle" para a multidão reunida em frente ao prédio do governo-geral em Argel. Mais tarde naquele dia, o próprio De Gaulle anunciou que estava preparado para reassumir o poder – uma ação que o governo não conseguiu condenar.

A guerra civil era uma possibilidade real. Os generais na Argélia planejavam o lançamento de paraquedistas na região de Paris para entrar em contato com os soldados potencialmente rebeldes que já estavam lá, e De Gaulle não disse nada que pudesse desencorajar os planos desse golpe militar. Com o passar dos dias, tornava-se cada vez mais evidente que a autoridade do governo estava se desintegrando, os ministros estavam paralisados pelo medo de provocar um conflito em que seus maiores defensores seriam os desprezados comunistas. Todos estavam em contato com De Gaulle: Pflimlin, seu adjunto Mollet e até mesmo o presidente Coty. A Córsega foi tomada sem resistência por rebeldes em 24 e 25 de maio. Em 27 de maio, com total desprezo pela Constituição, De Gaulle anunciou que tinha a intenção de formar um governo. Pflimlin renunciou, ciente de seu crescente isolamento. As alternativas do presidente Coty eram agora a ditadura militar ou a nomeação de De Gaulle. Ele preferiu a última, e o general foi devidamente convidado a se tornar o último primeiro-ministro da Quarta República. Embora ele tivesse se recusado a condenar os militares *putchistas* e tivesse claramente manipulado a crise em proveito próprio na esperança de ser chamado mais uma vez como o salvador da pátria, De Gaulle prometeu respeitar as instituições republicanas e isso, pelo menos, parecia oferecer uma saída para a crise sem que houvesse uma humilhação completa.

Em 28 de maio, uma grande manifestação em Paris, liderada por Mendès-France e Mitterrand, rejeitou a perspectiva. Em 1º de junho, no entanto, De Gaulle apareceu perante a Assembleia Nacional e recebeu poderes de emergência por seis meses. Cerca de 329 deputados apoiaram a ação e 224, incluindo os comunistas e metade dos socialistas, rejeitaram. A administração de De Gaulle demonstrava o desejo generalizado por algum comprometimento. A situação parecia exigir um governo de unidade nacional. Ele seria composto por líderes parlamentares de todos os partidos, exceto os comunistas, e integrado por seu antecessor, Pflimlin, juntamente com Pinay no Ministério das Finanças. Obviamente o governo incluiu alguns gaullistas. Uma de suas primeiras tarefas foi preparar uma nova Constituição e descer a cortina da desprezada Quarta República.

IMAGEM 57. Manifestantes em Argel, 1958. Foto: Meagher/Getty Images.

A Quinta República

O estilo de autoridade política e as estruturas das instituições políticas seriam agora submetidos a grandes mudanças. O objetivo de De Gaulle era o mesmo definido em seu discurso de Bayeux, feito em 1946 – ou seja, reforçar o poder do Presidente da República e sua capacidade de proteger o interesse comum contra o particularismo de partidos políticos, comércios, sindicatos, negócios e outros interesses privados, preservando o sistema parlamentar. Outra prioridade urgente era acabar com a Guerra da Argélia e, assim, com a drenagem contínua do dinheiro e mão de obra dos franceses. Esses objetivos deveriam ser os meios de alcançar um propósito maior: a modernização da sociedade e da economia francesa e de suas defesas, a fim de estabelecer a unidade interna, a ordem e para restaurar o país a sua posição legítima entre as grandes potências. Por isso, as referências frequentes que ele fazia aos valores eternos da França escondiam o imperativo para se adaptar às realidades de um mundo em rápida transformação.

A nova Constituição foi elaborada por um comitê de especialistas que assessoravam um dos ministérios presididos pelo ajudante de De Gaulle, Debré, e incluía representantes eminentes do antigo regime, como Pflimlin e Mollet. O resultado refletia muitas das ideias do general. Foi estabelecido um presidente, eleito para um mandato de sete anos por um colégio eleitoral restrito, que selecionaria seu próprio primeiro-ministro e assumiria a responsabilidade pela conduta do governo. Sua posição foi reforçada pelo direito de apelar para a nação por meio de referendos – a velha tática bonapartista, com resultados tão imprevisíveis que raramente foram utilizados; pela dissolução da Assembleia Nacional – um meio útil de exercer pressão sobre seus membros; e mediante a assunção de poderes de emergência. Os governos manteriam-se responsáveis perante a Assembleia Nacional e poderiam ser forçados a renunciar por um voto de censura, embora isso exigisse o apoio da maioria absoluta dos deputados e, para tornar isso mais difícil de ser realizado, as abstenções poderiam ser contabilizadas como rejeição à moção de censura. A influência da assembleia seria diminuída por meio de restrições sobre os direitos dos deputados para fazer perguntas ou alterar a legislação, bem como pela redução do tempo de suas sessões e de suas responsabilidades legislativas gerais. As propostas, assim, buscavam muito deliberadamente enfraquecer o Parlamento e reforçar bastante o poder Executivo. A intenção era que no futuro os deputados pudessem influenciar o governo, mas não controlá-lo. Além disso, as muitas ambiguidades contidas no documento constitucional seriam resolvidas pelo próprio De Gaulle durante o longo período de seu mandato, que durou até abril de 1969, período em que a autoridade presidencial continuaria a ser reforçada pelo fracasso dos deputados em conseguir desenvolver os potenciais poderes do Parlamento.

A nova Constituição foi apresentada à nação na Praça da República, em 4 de setembro – o aniversário da proclamação da Terceira República em 1870. Isso permitiu que De Gaulle posasse mais uma vez como o "salvador" da nação e, conforme seria confirmado de forma esmagadora pelo referendo de 28 de setembro, ele contava com o apoio da maioria da população. As pessoas estavam impacientes com a aparente incompetência, as brigas constantes e a indecisão do regime parlamentar e desejavam a restauração da autoridade do Estado. Os partidos de direita estavam fortemente a favor, os de esquerda estavam divididos. A principal oposição era realizada pelos comunistas, juntamente com figuras proeminentes, mas isoladas, como Mendès-France e Mitterrand. Este último descreveria a nova manifestação de autoritarismo carismático como "um golpe de Estado permanente".

Por decreto, foi introduzido um novo sistema eleitoral para as eleições legislativas; ele foi deliberadamente construído para favorecer os candidatos da direita e prejudicar as chances de seus adversários socialistas e, particularmente, dos comunistas. Nas eleições gerais que se seguiram, nos dias 23 e 30 de novembro de 1958, as grandes mudanças no comportamento dos eleitores, no entanto, ficaram evidentes com as enormes vitórias dos gaullistas e de outros conservadores, reunidos na União para a Nova República (UNR), enquanto a esquerda sofreu grandes perdas por causa de suas atitudes hostis ou confusas em relação a De Gaulle. Cerca de 70% dos deputados eleitos apoiavam o general. Adversários proeminentes do novo regime, como Mendès-France e Mitterrand, foram derrotados. A assembleia seria composta basicamente por recém-chegados. Apenas cerca de um quarto dos novos deputados tinha feito parte do Parlamento anterior.

Na eleição presidencial realizada em 21 de dezembro, 78,5% dos conselheiros e deputados locais que compunham o colégio eleitoral (80 mil pessoas ao todo) votaram a favor de De Gaulle. Em 10 de janeiro de 1959, o general pediu que Debré, um gaullista empenhado e defensor apaixonado da manutenção do controle francês sobre a Argélia, formasse um novo governo. Logo ficou claro que o presidente considerava os ministros, incluindo o primeiro-ministro, como seus subordinados. A estrita separação de poderes, que tornava a composição do Parlamento incompatível com o gabinete ministerial, procurou garantir – mesmo que apenas com sucesso limitado – que os ministros não tivessem uma base de poder independente. Além disso, a autoridade do presidente receberia um reforço considerável do resultado do referendo de setembro de 1962, que determinava que o chefe de Estado deveria ser eleito por sufrágio universal. Após o quase sucesso da tentativa de assassinato efetuada pelos extremistas da Argélia francesa em Petit-Clamart, no dia 22 de agosto, De Gaulle estava determinado a assegurar que, como o eleito do povo, seu sucessor iria desfrutar de legitimidade suficiente para oferecer uma liderança forte. Os comentadores hostis lembravam seus leitores de que o último presidente eleito pelo sufrágio universal tinha sido Luís Napoleão Bonaparte e que a consequência de seu sucesso foi a ditadura. Até mesmo Debré sentiu-se obrigado a renun-

TABELA 14. Resultados da eleição da Assembleia Nacional, 23 e 30 de novembro de 1958 (França metropolitana somente).

	Votos do primeiro turno (%)	Assentos após o segundo turno	Assentos (%)
Comunistas	18,9	10 (incluindo ultramarinos)	2,1
Socialistas	15,7	40 (incluindo ultramarinos, 47)	8,6
Radicais e outros	8,2	37 (incluindo ultramarinos, 40)	8
MRP	10,8	55 (incluindo ultramarinos, 64)	11,8
Gaullistas	20,3	196 (incluindo ultramarinos, 206)	42,2
Conservadores, independentes e outros	24,2	127 (incluindo ultramarinos, 129)	27,3
Outros	—	81 deputados ultramarinos	—

ciar em protesto, ao mesmo tempo que a oposição parlamentar tornava-se suficiente para derrubar o governo, agora liderado por Georges Pompidou, o antigo diretor de gabinete do general .

A resposta de De Gaulle foi a dissolução da Assembleia e a realização de um novo referendo (28 de outubro), seguido por eleições para uma nova Assembleia (18 e 25 de novembro). Ele foi bem-sucedido nas duas votações. No referendo, 61,7% do eleitorado votou a favor da reforma constitucional; na eleição, a UNR obteve níveis recordes de apoio para um partido político francês. No entanto, em nenhum dos escrutínios a vitória ocorreu de forma tão esmagadora como esperada pelo general. O centro foi esmagado, mas a esquerda alcançou um número respeitável de votos. Contudo, esses sucessos testemunharam a conclusão do processo de reforma constitucional que estabeleceu o sistema presidencial da Quinta República. O processo de mudança institucional e o desenvolvimento mais gradual das convenções constitucionais criariam uma nova cultura política. Talvez o maior feito de De Gaulle, durante o período que seria extremamente construtivo para o

TABELA 15. Resultados da eleição da Assembleia Nacional, 18 e 25 de novembro de 1962.

	Votos do primeiro turno	Votos (%)	Assentos após dois turnos
Comunistas	3.992.431	21,7	41
Socialistas	2.319.662	12,6	66
Radicais e outros	1.384.498	7,5	42
MRP	1.635.452	8,9	38
UNR, gaullistas e outros	5.847.403	31,9	233
Conservadores, independentes e outros	2.540.615	14,3	52

governo, seria a criação de um sistema político aceitável por quase toda a população. Pela primeira vez desde a revolução, parecia haver um consenso geral a favor das instituições republicanas.

O sistema político que emergiu a partir de 1958, portanto, era claramente presidencial. De Gaulle reservou para si as esferas da defesa e da política externa, bem como a questão argelina. Independentemente de seu posicionamento constitucional, o primeiro-ministro era, na prática, o homem do presidente. Os ministros eram os executores, cada vez mais vinham da burocracia e tornavam-se substituíveis pela vontade do presidente, e não pelo Parlamento, que era tratado de forma desdenhosa como uma câmara útil de debates, mas incapaz de tomar decisões. Em abril de 1962, a substituição do fiel Debré por Pompidou demonstrava a assertividade do general, assim como a imediata recondução de Pompidou em outubro, após ter sua renúncia forçada pela moção parlamentar de censura.

Outra grande tendência evidente das eleições foi o início de um processo de "bipolarização", uma política de reestruturação em que os partidos passaram a se aglutinar em grupos gaullistas e opositores, sendo que os partidos de centro como os radicais e o MRP foram absorvidos pela coligação presidencial. Os democratas-cristãos tornavam-se cada vez mais conservadores durante a Guerra Fria. A concessão de grandes subsídios estatais para as escolas católicas privadas em dezembro de 1959 foi a última ação necessária para garantir o apoio delas a De Gaulle. De qualquer forma, esse processo de adaptação às novas instituições foi, em grande parte, imposto aos políticos por um sistema eleitoral que não funcionava sem alianças. Isso obrigou De Gaulle a adotar o papel de líder do partido, a fim de garantir uma maioria parlamentar para a UNR e seus aliados. Ele reconhecia que até mesmo um presidente eleito por sufrágio universal dependia do apoio institucionalizado de um partido político durante seu longo período (sete anos) no poder. Outro fator de promoção da bipolarização era, naturalmente, o sistema presidencial em si, que concentrava sua atenção na necessidade de apoiar personalidades capazes de obter esse principal cargo em uma votação final que permitia apenas dois candidatos. Do ponto de vista do eleitor, a redução da concorrência entre os partidos, mesmo que isso tenha reduzido a liberdade de escolha, oferecia, no mínimo, alternativas mais bem definidas para o pleito.

Independentemente da retórica de unidade nacional, tratava-se essencialmente de um governo da direita com políticas econômicas e sociais aceitáveis para uma ampla coligação de opinião centrista e conservadora. Além disso e enquanto De Gaulle manteve-se como chefe de Estado, o regime beneficiou-se com a posição única do antigo líder do movimento França Livre. A grande vantagem oferecida pelo Estado gaullista foi a estabilidade política necessária para sustentar a modernização econômica e social. Em primeiro lugar, no entanto, o último grande legado do colonialismo precisava ser eliminado.

Rebeliões muçulmanas organizadas em protesto contra a ascendência europeia começaram na Argélia em 1º de novembro de 1954. Depois de pelo menos 300 mil mortes e inúmeras atrocidades de ambos os lados, em julho de 1962 o resultado seria a retirada francesa. A política de De Gaulle era essencialmente pragmática. Ela evoluiu de uma determinação inicial em manter laços estreitos entre França e Argélia, bem como manter-se compromissada com a combinação estabelecida de repressão militar com reformas sociais e políticas, para uma aceitação relutante (possivelmente já em setembro de 1959) de que a "autodeterminação" argelina seria inevitável. O desengajamento chegou a ser visto não apenas como essencial para evitar o desperdício de recursos materiais e humanos necessários para o rejuvenescimento nacional (embora provavelmente os custos econômicos tenham sido exagerados na época), mas também como meio para acabar com a crise contínua que havia levado o Exército para a política e que continuava a ameaçar tanto a estabilidade política interna quanto a posição moral do país na esfera internacional.

O referendo de 8 de janeiro de 1961 tornou evidente que a grande maioria dos eleitores estava cansada da guerra e concordava com seu fim (75,2%).

Aqueles que votaram contra as propostas de De Gaulle para a retirada incluíam os comunistas – que, com sua típica lógica errônea, apoiavam fortemente a independência da Argélia, mas, por princípio, opunham-se ao governo – bem como a extrema-direita que queria impor uma solução militar, independentemente dos custos dessa ação. A desconfiança do Exército em relação à liderança política havia, anteriormente, sido a causa do retorno de De Gaulle. A traição aparente do próprio general à causa da Argélia francesa levou muitos desses soldados a uma segunda tentativa de golpe em abril. No entanto, a maioria dos oficiais do Exército manteve-se leal ao general e a grande parte dos conscritos cansados, escutando seus rádios de transistor, respondeu positivamente aos seus brilhantes apelos feitos na transmissão. A campanha assassina travada posteriormente na França e na Argélia por oficiais e civis rebeldes, vinculados à Organização do Exército Secreto (*Organisation de L'Armée Secrete* – OAS), não conseguiu alterar a política do governo, mas ampliou o gigantesco abismo que já existia entre as duas comunidades na Argélia e garantiu que não haveria lugar, em uma Argélia independente, para seus 1 milhão de residentes europeus ou para os auxiliares muçulmanos do Exército francês, 150 mil dos quais – com suas famílias – foram forçados a juntar-se ao êxodo de europeus. Vergonhosamente, muitos outros foram abandonados a um destino terrível.

As tensões raciais na própria França também se intensificaram pela guerra. Paris, com seus 180 mil argelinos – a maioria trabalhadores imigrantes –, serviu como base de recrutamento e fonte de fundos para a FLN, bem como palco de rivalidades e intimidações mortais dentro do movimento nacionalista. Ao mesmo tempo que o governo negociava com os representantes argelinos da Frente de Libertação Nacional em Evian, no dia 17 de outubro de 1961, a polícia de Paris lançava um ataque feroz sobre uma multidão pacífica, mas, mesmo assim, provocadora de mais de 20 mil pessoas que protestavam contra a imposição de um toque de recolher para os norte-africanos. Os defensores da Lei e da ordem prenderam cerca de 11 mil pessoas e mataram, no mínimo, 200. Desde a sua nomeação em 1958, o chefe de polícia, Maurice Papon, incentivava a repressão implacável. A culpa pelo desaparecimento de um grande número de pessoas, juntamente com a descoberta de corpos boiando no rio Sena, podia sempre ser atribuída aos conflitos internos de facções nacionalistas rivais. A violência policial subsequente, em fevereiro de 1962, que foi dessa vez dirigida aos manifestantes anti-OAS da esquerda, causaria a morte de nove pessoas, esmagadas ao tentarem escapar pela estação Charonne do metrô.

Na política externa, o advento de De Gaulle não significava apenas uma mudança de perspectiva, mas também maior determinação para assegurar o que acreditavam ser interesses nacionais vitais. O ressentimento em relação a algo que foi percebido como o fracasso norte-americano em oferecer apoio suficiente para as forças francesas durante a campanha de Dien Bien Phu, bem como a pressão exercida por eles para acabar prematuramente com o ataque anglo-francês no Egito, já tinha encorajado os políticos franceses a sonhar com o exercício de um papel mais independente. Sucessivos governos e principalmente o de Mendès-France em 1954 haviam concordado com o desenvolvimento do potencial militar da energia nuclear. O resfriamento da Guerra Fria fez a participação em uma política externa mais autônoma e assertiva se tornar mais segura. O fim do império mudou o foco do planejamento estratégico. Após ter se beneficiado bastante com a defesa multilateral, a França distanciava-se cada vez mais da aliança ocidental percebida como excessivamente subordinada aos objetivos da política externa dos Estados Unidos. Embora a França não tenha deixado de fazer parte da Aliança, De Gaulle decidiu retirar-se da estrutura de comando da Otan; evento que entrou em vigor em março de 1966. Reconhecendo a importância da proteção nuclear norte-americana, o regime lançou-se muito mais do que os governos anteriores na busca de recursos para o desenvolvimento de uma força nuclear independente. Em fevereiro de 1960, sua primeira bomba foi explodida no deserto argelino; enormes somas deveriam ainda ser gastas em seu desenvolvimento, bem como em sistemas de lançamento. Esperava-se que isso protegeria a França da chantagem nuclear feita pela União Soviética ou qualquer outro Estado em situação semelhante a que prevaleceu durante a campanha do Suez, na qual os Estados Unidos tiveram dúvidas quanto a lançar uma guerra nuclear total para proteger um dos seus aliados. A suspeita das intenções hegemônicas dos Estados Unidos foi uma das razões pelas quais De Gaulle recusou-se a aceitar a adesão britânica à Comunidade Econômica Europeia. Supunha-se que os britânicos representariam os interesses norte-americanos. Em contraste, o presidente francês e o chanceler alemão ocidental, Konrad Adenauer, buscavam energicamente a reconciliação franco-alemã.

Ao longo das décadas seguintes, o desenvolvimento de um amplo consenso popular em apoio a essas políticas ofereceu uma sustentação política importante aos governos da direita. A França parecia ter restaurado sua "verdadeira" posição como uma grande potência. Apesar dos esforços para garantir um processo de aproximação com a União Soviética, a realidade estava formada por um compromisso anticomunista contínuo e pela dependência na aliança ocidental, particularmente evidente durante momentos de elevada tensão internacional como a crise tcheca de agosto de 1968.

Por razões óbvias, a resistência militar reforçada dependia fortemente da modernização econômica. Tendo em vista que as fundações já estavam construídas, o crescimento econômico e a reestruturação continuariam em um ritmo rápido. A situação foi facilitada pela estabilidade política, combinada com o maior rigor financeiro governamental e uma política anti-inflacionária mais eficaz que caracterizou a presidência de De Gaulle. O Tratado de Roma, comprometendo a França à adesão da Comunidade Econômica Europeia, foi assinado em 1957 e entrou em vigor a partir de 1º de janeiro de 1959. Além de suas potenciais vantagens econômicas, a Comunidade também oferecia um meio de satisfazer o desejo de conter as ambições alemãs e oferecia à França a oportunidade de exercer um papel predominante na Europa Ocidental ressuscitada – e, sem dúvida, maior influência em assuntos internacionais mais amplos. Havia limites ao compromisso francês, no entanto. Assim, em maio de 1962, o general declarou sua oposição à maior integração, favorecendo, em vez disso, a cooperação no seio de uma "Europa das Nações" menos restrita. Ele assumiu que o Estado-nação era e continuaria a ser a realidade fundamental em assuntos internacionais.

A abertura progressiva das fronteiras da CEE refletia a intenção deliberada para forçar as empresas francesas a se tornarem internacionalmente competitivas e para garantir mercados por meio da Política Agrícola Comum, criada com as necessidades francesas em mente. Empresários e agricultores foram ajudados por enormes subsídios, incentivos fiscais e pelo rápido crescimento (especialmente antes de 1975) das economias mundial e do Oeste europeu. Adicionalmente, o crescimento econômico facilitou a melhoria da qualidade de vida, já que a renda *per capita* estava aumentando em uma média anual de 4,5% entre 1959 e 1973. Certamente, o regime recebeu grande parte do crédito pela maior prosperidade. Entretanto, o descontentamento generalizado persistia. Em parte, isso ocorreu porque as crescentes aspirações que criaram desigualdades brutas na distribuição da riqueza fizeram que tudo ficasse muito mais difícil de suportar, em parte porque as políticas do governo destinadas a limitar as consequências inflacionárias do contínuo crescimento acarretaram a negligência em investimentos sociais, casas, escolas e hospitais, também acarretaram em controles salariais, aumentos periódicos do desemprego e maior inse-

IMAGEM 58. General Charles De Gaulle fala à nação na televisão, em 23 de abril de 1961. Após condenar o golpe de Estado militar na Argélia, ele conclui com a afirmação: "Français, Françaises, aidez moi!" [Franceses, Francesas, ajudem-me!]. Foto: Keystone/Hulton Archive/Getty Images.

gurança. O renascimento da oposição política foi sintoma do sentimento de mal-estar.

O surgimento da Quinta República criou uma situação potencialmente desastrosa para a esquerda. Em 1958, foram eleitos apenas 10 comunistas, 47 socialistas e 40 deputados radicais. Os comunistas iniciaram um declínio prolongado, mas por muito tempo escondido. Os socialistas, assim como os radicais, mantiveram-se intimamente associados com os fracassos

IMAGEM 59. Reconciliação e construção de uma nova Europa. Presidente De Gaulle com o chanceler Konrad Adenauer durante sua visita à Alemanha Ocidental, setembro de 1962. Foto: Camera Press (UK) Ltd.

IMAGEM 60. O estabelecimento do Mercado Comum pelo Tratado de Roma, assinado em 25 de março de 1957, produzindo efeitos a partir de 1º de janeiro de 1959, oferecia tanto uma oportunidade quanto um desafio para as empresas francesas. Este cartaz de 1957, feito por Savignac, incentiva a modernização industrial para garantir a competitividade. Foto: Larousse.

da Quarta República na mente do público. Além disso, a cooperação entre esses partidos tornava-se mais improvável por causa da postura pró-soviética e rigidamente stalinista dos comunistas. As eleições legislativas de 1962, na qual De Gaulle havia recebido o crédito pela solução do caso da Argélia, reforçaram essa imagem de aparente declínio final. Cada vez mais, no entanto, ao longo da década de 1960, a esquerda passou a assumir uma posição contra o excessivo poder "pessoal" do presidente e a condenar as injustiças sociais. A eleição presidencial de dezembro de 1965 – em que De Gaulle não conseguiu obter maioria no primeiro turno e foi forçado a competir, de forma humilhante, com Mitterrand, que agora alegava defender valores socialistas – com 55,2% dos votos válidos, bem como as eleições gerais em março de 1967, revelou o aumento de pessoas com um ponto de vista esquerdista.

A melhoria da oposição foi um resultado do espírito mais cooperativo dos comunistas e do surgimento de uma alternativa confiável contra De

TABELA 16. Resultados da eleição da Assembleia Nacional, 5 e 12 de março de 1967.

	Votos do primeiro escrutínio	Divisão de votos (%)	Assentos após a segunda votação
Comunistas	5.039.032	22,51	73
FGDS[a]	4.231.173	18,90	121
Centro-democrata	3.153.367	14,09	41
UDR[b] (gaullistas e aliados)	8.608.959	38,45	244

(a) Federação da Esquerda Democrata e Socialista.
(b) União de Defesa da República.

Gaulle na pessoa de Mitterrand. Ele havia conseguido convencer os principais socialistas, vários grupos dissidentes e os radicais a colaborar com a nova Federação da Esquerda Democrata e Socialista. Sua estratégia de longo prazo seria alterar o equilíbrio político da esquerda e, ao reduzir os comunistas a uma posição claramente subordinada, ampliar o apelo eleitoral da oposição.

As desordens generalizadas e totalmente inesperadas de 1968 ofereceriam provas adicionais do descontentamento. De repente, veio à tona todo tipo de ressentimentos latentes – contra o autoritarismo da família, do governo e do local de trabalho; contra o elitismo na sociedade e suas manifestações nos ensinos médio e superior; contra as instalações de ensino superlotadas e com recursos inadequados; contra a desigualdade, a injustiça e a insegurança criadas pelas rápidas mudanças sociais. O movimento começou em março no novo e sombrio *campus* da Universidade em Nanterre na periferia de Paris; os alunos protestavam por causa das deficiências do sistema educativo e do funcionamento de uma ordem capitalista internacional, cuja falência moral podia ser vista pela política norte-americana no Vietnã. O movimento foi projetado por grupos pequenos e normalmente marginais de trotskistas, anarquistas e maoístas. Ele espalhou-se por causa da inépcia da administração universitária e brutalidade da polícia. A noite entre 10 e 11 de maio testemunhou as primeiras barricadas e tumultos no centro da capital. Posteriormente, as manifestações espalharam-se para as províncias. Houve greves maciças, bem como ocupações de fábricas, envolvendo 10 milhões de trabalhadores e resultando na perda de 150 milhões de dias de trabalho. Tudo isso ajudou a criar o

CAPÍTULO 7 – RECONSTRUÇÃO E RENOVAÇÃO: OS *TRINTA GLORIOSOS* | 401

IMAGEM 61. Polícia perseguindo manifestantes, 6 de maio de 1968. Foto: Caron.

sentimento eufórico de um novo começo, especialmente entre os jovens, reunidos nas faculdades, teatros, cafés e ruas de Paris. Tomado completamente de surpresa, o governo improvisou um programa com base no vago projeto de *participação* que envolveria estudantes e funcionários na tomada de decisão e oferecia subornos sob a forma de aumentos salariais. Ele foi ignorado por todos. O mesmo aconteceu com as declarações de Mitterrand, dizendo que era necessário estabelecer um governo provisório sob Mendès-France. Impregnado da pior espécie de oportunismo político, ele anunciou também que desejava apresentar-se como candidato à presidência. Para os estudantes em manifestação, todas essas manobras da velha elite política eram irrelevantes.

Esses eventos mostraram algumas das desvantagens de um sistema político excessivamente centralizado, dependente de tomada de decisão de um chefe de Estado envelhecido e praticamente incapaz de oferecer respostas rápidas a uma crise inesperada. Revelaram também a perda generalizada de confiança nas instituições existentes. Para os conservadores aterrorizados, incluindo o primeiro-ministro, Pompidou, a França parecia estar à beira de outra revolução, quase no estilo daquelas do século XIX. Mas isso não iria acontecer. De Gaulle, que, em 29 de maio, havia ido até Baden-Baden para consultar-se com o general Massu, recuperou a sua autoconfiança e retomou a iniciativa ao misturar concessões e repressão. Com o benefício de nossa visão retrospectiva, a ação não parece ter sido uma tarefa difícil. A decisão do Partido Comunista, a maior força organizada da esquerda, de manter-se dentro dos limites da legalidade e evitar um possível banho de sangue foi especialmente importante. O governo foi bastante ajudado pela falta de unidade entre os seus críticos. Da mesma forma, os líderes do fraco e fragmentado movimento sindical estabeleceram objetivos limitados: garantir as melhorias dos salários e das condições de trabalho. Eles desejavam controlar e restringir as manifestações. Isso contrastava nitidamente com os indivíduos que o líder comunista, Georges Marchais, havia denunciado como "falsos revolucionários": os mais utópicos líderes estudantis e membros dos grupos dissidentes da extrema-esquerda, inspirados pelo dilúvio de palavras e teatralidade pura dos acontecimentos. No entanto, nenhum grupo estava disposto ou era capaz de dar o passo final e tentar tomar o poder. O próprio governo estava determinado a evitar a escalada de violência tão típica das revoluções do século anterior. Em uma transmissão muito eficaz feita no dia 30 de maio, De Gaulle anunciou a dissolução da Assembleia Nacional e pediu a todos que se unissem em defesa da República contra a ameaça do comunismo e da anarquia. Seu

CAPÍTULO 7 – RECONSTRUÇÃO E RENOVAÇÃO: OS *TRINTA GLORIOSOS* | 403

IMAGEM 62. Protesto de um gaullista na Champs-Elysées, 30 de maio de 1968 (50 mil eram esperados, 300 a 400 mil estavam presentes). Foto: Le Campion/ANA.

pedido ganhou respeito após a realização, na Champs-Elysées, de uma grande manifestação gaullista cuidadosamente orquestrada. Nas eleições legislativas seguintes, nos dias 23 e 30 de junho, o regime, utilizando a plataforma da Lei e da ordem, conseguiu restaurar a sua legitimidade. Certamente, a "maioria silenciosa" não desejava uma revolução. Os antigos valores permaneciam vivos. A extrema-esquerda foi isolada. As pessoas foram voltando aos poucos ao trabalho e, com isso, a nova marginalização dos protestos revolucionários.

Acima de tudo, o resultado das eleições revelou a força do conservadorismo político. Em grande medida, houve uma reação instintiva, baseada no medo da convulsão social. Apesar dessa vitória, estava claro, no entanto, que os "acontecimentos de maio" tinham enfraquecido a autoridade do Presidente da República. Apenas Pompidou, que parecia mais capaz de lidar com a crise, ressurgiu com sua reputação reforçada. Sua demissão subsequente parecia ser uma tentativa mesquinha do general para remover um antigo subordinado, que havia sido transformado pelos eventos em um sucessor potencial. De Gaulle decidiu que estava na hora de reiniciar sua busca por uma "terceira via" entre o capitalismo e o comunismo como forma de renovar o regime. Em abril de 1969, ele apresentou para aprovação do eleitorado uma série de propostas destinadas a melhorar a *participação* da população. Elas incluíam o maior envolvimento dos trabalhadores na gestão das empresas e uma pequena descentralização do governo por meio de transferências regionais de poder. No entanto, a medida seria equilibrada pela redução dos poderes do Senado que, anteriormente, tinha servido como uma caixa de ressonância da oposição. As propostas foram um grande erro. Elas atraíram pouco interesse do público. A rejeição foi aclamada por eminentes representantes da maioria conservadora, por exemplo, Giscard d'Estaing, que estava pessoalmente amargurado por ter sido usado como bode expiatório para a imposição de medidas impopulares e, depois, foi demitido do Ministério das Finanças em 1966. De importância ainda maior, Pompidou anunciou sua intenção de ser candidato na próxima eleição presidencial. Os conservadores tinham, assim, um sucessor confiável para De Gaulle nos bastidores. O general havia ameaçado renunciar em caso de derrota; ele voltou à vida privada ao saber que 53% dos eleitores haviam rejeitado as suas propostas. Ele morreu 18 meses mais tarde, em 9 de novembro de 1970.

Esperava-se que a morte de seu líder causasse grandes problemas para o partido gaullista. O partido não possuía um programa distintivo e devia

TABELA 17. Resultados da eleição da Assembleia Nacional, 23 e 30 de junho de 1968.

	Votos do primeiro turno	Divisão de votos (%)	Assentos após o segundo turno
Comunistas	4.435.357	20,03	34
FGDS	3.654.003	16,50	57
Centro (PDM)[a]	2.290.165	10,34	33
UDR (gaullistas)	9.663.605	43,65	293
RI[b]	917.533	4,14	61

(a) Progresso e Democracia Moderna (PDM).
(b) Republicanos Independentes.

IMAGEM 63. Georges Pompidou, como primeiro-ministro, ao lado do jovem Jacques Chirac à esquerda. Foto: AFP/Getty Images.

sua unidade a lealdade a De Gaulle e ao desejo de partilhar os despojos do cargo. Pompidou – filho de um professor socialista do empobrecido departamento francês de Cantal –, que havia chegado ao topo por meio da Escola

Normal Superior e do mundo bancário, era praticamente desconhecido do público até ser nomeado por De Gaulle ao cargo de primeiro-ministro. No entanto, ele demonstrou suas habilidades de líder político nos seis anos seguintes; foi removido de seu cargo quando, em 1968, emergiu como herdeiro aparente da presidência. Ele foi o candidato óbvio da direita para a eleição presidencial convocada para o mês de junho de 1969. Seu sucesso deve-se muito à evidente desorganização dos socialistas, para os quais Gaston Defferre e Mendès-France obtiveram apenas 5% dos votos do primeiro turno – em comparação com 21% do candidato comunista. No segundo turno, Pompidou, concorrendo contra o centrista Alain Poher, foi eleito por uma boa maioria dos votos (58,21%). De forma significativa, tendo perdido grande parte do apoio popular desfrutado por De Gaulle, Pompidou tornou-se muito mais dependente da lealdade dos conservadores tradicionais. Mas essa situação não causaria o retorno à situação política existente antes do retorno de De Gaulle em 1958. Pompidou estava determinado a exercer sua autoridade constitucional de forma integral – bem como desfrutar dos prazeres oferecidos pela alta sociedade – e possuía todas as vantagens de um presidente eleito por sufrágio universal. Isso resultou na "normalização" de um sistema que, em suas origens, devia muito à liderança "carismática" de De Gaulle.

Para obter um apoio político organizado, Pompidou continuaria a depender da UNR gaullista, um grupo inicialmente construído em torno da mística da libertação e das afirmações de De Gaulle que dizia estar acima dos conflitos dos partidos tradicionais, mas que, rapidamente, tornou-se um partido de direita. Por ser o partido do poder, a UNR atraiu o apoio de outros grupos não gaullistas do centro e à direita do espectro político e, mais notavelmente, dos Republicanos Independentes liderados por Giscard d'Estaing. Criou-se uma poderosa confederação de direita, unida pelo desejo de manter o poder e enfrentar a ameaça representada pela lenta recuperação dos partidos de esquerda. No entanto, as reivindicações rivais à liderança não estavam muito distantes da superfície. Chaban-Delmas, o primeiro-ministro nomeado pelo novo presidente, tinha uma ficha de impecável lealdade a De Gaulle e sua imagem demonstrava respeito pelo Parlamento. Ele tentou reforçar rapidamente a autoridade de seu próprio cargo em detrimento do presidente. Ao fazê-lo, ele conseguiu apelar ao ressentimento dos gaullistas por terem um presidente que não havia participado dos tempos heroicos de seu movimento de resistência, o RPF, imediatamente após a guerra nem, de fato, do retorno ao poder em 1958. Influenciado pelo sindicalismo cristão de Jacques Delors, Chaban-Delmas também desejava reconstruir as relações entre governo, empregadores e trabalho, bem como ser bem-visto pelos trabalhadores por meio do aumento do salário-mínimo. Embora suas reformas fossem, na verdade, essencialmente cosméticas, seus discursos sobre uma "política contratual" e sobre a necessidade de criar uma "nova sociedade" irritaram Pompidou profundamente. Em 1972, Pierre Messmer, o homem do presidente mais óbvio, substituiu Chaban-Delmas. Essa escolha demonstrava a reformulação da figura presidencial do regime e seu compromisso com a ortodoxia financeira e crescimento econômico. O presidente nomeou para o Ministério da Cultura uma de suas figuras prediletas: Jacques Chirac, formado pela Escola Nacional de Administração, ele pertencia à alta classe média e, antes da nomeação, tinha sido enviado a uma circunscrição rural, o departamento de Corrèze (onde, de maneira típica, ele havia se adaptado com grande entusiasmo). A eleição legislativa ocorreria em 1973, assim, os conservadores uniram-se ao governo e obtiveram uma vitória surpreendentemente confortável.

Essa foi a recompensa pela restauração da ordem social em 1968 e pelo sucesso das políticas econômicas concebidas para combater a inflação, equilibrar o orçamento, restaurar a confiança das empresas e incentivar a contínua modernização econômica. Para Pompidou, esse foi o meio de garantir seu lugar na história. Como parte dessa política encorajadora de crescimento, ele tolerou algumas das manifestações físicas mais feias do desenvolvimento imobiliário e também continuou a comprometer grandes fundos

TABELA 18. Resultados da eleição da Assembleia Nacional, 4 e 11 de março de 1973.

	Votos do primeiro turno	Divisão de votos (%)	Assentos após o segundo turno
Comunistas	5.084.824	21,4	73
Socialistas e aliados	4.919.426	20,71	102
Réformateurs (centro)	3.048.520	12,88	34
UDR e aliados	9.009.432	37,32	183
Republicanos independentes	—	—	55

para projetos de prestígio como o Concorde, a família Airbus de aviões, a criação da imensa siderurgia em Fos (perto de Marselha) e o extremamente mais proveitoso programa de investimentos no setor das telecomunicações. Em grande medida, essas políticas eram uma continuação daquelas inauguradas por De Gaulle. O mesmo ocorreria na política externa, mesmo que Pompidou, em seu maior compromisso com a Comunidade Europeia,

IMAGEM 64. Paisagem urbana transformada pelas novas construções, ocorridas em escala sem precedentes, de novos escritórios e apartamentos. Foto: Sappa/CEDRI.

tenha aceitado a entrada da Grã-Bretanha, Irlanda e Dinamarca na Comunidade em 1972. Ao mesmo tempo, ele buscou aliviar as tensões da modernização e proteger os votos dos conservadores por meio de garantia de preços aos agricultores e das restrições do desenvolvimento de supermercados em prol dos pequenos retalhistas.

Pompidou obteve sucesso considerável na difícil tarefa de seguir De Gaulle. No final de 1973, no entanto, ele enfrentaria novos problemas, causados pela quadruplicação repentina do preço do petróleo como resultado da guerra árabe-israelense e do início de uma grande crise internacional. Dentre as inovações tecnológicas centrais do período pós-guerra estava a rápida substituição do carvão por petróleo como principal fonte de energia. Em 1973, o petróleo fornecia 75% das necessidades energéticas da França. Ele era relativamente barato e mais fácil de usar. Inevitavelmente, a balança comercial deteriorou-se de modo acentuado conforme o custo das importações de petróleo aumentavam. Em fevereiro de 1974, a inflação havia subido para 15,6%, enquanto a taxa de crescimento econômico reduziu para a metade (um valor que ainda não era ruim: 3%). O desemprego cresceu rapidamente e o mesmo aconteceu com a tensão social e sensação de mal-estar geral. Nesse período em que um governo forte era necessário, o presidente estava cada vez mais incapacitado por sua doença. Ele morreu de leucemia em 2 de abril de 1974. Finalmente, os *Trinta gloriosos* chegaram ao fim.

capítulo 8

Uma sociedade estressada

Introdução

Depois dos *Trinta gloriosos* – um período de prosperidade sem precedentes, mobilidade social e segurança no emprego (particularmente entre 1955 e 1975) – ocorreria uma prolongada *crise de adaptação* conforme sucessivos governos tentavam chegar a um acordo não só com os problemas causados pelas crises do petróleo da década de 1970, mas também com o impacto mais fundamental e multifacetado da globalização e de uma "Terceira" Revolução Industrial. Os mercados de bens e serviços, bem como os de capital e trabalho, foram transformados por inovações tecnológicas, o que resultou em enormes reduções no custo das comunicações e dos transportes. O impacto da integração do mercado foi consideravelmente reforçado pelo desenvolvimento da União Europeia e como resultado de acordos internacionais mais amplos para reduzir as barreiras ao comércio. O crescimento do capitalismo global ofereceu novas oportunidades econômicas, mas em um ambiente muito mais competitivo. As mudanças foram constantes, causando enorme impacto na cultura e nos bens materiais. O desenvolvimento da sociedade de consumo e do compromisso com a realização pessoal também prosseguiu em ritmo acelerado. Além disso, o Estado ainda possuía uma grande capacidade de intervenção, mas as corporações multinacionais, as forças de mercado e a necessidade imperativa de promoção da competitividade na economia global em desenvolvimento desafiavam sua capacidade de ação autônoma e até mesmo sua capacidade de proteger o bem-estar dos seus cidadãos. Juntamente com crises de curto prazo, a mudança estrutural causou elevados níveis de desemprego, especialmente entre as minorias étnicas e jovens; ela também intensificou a dificuldade de financiar a assistência social, bem como as aposentadorias e os cuidados com a saúde de uma população envelhecida. As desigualdades sociais estavam especialmente evidentes nas deficiências do sistema educacional. Como resultado desses fatores, a soberania nacional, o Estado de bem-estar social e até mesmo o caráter distintivo da cultura francesa pareciam ameaçados.

Economia e sociedade

Nos 20 anos após 1967, o crescimento econômico manteve-se em um ritmo de 3,3% ao ano (Alemanha 2,8%, Grã-Bretanha 2,6%), mas a forte desaceleração tornou-se evidente após o pico de 5,9% de 1973. Na década de 1980, as taxas de crescimento haviam caído para cerca de 2%. Os economistas mais otimistas culpavam as crises do petróleo de 1973 e 1979 pela desaceleração. Anteriormente, de forma semelhante às outras economias industriais, a França havia beneficiado-se bastante das importações baratas. Em 1973, 75% das necessidades energéticas eram garantidas pelo petróleo importado. Inevitavelmente, a quadruplicação dos preços entre setembro de 1973 e janeiro de 1974 teve um impacto substancial na balança de pagamentos e sobre os custos das empresas. Além disso, o aumento dos preços do combustível provocou uma grave depressão, reduzindo a demanda por outros produtos. No final da década, uma segunda crise do petróleo resultaria na guerra entre o Irã e o Iraque. Em 1979-1980, no entanto, a utilização mais eficiente da energia e o investimento contínuo em energia nuclear – que, em 2002, produzia 75% da eletricidade doméstica – reduziram a dependência de energia importada; a última mina de carvão foi fechada em 2004.

Em vez de focar nos efeitos temporários dos custos mais elevados da energia, os economistas mais pessimistas procuraram explicar o abrandamento do crescimento em termos de problemas estruturais causados por investimentos insuficientes em novas tecnologias, juntamente com a má distribuição dos recursos causada pelo assistencialismo, enquanto a rápida internacionalização do comércio intensificava a concorrência. O Instituto Nacional de Estatísticas (Insee) parecia confirmar essa opinião, estimando que a taxa de crescimento da produtividade do trabalho, que teve uma média de 5,1% ao ano entre 1953 e 1973, caiu 2,4% entre 1979 e 1984. Mesmo que a crise do petróleo não tivesse ocorrido, parecia óbvio que no início da década de 1970 ocorreria uma recessão. A crise, no entanto, intensificou a recessão. Apesar disso, a renda nacional cresceu 3% por ano entre 1973 e 1979. Os níveis de crescimento do investimento de capital e produtividade permaneceram suficientemente constantes, permitindo o aumento contínuo do rendimento real e assegurando o elevado nível de demanda por produtos de consumo. Ao contrário da década de 1930, o comércio mundial também continuou a se expandir. Considerando que o protecionismo generalizado tinha causado uma redução de 44% das exportações entre 1929 e 1935, elas, na verdade, subiram para 50% entre 1973 e 1979. Além disso, a parte francesa nas exportações industriais mundiais aumentou de 7,9% em 1973 para 8,6% em 1978 e, assim, a balança de pagamentos, desequilibrada pelo aumento dos preços do petróleo, já estava restaurada na véspera da segunda crise do petróleo. Apesar desses sucessos, o pessimismo generalizado prevalecente ocorria por causa do aumento inflacionário que os governos pareciam incapazes de controlar, do crescimento do desemprego e do efeito desconcertante de um longo período de relativa estagnação.

O desemprego, que havia afetado menos de 3% da população ativa antes de 1973, aumentou rapidamente e, na década de 1980, ficou nivelado em cerca de 10% a 12%. Os jovens, as pessoas sem qualificações e os imigrantes eram os mais suscetíveis a estar fora da força de trabalho. As muitas causas tornavam difícil uma solução. Dentre elas, podemos citar o número crescente de jovens que entravam no mercado de trabalho; o impacto negativo da crise do petróleo na demanda internacional por alguns produtos, especialmente equipamentos industriais; e o aumento dos custos salariais, que incentivou os esforços para manter a rentabilidade por meio dos investimentos de capital em substituição ao trabalho. As indústrias de base tradicionais do Norte e do Leste foram as mais gravemente afetadas – carvão, aço e têxteis –, pois enfrentaram as perturbações em seus mercados, causadas pelo uso de fontes alternativas de energia e materiais. As políticas regionais, concebidas na década de 1960 para auxiliar as áreas subdesenvolvidas ou em declínio e limitar o congestionamento na região de Paris, possuíam eficácia limitada. Em geral, elas ofereciam empregos de meio período, mal remunerados e não qualificados, principalmente para as mulheres, exceto quando combinadas, como em Grenoble e Toulouse, com fortes investimentos em infraestrutura, educação, pesquisa técnica e científica e em projetos com assistência do Estado. Claramente, algumas regiões são mais adequadas para o desenvolvimento econômico do que outras, em razão da disponibilidade de trabalho especializado, capital, capacidade empreendedora e comunicação eficiente, bem como sua atratividade como mercado.

A crise teve outra característica única: ela veio acompanhada do retorno das altas taxas de inflação, em vez da deflação sugerida pela teoria econômica e experiência. A taxa de inflação anual já havia subido de 3,3% entre 1965 e 1968 para 6,3% no período de 1970 a 1973. Em 1974, ela atingiu 15,2% e manteve-se em cerca de 10% a 12% no restante da década. A alta dos preços do petróleo contribuiu com apenas 2% desse aumento. As causas principais foram os aumentos salariais pela falta de trabalhadores qualificados, o crescente endividamento das empresas e do Estado, o aumento dos níveis de crédito bancário apesar das altas taxas de juros, a queda do valor de troca do franco e o crescente desequilíbrio do sistema financeiro internacional. A solução desses problemas dependia de uma competente liderança política. Confrontados com dificuldades sem precedentes, que as soluções keynesianas anteriormente preferidas não conseguiam mais resolver, os governos passaram a adotar políticas que, muitas vezes, eram contraditórias.

No entanto, durante a década de 1980 e 1990, a economia francesa cresceu 1,9% ao ano, em comparação ao crescimento da Alemanha de 1,3% e da Grã-Bretanha, 2,3%. Dentre as companhias mundialmente famosas, podemos citar AXA (seguros), Carrefour (varejo), L'Oréal (cosméticos) e Danone (gêneros alimentícios) – esta última ficou diminuída pela Kraft e pela Nestlé. Por um curto período de tempo, a Peugeot/Citroën (PSA – que, após 220 anos, ainda era controlada pela família de seus fundadores) tornou-se a fabricante de carros mais bem-sucedida da Europa, ao projetar veículos atraentes e manter altos níveis de rentabilidade e utilização da fábrica. Da produção da Michelin, um dos maiores fabricantes de pneus do mundo, 80% destinava-se ao exterior. Toulouse tornou-se o principal centro de produção das aeronaves Airbus, construídas pela empresa europeia EADS. Os grandes investimentos dos Estados Unidos e do Japão também foram atraídos pela mão de obra qualificada e uma infraestrutura eficiente.

Entretanto, a internacionalização da produção também internacionalizava as vendas. Dessa forma, a fim de estar mais próxima dos clientes e reduzir os custos do trabalho, em 1999, a Michelin causou um grande choque ao demitir cerca de 7,5 mil funcionários em Clermont-Ferrand, sua cidade natal. Aparentemente, uma pessoa empregada na França custa € 50 mil por ano, € 10 mil na República Tcheca e € 3 mil no Marrocos. Esse era um sinal das coisas que estavam prestes a acontecer em toda a indústria automobilística – particularmente nas montadoras voltadas para os grandes mercados e seus fornecedores – que conseguia competir com empresas como a BMW e a Mercedes no mercado de alto luxo mais lucrativo e lutava com excesso de capacidade em toda a Europa. Em 2012, a PSA – que em fevereiro de 2013 teve uma enorme perda anual de € 5 bilhões – manteve apenas 41% da sua produção na França; e a Renault (embora fortalecida por sua aliança com a Nissan) manteve apenas 30% a 35%. Líder no desenvolvimento de carros elétricos, a Renault foi forçada, por razões de custo, a buscar fornecedores asiáticos para suas baterias. A partir de 2012, o fim da produção de carros em Aulnay, uma das poucas fábricas sobreviventes da região de Paris, reforçou essas perspectivas pessimistas.

Os sinais de declínio da competitividade internacional estavam claramente evidentes. Até 2010, a França ainda tinha 39 empresas globais na lista das 500 maiores da revista *Fortune*, classificadas por sua receita total, em comparação com 37 empresas alemãs. Apesar disso, durante a década anterior, a participação das exportações de mercadorias do país no contexto europeu havia caído de 15,7% para 13,1% – refletindo, particularmente em comparação com a Alemanha e os Estados Unidos, o fracasso no controle dos custos do trabalho e no investimento em pesquisa e desenvolvimento. Assim, entre 1998 e 2010, estima-se que os custos do trabalho aumentaram 25,5% na França em comparação com 5,4% na Alemanha.

A pressão para que as grandes empresas aumentassem sua rentabilidade às vezes incentivava aquisições internacionais problemáticas. Por intermédio de compras imprudentes e geralmente caras, Jean-Marie Messier transformou a empresa *Générale des Eaux*, especializada em abastecimento de água e gestão de resíduos, na multinacional Vivendi, um conglomerado de entretenimento e telecomunicações transatlânticas. O acúmulo de uma montanha de dívidas foi finalmente encerrado com o colapso da confiança dos investidores. Ao fracassar, Messier teve perdas gigantescas (atingiu € 13,6 bilhões em 2001). No início do novo século, outras grandes empresas também estavam enfrentando dificuldades. O grupo Alstom da área de infraestrutura e a Alcatel, produtora de equipamentos de telecomunicações, estavam próximos da falência e, para o desespero da Comissão Europeia, precisaram da ajuda do Estado para realizar sua reestruturação. As ruínas da produção doméstica de aço estavam ameaçadas por mudanças cíclicas na demanda e esforços da empresa anglo-indiana Arcelor Mittal em concentrar suas atividades na costa de Dunquerque e não mais em Florange, na região francesa de Lorena. A France Telecom também sofria com suas enormes dívidas, incorridas por aquisições domésticas e no exterior e pela compra de licenças de telefonia móvel. No importante e rentável setor de exportação de bens de luxo, que empregava cerca de 200 mil pessoas e contri-

buía com 5% da produção industrial total, a LVMH e a Pinault-Printemps-
-Redoute também não estavam livres de problemas, em parte por causa da
diversidade excessiva e do fracasso em manter-se focadas em apenas um
núcleo comercial.

Os esforços demasiadamente ambiciosos da empresa estatal EDF para
adquirir companhias de energia britânicas e norte-americanas levaram à negligência administrativa das 59 centrais nucleares envelhecidas, construídas
na França entre 1971 e 1991 e que ainda geravam cerca de 78% da eletricidade francesa; além disso, houve o enfraquecimento do papel principal
de outra empresa franco-alemã, a Areva, na concepção e construção de usi-
nas nucleares. A entrada da Areva e da EDF num mercado chinês de rápido
crescimento representava a resposta a uma oportunidade arriscada, pois a
tecnologia foi transferida para parceiros locais que, em breve, tornariam-se
prováveis concorrentes nos mercados globais. Apesar da preocupação com
os custos de construção, a eliminação de resíduos nucleares e os potenciais
danos ambientais, particularmente após a catástrofe em Fukushima, no Japão, em 2011, ainda existe um apoio considerável para uma indústria que
mantém substancial importância estratégica e possui o apoio eficaz de um
grupo de pressão ativo.

Tudo isso e um ocasional resultado desastroso podem servir como um
alerta sobre as deficiências da cultura administrativa predominante nas
maiores empresas francesas. A maioria dos líderes empresariais ainda é
retirada dentre os graduados de instituições meritocráticas de classe mundial, como a Escola Politécnica e a Escola Nacional de Administração (ENA),
de círculos sociais relativamente fechados, quase exclusivamente formados
por franceses e predominantemente masculinos. Aqueles associados ao
mundo íntimo e imensamente gratificante do entrelaçamento de diretores de empresas (*interlocking directorates*) compõem uma elite econômica,
estreitamente ligada, de forma mutuamente rentável, a líderes políticos e funcionários públicos. Além disso, perante a gestão autocrática de cima para
baixo, a influência dos meros mortais, bem como a dos acionistas, fica limitada. A fim de promover mais transparência nos processos, as reformas dire-
cionadas à gestão das empresas propostas pelo relatório Vienot de 1995 têm
sido gradualmente implementadas. Isso representa também uma resposta
à globalização dos mercados de capitais. Em 2000, cerca de 40% das ações
negociadas na Bolsa de Paris eram estrangeiras. Empresas como Aventis,
Suez e TotalFinaElf foram cada vez mais forçadas pelos principais inves-

tidores institucionais norte-americanos ou britânicos a adotar uma perspectiva mais ampla e abordagens administrativas anglo-saxãs.

Claro que essa não é a história toda. Além das 40 maiores empresas (CAC 40), fortemente engajadas no mercado internacional, e das 2 mil empresas listadas na bolsa, que dependem de mercados nacionais ou regionais, existem atualmente cerca de 2 milhões de pequenas e médias empresas. O fracasso em replicar o sucesso do *Mittelstand* alemão – empresas médias com produtos de alta qualidade, especialmente produzidos e vendidos por um valor mais alto – parece ser resultado da gestão inferior, da visão de curto prazo, da escassez de competências e do subinvestimento, devido em grande parte à relutância dos bancos em oferecer empréstimos, bem como da lentidão que as grandes empresas recompensam os subcontratados. Em vários setores, por exemplo, têxteis, calçados, eletrodomésticos e brinquedos, apenas uma pequena minoria de empresas de produtos de alta qualidade e luxo sobreviveu. Apesar de ainda existirem inúmeras oportunidades para os pequenos empresários, particularmente na prestação de serviços, essas empresas normalmente enfrentam uma pressão competitiva considerável. De 1986 até 1996, mais de 3 mil lojas foram fechadas (uma em cada dez) somente em Paris. Em sua maioria eram lojas de alimentação em regiões de classe operária e nos subúrbios que enfrentaram a concorrência dos hiper e supermercados, mais notadamente do Carrefour; os cafés, incapazes de lutar contra a propagação das lojas de *fast-food*, simbolizadas pelo McDonalds; e os varejistas especializados, incapazes de competir com os preços ou com a gama de produtos oferecidos pela FNAC em relação a livros, CDs, DVDs e câmeras, nem com a Castorama para os entusiastas de produtos "faça-você-mesmo", ou pela Go Sport. O mundo dos pequenos negócios está em um estado de fluxo constante. A crescente importância das vendas pela internet oferece, mais uma vez, novas oportunidades, juntamente com a intensa concorrência de empresas, tais como a Amazon-France.

No setor financeiro, em 1971, o fim da disciplina financeira, imposta pelo Acordo de Bretton Woods, facilitou a expansão cada vez mais regulamentada do crédito público e privado e, também, reforçou a dependência dos governos em relação às instituições financeiras. A ideologia da eficiência do mercado e o potencial de lucros gigantescos encorajaram os banqueiros a negligenciar a gestão dos riscos e a promover a venda de instrumentos financeiros cada vez mais complicados. Em agosto de 2007, o quase colapso de um grande banco francês – BNP Paribas – como resultado de investimentos em créditos hipotecários *subprime* pode ser visto como um prenúncio de problemas futuros. No entanto, o aparecimento de uma intensa crise financeira mundial em setembro de 2008 foi recebido com surpresa. Em mercados mal regulamentados, os governos e os consumidores, bem como as instituições financeiras, acumularam dívidas insustentáveis em um esforço para manter o investimento e o consumo por meio do acesso ao dinheiro "barato". Apesar de ser provavelmente mais bem regulamentado que os bancos dos Estados Unidos e da Grã-Bretanha – e certamente não tão dependente dos empréstimos hipotecários –, os bancos franceses também seriam afetados. O endividamento público e a exposição de bancos, tais como o Société Générale, ao descalabro do *subprime* norte-americano e à crise financeira grega causavam fortes preocupações.

Além disso, os custos do financiamento da dívida, bem como o aumento dos custos do trabalho, apontavam uma crescente falta de competitividade. Em 2010, os salários por hora – que, em 2000, eram 8% mais baixos que os da Alemanha – estavam 10% mais altos. As diferenças podiam ser notadas pelos níveis muito mais elevados de desemprego e por um processo acelerado de desindustrialização – a contribuição industrial na renda nacional diminuiu para 14% em 2010 e 25% na Alemanha, onde as reformas substanciais do mercado de trabalho, no início dos anos 2000, reduziram os custos e ajudaram a gerar um dinamismo orientado para a exportação. Os dirigentes políticos franceses demoraram para aceitar a necessidade de tomar medidas de austeridade igualmente radicais – e impopulares. A redução das despesas do governo – que, desde a década de 1970, já tinham ultrapassado a renda e precisariam passar pela reforma das aposentadorias e dos sistemas de seguridade social – provocaria, de forma inevitável, protestos generalizados.

A zona rural também passou por grandes mudanças, levando ao virtual desaparecimento da tradicional fazenda camponesa. No rescaldo imediato da Segunda Guerra Mundial e com um sucesso considerável, a política do governo voltou-se para a modernização da agricultura, maximização dos resultados e melhora da qualidade de vida rural. O Mercado Comum ofereceu mercados protegidos e preços garantidos e, embora os enormes subsídios tenham beneficiado os grandes fazendeiros – principalmente os produtores altamente eficientes de cereais e de beterraba do Norte e, no Oeste, a criação intensiva de suínos e aves –, a produtividade aumentou substancialmente em todo o setor como resultado da mecanização e do uso intensivo de produtos químicos. Os empréstimos foram feitos pelo banco

Crédit Agricole. Cada vez mais, no entanto, os fazendeiros passaram a ser dominados pelas grandes empresas de agronegócio, que controlavam o fornecimento de insumos, processamento e a comercialização dos gêneros alimentícios. Além disso, na década de 1980, os governos não podiam mais ignorar a crescente crise na agricultura resultante das superproduções e da queda dos preços.

A população rural estava desmoralizada e em declínio. Muitos jovens, integrados a um mundo urbano pelo carro, pela música popular e televisão, não estavam dispostos a ganhar a vida nas fazendas familiares. Com efeito, no final do século XX, a agricultura empregava apenas 4% da força de trabalho (comparada com um terço em 1945) e contribuía com pouco mais de 3% do PIB. Desde 1970, o número de fazendas tinha caído de 1,6 milhão para 700 mil como resultado da criação de maiores unidades de explorações, sendo que metade delas não funcionava em tempo integral. Na década seguinte, o número caiu para 490 mil com o desaparecimento dos pequenos produtores leiteiros. A marginalização da agricultura no âmbito da economia também fez que fosse cada vez mais difícil resistir às propostas de reforma da Política Agrícola Comum da União Europeia. Em 2001, a França recebia 22% dos subsídios da PAC. Estima-se que eles aumentavam o custo dos alimentos em 15% a 20%. Os ministros franceses eram invocados, no entanto, para empreender ações teimosas contra as propostas britânicas mais bem orientadas para os consumidores para reduzir as garantias de preço, bem como contra os esforços para reduzir os subsídios à exportação que causavam um impacto devastador na agricultura dos países em desenvolvimento – disputas que normalmente recebiam o nome de competição por mercados, mas que não passavam de mero disfarce para um mercado compartilhado pela França e pelos Estados Unidos, os dois maiores exportadores de alimentos do mundo.

A confiança do consumidor também sofreu como resultado dos impactos ambientais da agricultura em larga escala e de capital intensivo. Em resposta, a Confederação Campesina e seu líder chamativo, José Bové, buscaram a criação de uma aliança entre os pequenos agricultores, ambientalistas e consumidores para defender a qualidade dos alimentos, a saúde pública e as boas práticas ecológicas contra as forças do mercado, bem como contra a engenharia genética de plantas e animais. As percepções urbanas e extremamente românticas da "ordem eterna dos campos" reforçaram a capacidade de tais grupos para atrair apoio e persuadir o público a aceitar os bloqueios de estradas e o despejo de estrume nas avenidas parisienses como métodos de exercer pressão sobre os governos. Em dezembro de 1993, embora tenha sido prefeito de Paris, Chirac sentiu-se obrigado a associar-se com os interesses de seus eleitores rurais da região de Corrèze e, dessa forma, opôs-se aos acordos globalizantes apresentados durante as negociações de liberalização comercial do GATT. Ele afirmava que a confiança no campo era uma característica única do patrimônio nacional.

Parece provável que no futuro os agricultores vão ser subvencionados se sua função principal for a produção de alimentos em mercados competitivos ou, alternativamente, por representarem um "patrimônio rural" pela preservação de uma paisagem idealizada e estática. A diversificação contínua também será incentivada, o turismo criará um mercado para o aluguel de acomodações e venda de produtos distintos com valores relativamente altos – vinhos, queijos e artesanatos – nos portões da fazenda. Com efeito, e apesar da queda acentuada do número de agricultores, em várias regiões o longo declínio da população rural tem sido revertido por moradores urbanos que buscam um idílio no campo, ou então por cidadãos desesperados para fugir de um ambiente cada vez mais degradado e que, incapazes de comprar uma propriedade nas cidades, adquirem casas, muitas vezes, distantes de Paris e dos principais centros urbanos. Muitas famílias, incluindo um grande número de famílias estrangeiras, também compraram suas casas de férias nas áreas mais pitorescas e acessíveis. A sociedade rural tem sido, então, progressivamente urbanizada. Como resultado, os preços das casas têm subido além dos níveis suportados pela população local. Além disso, as casas de férias não conseguiram evitar o envelhecimento progressivo da população permanente, o fechamento de escolas e lojas e o declínio geral dos serviços.

Em geral, o impacto do crescimento econômico contínuo está especialmente evidente no rápido declínio do emprego industrial e agrícola e na crescente importância e dinamismo do setor de serviços da economia, em um processo de terceirização comum a todas as economias avançadas – e na transformação do mundo do trabalho. Na década de 1980, mais de 60% da força de trabalho ativa já trabalhava no setor terciário, incluindo os mais bem recompensados e os mais mal pagos. Com efeito, o desenvolvimento do setor terciário tem tomado formas variadas, incluindo a prestação de serviços pessoais, desde encanadores e cabeleireiros até advogados, bem como o crescimento do setor público, incluindo funcionários públicos e professores; transportes e turismo; bancos e seguros; e propaganda e sistemas de varejo-atacado. Outros desenvolvimentos, associados ao progresso espetacular da tecnologia da informação, prometem oportunidades mais avançadas para aumentar a produtividade econômica e a criação de riqueza, mas também concorrência global ainda mais intensa e maior desigualdade social. A maioria da população continua a desfrutar com a prosperidade material, mas um sentimento de crise tem sido induzido pelo consumismo desenfreado e níveis de estresse mais altos, originados do mercado de trabalho mais competitivo e menos seguro e da vida em cidades congestionadas e poluídas, onde o crime e tensão racial são vistos como ameaças crescentes. A maior riqueza tem custos.

TABELA 19. Estrutura da população ativa (%).

	1973	1985
Setor primário	10,9	7,7
Setor secundário	37,8	30,6
Setor terciário	51,3	61,9

PROBLEMAS SOCIAIS

A definição e a solução desses problemas são, em grande parte, responsabilidade de uma elite sociopolítica relativamente pequena, cujo controle do governo e da mídia permite exercer uma influência considerável sobre as atitudes públicas mais amplas. Heranças desiguais e desigualdade de rendas, juntamente com acesso diferenciado ao capital social e cultural, invariavelmente levam a enormes disparidades na posse do poder. Um papel predominante, portanto, continua a ser exercido pelos ex-alunos de um pequeno número de *liceus* prestigiosos de Paris, dos quais os mais qualificados e mais ambiciosos graduam-se posteriormente em instituições de nível universitário ou Escolas Livres de Ciências Políticas e cerca de 5% deles continuam seus estudos nas *grandes écoles*, como a Escola Politécnica, a Escola Superior de Minas, a Escola Normal Superior e, mais recentemente, a da Faculdade de Administração (HEC – *Hautes Études Commerciales*), cuja ascensão reflete tanto as necessidades mutáveis da economia quanto de um funcionamento em rede mais eficaz. Especialmente importante é a Escola Nacional de Administração (ENA), criada em 1945 para produzir uma elite administrativa meritocrática, que seleciona cerca de 120 alunos a cada ano com base nos exames escritos e orais ferozmente competitivos. Posteriormente, as nomeações para os três organismos administrativos mais prestigiados, a Inspeção-Geral das Finanças, o Conselho de Estado e o Tribunal de Contas, abrem caminho para o chegar ao topo dentro do serviço público e na iniciativa privada. Em 1999, dois terços dos presidentes das 40 maiores empresas listadas na bolsa eram graduados da Escola Politécnica ou da Escola Nacional de Administração. A situação apresenta sintomas da interpenetração do poder econômico, social e político. Os papéis de liderança dos principais partidos políticos de esquerda e de direita são também geralmente ocupados por graduados das *grandes écoles* com formação profissional e valores semelhantes.

Dessa forma, o "estabelecimento" criado é supostamente formado pela seleção efetuada em uma base meritocrática por meio de exames públicos que permitem o acesso universitário universal para a obtenção do título de *bacharel*. Além das bem financiadas *grandes écoles*, há mais de 80 universidades muito menos prestigiadas e outras cem instituições tecnológicas. Na prática, os dados dos estudos prosopográficos sugerem que os filhos dos membros das elites existentes desfrutam de muitas vantagens. A riqueza herdada é importante. Os laços familiares de fundo e o parentesco ainda possuem importância central na determinação das ambições, na obtenção e acumulação de capital cultural e, assim, regulam indiretamente o acesso às escolas e instituições de ensino superior mais prestigiadas. Como resultado, o sistema é tão elitista como seu equivalente britânico, baseado no sistema Oxbridge. Posteriormente, as redes sociais constituídas em torno do parentesco, da amizade, do casamento e de experiências educacionais compartilhadas são os determinantes cruciais para as perspectivas da carreira profissional. Não surpreendentemente, vários governos subsequentes foram persuadidos a isentar as *grandes écoles*, por sua importância no processo de formação das elites, das reformas supostamente igualitárias da educação superior.

No entanto, tem-se notado uma preocupação crescente sobre a competência e integridade dessas elites. Foi sugerido que a base de recrutamento é muito restrita, sua formação é estritamente concebida e os produtos finais são muito inflexíveis. A mudança tem sido lenta, no entanto. Ações afirmativas para oferecer apoio aos estudantes mais desfavorecidos tiveram impactos marginais. O presidente Nicolas Sarkozy – um homem belicoso – estudou Direito, já seu antecessor e seu sucessor eram ambos produtos da ENA, o último fez parte da turma de 1980, ou *promotion Voltaire* que atualmente domina a França. O ressentimento difundido em relação ao ar de desprezo e de superioridade arrogante que parecia típico dos membros da elite foi reforçado, além disso, por acusações de corrupção. *A pantouflage*, isto é, o processo pelo qual políticos e funcionários públicos tradicionalmente se movimentavam entre os cargos do serviço público e os empregos em postos de trabalho no setor privado, ajudou a criar redes acolhedoras baseadas na troca mútua de favores. Em sua fase mais extrema, durante a década de 1990, esse tipo de situação fez que o banco nacionalizado Crédit Lyonnais pudesse envolver-se em uma política imprudente e agressiva de concessão de empréstimos para o financiamento de projetos imobiliários na França e na Ásia, ocultando suas perdas gigantescas por meio da contabilidade criativa. A conta foi paga pelo contribuinte. A supervisão efetuada pelos próprios diretores do banco, pelo Ministério das Finanças e pelo Banco da França mostrou-se extremamente deficiente. Devemos notar que o presidente da empresa, Jean-Yves Haberer, havia servido anteriormente como inspetor de finanças e como funcionário superior do Ministério das Finanças. Os magistrados que investigavam essa atividade turva queixaram-se da cultura do sigilo, bem como da interferência política nas investigações. Essas transgressões revelaram a determinação dos membros da elite política para preservar seus privilégios e, inevitavelmente, lançar dúvidas sobre a legitimidade do sistema político.

O ar de desconfiança aumentou e abriu-se um fosso entre o entendimento das elites sobre as implicações da globalização e as preocupações manifestadas por muitos cidadãos franceses. Para ilustrar a confusão, em 4 de outubro de 1996, embora afirmasse que o sistema de segurança social era a "última muralha que defendia aquilo que poderia ser um declínio dramático da civilização", o presidente Chirac disse, no entanto, que o déficit do governo e, particularmente, o déficit do serviço de saúde pública estava "insuportável". Os políticos conservadores, bem como os representantes do Medef, a principal organização dos empregadores, estão particularmente preocupados com a redução da produtividade e da competitividade e por ela ter sido causada pelos impostos relativamente altos sobre pessoas e empresas, bem como pelos encargos sociais, obstáculos jurídicos e custos impostos à demissão de empregados. A maioria dos principais decisores acredita que, caso a França deseje manter seu posicionamento mundial, ela precisará, evidente e inevitavelmente, liberalizar os mercados de capital e trabalho, bem como reduzir as despesas do Estado (que foram responsáveis por 52% do

PIB em 2007) e as regulamentações. Em um período de recessão econômica, contudo, tornava-se bastante evidente o ressentimento da população em relação a rendimentos e estilos de vida usufruídos pelos diretores das principais empresas listadas no CAC 40, cujos comitês de remuneração – complementares entre si – premiam, supostamente, o "sucesso". A raiva da população aumentou quando empresários e representantes do mundo do entretenimento, que vociferavam condenações à "fraude da assistência social", passaram a tomar medidas para diminuir suas obrigações tributárias e, além disso, ameaçavam publicamente deixar a França.

Fatores demográficos deixaram a situação ainda mais complicada. Os custos crescentes do sistema de saúde são o resultado do envelhecimento e da maior obesidade da população, do impacto da Aids, do recrudescimento das doenças associadas à pobreza e dos efeitos da mudança social acelerada nos níveis de estresse, bem como do desenvolvimento de uma tecnologia médica mais cara. Há também um desperdício considerável. Os pacientes, para os quais 75% dos custos são normalmente reembolsados pelo fundo do seguro de saúde pública e o restante pelos seguros privados ou mútuos ou, no caso dos mais pobres, pelo Estado, podem fazer visitas repetidas aos médicos e consumir grandes quantidades de remédios que são muitas vezes inúteis. A racionalização destina-se a atender às necessidades em mudança dos cuidados de saúde e a impor maior controle sobre os gastos, bem como taxas mais elevadas para os usuários. No entanto, a resistência à reforma não deixará de existir, não só levada a cabo por grupos de pacientes preocupados com questões, tais como o fechamento dos hospitais, mas também por médicos e trabalhadores da área da saúde preocupados em proteger seus salários, segurança no emprego, aposentadorias antecipadas e pensões generosas, bem como para evitar a deterioração desse sistema de altíssima qualidade de cuidados à saúde.

Embora o declínio na popularidade do casamento e a probabilidade crescente de divórcio tenham aumentado o número de famílias monoparentais e de indivíduos isolados, a família tradicional continua a ser de importância fulcral para a coesão social. Ela baseia-se cada vez mais nas relações afetivas e menos nos relacionamentos paternalistas e autoritários. Enquanto as mulheres ainda aceitam um exagero de responsabilidades domésticas, o casamento – ou, de fato, a coabitação – parece estar se tornando, gradualmente, uma parceria mais igualitária. Reconhecendo a mudança da mentalidade social, uma lei de 1999 permitiu que "casais em coabitação, independentemente do sexo dos indivíduos", pudessem registrar sua união civil. Além disso, a oferta de creches financiadas pelo Estado permite que as mulheres possam trabalhar fora de casa. Também devemos enfatizar o impacto de leis liberalizantes sobre as atitudes e comportamentos: contracepção (1967), aborto (1974) e divórcio por mútuo consentimento (1975), bem como a lei contra o assédio sexual no local de trabalho. Mas não devemos ignorar as tensões impostas sobre a vida familiar pela necessidade de ambos os pais precisarem trabalhar para manter os padrões de vida.

Juntamente com abonos familiares generosos, esses desenvolvimentos garantiram que a fertilidade na França entre 2005 e 2012 – 1,89 filho por mulher – tenha sido maior que em outros países da Europa Ocidental. No entanto, o declínio a longo prazo das taxas de fertilidade e o aumento da expectativa de vida (78,2 anos para os homens e 85,3 para as mulheres em 2010) já criaram uma população proporcionalmente maior de aposentados que de trabalhadores. Em 2040, a proporção da população com mais de 60 anos poderá aumentar de um quinto para um terço. Inevitavelmente, o envelhecimento da população causará aumentos substanciais aos custos da aposentadoria e da assistência médica. Não surpreendentemente, a reforma do sistema de aposentadorias e o adiamento da aposentadoria de 60 para 62 anos tornaram-se questões políticas emotivas, particularmente para os grupos, como o de trabalhadores ferroviários e da polícia, cujos regimes "especiais" permitem a aposentadoria antecipada em compensação a suas difíceis condições de trabalho.

Além disso, conforme crescia o número de pessoas fora da força de trabalho na década de 1970, o custo em espiral da assistência tornava-se uma questão de grande preocupação, levando às restrições ao direito em 1984, com consequências particularmente duras para os jovens e pessoas que estavam desempregadas há muito tempo. Posteriormente, o problema foi agravado pela necessidade de reduzir as despesas do governo que objetivava aumentar a competitividade da economia francesa e para satisfazer os critérios do acordo de Maastricht em relação à União Econômica e Monetária europeia. Os déficits orçamentais precisavam ser reduzidos de 6% a 3% do PIB até janeiro de 1999. Conseguir isso, em vez de tentar reduzir o desemprego, rapidamente se tornou a nova "prioridade das prioridades" do governo; a mudança de ênfase foi anunciada como o meio mais eficaz para acabar com o desemprego a longo prazo, pois a redução dos empréstimos do governo levaria à queda das taxas de juros e isso, por sua vez, estimularia os investimentos e a criação de empregos.

Estima-se que foram criados 1,6 milhão de novos empregos entre o início de 1997 e dezembro de 2000. Isso ocorreu, em parte, por causa das condições econômicas prósperas, bem como por meio da criação e do crescimento de pequenas empresas de alta tecnologia e, em certa medida, da redução das horas de trabalho semanal do governo socialista. No entanto, a semana de 35 horas, juntamente com os encargos sociais elevados, frequentemente levou as grandes empresas a reorganizar suas práticas trabalhistas a fim de aumentar a produtividade e evitar a necessidade de contratar novos empregados. Surgiram novos problemas. Como resultado da erosão do emprego industrial, o número de trabalhadores industriais continuava a diminuir, cerca de 13% da população adulta; 44% estava empregada no setor de serviços, muitas vezes em trabalhos mal remunerados de meio período e temporários. O foco de sucessivos governos em medidas de criação de empregos caros, de curta duração e de baixa produtividade para os jovens fez que os níveis de habilidade baixassem, enquanto a participação das mulheres e de homens mais velhos na força de trabalho estava drasticamente reduzida por causa da aposentadoria antecipada, apenas um número excepcionalmente baixo de 39% das pessoas, na faixa etária entre 55 e 64, mantinha-se em um emprego produtivo até 2010. Os níveis de desemprego também permaneciam teimosamente altos entre os jovens, mulheres, trabalhadores sem qualificação e em regiões desfavorecidas.

Gradualmente, os governos passaram a aceitar o pedido dos empregadores por mercados de trabalho e normas de proteção aos direitos dos trabalhadores mais flexíveis. A filiação aos sindicatos entrou em colapso (atingiu aproximadamente 8% da força de trabalho) e, por isso, também a consciência de classe de grande parte de uma classe trabalhadora cada vez mais fragmentada. Não obstante, o emprego ainda é uma das principais questões eleitorais, refletindo a crescente sensação de vulnerabilidade entre os trabalhadores independentes, bem como dos empregados em todos os setores da economia e de todas as classes sociais, pois o mercado de trabalho sofreu um grande impacto pela utilização da tecnologia da informação, somada à reestruturação da atividade empresarial. De forma típica, no setor bancário, quando o Crédit Agricole assumiu o controle do Crédit Lyonnais em 2002, uma grande redução de custos foi alcançada por meio da redução substancial do número de funcionários internos. Em contraste, com a explosão das oportunidades e a expansão da classe média na década de 1960, o espaço disponível para a ascensão social contraiu-se bruscamente. O rebaixamento social tornou-se mais comum. Ficaram mais evidentes as diferenças entre os grupos etários – a *fracture générationnelle* (fosso entre gerações). Em comparação com a geração anterior – que foi particularmente castigada pela pobreza na velhice – e posterior – que entrou no mercado de trabalho em uma economia menos dinâmica –, a geração nascida entre 1950 e 1975, particularmente administradores e funcionários públicos, pôde receber aposentadorias relativamente generosas e teve carreiras bem recompensadas e seguras. Atualmente, para a massa de cidadãos comuns – as "classes dominadas" –, o emprego, a prosperidade e a segurança parecem estar ameaçados pelas visões apocalíticas de mudanças globais desenfreadas e de desestabilizações associadas ao capitalismo pós-industrial, bem como pela ganância desenfreada das elites sociais. Como resultado da grave crise financeira iniciada em 2008, o desemprego aumentou para 3 milhões em maio de 2011. O número de pessoas definidas como "pobres" pelas estatísticas oficiais passou de 7,83 milhões para 8,17 milhões em apenas um ano.

Em contraste com a prosperidade ainda desfrutada por grande parte da população, uma minoria significativa, incluindo muitos membros das minorias étnicas, já passa por privações reais, ou no mínimo, relativas. Em certa medida, as dificuldades estão concentradas nas regiões que atraíram a maioria dos imigrantes durante os *Trinta gloriosos*. Assim, fora do anel viário de Paris – conhecido como *boulevard périphérique*, o qual define os limites da cidade com os seus 2 milhões de habitantes – vivem 8 milhões de pessoas que moram nos complexos habitacionais normalmente isolados e carentes que formam parte da Grande Paris. O colapso do emprego teve consequências extremamente negativas nas anteriormente vibrantes comunidades de trabalhadores de siderúrgicas e mineiros de carvão, a saber, Lens e Valenciennes no Norte e Longwy na Lorena, bem como em centros têxteis, tais como Roubaix e Tourcoing. Muitos, especialmente entre os que estavam desempregados há muito tempo, bem como os membros de suas famílias, têm sofrido com o sentimento de exclusão social e frequentemente procuram consolo nas drogas e no álcool. As concessões feitas pelo Estado para incentivar a criação de novas empresas e a renovação habitacional causaram poucos impactos. A situação é, provavelmente, pior nas áreas desfavorecidas do centro da cidade e nos subúrbios, criados em 1960 e 1970, caracterizados por torres de apartamentos erguidas em concreto e pela falta de serviços coletivos. Elas foram construídas por políticos bem-intencionados e planejadores que desejavam melhorar um parque habitacional dilapidado pela longa negligência e devastação dos tempos de guerra, mas são excessivamente superlotadas como resultado do crescimento demográfico e da imigração maciça. Os líderes políticos atuais também prometem melhorias para os ambientes físicos cada vez mais degradados e condições de vida deterioradas, mas a mudança é lenta, talvez por ainda precisarem ganhar alguns votos dos descontentes. Apesar dos esforços para melhorar as habitações de baixo custo (*habitação à loyer modéré*) e para incentivar a construção de casas privadas, os aluguéis elevados e a dificuldade de obtenção de empréstimos fizeram que cerca de 8 milhões de pessoas vivam em habitações "imperfeitas". Pelo menos a mobilidade e o acesso ao emprego devem ser melhorados na região de Paris por meio da construção da linha de 130 km do supermetrô em 2017.

Entretanto, o sentimento de privação e o ressentimento dos moradores desses complexos residenciais com edifícios altos são tangíveis, seja em La Courneuve, nos subúrbios de Paris, em Chanteloup-les-Vignes (onde o filme *La Haine** com seus retratos realistas de violência de gangues e confrontos com a polícia foi realizado) ou em Val-Fourré na periferia de Mantes, a oeste da capital – o maior complexo com 25 mil habitantes. Situações semelhantes prevalecem em Les Minguettes, na periferia de Lyon, ou em La Concorde, na periferia de Lille. A desindustrialização resultou na perda de empregos, dependência do Estado e sentimentos de inutilidade. Isso provocou reações complexas. Por um lado, o desemprego e a privação exacerbam as tensões de gênero, geracionais e etnoculturais. Os brancos dos subúrbios mais antigos, bem como aqueles que sentem que foram deixados para trás pela transformação do caráter étnico dos complexos residenciais, causada pela imigração, se queixam amargamente das diferentes culturas e costumes, e de algo que percebem como um tratamento preferencial das autoridades locais a negros e árabes. Quem podia, já tinha ido embora. Por outro lado, o sentimento comum de exclusão e de ressentimento pelo estigma associado a viver num bairro notório une jovens desempregados em gangues de rua miscigenadas e cria uma hostilidade comum contra aqueles que eles acreditam ser responsáveis pela sua situação. Os grafites mostram bem o sentimento de frustração e seus alvos. O mais comum é provavelmente "Foda-se a polícia". Grupos de música popular, tais como *Nique ta mère* ("Dane-se sua mãe"), ganharam apoio com as letras que dizem "não temos nada a perder, porque nunca tivemos nada. Se eu fosse você, eu não dormiria bem; a burguesia deve tremer, a ralé está na cidade". O ressenti-

---

* O filme foi lançado no Brasil em 1º de dezembro de 1991, intitulado *O Ódio*. (N.T.)

mento dos jovens também se expressa por meio do vandalismo generalizado e do crime – principalmente o pequeno tráfico, assaltos e pequenos furtos, mas além disso por estupros, que revelam uma percepção perturbadoramente negativa das mulheres, e ataques contra a polícia, que é frequentemente acusada de assédio – e com um pouco de razão, já que existe uma probabilidade muito maior de que os não brancos sofram batidas policiais. Como expressão do ressentimento acumulado, podemos citar os grandes transtornos que duraram três semanas e ocorreram em novembro de 2005 em Clichy-sous-Bois, próximo a Paris, após a eletrocussão acidental de dois jovens que estavam sendo perseguidos pela polícia. O então ministro do Interior, Sarkozy, disse que os participantes eram *racaille* (escória) e que deveriam ser varridos com uma mangueira de alta pressão; apesar de isso ter inflamado a situação, sua posição dura em relação à Lei e à ordem certamente ajudou a promover a sua campanha presidencial de 2007.

Em toda a França, a polícia identificou mais de 700 *bairros problemáticos*, nos quais aprisionar alguém pode desencadear motins, queima de carros e saques por grupos que são rapidamente mobilizados pelo onipresente celular e pelas redes sociais. Inevitavelmente, isso criou um clima de insegurança e medo, especialmente nos complexos residenciais mais degradados e, juntamente com o sentimento mais difundido de pânico despertado pela imprensa popular, garantiu que a questão da Lei e da ordem fosse mantida no topo da agenda política. Certamente, isso é o que os sindicatos dos policiais desejam, pois funciona como apoio às suas demandas por aumentos de seus salários e efetivos e também oferece apoio à oposição em relação à reforma de suas próprias práticas de trabalho. O que é realmente necessário, porém, não é o aumento do efetivo da polícia (já existem 146 mil policiais controlados pelo Ministério do Interior, 101 mil gendarmes que respondem ao Ministério da Defesa e 13 mil policiais municipais), mas a implantação mais eficaz e, sobretudo, cooperação – e não rivalidade – entre as forças policiais. A gestão incompetente é um problema maior do que a insuficiência numérica e, certamente, faz que um trabalho muitas vezes extremamente estressante fique bem mais difícil.

Em 2002, Sarkozy, afirmando que os policiais não eram assistentes sociais, reestruturou o policiamento dos bairros (*police de proximité*) que fora primeiramente introduzido durante o segundo império e restabelecido por Lionel Jospin, o primeiro-ministro, em 1998, como um meio de construir confiança local e oferecer segurança. Ao mesmo tempo, os financiamentos aos projetos comunitários (esporte, música, cultura) e assistência social foram reduzidos. Preferiu-se um papel repressivo e intervencionista: investigar crimes, verificar identidades e "retomar os bairros". As propostas de reforma do sistema judicial efetuadas durante a presidência de Sarkozy dariam poderes de investigação menores ao *juiz de instrução*, ao mesmo tempo reforçariam a autoridade do Ministério Público; foram recebidas como um meio de reforçar o controle do governo e como uma politização do sistema judicial.

As inevitáveis tensões que ocorrem em quaisquer sociedades quando imigrantes com costumes diferentes entram no espaço de uma população já estabelecida e competem por moradia e trabalho estavam muito evidentes, mais recentemente, no caso das hostilidades popular e oficial em relação aos ciganos. A França é, sem dúvida, uma sociedade racista. Assim, de acordo com a empresa de pesquisas Harris, em 1999, 68% de uma amostra representativa da população acredita ter tendências racistas, 61% afirma que a França já tem muitos estrangeiros. Desde 1983, 28% das pessoas votou, pelo menos uma vez, na Frente Nacional. Foram reveladas hostilidades especiais aos indivíduos percebidos como originários do norte da África, geralmente alegando que eles preferiram os benefícios estatais ao traba-

IMAGEM 65. Protesto contra a reforma do sistema de aposentadoria, Marselha, 13 de maio de 2003. Foto: Gerard Julien/AFP/Getty Images.

lho – uma acusação feita para a maioria dos imigrantes, mas especialmente aos norte-africanos porque se supunha que eles eram incapazes ou não desejavam assimilar-se à sociedade francesa. Significativamente, os negros, sobretudo os dos *departamentos ultramarinos* do Caribe, recebem menos preconceito do que pessoas de origem norte-africana, porém mais do que os imigrantes brancos. Essas atitudes são, em parte, o resultado das cicatrizes profundas da memória coletiva deixadas pela Guerra de Independência da Argélia.

As contribuições feitas pelos soldados do norte da África para o esforço militar francês nas duas guerras mundiais e na Indochina parecem ter sido esquecidas, e o mesmo parece ter acontecido em relação à prosperidade atingida no pós-guerra, conseguida por meio das primeiras gerações de migrantes. Encorajados a irem para a França por grandes empresas como a Renault, que buscava mão de obra barata, para trabalharem como operários não qualificados na construção e na mineração, eles e seus filhos

IMAGEM 66. A dependência do trabalho imigrante para sustentar o crescimento econômico: normalmente acomodados em casas de baixo custo, como esta em Gennevilliers na década de 1980. Foto: Chollet-Rapho.

enfrentaram a redução das oportunidades de emprego em consequência da robótica e das reduções de custos. Muitos estavam fugindo da pobreza rural e da terrível violência da guerra colonial e do conflito sangrento da Argélia na década de 1990. Normalmente, uma vez que os homens encontravam trabalho, suas famílias também se mudavam. O número crescente de mesquitas, com imãs geralmente recrutados no Magrebe, de açougues halal e de antenas parabólicas voltadas para emissoras de televisão árabes era evidência de sua presença e do compromisso contínuo com suas comunidades de origem, bem como para aquelas na qual eles tinham se estabelecido.

O objetivo oficial continua sendo a assimilação dos imigrantes, que na verdade parece ter sido importante para promover a integração e até mesmo para incentivar a mobilidade social ascendente. O modelo britânico do multiculturalismo é rejeitado pelas autoridades francesas como divisivo e segregacionista. Além disso, a hostilidade em relação a qualquer forma de distinção cultural está institucionalizada por um arraigado compromisso oficial e público com os valores seculares e igualitários universais de *La République une et indivisible* (República una e indivisível), juntamente com a insistência de que os grupos étnicos, raciais, religiosos, regionais e corporativos não devem ter quaisquer direitos ou privilégios distintos. Dessa forma, as estatísticas oficiais publicadas rejeitam distinções com base em raça ou religião. Assim, o número de muçulmanos na França pode apenas ser estimado, em cerca de 5 a 6 milhões, dos quais cerca de 3 milhões são do norte da África ou descendentes de norte-africanos, incluindo 1,5 milhão com ligações com a Argélia. A presença de um número desconhecido de imigrantes ilegais garante que esses números sejam grosseiramente inflacionados pela opinião pública.

Tradicionalmente, as escolas têm desempenhado um papel vital nesse processo de integração. Apenas por esse motivo, a insistência, em 1989, de três alunas de Creil, próximo a Paris e, em 2003, de duas estudantes de Aubervilliers, nos subúrbios de Paris, a respeito de seu dever religioso de vestir véus nas escolas seculares públicas iria certamente gerar controvérsias judiciais. Em 2004, foram introduzidas leis que reforçavam as disposições secularizadoras da lei de educação de 1905. Foi determinado que a lei que proíbe a "ostentação" de símbolos religiosos, a qual, conforme interpretações, não se aplica a "discretos" crucifixos ou estrelas de David, proíbe o uso do véu, pois eles podem "constituir um ato de pressão, provocação, proselitismo ou propaganda". As autoridades de educação afirmaram que o comportamento dos alunos serviria para sugerir que a charia muçulmana, a lei sagrada, seria mais importante que a lei civil. O banimento oficial, apoiado pelo presidente Chirac e pela maioria dos deputados parlamentares, corria o risco, no entanto, de reforçar a influência dos grupos islâmicos que alegavam que os muçulmanos estavam sendo tratados injustamente. Muitos jovens representantes de uma segunda ou terceira geração, cidadãos franceses, mas em meio a duas culturas, parecem cada vez mais determinados a afirmar sua identidade islâmica, no caso das jovens mulheres, pela adoção do véu, rejeitado por grande parte de suas mães e, mais geralmente, aceitando o rótulo *beur* ("árabe" na gíria parisiense) e adotando uma cultura baseada no *reggae*, *rap* e no *raï* árabe, enquanto se expressam em uma gíria impenetrável. Eles fazem jejum durante o Ramadã e, nas cantinas escolares, exigem alimentos religiosos corretos. Um relatório do Conselho sobre a Integração, de 2004, estimou que 31% deles haviam evadido o ensino médio. Houve um tempo em que eles desejaram tornar-se franceses. Sentindo-se rejeitados, mas não tendo para onde ir, muitos têm se tornado cada vez mais assertivos.

A hipersensibilidade dos dirigentes políticos franceses de qualquer matiz política (mas particularmente os de direita) para essa situação pode ser ilustrada pela resposta aos eventos de 6 de outubro de 2001, quando os times de futebol da França e da Argélia enfrentaram-se pela primeira vez em Paris: os muçulmanos nascidos na França assobiaram durante o hino nacional francês e, posteriormente, invadiram o campo, forçando o abandono do jogo. Algo que está em acentuado contraste com a celebração em massa da vitória de um time francês multirracial na final da Copa do Mundo de 1998. De forma típica, o conservador ministro do Interior, Sarkozy, exagerou ao introduzir leis que penalizavam a desonra dos principais símbolos da República – a *Marselhesa* e a bandeira tricolor. Há um perigo claro de que o fundamentalismo islâmico e a ameaça do terrorismo, com o qual ele está frequentemente associado, aumentarão ainda mais a tensão e os estereótipos raciais e que isso poderá promover uma reação ultranacionalista. No entanto, também existem sinais mais positivos. A maioria dos jovens muçulmanos, especialmente aqueles que vivem em áreas etnicamente mistas e comprometidas com a educação, ainda favorece a integração. O crescente número de casamentos mistos é um sinal disso. As previsões que os jovens iriam distanciar-se cada vez mais do Islã não foram confirmadas, no entanto. Enquanto, em geral, somente cerca de 15% dos muçulmanos praticam a religião regularmente, as pesquisas recentes (*Le Monde*, 1º de novembro de 2012) sugerem que 90% dos jovens entre 19 e 25 anos respeitam as prescrições alimentares do Ramadã e 30% das pessoas entre 21 e 25 anos participam de orações. Muitos deles vivem nos bairros de imigrantes dos subúrbios, sentem-se rejeitados, cada vez mais abandonam os sonhos dos pais e estão determinados a rejeitar a cultura europeia. Estima-se que haja apenas cerca de 12 mil salafistas dedicados na França, mas há muitos outros partidários do islamismo tradicionalista – homofóbicos e que impõem um papel secundário para as mulheres, simpáticos à campanha da Palestina contra a ocupação israelense e que incitam, em seus *sites*, uma guerra santa contra os judeus e os "cruzados".

Existem 2 mil mesquitas e salas de oração na França que apoiam o processo de reislamização. Em certas ocasiões, como na Mesquita de Al-Fath em uma área desfavorecida do 18º *arrondissement* de Paris, os religiosos enchem as ruas circundantes. Nesse caso, e ao invés de fazer concessões aos conservadores indignados, a resposta da prefeitura foi pragmática e conciliadora com a construção de um novo centro cultural islâmico. Em outros locais, normalmente são postos obstáculos e as licenças de construção são negadas. A inauguração da grande mesquita em Estrasburgo, em 28 de setembro de 2012 – com a presença de Manuel Valls, o ministro socialista do Interior – foi o cume de 20 anos de esforços.

Apesar dos gestos bem-intencionados, ainda há um perigo muito real de que os fundamentalistas islâmicos, bem como os representantes da extrema-direita e da centro-direita, tentem exacerbar suas diferenças. Em 2011, após um aquecido debate, a burca, veste que cobre as mulheres da cabeça aos pés, foi proibida em lugares públicos por motivos de segurança e para evitar aquilo que o presidente Sarkozy chamou de "submissão" e "degradação" das mulheres. O perigo implícito da assimilação oficial estrita é que isso irá interferir no processo complexo, difícil e em andamento pelo qual os muçulmanos adaptem-se ao ambiente cultural mais amplo em que vivem e os não muçulmanos adaptem-se aos muçulmanos.

O cristianismo também serve como um recurso central dos sistemas rivais de identidade, mas, muitas vezes, apenas uma vaga adesão aos princípios básicos da fé sobrevive aos desafios da secularização. Assim, enquanto cerca de 90% das crianças francesas tenham sido batizadas por padres católicos em 1945, em 2000 isso havia caído para 50%. Enquanto 80% da população francesa alegava ser católica romana em 1966, o mesmo aconteceu com apenas 51% das pessoas em 2007, sendo que apenas 5% – principalmente as gerações mais velhas – frequentava regularmente às missas. Além disso, 2,1% disse ser protestante e 0,6%, judeu. De acordo com uma pesquisa de 2012, 35% da população e 63% do grupo etário que vai dos 18 aos 24 anos informou ser "sem religião".

Além de ser sintomático, esse declínio reforça a grave crise institucional da Igreja Católica. Em uma época de prosperidade crescente, em que a autogratificação parece cada vez mais ser a norma, uma menor atenção é dada aos ensinamentos morais do clero. O advento de um papa relativamente liberal, João XXIII (1958-1963), despertou a esperança de que a Igreja iria tentar comunicar-se de forma mais eficaz com a população. A reafirmação do ensino tradicionalista de seus sucessores, Paulo IV (1963-1978) e, especialmente, de João Paulo II (1978-2005) e de Bento XVI (2005-2013) e, particularmente, o reendosso da condenação católica da contracepção resultaram na perda considerável de sua autoridade. Enquanto 20% dos católicos adultos faziam confissão mensal na década de 1950, no começo dos anos 1990, o valor caiu para 1% e, embora as mulheres ainda estejam mais propensas a assistir à missa do que homens, mais de 80% dos frequentadores regulares não tinham problemas em ignorar as instruções do Vaticano sobre o controle de natalidade.

O número de padres também diminuiu, tanto por causa da diminuição das vocações quanto das renúncias que resultam frequentemente da falta de vontade de respeitar a necessidade do celibato. Em duas décadas, entre meados da década de 1960 e da década de 1980, o clero secular declinou de 40 mil para 27 mil. A situação continuou a deteriorar-se e a adesão às ordens religiosas também entraram em colapso. As paróquias foram amalgamadas e um rápido envelhecimento do clero obrigou as pessoas a aceitar o compromisso de religiosos leigos. Como instituição, a Igreja nunca achou fácil admitir erros ou efetuar reformas. Atormentado por revelações de transgressões sexuais e abuso de crianças por padres, o carismático papa polonês e seu sucessor igualmente autoritário testemunharam, assim, um declínio religioso sem precedentes, mas, mesmo assim, os encontros de jovens crentes, por exemplo os ocorridos em Taizé, renovam a esperança de recuperação.

A influência da Igreja sobre o comportamento político também diminuiu. No entanto, na esfera da educação, tradicionalmente um grande campo de batalha entre a Igreja e a República secular, as disputas continuaram. Em junho de 1984, o governo socialista introduziu planos para um aumento limitado do controle do Estado sobre as escolas católicas privadas, para as quais o governo oferecia grandes subsídios, mas teve que deixar os planos de lado perante uma enorme manifestação de pais enfurecidos, inspirados pelo esnobismo da classe média e pelas convicções religiosas. Antes das eleições legislativas de 2012, tanto a conservadora União por um Movimento Popular (UMP) quanto os socialistas reafirmaram seus compromissos com a Lei de 1905 em relação à separação entre Igreja e Estado e com a liberdade religiosa mas, logo após o pleito, a questão do casamento homossexual ainda conseguia provocar grandes manifestações.

A educação mantinha-se central aos ideais compartilhados de igualitarismo republicano e de uma sociedade unida e secular. Na prática, é claro, enquanto facilitam a mobilidade social, as escolas também desempenham um papel vital na reprodução das elites sociais e a perpetuação das desigualdades. Na sociedade do conhecimento em desenvolvimento, oferecer uma vantagem competitiva e educacional para crianças – seja no ambiente mais disciplinado e com maiores recursos de uma escola particular, seja em um respeitável *liceu* estatal – pode facilmente se tornar uma questão de vital importância aos pais que desejam abrir caminhos para as *grandes écoles* e carreiras profissionais brilhantes para seus filhos. Atualmente, três quartos dos alunos continuam e, muitas vezes, lutam para terminar seu *bacharelado* mais amplo, o qual abre caminho para uma educação universitária. O sistema educacional, projetado para assimilar as classes mais pobres em uma cultura de elite, ou pelo menos para prepará-las para um mercado de trabalho dominado pelo setor de serviços, em toda a sua diversidade, no entanto, tem sido frequentemente criticado por não ter conseguido desenvolver uma educação com base no modelo alemão e estar formando uma "subclasse", sem alfabetização e competências matemáticas básicas, nem competências culturais necessárias para o sucesso. Os números envolvidos e a frequente falta de motivação entre os alunos são uma pressão considerável às escolas do Estado. A grande dificuldade dos professores mal recompensados e frequentemente desmoralizados é motivar alunos muitas vezes indisciplinados e com baixa autoestima, representantes de uma *classe popular* isolada dos valores culturais do sistema educacional. Invariavelmente, entretanto, os esforços para garantir a melhor formação de docentes e um melhor acompanhamento dos estudantes "fracassados" recebem limites das prioridades financeiras e da oposição dos poderosos sindicatos dos professores, que estão divididos entre o desejo de incentivar a criatividade do aluno e a pressão pelo retorno a uma forma mais estruturada e disciplinada do sistema educacional, conforme desejava recentemente o presidente Sarkozy, caracterizada por sua determinação de abandonar a temática em voga, a abordagem universalista do ensino de

História e voltar aos métodos nacionalistas e estritamente cronológicos da Terceira República.

As próprias universidades, comprometidas principalmente com a prestação de ensino gratuito, estão muitas vezes superlotadas, mal equipadas, sofrem com a falta de pessoal e conseguem funcionar graças a uma taxa gigantesca de abandono – muitas vezes mais de 50% – no primeiro ano. A consciência de sua posição internacional inferior promoveu as reformas introduzidas em 2009, com efeito para 2012, projetadas para conceder maior autonomia às instituições e permitir a seleção dos estudantes em função de suas capacidades. Provavelmente, as universidades mais bem-sucedidas em atrair financiamento privado e público e que estão cada vez mais comprometidas com a pesquisa irão gradualmente se sobressair das outras que ainda se concentram na produção em massa de graduados em Ciências Sociais. Em um mercado de trabalho mais competitivo e menos expansivo, o desenvolvimento do ensino em massa tem contribuído para a desvalorização de qualificações educacionais que eram anteriormente valorizadas, assim como para a desilusão generalizada entre os jovens aspirantes a profissões de classe média seguras e bem pagas.

O sentimento de identidade da nação e sua posição internacional também parecia ameaçado pela "americanização". A posição do inglês como língua internacional dos negócios, da ciência, da publicidade, da internet e, em grande parte, da música popular e como a segunda língua escolhida pela maioria dos alunos da escola, no entanto, parece irreversível. Desde o momento em que a expansão da audiência televisiva pôs fim à mania extremamente popular do cinema pós-guerra, o cinema francês entrou em um Estado permanente de crise e tem recebido grande energia emocional e subsídios. O número de domicílios com aparelhos de televisão subiu de 15% para 70% durante os anos 1960 e, em seguida, a 95% em 1990. O fluxo de filmes tem oscilado com o nível de apoio do Estado. Por exemplo, de 95 em 1995 para 181 em 1999. Entretanto, as audiências tendem a preferir filmes norte-americanos, presumivelmente por causa de seus valores de produção, bem como pelas somas enormes investidas em sua criação e comercialização. Em 1999, o sucesso de *Astérix* (um emblema da assertividade e esperteza francesas) *e Obélix contra César* não conseguiu ultrapassar um épico norte-americano como o *Titanic*, um filme banal que se salva apenas por seus efeitos especiais. O desenvolvimento das TVs por satélite a cabo, bem como as vendas cada vez maiores de DVDs e a transmissão digital, deve aumentar ainda mais a predominância dos Estados Unidos no mercado de filmes. Não obstante, as vendas de ingressos em 2010 chegaram a 215 milhões de francos – a melhor em 45 anos – e a abertura dos multiplexes em todos os centros comerciais, juntamente com a produção de 271 filmes franceses, incentivaram um novo sentimento de otimismo.

A dimensão culinária da globalização também causou grandes preocupações. De forma parcialmente irônica, Alain Rollat afirmou em um artigo para o jornal *Le Monde* (9 de setembro de 1999): "A resistência às pretensões hegemônicas dos hambúrgueres é, acima de tudo, um imperativo cultural". No entanto, o McDonalds continua aumentando o número de suas lojas, adaptando-se às peculiaridades do mercado local, enquanto o número dos tradicionais cafés diminuiu drasticamente. Isso também é sintoma do aumento da gama de atividades de lazer. Em 1983, 30 milhões de pessoas tinham, ao menos, um feriado por ano. Apesar de tudo o que simbolizava, a EuroDisney foi aberta próxima de Paris em 1992, porque prometia empregos e enormes receitas advindas do turismo.

O pessimismo reina, mas a cultura francesa, elitista ou popular, permanece vibrante. O caríssimo compromisso de Mitterrand com a *grandiosidade* pode ser visto como uma autoconfiança assertiva, a determinação de se fazer uma afirmação cultural e, desde o início, em linhas bonapartistas, de transformar e reavivar a capital. As construções, quase sem contar os custos, de monumentos como o Grande Arco, a ópera da Bastilha, a Pirâmide do Louvre, o novo Ministério das Finanças (sua transferência para Bercy permitiu a renovação dos palácios do Louvre e das Tulherias) e, acima de tudo, a Biblioteca François Mitterrand, seguida pelo *Musée du Quai Branly* de Chirac (uma evocação pós-colonial de arte "primitiva") causaram um grande impacto. As inaugurações, em maio de 2010, do Centro Pompidou em Metz e de uma filial do Louvre em Lens, em dezembro de 2012, representaram esforços colaborativos dos governos locais e central para partilhar bens culturais e estimular áreas degradadas. No campo da alta cultura, investimentos substanciais aumentaram os padrões da música clássica e da ópera e ofereceram impressionantes salas de concerto. Intelectualmente, os conceitos filosóficos extremamente influentes do estruturalismo e do pós-modernismo – a busca por realidades subjacentes – foram desenvolvidos por uma sucessão de acadêmicos franceses, incluindo Roland Barthes, Jacques Lacan, Jacques Derrida, Michel Foucault e Jean Baudrillard.

As diferenças sociais ainda existem, é claro. O acesso desigual ao capital cultural manifesta-se na participação em concertos de orquestras, na ópera, no teatro, em grandes exposições e na aquisição de livros especializados e revistas. Os governos socialistas da década de 1980, assim como os regimes pós-libertação, ficariam decepcionados com seu sonho de democratização da cultura. O público continua a ser esmagadoramente de meia-idade e da classe média. Em termos de cultura popular, embora as empresas de televisão considerem os programas dos Estados Unidos mais baratos e muitas vezes extremamente populares às audiências, os produtos caseiros, especialmente as "novelas" e os programas de jogos, atraem grandes audiências, apesar de sua péssima qualidade. Dentro da mídia, jornais politicamente comprometidos foram gradativamente substituídos, a partir da década de 1960, por periódicos tais como o *Paris-Match*, ou o *L'Express* ou ainda a revista *Figaro*, que são direcionados especialmente a gestores e profissionais muito ocupados para ler um jornal diário. Revistas de interesses específicos, especialmente as femininas, têm incentivado o fascínio pelo estilo de vida, esporte e a vida de personalidades da mídia. Eventos, tais como o *Tour de France*, atraem um público enorme. As corridas de cavalos mantêm sua popularidade, principalmente porque oferecem a oportunidade de jogar. A tendência mais ameaçadora é provavelmente o crescente controle sobre a mídia por um pequeno número de poderosos grupos financeiros como um meio para promover seus interesses comerciais e definir os termos do debate político. Esse processo, inevitável em um mercado cada vez mais irrestrito desde a liberalização na década de 1980, permitiu que as duas principais empresas do sistema de defesa, Lagardère e Dassault, assumissem o controle de mais de 70% da imprensa, com sérias implicações para a vida política do país. Outra ameaça é representada pela queda do número de leitores, aproximadamente 8 milhões de leitores dos jornais nacionais e 17 milhões dos regionais, sendo que o mais bem-sucedido é o *Ouest France* (circulação de 2,2 milhões), graças a suas histórias de "interesse humano" e seu foco regional. Embora os jornais regionais desempenhem um papel importante na política local e na luta contra a corrupção, o desaparecimento dos títulos mais fracos e a concentração da propriedade em poucas mãos viram a redução de 170 jornais para menos de 60 entre 1944 e 2010. Até o jornal de centro-esquerda, *Le Monde*, o diário de circulação nacional mais prestigiado, com uma tiragem de 1.223.000 em 2010, quando se viu confrontado com a ameaça de falência, foi adquirido por um pequeno grupo de financistas determinados a humilhar seus sindicatos e reduzir os seus altos custos de editoração e impressão. Os recursos adicionais de uma revolução das comunicações, que constituem um desafio para a mídia tradicional e o comércio em geral, são as publicações *on-line*, os *e-books* e a concorrência por receitas de publicidade.

O fato de que os problemas sociais anteriormente descritos são confrontados por todas as sociedades europeias não poupou os sucessivos governos franceses, independentemente de sua linha política, de críticas pela incapacidade de oferecer soluções. Essa sensação de fracasso tem alimentado a desconfiança quase instintiva em relação aos motivos e competências dos políticos. Agora, então, é o momento para considerarmos a evolução da vida política de uma sociedade sob estresse.

Vida política

A morte do presidente Pompidou em abril de 1974 foi seguida por uma feroz disputa eleitoral em que os dois principais protagonistas eram os políticos conservadores Chaban-Delmas e Giscard d'Estaing. A força aparente do primeiro, como herói da resistência e ex-primeiro-ministro, além de sua posição como o candidato do partido gaullista União dos Democratas para a República (nome da UDR de 1967 a 1976), foi prejudicada pela deserção de um grupo de notáveis gaullistas, liderados pelo ambicioso Chirac. As rivalidades pessoais somaram-se à inquietação causada pelo empenho evidente com as reformas sociais de Chaban-Delmas. Além disso, as pesquisas de intenção de votos tinham deixado claro para Chirac, o qual havia sido nomeado ministro do Interior pouco antes da morte do Pompidou, que Chaban provavelmente perderia em um segundo turno contra Mitterrand, o candidato da esquerda. No evento, Chaban foi forçado a retirar-se após a primeira votação, tendo recebido apenas 15% dos votos. Seu apoio ficou ainda mais reduzido por acusações de evasão fiscal e atuações televisivas indiferentes; Mitterrand tinha 43% de apoio e o líder do RI, Giscard d'Estaing, atingiu 32%. Como resultado, este último, que não era gaullista, era o único candidato conservador para o segundo turno. Isso indicava uma mudança no equilíbrio do poder dentro da coalizão conservadora e o retorno à competição mais direta entre a esquerda e a direita. Giscard – jovem, elegante e extremamente inteligente – obteve 13.396.203 votos (50,8%). Isso significava que, pela primeira vez durante a Quinta República, o presidente não seria o líder do maior partido no Parlamento – um fator que poderia causar problemas de gestão política. O avivamento contínuo da esquerda – Mitterrand obteve 12.971.604 votos (49,2%) – iria, no entanto, impor certa unidade entre os políticos conservadores.

O novo presidente era um membro extremamente bem relacionado da tradicional elite social e havia obtido sua graduação tanto na Escola Politécnica quanto na Escola Nacional de Administração. Assim como seus antecessores, ele estava comprometido com a modernização econômica e social e, além disso, com a criação de uma "sociedade liberal avançada". Anteriormente, ele havia atuado como um ministro das Finanças muito ortodoxo. Seus objetivos essenciais seriam agora o restabelecimento das condições para o rápido retorno do crescimento econômico – o qual era visto como a norma e não como uma situação excepcional – e a redução dos fatores potenciais de conflitos sociais. O resultado global foram as despesas excessivas do Estado e um aumento substancial dos salários e dos benefícios sociais. Os homens designados para o cargo de primeiro-ministro, Chirac e depois Raymond Barre, buscavam desesperadamente uma política econômica eficaz. Foram feitos esforços para identificar os principais setores suscetíveis de serem competitivos nos mercados mundiais e cujo sucesso pudesse fornecer um estímulo vital para as empresas francesas. Os produtores de armamentos, a indústria aeronáutica – que desenvolveu o Airbus com seus parceiros europeus – o programa espacial, bem como as telecomunicações e a tecnologia da informação, foram estimulados pelas grandes subvenções e muitos contratos estatais. Em um esforço para equilibrar as contas, no entanto, o governo de Jacques Chirac (maio de 1974 – agosto de 1976) também introduziu restrições ao crédito, o que resultou em uma profunda recessão, mas foram abandonadas em favor de políticas de estímulo econômico, que serviram apenas para o aumento da inflação. A tensão entre o presidente e seu primeiro-ministro tornou-se mais forte. Quase inevitavelmente, também, eles começaram a discordar sobre assuntos relacionados à autoridade detida por cada um deles. Por fim, Chirac foi forçado a retirar-se do cargo em 25 de agosto de 1976; ele foi substituído por Barre, um economista profissional que dependia muito mais do presidente, pois não possuía uma base política própria.

Posteriormente, Barre (1976-1981) buscou implementar uma política econômica mais cautelosa em resposta aos problemas causados pela crise do petróleo, procurou restaurar a confiança comercial por meio de liberalizações econômicas que envolviam a redução da intervenção direta do governo na economia e maior dependência das forças de mercado para restaurar a competitividade internacional. O programa de austeridade do governo, que incluía aumentos nas contribuições para a assistência social e o congelamento de preços e salários, não foi nada popular, mas contribuiu para estabilizar a inflação, embora a uma taxa elevada (9% em 1977). Isso tomou precedência sobre a eliminação do desemprego, que havia aumentado para 1,3 milhão no final de 1978 e, de fato, mostrou-se como um meio útil para limitar os aumentos salariais inflacionários.

Inicialmente, Giscard foi fundamental para a introdução de importantes reformas libertárias, projetadas para atualizar a lei e garantir que ela estivesse em conformidade com a mudança da moral. A maioridade foi reduzida para 18 anos (Lei de 5 de julho de 1974), o aborto foi legalizado (17 de janeiro de 1975), os procedimentos do divórcio foram simplificados e as farmácias foram autorizadas a vender contraceptivos (julho de 1975). As provisões da assistência social ficaram mais generosas e foram feitos esforços para melhorar o acesso ao ensino secundário (*Loi Haby*, de 11 de julho de 1975). Foi feita também uma tentativa para dessacralizar o cargo de presidente. Giscard falou na televisão de forma informal, descontraída, em nítido contraste com o estilo quase régio que desenvolveu mais tarde. Apesar dos esforços para conciliar os gaullistas e recompensar Chirac com o cargo de primeiro-ministro, o programa Legislativo inicial do presidente, no entanto, causou considerável inquietação e tensão dentro da coalizão conservadora. A maioria dos conservadores estava disposta a apoiar as propostas para reforçar os direitos dos trabalhadores ou aumentar a tributação dos ganhos de capital como um meio de aliviar o peso dos impostos indiretos sobre aos pobres.

Essas divisões tornavam-se cada vez mais evidentes conforme Chirac reorganizava os gaullistas em um partido mais agressivamente populista, o Reagrupamento para a República (RPR), um mecanismo de apoio para suas ambições presidenciais cada vez mais evidentes. Ele aumentou ainda mais a pressão, ao apresentar-se como um candidato para o cargo de prefeito de Paris, posto recém-criado por Giscard como um passo importante para a descentralização, e, em 25 de março de 1977, derrotou o candidato escolhido pelo próprio presidente. A resposta de Giscard foi organizar os grupos conservadores não gaullistas na União para a Democracia Francesa (UDF), na esperança de ampliar sua aceitação pelos políticos moderados do centro. A curto prazo, apesar das tensões recorrentes, a ampla aliança conservadora manteve-se ativa. A persistência envolta em interesses pessoais para a manutenção do poder garantiu uma cooperação para o segundo turno das eleições legislativas de março de 1978. A vitória foi facilitada pelo renascimento dos conflitos internos dentro da esquerda.

Nos anos restantes de sua presidência, Giscard concentrou sua atenção nos assuntos internacionais, com pouco impacto, exceto na Europa, onde como resultado de uma iniciativa comum franco-alemã foi acordado que o Parlamento Europeu deveria ser eleito por sufrágio universal. Isso ocorreu, apesar da aversão gaullista por quaisquer reforços do princípio da supranacionalidade. Por outro lado, a "mediação" francesa nas relações cada vez mais tensas entre as superpotências foi claramente ignorada. De fato, os crescentes problemas domésticos reduziram de forma inevitável o prestígio internacional do governo. A segunda crise do petróleo triplicou os preços em 1979-1980, renovou as dificuldades da balança de pagamentos, aumentou a inflação (11,8% em 1978, 13,4% em 1979) e o desemprego.

O sentimento geral de desassossego e a insegurança foram intensificados pela ameaça de terrorismo, exemplificado pelo atentado ocorrido na sinagoga da rua Copernic, em Paris. De acordo com uma enquete do Instituto Francês de Opinião Pública (IFOP) de setembro de 1979, apenas 26% dos entrevistados estavam satisfeitos com o desempenho do presidente. A crítica foi estimulada ainda mais quando o semanário satírico *Le Canard Enchaîné* expôs o estranho caso dos diamantes do "imperador", o presente dado a Giscard pelo desagradável imperador Bokassa, governante do Império Centro-Africano (como ele tinha rebatizado a República Centro-Africana). Junto com o aumento de sua *autodignificação*, isso fazia que Giscard se tornasse cada vez mais uma figura a ser ridicularizada. Mesmo assim, as pesquisas de opinião ao longo da década de 1980 continuavam a sugerir que ele ganharia de qualquer adversário provável de esquerda na eleição presidencial de 1981. Apesar da "crise", a maioria da população continuava a desfrutar de uma verdadeira prosperidade.

No entanto, a lenta recuperação da esquerda no que diz respeito a suas profundas divisões e à fraqueza dos primeiros anos da Quinta República representava uma ameaça crescente ao predomínio conservador. Sérios esforços para assegurar uma cooperação mais estreita começaram a ser efetuados em 1964 por iniciativa do Partido Comunista, o maior grupo de esquerda naquele momento que estava ansioso para escapar de seu isolamento político. Os resultados foram vistos na candidatura de Mitterrand para a eleição presidencial de 1965. Os acontecimentos de 1968 e a fragmentação do decrépito Partido Socialista haviam dificultado quaisquer progressos adicionais. Os resultados desastrosos da esquerda na eleição presidencial de 1969, quando ambos os seus candidatos foram eliminados no primeiro turno, estimularam a renovação de seus esforços. Em primeiro lugar, a criação de um novo Partido Socialista, em julho de 1969, fez pouca diferença. As novas iniciativas somente começaram a surgir após a eleição de Mitterrand como seu primeiro secretário no Congresso de Epinay, realizado em junho de 1971.

Mitterrand era um estranho que não tinha sido identificado com nenhuma das facções do partido. Ele foi para a esquerda como um meio de opor-se ao gaullismo. Sua reputação como figura de liderança da resistência durante a guerra reforçou as suas credenciais e, até 1994, ele conseguiu esconder cuidadosamente suas inclinações pré-guerra para a neofascista Cruz de ferro, bem como seu comprometimento inicial a Pétain, ao Regime de Vichy e a longa amizade pós-guerra com René Bousquet, um dos principais colaboracionistas e secretário-geral da polícia de Vichy. O acordo com os comunistas para apresentar um programa comum para o eleitorado foi realizado em 7 de junho de 1972. Os socialistas concordavam que o objetivo deveria ser a ruptura com o capitalismo por meio da nacionalização dos principais setores da economia; os comunistas aceitaram que não haveria uma "ditadura do proletariado" após a vitória eleitoral e aderiram a uma política democrática e eleitoral. A parceria não seria fácil. Os líderes de ambas as partes estavam preparados para assumir o papel predominante e, ao mesmo tempo, preservar a autonomia de suas próprias organizações. Mesmo assim, os resultados das eleições legislativas de março de 1973 pareciam confirmar o valor da aliança. Embora o desempenho da esquerda estivesse melhor somente em comparação com sua terrível derrota de 1969, os socialistas conseguiram interromper seu declínio eleitoral e atraíram uma parte do voto popular quase tão grande como a dos comunistas.

Apesar das dúvidas que isso lhes causou, os comunistas concordaram em apoiar a candidatura de Mitterrand na eleição presidencial de maio de 1974, oferecendo uma grande contribuição para seu resultado honroso. A partir do final do ano, no entanto, os porta-vozes do Partido Comunista e particularmente seu secretário-geral, Marchais, começaram a fazer ataques cada vez mais frequentes a seus antigos aliados. Finalmente, em setembro de 1977, denunciando a moderação e a vontade de se envolver com a colaboração de classes de seus parceiros, os comunistas desistiram da união. Certamente, ainda existiam grandes diferenças ideológicas entre um partido socialista cada vez mais pragmático e um partido comunista comprometido com o socialismo de Estado no modelo soviético. Essa mudança de tática e as recriminações mútuas que se seguiram faziam pouco sentido prático, no entanto, em um momento em que as pesquisas de opinião sugeriam que a esquerda tinha uma boa chance de obter maioria nas eleições legislativas de março de 1978.

As voltas e reviravoltas da política do Partido Comunista refletiam a oposição de Marchais àqueles que ele descrevia como *liquidateurs* (liquidadores) em seu partido – ou seja, os modernizadores que desejavam um comprometimento inequívoco com a democracia –, bem como seu crescente temor em relação ao declínio permanente de um partido político que, recentemente, havia sido o mais forte da França. Mas, de 28% dos votos do primeiro turno em 1946 e com uma média de 26% em toda a Quarta República, os votos ao Partido Comunista caíram para 20% em 1978. Essa tendência continuaria, com o consequente colapso do apoio eleitoral para 16% em 1981 e 9,8% em 1986 (menos do que a Frente Nacional). O fracasso eleitoral foi acompanhado por um declínio de suas filiações e atividades militantes, a diminuição da circulação dos jornais do partido, a desmoralização generalizada e a sua crescente marginalização mesmo nas cidades do "cinturão vermelho" na região de Paris. Em qualquer caso, teria sido difícil resistir a um conjunto de pressões que se reforçavam mutuamente, em particular, as mudanças na estrutura social, envolvendo o declínio da tradicional classe trabalhadora e sua subcultura distinta; a falta de interesse entre os jovens eleitores a respeito do comunismo de estilo soviético; e a competição mais eficaz dos socialistas. A incapacidade da hierarquia comunista para desenvolver uma resposta coerente e sustentada para esses problemas e seu constante desejo de eliminar seus dissidentes agravaram os danos. O partido seguia a linha soviética de forma consistente, apoiando as invasões russas da Hungria em 1956, da Tchecoslováquia em 1968 e do Afeganistão em 1979. A resposta débil da liderança para os acontecimentos de maio de 1968 na França em si e, após, o impacto da publicação do livro *Arquipélago Gulag* de Alexander Soljenítsin, em 1974, lançou maiores dúvidas sobre suas credenciais morais e políticas. Apenas os esforços de Mikhail Gorbachev, na década de 1980, de liberalização do regime soviético fariam que Marchais, por fim, criticasse a liderança de Moscou. Esse enfraquecimento do Partido Comunista e a ascensão de uma alternativa socialista moderada somariam-se para acabar com a radicalização da esquerda e para torná-la mais elegível.

Mais imediatamente, no entanto, o efeito do abandono comunista da aliança eleitoral em 1978 foi muito claro. Nas eleições legislativas, a esquerda saiu-se bem no primeiro turno e ainda reforçou sua posição no segundo turno, mas não conseguiu obter uma maioria global. Isso ocorreu, em grande parte, por causa da falta de vontade de muitos que, no primeiro turno, haviam votado nos socialistas para apoiar os candidatos comunistas no segundo – um resultado que levou a uma maior deterioração nas relações entre os dois partidos. Mais uma vez, a esquerda mostrou que considerava, mais que a direita, difícil responder às tendências bipolares do sistema político, iniciadas na Quinta República. Essas divisões foram apenas reforçadas durante a longa campanha que antecedeu a eleição presidencial de 1981. Os comunistas pareciam preocupados em destruir as chances de uma vitória socialista e apresentaram Marchais como seu próprio candidato. Inicialmente, os socialistas dividiram-se entre os partidários de Michel Rocard e aqueles que apoiavam a candidatura de Mitterrand. Felizmente para a esquerda, essas divergências foram compensadas pelas discórdias da direita, pois o RPR e seu candidato, Chirac, criticavam constantemente as políticas favorecidas por Giscard e o governo que representavam, chegando ao ponto de atrasar o orçamento de 1980.

A surpresa do primeiro turno foi a contínua queda do voto comunista; Mitterrand e Giscard empataram com 26% dos votos para cada um, enquanto Chirac obteve 18% e Marchais somente 15%. Marchais foi forçado a desistir em favor de Mitterrand. Seu fracasso enfraqueceu a validade da crítica conservadora contra Mitterrand, a saber, que sua eleição abriria espaço para os comunistas. Além disso, a esquerda manteve uma melhor disciplina eleitoral. Decepcionado com a eliminação em primeiro turno, Chirac afirmou que cada eleitor deveria votar "de acordo com sua consciência" no segundo turno, o que levou o comentarista político Raymond Aron a observar amargamente que "não se trata da vitória da esquerda, mas do suicídio da direita". O próprio Giscard acusaria Chirac de "traição premeditada".

TABELA 20. Resultados da eleição da Assembleia Nacional, 12 e 19 de março de 1978.

	Votos do primeiro turno	Divisão de votos (%)	Assentos após a segunda votação
Comunistas	5.791.125	20,61	86
Socialistas	6.403.265	22,79	114
UDF	6.712.244	23,89	137
RPR	6.416.288	22,84	154

CAPÍTULO 8 – UMA SOCIEDADE ESTRESSADA | 447

IMAGEM 67. Eleições presidenciais: Valéry de Giscard d'Estaing e François Mitterrand participam de um debate televisivo, 5 de maio de 1981. Foto: AFP/Getty Images.

A campanha cuidadosamente planejada de Mitterrand apresentava-o como *la force tranquille* (*a força tranquila*), o guardião dos valores estabelecidos, bem como o defensor da reforma sensata e moderada. Isso estava em nítido contraste com a abordagem agressiva de Marchais e Chirac, e as ambiguidades estudadas de Giscard. As políticas apresentadas por Mitterrand eram de fato substancialmente menos radicais do que o programa oficial do Partido Socialista. No entanto, sua vitória, com 15.708.262 (51,76%) dos votos válidos, deveu-se principalmente ao apoio da esquerda formada pelos defensores da reforma social. Isso refletia uma crescente preocupação com o desemprego e a ameaça à qualidade de vida; culpava-se o governo por esses problemas. Mitterrand venceu em 65 dos 96 departamentos, fez progressos inesperados nas regiões católicas do Leste e do Oeste, tradicionalmente hostis à esquerda, e reforçou sua posição no Norte industrializado, na região de Paris, em Midi e na Borgonha. Sociologicamente, ele obteve uma vitória particularmente boa entre os trabalhadores manuais, de colarinho branco e dentre aqueles que ocupavam posições administrativas inferiores.

Começava a surgir novos padrões de voto, como reflexo da mudança socioeconômica e do declínio das subculturas católica e comunista. O elei-

IMAGEM 68. O recurso de Mitterrand como *la force tranquille*, fazendo uso de uma calma paisagem rural, combina a promessa de mudanças e a tranquilidade. Pôster de Séguéla.

torado tornava-se mais fluido. Seja como for, o político que, no início, tornou-se conhecido por ser um ativista da resistência, que havia sido um luminar da desacreditada Quarta República, um homem visto por conservadores como "o eterno perdedor" e acusado pela esquerda de ter buscado a liderança do Partido Socialista por oportunismo, e não por um sentimento profundo de comprometimento, voltava ao palco político para provar-se um crítico dos governos conservadores e líder de um Partido Socialista rejuvenescido. Finalmente, na terceira tentativa, ele alcançou seu objetivo de ser eleito presidente. Um indivíduo reflexivo, descrito várias vezes como distante, arrogante e narcisista, Mitterrand, como De Gaulle, estava preocupado com seu lugar na história. Da mesma forma, ele desejava garantir a posição da França como uma das grandes potências e, para garantir isso, continuou com o processo de modernização econômica e social. Além disso, no entanto, e apesar de motivado por uma ambição arrogante, Mitterrand também parecia manter um vago comprometimento humanitário a uma maior justiça social. Ele ocupou o Palácio do Eliseu por 14 anos, admirado por muitos, mas também amplamente odiado. Durante esses anos e apesar de ter anteriormente condenado o caráter autoritário do regime, Mitterrand procurou exercer a autoridade de um *monarca republicano*, fazendo pleno uso dos poderes da presidência, particularmente os poderes de nomeação, para criar uma rede de dependências e, ao menos durante os períodos de administração socialista, manter o controle da tomada de decisão. Mesmo durante os períodos embaraçosos de *coabitação* com primeiros-ministros conservadores, Mitterrand foi capaz de exercer uma influência considerável, especialmente no que veio a ser visto como áreas reservadas da política externa e de defesa.

Como ele havia prometido, após sua eleição, Mitterrand dissolveu imediatamente a Assembleia Nacional na tentativa de assegurar uma maioria parlamentar comprometida com seu apoio. A eleição, realizada em junho de 1981, marcou uma mudança profunda no equilíbrio do poder. Em grande parte, isso se deveu à abstenção de um grande número de eleitores conservadores habituais, desanimados com a eleição de um presidente socialista e pela desorganização da direita. No entanto, não foi apenas a direita que sofreu. O funcionamento eficaz do sistema político parecia exigir que o presidente e a maioria parlamentar tivessem origens comuns. Como resultado, o Partido Comunista perdeu mais de metade de suas cadeiras, deixando os socialistas com maioria absoluta.

TABELA 21. Resultados da eleição da Assembleia Nacional, 14 e 21 junho de 1981.

	Votos do primeiro turno	Divisão de votos (%)	Assentos após o segundo turno	Divisão de votos (%)
Comunistas	4.003.025	16,13	44	9
Socialistas	9.387.380	38,02	285	58
União pela nova maioria (RPR e UDF)	10.649.476	42,90	—	—
RPR	—	—	88	17,9
UDF	—	—	62	12,6

Os socialistas comemoraram a vitória presidencial de uma forma que revelava um forte senso de história: eles realizaram uma demonstração maciça na Praça da Bastilha e uma cerimônia no Panteão, local em que o novo presidente colocou rosas nos túmulos de Victor Schoelcher, um dos líderes da abolição da escravidão nas colônias em 1848 que, posteriormente, teve um papel crucial na oposição democrático-socialista ao futuro Napoleão III; de Jean Jaurès, o socialista humanitário assassinado por um nacionalista extremo em 1914; e de Jean Moulin, o mártir da resistência. No poder pela primeira vez durante a Quinta República, a esquerda estava em clima de euforia. Foi criado um poderoso sentimento de expectativa com base no programa radical do Partido Socialista que condenava o sistema capitalista, e não nas propostas mais cautelosas apresentadas por Mitterrand. Isso foi ainda mais incentivado com a nomeação de Pierre Mauroy para assumir o cargo de primeiro-ministro – professor de História, sindicalista e Jovem Socialista –, que representava os antigos bastiões da classe trabalhadora do Norte. O próprio governo era composto por 36 socialistas escolhidos dentre as diversas facções internas, incluindo luminares como Delors (ministro da Economia e Finanças), Gaston Defferre (Interior) e Alain Savary (Educação), juntamente com dois radicais de esquerda; mas foi a presença de quatro comunistas que atraiu mais comentários, tanto interna como externamente. Sua participação inquieta no governo, pela primeira vez desde 1947, representou uma recompensa por seu apoio eleitoral e, por parte deles, uma tentativa de reverter a popularidade decrescente do partido; porém, sua posição subordinada obviamente fazia disso uma tática perigosa. Eles, de fato, teriam pouca influência, pois os alarmes de Washington foram rapidamente silenciados pelo desejo óbvio de Mitterrand de melhorar a cooperação com os aliados ocidentais.

As medidas introduzidas pelo novo governo, no entanto, anunciaram um programa sem precedentes de reforma, influenciado pela economia keynesiana, pela experiência da Frente Popular e pela determinação de reforçar o Estado de bem-estar e garantir a "ruptura com o capitalismo", representada pela nacionalização de bancos e de grandes empresas industriais. Houve, também, o anúncio da introdução do imposto sobre a "riqueza" que afetava os muito ricos, do aumento de 10% no salário-mínimo legal e do aumento dos abonos familiares, bem como um projeto para criar 55 mil empregos no setor público. A pena de morte foi abolida e um controverso plano para ampliar as áreas de treinamento militar em Larzac foi abandonado – uma concessão simbólica a camponeses e ecologistas. A lei da descentralização (3 de março de 1982) de Defferre marcou uma mudança importante nas tradicionais centralizações do Estado francês. Nas décadas seguintes, ela seria importante para o renascimento da democracia local. A lei ofereceu assembleias eleitas com bastante poder às 22 regiões que haviam sido criadas em 1972 por motivos de planejamento econômico.

Ao mesmo tempo, o poder Executivo departamental foi transferido do prefeito ao Presidente do Conselho Departamental eleito (*conseil général*), responsável, especialmente, pela saúde, pelos serviços sociais e estradas. As competências de planejamento das comunas também foram aumentadas. Isso foi uma tentativa de tornar o governo local mais democrático, responsável e mais eficiente.

Certamente, a descentralização não foi implementada de um dia para o outro. Os problemas de sobreposição de responsabilidades tiveram de ser superados. Levou tempo para que as regras do jogo político pudessem mudar. Além disso, a dependência do apoio financeiro do Estado central, de seus serviços técnicos e de seu poder de decisão continuou a obstruir a consecução da verdadeira autonomia. No entanto, um passo importante tinha sido dado no sentido de aumentar a sensibilidade do governo central, das grandes empresas e da mídia em relação às necessidades locais. As cidades maiores foram particularmente beneficiadas. Centros economicamente deprimidos como Lille e Saint-Etienne podiam agora desenvolver instalações sociais e culturais necessárias para atrair investidores e turistas. Do lado negativo, como no caso de Lille – o feudo de Mauroy –, a dívida da cidade aumentou de forma considerável. Foram necessários grandes investimentos do governo para financiar as obras de desvio necessárias para levar o trem de alta velocidade (TGV) até Lille, em seus trilhos que vão desde Paris até a costa do Canal da Mancha. Ainda mais perturbadora foi a investigação efetuada pelo Tribunal de Contas, a qual revelou estimativas grosseiramente otimistas do tráfego que poderia ser gerado e, pior ainda, o conluio entre os executivos da *Société Nationale de Chemins de Fer* (SNCF, Empresa Nacional de Transporte Ferroviário) e as empreiteiras que superestimaram os custos. As propostas foram então manipuladas a fim de evitar a licitação. Ao longo da década de 1980, uma onda de escândalos revelou grandes confusões e corrupção entre as empresas públicas e privadas em cidades tão diversas como Paris, Lyon, Marselha, Nantes, Nice, Grenoble e Angoulême. Isso parece ter sido o resultado das medidas que deram poderes de planejamento e maior autonomia financeira aos prefeitos da maioria das comunas; a concorrência intensa entre as empresas para ganharem as empreitadas de obras públicas; o custo crescente das eleições; a ganância humana; e os contatos promovidos pela adesão em redes sociais que, muitas vezes, estavam ligadas a associações da sociedade civil, tais como as lojas maçônicas. No entanto, até 1996, ano da acusação do deputado socialista e antigo ministro Henri Emmanuelli e de Alain Carignan, prefeito (RPR) de Grenoble e ministro, era extremamente raro ver líderes do governo – ou os empresários com quem tinham relações – serem responsabilizados por negociações que estavam sob sua influência, quer seja para ganho pessoal ou para o benefício de seus partidos políticos.

Embora apenas uma minoria de políticos tenha sido implicada, o problema da corrupção nos níveis mais altos do Estado, contudo, mostrou-se sistêmico; não era apenas uma questão de ganância individual. A nova determinação dos magistrados em extirpar a desonestidade emergiu inicialmente dos ajustes de contas entre grupos políticos rivais, mas também representava a relutância crescente de uma nova geração de magistrados, jornalistas investigativos e policiais, encorajados pelo sucesso de seus colegas italianos, para tolerar erros, para os quais os seus antecessores, como resultado de pressão política ou carreirismo, estavam preparados para fechar os olhos. Preocupados com o impacto da opinião pública em relação às acusações de encobrimento, os ministros não conseguiram impedir uma série de investigações prejudiciais. Em 1992, o primeiro-ministro socialista, Pierre Bérégovoy, estabeleceu várias comissões de investigação e as seguintes administrações conservadoras fizeram suas próprias contribuições. Isso resultou em regras muito mais rigorosas para os contratos públicos e para o financiamento político, com a proibição de contribuições corporativas e um alargamento substancial da subvenção pública aos partidos políticos, introduzida pela primeira vez em 1988.

O complexo programa de reformas econômicas e sociais do governo socialista inevitavelmente suscitou críticas internas e internacionais consideráveis. O próprio Mauroy advertiu que, como em 1936, o resultado de uma tentativa de ignorar a lógica do mercado causaria o rápido colapso da administração. Seu desejo por uma reversão substancial da política gerou uma luta pela alma do Partido Socialista, na qual o primeiro-ministro foi apoiado por Delors e Rocard, e a oposição por Jean-Pierre Chevènement e Bérégovoy, os defensores de um socialismo mais radical. No entanto, após ter sido vista como necessária por Mitterrand, a implementação de uma nova estratégia econômica começaria no verão e outono de 1982. A derrota nas eleições municipais, em março de 1983, parece ter aumentado o convencimento do presidente a respeito da necessidade de maior cuidado. Em 24 de junho de 1984, quando Savary tentou realizar o velho sonho da esquerda de criar um sistema educacional único e secular, reduzindo os subsídios às escolas confessionais, isso provocou uma manifestação envolvendo até 1 milhão de pessoas em apoio à independência (fortemente subsidiada) das escolas católicas e de uma educação elitista exclusiva. Mitterrand desistiu dessa política sem ter consultado ninguém. Savary e Mauroy sentiram-se obrigados a renunciar. Chevènement, o substituto de Savary, comprometeu-se em adaptar a educação às necessidades de um mundo em mudança por meio da restauração de padrões. O currículo básico, com sua ênfase em ciências, tecnologia e também na alfabetização básica e competência matemática, bem como sua preocupação com resultados mensuráveis, em vez da realização individual, foram características das reformas educacionais propostas pelos governos tanto da França quanto da Grã-Bretanha, independentemente de matiz político.

Outras reversões políticas dramáticas também faziam parte da perspectiva. O próprio presidente encorajava a ilusão de que uma ruptura com o capitalismo era possível. O principal impulso da política do governo chefiado por Mauroy, no entanto, foi direcionado ao estímulo da atividade econômica para reduzir o desemprego e assegurar o compartilhamento mais amplo da prosperidade. Inicialmente, embora estivesse comprometido com a modernização econômica e particularmente com o desenvolvimento da tecnologia da informação, o governo socialista derramou recursos nas indústrias de carvão, aço e de construção naval que estavam em declínio e como resposta às demandas dos seus constituintes tradicionais. Para garantir que no futuro eles apoiariam a estratégia econômica do Estado e a fim de compensar a aparente timidez dos investidores privados e institucionais, as instituições financeiras, tais como Paribas e Suez, foram nacionalizadas, o mesmo ocorreu com os 39 bancos restantes que ainda estavam em mãos privadas. Outros alvos do Estado foram as grandes empresas siderúrgicas, todas à beira da falência e, mais significativamente, as empresas de manufatura que estavam estrategicamente inseridas em setores como aeronáutica, eletrônica, produtos químicos e tecnologia da informação. Também foram adquiridas participações do controle de empresas líderes de armamentos Dassault-Breguet e Matra, bem como de outro potencial campeão nacional, a empresa de computação CII Honeywell Bull. Elas serviriam como polos de crescimento, cujo desenvolvimento deveria estimular toda a economia. Como resultado, a parte do Estado no volume de negócios industriais aumentou de 16% a 30%. A proporção dos trabalhadores industriais do setor público subiu de 11% para 24,7%. Acreditava-se que o controle estatal de uma proporção da atividade econômica muito maior do que era comum em outras economias avançadas permitiria o desenvolvimento de um programa coerente de investimentos.

Na prática, porém, os gerentes existentes foram autorizados a manter o controle. Esperava-se, também, que o aumento do investimento e a reestruturação industrial iriam absorver o desemprego e colocar a indústria francesa em uma posição vantajosa para poder aproveitar a expansão da economia internacional, que havia sido tão confiante e incorretamente prevista pelos economistas da Organização para a Cooperação e Desenvolvimento Econômico (OCDE). Enquanto essas políticas econômicas do Partido Socialista causavam impactos surpreendentemente pequenos nos níveis de desemprego, elas certamente horrorizaram o mundo dos negócios e financeiro, bem como os ricos em geral, gerando uma violência verbal quase sem precedentes.

A confiança empresarial diminuiu ainda mais com as medidas destinadas a garantir maior equidade social. Dentre elas, o aumento do salário-mínimo e dos pagamentos para a assistência social, juntamente com o imposto sobre a riqueza. Essa medida essencialmente simbólica afetou apenas os *muito ricos*, isto é, 1% de famílias cujas fortunas excediam 3 milhões de francos. No entanto, juntamente com os ataques retóricos contra os ricos, isso provocou uma fuga de capitais similar à de 1936. O mesmo pode ser dito dos esforços do ministro do Trabalho, Jean Auroux, para melhorar os direitos coletivos dos trabalhadores em detrimento da autoridade gerencial. Para o *patronato* isso parecia ser um ataque às suas prerrogativas essenciais. Havia grande preocupação também sobre o impacto da redução da semana de trabalho (para 39 horas) e a concessão de uma quinta semana de férias pagas. O governo esperava que essas medidas melhorassem a qualidade de vida e, juntamente com a aposentadoria precoce e o retreinamento profissional, contribuíssem para a redução do desemprego. O principal efeito dos esforços para estimular a demanda, no entanto, foi o aumento das importações e a deterioração da balança de pagamentos, bem como uma inflação que crescia de forma acelerada. Embora não tenha sido tão prejudicial como as políticas de estímulo econômico de Chirac em 1975, a tentativa de estimular a economia causou uma inevitável redução da competitividade das empresas francesas, ao mesmo tempo que seus concorrentes estavam utilizando políticas deflacionárias. Resultou em três desvalorizações do franco no espaço de 18 meses e revelou os estreitos limites da autonomia nacional imposta pelas restrições econômicas internacionais. Acima de tudo, a espiral inflacionária forçou o governo a reavaliar ainda mais a sua estratégia.

O congelamento de salários e preços (julho-novembro de 1982) foi seguido pela imposição de contenção salarial no setor público, enquanto o setor privado foi capaz de aproveitar-se do medo do desemprego e da fraqueza crônica dos sindicatos. O aumento da tributação e o aperto nas despesas do bem-estar reduziram o déficit do orçamento. As altas taxas de juros restringiam as despesas do consumidor. A indexação automática dos salários foi encerrada para apoiar a luta contra a inflação – uma medida que a direita nunca ousou apresentar. A sabedoria da nacionalização também foi questionada. Independentemente das intenções, as medidas haviam claramente reduzido a liberdade comercial, a disciplina do mercado e, por conseguinte, a competitividade de grandes empresas, tais como Thomson, Pechiney e Rhône-Poulenc; o desperdício de recursos derramados nas indústrias de carvão e de aço também é resultado dessas medidas. Parecia claro que apenas o incentivo à iniciativa empresarial garantiria o retorno das taxas de crescimento maiores e a efetiva redução do desemprego.

Para ocupar o cargo de Mauroy, que renunciou em 17 de julho de 1984, o presidente nomeou o jovem Laurent Fabius, seu ex-chefe de gabinete, como o símbolo e agente de uma importante mudança política. Os objetivos do novo primeiro-ministro, um social-democrata, produto da alta classe média e formado pela ENA, foram a promoção da recuperação econômica e a reconstrução da imagem do governo para as eleições legislativas de 1986. A mudança política causaria muito ressentimento na ala esquerda do Partido Socialista, nos sindicalistas e nos comunistas que finalmente renunciaram um governo no qual se sentiam cada vez mais desconfortáveis, esperando que isso atraísse a esquerda. No entanto, a maioria dos socialistas parece ter aceitado, e com surpreendente facilidade, que havia limites em relação ao que o Estado poderia alcançar em termos de reforma social. Eles participaram da mudança geral de opinião rumo ao neoliberalismo, talvez, escondendo a verdade de si mesmos, certos de que a nova política seria apenas um ajuste temporário. Não obstante, a reversão da política teve um impacto profundamente negativo na popularidade do governo.

Inevitavelmente, as voltas e reviravoltas da política econômica prejudicaram a reputação de Mitterrand. Muitos daqueles que esperavam a mudança e o haviam apoiado foram afastados. O reconhecimento do poder das forças de mercado pelo governo e sua aceitação da necessidade de racionalização e modernização dos negócios trouxeram o crescimento do desemprego. Os resultados das eleições europeias, em junho de 1984, e das eleições municipais da primavera de 1983 foram decididamente desfavoráveis. De acordo com uma pesquisa do IFOP feita em novembro, apenas 26% do eleitorado estava satisfeito com o desempenho de Mitterrand. Em vez de encaminhar os fundos estatais a um número limitado de "setores-chave", a estratégia do governo de Fabius seria o incentivo da rentabilidade como meio para financiar o investimento. Foi iniciada a privatização. Os investidores foram convidados a adquirir até 25% das ações das empresas nacionalizadas, bem como obter a posse definitiva de algumas das suas subsidiárias. Reduções consideráveis de capacidade foram impostas às indústrias de carvão, aço e de construção naval. Empresas públicas e privadas foram encorajadas a reduzir seus custos por meio da supressão de empregos. Em maio, o governo não fez nada para evitar a falência de sua maior empresa de infraestrutura, a Creusot-Loire, que empregava 30 mil trabalhadores. Logo seria reconhecido que a rápida evolução tecnológica e a intensificação da concorrência internacional tinham estabelecido uma necessidade premente de mudança estrutural na economia. Havia probabilidade de, em um futuro próximo, o desemprego atingir níveis considerados inaceitáveis no passado. Em 1985, a inflação tinha sido reduzida para 5%, mas o desemprego permanecia teimosamente acima dos 10%. Havia um abismo entre a maioria da população, que continuava a desfrutar do aumento do nível de vida, e uma "subclasse" – composta de trabalhadores não qualificados e mal pagos –, juntamente com os desempregados – que estavam cada vez mais expostos à "flexibilidade" do mercado de trabalho e a toda insegurança e estresse causados pelo emprego temporário de meio período. Cerca de 29% de todas as famílias foram classificadas oficialmente como "pobres" e, apesar do apoio prestado pelo sistema de bem-estar social, muitas delas passariam por privações consideráveis.

Em contraste, nas décadas seguintes, os ricos lucrariam com o enorme crescimento do valor imobiliário e da renda (de 452 bilhões de francos para 5,39 trilhões entre 1980 e 1995). Ao mesmo tempo, os rendimentos dos assalariados, que tinham subido 62% nos 15 anos anteriores, aumentariam apenas 5%. Uma nova ordem econômica havia sido inaugurada. Os socialistas foram obrigados a reconhecer a primazia do mercado. Seu fracasso garantiria uma vitória conservadora nas eleições legislativas de 1986 e um período de *coabitação* entre o presidente Mitterrand e Chirac, o primeiro-ministro imposto pela maioria. Suas políticas e as administrações subsequentes seriam caracterizadas pela continuidade das políticas essencialmente neoliberais adotadas para adaptar-se à globalização e ao Ato Único Europeu de 1986. Este último tinha o objetivo de eliminar as barreiras não tarifárias para os fluxos de comércio e de capitais, bem como toda a gama de práticas anticompetitivas, incluindo os subsídios do governo, tradicionalmente utilizados pelos governos franceses. As políticas dos futuros governos socialistas após as eleições de 1988 e 1997 confirmariam essas opções, apesar da busca contínua por uma "terceira via", entre o *dirigismo* estatal e o capitalismo liberal.

Essas reversões para esquerda ofereceram um novo ânimo aos conservadores, que haviam ficado absolutamente atordoados com a inesperada perda do poder em 1981. Estava muito difícil fazer uma oposição eficaz, em parte porque agora havia três partidos concorrentes à direita; e as eleições confirmariam a ascensão da Frente Nacional. Inicialmente, os militantes desse partido incluíam membros de grupos previamente marginalizados da extrema-direita, a saber, monarquistas, antigos partidários da França de Vichy e da Argélia francesa, antissemitas, estudante neonazistas e tradicionalistas católicos. Aos poucos, conseguiu atrair os eleitores desiludidos com os partidos existentes. O líder da Frente Nacional, Jean-Marie Le Pen, era eloquente, enérgico e bastante ameaçador; além disso, ele reiterava constantemente seu apelo populista relativamente simples a todos aqueles que não gostavam de estrangeiros, que estavam preocupados com a criminalidade, com o desemprego, que desejavam pagar impostos mais baixos e reafirmar a soberania francesa, abandonando a Comunidade Econômica Europeia. Muitas das questões colocadas por Le Pen estavam relacionadas a assuntos de interesse comum; suas respostas baseavam-se em suposições profundamente xenófobas e de punição racial, em um antissemitismo visceral e em uma determinação de expulsar os muçulmanos da França. Assim, o semanário *National Hebdo* condenava o "judaísmo politicamente organizado" e os imigrantes muçulmanos. O Programa do Partido de 1991 exigia a "repatriação" de 3 milhões de "imigrantes" e "preferência nacional" na oferta de emprego, habitação e assistência social. A longa sobrevivência da Frente foi garantida pelo comprometimento entusiasmado de ativistas locais – particularmente nas áreas urbanas com grande número de imigrantes – e pela criação de uma subcultura específica e com abrangência geral. Além disso, a Frente ganhava credibilidade pela atenção da mídia e pelos contorcionismos políticos dos conservadores que tentavam não condenar um partido que poderia vir a ser um aliado eleitoral útil. Os conservadores passaram a isolar a Frente Nacional somente quando calcularam que era possível ganhar mais votos se mantivessem uma postura antirracista, enquanto, ao mesmo tempo, adotavam o conteúdo do posicionamento da Frente em relação à lei, à nova imigração.

O desafio dos conservadores ao governo socialista ficou ainda mais enfraquecido pela persistente rivalidade entre a UDF Giscardiana e o RPR de Chirac, bem como pelas lutas internas de ambos, refletindo a aversão mútua dos dois líderes e suas diferenças políticas. A UDF tendia a favorecer tanto a liberdade individual quanto a responsabilidade do Estado como garantidor da justiça social; o RPR favorecia o populismo e autoritarismo de tradição bonapartista. Nesse ínterim, Barre atacou os dois. A direita, dessa forma, não conseguia comprometer-se a um único líder e potencial candidato presidencial; apesar disso, o equilíbrio do apoio popular, certamente, passou a favorecer Chirac, cujo estilo mais combativo garantiu-lhe maior visibilidade. A derrota de Giscard na eleição presidencial de 1981 e a perda do poder do patronato enfraqueceu bastante a UDF. Além disso, ela não tinha a força organizacional básica do RPR. Apesar das rivalidades, foi feita uma aliança por interesses pessoais e publicado um programa conjunto para as eleições legislativas de 1986. O programa prometia a privatização das empresas nacionalizadas, reduções nas despesas do governo e cortes de impostos que desencadeariam "iniciativas individuais na vida econômica, social e cultural". Em suma, ele representava uma reafirmação do comprometimento do liberalismo do século XIX com o individualismo baseado na propriedade.

Independentemente dos problemas enfrentados pela direita, ficou claro, antes das eleições, que os socialistas estavam em uma posição muito fraca. Para minimizar os efeitos da diminuição do apoio eleitoral, Mitterrand apresentou uma proposta extremamente controversa para mudar o sistema eleitoral. A votação distrital seria substituída por uma forma de representação proporcional com base departamental. O perigo era que esse regresso ao sistema eleitoral da Quarta República pudesse promover o restabelecimento do sistema multipartidário instável que tinha caracterizado o regime e, em particular, melhorar a sorte da Frente Nacional. Parece que esse também foi o cálculo de Mitterrand ao assumir que isso iria resultar na perda de votos para os principais partidos conservadores e contribuir para a fragmentação da representação da direita no Parlamento.

Os principais temas da campanha foram o desemprego e a insegurança causada pelo crime e pelo terrorismo. Mais do que nunca, o estilo era norte-americano, os conservadores, em particular, empregaram as mais recentes técnicas de marketing. Mesmo assim, a UDF e o RPR obtiveram juntos uma maioria parlamentar absoluta com apenas dois parlamentares a mais. Embora a tentativa dos socialistas para realçar o sucesso de sua política econômica após o abandono da política de estímulo econômico de 1982 não tenha sido totalmente convincente, as divisões óbvias entre os líderes conservadores também reduziram a credibilidade de sua campanha. No entanto e apesar da surpreendente capacidade dos socialistas para manter alguns dos seus ganhos anteriores, principalmente no Oeste, os resultados não conseguiam esconder a gravidade de sua derrota. Além disso, ambos os extremos – os comunistas e, em particular, a Frente Nacional – melhoraram suas posições, sendo que a Frente obteve, pela primeira vez, acesso ao Parlamento.

TABELA 22. Resultados da eleição da Assembleia Nacional, 16 de março de 1986.

	Votos	Divisão de votos (%)	Assentos
Comunistas	2.663.259	9,7	35
Socialistas	8.688.034	31,6	215
RPR-UDF	11.506.618	42,1	—
UDF	—	—	129
RPR	—	—	145
Frente Nacional	2.701.701	9,8	35

Nessa situação, o presidente, como árbitro, ganhou bastante espaço de manobra, apesar de ter assumido que a Constituição exigia que ele chamasse Chirac, líder do maior partido da Aliança conservadora, para servir como primeiro-ministro. Assim, foi criada uma situação sem precedentes: o presidente e o primeiro-ministro pertenciam a constelações políticas diferentes e rivais. Quem teria a autoridade para dar a palavra final?

Levou algum tempo para a situação tornar-se mais clara, mas no outono de 1986 já havia surgido uma difícil linha demarcatória; Mitterrand assumiu o papel de destaque na esfera das relações internacionais e da defesa, como de fato era sugerido pela Constituição. Um amplo consenso político nessas áreas reduzia a possibilidade de conflitos. Havia apenas um pequeno desacordo sobre a continuidade de princípios básicos da política externa gaullista, por exemplo, a manutenção de uma presença francesa assertiva na cena mundial, baseada em uma força de dissuasão nuclear autônoma. Além de reverter sua hostilidade anterior a essa política de *grandeza*, os socialistas também deixavam evidente seu comprometimento com o reforço da Comunidade Econômica Europeia, em parte como estímulo contínuo para a modernização e pelo reconhecimento da fraqueza dos Estados europeus individuais em uma economia internacional intensamente competitiva e, em parte, como meio de conter a única potência europeia mais poderosa – a Alemanha.

A vantagem do papel ativo em assuntos internacionais permitiu que Mitterrand, aos olhos do público, estivesse constantemente presente. Além disso, ele não hesitava em dar conselhos – públicos e privados – em toda uma gama de questões domésticas e tinha o poder de atrasar a implementação dos decretos administrativos, caso se recusasse a assiná-los. Com efeito, Mitterrand estava começando a refinar uma posição que ele já tinha começado a adotar no final do período do governo socialista: o presidente acima da política partidária. Apesar de, como líder da maioria parlamentar, Chirac ainda fosse o parceiro dominante, ele ficou de mãos atadas por causa da recuperação inesperada da popularidade do presidente e do óbvio desejo do público para que a *coabitação* funcionasse, a fim de evitar uma crise política potencialmente desestabilizadora. Pensando na próxima eleição presidencial de 1988, nem Chirac nem Mitterrand desejavam ser responsáveis por um possível fracasso.

O líder do RPR rapidamente estabeleceu um governo dominado pelos representantes do seu próprio partido, principalmente os políticos com experiência ministerial. Para muitos comentadores, o restabelecimento da direita parecia ser um retorno à normalidade. Influenciado pela moda intelectual liberal predominante, no entanto, Chirac desejava romper com o passado autoritário e voltado para o Estado do gaullismo. Apesar de ter prosseguido com as privatizações e desregulamentação generalizadas, elas não incluíam os monopólios públicos tradicionais, tais como o gás, a eletricidade, as telecomunicações e as indústrias estratégicas, como a aeroespacial. Os desacordos sobre esses assuntos seriam apenas uma das causas de atrito dentro do governo e da maioria conservadora. Outros incluíram o problema perene de financiamento do sistema de assistência social, a reforma da legislação trabalhista para favorecer os empregadores, a reformulação das leis de nacionalidade para discriminar imigrantes e a resposta correta para as propostas de desarmamento do líder soviético Gorbachev.

Chirac não teve muita sorte. A implementação da privatização foi prejudicada pelo colapso do mercado de ações internacional em outubro de 1987, mas, naquele momento, muitos bancos e empresas industriais que haviam sido nacionalizados pelos socialistas, com cerca de 400 mil funcionários, já tinham sido transferidos para o setor privado. O quase inevitável protesto estudantil contra a reforma do ensino superior no final de 1986 e as greves nos serviços públicos criaram uma impressão de fraqueza. Além disso, o governo não conseguiu produzir uma solução mágica, esperada por muitos dos seus partidários, para os problemas econômicos do país. De fato, até o final de 1987, os principais indicadores econômicos – taxas de crescimento, déficit orçamental, inflação, desemprego, balança comercial e competitividade internacional – sugeriam o fracasso. O declínio da popularidade do governo estava intimamente ligado a eles. As críticas da oposição estavam, na verdade, bastante silenciadas; os socialistas passavam por uma crise de confiança e estavam paralisados tanto pela determinação de Mitterrand para que a *coabitação* funcionasse quanto por acreditarem que ele funcionaria como o meio para retornarem ao poder. Em seu congresso de 1987, várias facções do partido concordaram, pelo menos, sobre a necessidade de construir uma imagem de unidade, pragmatismo e moderação.

Durante a campanha presidencial de abril/maio de 1988, Mitterrand continuou a se distanciar do Partido Socialista e a ampliar sua base de eleitores. O tema dominante de sua campanha foi a unidade nacional – *La France Unie* (A França Unida). Seu programa era vago, mas reconfortante sobre questões como o Estado de bem-estar, o compromisso com a contínua modernização econômica e a assistência às empresas para se prepararem para o Mercado Comum Europeu, que seria estabelecido em 1992. Em 1988, os socialistas já tinham aceitado a cultura empresarial. Mitterrand também pôde apresentar-se como o guardião da democracia e de uma sociedade pluralista, contra as ameaças do governo de mão pesada de Chirac com ênfase na "Lei e na ordem" e a postura da extrema-direita. No final, a única surpresa foi o tamanho de sua maioria no segundo turno.

Chirac foi colocado na defensiva pela necessidade de defender a atuação variável de seu cargo. A promessa de mais privatizações e de algo que parecia ser reduções de impostos para os ricos limitava seu apelo. Além disso, no primeiro turno, ele teve que dedicar um esforço considerável para derrotar seus rivais de direita, Barre e Le Pen. Se, por um lado, ele não podia se indispor com seus partidários, porque dependia de seus votos para o segundo turno contra Mitterrand, por outro, estava claro que a adoção de uma abordagem mais gentil com a Frente Nacional poderia resultar na deserção dos conservadores comprometidos com a democracia e uma sociedade multirracial. Antes da eleição, Barre, que tinha uma reputação de gestor econômico eficiente, parecia ser o provável candidato conservador principal. Uma campanha sem graça, em parte resultante da falta de vontade louvável mas irrealista para empregar especialistas profissionais de relações públicas, custaria-lhe o cargo. Cada vez mais, votar em Barre parecia não fazer qualquer sentido. Chirac oferecia muito da mesma política e a França já via Mitterrand como um velho estadista tranquilizador. No primeiro turno, Barre recebeu 16,5% dos votos e Chirac, 19,9%. A sensação foram os 14,4% de Le Pen, os votos de quase quatro milhões e meio de pessoas. Em relação às principais questões sobre imigração, Lei e ordem, foi ele quem realmente definiu a agenda.

Barre e Le Pen estavam eliminados; Chirac, então, abandonou a pose de estadista tranquilo, adotada anteriormente. Ele lançou sua considerável energia para o confronto, usando termos como "medíocre", "incompetente" e "inapto para o cargo público" para descrever o presidente em exercício. No entanto, nem a teatralidade dos últimos dias de campanha – momento em que o governo de Chirac anunciou a libertação de reféns mantidos por terroristas árabes em Beirute e realizou um ataque sangrento contra os nacionalistas de Canacos, no território da Nova Caledônia, ao Sul do oceano Pacífico – conseguiu atrair o apoio suficiente. Mitterrand recebeu 54,01% dos votos, principalmente das fileiras de desempregados, trabalhadores industriais, funcionários públicos e jovens; os agricultores, pequenos empresários, pessoas com cargo de alta gerência, católicos praticantes e os idosos tendiam a votar em Chirac. Embora os partidários de Mitterrand fossem politicamente uma mescla de esquerda e centro, em geral, ainda era possível perceber uma clara polarização entre esquerda e direita. A nomeação de Rocard como primeiro-ministro em 9 de maio de 1988 foi seguida pela dissolução da Assembleia Nacional e uma tentativa de assegurar uma maioria socialista favorável. Os resultados foram decepcionantes: abstenções em larga escala e um renovado sentimento de unidade da direita em face da adversidade. Isso não escondeu o fracasso do próprio Chirac, refletido pelo deslocamento de equilíbrio entre os partidos conservadores, juntamente com o surgimento na Assembleia Nacional de um centro reconstituído, composto por 41 deputados alijados pelo neoliberalismo radical da direita e conformados pelo colapso dos comunistas e pela moderação dos socialistas. Eles monstrariam-se dispostos a considerar uma aliança com a esquerda. Assim, embora os socialistas carecessem de maioria absoluta no Parlamento, sua posição no governo estava assegurada por essa emergente centro-esquerda, juntamente com o fato de que eles poderiam ser derrotados somente pelos votos combinados da oposição, incluindo os comunistas. A própria disciplina interna do partido, desmentindo seu forte antagonismo interno do passado, seria outro fator importante.

TABELA 23. Resultados da eleição da Assembleia Nacional, 5 e 12 de junho de 1988.

	Divisão de votos (%)	Assentos	Divisão de assentos (%)
Comunistas	11,3	27	4,7
Socialistas	37,5	278	48,2
UDF	19,5	130	22,5
RPR	19,2	128	22,2
Outros partidos de direita	2,9	13	2,2
Frente Nacional	9,7	0[a]	—

(a) Vitória na subsequente eleição parcial.

A escolha de Mitterrand por um rival político austero e protestante, Rocard, como primeiro-ministro pode ter parecido bastante surpreendente, mas, como líder de uma única facção do Partido Socialista, Rocard manteve-se dependente do presidente. Mitterrand também continuou a distanciar-se dos assuntos do dia a dia do governo e deu a seu primeiro-ministro considerável autonomia em questões domésticas, enquanto estabelecia outra vez seu próprio domínio sobre a defesa, relações exteriores e europeias. Essa divisão de trabalho facilitou as relações entre os dois. Após provar sua competência gerencial, Rocard teve sorte de ser obrigado a renunciar em maio de 1991, após o bem-sucedido fim da Guerra do Golfo e logo no início da desaceleração do crescimento econômico. Para sucedê-lo, Mitterrand nomeou Edith Cresson, primeira mulher a ocupar o cargo de primeiro-ministro na França, presumivelmente na esperança de que seu robusto perfil socialista pudesse oferecer novo impulso a uma administração bastante medíocre e desviar a atenção do abrandamento econômico e rumores de corrupção política. Por faltar-lhe apoio das facções do Partido

Socialista, ela também foi particularmente dependente do presidente e foi rapidamente apelidada de "Edith aos-meus-pés" pelo programa de televisão satírico *The Bébétte Show*. A franqueza e incompetência geral de Cresson logo mostraram-se desastrosas. As greves do setor público atormentaram seu governo; e sua ideia intervencionista e protecionista "Fortaleza Europa" mostrou-se inaceitável pela maioria de seus colegas. A presença de pesos-pesados políticos em seu governo, tais como seu sucessor (em abril de 1992), o cada vez mais liberal ministro das Finanças Pierre Bérégovoy, também impôs um sério limite em sua autoridade.

As lições sobre política econômica da década de 1980 não precisavam ser reaprendidas. A disciplina do mercado internacional parecia inevitável. Bérégovoy reduziu a despesa pública e o imposto de renda das pessoas jurídicas. Foram autorizadas as privatizações das principais empresas de petróleo (Elf-Aquitaine e TotalFina) e da gigante de produtos químicos Rhône-Poulenc. As reformas internas seriam muito modestas durante o segundo mandato do governo socialista. A luta contra a inflação recebeu prioridade. Além disso, a dimensão europeia recebeu maior destaque como parte da luta para manter a competitividade econômica, mas também porque a França buscava conforto após a reunificação da Alemanha em 1990. Prosseguiram também os esforços para melhorar a educação e aumentar o investimento em pesquisa e desenvolvimento. Em nítido contraste com o governo conservador britânico, o governo socialista também apoiou a "dimensão social" do Mercado Comum. No entanto, relatórios demonstram que o crescimento médio anual real dos salários entre 1983 e 1988 foi praticamente nulo, bem como o fosso entre ricos e pobres; tal fato causou grande preocupação entre os militantes socialistas, os quais acreditavam que deveriam ampliar seus objetivos e tornarem-se mais do que um partido de governo dedicado ao desenvolvimento de um capitalismo "moderado" (Rocard). Os escândalos causados por financiamentos políticos ilícitos e pela corrupção aberta somavam-se ao sentimento de desânimo.

Sem dúvida, a direita estava desmoralizada por sua nova exclusão do poder, algo improvável até meados de 1987. Ela enfrentou problemas estratégicos importantes sobre questões como se o RPR e a UDF deveriam fundir-se para formar um único partido liberal-conservador de modelo britânico, bem como sobre a atitude a ser tomada em relação à Frente Nacional. Inspirado pelas realizações de Napoleão III, descritas em seu livro *Louis-Napoléon le Grand* [Luís Napoleão, o grande], Philippe Séguin da esquerda gaullista criticou uma liderança que, segundo ele, estava muito à direita. No entanto, o potencial para uma recuperação conservadora estava evidente. O RPR, em particular, com seus deputados, conselheiros regionais e municipais e uma eficiente organização de massa mantinha-se como uma força poderosa. Embora estivesse muito mais fragmentada e aparentemente sob permanente ameaça de dissolução, a UDF também mantinha a fidelidade de um grande grupo de deputados. Os dois principais partidos da direita compartilhavam um comprometimento com valores conservadores essenciais e o apoio de poderosos grupos de pressão e das forças da mídia. Na longa preparação para as eleições legislativas de 1993 e presidenciais de 1995, havia um coringa no maço de cartas. Apesar de seus fracos resultados nas eleições legislativas de 1988 – agravados pela eleição de turno único –, a Frente Nacional mantinha sua capacidade de atrair eleitores que, em outras circunstâncias, votariam em outros partidos da direita. Assim, Charles Pasqua dizia aos deputados conservadores que seu principal objetivo era a derrota dos socialistas, e lembrava-os dos valores que eles compartilhavam com a Frente Nacional. Chirac permaneceu em silêncio. Apenas Simone Veil estava disposta a declarar que, caso precisasse escolher entre a extrema-direita e os socialistas, ela votaria nestes e não naqueles.

As eleições gerais de 1993 seriam catastróficas para a esquerda. A representação dos socialistas e de seus aliados foi reduzida de 282 deputados para 67 e a dos comunistas, de 27 para 25, enquanto na direita, a UDF garantiu a reeleição de 206 (129 anteriormente) e o RPR, 242 (anteriormente, 127). Levando em conta os independentes, 83% dos assentos da Assembleia Nacional foram preenchidos pelos conservadores. Apesar de falar muito sobre a igualdade sexual, o novo Parlamento também se caracterizou pela menor taxa de representação feminina da União Europeia (5%). Os socialistas, com 14,5% dos votos, passaram pela pior eleição desde a fundação do partido, em 1971. Assediado pelos aliados de Mitterrand, Rocard sentiu-se obrigado a renunciar sua posição de líder do partido. Em 1º de maio, o ex-primeiro-ministro, Bérégovoy, cometeu suicídio. Ele andava deprimido pela derrota e pelas especulações da imprensa sobre os empréstimos sem juros que ele havia imprudentemente tomado de um homem de negócios obscuro que também era amigo próximo de Mitterrand. O Partido Socialista parecia condenado ao deserto eleitoral. No entanto, o resultado não foi tanto uma declaração de apoio à direita quanto o voto contra um presidente e governo que haviam decepcionado o eleitorado. Nesse momento, Chirac, o candidato óbvio para assumir o cargo de primeiro-ministro, preferiu concentrar-se nos preparativos para a eleição presidencial, deixando Mitterrand entrar em um período de *coabitação* bastante amigável com o primeiro-ministro, Edouard Balladur – produto particularmente suave das faculdades Sciences Po e ENA – que era membro do RPR de Chirac, mas que muito em breve tornaria-se rival do líder do partido.

    Culpando seus antecessores socialistas pelo estado alarmante das finanças públicas, Balladur apresentou um orçamento de austeridade com o congelamento dos salários do setor público, aumentos dos impostos sobre as compras e reduções dos gastos com saúde. Seu ar de aparente autossatisfação logo o levou a ser retratado na imprensa satírica como "Sua Suficiência", um Luís XVI com peruca e pó no rosto, transportado por lacaios em uma liteira. Mesmo assim, ele conseguiu estabelecer sua imagem de competência por meio daquela que ele havia contruído previamente durante seu mandato no Ministério das Finanças, bem como ganhar apoio da imprensa conservadora em razão de grandes concessões fiscais para os ricos. Além disso, ele parecia capaz de fazer que a *coabitação* funcionasse. No entanto, sua tentativa de reformar a Lei Falloux de educação (1850), a fim de facilitar o subsídio das escolas católicas, foi criticada pelo presidente e até mesmo pelo monsenhor Decourtray, o arcebispo de Lyon, como algo que provavelmente reiniciaria a "guerra escolar". Os professores das escolas estatais entraram em greve e, no dia 13 de janeiro de 1994, o Conselho Constitucional considerou que as propostas violavam o princípio da igualdade entre os cidadãos. Uma grande celebração levou cerca de 900 mil pessoas às ruas de Paris. Manifestações de professores e de estudantes mais ameaçadoras ocorreram em março, em protestos sobre o desemprego (que tinha chegado a 12,6%) e sobre propostas para reduzir o salário-mínimo dos jovens. Mitterrand provou mais uma vez ser capaz de tirar proveito das divisões entre os conservadores, embora ele estivesse sofrendo de câncer de próstata que, em última análise, causaria a sua morte (em 8 de janeiro de 1996), e estivesse seriamente atormentado pelas revelações sobre suas inclinações juvenis à direita e seu passado relacionado à França de Vichy, bem como as negociatas financeiras de alguns dos seus associados mais próximos.

    Provavelmente agora é um bom momento para oferecermos uma avaliação dos anos do governo Mitterrand. Apesar de seus discursos anteriores contra De Gaulle e sua condenação do sistema de governo presidencial que o general tinha inaugurado como um "golpe de Estado permanente", Mitterrand fez pleno uso dos extensos poderes de seu cargo e rejeitou a reforma constitucional que poderia ter enfraquecido sua autoridade. Apesar de ter sido um presidente eleito para a realização da mudança, ele rapidamente e quase de forma instintiva percebeu que a política é, ou pelo menos deveria ser, a arte do possível. O experimento socialista de 1981-1983 foi um fracasso e Mitterrand reconheceu rapidamente que a preservação da competitividade econômica internacional em uma era de globalização exigia a liberalização econômica e a redução das despesas do Estado. No entanto, o custo dessa inversão política foi pesado, pois decepcionou expectativas e esmagou ideais. Por todo o ocidente, o neoliberalismo reinava cada vez mais soberano, enquanto os partidos de esquerda não conseguiam oferecer alternativas confiáveis, nem intelectuais, nem práticas. Mitterrand não fez nada, nem mais nem menos, exceto participar do terrível fracasso.

Durante sua longa vida política, ele flertou com uma grande variedade de credos políticos. Ele foi severamente criticado por essa aparente falta de integridade. Certamente, não há nenhuma dúvida sobre sua intensa ambição pessoal, ou determinação, em deixar sua marca na história. No final do segundo mandato, sua imagem pública era quase monárquica, a de um príncipe maquiavélico. Em uma entrevista com o historiador François Bédarida, entretanto, apenas 48 horas antes de entregar o gabinete presidencial para Chirac, Mitterrand alegou que suas convicções socialistas estavam inalteradas. Ele quis transformar as relações entre ricos e poderosos e a massa da população, mas as circunstâncias tornaram isso impossível. Da mesma forma, ele falou apaixonadamente sobre o principal objetivo de seu segundo mandato, isto é, uma maior integração europeia como meio para garantir o futuro da França em um mundo de potências regionais concorrentes e para conter a ameaça de novas tensões nacionalistas numa Europa dominada pela Alemanha reunificada. Assim, em colaboração com o chanceler alemão Helmut Kohl, o presidente francês havia trabalhado no sentido de concluir os preparativos para a União Monetária e o Tratado de Maastricht (1992). Mitterrand também havia promovido com sucesso a legitimidade das instituições da Quinta República e, em um período potencialmente desastroso de *coabitação*, conseguiu definir com êxito as respectivas esferas de influência do presidente e do primeiro-ministro.

A persistência dá frutos! Em maio de 1995, Chirac finalmente alcança seu antigo objetivo e garante o cargo de presidente para si. Em uma campanha cheia de energia, ele apresentou-se como um líder forte, oferecendo "mudanças profundas", "ruptura com o passado" e, simultaneamente, prometeu reduzir os impostos e o déficit orçamental. Embora abandonado por Pasqua, o ministro do Interior, bem como por Sarkozy, o jovem ministro do Orçamento – eles nunca seriam perdoados por acreditarem que

Balladur era, entre os dois, o candidato conservador mais forte –, Chirac manteve a lealdade de gaullistas como Alain Juppé, ministro das Relações Exteriores, e Séguin, presidente da Assembleia Nacional, bem como o controle da máquina do RPR. Ele recebeu 20,8% dos votos no primeiro turno; 18,5% dos votos foram para o rígido e desencorajador Balladur, 15% para Le Pen e 23,3% para Jospin, o candidato socialista e ex-ministro da Educação. Uma vez que seu rival da direita tinha sido eliminado, Chirac lançou um apelo populista, enfocando as questões familiares da direita – criminalidade e imigração. Ao mesmo tempo, tentava flanquear Jospin, abordando as questões do desemprego, da pobreza e a necessidade de aumentar os gastos em educação e bem-estar. Ele até falou em aumentos de salário para estimular o crescimento econômico. Mitterrand já havia advertido: "ele corre rápido, mas não sabe para onde". Isso não era bem um programa político, mas uma tentativa de subornar o eleitorado. E funcionou. Com exceção dos membros da Frente Nacional, os conservadores de todos os matizes apoiaram-no. Apesar de sofrer de certa falta de credibilidade, Chirac obteve 52,6% dos votos no segundo turno (15.766.658), incluindo a maioria dos eleitores abaixo de 35 anos, bem como de 40% dos operários. Jospin, escolhido pelos socialistas somente após o ex-presidente da Comissão Europeia, Delors, ter finalmente decidido não concorrer ao cargo, tinha, pelo menos, a vantagem de não estar estreitamente associado a Mitterrand e às acusações de corrupção e de falta de princípios que obscureceram os últimos anos do mandato de um presidente à beira da morte. Esse outro graduado da ENA apresentou um programa criativo com promessas de redução das horas de trabalho, imposição de tributações sobre os movimentos de capitais "especulativos" e sobre a poluição industrial, bem como uma redução do mandato presidencial de sete para cinco anos. Assim como Chirac, afirmou também o comprometimento com a União Econômica e Monetária da Europa e com a consequente necessidade de reduzir o déficit orçamental. Em tais circunstâncias, e tendo em conta o fraco desempenho dos socialistas nas eleições europeias de 1994 (com apenas 14,5% dos votos), a sua cota de 47,4% (14.191.019 votos) foi uma conquista – uma recompensa por sua aparente modéstia e simplicidade.

Uma vez no poder, Chirac imediatamente adotou um estilo mais relaxado em comparação com a majestosa grandeza de seus antecessores, abandonando a frota presidencial de aeronaves e os cortejos com suas escoltas de motociclistas policiais e sirenes aos berros. A imagem acolhedora e *simpática* projetada por ele possuía grande apelo. Tiveram importância

CAPÍTULO 8 – UMA SOCIEDADE ESTRESSADA | 469

IMAGEM 69. A posse de Jacques Chirac como Presidente da República, 17 de maio de 1995: o presidente extrovertido sai de cena. Foto: Pascal Pavani/AFP/Getty Images.

potencial muito maior para a prática do governo a promessa de mais sessões parlamentares e os esforços para facilitar o controle mais eficaz das atividades do governo; ações contrárias, no entanto, à personalidade autoritária do novo presidente e às tradições de seu cargo. A promessa de um governo menos *dirigista* também contrariava as oportunidades apresentadas à direita para o controle da presidência, da Assembleia Nacional, dos 22 conselhos regionais e de quatro quintos dos 96 departamentos. A nomeação de Juppé como primeiro-ministro – outro tecnocrata culto e um pouco distante, formado pela ENA – parecia prometer competência e continuidade. Na realidade, o colapso quase imediato da popularidade do novo governo seria o resultado inevitável da incapacidade do presidente para cumprir rapidamente, quando conseguia, muitas de suas promessas, normalmente contraditórias, feitas durante a campanha eleitoral.

Foi amplamente aceito que a posição da França como um poder econômico principal poderia ser mantida apenas com base em altos níveis de investimento de capital, aumento da produtividade e redução dos custos. Os economistas e os empregadores afirmavam constantemente que os principais obstáculos eram a rigidez do mercado de trabalho, o impacto realçado pelo salário-mínimo e pelos elevados custos dos encargos sociais, a tributação excessiva (41,1% do PIB no final de 1994, 47,5% em 1996), os déficits orçamentários e o alto custo dos empréstimos. O plano para "modernizar a França", introduzido por Juppé, em novembro de 1995 procurou implementar questões já muito debatidas, a saber, reduções dos custos das aposentadorias e saúde pública, a liberalização dos mercados de trabalho e o início da reforma da educação e dos serviços públicos, bem como das caras ferrovias (SNCF). Deveria satisfazer também os critérios estabelecidos em 1992 pelo Tratado de Maastricht para a União Econômica e Monetária, que exigia a redução das despesas do governo de 5% para 3% do PIB. Essas propostas e a forma arrogante que foram apresentadas ameaçavam um poderoso conjunto de interesses e seriam em grande parte abandonadas em face das grandes manifestações e greves generalizadas e prejudiciais.

O governo também foi assolado por escândalos amplamente relatados. Assim, em maio de 1996, Jean-Claude Méry, um promotor imobiliário e tesoureiro não oficial do RPR de Jacques Chirac, começou a divulgar informações sobre as doações generalizadas que o partido – e em menor escala, os partidos socialista e comunista – tinha recebido das empresas para vencer licitações de contratos públicos. No caso do RPR, a prática atingia aparentemente entre 5% e 10% do valor dos contratos, por meio de contas bancárias secretas em outros países. Chirac, que havia sido prefeito de Paris por bastante tempo (de 1977 a 1995), estava entre os implicados. Seu associado mais próximo, Juppé, foi (em 30 de janeiro de 2004) considerado culpado pelo uso do dinheiro dos contribuintes de Paris para pagar os salários dos funcionários do RPR na época em que foi tesoureiro da cidade (e secretário-geral do RPR), entre 1988 e 1995; ele foi sentenciado a 18 meses de prisão, com liberdade condicional. Em uma expressão da arrogância do poder e do desprezo pela lei, imediatamente após a sua condenação e posando como vítima, Juppé recebeu um convite para jantar com Chirac e foi descrito pelo presidente como um indivíduo de "excepcional qualidade, competência, humanidade e honestidade".

Certamente, houve fofocas sobre alguns dos antecessores de Chirac, particularmente Pompidou. De Gaulle, o patrício Giscard e o cínico e amoral Mitterrand foram provavelmente chamados de vaidosos e arrogantes, em vez de corruptos. Mas todos eles abusaram do serviço secreto para pressionar os jornais e evitar a exposição de seus associados. Uma investigação de nove anos da companhia (anteriormente estatal) de petróleo Elf – originalmente estabelecida para garantir o fornecimento de petróleo da África – foi finalmente levada a julgamento em novembro de 2003; nela, descobriu-se uma incrível história de subornos com presentes em dinheiro, joias e sítios, bem como a retirada de cerca de € 350 milhões dos fundos da companhia entre 1989 e 1993. O escândalo não envolvia apenas seus gerentes seniores, mas também traficantes de armas, serviços de inteligência e políticos franceses e africanos juntamente com suas amantes. Ficou claro também que o presidente Mitterrand, pela agência de seu filho, Jean-Christophe, havia tolerado essas práticas como meios de exercer influência em assuntos domésticos e de preservar a ingerência francesa na África pós-colonial.

O fracasso dos planos de reforma econômica do governo foi seguido pelo retorno aos esforços – caros, fragmentados e, em grande parte, fracassados – de redução do desemprego. Ao mesmo tempo, a inovação tecnológica acelerada e a concorrência internacional intensificada incentivaram fusões e "downsizing" nos setores industriais e de serviços da economia. O resultado foi a continuidade das perdas de emprego, o crescimento do trabalho temporário e de meio período, o aumento da insegurança, o crescimento das desigualdades e do descontentamento. Cada vez mais, via-se a formação de um mercado de trabalho de duas camadas que oferecia empregos com altas remunerações para trabalhadores qualificados em algumas das principais empresas, normalmente de alta tecnologia, ou aqueles que ofereciam artigos de luxo, enquanto nas outras indústrias, o trabalho era transferido para o leste da Europa ou para a Ásia; os jovens foram excluídos do emprego pelos elevados custos sociais impostos aos potenciais empregadores.

Menos de seis meses após tomar posse, Chirac demitiu 13 ministros para contra-atacar as críticas causadas por suas promessas não cumpridas, os rumores de corrupção e as hostis reações internacionais pela loucura da retomada dos testes nucleares no Pacífico. As medidas destinadas a reduzir os gastos por decreto, não por meio de ações parlamentares, e com praticamente nenhuma preparação da opinião pública, estavam impregnadas das piores práticas de um presidencialismo autocrático. Os socialistas e suas facções pareciam ser igualmente incapazes de inspirar o eleitorado, no entanto, e, aparentemente, como um meio de reforçar o seu mandato, Chirac antecipou as eleições legislativas para 25 de maio e 1º de junho de 1997, assumindo, talvez, resultados previsíveis. No entanto, grande parte do eleitorado parece ter ficado ofendido por algo que parecia ser uma manobra política cínica e aproveitou a oportunidade para punir o governo. A campanha conservadora foi um fiasco, com lutas internas cruéis de políticos ambiciosos que tinham os olhos voltados para a presidência e disputavam cargos. Como em outros tempos de adversidade, a convocação para a criação de um partido conservador único competia com o som das disputas sobre a integração europeia, gestão econômica e estratégias em relação à Frente Nacional que, ao dividir os votos dos conservadores, foi a provável culpada pela vitória de Jospin. O líder socialista, além disso, prometeu reduzir o número de desempregados por um corte das horas semanais de trabalho de 39 para 35 horas, sem qualquer redução no salário e pela criação de 350 mil empregos no setor público; reduzir as desigualdades sociais, aumentando o imposto sobre a riqueza e a ampliação das despesas com saúde e benefícios sociais; e acabar com o programa de privatização e rejeitar o Pacto de Estabilidade e Crescimento da Zona do Euro, que ameaçaram impor restrições aos esforços do governo para estimular a economia. Ele também tentou arduamente melhorar sua imagem sisuda e, em aliança com os comunistas e os verdes, convocou o eleitorado a "Atrever-se a retornar para a esquerda".

TABELA 24. Resultados da eleição da Assembleia Nacional, 25 de maio e 1º de junho de 1997.

Partidos	Votos obtidos no primeiro turno (%)	Assentos após dois turnos
Esquerda principal		
Socialistas	25,5	258
Comunistas	9,9	37
Verdes	3,6	8
Diversos	3,2	16
Total	42,1	319
Direita principal		
RPR	16,8	140
UDF	14,7	109
DL[a]	2,8	1
Diversos	1,9	7
Total	36,2	257
Outros		
Frente Nacional	14,9	1
Diversos	6,8	0
Total	21,7	1
Total global	100	577

(a) Democracia Liberal.
Fonte: Com base na Economist Intelligence Unit, *Relatório do país: França*, terceiro trimestre de 1997.

Agora era a vez de um Chirac temporariamente em estado de choque *coabitar* com um líder socialista, Jospin, que, como primeiro-ministro, estava determinado a usar todos os poderes do seu cargo. O cenário estava pronto para um processo competitivo, cujo prêmio era a vitória na eleição presidencial de 2002.

A situação econômica global parecia propícia. Conforme o "boom" das empresas ponto com envolvia a economia mundial, o crescimento econômico na França entre 1998 e 2000 ficou em uma média de 3,3% por ano.

A inflação, a dívida pública e o déficit do governo estavam todos relativamente baixos. Os socialistas desejavam sustentar o crescimento e reduzir o desemprego. Jospin também estava aparentemente mais comprometido com a agenda socialista do que o partido trabalhista da Grã-Bretanha ou os sociais-democratas alemães. Embora aceitasse a realidade da globalização, ele também insistia na necessidade de regulamentar o capitalismo. Sua fórmula preferida era "Sim para a economia de mercado, não para a sociedade de mercado". Assim, a "lei de modernização social" fez que fosse mais difícil reduzir a mão de obra das empresas; e a introdução entre 2000 e 2002 das 35 horas de trabalho semanais por Jospin e Martine Aubry, ministra dos Assuntos Sociais, como um meio de "compartilhamento" do trabalho e de melhorar a vida causou perturbações para os empregadores, aumentando seus custos mais ainda e provocando uma torrente de reclamações. Os funcionários não eram obrigados a aceitar a redução de sua jornada de trabalho; assim, o principal efeito da legislação foi estender suas férias anuais e aumentar o pagamento de horas extras.

Por causa dessa combinação de fatores, o desemprego diminuiu para 9% da força de trabalho. No entanto, ele permaneceu substancialmente acima dos níveis britânicos e era especialmente elevado entre os jovens. Além disso, a aposentadoria antecipada escondia a gravidade da situação. O desemprego também permaneceu teimosamente alto entre as mulheres, embora os socialistas tivessem dado ao menos um passo importante no sentido de assegurar que elas gozassem de uma representação política mais justa. Em 3 de maio de 2000, a Assembleia Nacional, onde apenas 10,9% dos assentos da câmara baixa e 5,9% do Senado estavam ocupados por mulheres, votou a favor de obrigar os partidos a apresentarem números iguais de candidatos dos dois sexos em todas as eleições.

O contra-ataque de Chirac e a reafirmação de sua autoridade presidencial eram inevitáveis e indicavam o prelúdio de sua tentativa para garantir a reconquista mais profunda do poder nas próximas eleições presidenciais e legislativas, em 2002. Como sempre, ele aproveitou, no dia 14 de julho de 1997, a oportunidade oferecida pela já tradicional transmissão presidencial à nação para comprometer-se em uma "convivência construtiva" com a administração socialista enquanto, em tons condescendentes, lançou-se em críticas pungentes à maioria das decisões tomadas pelo governo. Chamado à ordem por Jospin, dois dias mais tarde, Chirac afirmou que ele tinha a responsabilidade de expressar suas opiniões sempre que as julgasse "úteis".

Embora, formalmente, eles fingissem respeitar as esferas de competência um do outro, o presidente e o primeiro-ministro estavam, na realidade, em violento confronto, cada um tentando reinterpretar a Constituição a seu favor e esperando que o outro tivesse um desastroso revés.

No governo, Jospin seria mais pragmático do que seu programa havia sugerido. Assim, foi feita uma tentativa de combinar comprometimentos igualitários ao sistema de saúde universal e uma política de redistribuição financeira com esforços para reduzir o déficit das despesas do governo, cortando o custo das aposentadorias e eliminando os desperdícios com a saúde pública. As medidas do credo conservador, por exemplo, a luta contra o crime e a imigração ilegal, também foram tomadas, enquanto Dominique Strauss-Kahn, o ministro das Finanças, revelava um forte compromisso com a liberalização do mercado como meio de aumentar a eficiência econômica. Ao mesmo tempo que desenvolvia políticas destinadas a estimular o emprego, o governo despojava-se de 2 mil empresas no valor de 180 bilhões de francos – muito mais do que seus antecessores conservadores tinham conseguido –, mesmo assim, em 2002, o Estado mantinha o controle acionário de 1.500 empresas, incluindo algumas gigantes, como as fornecedoras de eletricidade e gás, os correios e as extremamente caras ferroviais, as quais estavam parcialmente protegidas da concorrência.

Em muitos aspectos, os ajustes táticos do primeiro-ministro foram impressionantes, mas eles resultaram no enfraquecimento gradual da confiança sobre seus julgamentos entre os colegas políticos e o público em geral. As divergências dentro da coalizão governista estavam evidentes, especialmente entre seus membros comunistas e Verdes que estavam cada vez mais descontentes, mas alguns socialistas também acusavam Jospin de buscar uma acomodação com os defensores liberais da globalização e com os projetos hegemônicos do governo norte-americano. A perda de ministros importantes contribuiu para a impressão de que se tratava de um governo em estado de decomposição. Strauss-Kahn saiu como resultado de acusações infundadas de corrupção; o ministro da Educação, Claude Allègre, por causa de sua incapacidade de convencer os barulhentos sindicatos da educação a contemplar a reforma; Aubry, a ministra do Trabalho, desejava tornar-se prefeita de Lille; e o mais comodista de todos, o ministro do Interior, Chevènement, deixou o governo em protesto contra o aumento da autonomia da Córsega. A ação direta foi encorajada ainda mais pela fraqueza dos sindicatos, pela falta de confiança na democracia parlamentar e pela experiência passada com governos que ofereciam concessões a fim de evitar o confronto. Em setembro de 2000, somando-se ao sentimento de caos do momento, os caminhoneiros bloquearam as refinarias em protesto contra os altos preços dos combustíveis, os taxistas entraram em greve e os agricultores usaram seus tratores para bloquear as estradas. Os postos de gasolina secaram rapidamente e as empresas, incapazes de fazer entregas ou sem peças de reposição, demitiram trabalhadores. Esse desacordo generalizado acabou tendo sérias implicações políticas. Os cortes de impostos oferecidos pelo novo ministro das Finanças, Fabius, ex-primeiro-ministro, parecem ter sido projetados tanto para restaurar a popularidade do governo, como para reforçar os incentivos para trabalhar e investir. Infelizmente, em 2001 as condições econômicas eram menos favoráveis. O desemprego começou, mais uma vez, a aumentar. Apesar de suas reformas, a esquerda não conseguiu gerar entusiasmo popular. Nas eleições municipais de março de 2001, embora a direita tenha perdido em Paris e Lyon, ela obteve ganhos consideráveis em outros lugares.

Todavia, os resultados do primeiro turno da eleição presidencial, realizada em 21 de abril de 2002, foram um enorme choque. A maioria dos comentaristas políticos acreditava que Jospin derrotaria um presidente repetidamente denegrido por escândalos. No entanto, ele perdeu, porque – na competição entre personalidades – não conseguiu atrair a simpatia do público por causa de sua personalidade austera, seu ar irritante de autoconfiança e desempenho televisivo muito duro. De acordo com o semanário satírico *Charlie Hebdo*, a batalha era entre a "corrupção" e a "constipação". Além disso – na competição de suborno do eleitorado –, Chirac prometeu cortes de impostos muito maiores do que Jospin e níveis ainda mais altos de despesas com saúde, educação e combate ao crime. Os dois candidatos haviam entendido a necessidade de apelar ao centro, com Chirac sublinhando seu compromisso com a "solidariedade" social e proteção do meio ambiente e Jospin, afirmando que seu programa era "não socialista". A classe média proprietária, os católicos e os eleitores mais velhos pareciam mais propensos a votar em Chirac; já os empregados, particularmente do setor público, em Jospin. As pesquisas de opinião haviam previsto que Le Pen obteria apenas 7% dos votos no primeiro turno, um erro que sugere a relutância de muitos simpatizantes da extrema-direita em admitir sua intenção de voto aos pesquisadores.

Acreditava-se que os candidatos do segundo turno, após a eliminação das figuras menores, seriam o desafiante socialista e o conservador Chirac, reforçado pela criação da União pela Maioria Presidencial (posteriormente União por um Movimento Popular), unindo as três famílias da direita republicana – centro, liberal e RPR gaullista. No entanto, Jospin, que para a maioria dos observadores imparciais havia sido um primeiro-ministro eficiente, recebeu apenas 16,2% dos votos no primeiro turno, uma parcela menor do que a adquirida pelo neofascista Le Pen, que obteve 16,9%. O total de Chirac de 19,9% mal representava a afirmação da devoção pública, sendo a menor porcentagem de votação já obtida por um presidente em exercício. Cerca de 47% dos eleitores dispersaram seus votos a favor de 13 outros candidatos, aparentemente para protestar contra os sistemas sociais e políticos; 28,4% dos eleitores não se incomodaram em votar. Tudo isso parecia somar-se a um sentimento generalizado de alienação. Muitos eleitores não viam muita diferença entre um presidente e um primeiro-ministro, que anteriormente compartilharam o poder.

Outro componente que afastou os eleitores de Jospin foi a tendência dos eleitores em culpar o primeiro-ministro, em vez do presidente, pelos problemas sociais, tais como a criminalidade e o desemprego. Muitos eleitores da esquerda apoiaram uma variedade de candidatos inelegíveis, assumindo que, dessa forma, eles expressariam com segurança as suas preferências particulares ou estariam exercendo uma forma de protesto no primeiro turno para depois, no segundo turno, unirem-se em torno de Jospin. Dentre os candidatos alternativos da esquerda estava Chevènement, o antigo ministro do Interior, representando o Movimento Cidadão, supostamente criado para defender a soberania nacional e os valores republicanos contra a ameaça representada pela União Europeia. Ele recebeu 5,33% dos votos, suficientes em si para garantir que seu egoísmo privasse seu antigo colega Jospin de chegar ao segundo turno. Arlette Laguillier, representante perpétuo da autoritária e trotskista Luta Operária, ficou com 5,72% – melhor do que os lamentáveis 3,37% do representante comunista Robert Hue, uma figura que aparentemente representava o colapso final de um partido que já havia sido poderoso; enquanto outros trotskistas – Olivier Besancenot da Liga Comunista Revolucionária, com 4,25%, e Daniel Gluckstein do Partido dos Trabalhadores – somaram-se à fragmentação da esquerda. A maioria dos votos do candidato verde, Noël Mamère, também poderia ter ido para Jospin. Particularmente preocupante para os socialistas foi a decisão de muitos trabalhadores em prol da Frente Nacional de Le Pen.

Em 5 de maio, mais pessoas votaram (80%) no segundo turno; Jacques Chirac obteve 82% dos votos (21.316.647), pois a maioria do eleitorado havia aceitado a proposição de que a posição política de Le Pen era moralmente indefensável. Muitos adeptos habituais da esquerda reuniram-se com o *slogan* "Voto em ladrão, não em fascista". No entanto, o líder da Frente Nacional recebeu 18% dos votos válidos – presumivelmente recebendo, além de seus próprios votos do primeiro turno, adicionais 2,34% dos votos de Bruno Mégret, seu antigo tenente e atual rival. Mais de 5,5 milhões de pessoas votaram em Le Pen, com concentrações regionais no Sul Mediterrâneo e nas regiões economicamente deprimidas do Nordeste. No programa de televisão satírico *Les Guignols de L'Info* [Fantoches do Noticiário], o boneco de Le Pen começou a fazer aparições silenciosas e, quando perguntado o que ele estava fazendo, ele respondia: "Nada, só esperando" – presumivelmente pelo colapso catastrófico da confiança nos principais partidos políticos.

O nível de apoio à extrema-direita, o evidente comprometimento de ativistas locais, um alto grau de lealdade dos eleitores e a capacidade de Le Pen de atrair os jovens levantaram uma questão: será que, em algum momento num futuro não muito distante, talvez após o desaparecimento de seu líder atual, a Frente Nacional fará parte de uma coalizão governista com os principais conservadores no modelo italiano, ou informalmente, como em várias regiões francesas? Com efeito, a divisão do partido, em 1998, foi causada em parte pelas diferenças sobre estratégia: Mégret, o membro mais analítico, formado pela Escola Politécnica, rejeitava um papel permanente e "estéril" na oposição e estava muito mais disposto do que seu líder a contemplar alianças eleitorais. Ele desesperou-se com a imagem pública criada pelos comentários racistas de Le Pen, por seu comportamento ameaçador e suas acusações imoderadas como aquelas registradas em uma entrevista ao *Le Monde* (2 e 3 de março de 1997), em que Le Pen afirmou que Chirac era um "homem tomado" (*tenu*) por organizações judaicas internacionais como Bnai Brith, que lhe forneciam "enormes somas de dinheiro".

Nesse meio-tempo, Chirac poderia apreciar a perspectiva de mais cinco anos no cargo (tempo reduzido por referendo em setembro de 2000), protegido da acusação de corrupção por uma decisão conveniente em 2001 do Conselho Constitucional que concedeu imunidade temporária ao presidente. Ele afirmou em uma entrevista – tipicamente respeitosa – na televisão: "Não podemos permitir que a suspeita da mídia impeça o presidente de exercer suas atribuições". O consagrado princípio da igualdade perante a lei claramente não se aplicava ao Presidente da República.

CAPÍTULO 8 – UMA SOCIEDADE ESTRESSADA | 479

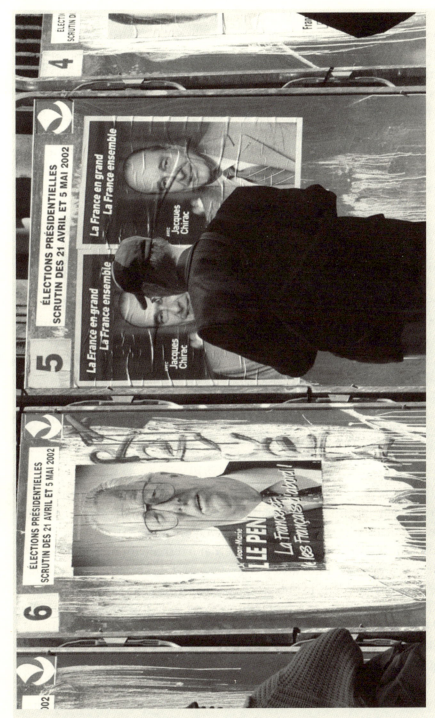

IMAGEM 70. Pôster de apoio a Jean-Marie Le Pen, eleição presidencial, 30 de abril de 2002. Foto: Getty Images.

Sua posição foi substancialmente reforçada pelo resultado das eleições legislativas de 2002, que o libertaram de restrições e frustrações da *coabitação*. Com o estabelecimento da UMP, Chirac também chegou perto de alcançar o objetivo da criação de um partido conservador único para lutar pela eleição em todos os círculos eleitorais. O novo agrupamento tinha o seu próprio RPR como base, mas incluía a maioria dos membros dos outros dois principais partidos de centro-direita, a Democracia Liberal e a União para a Democracia Francesa, sendo que apenas uma pequena parte deste último, liderada por François Bayrou, rejeitava o conjunto. Falando com toda a autoridade do chefe de Estado, Jacques Chirac, sem dúvida, parecia para muitos eleitores ser o homem com mais para oferecer.

O sistema eleitoral de apenas um turno ajudou a manter a primazia da divisão esquerda-direita e a garantir que os partidos extremistas não conseguissem representação na Assembleia Nacional. Em qualquer caso, o apoio da extrema-direita caiu para 12,5% dos votos. O Partido Socialista, liderado por seu insosso primeiro secretário, François Hollande, lutou nas eleições com um programa que prometia o aumento do salário-mínimo, o fim das privatizações e melhor proteção dos direitos dos trabalhadores. Totalmente desmoralizada após a derrota e resignação de Jospin, a esquerda teve um colapso em seu apoio, perdendo mais de 100 assentos. Luminares como Aubry, autora da semana de 35 horas, Hue, o líder comunista, e Dominique Voynet dos verdes foram derrotados. O Partido Socialista foi dividido entre "modernizadores" e "tradicionalistas", os últimos afirmavam que o partido estava muito próximo do centro e, nesse processo, havia perdido a sua distinta identidade. Dentre os primeiros estavam Hollande e políticos ambiciosos como Fabius e Strauss-Kahn, os defensores da economia de mercado e determinados a resistir às tentações daquilo que era chamado pelos tradicionalistas de *populismo de esquerda*, que poderia relegar o partido a uma oposição permanente ao perder o terreno do centro. Até conseguir maior grau de unidade e provar ser capaz de chegar a acordos sobre um conjunto coerente de políticas, parecia provável que os representantes do Partido Socialista iriam atacar o governo de forma oportunista em todas as frentes. A longa recuperação dependia do aumento de seu apelo, sem perder partes de seu círculo eleitoral tradicional para os partidos à sua esquerda e de encontrar um candidato presidencial elegível.

A posição política de Chirac parecia intacável e suas responsabilidades imensas – "Cinco anos para mudar a França", segundo o jornal conservador *Le Figaro*. Isso exigiria habilidades maiores, no entanto, do que aquelas

TABELA 25. Resultados da eleição da Assembleia Nacional, 9 e 16 de junho de 2002.

Partidos	Votos (%)	Assentos após dois turnos
Direita principal		
UMP	33,4	369
UDF	4,8	22
Outros	5,5	8
Esquerda principal		
Socialistas	23,8	141
Comunistas	4,9	21
Verdes	4,4	3
Outros	2,9	13
Extrema-direita		
Frente Nacional	11,1	0
MNR[a]	1,1	0
Outros	0,3	0
Extrema-esquerda	2,7	0
Outros	4,3	0

(a) Movimento Nacional Republicano.

de um manipulador político que deseja evitar confrontos e com o hábito de dizer a seu público aquilo que ele acreditava que este queria ouvir. O Presidente da República tinha visão necessária, determinação e capacidade de comunicar a necessidade de mudança para uma população desconfiada de políticos de todos os matizes?

As relações com os Estados Unidos eram uma das principais causas de preocupação. Após os ataques terroristas de 11 de setembro de 2001 em Nova York e Washington, o presidente Chirac manifestou sua sincera simpatia. Ao mesmo tempo, o ex-ministro socialista do exterior, Hubert Védrine, advertiu os norte-americanos contra a "armadilha monstruosa" posta pelos terroristas em que uma reação extrema iniciaria um "choque de civilizações". Seguindo uma linha semelhante de pensamento, Chirac consideraria necessário recusar-se a apoiar o ataque ao Iraque em 2003, expressando preocupação – com toda a razão, pois os acontecimentos mostrariam-se negativos em relação às consequências desfavoráveis da ação militar precipitada, sugerindo, além disso, que a invasão em si provocaria outros atos de terrorismo. Havia a preocupação real também de que a invasão a um Estado árabe exacerbaria as tensões raciais dentro da própria França. O desespero de Chirac em relação aos esforços de Tony Blair para reforçar o "relacionamento especial" da Grã-Bretanha com os Estados Unidos e para exercer uma influência moderadora em Washington estava claramente evidente.

O dilema colocado pela impotência relativa era – e continua a ser – considerável, entretanto, particularmente para os políticos inspirados por um sentimento latente de *grandeza*. O fim da Guerra Fria parece ter reduzido a dependência das garantias de segurança dos Estados Unidos. A nova situação também precisa de uma reavaliação fundamental sobre as prioridades relativas à defesa. Embora a tentação inicial tenha sido apenas a redução das despesas, a crescente ameaça de terrorismo criou a necessidade de projetar o poder militar francês mediante a rápida implantação de forças altamente móveis. Isso havia encorajado Chirac, em 1996, a anunciar o fim gradual do alistamento obrigatório até o final de 2001, reduzindo o tamanho do Exército em um terço – um passo imenso com significado simbólico e prático. A necessidade de maior profissionalização tornou-se mais importante do que o ideal jacobino da nação armada. A decisão de voltar para a estrutura de comando militar integrado da Otan em 1995 também revelou maior vontade de cooperar. A experiência não foi inteiramente feliz. O ataque de 2003 ao Iraque, que parecia pressagiar a implementação de uma doutrina de guerra preventiva, apenas confirmou as dúvidas francesas a respeito da liderança norte-americana. A alternativa preferida, adotada pelos sucessivos presidentes franceses desde o general De Gaulle, seria o "mundo multipolar", no qual a União Europeia, efetivamente dominada por um núcleo interno, liderado pela França e Alemanha, estabeleceria seus próprios objetivos na política externa.

Para obter sucesso eleitoral, Chirac tinha feito todo tipo de promessas incompatíveis – para reduzir os impostos, enquanto, ao mesmo tempo, gastava mais com a defesa, a luta contra o crime e a saúde –, e ele justificou o aumento das despesas por meio das avaliações excepcionalmente otimistas do crescimento econômico. Um resultado imediato desses comprometimentos seria a impossibilidade de reduzir os gastos de acordo com os compromissos assumidos anteriormente como parte do Pacto de Estabilidade e Crescimento da Zona do Euro. Assim, arrancado da relativa obscuridade para servir como primeiro-ministro, Jean-Pierre Raffarin tinha uma tarefa ingrata pela frente. Selecionado de um grupo que não fazia parte da elite política parisiense, ele era aparentemente afável e despretensioso e esperava-se que contribuísse com a construção da imagem de um governo próximo das pessoas, bem como desviasse as críticas de Chirac. No entanto, a lua de mel política de Raffarin seria breve. Ele achou difícil impor disciplina sobre seus ministros beligerantes. O rápido declínio de sua popularidade indicava a extrema volatilidade do eleitorado, o qual ficou ainda mais alijado da classe política quando, no verão de 2003, cerca de 15 mil pessoas, principalmente velhos, morreram durante uma onda de calor, e os ministros não pareceram dispostos a interromper suas férias para lidar com a crise.

Raffarin tentou cautelosamente introduzir maior "flexibilidade" no mercado de trabalho, ao enfraquecer a segurança que beneficiava os trabalhadores. Ele também aumentou gradualmente o número de anos de trabalho necessários para a obtenção da aposentadoria. No caso dos funcionários públicos, os anos foram aumentados de 37 anos e meio para 40 até 2008 e 42 em 2020. Era óbvio, no entanto, que os trabalhadores do serviço público não iriam desistir sem luta da aposentadoria aos 55, segurança no trabalho e pensões generosas. Nem a perspectiva de uma vida ativa mais longa, nem as reduções do tamanho da burocracia "inchada" e "privilegiada" constituíam atrativos para os funcionários da *Electricité de France*, da SNCF ou para professores ou funcionários públicos. Apesar de apenas 9% da força de trabalho ser sindicalizada e de o número de dias perdidos com greves terem sido relativamente baixo, a proporção subia para 25% no serviço público e a maioria da população tinha um interesse vital nos serviços de previdência e saúde. Ante a ameaça de grandes manifestações, Raffarin bravamente afirmou que a "rua pode apresentar seus pontos de vista, mas a rua não governa" e enfrentou uma série de greves e protestos por todo o mês. No entanto, essa era apenas a primeira leva. As eleições regionais de março de 2004 foram um desastre para o partido do governo: apesar da fraqueza dos socialistas, o partido perdeu o controle de 20 das 22 regiões – todas exceto a Alsácia e a Córsega.

Outro motivo de preocupação para o presidente Chirac foi a probabilidade de que o aumento da União Europeia, de 15 para 25 Estados em maio de 2004, iria aumentar consideravelmente a dificuldade de se chegar a acordos políticos viáveis. O aumento também ameaçava diminuir a influência francesa. A União surgiu do desejo de assegurar a paz e a estabilidade após duas guerras catastróficas. Os sucessivos governos franceses procuraram usar a integração para promover a modernização interna e, em estreita aliança com a Alemanha, como um meio de afirmar a influência francesa dentro e fora da Europa. No entanto, o resultado da acumulação gradual de poder das instituições comunitárias, incluindo o Banco Central Europeu e o Tribunal de Justiça, em conjunto com o aumento da Comunidade, trouxe perdas inevitáveis de soberania nacional. O euroceticismo tornava-se cada vez mais popular e oferecia aos ministros um meio útil de transferir a culpa das políticas impopulares. Assim, o pacto de estabilidade, que foi introduzido como um meio de evitar a irresponsabilidade fiscal por parte dos Estados-membros comprometidos com a União Monetária e que restringia os déficits a um máximo de 3% do PIB, foi repetidamente violado pela França e Alemanha, alegando que déficit e a "flexibilidade" eram meios essenciais de combater a recessão econômica. A Comissão Europeia aceitou tacitamente que havia pouca chance de a França aceitar as recomendações vinculantes em sua política fiscal que, em teoria pelo menos, deveria ser legalmente imposta.

Em 2005, um referendo, efetuado a contragosto de Jacques Chirac, pediu a aprovação das propostas de maior integração europeia, incorporada em um projeto de Constituição elaborado por uma comissão presidida por Giscard d'Estaing, ex-presidente francês. Embora aceitas em junho de 2004 pelos líderes da UE reunidos em Dublin, as propostas foram humilhantemente rejeitadas por 55% do eleitorado francês. Conservadores e socialistas estavam extremamente divididos. Apesar da insistência de Chirac de que a União Europeia oferecia os meios de proteger o modelo social francês contra as ameaças da globalização e do neoliberalismo anglo-saxão, havia uma preocupação generalizada sobre a potencial perda da soberania nacional e a perspectiva de afogar-se em um sistema federal em que a Alemanha, cada vez mais assertiva desde a unificação, desejava assumir a liderança. Os socialistas estavam particularmente preocupados com a perspectiva da transferência de postos de trabalho para áreas de baixo custo da Europa central. Havia muita oposição entre os trabalhadores e os desempregados. Fabius alegou que a proposta de constituição consagrava princípios neoliberais em detrimento das "questões sociais". O referendo também representou uma oportunidade para rejeitar a liderança de uma elite política cada vez mais desacreditada.

A resposta de Chirac a esse revés foi a renovação do governo, mas ele resistiu à tentação de substituir o primeiro-ministro, em parte porque seu sucessor óbvio, Sarkozy, o ministro do Interior hiperativo e obcecado por publicidade – uma figura que lembrava o jovem Jacques Chirac – tinha claras ambições presidenciais. Chirac não tinha intenção de tornar-se um presidente de mãos atadas. A "promoção" do ex-advogado do Ministério do Interior para o politicamente mais arriscado e menos proeminente Ministério das Finanças e do ministro das Relações Exteriores, Dominique de Villepin, ao Ministério do Interior, provavelmente representou uma tentativa de alterar a posição relativa desses personagens. Posteriormente, Chirac diria que o desejo de Sarkozy para suceder o desonrado Juppé como presidente da UMP era incompatível com o gabinete ministerial e forçaria sua renúncia ao cargo governamental. No entanto, o sacrifício legou ao jovem pretendente uma poderosa base política por meio da qual poderia perseguir suas ambições. Com efeito, *Les Guignols de L'Info* retratou-o enterrando vivo um Chirac complacente. A cena já estava sendo definida para a eleição presidencial de 2007.

No período imediatamente anterior, já estava evidente que as atitudes entre os conservadores, no sentido de mais uma candidatura de Chirac, estavam polarizadas. Sua personalidade, a aparência de *bonomia*, mostrava-se atraente. Até mesmo seus pecadilhos demasiadamente humanos ajudaram a aumentar sua popularidade entre os devotos. Muitos eleitores aceitaram sua afirmação de ser a infeliz vítima de acusações difamatórias e sua absolvição como algo *abracadabrense*. No entanto, surgiu uma grave crise de confiança na elite política e nas instituições da Quinta República. Uma pesquisa de opinião do IFOP, em junho de 2006, registrou um recorde de 70% de insatisfação com o governo. Não causou surpresa, portanto, quando em 11 de março, o envelhecido e desacreditado Chirac anunciou, sem oferecer razões, que não ficaria para um terceiro termo, deixando o caminho aberto para a candidatura de Sarkozy.

Em seu panfleto antes da eleição, o novo candidato conservador descreveu-se como comprometido com "o trabalho, respeito pela autoridade, família e responsabilidade individual" e determinado a resolver os proble-

IMAGEM 71. Jacques Chirac e Nicolas Sarkozy participam de uma cerimônia para homenagear Lucie Aubrac, um dos maiores heróis da resistência durante a guerra, no pátio do Palácio dos Inválidos em Paris, 21 de março de 2007. Foto: Reuters/Charles Platiau.

mas prementes da elevada taxa de desemprego, dívida pública excessiva e aumento da criminalidade. Para polir suas credenciais de direita, em um discurso em Metz, ele invocou os espíritos de Joana d'Arc e Maurice Barrès, dois ícones nacionalistas; e também recorreu ao "patrimônio de dois mil anos de civilização cristã". A perspectiva de eleger um presidente forte e firmemente empenhado em reforçar a ordem social era atrativa a muitos membros de cada grupo social, especialmente para as gerações mais velhas, que se sentiam ameaçadas pela insegurança crescente associada à globalização. A promessa de recuperação econômica, bem como a redução de impostos, também era muito atraente.

Em 21 de abril de 2007, com uma participação maciça de 83,8%, Sarkozy obteve 31% dos votos no primeiro turno e a socialista Ségolène Royal, 26%. Royal era uma candidata com elementos "blairistas" que desejava "modernizar" o Partido Socialista. Ela foi enfraquecida pelas divisões do partido, refletidas no apoio indiferente de seu secretário-geral, Hollande – pai de seus filhos e suposto parceiro, embora já estivessem separados. Os resultados parecem confirmar que o período em que a maioria das pessoas das "classes populares" votava na esquerda tinha acabado; apenas 25% dos trabalhadores e *empregados* votaram em Royal. O apoio à "extrema"-esquerda também diminuiu. Os honrosos 18,3% de Bayrou indicaram a relutância em apoiar o abrasivo Sarkozy da centro-esquerda, enquanto os 11,1% de Le Pen – um declínio substancial em comparação a 2002 – revelaram o sucesso do apelo dos conservadores à extrema-direita. No segundo turno, em 5 e 6 de maio, os 53,06% de Sarkozy representaram uma clara margem de vitória sobre Royal (com 46,94%) e demonstraram sua capacidade de ganhar o apoio do eleitorado conservador tradicional, dos membros das profissões liberais e gerenciais, bem como atrair o apoio das classes populares. Quase 70% dos eleitores que votaram em Le Pen no primeiro turno também votaram em Sarkozy no segundo.

Em seguida, muitos comentadores consideraram que Sarkozy havia cometido dois "pecados originais" na sequência de sua vitória. Estes, afirmaram, destruiriam suas chances de reeleição em 2012. O primeiro foi a celebração ostentosa, triunfalista e muito divulgada com seus associados ricos no exclusivo restaurante Fouquet, em Paris, visto como revelador do amor que o presidente eleito tinha pelo dinheiro e pelo luxo. O segundo foi sua extrema familiaridade e falta de dignidade geral, consideradas aviltantes para o cargo que ocuparia. A publicidade dada ao seu romance com a ex-supermodelo Carla Bruni só agravaria a situação. Em meados de 2008, apenas 34% dos respondentes das pesquisas de opinião diziam-se confiantes em seu presidente.

Sarkozy tinha prometido inaugurar uma nova era na política francesa e começou de forma vigorosa, apesar das graves dificuldades causadas pelo aprofundamento da crise financeira global e dos problemas específicos da zona do euro. Seu estilo de governo manteve a impressão de dinamismo. Considerando que seus antecessores tinham concentrado seus esforços, em grande parte, nas políticas estrangeiras e de defesa, relegando as questões domésticas aos seus primeiros-ministros, Sarkozy interveio em todas as esferas de governo, muitas vezes confiando nas opiniões de seus conselheiros pessoais – incluindo, mais notadamente, Claude Guéant, secretário-geral no Eliseu, e Henri Guaino – e líderes empresariais. Os ministros eram consultados com menor frequência do que no passado. As reuniões do gabinete, como resultado do uso dos nomes próprios e do *tutoiement* (utilização do pronome "tu" para designar a terceira pessoa do singular, em vez do pronome "vous" que é considerado mais formal), tornaram-se menos formais, mas também menos estruturadas e dominadas por monólogos incoerentes do presidente. Os ministros, incluindo o primeiro-ministro, François Fillon, eram frequentemente tratados com um desprezo mal-humorado. O político centrista Bayrou descreveu o regime como uma "egocracia".

Embora as tradicionais reuniões semanais com os ministros da Defesa e das Relações Exteriores – o último era o ex-socialista Bernard Kouchner, nobre cofundador da organização humanitária Médicos sem Fronteiras – fossem consideradas pelo presidente como uma grande perda de tempo, a defesa representava um grande problema. Os resultados de uma revisão da política revelada por Sarkozy em 2008 deixaram clara a necessidade desesperada de modernização dos equipamentos militares. Era necessário investir pesadamente em satélites de vigilância, aviões, helicópteros de ataque e aeronaves cargueiras – financiados em parte pela redução dos pedidos de aviões convencionais. A construção de dois submarinos nucleares e um segundo porta-aviões também foi proposta, embora a construção deste último – um meio de projeção de poder – seria em breve adiada por causa de seu custo. Os objetivos centrais eram criar uma força expedicionária de 30 mil pessoas, com 70 aviões e apoio dos dois grupos navais, bem como preservar sua *força de ataque* nuclear (*force de frappe*), símbolo máximo de sua *grandeza* – uma "apólice de seguro de vida" com a qual praticamente toda a elite política estava totalmente comprometida. Esperava-se que as forças armadas mantivessem, inicialmente, uma força de 330 mil, mas ela foi reduzida para 250 mil e o exército para 100 mil; isso provocou uma advertência, em maio de 2011, do almirante Guillaud, chefe do Estado-maior de Defesa, informando que as Forças Armadas "frágeis e debilitadas" não conseguiriam sustentar seus compromissos tradicionais, tais como a defesa das antigas colônias africanas. O fato foi confirmado pela experiência de engajamento com a força esmagadoramente norte-americana da Otan no Afeganistão; os 4 mil combatentes franceses foram finalmente retirados daquele país no final de 2012, após o desenvolvimento de um "impasse militar" e das baixas crescentes.

Fillon insistia sobre a necessidade urgente de reduzir os gastos do governo, pois a dívida pública acumulada havia chegado a 84% do PIB, refletindo o fracasso consistente para equilibrar o orçamento desde 1974. Isso parecia constituir uma ameaça à sustentabilidade do modelo social tão alardeado pelo país. Além disso, a perda de competitividade das empresas francesas em relação à década anterior mostrava a necessidade urgente de impostos mais baixos a fim de reforçar os incentivos e as pressões competitivas da economia de mercado. No entanto, uma série de iniciativas relativamente modestas, projetadas para reduzir o déficit público para 3% em 2013, tomou como base previsões extremamente otimistas de crescimento econômico.

A "lei da modernização da economia", apresentada pela ministra das Finanças, Christine Lagarde, em abril de 2008, para reduzir a burocracia para as empresas, aumentou a idade da aposentadoria de 60 para 61 anos, introduziu maior flexibilidade para as 35 horas semanais de trabalho e procurou penalizar os desempregados que recusem ofertas de emprego – relançando a ideologia liberal do século XIX, afirmando que por meio da preguiça, os pobres empobreciam a si mesmos. As universidades medíocres, gritantemente superlotadas e centralmente controladas, foram abaladas pela perspectiva de maior autonomia em termos de compromissos, salários e concorrência pelo financiamento público e privado. Essas medidas, no entanto, estavam muito aquém das reformas estruturais requisitadas pelas agências internacionais de classificação e pelo Fundo Monetário Internacional (FMI). Com efeito, entre 2007 e 2010, os esforços para estimular a economia em resposta à crise financeira, bem como o impacto da crise em si, elevaram o déficit orçamental de 2,7% do PIB para 7,1%; em 2011, ele caiu para 5,7%. Os empregadores também estavam insatisfeitos e exigiam maior desregulamentação, bem como reduções de impostos sobre os salários, a fim de estimular a atividade econômica.

Além disso, as greves, as manifestações e os resultados desastrosos das eleições regionais de março de 2010, em que o apoio para a UMP despencou para 35%, deixando-a com o controle de apenas uma região, demonstravam claramente que o público estava cada vez mais desencantado com um presidente que parecia tratar de forma ineficaz o aprofundamento da crise econômica e o aumento do desemprego. De forma característica, Sarkozy continuava prometendo reformas destinadas a garantir maior competitividade econômica enquanto, simultaneamente, atacava a "ditadura do mercado" e prometia uma política industrial e a proteção aos postos de trabalho ameaçados das siderúrgicas e da indústria automobilística. Suas visitas extremamente divulgadas às fábricas ameaçadas de fechamento e suas promessas para evitar a transferência do trabalho para a Europa Oriental eram recebidas com crescente ceticismo. O antissarkozyismo virulento tornava-se rapidamente uma das características da cena política. Cada vez mais, o presidente perdia a confiança do público e era identificado como "le président des riches" (o presidente dos ricos).

Supostamente em nome da "solidariedade", poderosos grupos de interesse, incluindo não só os ameaçados trabalhadores da saúde mas também professores e funcionários, protestaram contra o congelamento dos salários e a deterioração das condições de emprego no setor público, enquanto o governo tentava tardiamente reduzir o tamanho e aumentar a eficiência de uma burocracia "inchada". Uma porcentagem surpreendentemente baixa de trabalhadores franceses pertencia aos sindicatos, cuja influência dependia de seu papel oficial nos conselhos das empresas e das negociações coletivas, mas, mesmo assim, estima-se que cerca de 3,5 milhões de pessoas participaram das manifestações de outubro de 2010 contra a diluição das 35 horas semanais e a reforma do sistema de aposentadorias. Embora tenham conseguido adiar as reformas do mercado de trabalho para depois das eleições de 2012, a força dos protestos populares parece ter sido diminuída, no entanto, pela legislação que exige a prestação de um nível mínimo de serviço nas escolas e nos transportes públicos durante as greves, bem como pela crescente percepção da necessidade de mudanças.

O apelo populista ao sentimento anti-imigrante também causou efeitos contraditórios na reputação do governo. Após a criação do Ministério da Imigração e Identidade Nacional em 2007, ocorreram esforços para ligar a imigração à delinquência, bem como iniciativas vigorosas para expulsar os imigrantes ciganos ilegais que vinham da Romênia e da Bulgária. Essas táticas podiam atrair o potencial apoio da extrema-direita, mas corriam o risco de legitimar as reivindicações da Frente Nacional e dividir os conservadores mais moderados. O presidente ficou mais desacreditado após uma série de escândalos. O mais notável foi a sua tentativa de nomear seu filho Jean, um estudante, como presidente da administração do distrito comercial de La Défense, em Paris. Assim como seu antecessor, Sarkozy e a UMP também foram acusados de financiamento ilegal de campanha; o caso mais divulgado envolvia fundos fornecidos por Liliane Bettencourt, herdeira da fortuna da empresa de cosméticos L'Oréal. A nebulosidade desse caso foi intensificada pela afirmação de que, por ordem do presidente, as autoridades de inteligência envolveram-se em interceptações telefônicas para tentar identificar as fontes das informações vazadas ao *Le Monde*. As evidências de gastos excessivos e injustificáveis dos ministros, juntamente com as férias luxuosas oferecidas pelos governos egípcio e tunisiano para Fillon e Michèle Alliot-Marie, ministra das Relações Exteriores, e a admissão do ministro da Cultura, Frédéric Mitterrand, de ter pagado para fazer sexo com "meninos" na Tailândia, reforçaram a percepção pública a respeito da arrogância, corrupção e ganância da elite. No entanto, a posição de Sarkozy parece não ter sido enfraquecida pelo julgamento de Chirac – em dezembro de 2011 – pela apropriação ilegal de dinheiro público quando ele era prefeito de Paris. O ex-presidente estava com a saúde fragilizada, sofria graves lapsos de memória e havia se tornado uma figura de afeição pública. Ele recebeu uma pena de dois anos em regime condicional.

Sarkozy também realizou um esforço considerável para melhorar sua imagem pública mediante a adoção de um comportamento menos hiperativo e mais presidencial, em casa e enquanto presidia reuniões internacionais, como o G8 em Deauville, em maio de 2011, e o G20 realizado em Cannes, em novembro. As intervenções francesas bem-sucedidas em uma rebelião contra o coronel Kadafi, o líder líbio – para quem o governo havia vendido armas anteriormente – representaram uma inversão dramática da política externa, que surpreendeu até mesmo Juppé, o novo ministro das Relações Exteriores. Inspirada por convicções humanitárias ou oportunismo, essa ação recebeu grande apoio público. Ela também contribuiu para a crença de Sarkozy de que, independentemente das pesquisas de opinião negativas, as quais, quatro meses antes da eleição presidencial de 2012, revelaram que seu apoio tinha caído para o mínimo recorde de 30%, os eleitores seriam favoráveis a um candidato que havia adotado uma posição dura sobre a criminalidade e a imigração e que agora poderia afirmar ter sido um líder eficiente durante a crise financeira mundial e europeia – um candidato com "credibilidade". No entanto, em janeiro de 2012, o rebaixamento da França pela agência de classificação de crédito Standard e Poors representaria um duro golpe.

Isso pareceu muito relevante, pois as pesquisas de opinião já sugeriam que o candidato socialista mais provável à presidência, Strauss-Kahn, importante ex-ministro das Finanças e atual diretor-gerente do FMI, venceria as eleições caso concorresse com o atual presidente. Mas as acusações de estupro feitas a Strauss-Kahn em Nova York (em março de 2011) forçaram esse "socialista do champanhe", um mulherengo lendário e absolutamente irresponsável, a demitir-se do FMI e retirar sua potencial candidatura à presidência francesa. Ele seria posteriormente acusado de envolvimento em uma rede de prostituição em Lille. O caso destacou o fato de que um número estimado de 75 mil mulheres são vítimas de estupro anualmente na França – geralmente por homens que elas conhecem – e que apenas 1% a 2% dos acusados são, por fim, condenados. O que isso dizia sobre as atitudes em relação às mulheres?

Sem dúvida, a posição de Sarkozy foi reforçada pela desgraça de um adversário aparentemente imbatível, bem como por seu substituto no FMI, Lagarde, um ministro das Finanças altamente respeitado. Os socialistas ficaram sem saber o que fazer, pelo menos temporariamente, pois surgia uma verdadeira disputa para a nomeação de seu candidato à presidência. Os competidores eram Fabius, o urbano ex-primeiro-ministro que havia dividido o partido ao rejeitar a constituição da UE em 2005; Bertrand Delanoë, prefeito de Paris; o jovem Valls, que insistia na necessidade de repensar a ideologia socialista desatualizada e, portanto, acusado de deslealdade; e Royal, determinada a repetir seu desafio de 2007. No entanto, as pesquisas sugeriam que os candidatos com possibilidade de vencer Sarkozy seriam Aubry, ex-ministra do Trabalho, idealista, intervencionista e autora da Lei das 35 horas semanais, prefeita da cidade de Lille e líder do Partido Socialista desde 2008, representante da esquerda do partido; e Hollande, um social-democrata mais moderado e ex-partidário menos divisivo de Strauss-Kahn, apesar do fato de, durante 11 anos como secretário-geral do partido, ele ter ganhado a reputação de politiqueiro entediante, ter presidido as desastrosas campanhas presidenciais em 2002 e 2007 e, apesar de ser próximo a Mitterrand, não ter conseguido receber qualquer nomeação ministerial. Um boneco de borracha do programa de televisão satírico *Les Guignols de L'Info* há tempos o representava como um incompetente cordial.

Ao apresentar-se como um potencial "presidente normal" em março de 2011, Hollande, um deputado do departamento rural de Corrèze assim como Chirac, não foi levado a sério por seus rivais. Com efeito, Fabius rejeitou sua candidatura considerando-a uma piada. Isso estava prestes amudar, ele passou a ter um ar mais autoritário, pragmático e políticas moderadas, além disso, renovou a sua imagem ao perder peso e usar óculos de *designers* famosos. Hollande prometeu uma presidência menos autoritária, realçando o papel do primeiro-ministro e dos ministros em geral, também garantiu autonomia do sistema judiciário e da polícia. Nas eleições primárias – aberta não apenas aos membros do Partido Socialista, mas também aos eleitores dispostos a jurar fidelidade aos "valores da esquerda" e a pagar € 1 –, Hollande, em última análise, recebeu 2,8 milhões (57%) dos votos expressos. Embora os socialistas tivessem perdido três campanhas presidenciais anteriores e ainda carregassem as cicatrizes da humilhação de Jospin por Le Pen em 2002, eles estavam fortemente entrincheirados nos níveis local e regional, controlavam o Senado e esperavam ser beneficiados pela hostilidade a Sarkozy, revelada em pesquisas de opinião.

O primeiro turno das eleições, em 22 de abril de 2012, contava com 15 candidatos. Quatro tinham chance de passar para o segundo turno: Sarkozy, Hollande, Marine Le Pen (após a aposentadoria de seu pai) e o centrista Bayrou. O presidente-candidato, posando como "Capitão Coragem", procurou apelar aos valores tradicionais como "trabalho, responsabilidade, autoridade". Em Annecy, em 16 de fevereiro, ao admitir os erros do passado, ele afirmou sua honestidade e sinceridade. Ele afirmava que a sucessão de crises desde 2008 marcava o fim de uma era, mas também representava a oportunidade para a criação de um mundo novo e melhor. Ao mesmo tempo, ele rejeitava o casamento gay e a adoção de crianças por casais homossexuais, bem como a eutanásia e, além disso, prometeu "redonner la parole au peuple" (devolver a palavra ao povo) por meio de mais referendos. O eleitorado foi avisado de que não seria sensato remover um presidente experiente no auge da crise mais perigosa desde a Segunda Guerra Mundial. A imprensa conservadora lembrou a seus leitores que as políticas imprudentes de Mitterrand após sua eleição em 1981 – aumentos de impostos e maiores gastos – haviam destruído a competitividade e a credibilidade financeira internacional da França. Sarkozy previu que, em uma era de globalização, a adoção de uma abordagem semelhante por Hollande teria consequências ainda mais terríveis. A chanceler alemã, Angela Merkel, preocupada com a insistência de Hollande para conseguir passar medidas de estímulo à economia dentro da União Europeia, chegou ao ato incomum – e provavelmente contraproducente – de oferecer seu apoio a Sarkozy.

Em um discurso tipicamente combativo em Arras, Sarkozy também lembrou aos eleitores que estavam tentados a apoiar Le Pen a respeito de suas ideias sobre imigração, bem como sua posição firme contra o crime. Juntamente com a defesa do *laicismo*, essas políticas estavam implicitamente ligadas à ameaça representada pelo Islã. Sugeriu-se que um governo socialista seria fraco em relação à segurança, incompetente em lidar com o terrorismo e poderia oferecer muitas concessões aos fundamentalistas muçulmanos. Questões simbólicas, como a burca, a carne *halal* e as orações nas ruas das mesquitas foram todas empregadas – usando uma linguagem inflamatória – como questões de campanha.

Apesar de o influente jornal britânico *The Economist* ter denunciado os dois principais candidatos por engajarem-se em "uma campanha completamente frívola" e por terem recusado encarar a realidade da deterioração da situação econômica, ambos aceitavam que a dívida pública precisava ser urgentemente reduzida. Fillon, o primeiro-ministro, ao defender o histórico de seu governo em relação ao aumento dos impostos corporativo e de renda, comprometeu-se com novas reduções nas despesas, aumento do imposto sobre valor agregado (IVA), impostos sobre as grandes empresas, reforma da aposentadoria e penalidades para os desempregados que recusavam os treinamentos e as ofertas de emprego. Em contraste, Hollande propôs a introdução da taxa de 75% ao imposto daqueles que ganham mais de € 1 milhão por ano e, adicionalmente, o aumento do imposto anual sobre a riqueza de ativos acima de € 1,3 milhão, juntamente com um imposto sobre os dividendos, bem como o fim das isenções fiscais que eram muito vantajosas para os ricos. Ele afirmava que o aumento da renda permitiria ao governo equilibrar suas contas e ao mesmo tempo aumentar o salário-mínimo, criar 60 mil novos cargos no ensino e restabelecer a idade da aposentadoria para 60 anos, embora só para quem começasse a trabalhar aos 18 anos. Ele prometeu que essas medidas iriam ser financiadas por meio da economia advinda dos departamentos governamentais, bem como pela reforma fiscal e, ao mesmo tempo, o estímulo econômico seria oferecido por meio da renegociação do acordo da zona do euro para promover a disciplina fiscal.

A campanha socialista realmente decolou a partir do comício, com a presença de cerca de 10 mil partidários, em Le Bourget, nos arredores de Paris, realizado em 22 de janeiro; Ali, Hollande apresentou sua visão de uma República baseada no "recuperação nacional, justiça e esperança" e numa iniciativa urgente para "superar a crise e libertar-nos do poder ilegítimo das finanças". Isso, ele afirmou, e não Sarkozy, era seu verdadeiro adversário. Adotando o programa do Partido Socialista, ele lançou um apelo pela separação entre a função de crédito e as atividades de investimento mais especulativas dos bancos e pela abolição dos produtos financeiros "tóxicos" e dos paraísos fiscais. As pequenas e médias empresas receberiam o apoio de um banco público de investimentos e seria feito um grande esforço para aliviar a escassez de moradias financeiramente acessíveis pela construção de 1 milhão de novas habitações. Hollande reiterou sua promessa de servir como um "presidente normal" – em comparação com o homem descrito indelicadamente por seu porta-voz como "o cruzamento entre Silvio Berlusconi e Vladimir Putin" –, também reiterou sua determinação para participar de um "diálogo social" e de servir a todos. Ele afirmou até mesmo que não tinha intenção de atacar os criadores de riquezas, mas apenas "a riqueza insolente... a arrogância das fortunas poderosas, simplesmente transmitidas por herança".

A campanha subsequente de Hollande representou um ataque à personalidade e à "catastrófica" presidência de Sarkozy, descritas como representantes apenas dos interesses dos "poderosos, rendeiros e ricos" e caracterizadas não apenas pelo "bling-bling", mas também pelo "zigue-zague". Em um ataque multifacetado feito em Besançon, no dia 10 de abril, ele culpou Sarkozy pela perda de 400 mil postos de trabalho, pelo desemprego da juventude, pelo declínio da agricultura, pelo colapso dos padrões de vida e pelo aumento da insegurança. Em um comunicado de sua filosofia política, publicada com o título "Changer de destin" (Mudar o destino), Hollande procurou inspiração na história – da Revolução de 1848, da Comuna de Paris, dos Dreyfusards e da resistência –, bem como no patriotismo do general De Gaulle. Outras figuras inspiradoras incluíam os líderes socialistas Jaurès e Blum e, em menor grau, Mitterrand, seu mentor original. A redistribuição igualitária parecia interessá-lo mais do que a criação de riqueza. Hollande prometeu repartir os impostos de acordo com os mesmos princípios de justiça republicana que informariam suas decisões em geral. Seu compromisso com os ideais republicanos do *laicismo* – tolerância religiosa e estrita separação entre Estado e religião – foi também reafirmado vigorosamente com a promessa de acrescentar à Constituição a Lei de Secularização de 1905. Em seu aguardado livro de *memórias*, Chirac aproveitou a oportunidade para afirmar que Hollande possuía a habilidade para tornar-se um "verdadeiro estadista" e para enfatizar seu desprezo por seu sucessor. Surgiram afirmações de que o ex-presidente desejava votar no candidato socialista, mas isso foi fortemente combatido pela campanha entusiasmada de sua esposa, Bernadette, a favor de Sarkozy.

Maior ameaça para a campanha de reeleição de Sarkozy eram os ambiciosos esforços da Frente Nacional para estabelecer-se como o grande partido da direita. Para tanto, a Frente Nacional tentou reformular sua imagem ao engajar-se em um processo de *dédiabolisation* (desdemonização) – uma tentativa de Marine Le Pen para distanciar-se do antissemitismo que levou seu pai a afirmar que o Holocausto havia sido um mero "detalhe" da história, de sua obsessão com a "perda" da Argélia e de seu chauvinismo agressivo. Igualmente potente era sua condenação da incapacidade do presidente para manter a autoridade do Estado e das elites políticas em geral por ignorar as preocupações das pessoas "comuns", as ameaças postas pelo aumento do desemprego, deterioração da qualidade de vida e a crescente insegurança, que ela associava à criminalidade. Le Pen lançou um apelo pelo policiamento mais forte, restauração da pena de morte e o estabelecimento de freios na imigração e na "islamificação", que, para ela, constitui uma ameaça aos princípios do *laicismo* e aos direitos das mulheres.

A Frente Nacional também ofereceu proteção contra as ameaças associadas à globalização – "un système économique sauvage" (um sistema econômico selvagem) – e à adesão à União Europeia. Foi alegado que a afirmação dos interesses especificamente franceses por meio da reintrodução do protecionismo econômico, juntamente com a desvalorização, uma política monetária inflacionista, uma limitação do "feudalismo financeiro" dos bancos e a tributação reduzida para as famílias de baixa renda, facilitaria a reindustrialização e a volta do crescimento econômico. Essas políticas, pragmáticas ou baseadas em princípios, eram iniciativas para manter a fidelidade da extrema-direita tradicionalmente autoritária e para aumentar o apoio das mulheres, das classes trabalhadoras médias e baixas, daqueles com medo do desemprego e da mobilidade social descendente; representavam também a hostilidade dirigida às pessoas que, segundo eles, viviam do Estado de bem-estar sem fazer nada. Advogada, membro do Parlamento europeu e artista midiática eficaz, Le Pen procurou convencer os eleitores de que ela representava um partido moderado, patriótico e respeitável. Nos antigos centros deprimidos de mineração, tais como Hénin-Beaumont no norte da França, a Frente – em competição com um partido socialista debilitado por acusações de nepotismo e corrupção – estabeleceu-se na política local, bem como em muitas comunidades rurais, mantendo pequenas reuniões em cafés e locais de mercado. Centrando-se em questões como a habitação e o declínio dos serviços, Le Pen conseguiu estabelecer uma base política sustentável e apresentar-se como a "candidata dos esquecidos".

As continuidades entre Le Pen, pai, e a sua filha tornaram-se mais evidentes, no entanto, quando, durante a campanha eleitoral, posando como defensora da "ordem republicana", ela alertou sobre as ondas de imigração muçulmana e a ameaça de "escravização" pela imposição da charia. Em um discurso feito em Rouen, no dia 15 de janeiro de 2012, Le Pen condenou o multiculturalismo e insistiu na necessidade de assimilação, apontando para o horizonte da cidade como um lembrete das raízes cristãs da civilização francesa. Em março, em Marselha, ela culpou a incriminação mal reprimida dos norte-africanos por tráfico de drogas e a insegurança endêmica da cidade. Os assassinatos de três soldados e quatro outras pessoas, incluindo três crianças judias, por Mohamed Merah em Toulouse e Montauban, descritos como "a ponta de um *iceberg*" ofereceram mais uma oportunidade para exigir o controle mais pesado da imigração, o fim da construção de mesquitas e a expulsão de imãs radicais. Assim, Le Pen desempenhou um papel importante na definição da agenda política.

Hollande também ficou enfraquecido pelos ataques enérgicos de sua esquerda por Jean-Luc Mélenchon, ex-senador socialista que representava uma Frente de Esquerda respaldada pelo debilitado Partido Comunista e várias facções trotskistas. Em um comício entusiasmado na Praça da Bastilha, em 18 de março de 2012 – aniversário do estabelecimento da Comuna de Paris em 1871 – que culminou com todos cantando a *Internacional*, Melenchon exigiu aposentadoria para todas as pessoas com 60 anos, aumento imediato de 20% no salário-mínimo, salário máximo de € 360 mil e a retirada da Otan. O voto de protesto a favor da Frente ou dos verdes e uma esquerda dividida fizeram renascer a terrível perspectiva da eliminação do candidato socialista já no primeiro turno. Nessa ocasião, no entanto e apesar do relativo sucesso do candidato da Frente de Esquerda, Hollande obteve uma vitória apertada. Os candidatos centrista e verde (esta última era Eva Joly do MEP) foram particularmente mal.

Na disputa final entre Sarkozy e Hollande, no dia 6 de maio, o sucesso dependia da capacidade de atrair eleitores que na rodada anterior haviam apoiado os candidatos eliminados. Quase todos os partidários de Mélanchon votaram em Hollande (81%, de acordo com uma pesquisa subsequente), juntamente com aqueles que haviam apoiado Joly – atraídos pelas promessas de cargo no governo e diminuição das atividades com energia nuclear –, o mesmo ocorreu com o eleitorado da extrema-direita (14%). Outros seguiram os conselhos de Le Pen e votaram em branco ou abstiveram-se (35%), em vez de votar em Sarkozy (embora 51% dos eleitores tenham votado nele). Claramente, sua vitória ameaçaria sua ambição de assegurar que a Frente Nacional fosse a grande força da direita. Os ataques mais ferozes de Le Pen estavam consistentemente focados em Sarkozy, não em Hollande. O centrista Bayrou, embora extremamente crítico da política econômica de Hollande, decidiu apoiá-lo por causa de sua maior humanidade e apoio à Europa, apesar disso, ele foi seguido por apenas cerca de 29% de seus partidários.

TABELA 26. Resultados da eleição presidencial, primeiro turno, 22 de abril de 2012.

Candidato	Divisão de votos (%)
Hollande	28,63
Sarkozy	27,18
Le Pen	17,90
Mélenchon	11,10
Bayrou	9,13
Joly	2,31

As pesquisas de opinião sugeriam que o resultado não era certo, a última pesquisa Ipsos MORI alegou que o apoio a Hollande foi maior nas cidades do que na zona rural e entre os gerentes, membros das profissões liberais e intermediárias, trabalhadores e pessoal administrativo, enquanto Sarkozy recebeu os votos dos artesãos, lojistas, empresários, aposentados e dos grupos com maior rendimento do agregado familiar. O presidente estava claramente determinado, no entanto, a manter sua campanha energética e agressiva. Ele continuava exprimindo seu total desdém ao rival socialista, descrevendo-o como um peso-leve indeciso, desprovido de ideias, sem carisma e energia – como "l'énarque, le techno, le mou" (isto é, tecnocrata molenga formado pela ENA) – e, paradoxalmente, como o candidato do "sistema", um mentiroso, que promete qualquer coisa para poder vencer. As táticas de Sarkozy eram semelhantes àquelas que ele tinha empregado para destruir a imagem de Royal em 2007. Seus partidários foram bastante encorajados pelo debate televisivo de 27 de abril, em que ele parecia muito mais confiante do que Hollande que estava bastante evasivo, bem como pelo comício em massa cuidadosamente encenado em Villepinte, durante o qual ele apresentou-se como líder forte com uma visão clara da "França forte". Sua resposta aos assassinatos em Toulouse e Montauban levou toda a dignidade e autoridade que se pode esperar do Presidente da República. Seu principal problema eram as percepções do seu histórico no cargo – em comparação com as promessas de 2007.

TABELA 27. Resultados da eleição presidencial, segundo turno, 6 de maio de 2012.

Candidato	Divisão de votos (%)
Hollande	51,63
Sarkozy	48,37

Pela primeira vez em uma eleição presidencial, Paris apoiou o candidato socialista, com 55,6% dos seus votos. Apesar do triunfo aparente de Hollande, no entanto, uma pesquisa de opinião da Ipsos MORI indicava que nem tudo estava bem; ela revelou que a preocupação dominante de 55% dos partidários de Hollande era a remoção de Sarkozy, com apenas 45% inclinados positivamente ao candidato socialista. Em contraste, 54% dos partidários de Sarkozy estavam absolutamente determinados a apoiá-lo. No entanto, a vitória socialista inicial foi seguida pelo sucesso nas eleições legislativas realizadas em junho.

A nova Assembleia contava agora com um maior número de mulheres do que sua antecessora (25% em comparação com 18), particularmente entre os socialistas. Apesar de 40% dos deputados serem recém-chegados, a média de idades estava em 54 anos. Além disso, 75% deles seriam beneficiados com a polêmica *acumulação de cargos*, mantendo simultaneamente

IMAGEM 72. François Hollande e Nicolas Sarkozy durante um debate televisivo nos estúdios em La Plaine Saint-Denis, perto de Paris, 2 de maio de 2012. Foto: Reuters/France 2 Television/Folheto.

TABELA 28. Resultados da eleição da Assembleia Nacional, segundo turno, 17 de junho de 2012.[a]

	Votos	Divisão de votos (%)	Assentos
Socialistas	9.420.889	40,9	280
UMP	8.740.628	38	194
Ecologista-Verdes	829.036	3,6	17
Novo Centro	568.319	2,5	12
PRG[b]	538.331	2,3	12
Frente de Esquerda	249.498	1,1	10
Partido Radical	311.199	1,4	6
Frente Nacional	842.695	3,7	2
Aliança Centrista	123.132	0,5	2
Centro pela França	113.196	0,5	2
Outros partidos de direita	417.940	1,8	15
Outros partidos de esquerda	709.395	3,1	22
Outros	165.050	0,7	3

(a) Os resultados incluem 36 deputados eleitos no primeiro turno, em 10 de junho.
(b) Partido Radical de Esquerda.

mandatos regionais ou locais, bem como nacionais. A surpresa do segundo turno foi que ele ofereceu aos socialistas uma maioria absoluta entre seus próprios partidários e livrou-os da necessidade esperada de depender dos Verdes e da Frente de Esquerda – esta última perdeu nove assentos para os comunistas e passou de 19 para 10 assentos. Os socialistas também controlavam o Senado, 21 das 22 regiões e vários governos locais. Uma nota dissonante e ligeiramente ridícula foi a derrota humilhante em Rochela da superconfiante Royal – a candidata presidencial de 2007 e antiga parceira de Hollande – por um dissidente socialista que recebeu apoio tuitado pela atual parceira do novo presidente, a conhecida jornalista Valérie Trierweiler.

A erosão do apoio para a conservadora UMP ficou particularmente evidente nas cidades e em seus subúrbios, bem como em toda a metade ocidental do país (ao longo do eixo Le Havre-Perpinhã). O partido perdeu

IMAGEM 73- O presidente Nicolas Sarkozy e Carla Bruni-Sarkozy deixam o Palácio do Eliseu para a cerimônia de posse do novo presidente François Hollande em 15 de maio de 2012. Foto: KeystoneUSA-ZUMA/Rex Features.

algumas das suas principais figuras, incluindo Alliot-Marie, o ex-ministro da Defesa, e Claude Guéant, que havia servido como ministro do Interior. Apesar de Le Pen não ter ganhado a eleição por pouco em Hénin-Beaumont, onde ela enfrentou um desafio deliberadamente simbólico de Mélenchon e do Partido Comunista, bem como de um desinspirador – mesmo que tenha sido bem-sucedido – representante local do Partido Socialista, dois membros do seu partido – uma delas, sua sobrinha Marion Maréchal Le Pen – venceram no Sul. Mais significativamente e apesar de Fillon ter avisado sobre a incompatibilidade fundamental de seus valores, os conservadores nem sempre resistiram à tentação perene de seus candidatos em salientar os ideais patrióticos compartilhados com a Frente Nacional. O colapso contínuo do centro, com a derrota de Bayrou, também estava evidente, contribuindo para um processo de polarização política. Mais significativamente, apenas 55,4% dos eleitores voltaram às urnas no segundo turno, sugerindo o ceticismo generalizado sobre o sistema político e os políticos em geral, bem como a indiferença, especialmente entre os jovens.

Apesar de possuírem o controle da Câmara dos Deputados e do Senado, além da esmagadora maioria dos governos locais e regionais, a questão essencial passava a ser: o que os socialistas farão com sua vitória?

Conclusão:
RELATÓRIO SOBRE O PERÍODO DOS SOCIALISTAS NO PODER

O novo presidente percebeu claramente, após a sua diplomação em 15 de maio, que sua administração enfrentaria uma onda sem precedentes de problemas. A situação em que o governo socialista se encontrava era extremamente grave. A posição da França como a quinta maior economia do mundo estava ameaçada pelo declínio da produtividade, queda de competitividade, um déficit crescente no comércio internacional, aumento da dívida do Estado, altas taxas de desemprego de longa duração e o perigo iminente de mais cortes de postos de trabalho, junto com a crise na zona euro e a ameaça de contração da economia global; todas essas condições apontavam para a necessidade urgente do tipo de reforma prometida por Sarkozy em 2007, mas nunca efetivamente realizada. O fracasso para desenvolver novos modelos econômicos e governamentais no interior do país em si e na União Europeia trazia os riscos do empobrecimento, da crescente desigualdade e da tensão social. A viabilidade do apregoado modelo social francês parecia estar ameaçada. A tarefa parecia ser nada menos do que a reinvenção da democracia social.

Um relatório apresentado em 5 de novembro de 2012 por Louis Gallois – o ex-diretor executivo da empresa aeroespacial EADS – destacou a rápida erosão da competitividade francesa numa economia globalizada pós--industrial, complexa e cada vez mais predatória. Apesar dos sucessos das grandes empresas aeronáuticas, de processamento de alimentos, de energia nuclear, de comunicações e artigos de luxo, o relativo declínio, bem como o processo acumulativo da desindustrialização (a produção industrial representava 22% do valor agregado em 1998 e 16% em 2008), estava particularmente evidente em comparação com a Alemanha. O relatório culpou a rigidez do mercado de trabalho e os custos excessivos impostos às empresas pelos encargos sociais; pelos baixos níveis de produtividade do trabalho, resultantes do excesso de lazer e da aposentadoria antecipada; pela insuficiência dos investimentos em alta tecnologia e pouca colaboração entre as universidades e a investigação e desenvolvimento das empresas; pelo "culto burocrático ao regulamento"; e pelo número limitado e baixa capitalização das pequenas e médias empresas. Havia claramente uma necessidade urgente de estimular a cultura de inovação e, rejeitando uma abordagem estatista, Hollande prometeu implementar as propostas do relatório. Finalmente, um sentimento maior de urgência parece ter surgido. Mais uma vez, no entanto, a pergunta-chave era: o sentimento será mantido?

Em seu discurso inaugural, o novo presidente comprometeu-se a melhorar a eficácia do governo, disse que restabeleceria a divisão gaullista de trabalho entre o presidente, que determinaria as prioridades e nomearia o primeiro-ministro e os ministros responsáveis pela execução das prioridades, e que iriam, segundo promessa do presidente, possuir autonomia muito maior do que aquela que havia sido permitida por seu predecessor hiperativo. Após fazer as nomeações, fez-se um considerável esforço, pela primeira vez, para obter paridade de gênero entre os ministros – uma tarefa difícil, já que a Assembleia Nacional era predominantemente masculina. Após Aubry ter recusado impertinentemente um cargo menor, desapontada por não ter sido nomeada primeira-ministra, a única ministra sênior seria Christine Taubira, uma antiga nacionalista da Guiana, nomeada para o Ministério da Justiça. Apenas quatro entre os 34 ministros tinham experiência prévia com o governo. A curva de aprendizado seria íngreme. A pressão dos mercados financeiros e a oposição política, bem como o sentimento de expectativa, evidente entre partidários do governo, garantiram que o período de graça do novo governo seria extremamente breve.

Como primeiro-ministro foi escolhido por Hollande Jean-Marc Ayrault, ex-professor de alemão que havia servido como líder pragmático, bastante reservado e certamente sem carisma, do grupo parlamentar socialista desde 1997, além de ter sido um bom prefeito em Nantes. Outras figuras importantes incluíam o mais chamativo ex-primeiro-ministro, Fabius, ministro das Relações Exteriores, comprometido com a completa retirada das tropas de combate do Afeganistão até o final de 2012 – dois anos antes do que havia sido previamente acordado com os Estados Unidos –, e o igualmente ambicioso Valls, como um energético ministro do Interior, reminiscente de um jovem Sarkozy. Ele defendia um policiamento mais forte, convencido de que mesmo em bairros deprimidos "oubliés de la République" (esquecidos pela República) não poderia haver nenhuma desculpa para a delinquência e violência; defendia também a legislação mais eficaz contra o terrorismo. A substituição do diretor do policiamento contra o terrorismo e do delegado de polícia de Paris, ambos considerados associados muito próximos de Sarkozy, indicava a sensibilidade dessas questões e o esforço para evitar a estigmatização dos muçulmanos, incentivando assim o recrutamento de terroristas nascidos na França – uma questão crescente de preocupação.

Pierre Moscovici, no importante Ministério das Finanças, seria responsável pelo aumento das receitas fiscais e por identificar formas de se fazer economia. O governo planejou reduzir as despesas públicas de 56% para 51% do PIB até 2017 e aumentar as receitas fiscais em € 72 bilhões – além de manter o aumento de € 15 bilhões planejado pela administração anterior. Isso, sem dúvida, irá gerar um grave choque para um público mal preparado pela política populista e de agrados favorecida pelos dois candidatos presidenciais. A gravidade da situação ficou ainda mais aprofundada pela descoberta de um déficit de € 10 bilhões nas contas do governo anterior de Fillon, juntamente com um relatório da Inspeção-Geral das Finanças que sugeriu a necessidade de realizar economias da ordem de € 5 bilhões por ano simplesmente para atingir o equilíbrio até 2017.

Para reduzir o impacto sobre os serviços públicos, bem como na confiança dos consumidores e no crescimento econômico, foi proposto um "redressement dans la justice" (recuperação no âmbito da justiça) em vez da "austeridade". Isso exigia maior contribuição dos "ricos" por meio de impostos mais altos sobre a riqueza, herança e dividendos, junto com a simplificação de um sistema fiscal extremamente complexo para permitir o fechamento das principais brechas fiscais. O aumento nos impostos dos mais ricos – com uma taxa de 45% sobre os ganhos acima de € 150 mil, complementado por um teto temporário na taxa dos impostos, essencialmente simbólico, de 75% a ser imposto aos 3 mil indivíduos com rendimentos acima de € 1 milhão – foi visto como essencial para cumprir o compromisso de redistribuição da riqueza e como um meio equitativo para melhorar o financiamento do governo. A remuneração "indecente" dos líderes comerciais, que exigiam constantes "restrições" de seus empregados, parecia inaceitável. O presidente e os membros de seu governo aceitaram a redução de 30% em seus salários.

Essas medidas provocaram, obviamente, uma tempestade de protestos; além disso, aqueles que se viam como os maiores criadores de riqueza da nação ameaçavam deixar o país a favor de locais mais acolhedores: Londres, Genebra e Bruxelas. No caso mais divulgado, o primeiro-ministro descreveu a decisão do ator Gérard Depardieu de buscar a cidadania russa como "lamentável". As reações dos acionistas estrangeiros que possuíam mais de 40% das ações das grandes empresas listadas no índice CAC 40 eram o maior motivo de preocupação. O homem que, no dia 22 de janeiro, em Le Bourget, havia declarado: "Meu adversário são as finanças", também parecia determinado a regulamentar o setor financeiro – o qual exigiria a colaboração britânica, norte-americana e da UE para refrear a atividade especulativa e incentivar o apoio mais produtivo à inovação e especialmente a pequenas e médias empresas com potencial para criar postos de trabalho. Hollande – um europeu convicto – desejava também realizar a difícil renegociação do pacto fiscal acordado por seu antecessor com a chanceler alemã. Embora tenha aceitado a necessidade urgente de maior disciplina financeira por meio de uma redução deflacionária do déficit do governo para 3% do PIB, o novo presidente favoreceu uma abordagem um pouco mais gradual, em um esforço para garantir que a maior austeridade não levasse a economia a uma recessão ainda mais pronunciada. Ele também desejava proteger as famílias de baixa renda – embora o aumento do salário-mínimo estivesse limitado a 2% –, bem como cumprir seu compromisso de campanha e criar 65 mil novos postos de trabalho nas áreas prioritárias da educação, justiça e policiamento, com precedência ao fornecimento de creches para as áreas mais pobres, melhor formação dos professores e compra de equipamentos de tecnologia da informação para as escolas. No entanto, Hollande não tinha nenhuma intenção de repetir os erros das administrações socialistas anteriores que tinham, em 1981, no início da presidência de Mitterrand, aumentado as despesas de forma substancial, ou reduzido os impostos drasticamente durante as *coabitações* de Jospin e Fabius com o presidente Chirac.

Os defensores da austeridade, no entanto, viram-se rapidamente em conflito com Arnaud Montebourg, "ministre du redressement productif", cuja função era garantir a recuperação econômica, mas que suspeitava do conselho "ultraliberal" dado à nova administração pelos altos funcionários nomeados pelo governo de Sarkozy. Além de discutir os meios de garantir maior flexibilidade do mercado de trabalho com os sindicatos e empregadores, Montebourg tentou impedir imediatamente evitar a dispensa prevista de trabalhadores. As indústrias, atormentadas pelo excesso de produção, entretanto, incluindo companhias automotivas e siderúrgicas como a PSA Peugeot-Citroën e a Arcelor Mittal, estavam em reestruturação para reduzir custos. Embora tenham rapidamente desistido disso, algumas ações como a ameaça de nacionalizar uma fábrica de aço em Florange, Lorena, transmitiu um sentimento de desamparo e nada fez para melhorar a percepção do governo entre os empresários. O "compromisso histórico" (Hollande) de 11 de janeiro de 2013 entre sindicatos (alguns) e a organização dos empregadores (Medef), que deveria diminuir a regulamentação do mercado de trabalho, foi uma surpresa e provocou otimismo provavelmente exagerado.

Como era esperado, a oposição conservadora lançou ataques agressivos sobre a "idiotice" da política governamental. Fillon advertiu que suas políticas resultariam em uma "catástrofe econômica e social". O apoio de Hollande ao casamento *gay* como um meio de aumentar a igualdade civil e aos votos para os estrangeiros (incluindo muitos muçulmanos) nas eleições locais, bem como sua "caça aos ricos", enfureceu ainda mais o "povo da direita" – incluindo eminentes porta-vozes católicos – e provocou uma enorme manifestação em Paris. A oposição também tinha seus problemas, no entanto. As recriminações começaram assim que Sarkozy retirou-se. A culpa pela derrota precisava ser distribuída, assim, teve início a luta pela sucessão, que ameaçava fraturar o partido conservador unificado uma vez mais em seus elementos de centro-direita e centristas. O foco de Sarkozy na imigração, no Islã, crime e adoção de grande parte do discurso da extrema-direita, juntamente com o abandono do gaullismo social do velho RPR e do cristianismo social da UDF, já havia deslocado o centro de gravidade do conservadorismo para a direita. Jean-François Copé, secretário-geral da UMP e um dos dois principais candidatos à presidência do partido, rapidamente adotou posições semelhantes. Fillon, seu rival – acusado de, como primeiro-ministro, ter permitido ser manipulado por Sarkozy – corria o risco de ser jogado para a direita em uma batalha amarga e pessoal com Copé. A adstringência dessas divisões também incentivou alguns militantes a voltarem-se para Juppé, ex-primeiro-ministro e ex-ministro das Relações Exteriores, como uma alternativa menos divisionista e a considerarem, talvez mais seriamente, a perspectiva de uma nova candidatura de Sarkozy para a eleição presidencial de 2017. Favorecido nessa fase do processo pelas pesquisas de opinião, um homem que viveu para a política, que permanece extremamente autoconfiante e que desdenha totalmente das habilidades de Hollande, bem como de seus rivais conservadores, ele pode ser persuadido a abandonar obedientemente sua aposentadoria confortável ou pelo menos a manter suas opções em aberto e, com o apoio da Associação dos Amigos de Nicolas Sarkozy, promover todos os esforços para não ser esquecido.

A impaciência pública e a aparente inação do governo socialista incentivaram seus críticos. A conclusão dos primeiros cem dias de Hollande no poder foi marcada em 12 e 13 de agosto por duas noites de protestos violentos nos bairros populares de Amiens, que concentraram a atenção do público na escala de descontentamento e nas ameaças à ordem social representadas pelo elevado e persistente desemprego, más condições de vida, insucesso escolar, discriminação racial e social e pelo "assédio" da polícia. A contenção da ameaça representada pelo terrorismo absorveria também bastante energia e iria requerer um grande investimento econômico, policial e em recursos militares. A Comissão para a Moralização e Renovação da Vida Política, instituída durante a presidência de Jospin, pode oferecer sugestões dignas sobre assuntos importantes, tais como acabar com a imunidade jurídica dos presidentes enquanto estiverem cumprindo seus mandatos, restringir a acumulação de cargos locais e nacionais (o *cumul des mandats*), assuntos relacionados ao financiamento de eleições e sobre mediação de conflitos de interesses, mas parecia improvável que pudessem contribuir para restaurar a confiança do público nos políticos ou no interesse pela política – em outras palavras, para restaurar a legitimidade do Estado. Rápida e, pelo menos, inicialmente, a ação militar eficaz do antigo poder colonial em Mali, para conter uma ameaça islâmica crescente, reforçou brevemente a reputação de Hollande, mas também fez que os ministros lembrassem dos riscos constantes das situações inesperadas.

A França enfrenta grandes problemas na preservação de sua prosperidade, sua coesão social e seu posicionamento internacional. Há uma falta de consenso entre políticos e economistas sobre as soluções para os

CAPÍTULO 8 – UMA SOCIEDADE ESTRESSADA | 509

IMAGEM 74. Presidente Hollande revê as tropas durante visita a uma base militar em Kapisa, Afeganistão, 25 de maio de 2012. Foto: Joel Saget/AFP/Getty Images.

problemas atuais. A resposta neoliberal à globalização e à crescente mobilidade do capital e do trabalho tem requerido a racionalização dos negócios, a privatização dos bens do Estado, o aumento da flexibilidade do mercado de trabalho e a redução dos custos não salariais (ou seja, bem-estar). Juntamente com a aceleração das mudanças tecnológicas – tecnologia da informação, robótica e biotecnologia –, isso resultou em ganhos substanciais da produtividade, da renda e da riqueza nacional, mas ao mesmo tempo ocasionou o aumento do desemprego (espera-se que ele atinja 11% da população ativa em 2013)*, da insegurança, da pobreza e da desigualdade, em uma divisão social entre aqueles com qualificações comercializáveis e os trabalhadores não qualificados, empobrecidos e excluídos. A legislação social concebida para proteger os fracos e reforçar a coesão social chegou a ser vista como um obstáculo para o livre funcionamento do mercado. Esse é o novo "realismo" promovido de forma eficaz por organizações internacionais, como o FMI e a OCDE.

O *Etat-Providence*, isto é, o Estado-Providência, um modelo social europeu desenvolvido depois de 1945 e produto de um século de lutas, está sob ataque. Embora, em grande medida, a vida econômica permaneça incorporada às entidades nacionais, a capacidade do Estado para administrar a economia tem sido substancialmente enfraquecida. A globalização tem aumentado o poder dos mercados financeiros e das agressivas empresas multinacionais adeptas da evasão fiscal. A soberania nacional, a estabilidade econômica, a autonomia cultural e até mesmo a segurança pessoal estão ameaçadas pelo controle da difusão de informações, cada vez mais exercidas pelas empresas Google, Amazon, Apple e Facebook. Internamente, a principal ameaça é representada pela coalizão de políticos conservadores e dos interesses comerciais, contando com o apoio dos meios de comunicação de propriedade, ou dependente para sua receita de publicidade de grandes conglomerados, dentro dos quais um pequeno número de personalidades jornalísticas/da mídia desempenha um papel fundamental de "informar" o público. O lucro potencial é enorme. Concessões fiscais substanciais – pessoais e corporativas – são apresentadas como incentivos essenciais para os empreendimentos, o meio necessário para relançar a economia. Entretanto, a carga tributária deslocou-se cada vez mais para a parte baixa da sociedade por meio da utilização crescente de impostos indiretos para aumentar as receitas. No passado recente, a privatização

---

* Informação atual no momento do lançamento da obra original. (N.E.)

oferecia bens do Estado, a preços atrativos. O "reforço" potencial à assistência social por seguros privados oferece outras possibilidades lucrativas. Simbolicamente, isso representaria a crescente comercialização de todos os aspectos da vida.

Existe alguma alternativa? No futuro imediato, tudo dependerá da capacidade e vontade de Hollande para exercer sua autoridade. Exatamente como Chirac e Sarkozy, no passado ele mostrou-se relutante em tomar decisões políticas difíceis. Acusações de inércia e de falta de coerência no governo rapidamente substituíram o sentimento inicial de esperança. A rejeição inesperada da taxa simbólica de 75% de imposto pelo Conselho Constitucional foi um golpe precoce à autoestima do presidente e à reputação do governo. No entanto, tendo em vista que ele enfrenta um conjunto de crises econômicas e sociais, ainda é muito cedo para julgar as realizações do governo socialista eleito em 2012. Levará tempo para implementar as ambiciosas mudanças a que ele comprometeu-se. A intervenção econômica eficaz para aumentar a produtividade e a competitividade requer cooperação dos líderes empresariais e empregados, bem como uma redução do tamanho, custo e inércia dos mecanismos burocráticos. Não obstante, as garantias coletivas de saúde e segurança devem ser defendidas por razões morais e no interesse da democracia, ou pelo menos pela preocupação em limitar o crescimento da pobreza e seus companheiros – crime, tensão social e conflito. Existe uma margem substancial para a prestação de trabalho socialmente útil em áreas como saúde e educação, que o mercado nunca fornecerá de forma adequada. Em linhas mais gerais, é preciso restabelecer algum grau de regulamentação do mercado para compensar a insegurança causada pela comercialização e pela globalização. A experiência do governo socialista em 1981, contudo, deixou claro que nenhum Estado conseguirá resistir às pressões do mercado global. Paradoxalmente, portanto, é por meio da extensão e do fortalecimento da União Europeia e das suas dimensões sociais, bem como econômicas – ou seja, pela perda de um pouco mais da soberania nacional – que as instituições e a identidade nacional da França podem ser mais bem preservadas e para evitar que ela seja ainda mais marginalizada no cenário mundial.

Apesar da prosperidade da maioria da população, uma perigosa sensação de mal-estar prevalece atualmente. Dela, flui um perigoso sentimento de alienação do sistema político, com suas constantes disputas internas e competição dos líderes com ambições presidenciais. Isolados em um ambiente confortável e desfrutando de generosos salários e contas para despesas, os ministros, senadores e deputados, bem como os jornalistas de jornais e televisão, aliados aos blogueiros e usuários de twitter, com quem eles interagem oportunamente, muitas vezes parecem fora da realidade do público em geral.

Diminuiu também o interesse público pela política como meio de expressar valores morais, medido em termos de filiação aos sindicatos e partidos políticos ou a movimentos sociais comprometidos com a ecologia ou feminismo, ou mesmo pelos leitores de jornais. A desilusão com o sistema político é generalizada. O eleitorado continua volátil. A fraqueza da Assembleia Nacional, a indefinição das diferenças ideológicas e o consenso liberal oferecido em muitas questões econômicas e sociais fizeram que as manifestações em massa ou o apoio aos extremos políticos se tornem a única forma disponível de protesto para muitas pessoas contra um sistema que parece decepcioná-las. Esse sentido de alienação aplica-se sobretudo às gerações mais jovens, confrontadas com níveis elevados de desemprego e poucas perspectivas. Os muçulmanos franceses também estão cada vez mais preocupados com a rejeição oficial ao multiculturalismo e com as demandas de assimilação dos muçulmanos ao *mainstream* francês por meio do sistema de educação secular. Embora seja necessário incentivar o desenvolvimento de um sentimento comum de comunidade entre todos os grupos étnicos que ocupam o mesmo espaço social, uma maior ênfase pode ser colocada sobre a tolerância mútua, estima ao indivíduo e respeito aos processos democráticos.

Apesar desses graves problemas, o sistema de governo presidencial, originalmente construído sobre as ruínas da Quarta República, provavelmente sobreviverá e, com ele, o compromisso básico com a "ordem republicana", a estrutura política liberal-democrática e o modelo orientado para o bem-estar social, dentro de um sistema econômico fundamentalmente capitalista e orientado para o mercado. Um forte sentimento de identidade nacional continuará a existir e os líderes políticos continuarão tentando influenciar o desenvolvimento da União Europeia no interesse francês. Exceto por uma grande crise internacional – e há muitas causas potenciais para sua ocorrência –, é provável que a economia francesa continue a adaptar-se às oportunidades e aos desafios do Mercado Comum Europeu, à ampliação da globalização e às mudanças da divisão internacional do trabalho. No entanto, nada será muito fácil nos mercados intensamente competitivos e em face da maior competição por capital, petróleo e matérias-primas industriais induzidas pelo rápido desenvolvimento das economias chinesas e indianas, bem como o capitalismo predatório e insaciável dos Estados Unidos. Parece que a maioria da população, todavia, verá prosperidade crescente enquanto, ao mesmo tempo, precisará adaptar-se a uma maior insegurança e condições de trabalho mais estressantes. Entretanto, ainda existem vários elementos que podem gerar conflitos, a saber, o acesso desigual ao poder político, à educação e às oportunidades de emprego e de riqueza; as terríveis tensões causadas pelo terrorismo e por diferenças raciais e culturais também retêm grande potencial de conflito. Assim, nada é inevitável em relação à crescente prosperidade. O período anterior de globalização do século XIX teve seu fim por causa do protecionismo e da guerra. Todo sistema social está sujeito a estresse e pressões imprevisíveis; esperamos sinceramente que as pessoas que detêm o poder, operando dentro de um sistema eficaz de governança, atenuem seus impactos.

Leituras adicionais

Bibliografia em língua inglesa
Os seguintes periódicos em inglês também podem ser úteis: *French History*; *French Historical Studies*; *French Politics*; *French Politics, Culture and Society*; *Contemporary French Civilisation*; e *Modern and Contemporary France*. *H-France* é o melhor *site*.

Geral
CLOUT, H. D. (Ed.). *Themes in the historical geography of France*. Londres, 1977.
GILDEA, R. *The past in french history*. Londres, 1994.
JONES, C. *Paris*: biography of a city. Londres, 2006.

A Idade Média
ALLMAND, C. (Ed.). *Power, culture and religion in France, 1350-1550*. Woodbridge, 1989.
_____. *The hundred years war*. Cambridge, 1988.
BALDWIN, J. *Paris, 1200*. Stanford, CA, 2010.
_____. *The government of Philip Augustus*. Berkeley, CA, 1991.
BISSON, T. (Ed.). *Cultures of power*: lordship, status and process in twelfth--century Europe. Filadélfia, 1995.
BOUCHARD, C. *'Strong of body, brave and noble'*: Chivalry and society in medieval France. Ithaca, NY, 1998.
BULL, M. (Ed.). *France in the central middle ages*. Oxford, 2002.
DUBY, G. *France in the middle ages 987-1460*. Londres, 1991.
DUNBABIN, J. *France in the making 843-1180*. Oxford, 2000.

GAPOSCHKIN, M. *The making of Saint Louis*: kingship, sanctity, and crusade in the later middle ages. Ithaca, NY, 2008.
GRANT, L. *Abbot suger of Saint-Denis*: church and state in early twelfth--century France. Londres, 1998.
HALLAM, E.; EVERARD, J. *Capetian France 987-1328*. Londres, 2001.
PEGG, M. *A most holy war*: the albigensian crusade and the battle for christendom. Oxford, 2008.
POWER, D. *The norman frontier in the 12th and early 13th centuries*. Cambridge, 2004.
ROUX, S. *Fiefs and vassals*: the medieval evidence reinterpreted. Oxford, 1998.
_____. *Paris in the middle ages*. Filadélfia, 2009.
SKODA, H. *Medieval violence*: physical brutality in northern France, 1270-1330. Oxford, 2013.
SUMPTION, J. *The hundred years war*. Londres, 1999-2009. 3 v.

Início do período moderno
BEIK, W. *A social and cultural history of early modern France*. Cambridge, 2009.
BELL, D. *Lawyers and citizens*: the making of a political elite in old regime France. Oxford, 1994.
BENEDICT, P. *Cities and social change in early modern France*. Londres, 1989.
BERGIN, J. *Church, society and religious change in France, 1580-1730*. Londres, 2009.
_____. *The rise of Richelieu*. Londres, 1991.
BRIGGS, R. *Communities of belief*: cultural and social tensions in early modern France. Oxford, 1989.
BURKE, P. *The fabrication of Louis XIV*. Londres, 1992.
CAMPBELL, P. *Power and politics in old regime France, 1720-45*. Londres, 1996.
CENSER, J. *The french press in the age of the enlightenment*. Londres, 1994.
COLLINS, J. *The state in early modern France*. Cambridge, 1995.
DARNTON, R. *The devil in the holy water, or the art of slander from Louis XIV to Napoleon*. Filadélfia, 2010.
DAVIS, N. Z. *Society and culture in early modern France*. Stanford, CA, 1975.
DEE, D. *Expansion and crisis in Louis XIV's France*: franche-comté and absolute monarchy, 1674-1715. Rochester, NY, 2009.

DEWALD, J. *Aristocratic experience and the origins of modern culture*. Berkeley, CA, 1993.

DIEFENDORF, B. *Beneath the Cross*: catholics and huguenots in sixteenth-century Paris. Nova York, 1991.

DOYLE, W. *Venality*: The sale of offices in eighteenth-century France. Oxford, 1996.

GREENGRASS, M. *Governing passions*: peace and reform in the french kingdom, 1576-85. Oxford, 2007.

GRUDER, V. *The notables and the nation*: the political schooling of the french, 1787-88. Cambridge, MA, 2007.

HARDMAN, J. *Overture to revolution*: the 1787 assembly of notables and the crisis of France's old regime. Oxford, 2010.

HOFFMAN, P. *Growth in a traditional society*: the french countryside, 1450-1815. Princeton, NJ, 1996.

HOLT, M. (Ed.). *Renaissance and reformation France*. Oxford, 2002.

_____. *The french wars of religion, 1562-1629*. Cambridge, 1995.

HUFTON, O. *The poor in eighteenth-century France*. Oxford, 1974.

JONES, C. *The great nation*: France from Louis XV to Napoleon. Londres, 2003.

JONES, P. *Reform and revolution in France*: the politics of transition. Cambridge, 1995.

KNECHT, R. *The french civil wars, 1562-1598*. Londres, 2000.

_____. *The french renaissance court*. Londres, 2008.

LYNN, J. *The wars of Louis XIV*. Londres, 1999.

MAJOR, J. R. *From renaissance monarchy to absolute monarchy*: french kings, nobles and estates. Baltimore, 1994.

McMANNERS, J. *Church and society in eighteenth-century France*. Oxford, 1998. 2 v.

PARROTT, D. *Richelieu's army*: war, government and society in France, 1624-42. Cambridge, 2001.

PITTS, V. *Henri IV of France*. Baltimore, 2012.

POTTER, D. *Renaissance France at war*: armies, culture and society, c. 1480-1560. Woodbridge, 2008.

RANUM, O. *The Fronde*: a French revolution, 1648-1652. Nova York, 1993.

RILEY, J. *The seven years war and the old regime in France*: the economic and financial toll. Princeton, NJ, 1996.

ROCHE, D. *A history of everyday things*: the birth of consumption in France, 1600-1800. Cambridge, 2000.

STONE, B. *The french parlements and the crisis of the old regime*. Chapel Hill, NC, 1986.
SWANN, J. *Politics and the parlement of Paris under Louis XV, 1754-74*. Cambridge, 1995.
_____; FÉLIX, J. (Eds.). *The crisis of the absolute monarchy*. Oxford, 2013.
WOLFE, M. *The conversion of Henri IV*: politics, power, and religious belief in early modern France. Cambridge, MA, 1993.
WOOD, J. *The king's army*: warfare, soldiers and society during the wars of religion in France, 1562-1576. Cambridge, 1996.

França Revolucionária e Napoleônica

ALEXANDER, R. *Napoleon*. Londres, 2001.
ANDRESS, D. *The terror*: civil war in the french revolution. Londres, 2006.
ASTON, N. *Religion and revolution in France, 1780-1804*. Londres, 2000.
BACZKO, B. *Ending the terror*: the french revolution after Robespierre. Cambridge, 1994.
BROWN, H.; MILLER, J. (Eds.). *Taking liberties*: problems of a new order from the french revolution to Napoleon. Manchester, 2002.
CAMPBELL, P. (Ed.). *The origins of the french revolution*. Londres, 2006.
CHICKERING, R.; FÖRSTER, S. (Eds.). *War in an age of revolution, 1775-1815*. Cambridge, 2010.
COBB, R. *The police and the people*: french popular protest 1789-1820. Oxford, 1970.
CROOK, M. *Elections in the french revolution*. Cambridge, 1996.
_____. (Ed.). *Revolutionary France, 1788-1880*. Oxford, 2001.
DOYLE, W. *Aristocracy and its enemies in the age of revolution*. Oxford, 2009.
_____. *The origins of the french revolution*. Oxford, 1999.
_____. *The Oxford history of the french revolution*. Oxford, 1989.
DWYER, P.; FORREST, A. (Eds.). *Napoleon and his empire, 1804-14*. Londres, 2007.
FITZSIMMONS, M. *The night the old regime ended*: August 4 1789. Filadélfia, 2003.
FORREST, A. *Paris, the provinces and the french revolution*. Londres, 2004.
_____. *The soldiers of the french revolution*. Durham, NC, 1990.
GARRIOCH, D. *The making of revolutionary Paris*. Berkeley, CA, 2002.
GOUGH, H. *The terror in the french revolution*. Londres, 1998.
JENNINGS, J. *Revolution and the republic*: a history of political thought in France since the 18th century. Cambridge, 2011.

JONES, P. *The peasantry in the french revolution*. Cambridge, 1988.
LEWIS, G.; LUCAS, C. (Eds.). *Beyond the terror*: essays in french regional and social history, 1794-1815. Cambridge, 1983.
LYONS, M. *France under the directory*. Cambridge, 1975.
MARKOFF, J. *The abolition of feudalism*: peasants, lords and legislators in the french revolution. Filadélfia, 1996.
McPHEE, P. *Living the french revolution*. Londres, 2006.
_____. *Robespierre*: a revolutionary life. Londres, 2012.
POPKIN, J. *Revolutionary news*: the press in France, 1789-99. Durham, NC, 1990.
SUTHERLAND, D. *The french revolution and empire*: the quest for a civic order. Oxford, 2003.
TACKETT, T. *Becoming a revolutionary*: the deputies of the french national assembly and the emergence of a revolutionary culture, 1789-90. Filadélfia, 1996.
_____. *Religion, revolution, and regional culture in eighteenth-century France*: the ecclesiastical oath of 1791. Princeton, NJ, 1986.
_____. *When the king took flight*. Cambridge, MA, 2004.
WOLOCH, I. *The new regime*: transformations of the french civic order, 1789-1820s. Nova York, 1994.
_____. *Napoleon and his collaborators*: the making of a dictatorship. Nova York, 2001.

O Século XIX

AGULHON, M. *The republican experiment, 1848-52*. Cambridge, 1983.
COLLINGHAM, H. *The July monarchy*. Londres, 1988.
GIBSON, R. *A social history of french catholicism*. Londres, 1989.
HARRIS, R. *The man on Devil's Island*: Alfred Dreyfus and the affair that divided france. Londres, 2010.
HARVEY, D. *Paris, capital of modernity*. Londres, 2005.
HAZAREESINGH, S. *From subject to citizen*: the second empire and the emergence of french democracy. Princeton, NJ, 1998.
_____. (Ed.). *The jacobin legacy in modern France*: essays in honour of Vincent Wright. Oxford, 2002.
_____. *The legend of Napoleon*. Londres, 2005.
HEYWOOD, C. *The development of the french economy, 1750-1914*. Cambridge, 1992.

LEHNING, J. *To be a citizen*: the political culture of the early third republic. Ithaca, NY, 2001.
MAGRAW, R. *A history of the french working class*. Oxford, 1992. 2 v.
_____. *France 1815-1914*: the bourgeois century. Londres, 1992.
McMILLAN, J. *France and women 1789-1914*: gender, society and politics. Londres, 2000.
_____. (Ed.). *Modern France, 1880-2002*. Oxford, 2003.
PILBEAM, P. *Republicanism in nineteenth-century France*. Londres, 1999.
PINKNEY, D. *The french revolution of 1830*. Princeton, NJ, 1972.
PORCH, D. *The March to the marne*: the french army, 1871-1914. Cambridge, 1981.
PRICE, R. *A social history of nineteenth-century France*. Londres, 1987.
_____. *People and politics in France, 1848-1870*. Cambridge, 2004.
_____. *The french second empire*: an anatomy of political power. Cambridge, 2001.
_____. *The french second republic*: a social history. Ithaca, NY, 1972.
_____. *The modernization of rural France*. Londres, 1983.
TOMBS, R. *France, 1814-1914*. Londres, 1996.
_____. *The Paris commune, 1871*. Londres, 1999.
_____. *The war against Paris, 1871*. Cambridge, 1981.
WAWRO, G. *The franco-prussian war*. Cambridge, 2003.

Período de crise 1914-1945

ADAMTHWAITE, A. *Grandeur and misery*: france's bid for power in Europe 1914-40. Londres, 1995.
BECKER, J.-J. The great war and the french people. Oxford, 1986.
BERNARD, P.; DUBIEF, H. *The decline of the third republic 1914-38*. Cambridge, 1985.
BOYCE, R. (Ed.). *French foreign and defence policy 1918-40*. Londres, 1998.
COBB, M. *The resistance*: the french fight against the nazis. Londres, 2009.
DIAMOND, H. *Fleeing Hitler*: France 1940. Oxford, 2007.
DOMBROWSKI, N. *France under fire*: german invasion, civilian flight and family survival during World War II. Cambridge, 2012.
GILDEA, R. *Marianne in chains*: in search of the german occupation 1940-45. Londres, 2002.
GRAHAM, B. *Choice and democratic order*: the french socialist party, 1937-50. Cambridge, 1994.

HORNE, J. (Ed.). *State, society and mobilization during the First World War.* Cambridge, 1997.
JACKSON, J. *France*: The dark years. Oxford, 2001.
_____. *The fall of France*: the nazi invasion of 1940. Oxford, 2003.
_____. *The popular front in France*: defending democracy, 1934-38. Cambridge, 1988.
JACKSON, P. *France and the nazi menace*: intelligence and policy-making 1933-39. Oxford, 2000.
KEIGER, J. *France and the origins of the First World War.* Londres, 1983.
KEDWARD, R. *Resistance in Vichy France.* Oxford, 1978.
_____. *In search of the maquis*: rural resistance in France. Oxford, 1993.
MARTIN, B. *Years of Plenty, years of want*: France and the legacy of the Great War. DeKalb, IL, 2013.
NORD, P. *France's new deal*: from the thirties to the postwar era. Princeton, NJ, 2010.
PASSMORE, K. *From liberalism to fascism*: the right in a french province, 1928-39. Cambridge, 1997.
PAXTON, R. *Vichy France*: old guard and new order. Nova York, 1982.
PROST, A. *In the wake of war*: 'les anciens combattants' and french society. Oxford, 1992.
REARICK, C. *The french in love and war*: popular culture in the era of the world wars. New Haven, CT, 1997.
SHENNAN, A. *The fall of France.* Londres, 2000.
SHERMAN, D. *The construction of memory in interwar France.* Chicago, 1999.
SMITH, L.; AUDOIN-ROUZEAU, S.; BECKER, A. *France and the great war, 1914-18.* Cambridge, 2003.
SWEETS, J. *Choices in Vichy France*: the french under nazi occupation. Oxford, 1986.
VINEN, R. *The unfree french*: life under the occupation. Londres, 2006.
WALL, I. *French communism in the era of Stalin.* Westport, CT, 1983.

Reconstrução e renovação: os Trinta gloriosos
BELL, D. *The french communist party in the fifth republic.* Oxford, 1994.
BERSTEIN, S. *The republic of De Gaulle, 1958-69.* Cambridge, 1993.
EVANS, M. *Algeria*: France's undeclared war. Oxford, 2011.
FENBY, J. *The general*: Charles De Gaulle and the France he saved. Londres, 2010.

GILDEA, R. *France since 1945.* Oxford, 1996.
GORDON, P. *A certain idea of France*: french security policy and the gaullist legacy. Princeton, NJ, 1993.
GOUGH, H.; HORNE, J. (Eds.). *De Gaulle and twentieth-century France.* Londres, 1994.
HAZAREESINGH, S. *In the shadow of the general*: modern France and the myth of De Gaulle. Oxford, 2012.
HEWLETT, N. *Modern french politics*: analysing conflict and consensus since 1945. Oxford, 1998.
HITCHCOCK, W. *France restored*: cold war diplomacy and the quest for leadership in Europe, 1944-54. Chapel Hill, NC, 1998.
HOUSE, J.; MACMASTER, N. *Paris 1961*: algerians, state terror, and memory. Oxford, 2006.
LORCIN, P. *Imperial identities*: stereotyping, prejudice and race in colonial Algeria. Londres, 1995.
PULJU, R. *Women and mass consumer society in postwar France.* Cambridge, 2011.
RIOUX, J.-P. *The fourth republic 1944-58.* Cambridge, 1987.
RIOUX, J-P.; BERSTEIN, S. *The Pompidou years, 1969-74.* Cambridge, 2000.
TALBOT, J. *The war without a name*: France in Algeria, 1954-62. Nova York, 1981.
VINEN, R. *France, 1934-1970.* Londres, 1996.
WALL, I. *American influence in France 1944-54.* Cambridge, 1991.

Uma sociedade estressada

BELL, D.; CRIDDLE, B. *The french socialist party*: emergence of a party of government. Oxford, 1987.
COLE, A. *François Mitterrand*: a study in political leadership. Londres, 1994.
DALEY, A. (Ed.). *The Mitterrand era*: policy alternatives and political mobilization in France. Nova York, 1996.
DRAKE, H. *Contemporary France.* Londres, 2011.
ELGIE, R. *Political institutions in contemporary France.* Oxford, 2003.
FENBY, J. *On the brink*: the trouble with France. Londres, 2002.
GAFFNEY, J. *French presidentialism and the election of 1995.* Aldershot, 1997.
GOODLIFFE, G. *The resurgence of the radical right in France*: from boulangisme to the front national. Cambridge, 2012.
GORDON, P.; MEUNIER, S. *The french challenge*: adapting to globalization. Nova York, 2001.

GREGORY, A.; TODD, U. (Eds.). *Women in contemporary France*. Oxford, 2000.

HANLEY, D. *Party, society, government*: republican democracy in France. Oxford, 2002.

JACKSON, J.; MILNE, A.-L.; WILLIAMS, J. *May 68. rethinking France's last revolution*. Londres, 2011.

KEELER, J.; SCHAIN, M. (Eds.). *Chirac's challenge*: liberalization, europeanization and Malaise in France. Londres, 1996.

LAUGHLAND, J. *The death of politics*: France under Mitterrand. Londres, 1994.

McMILLAN, J. (Ed.). *Modern France*. Oxford, 2003.

ROSANVALLON, P. *The new social question*: rethinking the welfare state. Princeton, NJ, 2000.

ROSS, G.; HOFFMAN, S.; MALZACHER, S. (Eds.). *The Mitterrand experiment*: continuity and change in modern France. Cambridge, 1987.

SA'ADAH, A. *Contemporary France*: a democratic education. Oxford, 2003.

SIMMONS, H. *The french national front*. Boulder, CO, 1996.

ÍNDICE REMISSIVO

aborto, 357, 425 e 442.
absolutismo, 94 e 123-5.
academias provinciais, 113.
Ação Francesa, 256, 291, 299 e 316.
Acheson, Dean, 373.
Acordo de Bretton Woods, 417.
Acordo Geral de Tarifas e Comércio (GATT), 351.
Acordos de Matignon, 303-4.
acumulação de cargos, 499 e 508.
Adenauer, Konrad, 395.
advogados, 59, 104 e 135-6.
aeroespacial, indústria, 353, 441 e 453.
Afeganistão, 489 e 505.
África, política em relação à, 471.
Agincourt, Batalha de, 68 e 71.
agremiações políticas, 133-4, 154, 157, 161, 164, 170 e 222.
 depressão, 205.
agricultura, 23-8, 33-48, 106-7, 114, 190, 192-6, 282, 291, 294, 345, 349, 351-2, 366 e 418-9.
agronegócios, 419 e 505.
Aide-toi le ciel t'aidera (O céu ajuda quem se ajuda), 212.
Aids, 424.
Aimoin, monge, 49.
Airbus, 364, 414 e 441.
Alcatel, 415.
alcoolismo, 427.
Alemanha, 119, 192, 260, 305, 412, 414-5, 418, 460 e 484.

alfabetização, 59, 113, 190 e 203.
alistamento militar, 161, 166-7, 179-80, 201, 208, 261-2, 383-4 e 482 ss.
Allain-Targé, Henri, 239.
Allègre, Claude, 475.
Alliot-Marie, Michèle, 491 e 503.
Alsácia, 244, 278 e 313.
Alstom, 415.
Amazon-France, 417.
Amiens, 508.
Angoulême, 451.
animais, 35 e 39-40.
anistia, 175.
anticlericalismo, 112, 248, 251 e 258.
antigo regime, 64, 99, 104-8 e 122-3.
antissemitismo, 42, 57, 64, 258, 297, 306, 316, 340, 381-2, 457, 478 e 496.
aposentadoria, idade de, 425.
aposentadorias, 254, 256, 286 e 289.
apreensão, 166.
Aquitânia, 50, 62 e 70.
Arcelor Mittal, empresa anglo-indiana, 415 e 507.
Ardecha, 166.
Areva, 416.
Argélia, 292.
 Argélia francesa, 384-5 e 394.
 Frente de Libertação Nacional (FLN), 381, 383-6 e 394.
 Guerra de Independência, 350, 381, 383-94 e 431-2.

aristocracia, 121.
aristocrática, conspiração, 140.
Aron, Raymond, 446.
Arras, 37 e 133.
arrendatários, 106-7.
artesãos, 103 e 164.
Assembleia Constituinte (1848), 222 e 224.
Assembleia Constituinte (1945-1946), 368 e 371.
Assembleia dos Notáveis, 122, 126-8 e 132.
Assembleia Nacional (1789-1791), 134 e 144-55.
Assembleia Nacional (1871), 245-6.
Assembleia Nacional (Quinta República), 512.
assentamento de terra da revolução, 150-2 e 166.
assignats, 148, 161 e 172.
assistência médica, 424, 470 e 475.
atividades de lazer, 367-8.
Aubervilliers, 432.
Aubry, Martine, 475, 480, 492, 495 e 504.
Auerstadt, Batalha de, 179.
Aulnay, 415.
Auriol, Vincent, 333 e 371.
Auroux, Jean, 454.
Austerlitz, Batalha de, 179.
Áustria, 108 e 157.
Aventis, 416.
AXA, 414.
Ayrault, Jean-Marc, 505.

Babeuf, François-Noël, 171.
bacharelado, 422 e 436.
bailio, 59.
Bailly, Jean-Silvain, 144 e 154.
Baiona, 38 e 71.
Balladur, Edouard, 466 e 468.
Banco Central Europeu, 484.
Banco da França, 175, 295, 304 e 423.
bancos, 366 e 495.
banditismo, 181.
Barbès, Armand, 223.
Barnave, Antoine, 155.
Baroche, Pierre-Jules, 235.
Barras, Paul, 173.
Barre, Raymond, 441, 458 e 461.
barreira aduaneira interna, 146.

Barrès, Maurice, 256 e 487.
barricadas, 82, 214, 221, 225, 334 e 400.
Barrot, Odilon, 220.
Bar-sur-Aube, 37.
Barthes, Roland, 438.
Barthou, Louis, 253.
Basílica do Sagrado Coração [*Sacré Coeur*], 248.
Bastilha, tomada da, 122 e 142.
Batalha de Agincourt, 68 e 71.
Batalha de Auerstadt, 179.
Batalha de Bouvines, 63.
Batalha de Crécy, 68 e 70.
Batalha de Dacar, 324.
Batalha de Dien Bien Phu, 379.
Batalha de Dunquerque, 311.
Batalha de Jemappes, 161.
Batalha de Jena, 179.
Batalha de La Roche-aux-Moines, 63.
Batalha de Mers-el-Kebir, 313 e 323.
Batalha de Poitiers, 68 e 70.
Batalha de Sedan, 244.
Batalha de Valmy, 161.
Batalha de Verdun, 269.
Batalha de Waterloo, 184.
Batalha do Caminho das Damas (*Chemin des Dames*), 269.
Baudrillard, Jean, 438.
Bayly, Christopher, 206.
Bayrou, François, 480, 487-8, 493 e 498.
Beaujeu, Ana de, 77.
Beaumont, Christophe de, 109.
Bédarida, François, 467.
Benoist-Mechin, Jacques, 321.
bens de luxo, 415.
bens nacionais [*biens nationaux*], 148, 151 e 166.
Bento XVI, papa, 435.
Bercy, Ministério das Finanças em, 438.
Bérégovoy, Pierre, 452 e 464-5.
Bernadotte, Jean-Baptiste, marechal, 173 e 180.
Berri, duque de, 209.
Besancenot, Olivier, 477.
Bettencourt, Liliane, 491.
Bevin, Ernest, 375.
Biblioteca François Mitterrand, 438.
Bichelonne, Jean, 324.

Bidault, Georges, 375.
Billaud, Jacques-Nicolas, 170.
bipolarização, 392.
Bismarck, Otto von, 241.
bispos, 102 e 114.
Blair, Tony, 482 e 487.
Blanc, Louis, 222.
Blanqui, Louis-Auguste, 223.
Bloch, Marc, 18, 56 e 317.
bloco de esquerda, 254.
Bloqueio Continental, 179.
Blum, Léon, 286-8, 291, 303-5, 307, 374 e 495.
BNP Paribas, banco francês, 417.
Bodin, Jean, 82.
Bokassa, imperador, 443.
Bolsa de Paris, 416.
Bonaparte, Luís Napoleão (Napoleão III), 226-9 e 390.
    eleição presidencial de dezembro de 1848, 226.
Bonaparte, Napoleão, 153, 173-85 e 212.
    mitologia, 178, 184-5, 212, 219 e 232.
bonapartismo, 189, 209, 212, 241, 249, 299, 370, 378, 388-9, 391, 438 e 464.
Bonifácio VIII, papa, 65.
Bordéus, 26, 37-8, 71, 99, 167 e 311.
Borgonha, 49-50 e 67.
Borgonha, duques de, 71.
Borne, D., 355.
Bossuet, bispo, 92.
Boulainvilliers, conde Henri de, 101.
Boulanger, general, 254.
Bourbon, família, 80.
Bourgeois, Léon, 254.
Bourgès-Maunoury, Maurice, 386.
Bourmont, marechal, 212.
Bousquet, René, 324 e 444.
Bouvines, Batalha de, 63.
Bové, José, 419.
Brasillach, Robert, 320.
Braudel, Fernand, 18 e 21.
Bretanha, 54, 88, 133-4 e 139.
Bretanha, Ana de, 77.
Bretton Woods, Acordo de, 417.
Briand, Aristide, 286.

Brissot, Jacques-Pierre, 133, 154 e 156.
Broglie, duque Albert de, 213, 248 e 250.
Broglie, duque Victor-François de, 144.
Bruni, Carla, 488.
Brunswick, duque de, 157.
Bugeaud, marechal, 221.
burca, 434.
burguesia, 99-100, 102-3, 121, 132-3, 178 e 205.
Burke, Edmund, 122.
burocracia, 57-73, 109, 123, 192, 206, 215 e 470.

CAC, 59 e 417.
cadernos de queixas [*cahiers de doléances*], 77, 130-1, 135-8 e 143.
Caen, 167 e 367.
café, cultura do, 113, 212, 417 e 438.
Cagoule, 306.
Caillaux, Joseph, 256, 261 e 272.
Calais, 79.
calendário revolucionário, 163.
Calonne, Charles-Alexandre de, 115 e 125-7.
Calvino, João, 80.
Câmara dos Deputados, 207, 217, 249 e 294.
Câmara dos Pares, 207.
Cambon, Joseph, 170.
Caminho das Damas (*Chemin des Dames*), Batalha do, 269.
campanha de banquetes (1847), 220.
Campo de Marte, 155.
camponeses, 34-46, 51-2, 88-9, 105-7, 122, 138, 145, 152, 166, 194-6, 223, 228, 232, 258, 282, 293, 297, 366 e 418.
Canard enchaîné, Le, 443.
candidatura de Hohenzollern, 241.
capetianos, 54-70.
Capeto, Hugo, 54.
cargo venal, 83, 85, 95, 108, 115, 135 e 147.
caridade, 148-9 e 223.
Carignan, Alain, 451.
Carlos V, 68 e 70.
Carlos V, imperador de Habsburgo, 79.
Carlos VI, 69 e 71.
Carlos VII, 71 e 75.
Carlos VIII, 77.
Carlos IX, 82.

Carlos X, 209-13.
Carlos, o Temerário, 50 e 77.
Carlos Magno, imperador, 49, 53 e 78.
carnaval, 88.
Carnot, Hippolyte, 234.
Carnot, Lazare, 173.
Carnot, Sadi, 253.
Carrefour, 414 e 417.
Carta Constitucional, 181, 189, 206 e 213-4.
cartas, 49.
casamento, 34, 38, 42, 52, 64 e 424.
   mesmo sexo, 424, 436, 493 e 507.
Caso Dreyfus, 253 e 256.
castelania, 76.
castelos, 50-1 e 58-9.
Castorama, 417.
cátaros, 64.
catedrais, 64.
catolicismo social, 316 e 507.
Cavaignac, general, 225-6 e 234.
cavalaria, 51 e 59.
Cavaleiros da Fé (*Chevaliers de la Foi* [1809]), 180 e 209.
celibato, 38.
Céline, Louis-Ferdinand, 320-5.
Cem Dias, 184 e 208.
censura, 113.
cerimonial público, 232.
Cevenas, 80.
Chaban-Delmas, Jacques, 339, 379, 382, 387, 406-7 e 440.
Chamberlain, Neville, 307.
Chambord, Castelo de, 78.
Chambord, Henrique-Dieudonné de Bourbon, conde de, 214, 237 e 248.
Chambre introuvable (câmara inencontrável), 208.
Champanha, 64.
Champanha, condes de, 50.
Chanteloup-les-Vignes, 428.
Chaptal, Jean-Antoine, 178.
charivari, 88.
Châteaubriand, François-René, visconde de, 211.
Chautemps, Camille, 305.

Chemises vertes (Camisas verdes), 297.
Cher, 288.
Chevènement, Jean-Pierre, 452, 475 e 477.
Chirac, Bernadette, 496.
Chirac, Jacques, 407, 420, 423, 433, 440-1, 446, 454, 456, 458-62, 465, 491 e 496.
   presidência, 467-87.
Churchill, Winston, 312 e 332.
CII Honeywell Bull, 453.
cinema, 293, 317, 349 e 437-8.
Citroën, 354.
Clair, René, 293.
classe, 21, 104, 122, 165 e 218.
classes médias, 99.
Clemenceau, Georges, 256, 258, 272 e 285.
clericalismo, 235, 258 e 265-6.
Clermont-Ferrand, 414.
Clichy-sous-Bois, 429.
clientelismo, 50, 62, 77-8 e 87.
clima, 37, 39, 43 e 97.
Clóvis, 56.
coabitação, 249, 449, 460, 466-7 e 473-5.
Coalizão de Esquerda (*Cartel des Gauches*), 285.
Cobban, Alfred, 122.
Código Napoleônico, 357.
Colbert, Jean-Baptiste, 93 e 97.
Colmar, 134.
colônias, 99 e 109.
combate, 329 e 333.
Combes, Emile, 256.
comércio, 31, 33-46, 56, 99, 106, 108, 193 e 354.
comércio livre, 236.
Comissão de Luxemburgo, 223.
Comissão de trabalhadores, 358.
Comissão Europeia, 484.
Comissão Executiva (1848), 221-4.
Comissão para a Moralização e Renovação da Vida Política, 508.
Comitê de Segurança Geral, 162.
Comitê de Segurança Pública, 161, 168 e 170.
Comitê Francês da Libertação Nacional, 333 e 339.
comitês de remuneração, 424.
Compiègne, 54.
Comuna de Paris (1871), 157, 205 e 245-8.

comunas, 60.
comunicações, 26-7, 32-48, 57, 91, 99, 114, 123, 130, 193-4, 206, 232, 346, 353 e 411.
Comunidade Econômica Europeia (CEE), 350-67 e 395-6.
   Política Agrícola Comum, 352 e 419.
Comunidade Europeia de Defesa, 381.
Comunidade Europeia do Carvão e do Aço, 351.
comunidade, 37.
Concordata (1516), 81.
Concordata (1801), 175-6, 251 e 258.
   artigos orgânicos, 176.
Concorde, La, 428.
Condorcet, J.-A.-N., marquês de, 133.
Confederação Campesina, 419.
Confederação Geral do Trabalho [*Confédération Générale du Travail*] (CGT), 260, 288 e 376.
Congresso de Epinay, 444.
Conseil d'État (Conselho de Estado), 176.
Conselho Constitucional, 466 e 478.
Conselho da Europa, 351.
Conselho dos Anciãos, 171.
Conselho dos Quinhentos, 171.
Conselho Nacional da Resistência (CNR), 332-9.
Conselho Real, 58, 80 e 85.
conselhos municipais, 144 e 174.
conservadorismo político, 204 e 226.
"conspiração em favor da fome", 114, 130 e 142.
constitucional, Igreja, 163.
Constituição Civil do Clero, 149-50, 155 e 165.
Constituição europeia, referendo de 2005, 484.
construção naval, 44, 453 e 456.
consulado, 173-6.
consumidores, 101.
contrarreforma, 89 e 93.
contrarrevolução, 149-51, 153-4, 165-8, 171-2 e 179.
contrato, público, 452.
controle de natalidade, 44, 200, 356-7, 425, 435 e 442.
Convenção Nacional, 145 e 159.
Copé, Jean-François, 507.
coroação, 55-6.
corporações de ofício, 38 e 146.

Corrèze, 407, 420 e 493.
corridas de cavalos, 439.
corrupção política, 219, 451, 464, 471, 478 e 491.
Córsega, 387 e 475.
Corte real, 58-9, 78, 91-2, 100 e 115.
   cortesãos, 209-13.
corveia, 107, 115 e 127.
Cot, Pierre, 300.
Coty, François, 298.
Courneuve, La, 428.
Courrièrres, 258.
Cousin-Montauban, general, 242.
Coyer, abade, 111.
Crécy, Batalha de, 68 e 70.
Crédit Agricole, 419 e 426.
Crédit Lyonnais, 423 e 426.
Creil, 432.
crescimento econômico, 192, 197-9, 349-67, 396-7, 412-5, 440-3, 474 e 504.
Cresson, Edith, 463-4.
Creusot-Loire, 456.
criação de emprego, 425-6 e 472.
crime, 103, 107, 429, 457, 475 e 494.
Crise de 1846, 192, 201, 219 e 230.
crise de adaptação, 411-2.
crise de subsistência, 128-30, 161-2, 170, 179-80, 190 e 193.
Crise do Suez, 350.
crise econômica, 217.
Crise financeira de 2008, 418, 427 e 488-9.
   zona do euro, 488 e 494.
cristianismo, 434.
Croix de feu (Cruz de ferro), 297, 306 e 444.
cronistas, 49.
cronologia, 27.
Cruzadas, 57 e 61.
culto da razão, 163.
cultura, 438-9.
   popular, 439.
Curthose, Roberto, 54.

Dacar, Batalha de, 324.
d'Aiguillon, duque, 144.
Daladier, Edouard, 295, 299-300, 305-8 e 377.
d'Alembert, Jean, 111.

d'Anjou, conde, 54.
Danone, 414.
Danton, Georges, 155, 159, 168 e 170.
Darlan, François, almirante, 324-5 e 332.
Darnand, Joseph, 321 e 328.
d'Artois, duque, 153 e 208.
    Ver também Carlos X.
Dassault, 364, 439 e 453.
Daumier, Honoré, 218.
David, Jacques-Louis, 112.
Déat, Marcel, 320-1.
Debré, Michel, 339, 387 e 389-90.
Decazes, Elie, duque, 209 e 250.
Declaração de Verona, 172.
Declaração dos Direitos do Homem e do Cidadão, 146-9.
Decourtray, monsenhor, 466.
Defesa Nacional, 394, 459, 472, 480-2 e 488-9.
Defferre, Gaston, 406 e 450.
Delanoë, Bertrand, 492.
Delcassé, Théophile, 253 e 266.
Delfinado, 64, 88, 133 e 139.
Delors, Jacques, 407, 450, 452 e 468.
Democracia Liberal, 480.
Depardieu, Gérard, 506.
Departamento Nacional do Trigo, 304.
d'Eprémesnil, Jean-Jacques Duval, 136.
depressão do entreguerras, 251, 283 e 290.
Déroulède, Paul, 253 e 256.
Derrida, Jacques, 18 e 438.
descentralização, 147, 442 e 450-1.
descristianização, 163.
desembarques no norte da África, 332.
desemprego, 202, 292, 411, 413, 425-7, 441-2, 455-6, 458, 466, 471, 473-4, 476, 489, 495, 503, 508 e 510.
    subemprego, 471-2.
deserção, 172 e 180.
desigualdade social, 364, 421-2, 436 e 472.
desindustrialização, 18-9, 22 e 418.
Desmoulins, Camille, 155.
despacho de Ems, 241.
desregulamentação, 441 e 460.
desvalorização, 291 e 455.
Detoeuf, Auguste, 294.

Diderot, Denis, 111.
Dien Bien Phu, Batalha de, 379.
difusão de ideias, 113-4.
Dinamarca, 409.
dinheiro, 37 e 57.
direito de voto, 147, 170, 204-5, 209, 212-3, 216, 220, 228-9 e 263.
direitos feudais, 57.
Diretório, 171.
dívida pública, 96, 108, 111 e 115.
divórcio, 357, 425 e 442.
dízimos, 53, 107, 130, 137, 144, 152 e 167.
doença, 45.
domínios reais, 58.
Dorgères, Henri, 297.
Dorian, Jacques, 250.
Doriot, Jacques, 306 e 320-1.
d'Orléans, Filipe, 108 e 214.
d'Ormesson, Henri, marquês, 115.
Doumergue, Gaston, 262, 295 e 299.
Doyle, William, 83.
Drieu La Rochelle, Pierre, 320.
drogas, 427.
Ducos, Jean-François, 156 e 173.
Dufaure, Jules, 249.
Dumouriez, general, 159.
Dunquerque, 415.
Dunquerque, Batalha de, 311.
Dunquerque, Tratado de, 375.
Dupont de l'Eure, Jacques-Charles, 217.
Duruy, Victor, 240.
Dylan, Bob, 368.

EADS, 414.
École libre des sciences politiques (Escolas Livres de Ciências Políticas), 262 e 421.
EDF, 416.
Édito de Nantes, 83.
    revogação do, 93.
Édito de Ségur, 105.
Eduardo I, rei da Inglaterra, 70.
Eduardo III, rei da Inglaterra, 70.
educação, 149, 203-4, 206, 232, 267, 284, 317, 362 e 466.
    católica, 435-7 e 452-3.

de meninas, 218.
professores, 436-7 e 466.
secularização, 194, 362, 392-3, 432, 436 e 452.
secundária, 177, 206, 362-5, 421-2, 442, 452-3 e 468.
superior, 364, 422, 430, 437 e 489.
Eisenhower, Dwight, 334.
eleições, 147, 159, 212-5, 225-6, 232, 234, 236-9, 249-50, 258, 261, 285, 295, 300 e 458.
dos funcionários, 147.
fevereiro de 1871, 244 e 247.
legislativas,
(1946), 374.
(1956), 382-3.
(1958), 390-1 e 396.
(1962), 392 e 399.
(1968), 404.
(1973), 405 e 443.
(1978), 443 e 446.
(1986), 456 e 458-60.
(1988), 462.
(1993), 465.
(1997), 472.
(2012), 499 e 501.
presidenciais,
(1958), 390.
(1965), 399.
(1969), 404 e 444.
(1974), 444.
(1981), 443 e 446-9.
(1988), 461-2.
(1995), 467-8.
(2002), 476-7.
(2007), 485-7.
(2012), 487 e 492-501.
(2017), 508.
regionais, 483 e 490.
eletrônica, 453.
Elf, petrolífera, 471.
elites sociais, 105-8, 119, 123, 185, 203-5, 208, 214, 223, 232, 250, 262, 283-4, 295-6, 317, 336, 339, 364, 421-4, 427, 436 e 441.
emigrados, 150-1, 153, 155-6, 175, 207 e 211.
indenização pelos, 211.

Emmanuelli, Henri, 451.
empresários, 134, 192, 196, 208 e 453.
empresas, pequenas e médias, 417 e 504.
empréstimos a juros, 146.
energia,
fontes de, 47.
hídrica, 34.
nuclear, 353, 395 e 412.
engenharia, 190 e 192.
enobrecimento, 77, 83, 100 e 135.
envelhecimento populacional, 425-7.
equilíbrio de poder, 63.
escassez, 43.
Escola Nacional de Administração (ENA), 416, 421-3, 441 e 455.
Escola Normal Superior, 421.
Escola Politécnica, 416, 421 e 441.
Escola Superior de Minas, 421.
escravidão, 97, 175 e 449-50.
Espanha, 209.
Estado, desenvolvimento do, 19-20, 31-2, 47, 49-73, 75-116, 162, 166, 174, 205-6, 208, 269, 272-4, 320-1, 343-4, 346-8, 411, 450, 467, 474 e 490.
Segundo, 134.
Terceiro, 85, 115 e 131-44.
Estado, Primeiro, 134, 136 e 138.
Estado de bem-estar, 343, 345, 358, 361-2, 382-3, 412, 423-5, 427, 441-2, 450, 456, 461, 468-9, 473, 475, 480, 484 e 503.
Estado-Providência [*Etat-Providence*], 510.
Estados Gerais, 65, 68, 77, 80, 85, 87, 96, 111, 122, 127-8 e 130-40.
estados provinciais, 68, 71, 89, 131 e 133.
Estados Unidos, 277-8, 332, 349-53, 364, 373 e 395.
Guerra de Independência, 115.
estatísticas, 174 e 412.
estradas, 192-3.
estradas de ferro, 190, 192-3, 202, 219, 451, 471 e 475.
metrô, 202.
Estrasburgo, 91 e 134.
estresse, 424.
estruturas dos assentamentos, 24-6.

estruturas econômicas, 190-1, 193, 343, 345, 358 e 453.
estupro, 425, 429 e 492.
Eugênia, imperatriz, 241.
euroceticismo, 484.
EuroDisney, 438.
Europa, Pacto de Estabilidade e Crescimento da Zona do Euro, 483.
Executiva de Operações Especiais (SOE), 333-4.
Exército, 68, 75, 79, 86, 91, 95-6, 119, 129, 135, 142, 144, 153, 157, 161, 168, 172-4, 177, 179-80, 184, 206, 209, 214, 220, 223, 225, 229, 232, 242, 245, 256, 260-1, 267-72, 296, 305, 313-41, 346, 379, 384, 394 e 431.
Exército Revolucionário, 162, 164 e 166.
Exército Secreto [*Armée Secrete*], 333.
expectativa de vida, 345 e 425.
exportação, 197.
exposições internacionais, 236.
extrema-direita, 253, 256-8, 296-9 e 306.

Fabius, Laurent, 455-6, 476, 480, 485, 492-3 e 505.
família, 39, 175, 203, 357 e 424.
    Condé, 87.
    Conti, 87.
    Guise, 80 e 82.
    Le Tellier, 93.
    Longueville, 87.
    Luynes, 135.
Faubourg Saint-Antoine, 142.
Faure, Edgar, 379 e 382-3.
favelas, 359.
Favre, Jules, 238.
Febvre, Lucien, 18.
Federação da Esquerda Democrata e Socialista, 400.
Federação Europeia, 286.
federalismo, 167-8 e 170-1.
feiras, 37.
férias pagas, 304 e 368.
Fernandel, 293.
Ferry, Jules, 251.
feudalismo, 53, 68, 75, 119 e 144-5.
feudo, 50.
Feuillants, 154 e 156.

Figaro, revista, 439.
Filipe II, 56-9 e 61-4.
Filipe IV, o Belo, 56-7, 64-5 e 69.
Filipe VI, 70.
Fillon, François, 488-9, 491, 494, 503 e 507.
filósofos, 111-2 e 133.
filoxera, 196.
finanças do governo, 125 e 147-8.
financiadores, 97.
Flandin, Pierre-Etienne, 295.
Flandres, 49, 64, 77 e 91.
Flandres, conde de, 54 e 70.
Fleury, cardeal de, 108.
Fleury-sur-Loire, 49.
Florange, 415 e 507.
florestas, 35 e 107.
FNAC, 417.
Foch, Ferdinand, marechal, 277-8.
fome, 39-43, 46, 67 e 81.
Força Operária, 376.
Forças Francesas do Interior (FFI), 334.
Foucault, Michel, 18 e 438.
Fouché, Joseph, 178 e 209.
Fould, Achille, 235.
Fourastié, Jean, 343-68.
fracasso escolar, 507.
França de Vichy, 290-84 e 300-1.
    apoio, 317-8, 321-2 e 330.
    colaboração, 320-5 e 328-9.
    economia, 318, 320-1 e 330-2.
    estatuto dos judeus, 325-6.
    oposição a, 320-1 e 328-31.
    repressão, 317-8, 320 e 325-7.
    Serviço do Trabalho Obrigatório [*Service Du Travail Obligatoire*] (STO), 327.
França Livre, 324.
France Telecom, 364 e 415.
Franchet d'Esperey, Louis, marechal, 306.
Francisco I, rei da França, 78-83.
Franco-atiradores e Partidários Franceses (FTPF), 333.
Franco-Condado, 91.
franco-maçonaria, 113.
Frenay, Henri, 329.
Frente de Esquerda, 464 e 497.

Frente Nacional, 430, 457-9, 464-5, 468, 472, 477, 481, 491 e 496-7.
Frente Popular, 299-306 e 312.
Frente Republicana, 382.
Freycinet, Charles, 251.
Frondas, 87.
fronteiras, 54, 56, 62 e 79.
Fukushima, 416.
Furet, François, 122 e 153.
fusão monárquica, 248.
futebol, 433.

G8, em Deauville, 491.
G20, em Cannes, 491.
Gaillard, Félix, 386.
galicanismo, 58, 60 e 65.
Gallois, Louis, 504.
Gambetta, Léon, 237-8, 241, 249-50 e 254.
Gamelin, Maurice, general, 309.
gangues, 428.
gastos do governo, 360, 418, 423, 489, 494, 503-4 e 507.
Gaudet, Marguerite-Elie, 156.
Gaudin, Charles, 175.
Gaulle, general Charles De, 312-3, 316, 332-40, 346, 352, 387-404 e 471.
geladeiras, 360.
généralités, 95.
gênero, 21.
Gensonné, Armand, 156.
geografia, 24-6.
Georges, general, 309.
gerações, 355-6 e 426-7.
Gerlier, cardeal, 318.
Germain, Henri, 250.
gestão, 367.
Gildea, Robert, 337.
Girardin, Saint-Marc, 217.
Giraud, general, 332.
girondinos, 154, 156-61 e 170.
Giscard d'Estaing, Valéry, 404-6, 440-3, 446, 458, 471 e 484.
globalização, 411-2, 414, 417, 423, 427, 438, 454-7, 467, 472-4, 476, 489, 494, 496, 504 e 510-3.

Gluckstein, Daniel, 477.
Go Sport, 417.
golpe de Estado,
  18 Brumário, 172-85.
  1851, 229-30.
governantes provinciais, 77 e 87.
Governo Provisório (1848), 221-4.
Governo Provisório de Defesa Nacional (1870), 242.
Governos da "Terceira Força", 377.
Grã-Bretanha, 119, 131, 161, 175, 179, 191-2, 217, 261, 307, 395, 412 e 414.
Gramont, duque de, 241.
Gramsci, Antonio, 20.
Grande Arco, 438.
"Grande Medo", 143.
Grandes écoles [Grandes faculdades], 364 e 421-2.
grãos, comércio de, 146.
Gregório VII, papa, 65.
Grenoble, 413 e 451.
greves, 236, 238, 303, 305, 359, 376, 400, 461, 470 e 483.
  nível mínimo de serviço, 490.
Guaino, Henri, 488.
Guarda Móvel, 225.
Guarda Nacional, 144, 155-7, 162, 166, 170, 215, 220, 222, 225 e 244-6.
Guarda Suíça, 157.
Guéant, Claude, 488 e 503.
guerra, impacto de, 31-2, 39, 43-4, 49-116, 121, 147-9, 156 e 161-85.
Guerra Civil Espanhola, 305.
Guerra da Coreia, 350.
Guerra da Crimeia, 232.
"guerra da farinha", 114.
Guerra da Indochina, 375 e 378-9.
Guerra de Sucessão Austríaca, 108.
Guerra dos Cem Anos, 32, 43, 60 e 67.
Guerra dos Sete Anos, 108.
Guerra dos Trinta Anos, 43 e 86.
Guerra Franco-Prussiana (1870), 241-2 e 244.
Guerra Fria, 368, 371, 373, 375 e 377.
Guerra Italiana (1859), 232.
Guerra Marítima, 147, 179 e 190.

Guerra Peninsular, 179.
guerras coloniais, 378.
guerras de religião, 79-85.
guerras revolucionárias/imperiais, 172-3 e 179-81.
Guesde, Jules, 266.
Guiena, 88-91.
Guilherme, o Conquistador, 54.
Guizot, François, 121, 213, 219-20 e 232.

Haberer, Jean-Yves, 423.
habitação, 202, 359-60, 427-8 e 495.
    casas de férias, 420.
Haby, René, 363.
Haine, La, 428.
Halévy, Daniel, 250.
Hallyday, Johnny, 368.
harkis, 384 e 394.
Haussmann, Georges, 232, 235 e 240.
Hautes Études Commerciales [Escola de Altos Estudos Comerciais] (HEC), 421.
Hébert, Jacques René, 168.
Hénin-Beaumont, 497 e 503.
Hénon, Jacques-Louis, 234.
Henrique II, 79-81.
Henrique II, rei da Inglaterra, 62.
Henrique III, 79 e 82-3.
Henrique IV, 78, 80 e 82-5.
Henrique V, rei da Inglaterra, 71.
Henrique V, sacro imperador romano, 62.
Henrique VI, rei da Inglaterra, 71.
herança, 67 e 102.
Hérault de Séchelles, Marie-Jean, 165.
Herriot, Edouard, 289, 295, 300 e 377.
higiene, 39 e 202.
historiografia, 17, 33, 49, 95, 122-3, 153-4, 161, 184 e 437.
Hitler, Adolf, 296.
Ho Chi Minh, 378.
Hoche, general, 172.
Hollande, François, 423, 480, 487 e 493-511.
    presidência, 505-8.
homofobia, 434.
honra, culto à, 50, 77 e 102-3.

horas de trabalho, 359, 426, 454, 468, 472, 474 e 489.
Hue, Robert, 477 e 480.
Hufton, Olwen, 21.

idiomas, 67, 78 e 218.
Igreja Católica Romana, 31, 65, 79-82, 105, 107, 113, 149, 175, 185, 207, 211, 229, 232, 235, 368, 372-3 e 434-6.
    abuso infantil, 435.
    clero, 123, 133, 153, 208, 211, 224 e 435.
    confisco das propriedades da, 148-50.
    desapropriação, 258 e 285.
    ordens religiosas, 149, 211 e 435.
ilegitimidade, 39.
Ilha-de-França, 17, 54 e 58.
Iluminismo, 111-5.
imigração, 292, 357, 367, 394, 430-2, 457, 460, 490, 494 e 496.
    ilegal, 475 e 490.
    voto estrangeiro, 507.
império, 260, 292, 324 e 353.
    Primeiro, 176-85.
    Segundo, 226 e 230-44.
        oposição ao, 231-2, 234 e 236-41.
Império angevino, 62.
Império Carolíngio, 49.
imposto,
    sobre a renda, 254, 261 e 272.
    sobre a riqueza, 225, 450, 453, 472, 494 e 499.
    sobre as sociedades, 423-4 e 468.
    sobre os agricultores, 97.
impostos, 37, 57-73, 75-116, 126, 166, 175, 180, 362, 458, 466, 470, 489, 496, 505 e 510.
indenizações, 282 e 296.
indústria, 26, 354, 367-8 e 426.
    automobilística, 199, 353, 366, 414-5 e 507.
    bélica, 304, 353, 441 e 453.
    de carvão, 346, 367, 413, 427, 453 e 455.
    metalúrgica, 190.
    química, 453.
    siderúrgica, 367, 413, 415, 427, 453, 455 e 506-7.
inflação, 146, 161, 282, 289-90, 295, 304, 350, 353, 414, 441-2, 454 e 456.

informação, difusão da, 190.
inglês, idioma, 360 e 437.
insegurança, 471 e 510.
Inspeção-Geral das Finanças, 422.
Insurreição de junho (1848), 205 e 225.
Integração europeia, 456, 459-60 e 467-8.
integração racial, 432-4.
intendentes, 85, 95 e 126.
internet, 417.
Inventários Oficiais das Propriedades da Igreja, 258.
investimento, 350.
Iraque, 482.
Irlanda, 409.
isenções fiscais, 97 e 494.
islamização, 434, 494 e 496.

Jackson, Julian, 302.
jacobinos, 154, 156-7, 159, 161, 165, 167-8, 171-2, 180 e 189.
jacqueries, 53 e 68.
jansenismo, 94 e 109.
Jaurès, Jean, 450 e 495.
Jemappes, Batalha de, 161.
Jena, Batalha de, 179.
Jeunesse dorée [Juventude dourada], 172.
Jeunesses patriotes [Jovens patriotas], 296.
Joana d'Arc, 71, 256, 266, 317 e 487.
João, rei da Inglaterra, 61-2.
João II, 68 e 70.
João XXIII, papa, 368 e 435.
João Paulo II, papa, 435.
Joffre, Joseph, general, 268-9.
Joly, Eva, 497.
Joly de Fleury, Jean-François, 115.
jornais, 113, 154, 212, 216, 229, 237, 265, 284, 317, 321 e 439-40.
jornalistas, 154.
Jospin, Lionel, 429, 459-60, 472-7 e 508.
Joubert, Barthélémy-Catherine, general, 173.
Jouhaux, Léon, 294.
judeus, 256 e 434.
Juppé, Alain, 468, 470-1, 491 e 508.
justiça, 58-60, 76 e 79.

Kadafi, coronel, 491.
Kayser, Jacques, 300.
Koenig, general, 339.
Kohl, Helmut, 467.
Kouchner, Bernard, 488.

La Bourdonnaie, François, 211-2.
La Croix [A Cruz], 258.
La Roche-aux-Moines, Batalha de, 63.
La Rochefoucauld, Louis-Alexandre, duque de, 133 e 135.
Labrousse, Ernest, 18.
Lacan, Jacques, 438.
Lacoste, Robert, 329.
Lafayette, M.-J.-P.-Y., marquês de, 133, 144, 146, 154-6 e 215.
Lagarde, Christine, 489 e 492.
Lagardère, 439.
Lagny, 37.
Laguillier, Arlette, 477.
Lamartine, Alphonse de, 222.
Lambert, Charles-Claude-Guillaume, 116.
Lameth, Alexandre, conde de, 146.
Lamoignon, Chrétien-François de, 127.
Languedoc, 64.
Larzac, 450.
Laval, Pierre, 286, 295, 299, 306, 316, 320, 324-5 e 336.
Lavisse, Ernest, 263.
Law, John, 108.
Le Boeuf, marechal, 241.
Le Creusot, 240.
Le Havre, 99.
Le Pen, Jean-Marie, 382-3, 457, 461-2, 465, 476-8 e 287.
Le Pen, Marine, 493, 496-8 e 503.
Le Pen, Marion Maréchal, 503.
Lebrun, Albert, 305.
Lebrun, Charles-François, duque de Plaisance, 175.
Ledru-Rollin, Alexandre-Auguste, 220 e 222.
Lefebvre, Georges, 119, 121-2, 144, 151 e 153.
legalistas, 219, 236 e 248.
Legião Antibolchevique, 321.
Legião de Honra, 177.

Legião Francesa de Combatentes, 323.
Lehideux, François, 316.
Lehnstaat, 31.
Lei consuetudinária, 67, 76 e 95.
Lei d'Allarde, 146.
Lei de Le Chapelier, 147.
lei marcial, 173.
Lei Pisani, 352.
Lens, 427 e 438.
levante de massa, 160-1.
L'Express, 385 e 439.
liberalismo, 189, 205, 211-3, 216, 219, 234 e 237.
liberalização econômica, 455.
liberdade religiosa, 149, 172 e 174-5.
libertação, 329, 333-9 e 343.
    mitos, 335-6.
Liga Comunista Revolucionária, 477.
Liga das Nações, 286 e 302.
Liga Santa, 80 e 82.
ligas da direita, 297-301.
Lille, 38, 179, 199 e 220.
linha Maginot, 308-9.
lit de justice [leito da justiça], 127.
Lloyd George, David, 312-3.
Locke, John, 20.
Loi Falloux, 229.
lojistas, 103, 352, 365 e 417.
Loménie de Brienne, Etienne-Charles de, 127-8.
Longuet, Jean, 271.
Longwy, 427.
L'Oréal, 414.
Lorena, 244 e 313.
Loubet, Emile, 253.
Lozère, 166.
Ludendorff, general, 277-8.
Luís Filipe, 215 e 219.
Luís I, o Piedoso, 49.
Luís V, 54.
Luís VI, 58 e 61-2.
Luís VIII, 64.
Luís IX (São Luís), 56-7 e 59.
Luís XI, 75 e 77-8.
Luís XIII, 63.
Luís XIV, 75 e 77-8.

Luís XV, 108-11 e 123.
Luís XVI, 111, 123, 125-40, 144-5, 148 e 153-9.
Luís XVIII, 181, 184, 189 e 206-9.
Lunéville, Paz de, 175.
Luta Operária, 477.
LVMH, 416.
Lyon, 26, 56, 129, 167, 173, 199, 217, 232, 234 e 451.

MacMahon, marechal, 248-50.
Madagascar, 378.
Magnin, Pierre Joseph, 250.
Maio de 1968, 399-400.
maioridade, 442.
Mali, 508.
Mallet du Pan, Jacques, 133.
Malthus, Thomas, 45.
Malvy, Louis, 272.
Mamère, Noël, 477.
manifestação, 6 de fevereiro de 1934, 299.
manufatura, 46, 100, 147, 179, 190, 196-9 e 202.
    rural, 44 e 46.
máquinas de lavar roupa, 360.
Marat, Jean-Paul, 154 e 159.
Marcel, Etienne, 68.
Marchais, Georges, 402 e 444-6.
maréchaussée, 95.
Margarida de Valois, 82.
Maria Antonieta, rainha, 115, 125 e 140.
marinha, 109.
Marion, Ferdinand, 321.
Marmont, marechal, 214.
Marselha, 26, 37, 99, 167, 173, 199, 260, 334 e 451.
Martignac, Jean-Baptiste de, 212.
Martin, Albert, 222.
Marx, Karl, 20 e 121.
massacres de setembro, 157.
Massu, general, 384, 386 e 402.
Mathiez, Albert, 153.
Maupeou, René-Nicolas de, 111.
Maurepas, Jean-Frédéric, conde de, 111.
Mauroy, Pierre, 450-2 e 455.
Maurras, Charles, 256 e 267.
Mazarin, cardeal, 85 e 91.

McDonalds, 438.
Medef, 423 e 507.
Médici, Catarina de, 79.
Médici, Maria de, 85.
medicina, 43-4.
Mégret, Bruno, 478.
Meissonier, Ernest, 226.
Méline, Jules, 251, 256 e 260.
Mendès-France, Pierre, 300, 333, 379, 382, 386-7, 390, 395 e 406.
Merah, Mohamed, 497.
mercado de trabalho, 351, 418, 423, 426, 460, 468, 472, 483 e 504-8.
mercado negro, 358.
mercadores, 65, 70 e 107-12.
mercados, 38.
mercenários, 57.
Mercier, Ernest, 298.
Merkel, Angela, 494 e 507.
Mers-el-Kebir, Batalha de, 313 e 323.
Mery, Jean-Claude, 470.
mesquitas, 432-4.
Messier, Jean Marie, 415.
Messmer, Pierre, 407.
metrô, 428.
Mettam, Roger, 96.
Metz, 79, 244 e 438.
Michelin, 364 e 414.
mídia de massa, 190, 200 e 510.
Mignet, François, 121.
migração, 46, 201 e 282.
    sazonal, 44 e 46.
milícia, 108, 142, 144 e 328-9.
Millerand, Alexandre, 254, 266, 269 e 285.
Minguettes, Les, 428.
Ministério das Finanças, 423.
minoridade real, 59, 79, 81 e 87.
Mirabeau, Gabriel-Honoré Riqueti de, 133 e 154.
Mitterrand, François, 330, 379-82, 386-7, 390, 399, 402, 438, 440-1, 443-56, 458-67, 471 e 493.
    política econômica, 452-6.
    presidência, 448 e 466.
Mitterrand, Frédéric, 491.
Mitterrand, Jean-Christophe, 471.

mobilidade social, 186, 246, 362, 364-5 e 426.
Moch, Jules, 376.
moinhos de vento, 34.
Molé, Louis-Mathieu, 213 e 221.
Mollet, Guy, 374, 381-6 e 389.
monarquia, 54, 56, 58-111, 147, 153-6 e 189.
    constitucional, 146, 181, 203, 208 e 247.
    culto à, 93-4.
Monarquia de julho, 216-21.
monarquistas, 249.
Monde, Le, 384, 439 e 491.
Monnet, Jean, 348.
montanheses [*montagnards*], 159-70.
Montauban, 81, 93, 166 e 497.
Montebourg, Arnaud, 507.
Montesquieu, Charles-Louis de, 112.
Montlhéry, família, 54.
Montmorency, família, 54, 80 e 135.
Montpellier, 167.
Moreau, Victor, general, 173 e 180.
Morny, Charles-Auguste, duque de, 235.
mortalidade, 38-43 e 201.
Mosca, Gaetano, 20.
Moscovici, Pierre, 505.
motor a vapor, 190.
Moulin, Jean, 333 e 450.
Movimento Cidadão, 477.
Movimento Republicano Popular (MRP), 368-9, 371-2, 376-8, 381, 386 e 392.
Movimentos Unidos da Resistência (MUR), 333.
muçulmanos, atitudes em relação aos, 457.
mulheres, 64-5, 102, 154-5, 163-4, 204, 225, 284, 292, 317, 331, 336, 356-7, 367-8, 413, 424-6, 435, 439, 474 e 496.
    direitos políticos, 147, 202, 224, 284, 303, 368 e 372-3.
    percepções sobre, 429, 434 e 492.
    representação parlamentar, 463, 474, 499-500 e 504.
Mulhouse, 179 e 199.
Munique, Acordo de, 305 e 307-8.
Musée du Quai Branly [Museu do Quai Branly], 438.
música, popular, 293, 360, 368 e 419.

nacionalismo, 19-20, 32, 189, 232, 235, 253 e 272.
nacionalização, 348, 450 e 454.
Nanterre, 400.
Nantes, 99, 451 e 505.
Napoleão, príncipe, 235-6.
Napoleão I,
  "Ato adicional", 184.
  abdicação, 181.
  Ver também Bonaparte, Napoleão.
Napoleão III, 231, 234 e 242.
  Ver também Napoleão Luís, príncipe imperial.
Napoleão Luís, príncipe imperial, 249.
Nasser, Gamal Abdel, 384.
National, Le, 221.
Necker, Jacques, 103, 115, 126-8, 132-3, 138-40 e 144.
Nice, 451.
Nimes, 81 e 166-7.
Nivelle, Robert, general, 269.
Noailles, Louis-Marie, visconde de, 135, 144 e 146.
nobres, 50-73, 75-116, 100-2, 131-7, 140, 146, 150, 153, 162, 165, 174, 177, 186, 208-9, 211-3 e 216.
nobres imperiais, 177.
Noite de São Bartolomeu, massacre da, 82.
Normandia, 62-3, 70-1 e 88.
  desembarques na, 334-7.
  duques da, 54.
notáveis, 147, 186 e 203.
nutrição, 34, 39, 43-4 e 200-1.

oferta de alimentos, 75, 145-6, 155-6 e 179.
Oficinas Nacionais, 223-5.
Ollivier, Emile, 240.
onda de calor, impacto político da, 483.
Ophuls, Marcel, 337.
oportunistas, 253.
oposição dinástica, 220.
"ordem moral", 211, 226 e 316.
órgão Legislativo, 174, 181, 231 e 235.
orleanistas, 237 e 248.
Orléans, 37, 103, 135 e 192.

Orléans, família, 87.
Otan, 351, 375, 395 e 482.
Oto IV, sacro imperador romano-germânico, 63.

Pacto de Locarno, 286.
padrões de vida, 201.
Pagnol, Marcel, 293.
paisagem, 22-3, 35-6 e 42.
Países Baixos, 116.
Países Baixos austríacos, 161.
Palácio das Tulherias, 157 e 176-7.
panfletos políticos, 138 e 154.
Panteão, 449.
pantouflage, 364 e 423.
papado, 65, 81, 175 e 368.
Papon, Maurice, 394.
Pareto, Vilfredo, 20.
Paribas, 453.
Paris, 26, 37-8, 42, 47, 59, 68, 71, 78, 82, 87, 121, 128-9, 132, 134, 140, 144, 154, 164, 179, 192, 199, 202, 204, 213, 217, 220, 232, 234, 241, 276, 282, 288, 292, 306, 321, 334, 400, 427 e 499.
  cerco de, 244.
Paris-Match, 439.
Parlamento Europeu, 443.
Parlamentos, 59, 71, 79, 87, 94, 96, 104, 109, 111-2, 114-6, 123 e 131-2.
  de Paris, 111, 127-8 e 131-2.
Parodi, Alexandre, 339.
paróquias, 81.
Partido Comunista (PCF), 288, 299-305, 333, 339, 369, 371-2, 374-6, 381, 384, 387, 390, 394, 397-9, 402, 436, 443-50, 455, 458, 465, 470, 473, 475-7, 497 e 501.
"partido da ordem", 247.
Partido dos Trabalhadores, 477.
Partido Popular Francês [*Parti Populaire Français*], 306 e 321.
Partido Radical, 254-61, 285-6, 293-5, 299-306, 371, 375, 377, 379, 382, 392, 397 e 399-400.
Partido Social Francês [*Parti Social Français*], 306.

Partido Socialista Unificado [*Parti Socialiste Unifie*], 260-1, 265, 271, 284-9, 295, 299-305, 369, 372, 374-6, 384-7, 397-8, 436, 439, 444-56, 458, 471-2, 475, 480, 484, 487, 492-3 e 499-507.
Partido Verde, 473, 475, 477 e 497.
partidos políticos, 422.
Pasqua, Charles, 465 e 467.
patriotas, 131.
patronato, 364, 416-7, 454 e 506.
Paulo IV, papa, 435.
Paxton, Robert, 337.
Paz de Ales, 93.
Paz de Lunéville, 175.
Péchiney-Ugine-Kuhlman, 354 e 450.
pedidos pelo correio, 200.
Péguy, Charles, 261.
pena de morte, abolição da, 450.
pesca, 45.
pesquisa e desenvolvimento, 504.
peste, 40-1, 67 e 81.
peste negra, 41 e 53.
Pétain, Philippe, marechal, 271, 298-9, 306, 309, 312-31, 335-6 e 444.
Petit Parisien, Le, 261.
petróleo, crise do, 409 e 411-4.
Peugeot, 354 e 414-5.
Peugeot/Citroën, 414.
Pflimlin, Pierre, 386 e 389.
Phélypeaux, família, 93.
Piaf, Edith, 293.
Picard, Ernest, 238.
Picasso, Pablo, 372.
Pichegru, Jean-Charles, general, 180.
Pichon, Stéphen, 262.
pieds noirs, 356 e 384.
Pinault-Printemps-Redoute, 416.
Pinay, Antoine, 350, 378 e 387.
Pinchemel, Philippe, 21.
Pineau, Christian, 329.
Pio VI, papa, 149.
Pio XII, papa, 368.
Pirâmide do Louvre, 438.
Plano Marshall, 349, 351 e 373.
Plano Schlieffen, 267.

planos econômicos, 348.
plebiscitos, 174, 230 e 240-1.
pobreza, 358, 424, 427-8 e 510.
poder, posse de, 20-1 e 205.
Poher, Alain, 406.
Poincaré, Raymond, 253, 260, 266, 285-6 e 289.
Poitiers, Batalha de, 68 e 70.
policiamento, 95, 161, 174, 394, 400-1, 429-30, 496, 505 e 508.
Polignac, Jules-Auguste, príncipe de, 212.
política,
    externa, 159, 219, 223, 241, 260-2, 283, 285, 296, 394-5, 443, 450, 459 e 481-2.
    desilusão da, 512.
    geografia, 150, 189 e 203.
    polarização, 209, 374 e 503.
    regional, 359-60 e 413.
político,
    extremismo, 512.
    financiamento, 452.
politização, 132, 148, 152, 154-5, 159, 164-70, 184, 186, 222, 224 e 230.
Polônia, 307.
Pompidou, Georges, 391, 402, 404-9, 440 e 471.
Pontoise, 76.
Popkin, Jeremy, 122.
população, 23, 33-48, 56, 67, 71, 79, 97, 105, 109, 190, 200-2, 345 e 356.
popular, protesto, 54, 60, 83, 87-91, 106, 128-31, 142-5, 162 e 224.
populares, sociedades, 154, 156, 164 e 170.
pós-modernismo, 438.
posse de terras, 46, 50, 100, 105-8, 135, 152 e 205.
poujadismo, 366 e 382.
Praça da Bastilha, 449.
Pragmática Sanção de Bourges, 65.
preboste [*prévôt*], 58 e 68.
preço máximo, 163.
pré-industrial, sociedade, 99, 119, 185, 189 e 191.
Prévost-Paradol, Lucien-Anatole, 239.
Primeira Guerra Mundial, 262 e 265-79.
    destruição, 279-80 e 354-5.
    economia, 272 e 274.
    estratégia, 269-70 e 278.

finanças, 272 e 282.
memoriais, 278.
mortes, 268-9, 274-5 e 278-9.
motins, 271.
objetivos, 267.
papel das mulheres, 275-7.
posturas em relação à, 265-7, 271-2 e 276-8.
propaganda, 267 e 276.
refugiados, 279.
primogenitura, 54.
prisioneiros de guerra, 324.
privatização, 456, 458, 461, 464, 462, 475, 480 e 510.
privilégio, 102, 104, 127 e 138.
produtividade, 189, 350-2, 412, 415, 504 e 510.
propriedade privada, 146, 159, 175 e 228.
prostituição, 103.
proteção tarifária, 191, 196, 240, 251 e 293.
protestantes, 79-94, 115, 136, 166 e 434-5.
protesto estudantil, 461.
protesto popular, 43-4, 429, 476, 490, 507-8 e 512.
Provença, 133.
Provença, conde de, 172 e 181.
Provins, 37.
Prússia, 157 e 241.
publicação de livro, 113.
Pucheu, Pierre, 316 e 321.

quadra de tênis, 139.
Quarta República, 344-5 e 371-87.
referendos constitucionais, 368 e 371.
quebra de Wall Street [Bolsa de Valores de Nova York] de 1929, 290-1.
Quercy, 88.
questões ambientais, 345-6 e 419.
Queuille, Henri, 377.
Quinta República, 120 e 388.
constituição da, 388-92 e 478.
referendos, 389, 391 e 393.

Rabaut Saint-Etienne, Jean-Paul, 132.
racismo, 394, 428, 430-1, 482 e 508.
rádio, 285, 300, 317 e 379.
Raffarin, Jean-Pierre, 483.
Ramadier, Paul, 374-5.

Rastadt, Tratado de, 97.
"reação da nobreza", 105-6.
Reagrupamento do Povo Francês (RPF), 378 e 383.
Reagrupamento para a República (RPR), 442, 458, 464-5, 471 e 480.
receita, 63, 75 e 85.
reconstrução pós-guerra, 279-81, 343, 345-9 e 358.
Réforme, La, 221.
Regime de Vichy, 290-4 e 300-1.
regulamento financeiro, 505-6.
Reims, arcebispo de, 50.
Relatório Vienot, 416.
religião, 40-2, 51, 78-80, 89, 113, 164, 203, 209, 211, 248, 266-7, 355 e 368.
religião popular, 79.
Rémusat, Charles de, 213.
Renault, 348, 415 e 431.
rendimentos reais, 191, 289, 292 e 359-60.
Rennes, 127, 133 e 367.
renovação urbana, 202 e 235-6.
repressão, 209, 217-8 e 230.
republicanos, 180, 213, 217-20, 234-5, 238 e 248-50.
Republicanos Independentes, 406.
resistência, 318, 327, 332-4 e 337.
restauração, 189 e 206-8.
oposição a, 211-5.
Réveillon, Jean-Baptiste, 129.
revogação de títulos nobiliárquicos, 102.
"revolta aristocrática", 127.
revoltas, 88-91.
Revolução de 1789, 99, 102, 119, 121, 162, 164 e 185.
Assembleia Legislativa (1791-1792), 155-7.
constituições revolucionárias, 147-8, 157, 159, 171 e 174.
impacto a longo prazo, 185-6 e 204.
représentants en mission, 162.
Revolução de 1830, 213-6.
Revolução de 1848, 220-2.
Revolução de 4 de setembro de 1870, 242.
Revolução Industrial,
"Segunda", 199.
"Terceira", 411.

Reynaud, Paul, 291, 308 e 311-2.
Rhône-Poulenc, 455 e 464.
Ricardo I, rei de Inglaterra, 62.
Richelieu, Armand-Jean Duplessis, cardeal-duque de, 85 e 91.
Rioux, J.-P., 355.
riqueza, distribuição de, 203 e 456.
Robespierre, Maximilien, 133, 155-6, 159, 163 e 168-70.
Rocard, Michel, 446, 452 e 462-5.
Rochela, 38, 81, 85, 93 e 501.
Roederer, Pierre-Louis, 132.
Rohan, Henrique, duque de, 85.
Roma, 430.
Roma, Tratado de, 351-2.
Roosevelt, Franklin, 332.
Roubaix, 427.
Rouen, 26, 37, 99, 134, 179, 192 e 199.
Rouher, Eugène, 235.
Rousseau, Jean-Jacques, 112.
Rouvier, Maurice, 253.
Royal, Ségolène, 487, 492 e 501.
Rufus, Guilherme, 54.
Ruhr, ocupação do, 285.
rural, sociedade, 185, 202, 366 e 418-20.
Rússia, 179 e 261-2.
    Revolução de 1917, 276-7 e 283.

Sagrado Coração [*Sacré Coeur*], Basílica do, 248.
Sainte-Chapelle, 59.
Sainteny, Jean, 378.
Saint-Etienne, 277 e 451.
salafismo, 434.
Salan, general, 387.
salários, 418, 455-6 e 464.
    salário-mínimo (*Salaire Minimum Interprofessionel de Croissance* – SMIC), 361.
Saliège, Jules-Géraud, 326.
salões, 113.
sans-culottes, 163 e 189.
Santa Helena, 184.
Sarajevo, 262.
Sarkozy, Nicolas, 422, 429-30, 433-4, 436, 464-5, 485, 487, 491 e 507.
sarracenos, 37.
Sarrien, Ferdinand, 256.
Sartre, Jean-Paul, 372.
saúde, 39.
    infantil, 425.
Sauvy, Alfred, 294.
Savary, Alain, 450 e 452.
Schlumberger, 364.
Schoelcher, Victor, 449.
Schuman, Robert, 351 e 376.
secularização, 203, 432, 434, 494 e 496.
Sedan, Batalha de, 244.
Séguin, Philippe, 464 e 468.
Segunda Guerra Mundial, 308.
    armistício, 312-4.
    economia, 313-4.
    estratégia, 308-313.
    "guerra de mentira", 308-9.
    mortes, 311 e 331.
    posturas em relação à, 308.
    refugiados, 311.
Segunda República, 226-8.
Sembat, Marcel, 266.
seminários, 211.
Senado, 176.
Senlis, 54.
serviço secreto, 471 e 491.
servidores, 103.
servos, 52, 106 e 115.
setor de serviços, 200, 281, 345, 420-1 e 426.
setor financeiro, 417-8.
sexo, 357.
Seyssel, Claude de, 79.
Siècle, Le, 219.
Sieyès, Emmanuel-Joseph, 132-4, 139, 154 e 173.
Simon, Jules, 238 e 246.
sindicatos, 286, 288, 361, 367, 402, 426, 475-6 e 483.
Síria, 324.
sistema,
    de prefeituras, 174 e 451.
    judicial, 430 e 452.
    legal, 175.
    senhorial, 38, 51-2, 88, 105-8, 131, 136-7, 144, 146-7 e 151-2.
sistemas administrativos, 147.
Skocpol, Theda, 19.

soberania nacional, 139 e 146-7.
Soboul, Albert, 153.
sociais, redes, 204, 208, 422-3 e 429.
sociais, sistemas, 33 e 355.
social, *status,* 31 e 175.
social-democratas, 223 e 228.
socialismo, 218.
socialização, 31-2.
sociedade de consumo, 200, 354, 360 e 421.
Sociedade dos Trinta, 131-4.
Société des Droits de l'Homme [Sociedade dos Direitos do Homem], 218.
Société Générale, 418.
Société Nationale des Chemins de Fer Français [Sociedade Nacional de Ferrovias Francesas] (SNCF), 305.
Société Républicaine Centrale [Sociedade Republicana Central], 223.
Soubise, Benjamin de Rohan, duque de, 85.
Stalin, Joseph, 300 e 308.
Ständestaat, 31.
Stavisky, Alexandre, 298.
Strauss-Kahn, Dominique, 475, 480 e 492-503.
Suez, 416 e 453.
sufrágio universal (masculino), 157-70, 173, 222-3, 242 e 262.
Suger, abade, 58 e 61.

Taittinger, Pierre, 296.
Taizé, 435.
Talleyrand, Charles Maurice de, 133, 148, 154 e 178.
Tardieu, André, 286, 290, 299 e 306.
Taubira, Christine, 504.
taxa de natalidade, 38-40, 200-1, 356-7, 361 e 425.
Taylor, George, 122.
Tchecoslováquia, 307.
tecnologia, 47-8, 190, 192, 197, 411 e 510.
   da informação, 353, 421, 426, 440-1 e 453.
telecomunicações, 441.
telefone, 360.
   celulares, 429.
telégrafo, 190.
televisão, 359-60, 368, 385, 419 e 437-8.

temor social, 202, 204, 214-5, 220, 222, 228, 240, 246, 302, 336, 378, 400 e 429.
Templários, 57.
teólogos, 59.
Terceira República, 206, 244, 250-4, 315-6 e 368.
   constituição da, 249.
   instabilidade ministerial, 253-4 e 293-5.
Termidor, 170.
terras comunais, 107 e 152.
Terray, Joseph-Marie, 111.
Terror, o, 153-4, 157 e 159-70.
   Branco, 172 e 208.
terrorismo, 443, 458, 482, 505 e 508.
têxteis, 38, 45, 190, 367, 413 e 427.
Thiers, Adolphe, 199, 213, 215, 219-20, 240, 245 e 247.
Thomson-CSF, 455.
Thorez, Maurice, 300, 372 e 375.
Tilly, Charles, 19.
tipos de construção, 23.
Tocqueville, Alexis de, 222 e 226.
tortura, 114.
TotalFinaElf, 416 e 464.
Toul, 79.
Toulon, 167.
Toulouse, 64, 277, 413-4 e 497.
Tour de France, 439.
Tourcoing, 427.
Tours, 311.
   Congresso de, 286.
trabalhadores, 103, 178-9, 203, 217, 225, 236, 238, 240-1, 258, 284-5, 288, 292, 307, 367, 426, 445 e 487.
trabalho, direito ao, 222-3.
Tratado Comercial (1860), 235.
Tratado Comercial Anglo-Francês (1786), 128.
Tratado de Amiens, 175.
Tratado de Brétigny, 70.
Tratado de Dunquerque, 375.
Tratado de Maastricht, 425.
Tratado de Paris, 109.
Tratado de Rastadt, 97.
Tratado de Roma, 351-2.
Tratado de Utrecht, 97.

Tratado de Verdun, 49.
Tratado de Versalhes, 278 e 283.
Trenet, Charles, 293.
tribunais eclesiásticos, 60.
Tribunal de Contas, 60 e 422.
Tribunal de Justiça Europeu, 484.
Trierweiler, Valérie, 501.
Trinta gloriosos, 343, 409, 411 e 427.
tripartidarismo, 370-1.
Trochu, general , 242.
trotskistas, 400 e 497.
Troyes, 37.
Truman, presidente, 373.
Tunísia, 381.
Turgot, Anne Robert Jacques, 99-100, 114-5 e 126.
turismo, 420.

ultras, 209 e 211.
União dos Democratas para a República (UDR), 440 e 443.
União Econômica e Monetária, 425 e 470.
União Europeia, 411, 496 e 511-2.
    ampliação da, 484.
União Nacional, 286 e 295.
União para a Democracia Francesa (UDF), 458, 464-5 e 480.
União para a Nova República (UNR), 390 e 406.
União por um Movimento Popular (UMP), 436, 477, 480, 490, 501-2 e 507-8.
urbanização, 17, 25-6, 31, 46-7, 56-9, 71, 73, 95-6, 103-4, 190, 193, 200-2 e 355.
Utrecht, Tratado de, 97.

Valenciennes, 427.
Val-Fourré, 428.
Vallat, Xavier, 336.
Valls, Manuel, 434, 496 e 505.
Valmy, Batalha de, 161.
Varennes, 155.
Vartan, Sylvie, 368.
vassalagem, 54 e 61.
Vauban, marquês de, 96.
Védrine, Hubert, 481.
Veil, Simone, 465.
Vendeia, 153, 167-8, 171-2 e 180-1.

Verdun, 79.
    Batalha de, 269.
    Tratado de, 49.
Vergniaud, Pierre-Victurnien, 156.
Vermandois, Raul de, 58.
Versalhes,
    Palácio de, 91-3, 125, 135, 138 e 154.
    Tratado de, 278 e 283.
véus, 432-3.
viajante comercial, 200.
vias navegáveis, 26-7, 37 e 192.
Vichy, a cidade, 315.
    Ver também França de Vichy.
vikings, 37.
Villèle, Joseph, 211-2.
Villepin, Dominique de, 485.
Villers-Cotterêts, ordenança de, 78.
Vivendi, 415.
Viviani, René, 261-2.
Vizille, 133.
Volney, 132.
Voltaire, 112.
Voynet, Dominique, 480.

Waldeck-Rousseau, Pierre, 254.
Walewski, Alexandre, conde de, 235.
Wallon, Henri, 249.
Waterloo, Batalha de, 184.
Weber, Max, 31.
Wellington, duque de, 180-1.
Wendel, François, 298.
Weygand, general, 309, 311-2 e 316.
Wright, Vincent, 364.

Zay, Jean, 300.
Zola, Emile, 256.
zonas residenciais (*grands ensembles*), 359-60 e 428.

Este livro foi impresso pela Gráfica PlenaPrint
em fonte Minion Pro sobre papel Pólen Bold 70 g/m²
para a Edipro no inverno de 2020.